读天下
Glamour Press
www.glamourpress.com

COMPETITIVE ADVANTAGE SERIES

更有趣、更富启发性的新型教材

管理学原理

战略·组织·领导力

第二版

韩瑞 /主编

Principle of Management

2nd Edition

本教材遵循美国 ACCSB（国际商学院促进学会）
2013版认证标准中的课程指导原则

中国市场出版社

图书在版编目（CIP）数据

管理学原理 / 韩瑞主编 .— 2 版 .—北京：中国市场出版社，2019.6
ISBN 978-7-5092-1815-0

Ⅰ. ①管⋯ Ⅱ. ①韩⋯ Ⅲ. ①管理学－教材 Ⅳ. ① C93

中国版本图书馆 CIP 数据核字（2019）第 049185 号

管理学原理

GUANLIXUE YUANLI

主　　编：韩　瑞
责任编辑：孙　忠（szbook@sina.com）
出版发行：中国市场出版社
社　　址：北京市西城区月坛北小街 2 号院 3 号楼（100837）
电　　话：（010）68034118/68021338/68022950/68020336
经　　销：新华书店
印　　刷：河北鑫兆源印刷有限公司
开　　本：185mm × 260mm　1/16
印　　张：35.75　　**字　　数**：741 千字
版　　次：2019 年 6 月第 2 版　　**印　　次**：2019 年 6 月第 1 次印刷
书　　号：ISBN 978-7-5092-1815-0
定　　价：65.00元

管理学原理
（第二版）

提高学习效果的结构设计

1 CHAPTER 1

管理导论

本章学习要点

- 组织、资源和管理
- 管理的过程
- 管理者类型
- 管理者的角色与技能
- 管理工作的挑战
- 学习和胜任管理工作

Facebook 的巨大影响力引发了人们对隐私和争议内容的关注。

开篇案例

管理 Facebook

Facebook 是哈佛大学二年级学生扎克伯格（Mark Zuckerberg）于 2004 年 2 月创建的。一开始只是为了方便本校学生之间的社交。今天，Facebook 全球月活跃用户已经超过 23 亿。Facebook 的收入主要来自企业投放的广告，企业向 Facebook 购买页面侧栏或横幅置入广告。Facebook 是全球第二大在线广告平台，市场份额高达 25%。[1]

Facebook 的巨大成功引来竞争对手，扎克伯格必须随时关注用户行为习惯的改变，保持在竞争中领先。互联网技术创新的速度非常快，扎克伯格认为仅靠内部创新远远不够。2012 年，Facebook 以 10 亿美元价格购买了照片分享企业 Instagram，当时这家创业公司还只有 13 位员工。2014 年，为应对移动端市场增长的威胁，扎克伯格决定以 190 亿美元的价格购买移动端即时通信软件 WhatsAPP。2014 年以 20 亿美元价格购买的 Oculus VR，让 Facebook 成为人工智能的引领者。

工程师博斯沃斯（Andrew Bosworth）在“与扎克一道工作”中描述了扎克伯格的管理风格。他提到，“扎克不感情用事”，他不在乎自己说过什么。他可以花上一年的时间来构建产品，然后在第二天毫不犹豫将其丢弃，转而构建更好的产品。这对我们其他人来说可能很困难。[2]

作为 Facebook 的 CEO，扎克伯格没有自己的办公室，和员工一样在开放办公区工作，这是公司崇尚智力价值而非权力价值的工程师文化。扎克伯格认为，文化不是讲过一次就可以扔掉的东西。“你必须在每次会议上，都反复讲你想要传达的文化，把他们写在每一封邮件里，尤其是 CEO 或创始人。”[3]

扎克伯格表示，成功的创始人应当有信心聘用比自己更优秀的人。[4] 扎克伯格以擅长招募高管而知名，他的高管核心团队相当稳定。在 Glassdoor 的调查中，Facebook 是最具吸引力的企业，而许多员工将扎克伯格本人作为加入公司的理由。[5]

2011 年 6 月，谷歌推出了社交网络 Google Plus，某些功能比 Facebook 更胜一筹。在 Google Plus 上线的当天下午，扎克伯格召集了全体会议，他指出谷歌的威胁是多么严重，并且表示了战胜的决心。Facebook 进入了一周七天的工作状态，鼓励员工家属周末到公司享用餐食，最终 Facebook 赢得了胜利。[6]

2018 年 3 月 16 日，Facebook 被曝在 2014 年有超过 5000 万名用户资料遭剑桥分析公司窃取分析并用来向用户发送政治广告。受此影响，Facebook 在两天内市值蒸发 500 亿美元。3 月 21 日，扎克伯格在 Facebook 页面上发表声明，承认“犯了错”，宣布“要负责”。一些投资人要求扎克伯格辞去 CEO 职务，扎克伯格面临公司创建以来最严峻的考验。[7]

对于实际从事管理工作的人士，开篇案例中描述的扎克伯格在管理和职业发展过程中所遇到的多项困难并不陌生。不论管理者在什么样的组织，政府、企业、学校或慈善组织，他们都会遇到许多非常相似的难题。管理学的逻辑始于组织活动中所遇到的典型问题，而管理学的发展则来自我们对这些问题的识别和理解。

本章学习要点

对本章学习目标的提示，引导主动学习。

开篇案例

学生熟悉的真实企业所面对的挑战，紧扣本章主题，启发相关管理问题的思考。

专题

多样化、饶有趣味的专题，提供对特别主题的深入分析和启示。

图表

丰富的图表，将抽象概念视觉化，动员多元认知，提高学习效能。

例如向顾客提供其他选择或补偿。

与 JIT 致力于消灭库存理念相一致的，是按订单生产（build-to-order），即只有当订单生成后才开始生产。例如戴尔公司在网站上进行直销，只有当用户下单后车间才开始启动生产。按订单生产使得企业不必再为产品与需求的匹配担心，在理论上消除了部件库存和成品库存。按订单生产更适合有一定定制要求、同时标准化程度较高的商品。有些商品，像是沐浴露，通常没有顾客要求定制。还有的顾客希望在销售现场看到演示和介绍后立刻取货，这也是为什么在 PC 市场上既有像戴尔这样的直销品牌，也有联想这样的主要依靠经销商销售的品牌。

管理行动专题

肯德基没鸡

2018 年 2 月，肯德基英国的“鸡荒”已经持续了将近一周。最严重的时候 700 多家门店同时关门，推特上 #KFCCrisis 成了搜索热点。吃不到炸鸡的消费者愤怒地问道：“你怎么会没有鸡卖？”“我们有鸡肉，也有餐馆，可它们不在一起。”

通常情况下，肯德基加盟商下订单之后 24 小时之内鸡肉就会送到店里。2 月 14 日，肯德基英国的物流正式从 Bidvest 转手给 DHL，鸡肉仓储从六个基地压缩为只有设在 Rugby 的一处基地。2 月 14 日凌晨，英国 M6 高速公路上七辆车相撞，一死两伤。警察将事故发生地段封路调查，但紧接着两辆货车又在附近相撞。这些事故发生的地区就在英国肯德基的物流仓储中心附近，堵塞了车辆进出的通道。

很多媒体把这次的“鸡荒”归结于只有一处基地。有学者指出，Rugby 位于英国的“黄金矩形地带”，这里往英国任何地区都可以做到次日达，肯德基的决策没有问题。但是，这毕竟是一个复杂的库存解决方案，新仓库、新的 IT 系统和新的交接，这些凑在一起，使得肯德基成了一家“没有鸡肉的炸鸡店”。

复习一下

1. 对于企业，库存的成本有哪些?
2. 企业采用 JIT 生产方式会遇到哪些困难?

此时，78% 的人选择了方案 D。从逻辑上讲，方案 A、C 和方案 B、D 实际上是一样的，但由于表述上的不同（框架），导致人们决策上的差异。

框架效应中的参照点确定原理普遍应用于组织决策。知识付费机构在定价时往往同时给出课时报价和课程整体报价，通常课时报价显著高于整体报价，以吸引订阅者购买整体课程。当人们将电商与实体零售店视为不同类别时，实体零售店的价值会被低估。但在新零售概念出现后，人们开始从电商价值的角度看待实体零售，导致投资实体零售一下子成为新热门。

从这个实验还可以看出，在相同的收益和损失的数量下，人们对损失更敏感，这被称为**损失厌恶**（loss averse）现象，即人们更倾向于避免损失。由此引出前景理论的另一个重要发现，人们对损益的看法受到主观因素的影响。具体来讲，就是在决策中人们倾向于夸大预期的损失，缩小预期的收益，图 6.9 描述了这一现象。有趣的是，这恰好可以解释上面所说的承诺升级现象。例如，管理者可能认为承认错误或终止错误决策对自己和组织将带来重大的不利影响，因此会坚持已经明显不合理的决策。

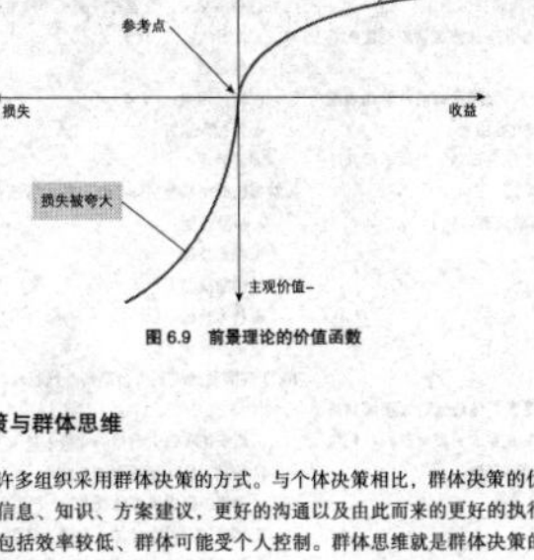

图 6.9　前景理论的价值函数

群体决策与群体思维

许多组织采用群体决策的方式。与个体决策相比，群体决策的优点包括更多的信息、知识、方案建议，更好的沟通以及由此而来的更好的执行。它的缺点则包括效率较低、群体可能受个人控制。群体思维就是群体决策的一个重要的缺陷。

多样和丰富的练习，巩固学习成果，提高成绩

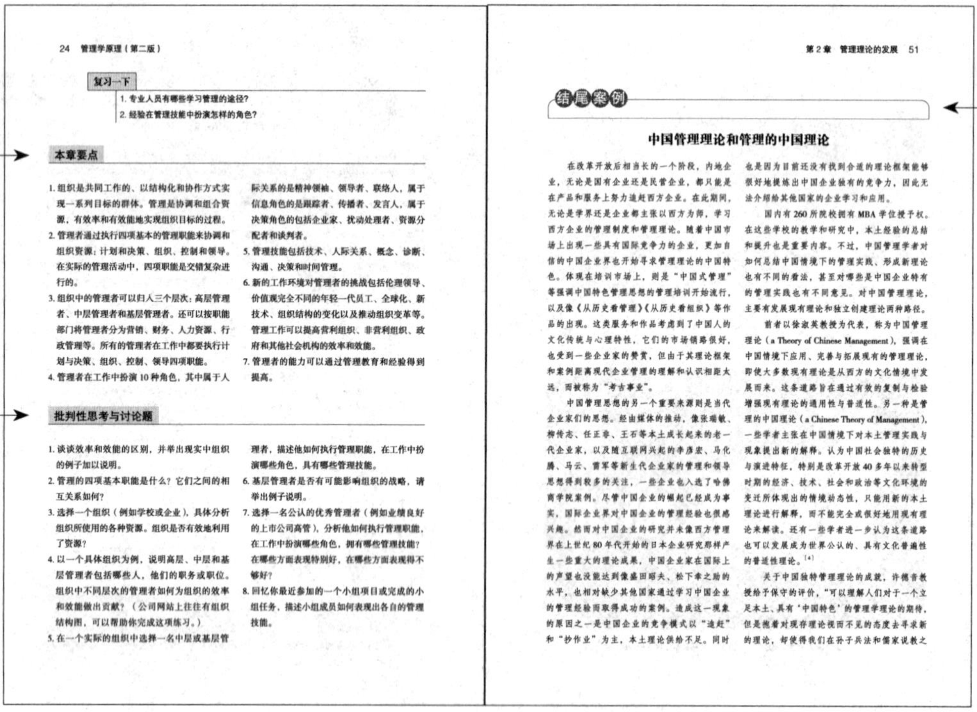

24　管理学原理（第二版）

复习一下

1. 专业人员有哪些学习管理的途径？
2. 经验在管理技能中扮演怎样的角色？

本章要点

1. 组织是共同工作的、以结构化和协作方式实现一系列目标的群体。管理是协调和组合资源，有效率和有效能地实现组织目标的过程。
2. 管理者通过执行四项基本的管理职能来协调和组织资源：计划和决策、组织、控制和领导。在实际的管理活动中，四项职能是交错复杂进行的。
3. 组织中的管理者可以归入三个层次：高层管理者、中层管理者和基层管理者。还可以按职能部门将管理者分为营销、财务、人力资源、行政管理等。所有的管理者在工作中都要执行计划与决策、组织、控制、领导四项职能。
4. 管理者在工作中扮演 10 种角色，其中属于人际关系的是精神领袖、领导者、联络人，属于信息角色的是跟踪者、传播者、发言人，属于决策角色的包括企业家、扰动处理者、资源分配者和谈判者。
5. 管理技能包括技术、人际关系、概念、诊断、沟通、决策和时间管理。
6. 新的工作环境对管理者的挑战包括伦理领导、价值观完全不同的年轻一代员工、全球化、新技术、组织结构的变化以及推动组织变革等。管理工作可以提高营利组织、非营利组织、政府和其他社会机构的效率和效能。
7. 管理者的能力可以通过管理教育和经验得到提高。

批判性思考与讨论题

1. 谈谈效率和效能的区别，并举出现实中组织的例子加以说明。
2. 管理的四项基本职能是什么？它们之间的相互关系如何？
3. 选择一个组织（例如学校或企业），具体分析组织所使用的各种资源。组织是否有效地利用了资源？
4. 以一个具体组织为例，说明高层、中层和基层管理者包括哪些人，他们的职务或职位。组织中不同层次的管理者如何为组织的效率和效能做出贡献？（公司网站上往往有组织结构图，可以帮助你完成这项练习。）
5. 在一个实际的组织中选择一名中层或基层管理者，描述他如何执行管理职能，在工作中扮演哪些角色，具有哪些管理技能。
6. 基层管理者是否有可能影响组织的战略，请举出例子说明。
7. 选择一名公认的优秀管理者（例如业绩良好的上市公司高管），分析他如何执行管理职能，在工作中扮演哪些角色，拥有哪些管理技能？在哪些方面表现特别好，在哪些方面表现得不够好？
8. 回忆你最近参加的一个小组项目或完成的小组任务，描述小组成员如何表现出各自的管理技能。

第 2 章　管理理论的发展　51

结尾案例

中国管理理论和管理的中国理论

在改革开放后相当长的一个阶段，内地企业，无论是国有企业还是民营企业，都只能是在产品和服务上努力追赶西方企业。在此期间，无论是学界还是企业都主张以西方为师，学习西方企业的管理制度和管理理论。随着中国市场上出现一些具有国际竞争力的企业，更加自信的中国企业界也开始寻求管理理论的中国特色。体现在培训市场上，则是"中国式管理"等强调中国特色管理思想的管理培训开始流行，以及像《从历史看管理》《从历史看组织》等作品的出现。这类服务和作品考虑到了中国人的文化传统与心理特性，它们的市场销路很好，也受到一些企业家的赞赏，但由于其理论框架和案例距离现代企业管理的理解和认识相距太远，而被称为"考古事业"。

中国管理思想的另一个重要来源则是当代企业家们的思想。经由媒体的推动，像张瑞敏、柳传志、任正非、王石等本土成长起来的老一代企业家，以及随互联网兴起的李彦宏、马化腾、马云、雷军等新生代企业家的管理和领导思想得到较多的关注，一些企业也入选了哈佛商学院案例。尽管中国企业的崛起已经成为事实，国际企业界对中国企业的管理经验也很感兴趣。然而对中国企业的研究并未像西方管理界在上世纪 80 年代开始的日本企业研究那样产生一些重大的理论成果，中国企业家在国际上的声望也没能达到像盛田昭夫、松下幸之助的水平，也相对缺少其他国家通过学习中国企业的管理经验而取得成功的案例。造成这一现象的原因之一是中国企业的竞争模式以"追赶"和"抄作业"为主，本土理论供给不足。同时也是因为目前还没有找到合适的理论框架能够很好地提炼出中国企业独有的竞争力，因此无法介绍给其他国家的企业学习和应用。

国内有 260 所院校拥有 MBA 学位授予权。在这些学校的教学和研究中，本土经验的总结和提升也是重要内容。不过，中国管理学者对如何总结中国情境下的管理实践、形成新理论也有不同的看法，甚至对哪些是中国企业特有的管理实践也有不同意见。对中国管理理论，主要有发展现有理论和独立创建理论两种路径。

前者以徐淑英教授为代表，称为中国管理理论（a Theory of Chinese Management），强调在中国情境下应用、完善与拓展现有的管理理论，即使大多数现有理论是从西方的文化情境中发展而来。这条道路旨在通过有效的复制与检验增强现有理论的通用性与普适性。另一种是管理的中国理论（a Chinese Theory of Management），一些学者主张在中国情境下对本土管理实践与现象提出新的解释。认为中国社会独特的历史与演进特征，特别是改革开放 40 多年以来转型时期的经济、技术、社会和政治等文化环境的变迁所体现出的情境动态性，只能用新的本土理论进行解释，而不能完全或很好地用现有理论来解读。还有一些学者进一步认为这条道路也可以发展成为世界公认的、具有文化普遍性的普适性理论。[4]

关于中国独特管理理论的成就，许德音教授给予保守的评价，"可以理解人们对于一个立足本土、具有'中国特色'的管理学理论的期待，但是抱着对现存理论视而不见的态度去寻求新的理论，却使得我们在孙子兵法和儒家说教之

本章要点

与学习要点相呼应，回顾本章学习目标。

批判性思考与讨论题

多层次、多维度的练习，检查学习效果，提高成绩。

结尾案例

与开篇案例相呼应，从不同角度揭示真实世界中的商业决策。全书共计 40 个较大型的案例。

第 1 章　管理导论　27

里在社交产品上的不足、支付宝面对微信支付的压力等，也是张勇面临的巨大挑战。

结尾案例讨论题

1. 从案例来看，张勇作为管理者承担了哪些角色？
2. 以"all in 无线"的管理决策为例，说明张勇最重要的管理技能有哪些？
3. 张勇作为 CEO 的主要挑战可能有哪些？

开篇案例讨论题

1. 如果你现在还不是 Facebook 会员，哪些特征可能会吸引你考虑加入？
2. 你认为 Facebook 成功的主要原因有哪些？
3. 作为管理者，扎克伯格具备哪些管理技能？
4. 扎克伯格应当时刻注意哪些可能威胁到他的企业的因素？

自测题

1. T　F　能够做到生产成本最低的组织就是有效能的组织。
2. T　F　在控制职能上花费过多时间的管理者可能令组织偏离目标。
3. T　F　行政经理是不涉及特定管理职能的管理者。
4. T　F　作为发言人，管理者的角色是代表组织对外正式发布信息。
5. T　F　现代管理已经主要是一门科学而几乎不再是艺术了。
6. 组织运用下面所有的资源，除了
   a. 人力资源
   b. 政治资源
   c. 财务资源
   d. 信息资源
   e. 实物资源
7. 林先生是一位管理者，他最近将人事部和员工培训部合并起来成立人力资源部。林先生行使的是下面哪一种职能？
   a. 授权
   b. 质量控制
   c. 领导
   d. 组织
   e. 规划和决策
8. 人们通常希望管理者能够参加典礼或符号性的活动，例如颁发奖项或主持退休庆祝会。在这些活动中，管理者扮演了哪种角色？
   a. 发言人
   b. 联络者
   c. 精神领袖
   d. 资源配置者
   e. 传播者
9. 掌握组织中某类具体工作技能的管理者拥有
   a. 决策技能
   b. 概念技能
   c. 诊断技能
   d. 技术技能
   e. 信息技能
10. 下列哪种挑战和机会是新一代管理者不会遇到的？
   a. 组织正在吸引合格的残疾人员工
   b. 劳动力队伍变得更加多文化
   c. 向组织提出更多的要求
   d. 越来越多的女性加入劳动力队伍
   e. 新的信息技术令管理者工作节奏减慢

开篇案例讨论题

回顾开篇案例，辨析与本章关键概念相关的内容，通过课堂讨论从其他同学的分析中受益。

自测题

简明目录

目　录

第二部分 战略与实施

第四部分 领导力

管理学原理第二版案例列表

目录	开篇案例	页码	结尾案例	页码
第 1 章	管理 Facebook	3	带领阿里转变为数字经济体	25
第 2 章	穆藕初：中国现代企业管理的先驱	31	中国管理理论和管理的中国理论	51
第 3 章	HowGood，给食物产品可持续性打分	55	麦当劳调整开心乐园餐配方	72
第 4 章	方便面企业面对新挑战	79	FlixBus 利用政策变化复兴长途汽车	99
第 5 章	小米在印度市场的成功	105	福耀玻璃在美国建厂	132
第 6 章	招商银行领先零售银行业务	139	Netflix 的重要市场决策	170
第 7 章	闪送的差异化价值创造	177	好事多用严选模式对抗亚马逊的竞争	198
第 8 章	特斯拉的“生产地狱”	203	盒马鲜生：速度重新定义线下生鲜零售	231
第 9 章	WeWork：带互联网基因的办公空间专家	237	维吉达尼：南疆的社会创业	258
第 10 章	邵逸夫医院：护理工作新环境	263	万科的事业合伙人制度	288
第 11 章	晨星公司：没有经理的企业	293	7-11 加盟店的管理控制	314
第 12 章	亚马逊企业文化的争议	319	宝洁校友在民企的经验	336
第 13 章	阿拉善 SEE 生态保护协会：争吵不休的团队	341	Google 公司的团队研究	359
第 14 章	和睦家：在中国提供美式医院服务	363	施耐德本地员工发展	386
第 15 章	个性鲜明的董明珠	393	工作中的压力	418
第 16 章	海底捞火锅店：保持服务的激情	423	联想的绩效与薪酬制度：简明化带来有效激励	445
第 17 章	纳德拉：通过开放释放微软的力量	451	张一鸣的领导力：和优秀的人做有挑战的事	472
第 18 章	被乔布斯改变的商业演示	479	企业社交服务软件	498
第 19 章	戴森：成熟产业中的技术创新	503	SalesForce 的人工智能突围	526
第 20 章	专家与管理层的冲突：一个真实故事	531	本田南海工厂的停工谈判	548

管理行动专题列表

续表

目　录	管理学原理管理行动专题	页码
第 13 章	大企业里的小型开发团队	345
	提高虚拟团队的效能	357
第 14 章	面试次数的选择	372
	如何让求职申请吸引人	373
	Instacart：创业公司的薪酬框架	377
	McJob，麦当劳的烦恼	379
第 15 章	公益人士的个性特点	398
	员工第一，顾客第二	403
	意诺新的创新众包	413
第 16 章	艾默瑞空运公司的行为矫正法	436
	宝洁中国的弹性工作时间	443
第 17 章	马化腾领导产品变革	466
	单霁翔在故宫：以观众为中心的改变	467

目　录	管理学原理管理行动专题	页码
第 18 章	多长时间回复手机信息才是礼貌的?	487
	跨国企业的纯英语工作环境	493
第 19 章	机械挖掘机的颠覆性技术	508
	大英百科的挫折	510
	政府预算公开有多难	514
	渐进性创新的“大市场”	519
	Facebook 的黑客马拉松	523
第 20 章	英特尔公司的建设性对抗	534
	冲突调解师	540
	福列特谈建设性对抗与整合谈判	544

第二版教材说明

目的

21 世纪的企业面临激烈竞争和高度不确定的环境，要求员工、团队和整个组织能够适应前所未有的动态和复杂性。成功的组织必须做到适应变化，保持灵活和敏捷，这需要管理者对战略选择、组织设计和领导力有更加整体和深入的理解。管理学原理第二版教材努力对上述挑战作出回应。

作为高校中开课需求最大的基础课程之一，管理学原理面临着多重挑战：课时压缩、基本概念和新主题的平衡、商业环境的快速改变，特别是如何回应新一代组织对价值创造、激励和发展领导力的强调。

管理学原理的教学目标是帮助学习者打下基础、培养兴趣。学习者的职业目标可能是从事研究，也可能是在政府、企业和非营利机构里发展。本课程应当向他们提供广泛的主题，让他们了解管理学研究者和企业的努力、目标和结果，包括在此过程中遇到的挑战。更为重要的是引导学习者关注当前的变革前沿，这与他们未来的工作密切相关。围绕组织的价值创造，如何发现当前组织的变革需求，为什么需要这样的变革，什么样的激励和领导更有助于变革的成功？

在第二版中，我们还希望帮助学生理解新的企业现象，包括互联网对传统产业的改造，互联网带来的新的企业伦理问题，贸易战对国际化的影响，供给侧改革对企业创新的促进。在产品和服务从价格竞争转向价值竞争的过程中，创造优先于替代。企业的战略、人力、投资和成本结构都将发生改变。在创造价值的同时保持商业伦理和履行社会责任也是管理者当前面对的重大挑战。

内容安排上的特点

建立联系。充分反映近年来管理研究与实践的思考与进展。努力从实际决策的角度引入管理的概念和分析，将更多的篇幅给予较新的理论概念，如全球化、商业伦理、区块链、人工智能、设计思维、颠覆性创新（第一版中称破坏性技术和颠覆性创新）和前景理论等。更加强调战略、创新与价值创造，这是实践中管理者花费最多精力的地方。

调整结构。传统的四项职能框架是在几十年前建立的，其中组织职能的行使曾经被认为是相对稳定的。在今天快速变化的环境中，组织结构调整的节奏也被迫加快。而每当组织结构发生调整，相应的控制系统就必须紧随而变。本教材将控制职能结合到组织职能部分。

强调战略。现实中的企业管理问题从来都是在整体的和动态的环境下进行的。在对决策、管理改进、管理工具的讨论中，重要的是保持对企业所面临的战略性问题的关注，也就是企业如何在约束的条件下运用自己的资源建立竞争优势。本书在管理问题的分析中力图将战略思考结合到相关主题的讨论框架中。

新的和有趣的案例和专题。用新近的事例帮助学生分析当前企业实践中所遇到的问题是如何发生的，以及人们为改进绩效所做的努力。事例还应当是有趣和富于启发的，其中既有像阿里巴巴、华为这类高绩效企业的光鲜案例，也有“肯德基没鸡”这样的趣味资料。每章在开头和结尾部分各有一个较长的案例。这些事例和案例将激发学习者在管理学分析框架下思考的兴趣。

本书强调了中国背景和中国案例的深度挖掘，书中涉及的案例从早期现代管理先行者穆藕初到近期的移动互联网企业的战略选择。同时有针对性地选择富于启发性的国际企业案例，特别是在企业家精神、人力资源管理、组织文化和创新管理等领域中的新案例。全书共计 40 个案例、70 个管理行动专题。

以管理者为核心。多数学生在就业时从专业人员起步，然而，在几年之内他们就会承担起程度不同的管理责任。教材应当帮助他们了解现实中管理绩效差异的来源，从而能够更有效率和更有效能地使用他们的资源。本教材还试图通过建立行动导向的图景帮助学生，分析每一个特定情境下管理者不同行动选择的原则和原则有效的条件。

鼓励自主学习的教学设计

本书的教学设计鼓励学习者自主学习。以平实、清楚的语言和生动的例子解释概念和理论，辅以精心设计的大量图形和表格。排版、段落分隔、项目符号和照片的安排力求让阅读变得轻松、自然。所有的概念在首次出现时都提供了适合情境的解释和恰当的例子。例子的选取特别注意与概念和分析之间的相关性，举例的范围则力求做到有代表性，涵盖制造业、服务业、新型企业、本地企业和国际企业，同时注意不因为通俗而牺牲概念的准确性。

新一代的学习者承受了更多的压力，包括学业内容的复杂性、社会生活的多变和未来预期的不确定性，教学者应当做出努力来帮助学习者顺利完成学习要求。本教材所设计的帮助学习者取得成功的工具主要包括：

√ 复习一下。在每节结束后立刻提供复习所学的帮助，自主掌握学习的进程。
√ 批判性思考和讨论题。引导辨析概念和延伸思考，建立分析框架，发展将概念运用于复杂分析的能力。
√ 学习伴随案例练习。由学习者选择一个现实中的组织，根据每章的主题收集该组织相关市场信息并运用本章所学习的概念进行分析。
√ 自测题。在每章结束后回顾检验是否掌握关键概念，提供所有题目的答案。
√ 本教材遵循美国 AACSB（国际商学院促进学会）2013 版认证标准中的课程指导原则，将题库中的问题与 AACSB 标准中所要求的六大通用知识和技能联系起来。

课件

本书配有 PPT、教师手册和案例音频，采用本书做教材的高校教师可以向读天下公司申请（010-82111123，1291259423@qq.com）。

第一部分 1

管理者与环境

1 CHAPTER 1

管理导论

本章学习要点

- 组织、资源和管理
- 管理的过程
- 管理者类型
- 管理者的角色与技能
- 管理工作的挑战
- 学习和胜任管理工作

Facebook 的巨大影响力引发了人们对隐私和争议内容的关注。

开篇案例

管理 Facebook

Facebook是哈佛大学二年级学生扎克伯格（Mark Zuckerberg）于2004年2月创建的。一开始只是为了方便本校学生之间的社交。今天，Facebook全球月活跃用户已经超过23亿。Facebook的收入主要来自企业投放的广告，企业向Facebook购买页面侧栏或横幅置入广告。Facebook是全球第二大在线广告平台，市场份额高达25%。[1]

Facebook的巨大成功引来竞争对手，扎克伯格必须随时关注用户行为习惯的改变，保持在竞争中领先。互联网技术创新的速度非常快，扎克伯格认为仅靠内部创新远远不够。2012年，Facebook以10亿美元价格购买了照片分享企业Instagram，当时这家创业公司还只有13位员工。2014年，为应对移动端市场增长的威胁，扎克伯格决定以190亿美元的价格购买移动端即时通信软件WhatsAPP。2014年以20亿美元价格购买的Oculus VR，让Facebook成为人工智能的引领者。

工程师博斯沃斯（Andrew Bosworth）在"与扎克一道工作"中描述了扎克伯格的管理风格。他提到，"扎克不感情用事"，他不在乎自己说过什么。他可以花上一年的时间来构建产品，然后在第二天毫不犹豫将其丢弃，转而构建更好的产品。这对我们其他人来说可能很困难。[2]

作为Facebook的CEO，扎克伯格没有自己的办公室，和员工一样在开放办公区工作，这是公司崇尚智力价值而非权力价值的工程师文化。扎克伯格认为，文化不是讲过一次就可以扔掉的东西。"你必须在每次会议上，都反复讲你想要传达的文化，把他们写在每一封邮件里，尤其是CEO或创始人。"[3]

扎克伯格表示，成功的创始人应当有信心聘用比自己更优秀的人。[4]扎克伯格以擅长招募高管而知名，他的高管核心团队相当稳定。在Glassdoor的调查中，Facebook是最具吸引力的企业，而许多员工将扎克伯格本人作为加入公司的理由。[5]

2011年6月，谷歌推出了社交网络Google Plus，某些功能比Facebook更胜一筹。在Google Plus上线的当天下午，扎克伯格召集了全体会议，他指出谷歌的威胁是多么严重，并且表示了战胜的决心。Facebook进入了一周七天的工作状态，鼓励员工家属周末到公司享用餐食，最终Facebook赢得了胜利。[6]

2018年3月16日，Facebook被曝在2014年有超过5000万名用户资料遭剑桥分析公司窃取分析并用来向用户发送政治广告。受此影响，Facebook在两天内市值蒸发500亿美元。3月21日，扎克伯格在Facebook页面上发表声明，承认"犯了错"，宣布"要负责"。一些投资人要求扎克伯格辞去CEO职务，扎克伯格面临公司创建以来最严峻的考验。[7]

对于实际从事管理工作的人士，开篇案例中描述的扎克伯格在管理和职业发展过程中所遇到的多项困难并不陌生。不论管理者在什么样的组织，政府、企业、学校或慈善组织，他们都会遇到许多非常相似的难题。管理学的逻辑始于组织活动中所遇到的典型问题，而管理学的发展则来自我们对这些问题的识别和理解。

在本书中，我们试图对理解组织中的管理问题建立一个结构化的有序框架，并以此为依据帮助管理者解决问题，以更有竞争力的姿态将组织带向自己的目标。

本章首先阐述管理的定义和管理的基本职能，然后从较抽象的分析转入具体的管理者类型、角色的介绍，以及管理者能力的列举与分析。最后我们将探讨如何成为一名有效的管理者以及新的工作环境对管理者的影响。

1.1 组织、资源和管理

为什么要学习管理学？因为管理学的研究和实践能够为组织创造价值。今天，越来越多成功组织的经验让人们意识到，与资金、技术、设备和垄断地位相比，对现有资源加以有效的组合利用并创造出价值的能力才是组织成功更重要的因素。管理学能够告诉我们为什么有些组织更有竞争力以及如何提高组织的竞争力，管理学还能够帮助我们改善自己和周围人们的工作质量。我们将从组织这种最常见的社会形态开始管理学的学习。

组织

管理是一种组织活动。组织为满足我们生活中各项需求提供了主要的支持，从衣食住行到社交、娱乐健康和解决冲突。绝大多数人的一生（超过成人睡眠之外时间的1/3）是在组织中度过的，人们通常在学校受教育，在企业、政府或社会机构中工作，同时还有可能参加各种围绕兴趣建立起来的团体，如体育俱乐部、志愿者组织等。作为名词，**组织**（Organization）是指共同工作、以结构化和协作方式实现一系列目标的群体（见图1.1）。从这个定义可以知道，组织是由多名个体组成的共同工作的群体。结构化和协作是指这些个体的共同工作受到分工和制度的指导，使得工作的过程和所追求的成果是整个组织的而不是个体或部门的目标。**目标**是组织的一个鲜明特征，组织的目标可能是多种多样的。例如，政府的目标是让人民满意的公共服务，企业的目标是合乎伦理的赢利，军队的目标是国家安全。同样以营利为目标的企业，华为的目标是“把数字世界带入每个人、每个家庭、每个组织，构建万物互联的智能世界”，而亚马逊公司的目标是“成为世界上最以客户为中心的企业，让客户能够寻找并发现他们可能需要在线购买的任何商品，致力于为客户提供尽可能最低的价格”。

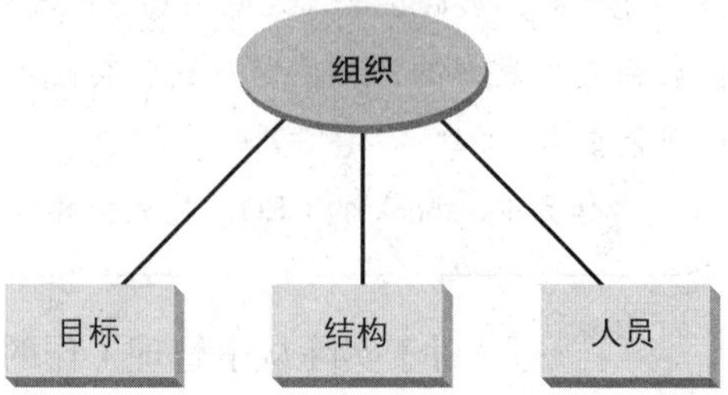

图 1.1 组织的定义

资源和管理

为了实现目标，组织需要运用环境中的资源。一般将组织的环境资源分为人力资源、财务资源、物质资源和信息资源 4 种。人力资源包括管理团队、专业人员和员工队伍。财务资源主要是组织持续运营所需要的资本。物质资源则包括原材料、办公场所和生产设施与设备。信息资源是制定有效决策和提高日常运营效率所必需的有用数据。表 1.1 描述了不同类型组织所运用的资源。例如，小米管理者需要做出的管理决策包括手机技术指标、价格，所需要的资源包括管理、研发和运维人员、股东的资金、生产工厂和小米之家、技术和设计专利。同样，大学校长在做出组织决策时也要考虑师资力量、教室、实验室和图书馆等设施、学校例行的开支和教学投入的来源以及招生和就业形势等信息。

表 1.1

组织对资源的利用

组 织	人力资源	财务资源	物质资源	信息资源
中石化	管理人员、化工技术人员、专业工人	国有资本、股东的投资、银行贷款、公司债券	办公楼、炼油厂	OPEC 和美国产油情况、地质和化学研究进展、宏观经济
麦当劳	管理人员、营养专家和服务人员	股东投资、银行贷款、公司债券	门店、生产设备	食品口味、健康偏好、收入信息
小米	管理人员、硬件技术人员、软件技术人员	风险资本、股东投资、公司债券	技术专利、办公楼、工厂、库存、小米之家	专利、流行设计趋势、顾客反馈、销售预测
国航	管理人员、飞行员、航空技术人员和服务人员	国有资本、股东投资、银行贷款、公司债券	飞机和维修设备	燃料供给、经济形势、安全统计
个人花店	服务人员	个人资本	店面	社区居民收入和消费偏好、顾客流量

资源只有经过有意识的配合和运用才能帮助组织实现目标，这就是为什么组织需要管理。**管理**（management）是协调和组合资源以实现组织目标的过程。管理者通过执行四项基本的管理职能来协调和组织资源：计划与决策、组织、控制和领导。本书的主体内容将围绕着这四项管理职能展开。在进入管理职能的介绍之前，我们还要对组织实现目标的过程，也就是如何实现效率和效能做出介绍。

效率、效能和竞争力

管理活动是一种竞争性的活动：企业要竞争顾客和信贷资源，政府要竞争招商和税源，非营利组织也要竞争捐款和吸引会员。这些竞争的结果取决于组织的效率和效能。

效率（efficiency）是指组织能够聪明地利用资源和实现成本效益，是“正确地做事”的能力。例如，富士康是世界上最大的IT代工厂商，苹果、惠普、戴尔都是它的客户。这是因为它在生产组织方面拥有高超的能力，能够做到低成本和高品质，这样的企业就是有效率的企业。在服务行业，京东和美团能够向顾客提供专业化的服务和低廉的价格，它们也是有效率的企业。

效能（effectiveness）是指制定正确的决策并且成功实施的能力，是“做正确的事”的能力。例如，联想能够准确地把握中国PC市场产品开发和销售的特点，在与国际企业的竞争中一步步成长起来，市场份额不断扩大。又如腾讯公司能够不断改进消费者体验，从QQ到微信为用户提供不断升级的产品和服务，建立起庞大而忠诚的顾客群体。这样的企业都是有效能的企业。

图1.2对管理活动中效率与效能的含义进行了描绘。通常情况下，成功的企业既是有效率的也是有效能的。没有效率的企业很容易被竞争对手超越。20世纪90年代中国对国有企业实行改造，主要就是为了解决当时国有企业效率不高的问题。反之，一家仅有效率而缺乏效能的企业在竞争中也可能居于

管理行动专题

流量的争夺

在网络消费世界里，流量是能够带来商业价值的稀缺资源。流量是企业变现的前提，也是判断企业增长能力的指标。简单地说，流量就是访问量，无论企业的入口是网站、APP，还是公众号、小程序。流量的来源主要是直接访问、通过搜索访问、通过社交媒体访问和通过其他网站访问。

自动产生的流量是很少的，为了获得流量，企业要做广告、生产有吸引力的内容（引发搜索）或组织公关活动（引起转发和讨论）。流量的增长速度也很重要，有些企业增长速度比竞争对手更快。比如，在美国市场上，亚马逊的流量和增长速度都高于沃尔玛，显示亚马逊在线服务的显著优势。[8] 流量的竞争也包括阻止竞争对手获得流量，我们经常听到某一应用被另一个应用封杀，媒体称之为“互联网屏蔽江湖”。[9]

市场领先的企业不仅要考虑现有流量的争夺，还要考虑如何创造和夺取新增流量。从PC向移动互联的转移带来了巨大的流量提升，手机用户不仅在数量上远远超出PC，而且使用时间更长，使用场景上也更加灵活多样。

当线上流量增长放慢时，获得流量的成本也会上升。领先企业发现，线下创造和获取流量在成本上已经是可以接受的。互联网企业将线上流量竞争的经验转用到线下零售店以保持流量的增长，这就是近年来大为流行的“新零售”。

不利的地位，因为它所生产的产品或服务不是市场所需要的。大润发在市场细分、卖场作业流程和供应链管理方面领先于竞争对手，是公认的效率最高的超市。但由于用户特别是年轻用户快速转向网上购物，而大润发缺乏发展电子商务的专业能力，不得不接受阿里巴巴的收购，成为电商巨头企业布局线下的一个成员。

绩效（performance）是组织表现出期望行为和完成期望目标的程度，用来评价组织的管理水平。以企业组织为例，高绩效的企业能够为股东创造价值、满足顾客的需求、为员工提供发展、对社会承担责任。因此，**管理**（management）更为完整的定义是指通过组织和协调组织的资源，有效率和有效能地实现组织目标的一系列活动。

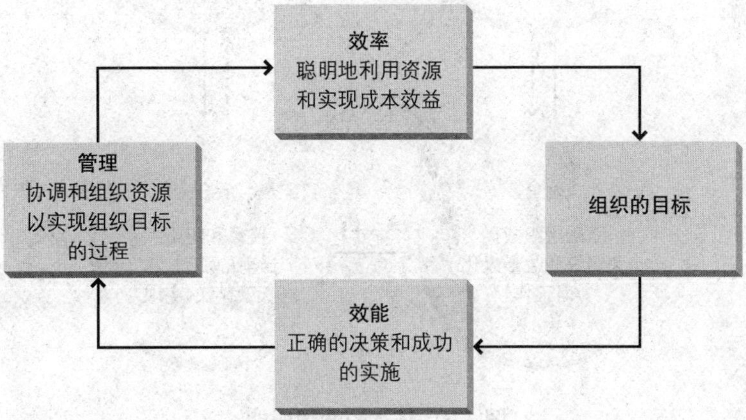

图 1.2　管理的效率与效能

复习一下

1. 什么是组织？分析组织的特点有哪些。
2. 组织资源包括哪几种？管理活动如何运用组织的资源？

1.2　管理的过程

在这一节我们对管理者如何协调和组织资源展开进一步的分析。20 世纪初，法国管理学家亨利·法约尔（Henri Fayol）在其著作《一般管理和工业管理》（General and Industrial Management）中将管理职能总结为计划、组织、命令、协调和控制。100 多年来，尽管人们对管理学的认识已经有了巨大的进步，但法约尔的归纳仍然是我们描述管理职能的主要框架。今天，人们通常将管理者的四项职能归纳为计划与决策、组织、控制、领导四项。对于像麦当劳这样的组织，管理者首先必须制定一系列清晰的目标和计划，让各个层级的管理者和员工了解努力的方向和原则——计划与决策。他们还要设立相应的组织结构来支持实现目标和完成计划，包括采购、加工、销售和研发、招聘的设计与管理——组织。他们通过建立工作规范和奖惩制度来保证员工提供符合公司要求的高质量的产品和服务——控制。管理者还要鼓励员工表现出与组织目标一致的行为帮助组织和员工实现自己的目标——领导。图 1.3 描绘了基本的管理职能。

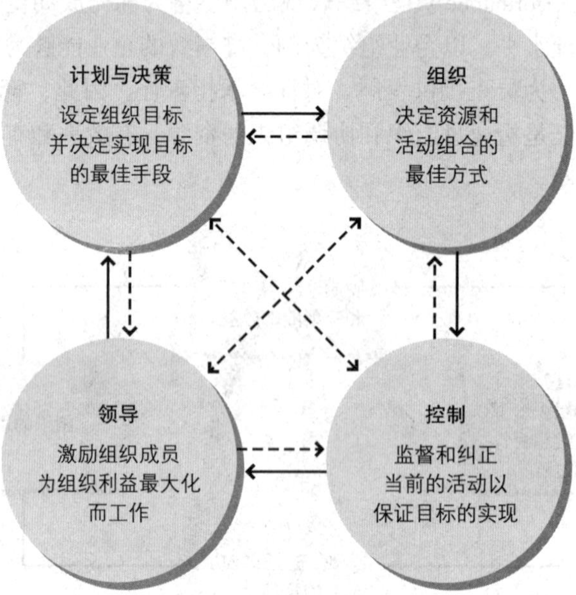

图 1.3　基本的管理职能

计划与决策：选择行动的路线和方向

计划（planning）是指制定目标和决定如何实现这些目标的管理活动。**决策**（decision making）是计划过程的一部分，是指从多个可能的实现目标的途径中选择行动的方案。组织通过计划和决策来保持对外界环境的变化做出反应，调整和实现组织的目标。计划和决策要解决的问题主要是组织应当如何配置资源和未来行动的方向。例如管理者做出组织预算的计划来指导组织的活动，将主要财务资源投放在组织最重要的业务方向。

高级管理人员的计划职能包括为组织制定战略（strategy）。战略是管理者为了实现组织的目标所采取的行动，包括组织总体目标和行动方案及其背后的思考。许多组织计划受到战略的指导，例如人力资源、营销和财务计划都必须体现组织的战略。阿里、京东和网易严选都是电子商务企业，但它们的战略各不相同。淘宝偏向平台战略，为顾客提供尽可能多的产品和服务，以品种和顾客关系取胜；京东以自营产品和送货速度为特色；网易则以提升生活品位为特色，避开基于价格的竞争。不同的战略决定了企业提供哪些产品和服务，如何定价，以哪些顾客群体为服务对象以及用怎样的营销方法来吸引顾客。近年来，由于电子商务市场增长开始放慢，电子商务企业的竞争发展到线下，阿里和京东都开始收购零售企业以获取更多的顾客和消费能力。

2009 年年初，联想连续两个季度业绩下降，发生重大的亏损。公司决定变更领导层，由柳传志出任董事长，杨元庆任 CEO，带领公司走出困境。当时金融危机仍在发展，新的管理层的主要任务是为联想找出业务和利润增长的方向和实施计划。柳传志和杨元庆决定将发展业务的重点放在新兴市场上，特别是中国市场以及俄罗斯、印度市场等。在个人消费业务上采取进攻性的姿态，同时快速拓展移动终端业务，将传统的 IT 产品融入移动互联的潮流之中。

组织：资源的协调和组合

有了目标，组织还要安排必要的人力和其他资源来围绕目标开展工作。作为一项职能，**组织**（organizing）是通过安排资源和活动来实现目标的管理过程。柳传志接任董事长之后，联想对组织结构进行了调整。联想此前主要根据地区设立经营部门，例如北美区、欧洲区、中国区，这一组织方式在管理上比较方便。然而这样的划分不能反映所在区域内消费者的行为特点，导致市场反应迟缓。新的设置将全球市场划分为新兴市场与成熟市场。像中国和俄罗斯就同属于新兴市场，其消费者有共同点。通过将这类市场的战略执行集中到中国，联想可以对同一类顾客采取协调一致的服务，而不必像从前那样受地区管理的限制。人员的招募、培训和薪酬制定也是组织工作的一部分。

控制：对组织中的活动进行监督和评估

组织工作的下一步，是保证组织成员能够按照预定的设想完成工作。**控制**（controlling）是对组织朝向目标前进的过程进行监督的管理活动。组织目标的实现往往要经历一个过程，管理者必须为这个过程中的不同阶段制定考核目标并对完成目标的方式进行干预。对于联想，扭亏的目标要分解到公司内的各个层次和部门，然后每个季度进行考核的评估。此外，联想通过管理制度的建设和严格的业绩考核系统（包括末位淘汰），将员工的行为与公司的目标紧密地结合起来。

领导：激励员工对组织的贡献

领导（leading）是带领组织成员为组织的利益共同工作的活动。领导也许是管理活动中最有挑战性的一项。在计划、组织和控制手段大致确定的背景下，高明的管理者可以通过领导激发员工为组织目标做出贡献的热情。柳传志是联想的创始人，在中国企业界拥有很高的威望。他在联想困难的时刻重新担负起董事长的职务，表现出与企业共荣辱的决心，对联想员工努力实现组织目标起到了很大的激励。他提出联想员工应当“说到做到、尽心尽力”，在危机时机恢复老联想的创业精神。2010年，联想成功地实现扭亏为盈，柳传志和他率领的团队实现了自己的诺言，这种成功进一步激励联想全体员工对组织的信心。

我们在这里所介绍的计划与决策、组织、控制和领导四项基本职能是对管理工作的一个高度归纳，适用于任何组织中的管理活动。也就是说，对任何组织中任何一位管理者的观察都可以按这四项职能进行分析。需要注意的是，这只是为了便于理解管理工作性质所做的分解。实际的管理工作并不是按照某个特定的顺序进行的。管理者并不是在周一进行计划与决策，在周二完成组织工作，周三进行控制，周四领导。在具体的管理活动中，不同的组织、不同的管理人员可能各有侧重，甚至同时进行这四项职能的活动。例如一位高管可能早上开会讨论公司年度计划，然后对下属提交的问题做出决策。如果决策包含组织上的调整，那么也会涉及组织的职能。他可能打电话或到现场对下属的工作进行了解和监督，这是控制职能的表现。最后，他在现场与员工交流，解释公司的政策和目标，此时他的管理活动就属于领导的范畴。在实际中，管理者的活动取决于组织的运行特点和优先事项，而不是理论的需要。图1.3中实线表现的是理论上存在的职能间较为单纯的总体关系，而虚线表现的则是实际中发生的现象，远比理论上的更为复杂、交叉和丰富。

复习一下

1. 管理过程中的四项基本职能是什么？
2. 如何理解管理过程中四项职能的顺序？

1.3 管理者类型

商业报道中经常出现企业管理者的形象，我们也经常听到组织中拥有不同头衔的管理者的故事。管理者的种类很多，不同的组织中需要不同的管理者，管理者所从事的工作也是各不相同的。图1.4从职务的层次和职能两个维度对管理者的不同类型做出了直观的描述，下面我们分别讨论。

不同层次的管理者

组织中存在着不同层次的管理者。有的组织层次较多，有的组织层次较少。一般来说，我们可以将组织管理者分为三个层次：高层管理者、中层管理者和基层管理者。

高层管理者。这个层次的管理者人数较少，他们负责组织全面的管理，通常

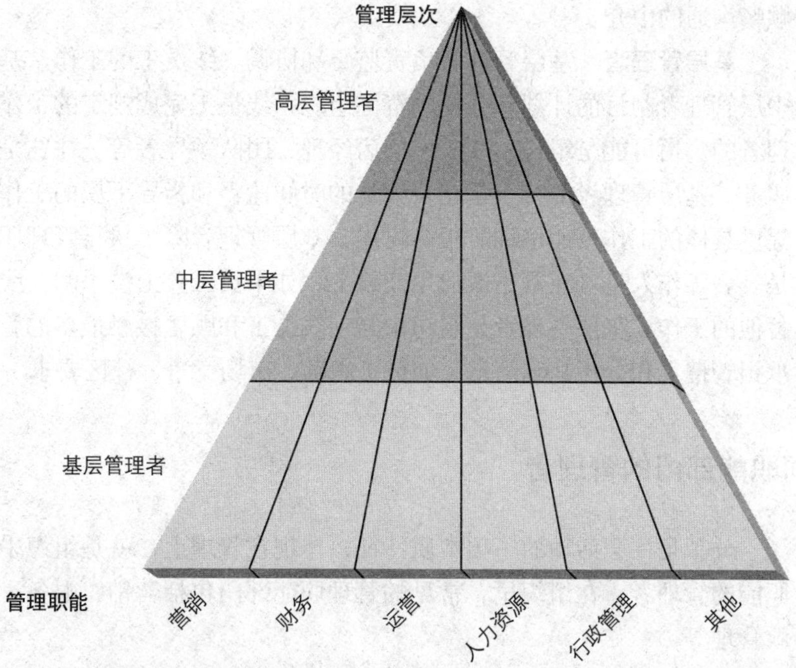

图 1.4 不同层次、不同职能的管理者

拥有 CEO、CFO、总裁、总经理等头衔。高层管理者对投资人、董事会、理事会和股东负责，职能包括制定组织的发展目标、整体战略、计划和经营政策。在对外时，高层管理者代表组织参加活动、发布信息、与政府及合作单位共同工作。高层管理者的工作往往是解决复杂和多变的问题，包括如何预测环境和市场的变化，如何应对竞争，如何在新产品之间做出选择，如何决定组织资源的分配，他们在决策中得到中层管理者和专业顾问的支持。高层管理者的工作压力很大，工作时间长，特别是会议在他们的工作中占很多的时间。不过，高层管理者的报酬也是非常高的，除了基本薪酬之外还有高额奖金和股票期权。此外高管还享受组织提供的其他福利。据 2016 年国务院国资委公布的数据，央企负责人平均年薪在 50 万到 80 万元之间。[10]

中层管理者。中层管理者构成大多数组织中管理队伍的总体，也是我们最为熟悉的管理者的形象。常见的中层管理者包括车间主任、部门经理和分公司经理。中层管理者向高层管理者负责，他们的职责是执行企业的战略、计划和政策，根据这些总体要求制定本部门或团队的工作计划和资源预算，同时做好部门间工作的衔接。中层管理者还负责监督和协调基层管理者的活动。中层管理者往往同时拥有专家的身份。例如，财务部门的经理负责执行高层制定的财务政策和战略，配备人员、设备和组织外部资源为公司提供资金保障，在贯彻财务政策的同时也要保证业务部门的正常运营。他还要负责指导各基层科室的管理者按照组织的目标完成各自的工作。中层管理者队伍对于企业的发展具有战略性的意义，他们是组织保持健康运营的中坚力量，是高层团队成员的预备队，是公司高层和基层间顺畅沟通的中介。

基层管理者。基层管理者负责监督和协调一线员工的工作。基层管理者根据中层管理者制订的计划和分配的资源组织一线员工完成规定的工作任务。基层管理者的头衔可能是组长、线长、门店经理、团队领导者等，往往是管理者最初的职务。基层管理者的特点是花费大量的时间监督和指导下属的工作，经常向下属提供具体的工作技能培训。很多时候，基层管理者除了执行管理职能外，本身也是一名工作人员。在富士康的生产线上，如果员工要上洗手间，线长就会临时接替他的工作。基层管理者是组织中与一线员工和顾客接触最多的管理者，他们还承担着搜集和分析基础信息（如员工激励、市场竞争、社区要求）的工作。

不同职能部门的管理者

分工是社会活动的一项本质特征，体现在管理上，就是组织中承担不同管理职能的管理者。在组织里，常见的管理职能部门包括营销、财务、人力资源、行政管理等。

营销经理负责管理吸引顾客和消费者购买组织产品和服务的活动。搜集市场信息、了解顾客需求、开发新产品、决定产品上市时的广告和渠道策略等，都是在营销经理的指导下进行的。除了企业之外，非营利机构和政府也需要设立营销经理向捐款者、会员或选民推广自己的理念和服务，争取支持。

财务经理负责管理组织运营所必需的财务资源。他们的具体职能包括会计记录和报告、现金管理、风险控制、维护财务制度等。

人力资源经理负责招聘和员工发展的工作。人力资源规划、招聘和选拔、培训与发展、薪酬和福利体系、绩效评估、解聘人员等都是人力资源经理的管理范围。

行政经理是指非专业性的管理职务。例如很多组织中设立办公室主任的职务，他所承担的主要是超越职能部门工作的协调和组织任务。

其他类型的管理职能。除了我们在上面所讨论的基本职能部门之外，根据组织的需要和环境的改变，许多组织设立了特殊的管理职能。例如 IT 企业往往有首席技术官（CTO)、首席架构师（Chief Software Architect）等领导企业的技术开发，首席信息官（CIO）则是企业信息系统的最高管理者。有的组织还设立公共关系经理负责对外沟通、维护企业形象的工作。不论这些管理者拥有怎样的头衔，我们都可以用前述的计划与决策、组织、控制、领导四项基本职能来分析他们的工作。

复习一下

1. 简要介绍组织中管理者的不同层次和类型。
2. 不同组织中管理职能部门的重要性可能是不一样的，请举例分析。

1.4　管理者的角色与技能

理解管理者工作的其他维度包括管理者的角色与技能。我们先介绍管理者的角色。

管理者的角色

不同的管理者也许有不同的性格特征，但只要从事管理的活动，他们都要扮演一些特定的角色。管理者的**角色**（role），是指管理者在组织中要完成某些特定的工作、满足组织的特定要求和履行特定的责任。管理者在管理活动中经常要扮演不同的角色。

加拿大管理学家明茨伯格（Henry Mintzberg）在 20 世纪 60 和 70 年代对实际工作中管理者的日常活动进行了系统的观察和研究，他所选择的既有美国总统这样的高级管理者，也有中级管理者如生产管理人员、车间主任、医院行政人员，甚至还包括街头团伙的头目。根据明茨伯格的总结，所有的管理者在工作中都要扮演 10 种不同的角色，分为人际关系、信息和决策三大类。[11] 表 1.2 对这些角色进行了描述。

表 1.2

10 种基本的管理角色

类别	角色	典型活动
人际关系	精神领袖，领导者，联系人	介绍企业使命，参加新工厂落成剪彩，鼓励员工提高生产率，协调两个项目组的活动
信息	跟踪者，传播者，发言人	审读产业报告，对产业发展了然于心，发布新的组织行动的信息，发言讨论增长计划
决策	企业家，扰动处理者，资源分配者，谈判者	提出创新的观念，解决下属部门间的冲突，审查和修改预算，同关键供应商或工会达成协议

人际关系角色。管理者的工作离不开与他人接触，人际关系角色是指与组织内部和外部人士进行互动时所扮演的角色。管理者在工作中要扮演 3 种人际关系（interpersonal）角色。首先是精神领袖（figurehead），也称名义领袖，这是指管理者代表组织接待来访者、参加剪彩仪式和重要活动。在多数情况下，这些活动是象征性的而不是实际的，具体工作往往是由低级的管理者或员工准备或完成的，但需要管理者出面。其次，管理者还要扮演领导者的角色。这是指管理者在工作中必须对员工和下属提供激励、培训和指导。例如管理者经常需要以身作则或在下属遇到困难的时候提供鼓励和帮助。最后，管理者还要扮演联系人

（liaison）的角色。这是指在个人、个人与团体、团队之间担任协调和联系的工作。例如不同部门间可能需要协调进度和交换信息，这样的工作往往需要管理者承担或直接指导。当联想公司决定上市手机产品时，营销、研发和生产部门之间必须保持密切的协同才能保证产品按时上市并销售给适当的消费者。这些部门和管理者或更高级别的管理者需要完成大量的联络和协调工作。

信息角色。管理者在工作中要扮演 3 种信息（informational）角色，承担为组织和部门、团队收集和传播信息的责任。第一种信息角色是跟踪者（monitoring），跟踪和积极收集有价值的信息。管理者总是力求掌握组织内外的各种重要信息，包括从外部信息渠道获得的信息和从内部员工反馈得到的信息。失去信息来源或无法获得可靠信息，管理者将不能正常工作。第二种信息角色是信息的传播者（disseminator）。管理者将自己获得的信息转发给具体的工作人员帮助他们完成任务。在这个意义上，管理者也是信息的控制者，他可以选择向员工传播哪些信息。第三种信息角色是外部沟通，管理者作为发言人（spokesperson）向组织和群体之外的人员传播信息。例如部门管理者可能代表本部门出席公司经营会议，向高层介绍本部门的工作，争取预算和获得其他部门的支持。当产品和服务出现质量问题时，尽管有公关人员的专业支持，通常还是需要管理者亲自面对消费者和合作商。外部沟通的角色与名义领袖有相似处，其区别主要是外部沟通角色包含实际的工作内容，而名义领袖则只是组织的符号。

决策角色。管理者在扮演信息角色时所收集、分析和传播的信息为管理者扮演决策（decisional）角色提供了条件。明茨伯格将管理者的决策角色分为 4 种：

第一种是企业家（entrepreneur）的角色，管理者充当组织中资源运用创新和变革的推动者。例如，小米创始人雷军相信可以做出性价比高于市场竞争对手的手机产品。为此他必须领导企业创新，不断推出让消费者觉得“价格厚道”的新产品和服务。

第二种是扰动处理者（disturbance handler）的角色。在组织运行过程中出现一些偏离组织要求或预期的行为或现象时，管理者必须扮演扰动处理者的角色，例如平息内部冲突、劳资纠纷和公关危机等。

第三种是资源分配者（resource allocator）的角色。管理者在扮演这一角色时负责组织内部的资源分配、决定优先顺序。例如管理者经常需要决定对于成熟的产品、开发中的产品和已经接近销售尾声的产品应当分别投入怎样的营销力量。

第四种是谈判者（negotiator）的角色。此时管理者作为组织、部门或团队的代表与内部或外部组织或团队进行谈判。谈判的对象可能是供应商、银行、经销商，谈判也可能是协调下属部门间的关系或争取其他部门的支持。

明茨伯格对管理者角色的深入研究有助于我们理解实际工作中管理者的活动，而不限于 4 项管理职能的单一维度。在理解明茨伯格的管理者角色分类时，还应当注意 10 种角色之间并不存在截然的分界。换言之，在实际工作中管理者有可能同时扮演这几种角色。例如接待外来人员时，管理者可能既是组织的名义领袖，同时也是一名谈判者。此外，一些没有包括在里面的新的管理者角色正在得到越来越多的重视，例如管理者对下属的教导（mentoring）。

管理技能

无论是实现 4 项基本的管理职能还是扮演管理者的 10 个角色，管理者都必须具备许多特定的管理技能（managerial skills），包括技术、人际关系、概念、诊断、沟通、决策和时间管理。

技术技能。技术技能是完成或理解组织所进行的特定工作的能力。技术技能可以理解为管理者理解和完成下属和员工所承担工作的能力。许多管理者是因为技术工作出色而得到提拔的。例如，IT 公司的研发经理往往本人就是一名优秀的程序员。同样，销售人员出身的销售经理对于完成订单的任务也十分在行。对于基层管理者，技术技能十分重要，这些管理者将许多时间用于指导下属和解决工作中的具体问题。

人际关系技能。人际关系技能是沟通、理解和激励个人与群体的能力。在前面提到管理者角色时我们已经知道，管理者承担着大量的与人打交道的工作。人际关系技能帮助管理者处理与同事、上级、下级和外部顾客与供应商等的关系。成功的管理者通常具有出色的人际关系技能。例如，几乎所有与周恩来接触过的人，不论是外国政要、战友、同志或普通人，在回忆中都会对他出色的人际关系技能推崇不已。

概念技能。概念技能是指管理者进行抽象思考的技能。管理者在承担管理职能的过程中，需要突破当前工作和任务的约束，对组织的整体工作和环境进行思考。他不仅要了解组织中各个部分是如何运作的，还要知道组织当前面临的紧迫问题是什么，环境和竞争对手的变化趋势以及这种变化对于组织意味着什么，如何才能推动组织取得建立竞争优势所必要的资源和能力。例如，2009 年柳传志面对联想扭亏的问题时，他首先需要解决的是如何实现联想销售的增长。尽管当时受金融危机影响，欧美等成熟市场 PC 销售出现了下滑。但中、俄、印等新兴市场国家仍然保持着强劲的增长。柳传志和他的团队的结论是，在新兴市场上存在着销售增长的最大可能。

诊断技能。诊断技能是将某一情境的处理具体化的能力。我们可以将管理者的工作与医生的诊断相类比。管理者在面对问题时，首先需要找出当前组织所遇到的困难的原因，接下来则要考虑采用哪些方法，这些方法的可能效果是什么。前文中的柳传志提出在成熟市场上采取守势，保证市场份额。而在新兴市场上采取攻势，扩大市场份额。进攻的方法则是将在中国市场高度成功的交易型销售模式加以复制。通过运用诊断技能的思考，柳传志和他率领的团队为联想扭亏提出了具体的策略。

沟通技能。沟通技能是有效地传达和接收思想和信息的能力。管理者在与人打交道时几乎随时随地都在运用沟通技能：向上级报告自己的计划和业绩；向同级寻求支持和协同；向下属布置任务、指导工作。沟通技能还包括语言能力、读懂语言之外含义的能力和使用沟通技术手段的能力，如信件、报告、电子邮件和其他通信手段。

管理行动专题

CEO 们是如何管理时间的

2006 年，哈佛商学院教授迈克尔·波特与合作者开始研究 27 位上市公司 CEO 的时间分配。2018 年 7 月，《哈佛商业评论》公布了这项研究的成果：[12]

1. 工作时间长。每天工作时间 9.7 小时，周末还有 8 个小时，休假时每天平均工作 2.4 小时。CEO 工作时间中 47% 在公司总部。
2. 面对面工作。61% 的时间是面对面工作。
3. 日程表驱动。CEO 的工作时间中有 75% 以上反映在日程表上。优秀的 CEO 让自己的日程表尽可能透明，理解 CEO 的日程表有助于让伙伴和同事做出配合，并且形成拥有共同目标和节奏的感觉。CEO 的工作时间里有 36% 属于反应模式，其中最重要是在危机中展现领导力。
4. 依赖直接下属。CEO 在内部沟通中有 46% 的时间里有一位或一位以上直接下属在场，有 21% 的时间只同直接下属沟通。他们将 32% 的时间用于同其他高级领导者沟通，剩余的时间同基层经理和员工沟通。
5. 使用广泛的整合管理机制。CEO 的工作不是业务决策，而是制定结构和流程。战略制定占 21% 的时间，职能和业务单位评估占 25% 的时间，员工发展和人际关系占 25%，将公司结构与文化和业务需要相匹配占 16%。
6. 总是在开会。CEO 有 72% 的时间是在开会。1 小时的会议占 32%，1 小时以上的占 38%，短会议占 30%。一对一会议占 42%，2~5 人参加的会议占 21%，51% 的会议是由 CEO 本人发起的。CEO 在大约 28% 的工作时间里独处，其中只有 18% 持续 2 小时以上。
7. 外部活动。差不多占工作时间的 30%，其中 16% 是与商业伙伴互动，5% 与董事会互动，9% 是社会活动。CEO 与顾客互动的时间只占 3%，这是一个显著过低的数字。

CEO 的工作是非常复杂的，从时间管理入手为我们理解 CEO 工作提供了一个认识的框架。

决策技能。决策技能是指管理者正确地识别和定义问题与机会，选择适当的解决问题的方法和利用机会的能力。没有决策也就没有行动，有效的决策是其他技能转化为成功管理的关键。在资源约束和时间压力下，决策往往是困难的。例如在市场环境发生改变导致企业出现亏损时，是应当通过裁员压缩开支，还是通过增加研发投入用新产品来解决困境？这些问题往往没有现成的答案，而做出任何一种决策都可能冒很大的风险。有效能的决策者同样会犯错误，然而他们往往能够从错误中吸取教训并及时做出补救。当腾讯的股价出现连续大幅下跌时，马化腾通过组织架构变革向内部和外部发出信号，腾讯将打通平台间的障碍，提升企业服务。

时间管理技能。时间管理技能是管理者为自己的工作分配优先次序，有效率地完成工作的能力。管理者的时间是许多人争夺的对象，满足所有下属、同事、上级、供应商和经销商对工作时间的要求通常是不可能的。另一方面，如果管理者忙于解决当前的和急迫的事宜，而忽略了或推迟了对组织和群体更为重要的事务的处理，其结果将严重地影响组织和群体的效能。管理者可以采用许多方法有效地管理时间。例如将需要办理的事务按其重要性排序来分配时间，对于重要而急迫的事务优先处理，对于急迫而不重要的事务可以授权他人办理。

复习一下

1. 简述管理者角色的类型。
2. 不同层次管理者对管理技能有何侧重？

1.5 管理工作的挑战

管理工作的性质

管理者的实际工作并不遵循某一理论上规定的路线、职能或角色。在管理者的工作中充满了不确定性、变化、中断和零散的活动。明茨伯格的研究发现，CEO 通常将工作时间的 59% 用于日程表上安排好的会议，22% 的时间用于案头工作，10% 的时间用于日程表上没有安排的会议，6% 的时间打电话，其余 3% 的时间则要在公司内各处走动。当然，不同层次和职能的管理者在时间安排的比例上可能是不一样的。

此外，管理者的工作往往范围广、复杂程度高。例如，管理者既要处理工作进度的问题，又要调解下属之间的纷争，还要为下属工作中出现的失误负责，向上级报告和与同级之间的协调也是颇具挑战性的工作。管理者的工作节奏很快，许多时候没有条件反复斟酌自己的决策。管理者的时间使用经常因为需要和各种意外事件的发生而变得支离破碎。管理者工作时间变得更长，压力也更大。不仅如此，管理工作的性质和范围也在不断地变化。今天的管理者和几十年前相比面临着完全不同的机会和挑战。

新的工作环境对管理者的挑战

管理者们经常体验到环境变化所带来的巨大困惑。这些困惑包括如何做到伦理领导、管理价值观完全不同的年轻一代员工，应对全球化的竞争，应对新技术的挑战，应对组织结构的变化以及推动组织变革等，如图 1.5 所示。

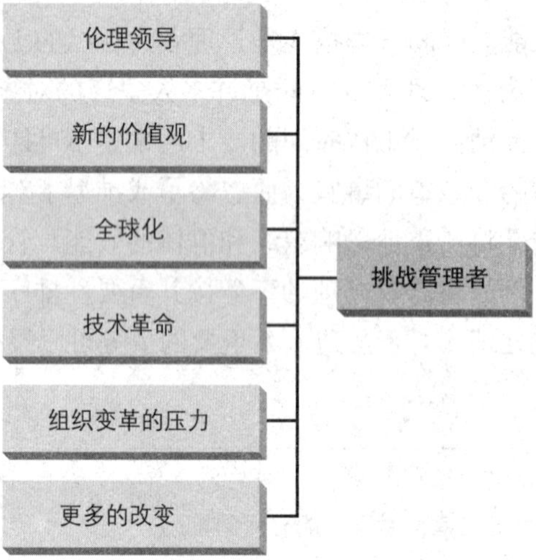

图 1.5 新的工作环境对管理者的挑战

伦理领导已经成为全球关注的热点。不伦理的行为损害消费者、组织、股东和员工个人。像三聚氰胺事件造成全国性的家庭悲剧，不仅导致三鹿公司破产，还对国内整个奶粉行业带来了巨大的打击。我国近年来多次发生食品安全问题，造成消费者缺乏安全感。政府和企业采取了许多措施力图管理和控制不伦理的行为，但效果并不明显，表明了当前商业环境下伦理行为判断和实施的难度。

跨国公司向国企和政府部门进行采购行贿和企业中行贿索贿现象长期不能得到有效的解决。大股东、高管违反伦理原则或侵害公司利益的行为同样十分严重。2017 年，美国著名互联网创业企业 Uber 频频爆出公司丑闻，外界普遍认为这些丑闻与创始人卡拉尼克在公司内部主导的企业文化有关。尽管公司业绩和成长性都非常好，但在投资人的压力下卡拉尼克不得不辞去 CEO 职务。

然而，坚持伦理准则的企业固然可能遇到一些困难，但也会让企业的价值得到极大的提升。万科是一家公开宣称自己不行贿的企业，尽管这样做可能增加了经营成本，但万科通过提高企业的效率和效能仍然实现了长期的增长，成为房地产行业中美誉度最高同时也是绩效最高的企业之一。

价值观的多元化和新一代工作者的特点是管理者必须面对的另一难题。2010

年发生的多起富士康员工跳楼事件在一定程度上是由于企业方面未能理解新一代生产线员工的要求所导致的。“90 后”“00 后”进入劳动力市场，他们可能拥有与上一代员工完全不同的价值观，在工作和生活方面更独立、更具创新性和更加追求合理的回报。企业必须针对他们的特点和需求设计和改变工作环境以吸引、留住和激励这些新的职场人员，例如加强培训和指导，提供清晰的职业发展路线。

很多组织成长很快，需要从其他组织中大量引进人才，包括所谓的空降兵。然而新人的到来往往伴随老员工的心理动荡，工作方式不同、薪酬水平不同都可能引发矛盾。同样的情况也发生在兼并重组的企业中，如何留住有价值的员工、协调不同的价值观都是管理者需要认真分析的问题。跨国经营的企业则发现管理不同文化、种族和宗教背景的员工队伍需要拥有与以往大不相同的管理技能。另一方面，劳动力多元化为企业带来了新思维方式和行为特点，有助于企业的创新和满足不同类型顾客的需要。

全球化是当代所有组织面临的共同挑战。随着交通和通信技术的进步、贸易和投资限制的解除，全球化已经渗透到组织运营的各个方面。全球化的表现包括在全球寻找资源、生产的全球化、为全球市场开发产品和符合当地要求的营销和服务。组织在市场、生产、财务、人才领域中的竞争都要在全球视野下重新考虑。例如，外资金融企业进入中国加剧了原本已经紧缺的本地金融人才的竞争。海外运营为企业带来了更大的风险，汇率的波动或管理人员的不伦理行为都可能给组织造成重大的影响。

另一方面，管理者也通过全球市场获得更多的成功机会。在 2008 年金融危机期间，许多中国民企在海外实行成功的收购和扩张，吉利收购沃尔沃就是其中最著名的一项。许多互联网企业通过海外上市解决了国内银行贷款支持不足的困难。大量的“海归”更为组织利用海外教育成就、提升组织人力资源竞争力提供了资源供给。全球化的趋势对管理者提出了不同于本地经营的新挑战，例如必须适应新的商业环境、文化冲突、控制汇率和政治风险等。

新的技术也对管理者提出了不同以往的要求。技术进步速度加快令组织管理者经常需要做出风险较大的技术决策。技术还改变了商务和交易的方式，IT 技术的普及不仅让小型的组织同样能够获得丰富和及时的信息用于决策，同时也帮助小型组织的运营活动打破地域、时区的限制，从而扩大了管理者处理的业务活动的范围。通信和办公技术的进步让组织管理的节奏变得更快，即使在休假、外出期间，管理者仍然可以有效地掌握和指导组织的活动，但同时也大幅度增加了管理者的工作负担。

领导和推动组织变革是今天管理者最重要的任务之一。组织变革是指组织根据内外部环境的改变而调整组织中某一方面或整体运行方法的活动。例如，受金融危机影响，许多长期以出口为主的生产企业不得不转向国内市场。而国内市场的顾客需求、渠道和信用管理与国际市场差别很大，很多工作流程完全不同。以信用管理为例，与外贸相比，内贸信用环境较为落后，这意味着信用管理所需要的能力和程序都要重新建立。环境改变的速度越来越快，管理者不得不将主要的精力用来研究和实施变革，才能保持和提高组织的竞争力。

今天的管理者必须对组织内外环境的变化做出反应，为组织吸引来足够的优秀员工，通过培训和发展让员工得到成长，从而留住员工。管理者还必须采取适当的激励方法将员工的能力转化为组织的竞争力。更重要的是，必须时刻关注环境的改变，保持组织的灵活性，为组织未来的发展留出足够的空间。表 1.3 列出了组织中正在发生的改变。

表 1.3

组织中正在发生的改变

传统组织	新的改变
√自上而下的等级制度	√平等的工作氛围
√信息在上下级间流动	√信息在各个方向上流动，开放的沟通
√稳定的部门、工作和流程	√不断变化的任务和要求，经常需要打破部门界限
√固定的上班时间和地点	√在任何地方、任何时间开展工作
√工作第一，生活第二	√工作和生活的平衡
√注重员工个人能力	√注重团队工作和协作
√内部规定导向	√顾客要求导向
√管理者决策和命令	√员工参与决策和自我管理
√组织整体变革缓慢	√随时准备对市场和竞争做出灵活反应
√本地经营	√寻求全球市场的机会

管理工作的范围

有关管理的话题往往集中于营利组织，也就是企业。然而政府组织、非营利组织同样需要管理，它们的管理人员也会划分为前面提到的类型，需要掌握管理的技能，扮演管理者的角色。事实上，任何需要共同工作、分配资源和拥有目标的组织和小组的活动都离不开管理。

营利组织的管理。营利组织的活动是推动管理学进步的主要力量。因为营利组织通常是在高度竞争的行业中经营，管理水平的高低直接决定了组织的生存，必须做到既有效率又有效能。我们经常听到的是一些大企业的名字，像华为、阿里巴巴、腾讯、京东、美团、今日头条、招商银行和苏宁。但在实际生活中，更多的企业属于中小企业，它们为我们提供特定市场或特定产品的服务。对于小企业，有效的管理可能更加重要。大企业的一个错误决策往往有机会得到补救，因为它们实力雄厚，可以从银行得到支援或通过多元化投资分散风险。但小企业管理决策中的失误很可能直接导致企业倒闭。当然，既有效能又有效率的小企业有机会成长为大企业，阿里巴巴、华为、腾讯都是从小企业起步成长为大企业的。

非营利组织的管理。非营利组织通常以无形的目标为追求。典型的非营利组织包括国际奥委会、红十字会、公益基金（如李连杰领导的壹基金）等，它们追求的目标分别是运动精神、人道主义和慈善。非营利组织不以利润为目标，但非营利组织的活动和服务不一定是免费的，如2008年北京奥运会的总收入超过20亿美元。[13] 此外，非营利组织的运营也必须做到有效率和有效能，否则组织本身同样难以为继。试想假如红十字会将大量的捐款用于行政开支，捐款人将对它的管理提出异议，也就不会继续向它捐款。

政府部门的管理研究和实践已经发展成为一门相对独立的学科：公共管理。政府部门主要向公民和居民提供公共服务，例如法律保障、国防、市政与环境、教育等。政府部门的资金来自中央政府和地方的税收，政府本身的行政费用和由政府拨款完成的项目从预算到资金的使用和效果评估都要受到民众的监督，因此必须在管理上做到有效率和有效能。

教育和医疗机构也在学习和运用管理学的成果和最佳实践。教育家们运用管理学的方法提高教学工作的效率，改进学生的学习效果，让学校的资源得到更加合理的运用，为学生创造更大的价值。医学专家们则在管理者的帮助下改进医疗的质量，降低医疗的成本，让尽可能多的患者得到高品质的医疗服务。

复习一下

1. 管理工作的困难可能有哪些？
2. 管理工作面临的新挑战有哪些？

1.6 学习和胜任管理工作

在不同的组织中，管理者的专业背景、晋升路径差别很大。绝大多数管理者职业生涯中的第一份工作并不是管理，而是专业工作。在积累起一定的经验并观察和学习了组织中其他管理者的工作之后，专业人员经常有机会转变为管理者。第一份管理工作通常还是在原来工作的领域中，例如从销售人员晋升为销售主管。有时也会转向另一份陌生的工作，例如临时组建的一个新的项目团队，决定由某位员工担任团队的管理者。管理能力不是天生的，不论从怎样的路径开始管理工作，管理者都可以通过有意识的学习和锻炼来提高自己的管理能力。

管理教育。大学管理学课程的目的是帮助学生学习和掌握基本的管理技能，为将来从事实际的管理工作做好准备。其他专业的学生选修管理学的课程也可以起到相似的作用。许多专业人员在工作一段时间后获得管理的职位或希望向管理工作发展，MBA（工商管理硕士）是一个很普遍的选择。与本科教育不同，MBA只招收有实际工作经验的学员，其课程设计和教学方法更强调解决现实问题和在工作中如何应用。一些资深的主管或高管则选择EMBA（Executive MBA）课程，这是以企业中高级管理人员为对象的专业学位，要求学员对企业或组织的运营以及高层管理工作有较为深入的理解，授课内容和教学方法侧重战略性，更注重对企业或组织运营的整体把握和当前环境中的重大趋势分析。

管理行动专题

上任第一年

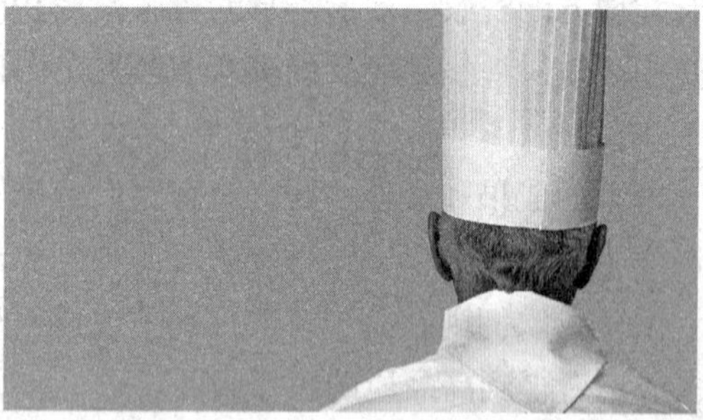

琳达·希尔在《上任第一年》中通过对19名新管理者的观察描述了他们的转变。这些新管理者都是各自专业领域中的佼佼者，因此获得晋升。一开始，他们往往觉得自己的工作只是行使正式的权力、做决定和告诉他人应当做什么。他们还认为自己仍然可以做过去所擅长的专业工作，只不过现在增加了权力和控制力。然而，6个月后他们就会发现，原来的工作节奏已经彻底被打破。工作变得非常繁忙，打开信箱就是堆积待复的邮件，老板、同级、下属和客户们总是不停地找他们商讨和解决问题，还要参加或组织大量的会议，几乎无法一个人静下来好好思考问题。时间变得破碎，因为不知道下一刻会有哪些不在日程表中的事情发生，自己想做事只能靠挤出时间。

同时，新管理者们很快就会明白，所谓正式权力并不是想象中的那样有用。下属们可能有意无意表现出对新管理者的轻视，不去执行他的指示，也可能拖延或执行不力。他们不得不借助其他方法来动员和说服下属执行自己的指示。过去有主管帮助自己争取和安排资源，现在他们不得不向同级其他部门或岗位上的管理者寻求帮助，而他对同级当然不可能采取命令的态度。希尔的观察指出，新管理者第一年最重要的困难来自建立不同于过去的人际关系的挑战。只有在上级、同级、下属间建立信任的关系，才有可能在管理活动中将这种信任转变为影响力，推动他人帮助自己完成工作。

最后，新管理者们发现，他们的工作主要可以分为两类：为自己的团队设定工作计划和在组织内部建立网络关系。开始的时候，新管理者通常关注内部问题。他们中的绝大多数很快就掌握了为团队设定工作计划的方法，但建立网络的能力则需要较长时间才能发展起来。慢慢地他们会认识到，只有同上级、同级建立密切的关系，争取他们支持自己和团队的计划，管理者本人和团队才有可能取得成功。能够顺利地在组织中建立和维护关系是新管理者成功的关键。经过一年的努力，新管理者摆脱了专业人员或专业职能的限制，成为团队的领导者和组织网络建设者。他们不再企图依靠控制和命令，而是通过发挥影响力和说服来完成工作。

资料来源：希尔·琳达．上任第一年[M]．北京：机械工业出版社，2005.

除了正规的学位教育外，管理者还可以参加短期的 EDP（Executive Development Program）培训课程。这些课程往往结合企业运营中某一个具体的方面（如决策方法、信息技术等）提供前沿的知识和技能。企业在职培训是管理教育的一种特殊形式。有些企业委托商学院或培训机构举办在职培训，还有的企业则设立企业大学对员工、管理者和客户进行培训，像通用电气领导力中心、麦当劳大学、惠普商学院、阿里巴巴学院等，这些机构的培训将员工的能力、态度和激励与企业的战略和目标更紧密地结合起来。

总体而言，管理学的课程和培训更注重管理工作一般性或代表性的问题，其解决方案往往来自理论的指导。尽管在管理课程的设计中可以尽量营造真实的环境和气氛，但由于管理教育主要面向全体学生的需要，往往宽泛有余而针对性和个性化不足。

管理的经验。你也许能够将所有管理学研究的成果和实践经验总结背下来，可是这绝不意味着你已经是一名有效的管理者了。管理技能的适用性、管理者在资源约束的条件下应当如何做出选择和采取行动、管理者需要解决的问题的复杂性、管理者所承担的压力，这些只有在实际工作中才能学习和体会。许多企业建立了导师（mentor）制度，由资深管理者辅导新的管理者适应工作，将前者的经验和组织知识传递给后者。还有的企业设立管理培训生（management trainee）项目，吸引优秀的应届毕业生加入企业，帮助他们熟悉管理工作并提供晋升的机会。此外，来自过去其他行业工作的经验对于管理工作也是有帮助的，例如退役的军官、中小学教师、管理咨询师等工作经验。IBM 的前任 CEO 郭士纳（Kevin Gerstner）曾长期担任麦肯锡公司的管理顾问。更多的管理者则在从专业人士向管理者过渡的过程中自己进行总结。

管理的艺术和科学。管理学理论表明，许多管理问题可以通过理性方法得到解决，收集数据、建立模型并计算得到最优解。例如，物流公司的送货路线设计、在保证顾客满意的同时将库存降到最少等。然而，在更多的情况下，管理者在解决问题时无法获得足够多的信息，即使有信息也未必准确。例如企业在推出新产品之前，往往通过科学的消费者调查或试销等收集信息。然而由于在此过程中不可避免地受到调查对象局限性的影响，其结论只能作为决策的部分参考。苹果公司拥有卓越的供应链管理能力，这是其定量管理水平的体现，只要知道订单数量就可以高效地实现生产。但定量分析无法解决销量预测的问题。苹果曾经预计 2018 年第一季度 iPhone X 的销售为 5000 万台，但由于市场反应不佳，实际可能只有 3000 万台。这一误差不仅影响苹果公司的收入，还影响到为 iPhone 提供 OLED 显示屏的企业，例如苹果向三星订购的 OLED 数量只有预期的一半。这说明，即使像苹果这样拥有丰富财务资源、强大技术力量、有经验的管理团队的公司，管理决策仍然需要艺术，而不仅仅是科学。在这里，艺术指的是来自直觉、洞察力、经验和体会的管理决策。

复习一下

1. 专业人员有哪些学习管理的途径？
2. 经验在管理技能中扮演怎样的角色？

本章要点

1. 组织是共同工作的、以结构化和协作方式实现一系列目标的群体。管理是协调和组合资源，有效率和有效能地实现组织目标的过程。
2. 管理者通过执行4项基本的管理职能来协调和组织资源：计划和决策、组织、控制和领导。在实际的管理活动中，4项职能是交错复杂进行的。
3. 组织中的管理者可以归入3个层次：高层管理者、中层管理者和基层管理者。还可以按职能部门将管理者分为营销、财务、人力资源、行政管理等。所有的管理者在工作中都要执行计划与决策、组织、控制、领导四项职能。
4. 管理者在工作中扮演10种角色，其中属于人际关系的是精神领袖、领导者、联络人，属于信息角色的是跟踪者、传播者、发言人，属于决策角色的包括企业家、扰动处理者、资源分配者和谈判者。
5. 管理技能包括技术、人际关系、概念、诊断、沟通、决策和时间管理。
6. 新的工作环境对管理者的挑战包括伦理领导、价值观完全不同的年轻一代员工、全球化、新技术、组织结构的变化以及推动组织变革等。管理工作可以提高营利组织、非营利组织、政府和其他社会机构的效率和效能。
7. 管理者的能力可以通过管理教育和经验得到提高。

批判性思考与讨论题

1. 谈谈效率和效能的区别，并举出现实中组织的例子加以说明。
2. 管理的4项基本职能是什么？它们之间的相互关系如何？
3. 选择一个组织（例如学校或企业），具体分析组织所使用的各种资源。组织是否有效地利用了资源？
4. 以一个具体组织为例，说明高层、中层和基层管理者包括哪些人，他们的职务或职位。组织中不同层次的管理者如何为组织的效率和效能做出贡献？（公司网站上往往有组织结构图，可以帮助你完成这项练习。）
5. 在一个实际的组织中选择一名中层或基层管理者，描述他如何执行管理职能，在工作中扮演哪些角色，具有哪些管理技能。
6. 基层管理者是否有可能影响组织的战略，请举出例子说明。
7. 选择一名公认的优秀管理者（例如业绩良好的上市公司高管），分析他如何执行管理职能，在工作中扮演哪些角色，拥有哪些管理技能？在哪些方面表现特别好，在哪些方面表现得不够好？
8. 回忆你最近参加的一个小组项目或完成的小组任务，描述小组成员如何表现出各自的管理技能。

9. 以一家具体的组织为例解释管理者面临的新的工作环境的挑战有哪些。
10. 回忆你与某位“上级”（经理、教师或组长）共同工作的经历。从他的管理来看，什么时候他体现出科学，什么时候他体现出艺术，请各举一例。
11. 到一家大公司的网站上搜寻 CEO 的简历，他接受过哪些管理教育？在你看来，作为 CEO 应当接受哪些管理教育？为什么？
12. 请举出一个管理不重要的情境。
13. 高度依赖互联网的新工作环境对管理者行使 4 项基本职能有何影响？

学习伴随案例练习

选择一家能够获得其活动资料的真实的组织，例如上市公司，以小组为单位对其管理活动进行讨论。回答下面的问题并向全班报告。（这一练习将在每章出现，在持续跟踪组织的过程中，运用书中的关键概念分析组织的现实活动。）

1. 描述组织的基本情况。它是营利机构还是非营利机构，主要提供哪些产品和服务？组织的内部和外部环境有何特点？主要的竞争对手有哪些？员工特点有哪些？
2. 组织目前的运营状况如何？存在哪些问题？
3. 组织的负责人是谁？他是如何成长为组织负责人的？
4. 请描述这位负责人如何执行管理的 4 项职能。

综合练习：时间管理

时间是管理者最重要的资源，正确地安排时间决定了管理者的效能。管理学家查尔斯·汉迪在《理解组织》一书中引用了一位高管的日记。这位高管将自己的主要工作归纳为 6 项：

a. 联系总部，与高层经理们沟通。
b. 长期和战略性计划，决定企业长期的定位。
c. 对当前经营活动运作层面的责任，处理公司日常事务。
d. 部门间协调，与组织中其他部门合作完成任务。
e. 建立标准、绩效考核，创造出员工乐于在此工作的组织氛围。
f. 外部关系，联络顾客和供应商、关注竞争对手和压力集团。

请在小组中讨论这名高管如何在以上 6 项任务间分配时间，将讨论的结果与实际的统计结果对比。[14]

1. 为什么 a、c、d 要花费这么多的时间？
2. 在你看来，在今天激烈变化的环境下，这名高管是否应当将更多的时间花在 b、e、f 上？
3. 你是否有更好的时间分配方法？请说明理由。

结尾案例

带领阿里转变为数字经济体

2007 年，张勇从盛大离职加入阿里，任淘宝 CFO。马云曾说，自从张勇加入之后，阿里开会的感觉不一样了。张勇自己说，“一般我会先随机问个问题，随便捅一刀，看看这个人有没有想法。一刀进去不见血，那很好，说明他准备好了；换个人，一刀进去就见血，说明到处都是洞，问完一个问题继续问第二个第三个，捅到体无完肤为止。”

2009 年 3 月，张勇接手了此前遭遇困难的淘宝商城。也是在这一年，他借鉴以前盛大游戏的一项活动，“发明”了日后影响整个电子商务产业的“双十一”。“当时就只想通过一个活动或一个事件，让消费者记住‘淘宝商城’而已。”挑 11 月 11 日，因为这一天处在十一和圣诞节之间，是一个理想的促销时间点。

2011 年，张勇想要借助年度规则调整提高入驻商家门槛，将淘宝商城定位于品质，以区分于淘宝网的多样性。新规被解读为淘宝商城要抛弃小商家，引发了针对淘宝大商家有组织的攻击行为，甚至惊动政府出面协商，这就是著名的“十月围城”。张勇回忆说，那是“艰难的一周”。这一年的双十一成交额上升到 52 亿元，其中淘宝商城贡献了 33.6 亿元。

在 2013 年 9 月的一次总裁会上，受命执掌无线业务的张勇坚持要求明确集团的无线战略，统一 KPI。这个会议最终的决定，是将手机淘宝客户端确定为整个阿里巴巴在手机端最重要的战场，“我们达成一个共识，集团就做一个客户端。”其他 APP 作为“航母上的各种飞机”，只有极少数的 APP 如天猫、聚划算获准独立存在。在两个月后的集团组织部大会上，张勇提出，“整个集团把无线作为最重要的战略”，“all in 无线”。押注手机淘宝，让阿里巴巴无线业务完成了惊险一跃。今天，手机淘宝已经是全世界最大的移动电商平台，占淘宝销售比例达到 85%。

新零售是阿里推出后影响和带动整个行业发展的战略。张勇解释说：“无论消费者在哪里进行消费……只要是真实的经济行为，我们完全有机会把它变成一个真实的数字交易。”“有真实、活的商业场景，才能带来生生不息的数据。”能够带来场景的不仅是电商和支付，云计算、物流和文娱板块同样在拓宽阿里的商业场景。

大数据的运用，使得阿里对消费者洞察能力不断加强，最终目标是根据消费者需求驱动大规模柔性化定制生产。张勇期望阿里能够像 iPhone 重新定义手机那样，重新定义商业。

基于数据的商业还要求调整组织结构来支持。2015 年 12 月，阿里宣布了“大中台，小前台”的组织和业务体制。中台事业群包括搜索事业部、共享业务平台、数据技术及产品部门。各个前台，包括手淘、淘宝、天猫各类目负责人直接向张勇汇报。

大型企业创新风险很高。张勇说，“一定要过几年能够有一些新的东西冒出来，有些是商业，有些是技术，有些是商业和技术的结合。”在湖畔大学的课堂上，张勇指出，战略很难被清晰规划，重要的是看准大势，然后靠执着和坚持，因为向目标进发的过程中总是会不断调整。有一些战略，其实是无心插柳的结果，比如收购手机应用 UC 浏览器，阿里本来意图是布局无线搜索，但没想到还在内容分发上收获颇多。

从 2014 年担任集团 COO 起，张勇就寻找和提拔了一批“80 后”乃至“85 后”的年轻人。这些年轻人是阿里 all in 无线的主力军，他们没有经历过 PC 端的辉煌，有的甚至来阿里前都没做过电商。有媒体问他做了 CEO 后的变化是什么，张勇的回答是“勇于接受不完美，要给年轻人更多试错的机会”。

张勇在阿里的经历并不总是一帆风顺。无论是天猫、菜鸟还是新零售，阿里内部都有许多反对的声音。张勇回忆说：“有些东西坚持就是胜利，特别是新业务，核心就是信仰和坚持，我们信这件事情，我为此愿意付出。”挫折也是不可避免的，如农村电商。张勇在决策初期注重团队的渠道能力，而忽略了在农村市场重要的不是执行力，而是调动社会资源。此外，阿里在社交产品上的不足、支付宝面对微信支付的压力等，也是张勇面临的巨大挑战。

结尾案例讨论题

1. 从案例来看，张勇作为管理者承担了哪些角色？
2. 以“all in 无线”的管理决策为例，说明张勇最重要的管理技能有哪些？
3. 张勇作为 CEO 的主要挑战可能有哪些？

开篇案例讨论题

1. 如果你现在还不是 Facebook 会员，哪些特征可能会吸引你考虑加入？
2. 你认为 Facebook 成功的主要原因有哪些？
3. 作为管理者，扎克伯格具备哪些管理技能？
4. 扎克伯格应当时刻注意哪些可能威胁到他的企业的因素？

自测题

1. T　F　能够做到生产成本最低的组织就是有效能的组织。
2. T　F　在控制职能上花费过多时间的管理者可能令组织偏离目标。
3. T　F　行政经理是不涉及特定管理职能的管理者。
4. T　F　作为发言人，管理者的角色是代表组织对外正式发布信息。
5. T　F　现代管理已经主要是一门科学而几乎不再是艺术了。
6. 组织运用下面所有的资源，除了
   a. 人力资源
   b. 政治资源
   c. 财务资源
   d. 信息资源
   e. 实物资源
7. 林先生是一位管理者，他最近将人事部和员工培训部合并起来成立人力资源部。林先生行使的是下面哪一种职能？
   a. 授权
   b. 质量控制
   c. 领导
   d. 组织
   e. 规划和决策
8. 人们通常希望管理者能够参加典礼或符号性的活动，例如颁发奖项或主持退休庆祝会。在这些活动中，管理者扮演了哪种角色？
   a. 发言人
   b. 联络者
   c. 精神领袖
   d. 资源配置者
   e. 传播者
9. 掌握组织中某类具体工作技能的管理者拥有
   a. 决策技能
   b. 概念技能
   c. 诊断技能
   d. 技术技能
   e. 信息技能
10. 下列哪种挑战和机会是新一代管理者不会遇到的？
   a. 组织正在吸引合格的残疾人员工
   b. 劳动力队伍变得更加多文化
   c. 向组织提出更多的要求
   d. 越来越多的女性加入劳动力队伍
   e. 新的信息技术令管理者工作节奏减慢

本章注释

[1] https://wallstreetcn.com/articles/3477581.
[2] https://www.facebook.com/notes/facebook-engineering/working-with-zuck/339013388919.
[3] https://36kr.com/p/5068872.html.
[4] https://fairygodboss.com/articles/why-mark-zuckerberg-hired-sheryl-sandberg.
[5] https://www.independent.co.uk/life-style/gadgets-and-tech/day-in-the-life-facebook-ceo-mark-zuckerberg-daily-schedule-tech-social-media-latest-a8193491.html.
[6] http://news.pedaily.cn/201606/20160613398235_all.shtml.
[7] https://www.theverge.com/2018/4/9/17216474/mark-zuckerberg-resign-investor-groups-facebook-scandal.

[8] http://www.cifnews.com/article/34814.

[9] https://kuaibao.qq.com/s/20180629A0HQKV00?refer=spider.

[10] http://news.xinhuanet.com/fortune/2017-01/16/c_1120316455.htm.

[11] Mintzberg Henry，"Managerial Work：Analysis From Observation，"[J] Management Science，18 (Oct0ber 1971) .

[12] https://hbr.org/2018/07/the-leaders-calendar.

[13] 高云才 . 北京奥运经济收入可达 20 亿美元 [N] . 人民日报，2008-07-28.

[14] 在汉迪书中，这名高管的时间分配为 a.20%，b.10%，c.35%，d.25%，e.5%，f.5%。

2

CHAPTER 2

管理理论的发展

本章学习要点

- 理论和历史对当代管理的重要意义
- 古典管理理论
- 行为管理理论
- 定量分析的管理理论
- 系统理论与权变理论
- 当代管理问题：保持组织的竞争力

德大纱厂大门

厚生纱厂办公用房

开篇案例

穆藕初：中国现代企业管理的先驱

1915 年，穆藕初在上海中华书局出版了《工厂适用学理的管理法》，这是他基于美国科学管理先驱泰勒的《科学管理原理》(1911 年）一书编译的，出版时间早于这部经典名作的欧洲译本。穆藕初是中国最早认识到科学管理法的价值，也是最早的系统介绍科学管理法的管理者，在留学美国学习棉花种植和纺织技术期间曾经几次拜访泰勒进行探讨。

回国后，穆藕初运用在美国学到的技术和管理方法创办了上海德大纱厂、厚生纱厂及郑州豫丰纱厂，与张謇、荣家兄弟、周学熙并列为棉纱业“四大天王”。穆藕初倡导了棉花种植品种和技术的改良，还根据科学管理的思想对工厂管理实行了创新。他编制了一套各车间生产统计报表，技术设备运行、维修状况报表，各部门原料消耗、成品及成本统计表等，并设计了适合于纱厂内部的簿记格式。他还建立严格的报表统计和财务管理制度，一日一报，以便及时掌握耗材、用工、用时、数量、质量等动态情况。穆藕初设计的报表逐渐被各企业所采用，他也因之成为中国施行西方科学管理的第一人。时人评论说：“德大纱厂开工，出品之佳，为上海各纱厂之冠。”“国人欲新办纱厂者，皆自参观先生之厚生纱厂入手。”

1919 年 9 月，穆藕初发表《纱厂组织法》，总结了办纱厂应注意的技术和管理事项，包括资本、厂基、建筑、机械、用人、管理、贸易等十个方面。他根据中国的管理经验归纳出科学管理的四大原则：无废才、无废材、无废时、无废力。对于工厂经理，概括出当经理的 8 条标准：会自己找事情做、有能力解决疑难、度量大、有事业心、懂得爱惜机器、恰如其分节约花钱、善于把握机会等，并进一步简化为经理的“5 个会用”：会用人、会用物、会用时、会用钱、会利用机会。

当时一般企业生产现场主要依靠工头进行管理，方式极为落后粗暴。穆藕初取消了工头制，改用工程师和技术人员治厂。德大纱厂制定了《工人约则》《厂间约则》《罚例》等制度化管理工具，其中总罚例多达 81 条。在这些规则中也不乏人性化的因素，比如工人偶有过失，不要大声呼斥，使其在众人面前失去体面等。工人进厂一律要经过厂方统一考试，工头推荐的工人也要通过考试。他对工人进行培训，使工人能够熟练操作新式机器，提高了工作效率。

为尝试科学管理法，减少劳力，提高效率，穆藕初在德大挑出 40 名精干女工。将原来两个人管一部车改为一人管，工资则由每天 4 角提高到 6 角，也就是一人做原来两人的工作，结果出品数量、质量都一样。但是，三天后，这些女工纷纷抵制，不愿这样做，说再这样做下去要生病，一再换人都是如此。经调查发现，原来是其他 400 名女工不许她们做，如果一人抵两人，就会有一半工人失业。因此，如果她们再坚持自己能够做到则可能受到报复。这一结果出乎穆藕初的意外，他随之作了妥协，放弃减少工人的计划，转而推出减少废花的奖励制度，给每人加工资，让她们极力减少废花，也就是奖励工人节约原材料，效果显著。工资支出虽然加大，但废花少了，质量提高后给企业带来更大的效益。相对于劳动力缺乏的西方国家，人力成本很低的中国更适合通过节约物料成本的方式来提高效率，穆藕初在科学管理原则的运用上体现出高度的灵活性。

穆藕初在办厂实践中逐步将泰勒的科学管理法本土化，与泰勒强调时间、动作不同，他更强调人的因素。他把自己的管理法归纳为五个化，即纪律化、标准化、专门化、简单化和艺术化，其中艺术化就是要使人在工作中感到乐趣，从而提高效率。

资料来源：

［1］傅国涌．大商人：影响中国的近代实业家们［M］．北京：中信出版社，2009.

［2］穆家修，等．穆藕初先生年谱［M］．上海：上海古籍出版社，2006.

管理实践活动可以回溯到人类社会形成的早期，但系统化的、开放的管理研究和管理研究支持下的实践改进则不过100多年的时间。过去40年来中国企业和组织管理所取得的进步决定了我们今天生活和工作的质量，这在很大程度上得益于对外交流和竞争。早期的合资和外资企业在将新的技术和设备引进国门的同时也将现代的管理思想带了进来。民营企业在同来到家门口的跨国企业面对面的竞争过程中学习和实践了新的管理思想和管理方法。许多管理者阅读西方管理经典、努力理解新的管理时尚用语并在自己的工作中加以借鉴，有关成功企业和领导的通俗读物吸引了大批的读者。越来越多的管理者认识到，管理对于企业成功的决定性作用超过了技术和设备。政府部门也是管理学的受益者，许多提高政府服务水平的技术方法（如人员选拔与培训、绩效考核等）都是来自管理学研究的成果。

本章对管理思想的历史和传统进行了概述。我们将介绍管理思想提出和发展的主要过程，讨论三大传统的管理理论（古典理论、行为理论和数量理论），接下来我们讨论系统理论和权变理论，它们反映了管理理论的整合趋势，最后我们介绍当前的主要管理趋势和问题，从而将未来与过去联系起来。

2.1 理论和历史对当代管理的重要意义

管理活动的历史背景

像埃及的金字塔、中国的长城和兵马俑这些人类早期历史上的惊人建设表明，有意识的和高水平的管理活动可以追溯到数千年以前。当我们看到出土的上万个神态各异、栩栩如生的兵马俑时，不禁要惊叹2000年前秦国官吏是如何组织这样浩大的工程的。考古学家在出土兵马俑的身上已经发现87名工匠的刻字。兵马俑的原材料供应、雕塑、烧制工作涉及多道工序，这些刻字是早期产出统计和质量控制的有力工具。和今天的管理者一样，古代的管理者在工作中同样要执行计划与决策、组织、控制、领导的管理职能。

无论在古代的东方还是西方，人类都发展出组织和管理大型活动或项目的能力。然而，将这种能力加以系统化的总结应用并彻底改变人们工作面貌，则有待于近代资本主义的兴起。1776 年，英国经济学家亚当·斯密（Adam Smith）出版了《国富论》一书。他认为，劳动分工（division of labor）或工作专业化（job specialization）能够带来显著的经济利益。在《国富论》第一章，亚当·斯密讨论了制针厂的例子。10个工人每人负责一项专门的操作（拉线、拉直、切断、削尖、圆头制作、安装等），每天可以生产出 48000 枚大头钉。如果没有分工，每个人每天生产的数量不会超过 20 个。分工能够提高生产率，是因为它将复杂的流程分解为相对简单的操作，让每个工人能够在自己负责的操作中发挥最高的效率。今天，我们对分工已经非常熟悉。急诊室中的医生和护士通过有效的分工能够在最短的时间里处理好紧急的病情，流水线上的工人每人负责自己的作业更是现代制造业的标准图景。

有意识的和不断改进的分工成为工业革命的一个重要部分。随着大型机械和新型动力的出现，生产的规模变得空前巨大，在分工创造出更大价值的同时，生产作业变得越来越复杂。生产组织对管理者计划与决策、组织、控制和领导能力的要求也变得越来越高，客观上推动了新的管理理论的出现和成长。

理论和历史的重要性

管理是一项实践活动，管理的效果也要根据绩效而不是理论是否完美来判断。那么，为什么还要花费大量的时间学习理论？理论是组织知识和运用知识的系统框架，决定了我们如何认识新的现象和解决问题。经济学家凯恩斯曾经说："许多实干家自以为不接受任何观念形态的影响，却往往早已当了某个已故经济学家的奴隶。"[1] 许多管理实践的方法来自理论总结，例如科学管理对效率研究的成果体现在装配线的管理活动中，运筹学在飞机航班表制定和机票价格设计中发挥着重要的作用，企业在制定人力资源和绩效考核政策时已经离不开组织行为理论研究的成果。许多管理者有意识地运用理论工具改进企业管理，戴明的质量管理思想在日本企业中得到普遍的应用，在 Google 公司，所有决策都要以定量分析的数据结果作为依据。苹果公司一年卖掉 2000 亿美元的产品，而库存只有 2 亿多美元，在硬件厂商中排名第一，得益于对供应链管理理论的高水平应用。

历史还是管理者汲取智慧和力量的对象。不同时代管理者面对的具体问题可能是不同的，但管理困境则往往是相似的。例如，技术的变革有可能决定产业和企业的命运。汽车取代马车，计算机取代打字机和计算尺，数字成像取代光学成像，信息存储技术的飞跃，超市对百货业的冲击，这些都对当时的企业生态环境带来了革命性的影响。产业迁移的规律在很大程度上也决定着企业的生存，从 19 世纪后期制造能力由欧洲向美国转移，到第二次世界大战后向亚洲国家和地区的转移，再到近年来全球供应链管理的兴起，每一项新技术或新趋势的兴起都让许多企业陷入困境，但也给很多企业带来转机。如何让企业在持续的发展中保持灵活性，识别和抓住机会？学习管理的历史可以帮助管理者理解这种改变的逻辑、过程和关键点。

学习管理的历史还可以帮助管理者认识管理传统的由来，理解不同文化中管理特性的形成过程。管理者理念和社会责任的传承也是学习管理历史的一个重要功能。许多行业和百年老店沉淀了多年来经营艺术和管理文化的优秀传统，像同仁堂“炮制虽繁必不敢省人工，品味虽贵必不敢减物力”的堂训至今仍然是指导中药生产的最高原则。近代以来，中国企业家群体成长的外部环境屡屡发生重大的变化。政府的干预、战争和革命的影响等，形成了中国企业家和管理者的一些特殊的行为方式，包括对官商文化的崇拜、对高速成长的痴迷、对价格战、“996”和狼性文化的喜爱、对社会责任和公共议题的承担不够，以及内心的不安全感（将财产和身份向海外转移）。这些特性的形成都可以从历史中找到答案，并得出改变和提高的方法。

本章所介绍的理论和历史主要是来自西方管理学者和企业经验的总结。管理理论和实践的发展是与整个社会、技术和创新能力的发展相一致的，在这一主题上，西方学者和企业掌握着当前的话语权。理解管理实践的基本理论框架几乎完全是在西方文化的语境下形成的，我们期待中国管理学家和企业为人类对管理活动的理解做出更大贡献。

管理行动专题

中国管理学研究中人本主义的兴趣缺失

管理学中的人本主义泛指在分配资源、机会和奖励的决策中尊重人的尊严和公正的决策倾向。2003 年，Walsh 对《管理学院学报》1958—2000 年发表的 1738 篇经验论文进行了分析，结论是管理学的“研究对社会经济目标的关注远远超过对社会目标的关注”。中国的情况如何呢？

贾良定和徐淑英研究了中英文期刊上发表的基于中国情境的数千篇论文。他们将效率、生产力、市场价值或回报归类于经济绩效，而将健康、满意度、公正和社会责任归类为人本主义。统计显示，90% 的论文主题属于经济绩效，远远超出英文文献中 37% 的总体比例。在经济增长和生活水平提高的背景下，对人的幸福的研究却没有增加。这种现象的出现有可能是因为中国管理学者相对缺乏心理学和社会学的学术背景，但也可能是因为相关主题在企业实践中没有得到重视。

资料来源：Tusi A.S.，JiaLiangding.Calling for Humanistic Scholarship in China[J].Management and Organization Review.9：1，March2013，1-15。

复习一下

1. 简要总结理论和历史对当代管理的重要性。
2. 找出一个历史上实际的管理人物或项目的例子，说明对于今天管理者的启发。

2.2 古典管理理论

古典管理理论形成于 20 世纪初，当时出现了大型的企业（例如依赖机器设备的大型矿业企业）和新型机构（现代政府和公共机构），实践中提出了如何提高组织运营能力的课题，有多位思想家在不同的地方独立提出了古典理论的基本内容。古典管理理论主要有两个分支：科学管理（scientific management）和行政管理（administrative management）。

科学管理的理论

20 世纪初期，新的生产组织形式对劳动力提出了更高的要求，传统的培养工人和安排工作的方法已经无法满足企业对生产效率的需要。不仅是劳动力的数量，而且劳动力的质量都必须得到极大的提高才能满足当时企业的发展。一些专家开始研究改进单个工人绩效的方法，以泰勒（Frederick W. Taylor）为代表的早期管理学者提出了科学管理的理论。科学管理理论主张通过对工人工作过程的科学分析，合理设计工作以提高个人的劳动生产率。

泰勒的贡献。泰勒是一位成功的机械工程师，1898 年发明的泰勒 - 怀特高速工具钢工艺成功地将工具的切割能力提高 200%~300%。但泰勒最主要的贡献却是在管理学领域，他曾经多年在制造业工厂从事实际的车间管理工作。当时工厂的管理水平很低，工人的工作安排往往是随意的，没有考虑工人的能力差异。工人的工作得不到鼓励和支持，经常发生磨洋工（soldiering）的现象。泰勒研究了工人工作的构成成分，通过对动作的分解和计时研究来找出完成工作的最佳方式，这就是著名的时间与动作（time and motion）研究。当然，最佳的工作方式可能意味着工人劳动强度的增加。为了赢得工人对工作方式改进的配合，泰勒主张取消平均工资，而代之以计件工资。完成或超出产出目标的工人可以获得额外的收入，从而将工人的工作效率与收入联系起来。泰勒在不同的企业中实验这种方法，取得了程度不等的成功，他称自己的方法为“科学管理”。表 2.1 总结了泰勒的科学管理原则。

表 2.1

泰勒的科学管理原则

1. 放弃经验法则，通过对工作和任务进行科学的分析找出最正确的方法。
2. 对工人进行科学的选拔、培训和提高，而不是放任其自然成长。
3. 对每个工人应当如何完成其具体工作给出详细的指示和指导。
4. 在管理者和工人间平均分配工作与责任。

泰勒的工作在美国的工业界逐渐产生了重大影响，越来越多的企业认识到可以通过优化工作过程的设计提高工人的生产力。1906年，泰勒获选美国机械工程师协会主席（American Society of Mechanical Engineers）。1911年，泰勒出版了《科学管理的原理》。他的影响还跨越国界，在法国、瑞士、前苏联，包括中国都得到应用，被称为泰勒主义。

其他科学管理先驱。与泰勒的工作密切配合或独立思考的科学管理学家还包括吉尔布雷斯夫妇、甘特和爱默生。吉尔布雷斯夫妇（Frank Gilbreth，Lillian Gilbreth）也许是历史上最知名的效率专家。他们研究了如何消除身体和手的无效率动作以优化工作绩效。在砌砖动作研究中，吉尔布雷斯将砌砖动作从15个减少到8个，产出提高200%。他们不仅发展出许多消除无效动作的技术和方法，还是工业心理学研究的先驱。甘特（Henry Gantt）曾经是泰勒在工厂时的助手，在后来独立工作时提出了自己的提高工作绩效的方法。其中最著名的是名为"甘特图"的管理多进程复杂工作的工具，直至今天仍在企业管理中广泛使用。爱默生（Harrington Emerson）是与泰勒同一时期的管理学家，提出了效率管理12原则，在管理专业化和激励方面做出了贡献。他的工作与泰勒没有直接联系。1910年他在美国州际商业委员会就铁路运价上涨作证时提出，铁路部门运用科学管理法每天可以节约100万美元，在当时引起了轰动，极大地提升了科学管理的声誉。

历史地位。通过工作合理化以提高个体劳动效率的努力并不是从科学管理开始的，生产工具的改进大都可以归入这一类别。然而科学管理在历史第一次提出了系统化的工作改进方法，让进入大工业阶段的企业能够通过工作分析、培训和监督保持和提高工作产出。科学管理帮助人们树立起通过管理改进组织效率的信心，激励更多的学者和管理者投身于科学的管理研究，开启了现代管理的时代。直到今天，许多企业所制订的持续改进和标准化操作程序，如以通用电气为代表的六西格玛、麦当劳的操作规定、海尔服务标准等仍然体现出科学管理的思想，只不过在具体的技术上已经比当年有了更多的选择。

批评。尽管科学管理通过计件工资等激励制度让工人分享效率提高的成果，证明了精心安排的休息有助于提高产出以及合理的作业设计可以减少工伤和劳损，然而泰勒主义更多是站在管理者和股东的角度，通过提高工人的工作效率来降低成本、增加产出，因此往往被批评为帮助资本榨取工人血汗的工具。此外，科学管理对工作中个体的动机、能力和要求无法做到个性化的关注，也强化了这一理论将人作为利润工具的印象。今天，组织仍然会通过作业改进提高个人的工作效率，但管理层在实施改进的同时往往结合其他的管理工具，关心和尊重员工个人的需求。

管理行动专题

1887年美国一家医院的护士守则

www.carenurse.com是美国的一家关注护士工作与生活的网站，在其回忆录栏目中曾经发表一篇1887年的“护士守则”，后收入Barbara Cherry编写的《当代护理学》教材第三版，由Elsvier/Mosby公司出版。这篇守则中写道，除了照管你负责的50名病人之外，每位护士还必须遵守以下规定：

√病房清扫和拖地，清理病房家具和窗台。

√保持室内温度，每天准备病房取暖所用的煤。

√照明对于观察病人的情况十分重要，每天要给煤油灯加油、擦亮灯罩、修剪灯芯。

√护理记录对于医生很重要，仔细地准备好用于记录的笔，你可以自行决定削尖的程度。

√护士上班时间是早上7点到下午8点，在安息日可以在中午12点到下午2点间休息。

√得到护士长良好评语的护校毕业生每周可以外出一个晚上用于约会。如果你经常上教堂，则每周可以外出两个晚上。

√每位护士应当储蓄每日所得的一定比例以使自己在老年时不至于成为他人的负担。例如，如果你每月的收入为30美元，则你应当储蓄15美元。

√任何护士有吸烟、饮用无论何种酒精饮料、在美容院做头发或经常到舞场的行为，护士长有权怀疑她对医院的价值、动机和诚信。

√按医院规定完成照顾病人、服务医生和其他本职工作的护士在5年后可以获得每天5美分的加薪，前提是医院没有外债。

讨论题

以今天的眼光看，上述守则中哪些规定是不合理的？当时为什么会有这样的规定？

资料来源：http://www.carenurse.com/memories/1887.html。

行政管理理论

科学管理注重提高个体工作者的工作效率，同时代的另一些管理学家则提出了旨在帮助组织提高整体管理能力的理论，这就是行政管理理论。行政管理理论的主要代表人物是法约尔和韦伯。

法约尔（Henri Fayol）是一位法国实业家，行政管理理论最卓越的代表人物，我们在第一章介绍过他。1916年，法约尔出版了《一般管理和工业管理》一书。法约尔根据自己的经验将管理活动进行了系统化的总结，他将管理活动归纳为预测、计划、组织、命令（领导）、协调和控制。后来的学者将其进一步简化为计划、组织、领导、控制，成为直到今天为止所有管理学教科书在描述管理职能时的标准用语。法约尔还提出了有效管理的14项原则，他认为这些原则适用于所有的组织，详见表2.2。

表 2.2

法约尔提出的 14 项管理原则

1. 分工的原则。专业化可以提高员工的效率，增加产出。
2. 权威的原则。管理者必须有权命令，同时承担责任。
3. 纪律原则。员工必须遵守和尊重组织中的规定。好的纪律来自有效的领导、管理层和员工之间对组织规定的共同理解以及对违犯行为的明智惩罚。
4. 指挥的统一性原则。每位员工只能从一位上级处接受命令。
5. 领导的统一性原则。每一组目标相同的组织活动都应当由同一名管理者根据同一个计划来领导。
6. 个人利益服从整体利益原则。任何个体或群体员工的利益不能超越组织整体的利益。
7. 薪酬原则。员工的工作必须得到适当的报酬。
8. 集权原则。集权是指下属参与决策的程度。集权（经理决策）和分权（员工决策）只是程度上的差异，需要根据不同的情况做出具体的判断。
9. 等级链原则。权力从高层向基层按等级链条分配，沟通应当沿着这一链条进行。如果这种方法可能导致延误，只要各方同意并且主管能够掌握情况，交叉沟通也是可以的。
10. 秩序原则。人员和物料都应当在恰当的时间位于恰当的地点。
11. 平等原则。管理者应当平等友善对待下属。
12. 雇用稳定性原则。员工流失率高会导致组织无效。管理层应当制定可靠的人事计划，保证有足够的人员储备。
13. 主动性原则。员工发起和执行计划有助于提高积极性。
14. 团队原则。提倡团队精神有助于组织和谐统一。

马克斯·韦伯（Max Webber）是伟大的德国社会学家。韦伯对管理学的最大贡献是对官僚行政组织（bureaucracy）的理论分析。根据这一分析，他提出了现代大型组织应当遵循的管理原则：

- □劳动分工
- □避免个人色彩
- □详细的规则和制度
- □专家管理和客观的甄选标准
- □清楚的等级层次

韦伯认为，官僚组织是基于理性的最有效的组织方式。韦伯对官僚组织的研究为当代组织理论奠定了基础。尽管今天人们批评官僚组织缺乏灵活性和对人的关心不够，但任何一种变革组织的努力都始于对韦伯理论的研究和批判，这从反面证明了他的理论的深刻性。

古典管理理论的成就和局限

古典管理理论为后来的理论发展提供了参照系和认识管理活动的基本框架。今天，我们仍然在管理研究中运用古典管理理论的一些发现和基本概念。例如，任何工作设计和改进的努力都会让人们联想到泰勒的开创性贡献，而多数组织仍然在很大程度上体现出韦伯所描述的官僚组织的特点，表 2.3 对此做了总结。

表 2.3

古典管理理论的成就和局限

基本内容	科学管理强调突破经验的限制来提高组织内个体的工作效率； 行政管理则关注如何从整体上提高组织的效率和效能。
成　就	为组织理论发展提供了基础； 提出了至今仍然有效的管理过程、职能和技能的概念和分析； 强调管理是一门科学。
局　限	分析适用于静态和稳定的组织，难以应用于今天的复杂而多变的组织； 所提出的普遍准则并不适用于所有的组织； 倾向于将员工看作工具而不是资源。

复习一下

1. 请总结泰勒提出的主要观点。
2. 将行政管理和科学管理进行对比。

2.3 行为管理理论

早期的管理理论往往采取机械的观点，将组织看作机器，而将员工看作机器上的齿轮。当它们对个体表示出关注时，实际上关注的是如何通过控制个体的行为提高工作效率。也就是前面讲过的将员工看作工具而不是组织的资源。行为管理理论（behavioral management）则将主要的关注放在员工作为个体的态度、行为和群体过程上面，研究员工为什么会表现出某些行为，以及如何通过影响员工的行为提高组织的绩效。

早期行为管理理论

行为管理理论早期的来源比较多，工业心理学是其中较为主要的一支。工业心理学是将心理学应用于企业管理的成果，德国心理学家闵斯特伯格（Hugo Munsterberg）被认为是工业心理学之父，他认为心理学可以帮助经理们提高雇员选拔和激励的能力。早期注重组织中行为研究的重要人物还包括欧文（Robert Owen）、福列特（Mary Follett）、巴纳德（Chester Barnard），他们都主张关心组织中个人的愿望和要求并将其与组织的目标联系起来。他们的研究和活动推动了员工选拔、激励、团队以及组织与外部环境关系等管理技术的发展，表 2.4 总结了他们的主要观点。

表 2.4

早期行为管理理论的主要观点

代表人物	主要观点
欧文（18 世纪晚期）	√改善恶劣的工作条件； √对工人的尊重和照顾可以增加组织的产出。
闵斯特伯格（20 世纪初）	√创立工业心理学，在管理中应用心理学； √将心理学的理论应用于员工选拔、培训和激励。
福列特（20 世纪初）	√最早提出从个体和群体行为角度认识组织； √重视工作场所中人的因素。
巴纳德（20 世纪 30 年代）	√组织是一个需要协调的社会系统； √管理者的工作是沟通和激励员工； √重视非正式组织的现象。

霍桑实验

行为管理理论引起普遍重视，很大程度上源于 1927—1932 年间在西方电气公司霍桑工厂里进行的一系列研究。在这个意义上，霍桑实验也许可以称为管理学历史上最知名的实验。实验最初是由通用电气公司资助的，主持人是哈佛大学的教授和咨询顾问梅奥（Elton Mayo）。实验的目的是为了测试工作中环境变量的改变对生产率的影响。

实验包括了两组工人，一组为实验组，另一组为控制（对照）组。实验组被置于不同强度的照明环境下，而控制组的照明则保持不变。从实验的设计可以看到科学管理思想的影响，不依赖经验而要求科学的观察和实验。现在假定你是负责这次实验的研究人员，你对照明强度与生产率的关系会有怎样的预期？通常人们会自然地认为，提高照明有助于生产，而降低照明则相反。

实验者先是增加实验组的照明亮度，结果发现实验组和控制组的生产率都提高了。接下来研究者降低了实验组的照明亮度，结果更加令人惊奇，实验组和控制组的生产率还是在提高。随着照明的降低，实验组的生产率一直高于原来的水平。只有当照明减弱到月光亮度时，生产率才开始下降。实验的结论似乎是荒谬的，照明强度与生产率无关。这说明生产率的提高是由于照明（客观环境）之外的因素导致的，那么这些因素是什么呢？

另一项实验对一组工人装配电话接线板的工作进行计件激励实验。根据科学管理理论，每位工人都会试图完成最多数量的工作从而获得更高的报酬。但是梅奥和他的助手们发现，在实验过程中这个小组的工人们自行达成了非正式的可接受产出的水平。高于这一水平和低于这一水平的工人都会受到小组其他成员的排挤。为了能够被所在小组接纳，工人必须将产出保持在可接受的水平，超过这一水平时工人会有意识地放慢工作。霍桑实验还包括一个大规模的员工访谈和银行接线室激励计划。所有的实验结果都偏离了科学管理理论的预测。

通过分析实验结果，梅奥意识到在社会环境下理解人类行为的重要性。例如，参与实验的工人认为自己受到关注，因此生产率得到提高。这可以解释为什么实验组和控制组都出现生产率上升以及无论照明亮度如何生产率都会上升的现象。在这一现象中，工作心理上的满足是决定因素。而在计件激励项目中，与可见的报酬增加相比，无形的群体压力是影响工人行为的主要因素。梅奥认为，这些实验的结果说明，在工作场所中人类行为受到社会因素的显著影响。后来的学者在研究霍桑实验时发现了实验在设计、实施和分析中存在一些严重的缺陷，因此并不支持他的结论。但是，梅奥的这些发现极大地激发了管理学家们对个体在组织中行为研究的兴趣，革命性地推动了行为管理理论与实践的发展。

人际关系运动与组织行为学

由于霍桑实验的巨大影响，管理学界出现了人际关系运动（human relationship movement）的潮流。支持这一运动的管理学家们认为，工人的行为取决于工作场所的社会环境，包括社会条件、群体模式和人际互动。人际关系运动最主要的假设之一是，关心员工、创造良好的工作环境可以提高员工的满意度，进而提高组织的绩效。

马斯洛（Abraham Maslow）提出了需求层次论，指导管理者通过引导和满足员工不同层次的心理需要来提高工作绩效，是人际关系运动最知名的成果。另一位学者麦格雷戈（Douglas McGregor）提出的关于人性的X理论和Y理论则被认为是人际关系运动理论精髓最经典的说明（表2.5）。麦格雷戈认为，管理者们在看待员工时往往会采取X理论或Y理论之间的立场。X理论（theory X）对员工的看法类似于科学管理理论，更多从消极和负面的角度来看。而Y理论则正相反，是从积极的和正面的角度来看，也是更能够反映人际关系运动的看法。麦格雷戈主张管理者用Y理论作为自己的管理思想，将更有可能提高组织的绩效。[2]

表2.5

X理论和Y理论

X理论	□员工不喜欢工作，总是逃避工作； □管理者必须采用控制、命令、协调和威胁的方法，才能驱动员工为组织的目标而工作； □员工没有责任心和进取心，追求安逸，因此总是需要管理者督促。
Y理论	□工作是生活的一部分，员工并不讨厌工作； □内在的激励推动员工实现自己的目标； □员工对目标的投入程度取决于目标实现后获得的奖励； □只要条件合理，员工可以接受责任甚至寻求责任； □员工有创新的能力，能够解决工作中的问题； □员工的潜力大多未能发挥，组织应当创造条件激发员工潜力。

以闵斯特伯格、梅奥、马斯洛、麦格雷戈为代表的人际关系运动的研究推动了组织和管理者理解员工需要和创造良好工作环境的实践。由于实证研究条件的局限，许多人际关系运动的结论是对现实的简化描述和解释并不准确。例如，人际关系运动主张提高员工满意度来改进绩效，这一结论已经被证明是基本无效的。两者间的正确关系是绩效提高带来工作满意度的增加。不过，马斯洛和麦格雷戈的理论通俗易懂、合乎人情，又很容易在工作中找到实践的机会，在管理者群体中拥有很高的声誉。

今天，我们将组织成员行为的理论研究称为组织行为学（organizational behavior）。组织行为学研究组织环境中的人类行为、组织和人类行为间的相互作用以及组织的活动。它的对象包括个体、群体和组织本身，理论工具来自心理学、社会学、人类学、经济学和医学等。组织行为学关心的热点主题包括员工激励、员工对组织的承诺、员工满意、创新、组织结构和设计等，对实际工作中管理者的组织和领导职能发挥着重要的影响。

复习一下

1. 霍桑实验的发现为人们提供了哪些启发？
2. 人际关系运动在今天的管理中可以如何应用？

2.4 定量分析的管理理论

除了通过影响员工的行为提高绩效之外，管理者在日常工作中还需要大量运用科学的计量方法做出决策。定量分析的管理理论（quantitative management perspective）通过数学模型和计算机技术支持管理决策。管理定量分析主要是在第二次世界大战中发展起来的，当时要解决的问题包括增加军需品的产出、优化资源分配、保障后勤供应。今天，定量分析技术广泛用于企业规划、营销和资源决策。定量分析的管理理论主要包括管理科学和运营管理。

管理科学

管理科学（management science）将数学的一个分支运筹学的原理和方法应用于管理决策。管理科学能够将管理决策问题转化为数学模型和计算机模型，运用最优化理论、决策分析、统计学、排队论、博弈论、图论和仿真来统筹规划，作出最佳决策。第二次世界大战期间，英国著名物理学家布莱克特（Patrick Blackett）运用数学方法帮助盟军设计最优化的护航方法。当时的一个困难是如何确定护航编队的大小。大的编队护航队火力更强，但小编队速度更快，而且不易被德国潜艇发现。布莱克特领导的小组运用数学模型计算得出结论，护航船队损失的决定因素是护航舰只的火力，因此大编队护航效果更好。布莱克特还在有关战争决策的许多方面提出了科学的计算依据，他指出，运筹学的作用在于将决策建立在数字而不是情绪的基础上。二战之后，管理科学在企业决策方面发挥了重大的作用。管理科学解决的问题包括航空公司航班管理、工厂和库房选址、水库调水、信息系统设计等。今天，管理科学普遍应用于会计、企业战略、决策分析、金融、信息系统、市场营销、运营管理、组织行为学和产品或技术管理中的决策问题。

运营管理

运营管理（operations management）是管理科学更为具体的应用，主要关注从

管理行动专题

美国联邦通讯委员会运用管理科学指导频谱拍卖

无线电业务所使用的频率范围统称为无线电频谱。和土地、资本、人力一样，频谱属于稀缺的资源。历史上，频谱的分配方式主要是听证会（也称为“选美”）和抽签。1994 年，美国联邦通讯委员会（FCC）获得授权开始对频谱资源进行拍卖。频谱拍卖是一种市场化的管理方法，能够将公共资源分配给效率更高的运营商。

FCC 主要采用同时向上叫价多轮拍卖机制（SMAR）。在每轮拍卖中，竞拍人的报价是不公开的。每轮报价结束时，只公布每个频谱的最高报价。这个最高价就是下轮拍卖的起始价，按事先确定的增幅，如 5% 或 10% 增加。如果没有新的更高的报价出现，拍卖结束。在拍卖过程中，随着价格的上升，对某个频谱的出价已被别人超过的买家可能转向其他频谱投标，从而使得所有的频谱资源都得到较高的投标。

2016 年，FCC 首次采用了双边激励拍卖的方法。低频段的电磁波传播损耗小，覆盖距离远，开发难度较小。电视运营商曾经是低频段频谱资源的主要用户。随着电视服务转向有线电视、卫星电视和网络电视，这些电视运营商不再需要那么多的频谱，而无线数据服务的运营商却极其缺少频谱资源。有没有什么方法鼓励电视运营商将频谱退出来呢？

FCC 首先向电视运营商“逆向拍卖”其持有的低频段频谱，然后再由无线通信运营商“正向拍卖”（用于市场价值更高的业务）。经过四个阶段的拍卖，84M 频谱重新出售，收入 200 亿美元，其中 100 亿美元用于激励出售的电视运营商，70 亿美元上交财政。

投入（物料、人力）到产出（产品和服务）转化过程的最优化，解决如何以最高的效率、最低的成本实现产品和服务的生产和交付。在数学工具上，运营管理更强调统计学的方法。具体而言，传统运营管理的对象包括生产系统、工厂系统、设备保养、生产力和成本控制、系统分析和物料规划等。初期的生产管理是用受过训练的员工、设备、制度和文件形成分工和高效流程，替代传统的手工艺人的经验方法。此后，随着现代生产技术的复杂化，发展出大规模流水线、丰田生产方法、戴明质量管理和六西格玛等新型的管理技术。质量（quality）管理也是运营管理的一部分，质量管理的目标是生产超出顾客期望的产品和服务。质量管理过程中大量使用统计学工具。

卓越运营管理的企业能够实现高质量、低库存，让设备和员工发挥最高的效力。为此，运营管理往往涉及不同部门间的协作和员工行为的因素，与企业的激励制度和企业文化相关联，这是它与管理科学比较显著的区别。例如，丰田生产方式强调通过发现问题消灭浪费和库存，通过管理层和员工的配合随时发现生产过程中的问题并及时改进。在丰田公司，生产线上每个工人发现问题时都有权叫停整条生产线，运营管理中能够实现这样的制度安排是与企业整体文化氛围（例如员工授权）分不开的。

今天，运营管理的热点问题是供应链管理，即企业如何围绕顾客的需求实现有效率的生产。有些企业采用小批量灵活生产的方式，例如西班牙服装品牌 Zara 将产品从设计到上市的时间缩短为 20 天。许多企业借助 ERP（企业资源规划）软件工具来决定如何安排生产，充分利用产能。制造业向新兴市场国家的转移也给运营带来了新的课题，那就是提高全球运营管理的效率。信息处理技术特别是网络技术的发展则为组织通过运营管理提高效率创造了无限的机会。思科公司通过网络向全球供应商发布零部件消耗和库存的信息，将运营管理的潜力从企业内部发挥到整个供应链上。沃尔玛要求越来越多的供应商在产品上安装 RFID（无线射频）标记，从而极大地提高其分销的效率。

复习一下

1. 简述管理科学与科学管理的不同。
2. 运营管理只涉及组织内部的管理，而不涉及组织外部的管理。请评论这一观点。

2.5 系统理论与权变理论

古典理论、行为理论和定量分析理论的成果帮助我们从不同方向和侧面理解管理活动和过程。然而在实际中，很难将连续的管理活动按人为的标准进行划分和采取行动，系统理论和权变理论帮助我们从整体上把握实践中的管理活动。

系统理论

系统（system）是一组内在相关的执行整体功能的要素。系统理论将组织看作是一个系统，将管理活动看作是一系列由投入、转化到产出并通过环境对结果的反应向系统反馈的四环节过程，图 2.1 描述了系统理论对组织过程的看法并列出了每个环节的具体内容。投入是组织运用环境中的要素开展活动，包括物质投入、人力投入、财务投入和信息投入。转化是组织将投入的要素进行加工和重组的过程，这个过程中组织运用技术和运营系统、行政和控制系统来支持其活动。产出包括组织经过要素转化所形成的产品和服务，经济产出则包括赢利和亏损，员工的行为和信息也是组织转化的产出。最后，环境对产出作出反应，成为系统所获得的反馈，影响着组织下一步的投入、转化和产出的过程。

系统可以分为开放系统和封闭系统。如果一个系统与环境之间没有作用，则称为封闭系统；反之，则是开放系统。社会组织都是开放系统，但开放的程度和机制不同。开放可能表现为组织成员的胜任、流动性、多元化、学习能力以及对环境变化的高度敏感。许多组织由于对环境改变不敏感而失去竞争力。20 世纪 80 年代北京中关村曾经有多家电脑公司十分活跃，经过近 30 年环境改变的冲击，幸存的已经没有几家。而像联想这样的企业则能够保持开放的心态，在同国内政策的博弈、国内外厂商的竞争中成长为具有国际影响的企业。

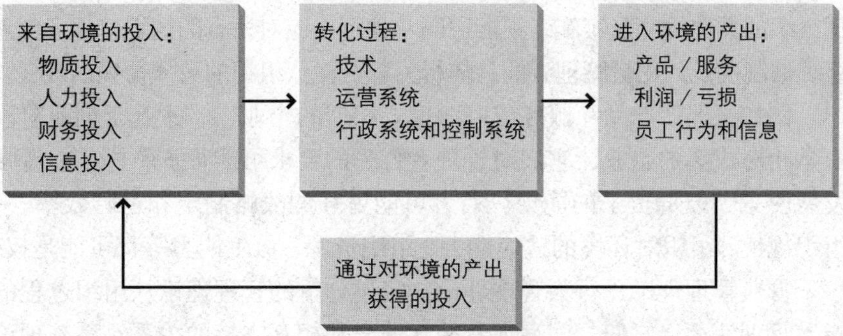

图 2.1　组织的系统理论

系统理论看待组织的另一个角度是子系统（subsystem）。子系统是构成系统的相对独立的要素，系统的功能来自子系统之间的相互作用。例如，企业作为一个系统，它的子系统是各个职能部门，包括研发、营销、财务、行政等。子系统的改变会影响其他子系统的功能，进而影响系统的整体功能和产出。例如研发部门为设计出新的产品，需要人力资源部门准备好相应的人才储备。新产品需要营销部门改变广告和销售渠道，而财务部门则需要建立新的信用方式，所有这些变化最终都会反映在企业的绩效中。

子系统具备独立的功能，但对于系统来说，子系统价值在于能否与其他系统相互作用成就卓越的整体系统，也即实现整体大于部分之和。这就引出了系统理论的另一个重要概念：协同。协同（synergy）是指子系统在共同工作时会比分别工作时取得更大的成功。本章开始时提到的亚当·斯密对劳动分工的观察就是系统协同效果的一个惊人的例子，协同可以创造出数十倍的效率提高。协同的思想对于组织管理非常重要，它要求管理者巧妙地推动组织子系统间进行有效的合作，实现更高的绩效。例如，像3M这样著名的创新企业能够长时间不断推出市场领先的创新成果，这并不是因为其员工特别善于创新，而是因为这个组织强调在内部环境中提供有利于创新的协同条件。假使本部门不支持某一研究人员的技术创新，他可以到其他部门寻求支持。为了提高技术创新的市场化机会，3M公司要求营销部门在早期介入新产品的开发，为新技术找出最有利的市场机会。协同并不限于组织内部，苹果公司将iPhone的生产委托给富士康等公司，后者再从其他企业获得零部件，整条供应链在苹果公司的组织下在全球范围内实现高效率的运营，分工合作所产生的效益远远高于苹果公司自行生产。

权变理论

系统理论从整体的角度看待管理活动，而权变理论则从理论适用性的角度思考问题。无论是古典理论、行为理论还是定量分析理论，它们都认为自己的结论是通用的（general），是适用于任何组织和任何环境的最佳方法。相反，权变（contingent）理论认为，理论的应用必须考虑组织的具体情况。权变的含义是指管理行为必须根据组织的具体情境来实施，不能用同一种行为应对所有的情境。这意味着，无论是组织的制度设计还是管理者的具体行为都可能依组织的具体情境而改变。

例如，即使产品和服务或商业模式相似的企业，一家处于创业阶段，而另一家是相对成熟的企业，它们对管理者行为的要求可能很不一样。前者强调管理者发展愿景、鼓舞员工的能力，后者可能更强调战略制定和运营效率。一般而言，组织规模、组织对环境的适应能力、组织资源、员工能力等都可能是权变的要素。

古典管理理论、行为管理理论、定量分析的管理理论从组织过程的不同角度指导管理活动，它们之间存在着相互补充和相互支持的关系。系统理论和权变理论则指出了运用这些理论的原则，强调了理解系统内部要素间的相互关系和组织具体情境的重要性。表2.6对上述理论的特色进行了总结。

表2.6

主要传统管理理论对比

古典理论	关注工作分析和组织结构，致力于寻找最佳的管理工具。
行为理论	关注人的活动和行为，致力于寻找提高生产力的最佳方法。
定量分析理论	使用数学方法和计算机帮助解决管理问题和决策。
系统理论	将组织看作系统，注重从系统内部构成要素间相互依赖、相互作用的角度提出改进组织的方法。
权变理论	否定存在普遍适用的管理原则，强调理论的应用必须考虑组织的具体情境。

复习一下

1. 举例说明系统中子系统的改变如何影响系统的产出。
2. 权变理论认为需要考虑的具体情境主要包括哪些？

2.6　当代管理问题：保持组织的竞争力

管理者的使命是通过提高组织的效率和效能帮助组织在竞争中保持领先的地位，达成这一使命要求管理者利用组织资源建立竞争优势。**竞争优势**（competitive advantage）是指一个组织能够做到比竞争对手更有效率和更有效能地向顾客提供产品和服务，从而实现超越竞争对手的组织绩效。今天的管理者通过推动以顾客为中心的组织、创新和创业来帮助组织建立和保持竞争优势，知识管理和学习型组织则是新一代组织提高竞争力的方向。

以顾客为中心的组织、创新和创业

以顾客为中心的组织（customer-centered organization）。娃哈哈集团董事长宗庆后在长达 20 年的时间里坚持每年 200 天跑市场，他将由此形成的倾听和发现顾客需求的能力视为娃哈哈的核心优势。管理大师彼得·德鲁克在《管理的实践》一书中指出，"关于企业的目的，唯一正确而有效的定义就是创造顾客。"[3] 这一论断主要是针对一些企业将注意力集中于利润、产品或某种固化流程的做法。所有的人都会同意，没有顾客也就没有企业生存的理由。然而，管理者在现实组织中往往受到各种因素的影响而无法专注于顾客的需求。

1995 年，微软上市的廉价电子版 Enkarta 百科全书受到用户的热烈欢迎，对大英百科全书构成了严重的威胁。然而大英百科担心推出电子版会影响印刷版的销售，迟迟未能做出决定，尽管它在电子版技术开发上甚至领先于微软公司。等到市场形势变得明显有利于电子版百科全书时，大英百科已经失去了同 Enkarta 竞争的时机。像这样为了迁就组织自身的需求（利润、产品或员工的心态）而忽略顾客导致企业失败的例子很多。

海尔集团 CEO 张瑞敏总结说，"企业所需的核心竞争力，即企业获取客户资源的能力"。组织的所有活动应当从职能导向（完成内部的任务）转向以顾客的需求为导向（一切服务于创造顾客、满足顾客需求）。许多企业建立了高效的客户服务中心，对像阿里巴巴和携程网这样的企业，客户服务中心就是它的销售中心。还有的企业则将企业的流程进行调整，让所有的职能和人员围绕顾客需求开展活动。华为总裁任正非提出"让一线直接呼唤炮火"，就是向一线（因此更接近和更了解顾客真实需求）的营销服务人员授权，由他们组织后方的产品和支持部门的行动。另一些企业则通过扩展客户服务的链条创造价值。张瑞敏认为，“过去回款是销售的终结，现在是销售的开始。因为回款不再简单意味着产品的出售，而是你拥有了一个客户的信息。你应该跟踪这个信息，不断开发资源。”以顾客为中心的组织的发展还推动了技术支持系统的开发和成长，例如ERP（企业资源规则）系统和BI（商业智能）系统就是支持企业顾客端决策和资源配置的有力工具。

创新（innovation）。创新就是做与众不同的事，包括开发新的产品和服务，找出为顾客创造价值的新方法和提高组织效率和效能的新方法。已有的产品、服务、技术往往很快被竞争对手模仿，不能做到持续创新的组织将逐渐失去竞争力。创新可以是产品与服务，也可以是管理方法和商业模式。微软的Windows操作系统是一种产品创新，呷哺呷哺吧台式火锅是服务创新，海底捞火锅通过关爱员工提高员工的敬业度是管理创新，小米手机压低硬件价格，通过软件服务获得额外收入，是商业模式的创新。管理者必须在组织中建立起支持和鼓励创新的氛围，从战略、流程、资源和奖励制度各方面帮助员工发现和把握创新的机会。华为公司的国际专利申请量多年来居于国内第一名，在这一成就背后是华为长期以来所坚持的低成本研发优势战略、IPD产品开发模式和奖励制度。管理者还要将创新植入组织文化，让创新成为每一位员工，而不仅仅是研发部门的职责。有些企业表现出惊人的创新能力，例如，无论是苹果公司还是它的忠实顾客都绝对不能接受苹果推出一款平庸的产品。

创业（entrepreneurship）。创业是指通过资源的重新配置向顾客提供新的或经过改进的产品和服务的活动。与创新相比，创业更强调有前瞻性地组织资源。由于环境的高度不确定性，创业往往风险很高。模仿和复制是常见的创业模式，这一特点在互联网时代的创业中表现得非常明显。早期互联网创业者往往将美国的商业模式引入中国，如新浪、当当、淘宝的商业模式分别来自雅虎、亚马逊和eBay。成功的创业企业不仅带动产业的繁荣，还能培养出大批技术人才。例如，中国新兴互联网创业团队中有许多来自阿里巴巴、腾讯、华为、Google等公司的前员工。还有一些互联网企业员工则加入了传统行业，如酒店、文娱、房地产等，他们将互联网企业的经验迅速推广到这些新的企业中。

创业并不总是意味着另起炉灶，成熟的企业可以通过内部创业的方式保留人才、发展新的竞争力。新东方过去主要经营线下教育，当在线教育兴起后，新东方创建了新东方在线的内部创业项目。在与其他在线教育企业竞争的同时，也留住了一些本来可能离开新东方创业的优秀员工。

知识管理和学习型组织

知识管理和学习型组织。由于现代组织结构和业务的复杂性，许多专有的知识可能分散在组织的不同部门。知识管理（knowledge management）是指企业通过系统性地收集知识并在整个组织范围内实现共享，以提高竞争力、获得更优绩效的管理活动。全球知名的企业管理顾问公司埃森哲通过企业内部门户网将历年积累的有关顾客、项目和作业流程的资料提供给全体管理顾问，让他们可以方便地搜索到能够支持新项目的资料、工具和知识，还可以找到相关领域中的专家寻求支持。更多的组织则认识到应当创造一种企业氛围，建立起鼓励员工对外界环境的变化作出迅速反应的能力，而这种能力的基础就是学习。学习型组织（learning organization）是指组织全体成员发展起持续学习和适应变革的能力。表 2.7 列出了学习型组织与传统组织的主要区别。

表 2.7

学习型组织与传统组织的主要区别

	传统组织	学习型组织
学习的方法	员工培训和指导	自主的学习和组织范围的学习
学习的目的	被动地解决现有的问题	由组织的各个层面主动发现问题
对竞争优势的看法	资源（财务、技术、人力、市场）	发展组织发现资源和利用资源的整体能力
成员管理	强调控制和程序	支持员工发现和利用机会，鼓励试错
部门间关系	专业化分工	以创造顾客价值为导向，打破部门界限
变革	只在必要时才做出变革	变革是生存的前提

学习型组织不是口号和突击式的活动。对于管理者来说，困难在于如何通过制度设计让组织学习保持效能，以帮助企业增长和保持竞争力。微软和诺基亚在手机操作系统、触摸屏和网上音乐收费下载服务方面都曾是技术的领先者，然而今天在这些领域中占据主导地位的却是苹果和 Google。在这个例子中，学习能力的差异是导致竞争优势转移的重要因素。

复习一下

1. 妨碍企业创建以顾客为导向的组织的因素可能有哪些？
2. 举出你心目中一家学习型企业的例子，说明你的理由。

本章要点

1. 理论和历史的学习可以帮助管理者掌握观察和分析管理问题的工具、学习成功的经验、理解变革的逻辑和认识当前的商业环境。
2. 古典理论的主要分支是科学管理和行政管理。科学管理强调管理应当是一门科学，主张通过对工人工作过程的科学分析，合理设计工作以提高个人的劳动生产率。行政管理提出了组织整体提高的通用理论。法约尔提出管理的基本职能包括计划、组织、领导、控制，韦伯则证明官僚组织是基于理性的最有效的组织。

3. 行为管理理论研究员工作为个体的态度、行为和群体过程，以及如何通过影响员工的行为提高组织的绩效。霍桑实验证明了行为因素在管理中的重要性，推动了人际关系运动的兴起。麦格雷戈的X理论和Y理论阐述了对员工行为的两种极端认识。行为研究在今天发展为组织行为学。
4. 定量分析的管理理论主要是管理科学和运营管理。管理科学运用数学方法和计算机支持管理决策，运营管理帮助管理者高效率低成本地实现产品和服务的生产和交付。
5. 系统理论将组织看作是开放的系统，子系统和协同是系统理论的重要概念。权变理论反对通用的管理理论，强调情境因素的重要性。
6. 当代管理者通过推动以顾客为中心的组织、创新和创业来帮助组织建立和保持竞争优势，知识管理和学习型组织则是新一代组织提高竞争力的方向。

批判性思考与讨论题

1. 泰勒采取哪些方法和步骤进行工作优化？他的主张适用于所有的工作吗？
2. 举一个实际企业的例子说明科学管理如何帮助组织提高个人劳动生产率。
3. 科学管理与行政管理的关注重点有何不同？
4. 科学管理理论对工人提出了怎样的基本假设？行为管理理论呢？
5. 霍桑实验如何证明行为因素对员工绩效的重要性？
6. 一家糕饼店在收银处写道，“收银员不开小票或没有微笑服务，请拨打投诉电话××××，可获50元代金券奖励”。用X理论和Y理论分析企业这一行为背后的理论依据。这种方法是否有效？如何改进？
7. 定量分析方法能够帮助企业提高员工工作热情吗？请举例说明。
8. 为什么说组织是开放的系统？
9. 权变理论与通用理论的主要区别是什么？
10. 以顾客为中心的组织可能具有哪些竞争优势？
11. 创新往往被认为是研发部门的工作，学习型组织的创新有何不同？
12. 现代管理理论的概念、工具和案例主要来自西方，在多大程度上适用于中国企业的管理问题？
13. 找出一家最近在产品、市场、员工和管理方面遭受挫折的企业，分析其失败的原因。

学习伴随案例练习

根据你所选择的组织的资料，以小组为单位对其管理活动进行讨论。回答下面的问题并向全班报告。

1. 这家组织员工劳动生产率水平如何？请说明理由。
2. 这家组织采取了哪些方式影响或引导员工的行为？
3. 举出这家组织采用定量方法帮助管理决策的例子。
4. 这家组织采取了哪些创新方法或提供了哪些创新的产品和服务？
5. 找出这家组织的竞争对手在管理上做得比它好或不如的地方。

结尾案例

中国管理理论和管理的中国理论

在改革开放后相当长的一个阶段，内地企业，无论是国有企业还是民营企业，都只能是在产品和服务上努力追赶西方企业。在此期间，无论是学界还是企业界都主张以西方为师，学习西方企业的管理制度和管理理论。随着中国市场上出现一些具有国际竞争力的企业，更加自信的中国企业界也开始寻求管理理论的中国特色。体现在培训市场上，则是"中国式管理"等强调中国特色管理思想的管理培训开始流行，以及像《从历史看管理》《从历史看组织》等作品的出现。这类服务和作品考虑到了中国人的文化传统与心理特性，它们的市场销路很好，也受到一些企业家的赞赏，但由于其理论框架和案例距离现代企业管理的理解和认识相距太远，而被称为"考古事业"。

中国管理思想的另一个重要来源则是当代企业家们的思想。经由媒体的推动，像张瑞敏、柳传志、任正非、王石等本土成长起来的老一代企业家，以及随互联网兴起的李彦宏、马化腾、马云、雷军等新生代企业家的管理和领导思想得到较多的关注，一些企业也入选了哈佛商学院案例。尽管中国企业的崛起已经成为事实，国际企业界对中国企业的管理经验也很感兴趣。然而对中国企业的研究并未像西方管理界在 20 世纪 80 年代开始的日本企业研究那样产生一些重大的理论成果，中国企业家在国际上的声望也没能达到像盛田昭夫、松下幸之助的水平，也相对缺少其他国家通过学习中国企业的管理经验而取得成功的案例。造成这一现象的原因之一是中国企业的竞争模式以"追赶"和"抄作业"为主，本土理论供给不足。同时也是因为目前还没有找到合适的理论框架能够很好地提炼出中国企业独有的竞争力，因此无法介绍给其他国家的企业学习和应用。

国内有 260 所院校拥有 MBA 学位授予权。在这些学校的教学和研究中，本土经验的总结和提升也是重要内容。不过，中国管理学者对如何总结中国情境下的管理实践、形成新理论也有不同的看法，甚至对哪些是中国企业特有的管理实践也有不同意见。对中国管理理论，主要有发展现有理论和独立创建理论两种路径。

前者以徐淑英教授为代表，称为中国管理理论（a Theory of Chinese Management），强调在中国情境下应用、完善与拓展现有的管理理论，即使大多数现有理论是从西方的文化情境中发展而来。这条道路旨在通过有效的复制与检验增强现有理论的通用性与普适性。另一种是管理的中国理论（a Chinese Theory of Management），一些学者主张在中国情境下对本土管理实践与现象提出新的解释。认为中国社会独特的历史与演进特征，特别是改革开放 40 多年以来转型时期的经济、技术、社会和政治等文化环境的变迁所体现出的情境动态性，只能用新的本土理论进行解释，而不能完全或很好地用现有理论来解读。还有一些学者进一步认为这条道路也可以发展成为世界公认的、具有文化普遍性的普适性理论。[4]

关于中国独特管理理论的成就，许德音教授给予保守的评价，"可以理解人们对于一个立足本土、具有'中国特色'的管理学理论的期待，但是抱着对现存理论视而不见的态度去寻求新的理论，却使得我们在孙子兵法和儒家说教之外，再未能看到一个有分量的管理学理论在中国诞生。”[5]

而另一些学者则比较积极，吴晓波教授主张，中国的管理学者应当“用国际化的学术语言诠释基于中国实践的管理理论。我们的研究必须要强调通用性，即发展任一中国管理理论的目的旨在创造一个最终独立于区位的理论。”[6]

结尾案例讨论题

1. 中国古代管理思想能够用于指导当代企业管理吗？
2. 发展中国管理理论和管理的中国理论分别需要怎样的条件？

开篇案例讨论题

穆藕初：中国现代企业管理的先驱

1. 试评述穆藕初总结的科学管理四大原则主要解决管理中的哪些问题。
2. 将穆藕初在德大纱厂提高女工工作效率的实验与霍桑实验的过程和结果进行对比。

自测题

1. T　F　科学管理注重个人工作的管理，而行政管理则注重组织整体的管理。
2. T　F　麦戈雷格认为提高管理效率的前提是承认人们不愿意工作，希望避免工作。
3. T　F　定量管理理论的一个主要局限是数学模型不能完全解释或预测人们的行为。
4. T　F　权变理论帮助管理者找出“最好的”管理方法。
5. T　F　提高品质能够令组织成本下降。
6. 学习管理的历史
   a. 帮助管理者在未来获得利润
   b. 会干扰管理者解决当前的组织问题
   c. 是管理过程的一部分
   d. 帮助管理者避免他人所犯的错误
   e. 是管理者晋升的前提
7. 人际关系运动的基本假定是
   a. 关注工作而不是员工的管理者是最有效的
   b. 金钱是员工绩效最大的激励因素
   c. 所有的管理理论都建立在对个体的理解之上
   d. 人际关系是导致无效率的主要因素
   e. 让员工满意能够提高绩效
8. 夏经理认识到，她的公司之所以亏损是因为库存管理程序方面的问题。下列哪项可以帮助她？
   a. 古典管理理论
   b. 运营管理
   c. 行为管理
   d. 科学管理
   e. 组织行为学
9. 管理理论多种多样，管理者应当如何选择？
   a. 选择最容易实施的，专注于提高效率
   b. 让员工来决定实施哪种理论，尽可能授权给员工
   c. 将提高效能作为主要的目标，选择符合这一目标的理论并遵照实施
   d. 跟随最新的流行理论，避开那些老的理论
   e. 根据情境选择一种或所有的理论
10. 下面所有各项都是对当代管理者的挑战，除了
   a. 起伏不定的经济
   b. 全球化
   c. 向制造业转移
   d. 伦理与社会责任
   e. 品质

本章注释

[1] 凯恩斯 . 货币利息与就业通论 [M]. 北京：商务印书馆，1983：330.
[2] 麦格雷戈 . 企业的人性面 [M]. 北京：中国人民大学出版社，2008.
[3] Drucker, P. F. The practice of management[M]. New York: Harper & Brothers.1954．P37.
[4] http://mgmt.cssn.cn/glx/glx_glll/201710/t20171024_3678495.shtml.
[5]《21 世纪商业评论》，2005 年 9 月，第 104–107 页 .
[6] http://www.som.zju.edu.cn/xinwenzhongxin/mingshiguandian/2018-05-09/33407.html.

CHAPTER 3

3 商业伦理与社会责任

本章学习要点

- 利益相关人与企业组织
- 商业伦理
- 社会责任

HowGood 向希望做出更负责任采购的用户提供服务。

开篇案例

HowGood，给食物产品可持续性打分

许多人希望购买更加健康的食品，也愿意支持那些在生产过程中采用环境可持续方式的企业。然而，在商店里，消费者往往被大量名称相似的认证和标签所迷惑，难以做出安心的选择。

2007年，Gillett兄弟在纽约创建了这家给食物产品可持续性打分的企业。HowGood拥有世界上最大的可持续食品数据库，包括25万种产品，根据自己开发的60多项指标对食品店中的产品进行打分。它将食品分为好（25%）、很好（15%）、特别好（5%）三个级别，评估采用相对指标，这样有助于推动产业不断通过竞争提升可持续发展指标。评估的主要依据是种植、加工和公司行为，如是否使用杀虫剂、是否虐待动物以及采取不公正的劳工待遇。在牲畜采购中，打分的指标包括喂食、动物福利、牧场条件、杀虫剂、饲料添加剂、粪便管理和历史表现。与HowGood合作的包括1000名食品专家和350名数据专家。

“过去我们向消费者提供的信息过于复杂，”创始人Alexander Gillett说。HowGood通过向顾客呈现透明化的评估结果影响他们的行为。在食品店，这些级别用不同颜色的标签贴在食品价签旁边，顾客很容易识别。顾客也可以用这家公司的APP扫描商品条形码获得评级数据。与食品价签上越来越多的规定披露项目相比，HowGood的指标足够简单。Alexander Gillett说，得到“特别好”评级的产品销量增长了230%，在婴儿食品类别中，增长达到了1000%。[1]

“特别好”的产品在品类中占比很低，但它们往往价格更高，其中许多并不是知名品牌。对于零售店，HowGood的标签起到类似于价值主张的广告效果，向顾客展示这家店在采购和供应可持续产品方面的能力，而顾客受到标签激发的购买行为在支持可持续生产商的同时也提升了食品店的销售额。

美国消费者希望能够以自己的购买力投票支持那些更加可持续的生产商。Gillett说，“我们没有增加人们的消费，我们增加的是更好的产品的消费”。[2]当然，“特别好”的产品也许价格更高，口感不佳，HowGood认为自己的推荐只是为消费者提供知情权，而不能代替消费者选择。

HowGood的收入来自食品店为贴标签而支付的费用，主要是那些急需与“全食”等全国性有机食品连锁店竞争的客户，以及希望吸引年轻一代消费者的客户。这个商业模式的主要优点是HowGood向销售企业收费，而不需要向生产企业收费。过去市场上的常见做法是成立认证机构，生产企业在获得认证后将认证标志印在产品上。认证增加了企业的负担，也增加了消费者的负担，而且认证是向生产企业收费，这种做法往往会引起利益冲突。

2017年，HowGood获得了420万美元的A轮投资，用于业务扩张。一位投资人说，他的机构支持HowGood，因为它的评级能够带动可持续产品的销售，同时提升顾客购物时的满意度。HowGood接下来将扩展到护理用品、化妆品、家具。HowGood还尝试对学校营养餐进行分析，收集食品添加剂的数据。HowGood希望将美国的商店数量增加到2000家，再将国外的商店数量也增加到2000家。批评者认为，

HowGood的优点是将复杂的指标体系简化为作为行动依据的三个层次，这同样也会带来问题，HowGood需要证明这种简化是科学的。[3]当然，也有许多企业并不喜欢它们获得的打分，Gillett认为，企业不只要知道自己的努力，更需要知道整个产业界当前的进步。

企业是营利性的组织，它的活动目标是获得竞争优势并赚取利润，长期亏损的企业将无法生存。而在营利过程中，企业组织间可能表现出很大的不同。有的企业将本企业的增长和利润放在第一位，不惜损害消费者或客户的利益；或者将产业利益放在前面，而不考虑可能对社会带来的负面影响。另一类企业则在自己的经营活动中致力于改善社会和用户的福利，重视自己对于供应商、消费者甚至整个社会环境的责任。大多数企业的实际情况处于两者之间，所有的企业都需要根据社会和环境的要求改进自己。

本章讨论商业伦理和企业的社会责任，我们从利益相关人的概念出发对企业的行为进行分析，接下来展开商业伦理概念的讨论。我们还对企业的社会责任以及围绕这一问题的不同看法进行了评述，最后，我们将讨论如何改进企业的社会责任行为。

3.1 利益相关人与企业组织

企业组织在活动过程中涉及多种存在利益关系的内部和外部因素的互动，对这些互动过程的总体理解和把握称为利益相关人分析。

利益相关人

利益相关人（stakeholder）是指对组织拥有要求权或组织的活动影响其利益的个人、机构或社区。企业的利益相关人包括直接与企业组织活动发生关系的要素，如员工、顾客、供应商、经销商、股东、贷款人等，还包括与企业活动没有直接联系但受到这些活动影响的机构或群体，如政府、当地社区或一般大众等，参见图3.1。

利益相关人与组织

利益相关人与组织间存在着交换的关系。利益相关人是组织活动所需资源的重要提供者，同时他们也期望通过组织获得各自不同的利益。例如，股东为组织活动提供启动的资金、为此承担了财务风险，他们还协助组织建立基本的管理团队和管理制度，他们的期望是从组织的经营中持续获得利润；员工为组织提供知

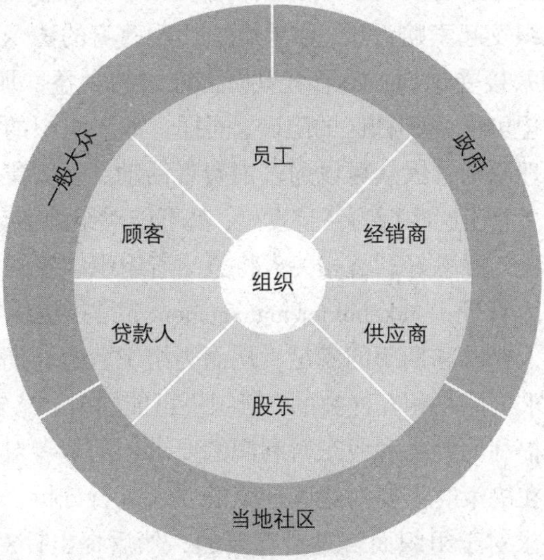

图 3.1 企业组织的利益相关人

识、技能和服务，从组织获得报酬、福利、适当的工作条件和工作稳定的保证；顾客向组织支付产品和服务的费用，期望得到质量保证和合理价格；供应商向组织提供转化活动所需要的投入，期望组织能够及时和以合理的价格支付其产品或服务，期望这种关系是长期、可靠和持续增长的；经销商帮助组织销售产品或服务，他们希望获得合理的账期和价格，也希望组织的产品或服务受到市场的欢迎并持续增长；贷款人或债券购买者向组织提供财务资源，他们的期望是利息收入和保证本金归还。

在市场经济中，政府向企业组织提供法律保障、市场秩序，让企业得以保护产权并拥有公平的竞争环境。他们对企业的期望是遵纪守法、缴纳税款和促进社会福利。本地社区向组织提供基础设施，希望组织能够成为守法的公民，为本地社区的发展做出贡献。一般大众向组织提供活动的总体人文、知识和技能的环境，他们希望组织活动能够提高大众的生活质量。

为什么组织要重视利益相关人？

一个运行正常的组织通常已经同利益相关人建立起良好的互动关系，利益相关人的要求和期望体现在组织管理者的决策过程中。相反，如果组织忽视或破坏了利益相关人的期望，利益相关人会采取离弃组织的行为，引起双方甚至多方间的冲突，破坏组织的活动，损害组织的绩效。例如，如果组织不能创造足够的利润，股东可能退出或抛售股票，贷款人可能拒绝组织获取资金的要求，组织的债券无人认购；如果刻意压低供应商或经销商的利润，他们可能转向为竞争对手服务；如果组织不能善待员工，员工可能怠工或离职，工会可能同组织管理层交恶；

如果组织不能满足顾客的要求或损害顾客的利益，顾客会转向竞争对手、传播负面口碑或对组织发起索赔诉讼；如果组织违反政府的法令或管制，政府可能要求组织停止活动并接受惩罚；如果组织损害社区的利益，那么组织建立新的设施、扩大业务的愿望可能受到社区的阻碍；同样，如果组织的活动违反了社会的公序良俗或一般伦理原则，大众可以通过消费者活动、压力集团和论坛等各种方式向组织施加压力。上述这些行为一旦发生，都可能对组织活动产生极为不利的影响。从另一角度来看，照顾好利益相关人将意味着组织绩效的提高。

利益相关人管理（stakeholder management）是指组织在战略和决策中应当体现对利益相关人要求和期望的满足，从而为组织营造长期可持续发展的前景。利益相关人的要求可能是相互冲突的，组织不可能同时、充分满足所有利益相关人。例如，员工对福利的要求和股东对利润的要求、消费者对低价的要求向来是常见的矛盾。组织在决策时需要对这些冲突的要求进行分析，确定当前情况下哪些利益相关人的要求对于组织而言是最首要的，然后提出针对性的方案并采取行动，再通过效果评估和反馈进一步总结和提高。这一过程就是利益相关人要求评估，如图 3.2 所示。

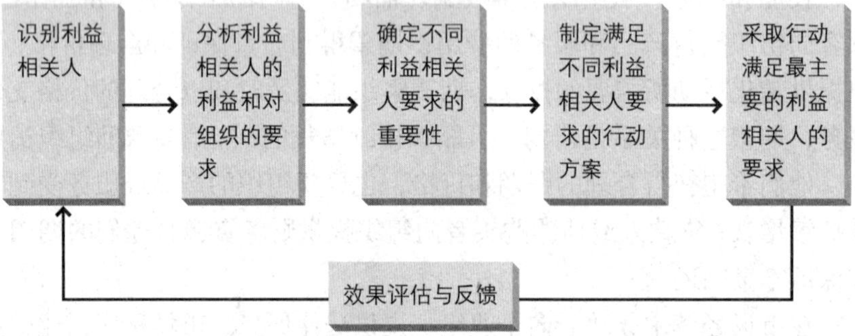

图 3.2 评估利益相关人要求

企业经营环境和企业自身的变化都可能带来利益相关人要求的变化，因此利益相关人评估是一个动态的过程。例如，外资企业进入中国初期，通常选择以知名品牌提供较成熟的产品和服务。此时，企业面临的最大风险是政策和管制，因此最重要的利益相关人是政府和能够帮助企业减少本地风险的当地合作伙伴。美国宝洁公司在 1988 年选择了与国有企业广州肥皂厂建立合资企业，同时引入港商李嘉诚的和记黄埔共同投资，公司董事长则由当时的广州市轻工局局长担任。这两个合作伙伴帮助宝洁公司取得当地政府的支持，解决内地经营中的具体困难。例如当时规定合资投资必须以人民币出资，和记黄埔帮助宝洁解决了人民币资金的困难，而肥皂厂则提供了场地、原材料和销售渠道的支持。随着宝洁在中国市场的成功，股东对利润和中国市场投资控制的要求成为主导的利益相关人要求，宝洁开始逐渐回购合作伙伴所持股价，在 2004 年将广州宝洁转变为独资公司。

管理行动专题

小区基站纠纷

成都市华邑阳光里是商住一体小区，共有 3800 多户业主。物业经理胡德宇说，从 2015 年入住开始，小区的手机信号就很差。小区物业曾多次请通信商到小区增添手机信号设备。

2018 年国庆期间，移动公司在电梯公寓楼顶设置新的手机信号设备，被部分业主发现，遭到了阻拦。“新增的设备有辐射，会对人的身体带来危害，而现在手机信号是可以用的，并不差。”

移动公司和物业发现，新增设备很多线缆被剪断。由于部分业主强烈反对，郫都区信息数据中心出面，对此事进行过协调和解释，但最终无果。10 月 9 日，移动、电信、联通和施工方铁塔公司在小区贴出联合署名的“公示”，表示将中断移动手机信号设备的正常运行。

“设备关闭后，华邑阳光里小区区域内的手机信号将减弱或消失，手机用户将无法拨出或接听电话、上网等，小区内居住的群众遇到突发事件将无法通过手机快速拨打 119、110、120 等应急电话，三家公司不受理该小区的网络信号投诉。”

公示期间为 10 月 9 日到 20 日。小区物业表示，接下来将对设置信号设备一事进行公示，再组织业主们投票表决。[4]

讨论题：

1. 请列出移动公司在此事中的利益相关人。
2. 对于更好地解决此事，你有怎样的建议？

复习一下

1. 列出你所在组织的利益相关人。
2. 举出利益相关人对组织的要求发生改变的例子。

3.2 商业伦理

伦理（ethics）是就某一行为、行动或决定作出是非判断的信念。伦理行为通常是指符合一般可接受的社会规范的行为，而不伦理的行为则是不符合一般可接受社会规范的行为。**商业伦理**（business ethics）是在商业环境下指导行为的伦理标准。商业环境的主要特点是对利润的追求，商业伦理实际上也是以营利为目的的企业活动中行为的规范。

任何企业活动都必须遵守法律和法规。然而许多企业行为虽然是合法的，但在伦理上却是可疑的。例如，网络游戏在提供乐趣的同时可能让未成年人上瘾而造成困扰。理财产品销售人员可能将顾客不需要的产品推销给顾客。商业活动的范围和复杂性往往带来伦理判断上的困惑。不同利益相关者的要求之间可能产生冲突，这些冲突也让各方有机会认识和评估商业活动的伦理。

管理中的伦理问题

在管理活动中，伦理行为首先表现在尊重利益相关人的权益，也即不得利用管理者和企业在信息和地位上的优势谋利。例如，股东有权得到及时准确的财务报告和经营信息，管理者不得利用自己在专业和信息上的优势地位误导股东；消费者有权获得产品的充分信息，包括其副作用，而管理者和企业不能阻挠；员工有权获得安全、有尊严的工作环境，有权享受合理的报酬和福利；供应商和经销商有权要求尊重签订的合同，而不是利用企业的优势地位随意变更合同或压缩供应商和经销商的合理利润；竞争对手有权要求在相互尊重的基础上竞争，反对滥用市场地位；社区有权要求企业支持本社区的发展，增加就业，减少污染。在前面谈到利益相关人管理时，我们已经了解，尊重利益相关人对企业本身提高绩效是有利的。从商业伦理而不是实际利益的角度看，这些都是正确的行为。

遗憾的是，在管理活动中，不伦理行为仍然是一种普遍的现象。当管理者和企业将自己的利益凌驾于其他利益相关人之上时，不伦理的行为就会发生，这包括利益冲突、操纵信息、机会主义盘剥、低于标准的工作条件、环境污染和腐败。

利益冲突。利益冲突（conflicts of interest）是指当个人利益与组织利益或与组织活动有关的其他方利益冲突时选择对自己有利的行为，也包括组织在这种情况下的自利行为。例如，腾讯公司与360杀毒软件公司进行激烈竞争，采取一轮又一轮的针对性手段时没有任何一方对用户做过意见征询（尽管在名义都是服务用户），这些的行为表明他们将自己公司的利益放在客户的利益之上。

自利交易（self-dealing）是另一种主要的利益冲突形式，指管理者用组织资源为自己谋利。自利交易包括利用组织的资金提高自己的生活质量，设法增加管理层的报酬，利用承办业务的机会收受回扣、泄露用户信息等，这些活动损害了股东、客户和合作伙伴的利益。

操纵信息。操纵信息（information manipulation）是指管理者利用控制组织信息的地位误导或隐藏信息来提高自己的经济利益或组织的竞争地位。

会计信息是容易出现操纵信息行为的领域。2015年，日本制造和质量的象征之一、拥有140年历史的东芝承认在过去7年间虚增利润7亿美元，相当于过去 7 年利润的 1/3。造假的行为涉及这家公司几乎所有的部门，连续三任社长都对此负有责任。为了弥补亏损，东芝在此后 3 年间陆续出售了医疗系统、白色家电、半导体业务、电视和个人计算机业务。

向消费者隐瞒信息和发布欺骗性、误导性的广告和促销信息也是常见的信息操纵行为。2006 年之前，包括宝洁、高露洁在内的多家牙膏生产商在产品上印有“全国牙防组认证”字样，乐天等口香糖产品广告中也出现了“全国牙防组认证”的信息。全国牙防组只是卫生部下设的一家专家委员会，并不具备认证资质。这些企业对此十分清楚，但仍然在产品和广告中大肆利用这一名义影响消费者选择。（2007 年 4 月，卫生部决定撤销全国牙防组。[5]）

机会主义盘剥。机会主义盘剥（opportunistic exploitation）是指利用企业在价值链上的地位单方面修改与供应商、分销商或配件商的合同条款，使之有利于自己的行为。2018 年上半年，吉利汽车销售收入增长 36%，利润增长 54%，在低

管理行动专题

代工厂员工被拖欠的工资

2017 年 11 月，在著名快时尚品牌 ZARA 位于土耳其伊斯坦布尔的店内，顾客会发现衣服口袋里有这样的小条，“您将要购买的这件衣服是我缝制，但到今天我还没有拿到工钱”。这是 NGO 组织净衣行动（Clean Clothes Campaign）与当地 Bravo Tekstil 工厂工人组织的联合抗议活动。

Bravo Tekstil 是 ZARA 的代工厂，有 150 名工人，75% 的产品供给 ZARA。2016 年 7 月工厂突然倒闭，老板潜逃。由于工厂欠薪，工人要求 ZARA 补偿 3 个月的薪水和资遣费，共计 65 万欧元。事件发生后，社交媒体上有数千人对工人的要求表示支持，在请愿书上签名的达到 27 万人。

ZARA 回应“对工人所受到的不公正的对待十分同情”，所有的代工费用已经按合同支付给工厂，由于老板潜逃而未能到达工人手上。ZARA 设立了一项 21 万欧元的基金向最困难的工人提供救助。[6]

迷的市场行情下取得了良好的成就。在吉利财报公布的同时，媒体也集中报道了吉利供应商的不满，特别是每年一定幅度的降价要求和较长的付款周期及付款政策。行业专家表示，“我国零部件厂商市场主要还是集中在配套市场，且由于配套规模较大，往往是绑定关系，一旦整车厂提出降价要求，零部件厂商难以找到替代客户，不得不妥协以谋求零部件企业自身的生存与发展。”[7]

低于标准的工作条件。低于标准的工作条件（substandard working conditions）主要是指工作场所低于安全标准以及向员工支付低于标准的薪酬的行为。频频发生的矿难是普遍存在的低于安全标准作业的有力证据。不向员工支付或不足额支付加班工资也是相当普遍的现象。一些企业为了追求生产效率制订苛刻的员工纪律，动辄呵斥员工，实际上是对员工精神权益的一种侵犯，也属于此类行为。

环境破坏。环境破坏（environmental degradation）是指企业和管理者的行为直接或间接导致污染和其他环境损害的行为。凭借生产效率和劳动力价格优势，中国得以吸引跨国企业将大量的生产制造环节转移到内地，在解决了就业问题的同时也面临着污染的威胁。广东增城市新塘镇以其庞大的牛仔服生产集群而著名，2008 年产量占全国 60%，出口量占全国出口总量的 40%。在为当地创造财富的同时，传统的水洗和漂洗工艺对环境造成了严重的污染，河水变黑，土壤中重金属含量超出国家标准。一张 2003 年的 Google 卫星地图显示，新塘镇大敦村附近流入东江的河流，与清澈的东江主河道相比，呈现令人不安的深色（参见图 3.3）。解决方法包括迁移工厂和投资污水处理设备，这不仅需要诚意，还需要企业的决心，也需要来自消费者对污染行为的压力。[8]

图 3.3　广东增城市新塘镇大敦村附近流入东江的河流

腐败。腐败（corruption）是指企业为获取有利的业务或通过政府审批而支付贿赂的行为。除了遵守国内法律之外，参与海外经营活动的企业还要注意国外法律。例如按美国《反海外腐败法》，中国企业在美国的分支机构发生的贿赂行为也受美国法律管辖。腐败不仅仅是个别企业的行为，在很大程度上还受到企业所在环境的影响。2018 年安永《全球腐败调研报告》调查了 55 个国家的 2550 名高管，38% 的受访者认为腐败行为在商界普遍存在。透明国际（Transparency International）是一家民间反腐机构，每年会公布一次清廉指数排行榜。图 3.4 是其 2018 年发布的部分结果。新西兰连续 5 年位居第一，索马里则连续 5 年位居最末。[9]

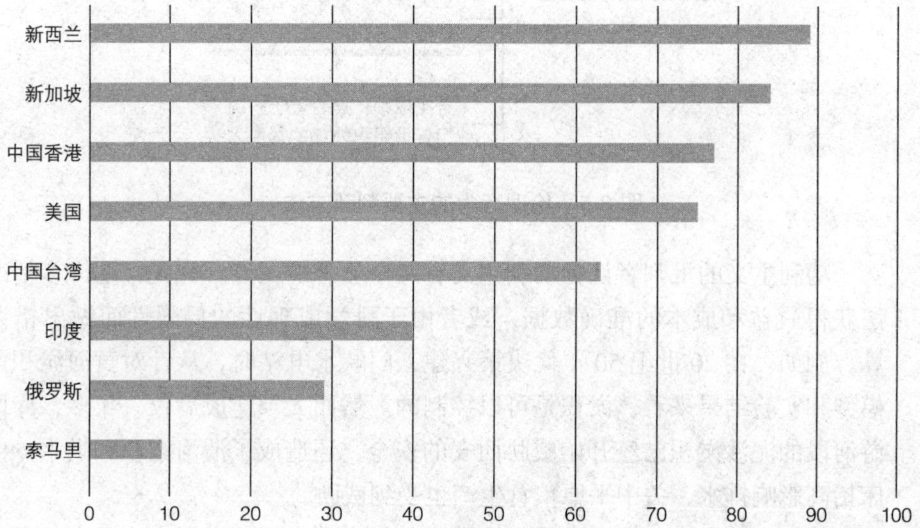

图 3.4　透明国际 2017 全球腐败指数部分国家与地区排名（分值 0~100，100= 最廉洁）

伦理行为的判断原则

如果看到一位老人在公众场所倒在地上，你会采取怎样的行动？贸然施救是否可能给自己带来法律上的麻烦？伦理行为的困难之一是伦理困境。**伦理困境**（ethical dilemmas）是指面临行为选择时由于利益冲突难以做出伦理判断的情境。在上例中，救援是伦理行为，但救援的行为可能损害个人的利益。另一种常见的伦理困境是任何一种选择都可能造成损害，如电影《唐山大地震》中女主人公必须在救儿子还是救女儿之间做出选择。

人们试图找出逻辑的方法来判断哪些是伦理行为，哪些是不伦理的行为，以及如何面对伦理困境。这种判断能力是人们采取伦理行为、抵制不伦理行为的前提。有关伦理行为的判断方法我们将主要介绍功利主义、权利理论、正义理论和务实原则，如图 3.5 所示。

功利主义（utilitarian approach）主张应当根据行为的结果来判断行为是否合乎伦理。例如，如果一项行为导致了不好的结果；则它就是不伦理的。功利主义者还认为，判断结果好坏的标准不是个人利益，而是最大多数人的最大利益。功利主义者在判断时权衡行为的成本和收益，而决策的依据则是收益大于成本。

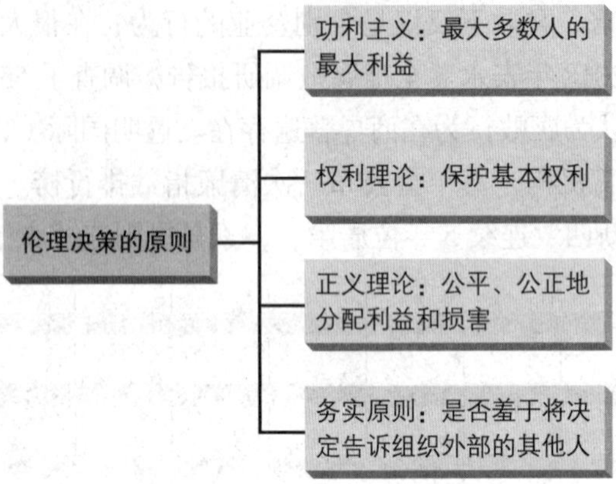

图 3.5 伦理行为的主要判断方法

功利主义的批判者认为功利主义有两个显著的弱点。首先，在许多情况下无法获得收益和成本的准确数据，或者由于科学或理性的局限性而做出错误的计算。例如，在 20 世纪 50 年代决策兴建三门峡水电站时，从针对黄河淤积影响的模型和实验结果来看，淤积是可以控制的。然而大坝建成后仅一年多，库区和上游河段的泥沙淤积已经开始威胁西安的安全，还造成了渭河淤积和洪水。由于河床抬高影响排水，关中平原粮食生产也受到威胁。

其次，功利主义主张的最大多数人的最大利益可能以损害少数人的利益为代价，这种做法很可能是不合乎伦理的。一些跨国企业在发展中国家建立生产企业或签约外包商，其工厂的工作条件和支付的薪酬远低于发达国家，甚至雇佣童工。一些企业为自己辩解称这样做至少让当地人有了工作，否则他们的生活可能更苦。他们所依据的就是功利主义的计算原则。

权利理论（rights theories）认为，有些权利是基本的、不可侵犯的，伦理行为是有助于保持或保护这些权利的行为。例如，自由、有尊严的生活和人身安全等属于人的基本权利，任何功利计算都不能宣称高于这些权利。强制规定乙肝表面抗原体携带者享有平等就业、就学权利就是权利理论的一种应用，尽管许多用人单位出于种种原因并不支持这一规定。根据权利理论，伦理决策的依据是决策或行为将对利益相关人的权利造成怎样的影响。如果这一行为的结果是损害利益相关人的权利，则即使从功利上计算是有利的，它仍然是不伦理的行为。

权利理论强调对基本权利的尊重，它的一个弱点是难以处理相互冲突的权利。例如，一位同事由于家庭原因不得不经常缺勤，但为了保持收入又不可能辞职。由于他缺勤导致你的工作量增加，而如果向上级反映情况可能导致这位员工失去重要的收入来源。在这种情况下，你将面临难以解决的权利冲突。

正义理论（justice theories）强调伦理行为必须在不同个体和群体间平等公平地分配利益和损害，也就是伦理行为必须是正义的。为此，正义理论必须解释如何判断行为的正义性。美国哲学家罗尔斯（John Rawls）是这一理论的代表人物，他的主张体现在著名的两项原则中。第一个原则是平等原则，每个人都拥有与他人自由并存的自由权利。第二个原则是差别原则。如果我们容忍差别（例如收入、财富、地位和机会）的存在，是因为这些差别是对每个人都是有利的。例如市场经济造成了财富差别，但这种差别有助于提高经济效率，可能是有利于每个人的。但市场经济中的垄断行为带来的利益只对一部分人有利，不符合这一原则，因此必须加以管制。

正义理论试图为伦理行为提供比较现实的分析环境，在承认差别存在的同时强调公平。例如，根据差别原则，发达国家企业向发展中国家雇员支付低于本国员工的薪酬是合乎伦理的，因为这种差别实际上惠及所有的利益相关人，包括股东、员工、供应链伙伴、消费者、政府和社区。然而，如果工作条件恶劣或不支付加班费，则违反了平等原则，侵害了利益相关人的权利。正义理论的原则在现实中应用的前提是不同利益群体的主张能够在有序的框架中得到协调。例如，在城市发展过程中不可避免发生拆迁的矛盾。在执行中，对哪些相关利益者权益给予优先考虑，应当通过公开的和充分讨论来决定，片面强调执行必然造成恶果。

务实原则（practical rule）主张，伦理行为应当是管理者或员工在做出判断时不会羞于告诉组织外部人士的。务实原则本身未能提供理论分析，而是将前面讲到的三个理论的结论作为背景，为个人做出伦理判断提供支持。一些专家提出的判断程序包括：（1）行为是否符合社会公认的价值观和标准；（2）是否愿意向所有受到影响的个人和群体公开发布，例如见报或上电视新闻；（3）与自己有重要关系的人是否会认可这一行为，例如家庭成员、朋友等。

不伦理行为的根源

为什么管理者会做出不伦理的行为？特别地，为什么他们会做出明显违背伦理的行为？答案是复杂的。我们可以从个人和组织两个层次上展开分析。

作为个人，管理者的行为受到个体伦理的约束。根据心理学家柯尔伯格（Lawrence Kohlberg）的认知道德发展模型（Kohlberg's model of cognitive moral development），个体对伦理行为的认知主要可以分为 3 个阶段。

在第一阶段，个体关注的是他本人的直接利益和外部的奖励和惩罚。个体认识到，伦理行为可能受到奖励，而不伦理的行为可能受到惩罚。同时，个体也会意识到，伦理行为的结果可能是互惠的，而不伦理的行为则可能导致他人的报复。这些都是个体表现伦理行为，避免不伦理行为的原因。例如，欺骗消费者或员工的行为可能造成不好的口碑或报复，因此管理者会避免欺骗。

在第二阶段，个体认识到正确的行为应当符合社会或某些重要的参考群体对好的行为的预期。个体对伦理行为的考虑开始超出个人利益，他们表现出伦理行为是因为这样做对他人有利，或者出于社会责任感。例如，管理者决定对产品采用环保包装或房地产商开发绿色住宅。这些行为可能增加企业的成本，不能为企业带来直接利益。然而这些行为对社会和社区有利，也是社会和社区所期望的。今天，许多企业管理者主张，企业对员工的工作安排不仅要符合绩效的要求，还要能够帮助员工发展。

在第三阶段，个体对伦理行为的判断直接诉诸伦理原则，而不是因为群体规范、法律约束、权威或某些具体个人的要求。例如，万科创始人王石坚持不行贿既不是因为这样做对自己或企业更有利，也不是为了讨好社会或群体或出于对法律的恐惧，而是因为这是伦理原则的要求。

柯尔伯格模型较好地解释了一般个体伦理行为的认识发展过程，我们可以运用这一模型分析个体不伦理行为的根源。例如认知发展停留在第一阶段的管理者或员工可能会经过利益的比较而选择不伦理的行为。然而在商业伦理研究中，我们经常会发现，同一个人在工作中的行为和工作以外的行为可能是不同的。一些被揭露不伦理行为的管理者在生活中或其服务的其他组织中可能从未表现出不伦理的行为，或者一些拥有正确伦理观念的普通人却作出不伦理的行为。这些都提醒我们注意从组织的层面上分析不伦理行为的根源。

组织文化（organization culture）是指组织成员共享的一组价值观、信念、目标、规范和解决问题的方法。任何组织在发展过程中都会形成自己独特的文化，其成员对于哪些行为符合组织文化、哪些行为不符合组织文化十分清楚，并且对侵犯组织文化的行为表现出敏感性，加入一个组织的新成员很快可以通过老成员的行为和态度体会到组织文化的要求。例如，在惠普公司，创始人强调信任员工、开放沟通和关心员工成长的价值观，员工们都知道“惠普之道”意味着什么，哪些行为是符合组织文化的。

组织文化中与伦理行为有关的原则构成组织的伦理氛围（ethical climate），决定着在组织中对行为是非的认知。顾客点评是亚马逊网上书店的一项特色服务。在提供这项服务的初期，出版商对网站上出现的一些负面的评论表示不满意，希望亚马逊加以控制。亚马逊创始人贝佐斯认为，“当我们遇到问题难以决定的时候，就问一句，哪种方案对消费者最有利？”亚马逊还将竞争对手的产品和报价引入页面，为消费者提供到竞争对手处购买的便利，因为这是对消费者有利的。[10]

组织的伦理氛围由组织的成文规定、高管的行为和态度、重要他人和所在群体的压力等构成。成文规定能否实现往往受非成文规定因素的影响。如果高管出现不伦理行为，这将向员工传递怎样的信息呢？即使在这家公司中有明文规定的伦理守则，员工相信这些守则的可能性有多大？重要他人（significant others）是指在工作群体中有影响力的个体，包括同行、经理、同事和下属。重要他人在组织成员的工作中发挥着正式的或非正式的影响，他们影响组织成员对伦理行为的判断。此外，在一家多数医生接受红包的医院里，群体的压力使那些坚持不收红包的医生反而成为异类。在做出大型设备或系统采购决定时，往往采用委员会投票的决策机制。如果委员会中的多数人收受了供应商的好处，即使拥有正确伦理观念的少数个体成员仍然可能作为群体的一员卷入不伦理的行为。在这样的伦理氛围下，保持伦理行为变得相当困难。一些坚强的个体选择成为举报人（whistler blower），向上级机关和政府部门检举组织中的违规行为，勇气也是伦理决策中的重要因素。

伦理合规项目：保持行为合乎伦理

柯尔伯格的模型指出，个体对伦理行为的认知是一个变化的过程，影响其变化的因素包括环境、教育和经验。对于管理者和员工，组织是影响其商业伦理行为的主要因素，这意味着企业有责任为员工创造一个鼓励伦理行为的环境。组织规范、培养和鼓励伦理行为的系统方法统称为伦理合规项目（ethical compliance program），表3.1介绍了伦理合规项目计划和建设过程的主要步骤。

表3.1

伦理合规项目计划和建设过程的主要步骤

伦理合规项目计划过程	伦理合规项目建设过程
□ 对组织活动可能涉及的法律法规充分理解 □ 评估组织当前合规水平（法律、法规、合约、组织战略和政策） □ 评估组织合规水平不足可能给组织带来的风险和成本 □ 评估合规项目成本，包括费用成本和管理资源成本 □ 根据本组织优先事项发起相关合规项目	□ 建立标准和程序，例如伦理守则，帮助组织成员识别和阻止违规行为 □ 强调各级管理者对合规项目的个人责任 □ 消除变通违规的借口 □ 通过伦理培训项目传达标准和程序 □ 建立起监督、审查和举报违规行为的系统 □ 坚持执行标准、程序和处罚 □ 持续改进合规项目

自2001年安然公司财务欺诈事件发生以来，跨国企业显著加强了企业合规项目的工作。安然事件导致安然公司和安达信会计师事务所两家国际知名企业的倒闭和解体，表明员工不伦理行为以及缺乏约束机制可能对企业造成极大的损害。美国等国家加强了对企业不伦理活动的监管。2002年通过的《萨班斯－奥克斯利法案》对在美国上市的企业负责人、董事会、审计师的财务信息披露方面的责任以及公司内部控制规范做出了严格的规定，违反这些规定将引发刑事侦查和诉讼。为了满足以《萨班斯－奥克斯利法案》为代表的强化监管的趋势，企业不得不建立起系统化的合规项目，指导管理者和员工的行为。

跨国企业的业务活动往往跨越极不相同的商业环境，许多不伦理行为初期可能并不显眼，这意味着企业必须建立起高度系统化的伦理合规项目才能在各个环节加以控制。与此同时，越来越多的企业也认识到，合规项目可以帮助企业控制风险，保持战略、政策和目标的一致性，从而提高企业的绩效。

复习一下

1. 请根据近期的新闻报道举出 3 个商业不伦理行为的例子。
2. 举例说明在什么情况下人们可能违反伦理判断的务实原则。

3.3 社会责任

除了遵守法律和行为合乎伦理之外，社会对企业组织还提出了更高的要求，特别是要求企业的活动在经济上对社会有积极贡献，并且鼓励企业采取直接回报社会的形式。

企业社会责任

企业社会责任（corporate social responsibility，CSR）是指企业在做出管理决策时有义务保护和促进整体社会的福利。自觉而又圆满地履行社会责任的企业行为称为企业公民（corporate citizenship）。

履行企业社会责任的方式可以是多种多样的，包括：（1）慈善捐助，例如支持希望工程、母亲水窖等；（2）社区服务，例如教育未成年人、提供实习机会、培训下岗员工等；（3）在企业活动中体现对社会责任的承担，例如使用节能环保的材料或工艺。企业还可以采用更具创意的形式承担社会责任。

企业承担社会责任的行动需要付出代价。慈善捐助减少企业的利润，采用环保材料或工艺可能提高成本，社区服务也意味着成本的增加。如果企业能够将社会责任行动同企业的战略结合起来，也可以从这些活动中直接受益。2018 年腾讯“99 公益日”共有 2800 万人参与捐款，总计善款 8 亿元，2000 家企业捐款 1.85 亿元，腾讯基金会捐助 4 亿元。在活动期间，公众互动数量达到 3 亿次。“99 公益日”提升了社会对公益事业的关注、提高了公益机构的募款效率。这项活动与腾讯作为“连接一切”的使命是一致的，所有捐助通过微信支付完成，也直接支持了企业的业务活动。

企业为什么要履行社会责任

社会责任并不是企业的法定义务。为什么企业要履行社会责任？**公民责任**观点主张，企业履行社会责任是因为这是正确的行为。企业，特别是大型企业是在整个社会支持下成长起来的，回报社会是它们的义务。这一观点认为，作为依法成立的实体，组织与个人公民一样对社会负有义务。**实用主义**的观点则认为，企业履行社会责任有助于赢得利益相关人的支持，帮助提高企业的绩效。例如重视环保和志愿服务的企业可能建立正面的形象，有利于吸引优秀的员工。

反对企业履行社会责任的人士主张，企业不应当追求社会目标。诺贝尔经济学奖获得者弗里德曼（Milton Friedman）认为，企业唯一的社会责任就是通过公平竞争增加利润，[12] 因为利润是对企业经营成果的唯一客观衡量基础。有利润的企业才能生存，这是保证社会资源有效配置的前提。此外，股东和员工应当有权自行决定如何将利润和工作报酬用于社会而不是由企业管理者来决定。经济学家张维迎则提醒企业不要用社会责任取代企业经营中的基本责任。[13]

管理行动专题

默克公司向中国转让乙肝疫苗

乙型病毒性肝炎（乙肝）是一种由乙肝病毒导致的传染性疾病，可引发慢性或急性肝脏炎症。对新生儿和儿童进行乙肝疫苗接种，是预防这种疾病的重要措施。

20 世纪七八十年代，在中国，乙肝是导致死亡的第二大疾病，仅次于烟草。1986 年，默克公司研制的人类第一支基因工程疫苗获准上市，三联针价格约为 1000 元。时任默克公司总裁罗伊·瓦杰洛斯说：“最初我们希望向中国出售乙肝疫苗，但我们很快意识到，即使将价格降到最低，他们也难以承担……时间如此紧迫……新生儿在出生 24 小时之内就应第一次接种疫苗……最后，我提出以 700 万美元底价将这项技术转让给中国。”1989 年 9 月 11 日，中国政府代表团和默克公司签署了转让重组乙肝疫苗技术的合同。

瓦杰洛斯回忆说，“在这个商业决策中我们没有赢利；默克培训中国工程技术人员以及派遣默克员工到中国的费用，已经超过这个数目。为什么要这样做？因为这是一件正确的事！我认为这是默克公司在 20 世纪做的最好商业决策之一……50 年后，中国将根除乙肝疾病。”

瓦杰洛斯说，在做最后决策时，自己受到公司前总裁乔治·默克在几十年前一个善举的影响。第二次世界大战结束后，日本陷入饥饿和肺结核流行。战后的日本国力贫穷，无力购买链霉素。默克决定向日本免除链霉素专利权，并传授生产技术。日本制药公司得以生产出足够的链霉素，遏止了肺结核的流行。

乔治·默克解释这一行为时说：“我们要永远铭记：医药永远是为人而不是为了利润，利润是随之而来的。”

1993 年，中国成功生产出第一批基因工程乙肝疫苗。以当时中国每年 2000 万新生儿计算，1993—2018 年，25 年间，中国至少有 5 亿新生儿接种这种疫苗。[11]

围绕企业社会责任的争论揭示了企业履行自身责任过程中的复杂性。作为活跃的社会组织，企业承担社会责任已经成为企业和社会各界的共识。由于企业通常掌握着较多的社会资源，拥有一定的动员能力，企业社会责任行动可以起到自己的特殊作用。然而，弗里德曼和张维迎的观点也是有力的。有些企业一方面高调开展社会责任行动，另一方面在产品质量、产品安全、公平竞争方面却暴露出严重的问题，这样的做法恰恰是对社会极大的不负责。

今天，企业社会责任已经超越了传统慈善捐助的范围，更加强调回应利益相关人的要求。例如，员工志愿服务成为企业履行社会责任的一种活跃形式。这主要是来自新一代员工的要求。伯克利大学教授麦克艾哈尼指出，对于企业社会责任，新一代员工“不光要知道公司在做什么，他们要自己来做”。[14] 企业社会责任不再是由高管决定的公司项目，一些企业设置了志愿者日或志愿服务激励项目，向员工志愿服务活动提供个性化的项目、时间和资金支持。

评估社会责任

任何严肃对待社会责任的组织必须确保其努力正在产生期望的结果。这一要求主要表现在将管理中控制的概念应用于社会责任。许多组织要求现有的员工和新员工阅读伦理守则并签署同意遵照执行的声明。组织还应当评估自己对法律上和伦理上可疑行为的态度。组织是否立刻作出了反应？是否惩罚了参与者？是否采取了拖延或掩盖的手段？对这些问题的回答有助于组织了解自己承担社会责任的机制。

从更加正式的角度来说，组织也许应当实际评估一下自己承担社会责任的有效性。这也是利益相关人的要求。例如，企业向社区成员提供公益性的培训项目，企业的股东、员工和社区领导人都希望知道这种项目的实际结果。近年来，许多企业也会进行企业社会审计。企业社会审计（corporate social audit）是一种针对企业社会绩效有效性的正式的和彻底的分析。这种审计通常是由一组公司高层经理组成的任务团队来完成的。组织首先应当清楚地定义其所有的社会目标，分析它为每一目标分配的资源，评估不同目标实现的程度和哪些方面需要额外注意。越来越多的组织以年报或专门报告的形式向社会公告本企业在社会责任方面的认识和行动，美国“财富 500 强”企业全部发布企业社会责任报告书。2018 年，A 股上市公司中有 851 家披露了企业社会责任报告，整体披露比例约 40%。[15]

复习一下

1. 企业承担社会责任是否损害股东利益？
2. 没有利润的企业也应当发起社会责任活动吗？

本章要点

1. 利益相关人是对组织拥有要求权或组织的活动影响其利益的个人、机构或社区。组织与利益相关人之间的良好关系有利于提升组织的绩效。组织通过利益相关人管理在战略和决策中体现对利益相关人要求和期望的满足，营造长期可持续发展的前景。
2. 伦理是就某一行为、行动或决定作出是非判断的信念。商业伦理是在商业环境下指导行为的伦理标准。在管理活动中，伦理行为首先表现为尊重利益相关人的权益。
3. 伦理困境是指面临行为选择时由于利益冲突难以做出伦理判断的情境。功利主义、权利理论、正义理论和务实原则提供了判断伦理行为的方法。
4. 柯尔伯格模型描述了个人伦理认知的发展过程。组织文化和组织的伦理氛围影响着组织成员的伦理决策。伦理合规项目通过系统化地规范、培养和鼓励伦理行为帮助企业控制风险。
5. 企业社会责任是指企业在做出管理决策时有义务保护和促进整体社会的福利。自觉而又圆满地履行社会责任的企业行为被称为企业公民。支持和反对企业社会责任的观点揭示了企业履行责任过程中的复杂性。许多企业通过《企业社会责任报告书》向社会公告本企业在社会责任方面的认识和行动。

批判性思考与讨论题

1. 企业在管理利益相关人关系时只要符合法定要求就足够了，试举例评论这一观点。
2. 利益相关人的管理就是满足所有利益相关人的要求。请评论这一观点。举例说明在利益相关人管理中如何处理利益相关人之间的利益冲突。
3. 搜集过去一年间财经媒体有关企业不伦理的行为的3篇报道，说明这些不伦理行为属于教材中所提到的哪些类别？
4. 根据上题的回答进一步分析影响报道对象组织伦理氛围的主要因素有哪些？
5. 柯尔伯格模型对于组织改进伦理行为有何指导性？
6. 伦理合规项目失败的原因可能有哪些？
7. 企业跨国经营对管理伦理行为带来哪些挑战？
8. 选择一家发布企业社会责任公告的上市公司，评估这家公司企业社会责任活动的效果并提出改进的建议。
9. 查阅澎湃新闻对江苏苏州勤惜小学设立“隔离墙”的报道。列举决策影响的利益相关人，运用功利主义、权利理论、正义理论和务实法则对这一决策进行分析，提出改进的建议。

讨论案例

2010年，美国企业陶氏化学（Dow Chemical）成为奥运会赞助商，为期10年，同时该公司还赢得了2012年伦敦奥运场馆外墙建设工作的竞标。奥运会有几十亿观众，成为奥运会赞助商对企业品牌提升的效果不言而喻。然而，这一身份同时也将陶氏公司暴露在公众关注下，带来了意外的品牌威胁。

例如，媒体和政治家们抨击陶氏化学应该

对1984年的印度博帕尔灾难（3787人死亡，55万人受伤）负责。发生毒气泄露的工厂属于化工企业美国联合碳化物公司（Union Carbide）的印度分公司，而陶氏化学1999年同意收购联合碳化物公司。一些印度人呼吁印度不参加伦敦奥运会，以抗议陶氏化学成为奥运会赞助商。英国前奥运大臣特莎·乔韦尔（Tessa Jowell）称陶氏化学设立的场馆外墙“具有挑衅性”，2012年伦敦奥运会可持续发展监督机构专员梅雷迪思·亚历山大（Meredith Alexander）因此事辞职。

陶氏化学自然觉得冤枉，它从未参与博帕尔这家工厂的运营，同意收购联合碳化物公司之时，距离该公司了结诉讼已过去了10年，距离其出售印度业务也过去了5年。怎么能让陶氏化学对这场灾难负责呢？

然而，博帕尔受害者的悲惨遭遇和处理过程中官僚主义的冷酷逻辑令人们在事件过去28年后仍然无法释怀。陶氏化学赞助奥运会再次唤起了公众强烈的情绪反应。有人说，陶氏化学实在太幼稚了，它以为收购联合碳化物公司（无论从哪种意义上看，这都是一个有害的名字）不会造成任何名誉上的影响。陶氏化学没有料到，作为一家财力雄厚的美国企业，与奥运会挂钩会让一些人觉得有权要求它解决他们的问题。

讨论题：

1. 陶氏化学收购联合碳化物公司的行为是否符合企业的伦理要求？
2. 陶氏成为奥运会赞助商后受到的意外批评对于我们认识企业的社会责任有何启示？

学习伴随案例

根据你所选择组织的资料，以小组为单位对其管理活动进行讨论。回答下面的问题并向全班报告。

1. 这家组织的利益相关人有哪些？
2. 与其他组织相比，这家组织的利益相关人管理有何特点？
3. 这家组织是否被报道或披露过不伦理行为？
4. 组织采取了哪些措施鼓励伦理行为、防止不伦理行为？
5. 哪些具体因素可以用来评估这家组织的伦理氛围？
6. 组织参与和发起了哪些社会责任活动？评估这些活动的效果及对组织绩效的影响。

结尾案例

麦当劳调整开心乐园餐配方

1977年，麦当劳想出了“开心乐园餐”的点子，在套餐中赠送玩具。当时推出的玩具马戏团马车系列（Circus Wagon Train Theme）在全美引发轰动。此后的几十年里，开心乐园一直是麦当劳最具竞争力的产品。它对儿童具有持久的吸引力，而儿童在家庭餐饮选择中通常拥有否决权。

开心乐园餐占麦当劳订餐的1/4。21世纪初，消费者开始向麦当劳施加压力，反对用诱惑儿童的方法来增加不健康的饮食消费。2006年，迪斯尼决定中止与麦当劳长达10年的合作。有传言说，迪斯尼的主要顾虑是不喜欢与一个导致儿童肥胖的品牌联系在一起。

对开心乐园餐的批评声调越来越高，利用玩具来营销不健康食品的做法受到谴责。麦当劳辩解说，父母和家庭拥有自主决策的权力。2011年，消费者团体要求停止使用麦当劳叔叔的形象。美国旧金山市规定，除非遵守加州营养标准，否则不得在儿童餐中赠送玩具。麦当劳表示要坚决捍卫自己的品牌，相信父母们理解并且喜欢开心乐园。

在旧金山，由于无法满足地方规定，麦当劳将玩具定价为10美分，而将收入捐赠给当地的麦当劳叔叔之屋。公司也做出了妥协，承诺更新开心乐园的菜单，将法式薯条减量并增加水果蔬菜、低脂牛奶，减少巧克力奶昔的糖分。2013年，开心乐园餐将菜单上的汽水隐藏起来（但顾客仍然可以要），改为果汁、牛奶和水。此后，汉堡王、温迪氏、DQ等企业也采取了相同的做法。2013年，选择果汁、牛奶和水的开心乐园订单占38%，到2017年，这一比例提升到52%。

2018年，麦当劳宣布将开心乐园餐中的饮料更换为更加健康的100%有机果汁。之前果汁含量仅为42%，剩余的成分几乎全是糖。麦当劳的这一举措在商业上是成功的，迪斯尼在分手12年后再度与麦当劳建立伙伴关系。一位迪斯尼高管说，“麦当劳改良开心乐园餐的承诺让我们两家得以携手。”[16]分析师看好这次合作，迪斯尼拥有大量的品牌和角色，可以满足以家庭为对象的餐厅需求。

与迪斯尼达成合作之后不久，麦当劳与益智游戏口袋魔方达成一项新合作。开心乐园餐将装在口袋魔方盒子里面，还会附赠微型魔方。口袋魔方是新一代家长们儿时的玩具，引入口袋魔方不仅能够唤起家长们的情感，其教育属性还有助于麦当劳与家长们建立更加友好的关系。

2015年纽约市曾经讨论立法要求快餐连锁店提供更健康的儿童餐并将儿童餐热量减少到500卡路里，这一法规虽未通过，但引起了像麦当劳这样的快餐连锁集团的重视。2018年，麦当劳宣布，到2022年年末，公司将在全球范围内对开心乐园餐进行改进，共有5大改变。

1. 更加注重膳食平衡，菜单上50%的套餐将不超过600卡路里（目前比例为28%）、650毫克钠，其中不超过10%的卡路里来自饱和脂肪，不超过10%来自添加的蔗糖。
2. 减少人工添加剂，包括人工香料、色素和防腐剂。
3. 让顾客可以方便地看到开心乐园餐的营养信息。
4. 面向儿童的营销活动符合新的标准并且遵守所在地法规。
5. 实行创新的营销方法来促进儿童在开心乐园餐中选择水果蔬菜、低脂牛奶、全麦、低脂蛋白质和水，并公布效果。

2018年，美国麦当劳餐厅的开心乐园餐已经做到100%不超过600卡路里，并且全部满足对糖、饱和脂肪酸含量的要求。例如，改装后的薯条将卡路里和钠减少了一半，改用有机苹果汁可以减少65卡路里。芝士汉堡和巧克力奶昔这样高热量的食品被从菜单上隐藏起来，尽管顾客还可以点，这和当年将汽水从菜单上隐藏起来是一样的。

在美国，有1/3的儿童每天吃快餐。[17]麦当劳的合作方、NGO“更健康的下一代联盟”认为，麦当劳的做法提升了行业标准，希望其他企业能够跟进。麦当劳的改进受到美国心脏病学会等机构的欢迎。批评人士认为，这些改变不会将麦当劳变成健康食品。而如果家长们因此放松并增加消费，儿童反而会吃进更多薯条、汉堡和麦乐鸡。“走进店内，当孩子闻到薯条的味道和看见汽水时，他们很难做出更加健康的选择”。[18]

结尾案例讨论题

1. 舆论对麦当劳社会责任的要求有哪些？
2. 分析麦当劳履行社会责任的重点和原则。
3. 麦当劳履行社会责任在哪些地方有所不足？
4. 麦当劳履行社会责任与其市场竞争地位有关联吗？

开篇案例讨论题

1. HowGood 的利益相关人有哪些？其中可能受到损害的有哪些？
2. HowGood 为什么没有设计负面打分？
3. 还有哪些产品和服务适合作为 HowGood 未来的市场？

自测题

1. T　F　利益相关人是直接与企业组织活动发生关系的个人和机构。
2. T　F　即使合法的企业行为在伦理上仍然可能是有疑问的。
3. T　F　遵守商业伦理意味着企业实际利益减少。
4. T　F　在管理活动中，尊重利益相关人的权益不包括尊重竞争对手的权益。
5. T　F　企业活动中往往出现由于利益冲突难以做出伦理判断的情境。

6. 大企业利用自己优势的市场地位压缩供应商利润的行为属于以下哪一种不伦理的商业行为？
   a. 利益冲突
   b. 自利行为
   c. 机会主义盘剥
   d. 操纵信息
   e. 功利主义
7. 根据柯尔伯格认知道德发展模型，拥有正确伦理观念的员工作出不伦理的行为是因为
   a. 关注本人的直接利益
   b. 群体规范的约束
   c. 直接诉诸伦理原则
   d. 行为纪律指南
   e. 以上都不是
8. 以下哪一项不属于伦理行为判断的主要原则？
   a. 功利主义
   b. 权利理论
   c. 正义理论
   d. 合法性原则
   e. 务实原则
9. 下列哪一项不是支持组织承担社会责任的陈述？
   a. 组织活动导致了许多需要解决的问题
   b. 组织是社会公民
   c. 大型企业有钱帮助解决社会问题
   d. 解决社会问题是企业基本的经济使命的一部分
   e. 社会责任有助于提高企业声誉、增加利润
10. 以下哪一项不属于企业社会责任项目？
   a. 慈善捐助
   b. 员工志愿服务
   c. 要求供应商提供环境审计报告
   d. 发布企业社会责任报告
   e. 加强企业合规项目

本章注释

[1] https://www.supermarketnews.com/sustainability/turning-ethical-shoppers-buyers.

[2] https://www.metro.us/news/local-news/boston/howgood-helps-grocery-shoppers-make-ethical-decisions-easily.

[3] https://www.huffingtonpost.com/entry/ethical-eating-app-howgood_us_592332cce4b034684b0eb41b?i7.

[4] https://news.china.com/socialgd/10000169/20181012/34138237.html.

[5] http://news.sina.com.cn/z/cxyfz/index.shtml.

[6] https://www.bbc.com/news/world-europe-41981509.

[7] https://finance.sina.com.cn/chanjing/gsnews/2018-10-17/doc-ifxeuwws5035620.shtml.

[8] 绿色和平组织.时尚的污染——两个中国纺织专业镇环境调查 [R].2010-10.

[9] https://www.transparency.org/news/feature/corruption_perceptions_index_2017.

[10] Kirby，Julia.Stewart，Thomas A.The Institutional Yes：An Interview with Jeff Bezos [J].Harvard Business Review.Oct.2007.

[11] https://new.qq.com/omn/20180406/20180406A06RZF.html.

[12] Friedman，Milton. The Social Responsibility of Business is to Increase its Profits [J] The New York Times Magazine，September 13，1970.

[13] 张维迎 . 正确解读利润与企业社会责任 [N] . 经济观察报 .2007-08-19.

[14] http://edition.cnn.com/2012/11/07/business/global-office-csr-volunteer/index.html.

[15] http://greenfinance.xinhua08.com/a/20190128/1795275.shtml.

[16] https://money.cnn.com/2018/08/23/news/companies/mcdonalds-happy-meal/index.html.

[17] https://www.cdc.gov/nchs/products/databriefs/db213.htm.

[18] https://www.usatoday.com/story/money/2018/02/15/mcdonalds-plans-make-happy-meals-healthier-worldwide-2022/338263002/.

管　理　学　原　理

4

CHAPTER 4

组织环境

本章学习要点

- 外部环境和内部环境
- 任务环境
- 一般环境
- 外部环境的动态性和组织措施
- 内部环境

方便面企业需要激发创新潜力以应对外部环境的变化。

开篇案例

方便面企业面对新挑战

1958 年，日本企业家安藤百福发明了方便面。60 年过去，方便面传遍了全球。中国是世界上方便面消耗量最高的国家。2013 年，内地和香港共销售方便面 462 亿包。此后，方便面销量逐年下降，2017 年为 387 亿包。从全球情况来看，2013 年到 2016 年全球方便面销售量下降 87 亿包，主要也是受中国销量下降的影响。全球其他地区需求基本稳定，日本在此期间则增长了 2.5 亿份。好在从零售额来看，中国方便面市场基本保持了稳定，2013 年 876 亿元，2017 年 841 亿元，这主要得益于产品价格调整。[1]

BBC 在报道中国方便面市场销量下降的现象后总结了几个原因，包括农民工返乡潮、更加便利的交通（火车站销量减少）、普及的网络和外卖 APP 等。大致而言，随着生活方式改变，原有的需求消失了。[2]从产品结构来看，进口方便面近几年以两位数的速度增长，特别是韩国方便面，已经成为向中国出口的主要农业产品。一升一降，反映出市场需求的转移，新的需求仍然很旺盛。

方便面属于快速消费品，购买频次高，单价低，控制销售渠道是建立市场竞争的关键。内地方便面市场呈现寡头垄断格局，康师傅大约占 50% 市场份额，统一占 21%。这对巨头过去为了争夺渠道控制权进行了激烈的竞争，从补贴销售点到直接补贴用户的买方便面送火腿肠大战，规模化生产和价格战成为主要竞争手段。价格竞争在一定程度上抑制了产品创新，不能快速地回应消费者的需求。在它们眼中，消费者对方便面的认识、使用习惯和预期与多年前相比几乎没有改变。作为方便面产业的主导者，无论康师傅还是统一对迅速成长的外卖市场都估计不足，也没有制定有效的对策。

2015 年，受到销量下降的打击，多家方便面企业倒闭。也是在这一年，康师傅和统一开始将注意力转向中高端品种。统一在 2008 年就推出高端产品汤达人，直到 2014 年才取得很大的成功。中高端产品增长也得益于所谓现代渠道的成长，如网上渠道和城市大量新增的便利店，价格较不敏感的年轻人更倾向于从现代渠道购买。

市场领导品牌康师傅市值曾经达到 1400 亿港币，但 2016 年跌到 530 亿港币。从股价、营收和利润来看，在同样的市场环境下，统一的表现好于康师傅，市场份额也从 2010 年的 10% 增长到 2017 年的 21%。这主要得益于统一在创新方面更加灵活，更早推出更多高价高毛利的产品（统一毛利率比康师傅高 2~5 个百分点）。统一较早转向中产消费者，并且更能忍受销量的短期下降，而康师傅则更加注重“加强渠道下沉”和“城镇化商机”。

统一集团董事长罗智先说，“规模经济与低成本的竞争力对企业整体运营的重要性已经不如以往”。[3]2017 年，统一推出生活面的概念，试图摆脱方便面的品类，抢先一步占领新的市场定位。2018 年，康师傅业绩回暖，其增长同样主要依靠中高端产品，低端产品销售额仍然下降。

针对外卖市场，方便面产业的回应之一是强调家庭场景和概念变革。初创企业拉面说创始人姚启迪认为，目前市场上高端一点的方便产品，比如螺蛳粉、方便火锅，主要切入的都是家庭场景，主打“轻厨房”的概念，是介于快餐与正餐之间的“速食料理”。“很多年轻家庭消费群体会选择这样的产品，稍微动动手就可以享受到料理店的味道。外卖不可能完全取代家庭这个消费场景。”方便面与流行文化的结合也是一个想象空间，日韩方便面的流行与日韩影视作品和文化的影响有很大的关联。

美国未来研究所所长阿玛拉（Roy Amara）在讨论新技术的影响时曾经总结说，“我们总是高估一项科技所带来的短期效应，却又低估它的长期影响。”这就是著名的阿玛拉定律。企业在面对技术环境变化时，也会有同样的困惑。

管理者总是试图对企业所在环境进行深入理解以做出正确的决策，本章建立起企业外部环境和内部环境的分析框架。我们从聚焦于企业具体的任务环境开始，接下来扩展到更为广泛的一般环境，然后总结外部环境的动态变化，最后是对企业内部环境及主要理论观点的分析和介绍。

4.1 外部环境和内部环境

有效管理的关键要素之一，就是确定组织与环境间最适当的关系，并且在工作中实现和保持这种关系。然而，为了做到这一点，管理者们首先要充分理解组织环境的性质，图 4.1 对组织环境进行了描述。

管理者通常从两个维度感受环境的变化。首先是外部环境（external environment），也就是组织之外所有可能影响企业实现其目标的因素。外部环境又可以进一步分为任务环境和一般环境两个部分。任务环境（task environment）也称产业环境，包括实际的或潜在的竞争对手、供应商、购买者、替代产品或服务的生产商或供应商，还有互补品生产商。一般环境（general environment）是作为任务环境背景的政治法律、宏观经济、人口统计、社会文化、技术和国际因素。一般环境对组织的影响是通过任务环境来实现的。

在分析外部环境时，管理者们的主要目的是为了明确组织的机会和威胁。机会是指管理者发现的外部环境或外部环境变化趋势中有利于组织的因素，可以在制定组织战略的过程中结合进去提升组织绩效。威胁则恰好相反，是管理者在制定战略过程中必须加以防范、控制的外部环境因素。对于航空公司来说，某一地方政府投资扩建机场和配套的高速公路属于机会，然而由此吸引竞争对手介入则是威胁，同样，高铁在当地的兴建也是威胁。航空公司的管理层必须在自己的计划中考虑这些因素，利用机会并控制威胁。例如，海航公司将北方总部设在天津，综合发展航空旅游、商业地产、物流和金融业务，由此与地方政府建立起密切合作的关系，充分发挥天津的地域优势并阻止竞争对手介入。

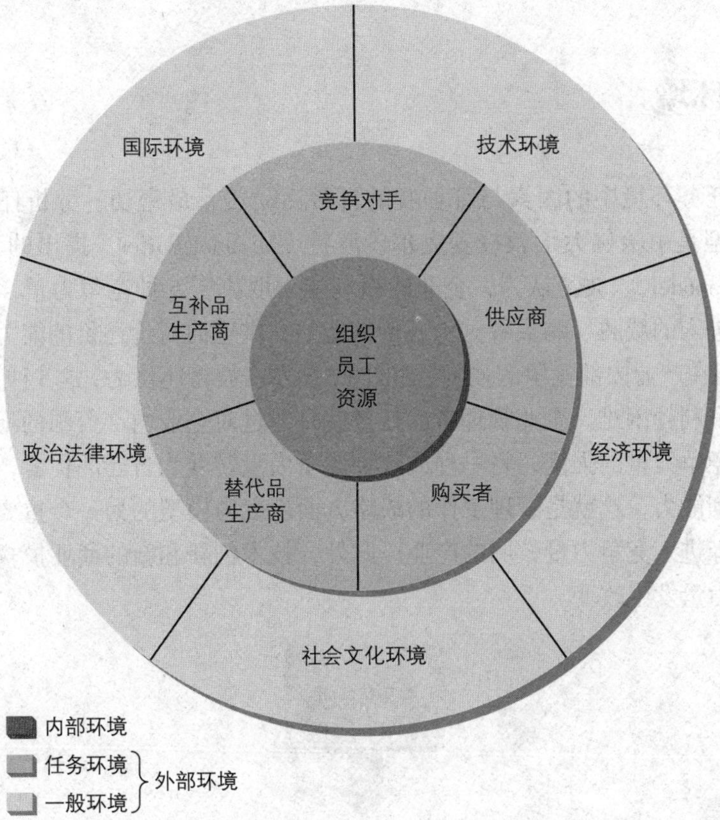

图 4.1　组织的环境

内部环境（internal environment）是组织内部可能影响管理者采取行动或实施战略的因素。组织的内部环境包括组织因素（结构、文化、控制、激励）、员工因素（人力资源）和资源因素（有形的或无形的资产），这些因素是组织竞争优势和劣势的基础。一般来说，与外部环境相比，内部环境是相对容易影响的变量。在分析内部环境时，管理者们的主要目的是为了明确组织的优势和劣势。优势是指组织擅长的活动，是组织竞争优势的来源；劣势则是指组织不擅长的事，是组织竞争劣势的来源。评估组织的机会、威胁、优势和劣势，是一项基本的战略分析方法，称为 SWOT 分析。企业的竞争优势来自内部资源的适当组合（改变内部环境）以更好地匹配外部环境，这项工作就是战略制定，我们将在第 6 章详细讨论。

复习一下

1. 组织的任务环境和一般环境有何区别？
2. 组织的内外部环境是否很容易区别？

4.2 任务环境

任务环境中的因素与管理者的日常活动关系最密切。分析任务环境最主流的模型是由哈佛大学教授麦克尔·波特（Michael Porter）提出的五力模型（five forces model）。波特认为，企业的赢利能力取决于5种竞争力量，这就是潜在竞争者进入的威胁、购买者讨价还价的能力、供应商讨价还价的能力、替代品的威胁、所在产业内部竞争的强度，如图4.2所示。波特还认为，这5种竞争力量越强，企业赢利越困难。企业管理者的任务就是通过对企业内部资源的配置和创新降低这些竞争力量的强度，将一种或数种竞争力量转变为自己的优势，从而提高企业的赢利能力，这就是管理工作的战略方面。五力模型的另一个重要应用是指导企业选择进入竞争力量较弱的产业。此外，技术创新和新的商业模式的出现往往令竞争力量发生改变。

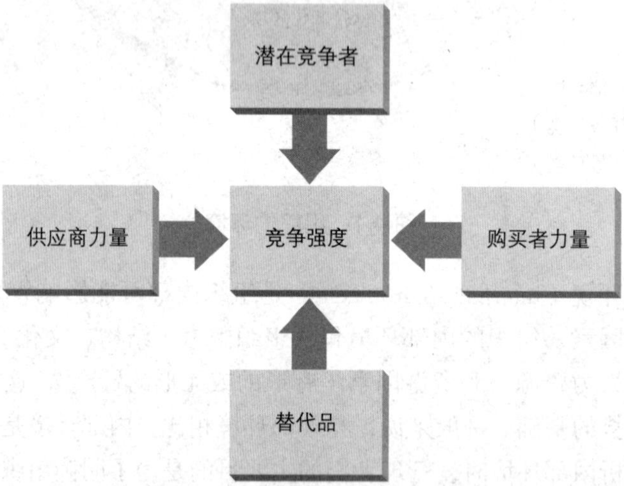

图 4.2 波特的五力模型

潜在竞争者进入的威胁

无论是新产业还是复苏产业，只要产业中的企业获得较高的利润，通常总会吸引产业外的企业进入，导致产能扩大、价格下降、利润减少。潜在竞争者是目前还不在本产业中、但有能力成为竞争者的企业。产业内现有的企业总是希望减少潜在竞争者进入的威胁（threat of entry）。进入壁垒（barriers of entry）是指潜在竞争者进入产业的成本，进入壁垒越高，潜在竞争者成本越高，现有的企业也就有更多的机会提高价格、增加利润。

企业提高进入壁垒的主要方法是规模经济和品牌忠诚。规模经济（economic of scale）是指通过大规模生产降低成本结构所带来的优势。享有规模经济的企业能够以低成本组织生产，如果潜在竞争者不能实现类似的成本，可能不敢发起竞争行为，这就是规模经济的进入壁垒。今天，已经很少有人会考虑进入 PC 产业了，这主要是因为难以实现规模经济。品牌忠诚（brand loyalty）是指购买者对现有企业产品的偏好。强大的品牌忠诚令潜在竞争者很难从现有企业手中夺取客户，从而有效地阻止潜在竞争者。

据新浪微博发布的 2017 年智能手机微报告，苹果用户更换手机时的品牌留存率在市场上遥遥领先，显示了品牌忠诚给企业带来的巨大优势。这意味着，竞争者从苹果手中争夺用户的难度较大，更可行的做法是从别的竞争对手那里夺取用户。[4]

表 4-1
智能手机用户在更换手机时的品牌留存率

手机品牌	iPhone	华为	vivo	小米	OPPO	魅族	三星	金立	美图
留存率	66%	35%	33%	32%	32%	20%	13%	9%	9%

购买者讨价还价的能力

购买者讨价还价的能力（bargaining power of buyers）是购买者向供应商谈判降低购买价格或要求供应商提高成本提供更高质量产品和服务的能力。购买者可以是消费者、分销产品的中间商或产业下游的生产商。在购买者讨价还价能力很强的行业，供应商经常会受到压价或提高成本的压力，难以获得较高的利润。因此，讨价还价能力对于产业中的企业是一种威胁。相反，如果购买者讨价还价能力较弱，则产业中的企业将有机会获得和保持较高的利润。

购买者在以下几种情况下讨价还价的能力最强：

□购买者数量较少，购买量较大；

□购买者可以从市场上大量类似产品的生产商和供应商之间进行挑选；

□购买者可以方便地在不同供应商之间转换。

像阿里巴巴、京东、沃尔玛这样的大型电商和连锁企业，是典型的强势购买者。它们通常将采购权集中在总部，购买数量大。它们所销售的产品在质量和特性间往往相差不大，同时它们的物流高度发达，在供应商之间转换的成本不高。像 2010 年年底爆出的家乐福将方便面第一品牌康师傅产品下架的消息，就是这种强势地位的表现。

购买者在以下几种情况下讨价还价能力最弱：

□购买者众多，购买量小；

□购买者没有选择余地；

□购买者无法方便地转换供应商。

订阅国际学术期刊的高校是弱势购买者的典型例子。每所高校需要订阅的学术期刊品种众多，但复本量很小。知名的专业学术期刊对于保持跟踪前沿研究成果是必不可少的，而且不大可能转换供应商，因为不同学术期刊之间是不能相互替代的。

在讨论购买者讨价还价能力时，我们需要特别关注转换成本的概念。转换成本（switch cost）是指购买者从一个供应商转向另一个供应商时需要付出的时间、精力和金钱上的成本。例如，你也许想将手机服务从中国移动转到中国联通，但是，在绝大多数情况下这意味着必须换号。对于商务客户，换号将带来很多麻烦，甚至可能丢失客户。通过提高客户的转换成本，供应商可以将购买者锁住（lock in），从而实现更高的利润。相反，更换一台 PC 的转换成本很低，即使键盘设计和一些功能稍有不同，但学习起来很快。

供应商讨价还价的能力

供应商是向企业提供原材料、中间产品以及产品和服务的企业。供应商讨价还价的能力（bargaining power of suppliers）在概念上与购买者讨价还价的能力刚好相反，是指供应商在谈判中向购买企业收取高价或争取有利的交易条件（比如付款）的能力。这种能力的强弱主要取决于供应商所提供的产品和服务对于企业经营的重要性。如果市场上只有一家供应商，则供应商讨价还价能力将达到最强，对于购买企业，这可能是对利润的严重威胁。

向餐馆提供蔬菜或水产的供应商讨价还价能力通常不强，因为餐馆的其他选择很多。相反，大型民航飞机的生产商只有波音和空客两家。在面对航空公司时，它们的讨价还价能力自然是很强的。对于 PC 生产商，掌握了 PC 行业关键标准的芯片供应商英特尔和操作系统供应商微软是削弱其利润的主要市场力量。为了提高利润，PC 生产商会同时生产使用 AMD 芯片或安装 Linux 操作系统的产品。由于这类产品规模小，消费者接受程度低，还不能动摇英特尔和微软的地位。对于企业来说，提高竞争力的重要前提是不要让自己的重要投入品完全依赖某一家供应商。

影响供应商讨价还价能力的主要因素与影响购买者讨价还价能力的因素类似，包括：

□企业购买的数量越大，越有可能抑制供应商讨价还价的能力。

□供应商数量越多，企业选择余地越大，越有可能抑制供应商讨价还价的能力。

□企业在不同供应商之间的转换成本越低，越能抵制供应商讨价还价的能力。

替代品威胁

替代品（substitute products）是指由其他企业或产业所提供的、能够满足消费者类似需求的产品或服务。例如，对牛奶产品质量产生恐慌的中国消费者可能减少牛奶消费，而选择自制豆浆作为安全的替代品。航空公司燃油附加费上涨后，可能会有更多的乘客选择铁路出行。同样，石油价格的上涨为替代能源如核电、太阳能和风能产业带来了更多的竞争机会。

替代品的存在对于本产业是一个重要的威胁因素，因为它意味着本产业的企业不能随意涨价以提高利润。相反，如果一个产业的产品没有替代品，那么企业将有机会提高价格，获得额外的利润。据美国 CBS 新闻报道，从 2006 年到 2016 年，在日常的 11 项消费品中。电脑和电视价格下降幅度最高，达到 70% 和 90%，汽油、服装、新车、家庭取暖费用有所下降，食品、住房上升大约 5%，医疗、幼儿园和日托、大学学费上涨最多，分别为 16%、16% 和 35%。10 年间价格变化的趋势在一定程度上反映了产业的替代品特点。[5]

技术进步创造的替代品对现有产业中企业可能带来致命威胁。电脑取代打字机，手机取代寻呼机，数字照相技术取代传统的光学照相技术，这些都是其他产业中替代产品威胁本产业企业的例子。云计算的概念出现后，对传统的桌面型操作系统和硬件配置强大的 PC 和笔记本电脑产业构成了威胁。如果主要的软件都可以采用云端运行，就意味着用户们对终端功能的需求将发生巨大的变化。

竞争强度

产业内企业间的竞争强度（intensity of rivalry）是影响产业利润水平的另一个重要因素。网上零售企业经常声称自己的价格最低，如果消费者发现其他网站同样商品的价格低于本网站，则给予价差返还和奖励，这是一种高强度的竞争。影响产业内竞争强度的因素包括产品的性质、退出壁垒和竞争结构。

产品的性质。有些商品属于大路货产品（commodity product），这类产品的特点是不同供应商提供的产品之间难以区分。大路货产品包括原材料，如石油、天然气、煤炭还有许多农产品如小麦、玉米、牛肉、猪肉等。这些产品的质量常常没有显著的差别，因此产品间的竞争主要是价格竞争。生产大路货产品对于现有企业是一种威胁，竞争强度比较高。因为除了价格之外，没有其他差异。减少这类产业竞争强度的方法是通过规模建立市场主导地位，例如世界四大粮食企业美国 ADM、邦吉、嘉吉和法国路易达孚控制了全球粮食市场 80% 的份额。减少竞争对手可以抑制竞争强度，这实际上等于减少购买者的选择，从而提高供应商讨价还价的力量。

更多的企业选择将大路货转化为差异化产品的方法。一些企业在产品很难差异化的产业中通过差异化建立起独特性。例如，水是一种自然界中常见的物质，其化学成分毫无区别。但是，瓶装水的品牌却有很多。在市场上既可以买到1元的矿泉水，也可以买到百元以上的高档品牌的矿泉水。另一方面，如果差异化很容易被模仿，即使产品看上去不属于大路货，但企业间的竞争强度还是会很高。PC生产商的中低端产品虽然在设计上各有不同，但受到配置的限制，其功能是十分类似的。为了降低成本，它们甚至连代工的厂商也是差不多的。如果某一家推出了受市场欢迎的新功能和新促销，其他企业也会立即在自己的产品上增添类似的功能和采取类似的促销。作为对策，PC产业中的企业往往在高端产品上展示其强大的设计能力和技术能力，例如推出世界上最薄的电脑、游戏功能强大等卖点来建立品牌形象，吸引客户购买其中低价位的产品。

退出壁垒。与进入壁垒相反，退出壁垒（barriers to exit）是指在需求减少或供应增加时阻止企业缩减产能的因素。需求减少和供应增加是常见的导致利润降低、产业竞争加剧的现象。在这种情况下，如果企业能够方便地转产或放弃原来的产品，就会有一些企业退出产业竞争，从而缓解竞争。相反，如果企业无法退出，那么产业内的竞争将会更加激烈，甚至可能出现全行业的持续亏损，对现有企业构成严重的威胁。阻止企业退出的原因可能包括：

□投资很高的专用设备或生产线无法用于其他用途；
□政府管制，不允许企业退出；
□对原产业的感情和职工安排上的困难。

例如，当遭遇油价、经济危机和恐怖袭击时，航空业经常出现全行业亏损。由于投资巨大、技术装备和人员的专业性，加上政府对航空领域的管制，退出、重组、合并都是很困难的。回避退出壁垒的一种方法是退出一些固定资产投入较高的业务，同时保持对产品的控制。例如，国际知名品牌将生产环节委托给发展中国家的供应商，而本身则专注于设计和渠道控制。这样当某一地区的生产成本提高时，它们就可以方便地转移到其他地区组织生产，而不必承担关闭工厂的痛苦。

竞争结构。产业的竞争结构（competitive structure）是指产业中现有企业在数目和规模上的特点。不同的产业呈现出不同的竞争结构，导致产业竞争的强度也各不相同。**零散型产业**（fragmented industry）是由众多小型和中型的企业构成的产业，其中没有一家企业有能力决定产品的市场价格。**合并型产业**（consolidated industry）是由少数几家大型企业主导的产业，它们有能力决定产品的市场价格。

餐饮、农贸市场、出租车、服装摊，这些都是典型的零散型行业。它们的特点是不具有规模经济性，例如消费者对饮食的追求更加注重多样化而不是统一。零散型产业的特点决定了它的进入壁垒不高，替代品多，采购量不大，消费者转换成本不高，因此通常竞争力量较强。当需求上升时，会有很多其他产业的企业进入，而当需求下降时，则会有很多企业选择退出。以我们所熟悉的网吧为例，它为喜欢上网和游戏的年轻人提供了一个廉价方便的选择，也为设备和游戏生产商提供了产品市场。然而从 20 世纪 90 年代开始发展到现在步入衰退的整个行业周期中，网吧始终处于零散型行业，未能发展起著名的连锁品牌。这主要是因为网吧很难发展出特色的服务，只能依靠地点和价格优势。最后，整个行业由于无法实现产品的差异化而陷入高度激烈的价格战，任何一家企业都无法获得高利润。一般来说，零散型产业对于企业是威胁而不是机会。克服零散型产业竞争威胁的方法之一是整合为大型的、具有规模经济性的连锁企业，建立连锁的商业模式。例如超市取代零散的街头小百货店。呷哺呷哺和喜家德则通过建立中央厨房从快速、营养、口味和分享的角度吸引消费者，成功实现连锁经营，在零散产业中建立起可持续的竞争优势。

在合并型产业中，由于市场上竞争者数量不多，会形成竞争性依赖。任何一个企业在价格、品质、功能方面的改变都会引起其他企业的反应。合并型产业同样会爆发价格战，将企业利润压到极低的水平。在这个意义上，竞争性依赖对于产业中的企业是一种威胁。例如，不论是康师傅、娃哈哈，还是农夫山泉，其 500 毫升瓶装水的利润都只有几分钱。虽然它们分别是矿物质水、纯净水和天然水产品中的第一名，但这种产品上的区分对于消费者几乎没有意义，所以只能打价格战。克服这一威胁的方法是推出新的、能够让消费认识到其差异化特点的产品或服务，而在这一能力的背后则是企业发展起来的独特能力。例如，连锁超市属于合并型产业，由几家大型跨国连锁企业主导。总部位于福建的永辉超市在这样的产业中似乎并不拥有胜算。然而永辉掌握着一种领先于其他超市的能力，它在生鲜产品的销售和运营管理方面居于国内最前列，凭借这一独特能力，永辉在许多地方成功地和跨国超市展开正面的竞争。

第六种竞争力量：互补企业

除了波特提出的 5 种竞争力量之外，前英特尔公司总裁格罗夫根据自己对行业竞争的观察提出了互补企业作为第 6 种竞争力量。互补企业（complementor）是指为产业内企业提供互补性产品和服务的企业。例如，许多游戏机生产商依赖其他企业为其开发游戏产品，搜索网站依赖众多的中小网络企业或站长联盟提供搜索广告销售服务，iPhone 手机和 Android 系统手机都依赖大量的应用软件开发商为其用户提供功能独特的应用程序。

腾讯通过微信等技术服务建立起一个庞大的社交平台，并且将自己的使命定义为“连接一切”。这项工作不可能由一家企业来完成，而必须吸引最大数量的企业利用腾讯的平台和流量来连接用户。在发展新零售的思想上，腾讯没有像阿里那样追求直接掌握零售店的经营数据。腾讯认为实体店仍然有着很大的前景，它希望通过在流量、体验和数据上支持现有的零售店，让线下零售店依托腾讯平台降低获客成本，能够与电商竞争和实现可持续的增长。与腾讯合作的实体零售店越多，腾讯平台的价值越大。

小结

波特的五种竞争力量模型是一种全景式的分析工具，能够帮助管理者跳出日常业务，从产业竞争的角度看待企业的威胁和机会。不过，业务环境分析的目的并不是对某个产业得出一般性的乐观或悲观的结论。相反，它的落脚点永远是某一家具体企业的战略制定过程。其中所涉及的竞争因素和企业内部因素的复杂性结合起来，往往呈现出多种战略选择机会。管理者的挑战在于，识别其中最有可能帮助企业建立可持续竞争优势的战略选择，这是一个复杂而又需要勇气的过程。

管理行动专题

搜狐视频的竞争环境

搜狐是中国最早的网络视频经营者，2004年就上线了搜狐视频板块。酷6网创始人李善友、爱奇艺的创始人龚宇和优酷的创始人古永锵均出身搜狐。搜狐联合版权方发起反盗版行动为整个中国网络视频产业创造了清洁的环境。

2012—2013年，搜狐凭借独家版权《纸牌屋》《绯闻女孩》建立起美剧专家的形象，在行业中逐渐成为领先者。然而，随着BAT相继进入网络视频争夺用户，优质视频的价格迅速上涨。电视剧网络版权从2012年的100万元/集左右，发展到800万~1000万元/集，超级网剧的版权价格，也从100万~300万元/集，增长到了400万~600万元/集。张朝阳承认，“因为我们打了盗版，版权价格暴涨、爆炸，这是市场决定无可厚非，但我们在其他领域没有积攒那么多钱，所以搜狐有点力不从心。”

2017年开始，搜狐逐渐减少了对头部天价视频的购买，以求降低成本，尽快实现赢利。这意味着搜狐将退出与爱奇异、腾讯视频和优酷这三家第一梯队的竞争，转而谋求在第二梯队中占领优势地位。张朝阳认为，视频行业是可以多平台共存的，不要指望花钱把竞争对手砸死，“没有头部内容并不影响我们用户的增长”。未来，搜狐视频业务大部分的流量将由公司自制节目贡献。[6]

不过，竞争对手也在大力进军自制剧领域。2018年搜狐用于自制内容的成本为2亿元，而爱奇艺曾宣布自制内容的投入高达100亿元。

4.3　一般环境

一般环境（general environment）是组织外部构成其总体背景的一系列广泛的作用因素。这些因素不一定同某个具体的组织有关。绝大多数组织的一般环境因素包括经济环境、技术环境、社会文化环境、政治法律环境和国际环境，图 4.3 以京东公司为例进行了说明。

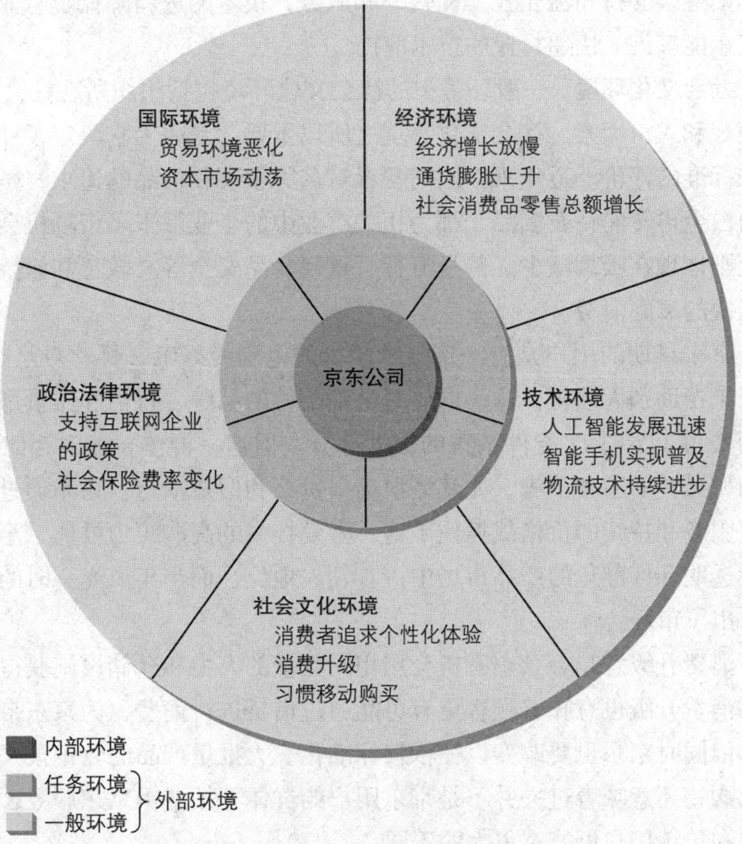

图 4.3　京东公司的一般环境

经济环境。组织一般环境中的经济环境是指组织所在的经济系统的总体健康程度和有效性。对于企业，重要的经济因素包括总体经济增长、通货膨胀率和社会消费品零售总额。如图 4.3 所示，京东公司在中国所处的经济环境是经济增长速度下降、通货膨胀上升和社会消费品零售总额增长。其中经济增长速度下降和通货膨胀上升是不利的因素，因为它们增加了企业交易的不确定性和投资的成本。而社会消费品零售总额增长则是有利的因素，这意味着消费者增加消费，京东服务的市场也将继续扩大。经济环境对于非企业组织同样很重要。

例如，在经济疲软时期，高端培训的需求可能减少，商学院的收入将会下降。同样。在经济危机时期，慈善机构获得的捐款将减少，而此时正是需要它们提供更多帮助的时候。

技术环境。一般环境中的技术环境指的是将资源转化为产品或服务的方法。尽管技术的使用是在组织内部，但是技术的形式和可得性来自一般环境。从技术环境来看，信息技术发展速度很快，应用场景更加丰富。人工智能技术的应用可以更准确地分析和识别用户，增加销售机会，还可以替代人工降低成本。智能手机的普及使得在线购物更加便捷，新的手机应用创造出新的购买机会。移动互联技术则继续支持物流企业提高效率和服务，技术的进步降低了行业的壁垒，这也是京东能够进入快递行业的技术前提。

社会文化环境。一般环境中的社会文化环境包括组织所在社会的顾客、习俗、价值观和人口因素。社会文化环境之所以重要，是因为它决定了社会对产品、服务和标准的评价。近年来中国消费者对名牌服装和饰品的追求，婚庆首饰从黄金转向白金再转向钻石制品，都为相关产业中的企业带来了市场机会。健康观念的改变则体现在吸烟减少、健身流行、重视食品安全等。教育和旅游则是近年来增长最快的家庭消费。

京东早期的用户是有一定技术能力的电脑爱好者，喜欢自己动手装配电脑，也乐于帮助别人装机。这一群体对电脑配件的品牌、行情和质量都很熟悉，他们的消费占了当时 IT 配件销售的很大部分。但这一群体普遍对当时主流销售渠道电脑城摊档的服务不满，尤其痛恨虚报价格和假货横行。京东通过强调质量、标准化服务和持续的价格战抓住了这一喜爱技术的高购买力群体，至今京东仍然在质量透明和标准化的产品市场中占有领先地位，而当年风光一时的电脑城已经大多退出了市场。

消费升级意味着京东有机会用相同数量的人力和仓储设施获得更高的销售收入，消费升级也意味着顾客更有可能通过借贷进行消费，为京东带来新的市场增长。但同时京东也要改变以往依赖标准化、大批量产品的营销模式。消费者习惯移动购物还意味着过去并不是京东用户的群体开始使用京东服务，而这一群体的需求和传统用户可能有很大的不同。

政治法律环境。一般环境中的政治法律环境指的是政府对商业的管制及企业和政府的关系。稳定、廉洁和高效的政府对企业总是很有吸引力。新加坡在物质资源和人力资源上并不占有优势，它在经济上的成功很大程度上得益于严格保护经济秩序的政府和法律环境。在我国，地方政府为争取投资，特别是海外投资，相互间展开积极的竞争，努力为企业投资创造好的环境。在法律方面，政府首先需要建立产权制度，让企业有激励进行创造财富的活动。政府还可以通过规范市场、鼓励竞争来创造有利于企业成长的环境。京东拥有十几万名员工，社会保险政策可能对其用工成本发生显著的影响。此外，政府对高技术企业通常采取一些鼓励的措施，例如税收优惠和人才引进方面的照顾，这些会影响京东的投资、赢利和人力资源。土地政策的变动对于需要大量用地建设仓库的京东也会产生很大影响。京东主要经营消费者业务，消费者保护有关的法律和政策也对京东有影响。

国际环境。一般环境中的国际环境指的是组织参与其他国家的商业或受其他国家商业的影响。大型跨国企业的经营活动不仅受国际环境影响，同时也会影响国际环境。如外企在中国活跃度下降，让更多的技术和管理人员流向本地企业。美国提高进口关税和中国劳动力成本上升，给中国的出口加工企业带来经营困难。即使那些只在一个国家做生意的企业也会遇到来自外国企业的竞争，例如它们所使用的材料和产品可能是进口的。

京东目前的顾客和销售业务集中在国内，但京东业务对投资资金的需求量非常大，这决定了京东需要特别关注国际资本市场的变化。在 2008 年国际金融危机期间，由于难以获得投资，京东不得不放慢物流系统的建设，影响了京东的市场扩张。当前国际金融表现出动荡的状态，这对京东物流分拆上市是不利的。京东还希望有机会实现海外市场的发展，已在印尼建立了一家合资公司。

管理行动专题

黑天鹅、灰犀牛和明斯基时刻

黑天鹅是指小概率危机，也就是通常无法预知的危机。灰犀牛是指大概率危机，人人都知道，却被忽略。明斯基时刻是指债务积累导致资产价格崩溃的情形。它们是描述金融市场危机的术语，但今天也经常用来描述企业可能面临的环境变化。

“9.11”事件属于黑天鹅，无法预知和防范，它对企业全球化格局产生了重大影响。全球气候变暖属于灰犀牛，它会对人类社会造成巨大的影响，人们在日常决策中却倾向于忽略这些影响。共享单车依靠融资形成了很高的估值，如果在经营中无法获得足够的收入，会造成估值大幅下跌，这就是共享单车的明斯基时刻。

复习一下

1. 举出一个企业的例子，说明一般环境中的影响要素主要有哪些。
2. 举出一个产业的例子，说明一般环境和任务环境下影响要素之间的联系。

4.4　外部环境的动态性和组织措施

从前面关于一般环境与任务环境的讨论中，我们不难看出动态因素所起的作用。不论是波特的五力模型分析还是一般环境中的多因素分析，其中所考虑的都不是一个静态的情景，这令管理者的工作变得更加困难。由于一般环境是通过任务环境对组织发生影响，因此我们主要讨论组织对任务环境变化的反应。

不确定性

不确定性（uncertainty）是指管理者无法准确地预测环境变化的性质、规模、时机和方向所带来的困难。不同产业间不确定性程度差别较大。有些产业，如洗护用品、包装材料和印刷，技术和用户都相对稳定，需要处理的不确定性相对较少。而另一些产业，如移动通信、电子商务、社交媒体，产品、技术和商业模式都在不断快速变化，属于高度不确定性的产业。还有一些产业则居于两者之间，例如汽车、时尚、图书、证券投资，产业趋势变化很大，但产业内部结构相对稳定。

外部环境的变化增加了企业经营中的不确定性，企业管理者采取了许多方法试图减少不确定性或将不确定性控制在一个可接受的水平上，包括市场调研、产业标准化、兼并与收购和联盟等。

- □市场调研。在一个组织中，最基本的市场信息来源往往是跨界者（boundary spanner），跨界者是像销售代表、采购员等将很大部分时间花在同组织外人士交往的组织雇员。也有很多企业通过前瞻性的、系统的市场调研和竞争情报来测试不确定性的范围，并作为战略决策的依据。
- □产业标准化。例如，从USB接口到WiFi标准的确立，减少了用户选择上的困难，降低了产业内企业开发和兼容产品的成本。从而让所有本产业中的企业减少不确定性，改进了外部环境。
- □兼并和收购。兼并是两家企业合并为一家新的企业，收购是指一家企业购买另一家企业。2018年美团宣布收购共享单车领先企业摩拜，这一收购能够加强美团在出行市场的竞争地位，直接提升了美团的市场估值。
- □联盟。很多需要互补产品的企业建立了产品开发联盟，争取实现更多的功能和产品以吸引用户，为双方建立更加有利的竞争地位，从而降低环境风险。动力电池是电动汽车的核心部件，特斯拉与松下公司建立起电池供应的长期合作，松下向特斯拉内华达超级电池工厂投资达16亿美元。2018年，松下宣布将成为特斯拉上海工厂的电池供应商。

渐进的变革和间断性变革

渐进的变革（incremental change）是指任务环境中对竞争性质不构成根本改变的变化。任务环境几乎无时无刻不在变化中，一家企业推出了新的功能改进的产品；另一家企业经过几年不成功的努力决定退出某一市场；相邻产业的一家企业决定进入本产业以实现某种协同优势；收入增加带来市场的扩大；发现了新的应用市场等等。这些变化值得重视，但没有构成产业竞争局面的根本变化。

相反，**间断性变革**（discontinuous change）是指任务环境中改变竞争性质的变化。间断性变革通常源自某一特殊事件，例如新技术的出现，或大量兼并导致产业中市场份额集中到少数企业。与渐进的变革不同，在间断性变革中经常可以看到在相对很短的期间新企业崛起成为领导者，而过去的市场领导者由于不能适应新的环境受到打击或退出市场。

管理行动专题

电影院的变迁

过去的100多年里，电影院的经营者多次体验过间断性变革的冲击。在20世纪头10年，美国电影院的主体是所谓的镍币（即5美分）电影院，同当时主流的杂耍剧场争夺顾客。20世纪20年代，以中产阶级为消费对象的装修豪华的电影院成为市场的主体，连锁经营的模式也开始出现。电影院进入黄金时代，周末看电影成为标准的休闲方式。

20世纪50—60年代，当电视兴起时，免费娱乐分走了近60%的电影观众，电影市场节节败退。许多人断言电影将会衰落，电影院会关门。此后，电影凭借精良制作、明星效应和技术上的改进成功地争取到市场，而电影院的经营者则通过与新的、大型购物中心相结合存活下来。

当80年代后录像、VCD和DVD兴起时，在美国出现了像百视达这样的大型连锁租片公司为观众提供电影院之外的消费选择，威胁电影院市场。此时电影院开始大力投资发展出多厅放映、环绕音响等独特的消费者服务，以高品质的娱乐体验吸引观众。

在互联网时代，视频网站的出现对电影、电影院和音像产业再次构成了威胁。像百视达这样的租片企业受到了严重打击，不得不申请破产保护。而在中国，从21世纪初开始却可以明显地看到院线投资在上升。在这个占经济比重不大的产业中，变革留下了深刻烙印。[7]

间断性变革的表现在IT产业中十分突出。20世纪80年代时，IBM的大型电脑发展到高峰，主导着整个电脑产业。当时商界有这样一句话，“没有人因为买IBM产品而被解雇”。然而以苹果公司为代表的PC企业崛起后对它的地位产生威胁，IBM的PC业务开始陷入衰退，在2005年最终出售给联想。互联网创新产品具备网络效应，往往在很短时间内改变产业竞争格局。例如阿里巴巴在2013年推出余额宝，借助淘宝网的流量迅速成为最受欢迎的货币基金，一度甚至对银行的存款业务构成了威胁。

为了减少间断性变革对企业的冲击，市场领导企业往往将巨资投入研发。华为2018年研发投入达到150亿美元。另一种缓解间断性变革的常用方法是向开发新技术和新产品的创业企业投资或收购这些企业，从而掌握新技术的机会和影响。2014年，Facebook以190亿美元收购WhatsApp。当时这家公司还只有55名员工。由于WhatsApp的用户已经快速达到5亿，Facebook担心这家公司未来会成为自己的有力竞争对手，愿意付出看上去很高的价格。从今天WhatsApp的表现来看，Facebook的投资决策是非常合理的。

组织影响环境

组织面对环境并不一定无所作为。事实上，许多组织能够通过多种方式对环境产生直接的影响。例如，企业可以同供应商签署长期合约来固定价格，从而避免通货膨胀的影响。永辉超市直接与种植绿豆的农民签约，提前收购绿豆，从而在绿豆涨价时仍然能够保持正常的进货价格。企业也可以成为自己的供应商。例如，沃尔玛超市的惠宜品牌就是委托生产的自有产品，护理化妆品连锁店屈臣氏的产品中也有不少是自己生产的。同样，公司所参与的任何一项活动都会影响它的竞争对手，当当、亚马逊和京东经常举行图书促销活动，其中任何一家的行动都会引起其他人的迅速反应。组织也可能通过为产品创造新的用途来影响顾客、发现新的顾客、从竞争对手处争夺顾客以及说服顾客相信自己需要新的产品。PC和手机产业经常用新的功能性改变吸引顾客更换当前使用的产品。

组织通过游说和讨价还价影响它们的管制者。游说包括派出公司或产业代表到中央或地方政府试图影响相关的机构、团体和委员会。例如，房地产公司经常游说地方政府在规划和购房政策上做出有利于房地产开发的决定。新的《邮政法》实施后，民营快递业代表向中央政府部门和机构进行了大量的报告和申诉，要求获得公平的市场地位，这也是一种游说的形式。

危机管理

上面提到的各种环境扰动和方案都是基于环境的系统评估和研究，由此可以制定应对的计划。然而，有时组织遇到的环境变化或扰动在事先没有任何预兆，这种情况就是危机（crisis）。2008年全球金融危机对我国的出口构成极大冲击，许多生产加工企业对此无法应对而陷入困境。此外，像 2011 年日本地震和海啸对组织运营的影响也是事先无法预测的。为此，许多组织制定了危机计划并组建了危机管理团队。

2018 年 5 月，滴滴顺风车业务发生了郑州空姐受害事件，滴滴回应道歉、进行整改并报告了一系列措施。然而 3 个月后发生的乐清事件表明滴滴整改并不完善，甚至可能隐藏着系统性的问题。滴滴的回应没有能够满足公众对市场领导企业在安全性方面更高的期望，对滴滴的不满很快酿成了强烈的网络舆论。从滴滴的处理过程来看，滴滴采用了披露信息、道歉、自查和整改的一整套流程。这一流程用于处理例行的公关危机是有效的，但此次滴滴面对的是重大危机。危机的形成与公众对这家已经形成市场垄断企业的不信任有关，滴滴对技术的强调可能被解读为大企业的傲慢，增加了公众的反感。滴滴高层和公关团队未能理解危机的原因，自然也就无法做好危机管理的准备。

复习一下

1. 什么是不确定性？
2. 举出间断性变革的例子。

4.5　内部环境

我们在图 4.1 中还描绘了组织的内部环境，包括组织、员工和资源。内部环境中的因素也是我们在后面进行 SWOT 分析，理解组织优势、劣势、机会与威胁的重要基础。下面我们从组织因素中的组织文化开始讨论。

组织文化

组织内部环境中一个特别重要的部分是它的文化。组织文化（organization culture）是一组价值观、信仰、行为、习惯和态度，它帮助组织成员理解组织的立场、行为方式和组织所关心的问题。文化是一种无形的概念，无法进行客观的测量或观察。然而，文化是组织内部环境的基础，在塑造组织行为方面扮演着重要的角色。

文化决定着组织的“感觉”，许多企业拥有独特鲜明的文化个性。例如华为公司的“狼”文化，联想公司的“说到做到”，富士康的高效流程和严格的品质控制，海底捞火锅店崇尚服务，招商银行注重创新和时尚。同一产业内部的企业在文化上往往有相似之处，但同时又保持各自鲜明的特色。传统企业强调流程、秩序，创业企业强调激情和灵活性，IT 产业则强调减少束缚、鼓励创新。当然，组织内部未必贯彻着同一种文化，例如，销售和营销部门的文化可能同制造或其他部门大不相同。

组织文化是组织内一种强大的力量，决定着组织的整体效能和长期的成功。在能够发展和保持与战略相一致的强大文化的企业中，员工对自己的企业文化清楚而骄傲，像华为和联想，往往比那些无法发展和保持文化的企业更有效能。组织文化是组织中相对稳定的部分，个性鲜明的组织文化可以清楚地告诉管理者和员工公司注重哪些东西，在遇到问题时应当如何采取行动。如果组织文化和组织的外部环境不匹配，则组织文化也可能阻碍公司绩效。在20世纪末期开始的中国国企改制过程中，许多企业受到原有的僵化制度文化约束。无法发展起适应新的外部竞争环境所需要的企业文化，是过去许多国企失败的主要原因。即使是成功的组织文化也可能在企业需要发展新业务时成为阻碍，例如Google公司的组织文化是“计算”文化，一切决策都要以科学的计算结果为依据，这样的文化制约着它在更注重顾客感觉的社交网络方面的发展。如何在外部环境改变时发起相应的组织文化变革，是管理者面临的一项重要挑战。

除了文化之外，组织的其他控制系统，例如奖励系统和控制流程等，所有这一切构成了**组织架构**（organization architecture）。我们还会在后面的组织架构、组织控制和组织文化的部分详细讨论这些主题。

员工

员工是组织内部环境的主要构成要素，也称为人力资本（human capital），与之相关的管理活动称为人力资源管理，我们在后面还会深入介绍。高质量的员工队伍是组织竞争优势的来源，管理者的责任是聘用正确的员工，给予合适的培训和工作条件，在工作中充分地鼓励他们。提供公正的对待和奖励制度，员工就会充分地发挥潜力为公司带来良好的绩效。相反，如果组织在员工队伍的能力、组织、伦理导向、激励制度方面存在缺陷，则这样的员工队伍很难帮助组织实现绩效，甚至可能对企业造成重大损害。

今天的管理者还应当关注员工队伍的变化。“00后”“95后”员工表现出与之前的历代员工完全不同的特点，新一代的员工要求更多的工作自主权——包括企业的所有权和自主完成工作的权利。另一个趋势是组织对临时性劳工的依赖增加了。雇主倾向于使用临时劳工（包括派遣员工），他们的灵活性更高、工资更低，而且不参加公司福利项目。但是管理者们也要处理由此带来的问题，例如企业内会产生不同的“等级”，越来越多的劳工缺乏对企业的忠诚，因为明天他们也许就要为别人干活。国际化也对企业员工队伍提出了新的要求，管理者要开始学习发挥跨国员工队伍的优势。

资源

资源（resource）是组织拥有的、能够为客户创造价值的要素总和。资源可以分为有形资源和无形资源。**有形资源**（tangible resource）是实物形态的，例如土地、矿山、设备、建筑物和资金。**无形资源**（intangible resource）是非实物性的，主要由组织和员工在组织活动中所创造，例如品牌、专有的知识和技能、知识产权等。此时资源往往意味着**能力**（capability），也就是本组织能够做到而其他组织难以做到的工作。

资源理论（resource-based prospective）认为，只有独特的资源或独特能力才能作为组织竞争力来源，它需要符合四项条件，如图 4.4 所示。

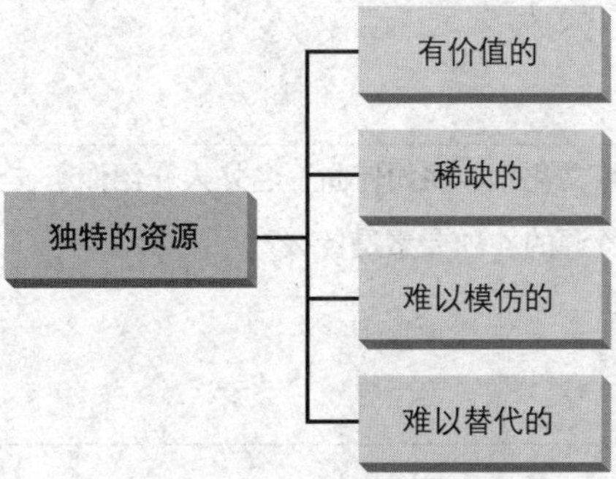

图 4.4　组织的独特资源

- □有价值。资源必须帮助组织提高绩效，能够降低组织活动的成本，或有助于组织的产品或服务与竞争对手取得显著的区别，从而增加销售或提高价格。
- □稀缺。资源必须是稀缺的，竞争对手无法获得相同数量或相同质量的资源。
- □难以模仿。资源必须是竞争对手难以模仿或复制的，从而使组织在成本上获得优势。
- □难以替代。资源必须是竞争对手无法用其他资源加以替代的，从而使组织可以在较长时间中保持优势。

以 Google 公司为例，作为一家网络公司，它的资源主要是无形资源，特别是基于专利保护的搜索和搜索支持的相关技术。这些资源是有价值的，搜索技术帮助 Google 吸引用户，它是市场份额第一的搜索引擎，在美国占有 65% 左右的市场份额。而在搜索结果旁边展示的关键字广告则将这种技术转化为商业价值。同时，这种技术能力是稀缺的，目前市场上竞争对手只有微软的 Bing、雅虎和百度等少数几家，并且 Google 的技术显著领先。同时，这种技术是难以模仿的，Google 已经发展起一套系统来支持其技术领先地位，包括网络搜索、移动搜索、视频搜索和云技术等。此外，这种技术和配套的商业运作还是难以替代的，由于技术密度很高，其他企业或技术很难替代 Google 的服务。

微软自 2009 年开始推出 Bing 搜索引擎，尽管遭遇严重亏损仍保持持续投入，已经成为全球第二大搜索引擎。亚马逊向有购买意向的用户提供产品和服务搜索，与 Google 展开竞争。这说明任何资源都不可能是独一无二的，只要竞争对手有足够的投入、技术准备和时间，仍然有可能获得同样的资源。显然，领先企业不能满足于已有的资源，必须不断发展新的资源才能保持竞争优势。

资源理论告诉我们，在运用像前面介绍过的波特五力模型进行竞争分析时，可以从资源的观点来展开讨论，找出资源的优势和威胁，其中特别重要的是分析资源是否有价值、稀缺、难以模仿和难以替代。资源理论还进一步指出，组织拥有的资源往往不是一项单一、孤立的技术或能力，而是一个由多种资源和能力组成的系统，因此能够对竞争优势形成周密的保护。我们称这样的组织拥有核心竞争力（core competency）。

复习一下

1. 什么是组织文化？你将如何向一名外人介绍你所在大学的组织文化？
2. 组织独特资源的 4 项要素是什么？

本章要点

1. 确定组织与环境间的最适当关系是有效管理的关键要素之一。组织环境通常分为外部和内部两个维度。外部环境又可以分为任务环境和一般环境。
2. 外部环境分析着重于组织的机会和威胁，内部环境分析则着重于组织的优势和劣势。
3. 波特的五力模型是任务环境分析的主流工具。波特模型中的五种竞争力量分别是潜在竞争者进入的威胁、购买者讨价还价的能力、供应商讨价还价的能力、替代品的威胁、所在产业内部竞争的强度。
4. 组织外部环境的动态性主要表现为不确定性、渐进的变革和间断性变革，组织可以运用不同的方法来控制环境动态变化的影响。组织也可以对环境产生影响。
5. 组织的一般环境因素包括经济环境、技术环境、社会文化环境、政治法律环境和国际环境。
6. 组织内部环境包括组织、员工和资源。组织文化是一组价值观、信仰、行为、习惯和态度，它帮助组织成员理解组织的立场、行为方式和组织所关心的问题。高质量的员工队伍是组织竞争优势的来源。
7. 资源是组织拥有的、能够为客户创造价值的要素总和。资源理论认为，只有独特的资源才能作为组织竞争力来源，即有价值、稀缺、难以模仿、难以替代。

批判性思考与讨论题

1. 在企业的 3 种环境中，哪一个对企业的影响最直接和最快速？哪一个对企业的影响较为模糊和迟缓？请解释理由。
2. 找出一个产业，产业中的企业面临着不利的任务环境。描述这种环境对产业中企业造成的困难。
3. 一家生物技术企业和一家零售企业相比，哪家企业面临的任务环境更加复杂？为什么？

4. 找出一家近年来成功应对环境改变的企业例子并说明它是如何成功的。
5. 请登录公司资料查询网站胡佛在线 www.hoovers.com。在搜索栏中键入一家企业的名称，然后从给出的资料中找出企业概况。你会发现它提供了有关公司主要竞争对手的名单。你认为胡佛在线是如何确定这份名单的？
7. 即时通信产业的进入壁垒是什么？对于腾讯或中国移动这样的企业有何启示？
8. 假定产业中只有一家企业，试用五力模型分析其可能遇到哪些竞争威胁。
9. 以手机行业的技术变革为例说明企业如何面对渐进的变革和间断性变革。
10. 中国正在迅速进入老龄化社会，试分析这一变化对企业的一般影响。哪些产业会从这一变化中受益？

学习伴随案例

根据你所选择的组织的资料，以小组为单位对其管理活动进行讨论。回答下面的问题并向全班报告。

1. 描述这家组织的任务环境，请说明其机会和威胁。
2. 一般环境的改变在未来 10 年内可能对这家组织的任务环境带来哪些变化？
3. 任务环境中的不确定性主要有哪些？组织可以采取哪些方法来应对不确定性？
4. 组织的优势有哪些？劣势有哪些？
5. 组织是否拥有独特的资源？

结尾案例

FlixBus 利用政策变化复兴长途汽车

城际长途汽车服务算不上令人兴奋的产业，利润不高、经营分散。一家名为 FlixBus 的创业企业正在打破这样的认识。今天，在欧洲乘坐城际长途客车，你很可能选择这家绿色车身的公司。乘客往往并不知道，形象统一的汽车和司机并不是 FlixBus 自己的，而是属于它的合作伙伴。

2013 年，德国开放城际长途汽车市场，FlixBus 决定进入这一竞争领域。在此之前，长途汽车服务商已经有了自己的圈子和运营标准，后来者自然处于不利的竞争地位。FlixBus 采用在线销售与线下运营相结合的商业模式，其核心特点是加盟与灵活定价。

首先，FlixBus 决定不购置车辆，而是通过加盟获得运力。FlixBus 的加盟模式与 Uber、滴滴类似，只不过加盟商不是个体司机，而是各个城市里经营市内服务的汽车公司。在长途汽车市场开放之前，这些公司拥有自己的车队，主要服务于酒店或旅行社接送和一些大型活动。这类汽车公司往往是家族企业，专业水准高，但在当地缺乏成长潜力。它们对进入长途汽车市场有兴趣，只是缺乏线路销售能力和品牌。

FlixBus 将这些汽车公司纳入自己的产能缓冲。在加盟模式中，FlixBus 负责产品，包括品牌、线路、时刻表、定价、营销、销售和客户服务，汽车公司提供汽车和线下服务。这样

FlixBus 不必承担车辆购置、维护和司机的巨额开支，可以迅速地扩大业务。汽车公司则要按照规定提供统一的车辆外部标识、服装、车内服务。双方分享城际线路的利润。创始人 André Schwämmlein 认为，“与汽车公司合作（的轻资产模式）是我们的战略优势”。

长途客运是高流量、低利润的行业。基于加盟的中央化的业务管理在效率上拥有优势，可以雇用更加专业化的员工，建立巩固的和战略驱动的合作伙伴关系，对市场变化也能够给出快速反应。FlixBus 基于对数据的中央化处理来制定有吸引力的定价、优化收入和内部关联，通过复杂算法支持网络规划，以实现成本效益。

开始时只有 19 辆车加入 FlixBus 网络，经营柏林、慕尼黑、汉堡、法兰克福、科隆等大城市间的线路。FlixBus 还从欧洲长途汽车联盟（eurolines）成功获取了合作成员，这是一个传统型松散的联盟网络，无法为成员提供像 FlixBus 一样的中央化 IT 工具、品牌和营销支持、战略销售网络和快速的决策流程。当 eurolines 意识到问题时，FlixBus 已经获得了竞争优势。

灵活定价是 FlixBus 在城际客运行业的一项创新。另一位创始人 Daniel Krauss 说，“在一段特定的时间，一个座位只能出售一次，我们必须做好收入定价。而在传统（客运）市场上，从来没有人这样做过，尽管在航空公司，这种做法很常见。”[8] 从慕尼黑到柏林的票价通常要 150 欧元，在 FlixBus 上订得早甚至只要 15 欧元。FlixBus 还开发了在目标渠道中竞价的定价机器人。FlixBus 如今占据 90% 的德国长途客运市场，目标是每辆车的上座率不低于 60%。

长途客运公司的线路一般是按照公司运营效率编制的，很少考虑顾客的需要和行为特点。而 FlixBus 非常灵活，每天都有可能变更线路。FlixBus 用软件来了解顾客们想去哪些地方，用工具来测量许多数据点，用算法来计算整个网络所需要的运力。

FlixBus 用数字技术简化了订座流程，减少了乘客和司机的负担。APP 提供汽车站信息，上下车地点以及前往最近汽车站的路线。车票是二维码，保存在手机上，不会丢失，方便查询。司机扫描二维放行乘客，不再需要打印，环保便捷。FlixBus 提供 24 小时在线服务，随时提醒乘客汽车晚到信息。

在 FlixBus 进场之前，行业中其他企业未能及时应用在线服务，FlixBus 所采用的“新”工具如 APP 平滑无打扰订票，免费车内 wifi，座位预订和实时 GPS 定位产生了强烈的差异化体验。一家早期的伙伴回忆说，“FlixBus 的技术平台颠覆了我们做业务的方式”。

FlixBus 力图向用户表明，长途汽车不是一种便宜的选择，而是在技术上先进、环保的出行方式。购票时，乘客可以选择在票价基础上稍加一点费用（1%~3%）来抵销自己的二氧化碳排放。这是 FlixBus 与非营利机构 atmosfair 合作的项目，有 10% 的顾客会选择加价。

与 Uber 一样，FlixBus 获得数十亿美元风险投资，这令它得以保持亏损，对顾客持续补贴以夺取市场份额。今天，FlixBus 已经成功进入 26 个欧洲国家的市场。2018 年，FlixBus 进入美国市场与著名的灰狗公司展开竞争，同时在欧洲开始铁路客运服务。

结尾案例讨论题

1. 从案例材料来看，城际长途车服务产业发生了怎样的变化？
2. FlixBus 的哪些战略选择帮助它在分散的产业中找到集中的机遇。
3. FlixBus 为什么进入铁路客运市场？它在这一市场上的竞争力如何？

开篇案例讨论题

1. 哪些因素影响方便面产品的销售？
2. 低端产品对于方便面企业有哪些价值？
3. 从方便面转向生活面的可能性如何？应当采用怎样的逻辑来说服消费者？

自测题

1. T F 一般环境中的经济维度既影响商业组织也影响非商业组织。
2. T F 战略伙伴是两个或更多个企业间相互竞争稀缺的资源。
3. T F 在分析外部环境时，管理者们的主要目的是为了明确组织的机会和威胁。
4. T F 简单和稳定环境下的组织面对的不确定性最低。
5. T F 零散型产业和合并型产业都可能是高度竞争的。
6. 影响组织的外部组织和群体统称
   a. 一般环境
   b. 任务环境
   c. 内部环境
   d. 外部环境
   e. 社会文化环境
7. 小西工作的餐厅以深度油炸食品而知名。餐厅以往的销售一向不错，但近来却大幅度下降，因为消费者们表现出对更健康食品的偏好。对于这家餐厅来说，一般环境中的哪个维度发生了改变？
   a. 经济维度
   b. 技术维度
   c. 社会文化维度
   d. 政治法律维度
   e. 竞争维度
8. 彩电行业过去经常爆发价格战，这主要是因为五种竞争力量中的哪一种在起作用？
   a. 潜在竞争对手进入的威胁
   b. 购买者讨价还价的力量
   c. 供应商讨价还价的力量
   d. 替代品的威胁
   e. 产业内竞争强度
9. 以下哪一项不属于组织为减少环境不确定性所做的努力？
   a. 市场调研
   b. 产业标准化
   c. 危机管理
   d. 兼并和收购
   e. 联盟
10. 以下哪一项不是组织的独特资源或能力的前提条件
   a. 有价值
   b. 稀缺
   c. 投资巨大
   d. 难以模仿
   e. 难以替代

本章注释

[1] http://www.chinanews.com/cj/2018/01-03/8414848.shtml.

[2] https://www.bbc.com/zhongwen/simp/business-42424817.

[3] http://finance.sina.com.cn/stock/hkstock/ggscyd/2017-06-30/doc-ifyhrxsk1476236.shtml.

[4] http://data.weibo.com/report/reportDetail?id=411.

[5] https://www.cbsnews.com/media/a-decade-of-changing-prices-for-11-basic-goods-and-services/.

[6] https://www.huxiu.com/article/181654.html.

[7] 孙绍谊．从 Nickelodeon 到 Megaplex：影像消费空间与美国电影院线．电影经纬：影像空间与文化全球主义［M］．上海：复旦大学出版社，2010：132.

[8] http://www.enterprisecloudnews.com/author.asp?section_id=570&doc_id=739236.

5

CHAPTER 5

全球化时代的管理者

本章学习要点

- 全球化的推动因素
- 全球化的主要表现
- 全球化的限制因素
- 文化的国别差异
- 全球化对组织的利益
- 全球企业的管理挑战

小米将中国市场的经验成功移植到印度。

开篇案例

小米在印度市场的成功

小米公司成立于2010年4月，产品理念是“为发烧而生”。小米首创了用互联网模式开发手机操作系统、发烧友参与开发改进的模式。2014年，小米进入印度市场。从人口来看，印度市场规模巨大，年轻网民数量远远超过中国。此外，功能机仍然占主导地位，移动互联网发达，智能手机潜力巨大。但印度市场也有很多困难：购买力低，以千元机为主，服务成本高，等等。对于高成本运作的苹果、三星以及华为来说，印度是一个缺乏吸引力的市场。

刚刚进入印度市场时，小米与印度电商巨头Flipkart结为合作伙伴。在市场策略上，小米复制了国内的饥饿营销模式。印度用户需要在特定时间上网抢购，通常备货不多的小米手机几秒钟就售罄了。接着，摩托罗拉和其他中国厂商也联合电商平台搞起了抢购。

由于零部件不足，售后体验受到用户质疑，影响了品牌形象。小米迅速开启制造本土化进程。2015年8月，小米与富士康合作建设的生产线落成投产。到2016年3月，小米在印度销售的手机产品中，75%为本地制造。新工厂投产后，这一比例进一步上升至95%。

价格亲民的高端智能手机，是小米在印度市场成功的主要原因。2017年畅销产品红米Note 4保持第一畅销智能手机的时间超过10个月。该智能手机装载高通Snapdragon 625芯片、4GB RAM、64GB内存，其他厂商同样配置手机的价格都在18000卢比至25000卢比，而红米Note 4只有13000卢比（人民币1300元）。2016年10月印度“假日购物季”，小米仅仅用了18天就在线上售出100万台智能机。在成功推出爆款红米Note 4之后，小米终于成为印度线上平台的超级大牌。

与其他手机品牌花钱借助宝莱坞明星、板球明星和各种娱乐、体育节目影响力不同，小米的模式是口碑和米粉。米社区（Mi Community）是小米与用户互动的官方论坛，注册用户已经超过290万。该平台不仅有利于留住用户，还帮助小米收集了用户对产品的反馈，这是小米区分于三星和华为的核心秘诀。小米印度负责人杰恩回忆，小米基于论坛反馈决定给有Micro SD卡的红米Y1智能手机配置双SIM，“超过90%的米粉希望有这样的功能”。他还表示，小米所有双SIM智能手机上都能接入两个WhatsApp账户，是市场上提供这一功能的唯一一家公司。小米使用社交媒体与粉丝互动，不断吸引他们的注意力。红米Note 3发布一个月前，小米公司从小米社区中选择了100位最为活跃的小米粉丝，邀请他们试用设备。这些用户在社交媒体上发表的内容，助力该品牌实现了超过300000次互动。

印度市场的电商化程度并不高，线上渠道只贡献了印度手机销量的1/3。2015年二季度，小米解除与印度第一大电商Flipkart的独家合作协议，开始与印度本地的线下渠道合作。通过“直接面向零售商”的模式，小米经过单一分销商，将手机直接销售给零售商，省去了传统销售渠道的多层中间商。

杰恩说，这一模式成功的关键有三点，其一，与大型零售连锁商之间的紧密合作；其二，首选合作伙伴计划，将小米作为重点销售品牌的小型零售店在2017年拓展至30个城市里的1500家；其三，小米的线下实体店——小米之家，2019年将增至100间。

为了响应顾客需求，2017年小米服务中心数量增加了一倍多，达到650家，遍及印度350座城市。小米服务中心实施标准化运行，采用与小米专卖店相同的运营程序，确保零部件供应充足。

2018年，小米在印度市场的份额达到27%，超越三星成为市场第一。据报道，2019年印度将是全球唯一一个智能手机出货增长的市场。2019年年初，印度政府修改电商法，对小米的线上销售构成威胁。小米计划2019年在印度将零售店数量增加到5000家，以充分发挥线下的销售潜力。

现代经济运行的一个突出特点是企业活动越来越多地突破了国家的界限，货物、服务、人员、技术和生产都呈现出全球流动的趋势，很多组织通过国际运营和竞争寻求机会。然而国际化在为组织扩大发展机会的同时，也增加了环境的不确定性，加快了变化的节奏，带来特殊的管理问题。

本章首先分析全球化的推动因素和主要表现，然后介绍全球化的主要限制因素，接下来从组织的角度分析如何从全球化中获得利益，最后讨论全球化对管理带来哪些主要的挑战以及如何克服。

5.1 全球化的推动因素

2005年，《纽约时报》专栏作家托马斯·弗里德曼出版了讨论全球化问题的畅销书《世界是平的》。在书中，他提出全球化已经不再是一个预言，而是今天的现实。哈佛大学教授莱维特（Theodore Levitt）是最早定义全球化的学者，他在1983年《哈佛商业评论》的文章中将全球化定义为商品、服务、资本和技术在世界范围内的生产、消费和投资。[1]全球化（globalization）的主要推动因素可以归结为贸易和投资壁垒的解除以及沟通和运输成本的显著下降。

贸易和投资壁垒的解除

20世纪二三十年代，许多国家对进口产品设置了很高的关税和严格的资本管制，这些措施不利于贸易和国际投资的发展。**关税**（tariff）是指政府对进口货物征收的税赋（偶尔也适用于出口）。政府对进口征税的目的之一是抬高进口货物的价格，保护本国企业的产品和工人就业。然而，对进口征税往往导致其他贸易国采取类似的措施，从而让各国都无法享受贸易带来的利得。1929年大萧条期间，主要国家均实行高关税政策，对世界经济造成了沉重的打击，在政治上则付出了战争的代价。

第二次世界大战后，基于对以往错误政策的反思，自由贸易理念在主要国家间得到支持。**自由贸易理念**（free trade）主张各国专注于生产自己最有效率的产品和服务，在全球范围内有效地配置资本，降低产品的价格。各国开始实行减少贸易壁垒和鼓励资本流动的政策，认为这样的政策有助于促进经济发展和增加就业。

指导和协调降低关税努力的全球性组织是关税与贸易总协定（GATT），成立于 1947 年，由它主导的成员间的关税谈判显著地降低了各国对产品和服务征收的关税水平。1995 年，WTO 取代 GATT 成为调解国际间贸易关系的主要机构。2001 年 12 月 31 日，中国加入 WTO。在中国谈判加入 WTO 前后，曾经有相当激烈的争论。人们担心产品、服务关税降低和资本准入将导致跨国公司挤垮本地企业，控制中国的经济命脉。从加入 WTO 后的经济数据来看，这种担心并未成为现实。通过积极地融入全球经济，中国企业在国际市场上的竞争力显著提高。在加工生产领域中，中国企业甚至迫使主要工业国家在许多产品上放弃制造环节，将其转移到中国来。图 5.1 描述了中国加入 WTO 后进出口总值的相当积极的变化。今天，中国已经是世界第一大出口国，很快还将成为世界第一大制造国。

像 WTO 这样全球性的贸易组织往往很难开展谈判和合作，区域贸易组织在此提供了较好的补充。比较著名的区域贸易组织有欧盟、北美自由贸易协定（NAFTA）、中美洲自由贸易协定以及东盟等。2010 年 1 月 1 日，中国 - 东盟自由贸易区（CAFTA）正式启动，中国与东盟国家间贸易的平均关税下降到 1% 以内，惠及区域内近 19 亿人口。

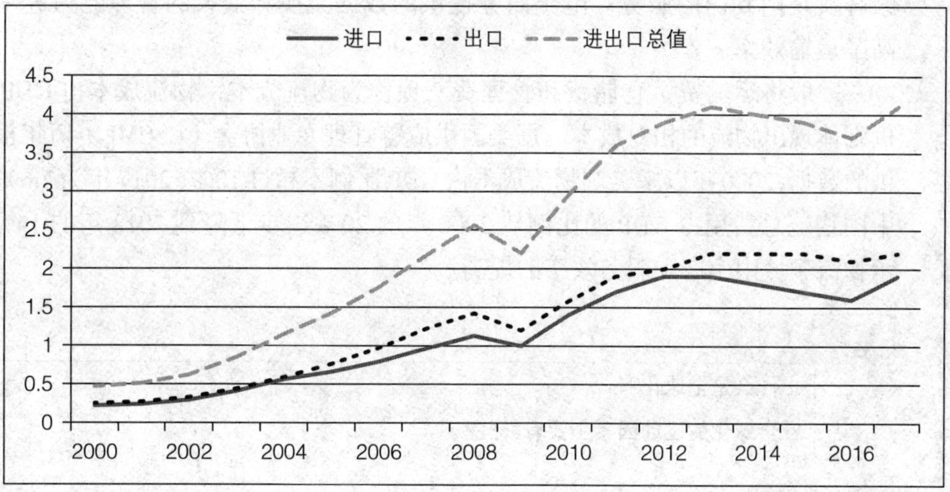

图 5.1　加入 WTO 后中国进出口及总值的变化趋势（单位：万亿美元，数据来自海关统计）

沟通和运输成本的显著下降

第二次世界大战极大地推动了通信和运输技术的发展，国际业务成本显著下降，而效率则有了很大的提高。卫星、数字通信、互联网令海量信息传递可以及时、可靠、低廉地实现，像视频会议这类沟通技术上的革新则提高了沟通的效率和准确性。今天，许多人已经不知电报为何物，而直到20世纪90年代，电报还是长途通信的主要工具。电话以惊人的速度普及开来，资费不断下降，网络语音通话的成本甚至可以忽略不计。而在资费下降的背景下，则是收入水平的普遍和持续的上升。不同国家的企业之间和跨国企业内部沟通成本的下降，为国际贸易和国际化经营提供了基础条件。

电子商务为国际贸易提供了新的沟通和作业工具。借助阿里巴巴和敦煌网这样的B2B电子商务网站，一家小企业也可以方便地同全球其他地方的企业实现交易。从产品信息开始的整个订购流程都可以在网站上完成。供应链管理软件和平台能够有力地支持跨国企业在全球范围内组织生产和运输。

国际贸易和跨国经营对运输成本高度敏感，例如，石油价格的波动对国际贸易就有很大的影响。然而，通过良好的组织，近年来国际贸易中运输成本的比例得到了较好的控制，集装箱的普遍采用对此贡献极大。集装箱运输有助于降低包装成本、减少货损。集装箱采用标准规格，使港口和车站装卸和运输的效率显著提高。与以往的较为粗放的运输方式不同，集装箱提供了将不同种类、数量的货物以更合理、更高效的方式组装运输的条件。20世纪60年代之后，集装箱运输在国际运输市场上占据了主导地位，发达国家的杂货海运中有80%以上采用集装箱运输。今天，集装箱运输已经发展为国际多式联运（International Multimodal Transport），跨越海运、公路、铁路等不同运输工具对不同国家间的顾客实现门到门的服务。电子商务提供的数据交换和强大的管理能力进一步提高了运输效率。

一般将运输费、仓储费和管理费三项称为物流成本，物流成本占GDP的比例则体现出物流的相对成本。据美国供应链管理专业协会（CSCMP）历年报告提供的数据，2000年以来美国物流成本占GDP比例不超过10%（2017年为7.6%）。[2] 中国物流总费用占GDP的比例从2000年的20%逐步下降到2018年的14%，显示物流领域中生产和服务效率的提高。

复习一下

1. 什么是全球化？
2. 全球化的驱动因素主要有哪些？

5.2 全球化的主要表现

本节将探讨全球化的主要表现并探讨这些特征对管理者的意义。全球化的主要表现可以概括为四个方面：首先是市场的全球化，引导着资源打破国界在全球范围进行分配。其次是生产的全球化，通过在全球最有利的地点组织生产创造价值。再次是技术的全球化，全球任何地点都可能成为技术创新的来源，令全球化的企业受益。最后是全球规则，这是支持全球化在各地成为现实的系统架构，由发达国家主导。

市场全球化

市场全球化包括原材料全球化和产品与服务市场的全球化。国际贸易的历史可以追溯到文明的早期，然而工业革命之前的贸易主要是产品交换。近代国际贸易的特点是围绕技术进展和生产的国际分工。原材料与原材料加工地往往不在同一国内，这是早期推动工业化国家企业跨越国境寻求可靠原材料供应的主要动力。随着制造中心从发达国家转移到新兴工业化国家，更多的企业加入了在全球范围内寻求原材料的活动。20 世纪 90 年代中期，经过持续的经济增长，中国从石油出口国变成石油进口国。21 世纪初，中国企业在中亚、非洲、南美、中东和亚太地区展开了频繁的油田收购，包括全球规模最大的几宗交易。中冶、中铝等大型企业也频频发起大规模矿产资源收购。

许多企业不仅在本国市场激烈竞争，同时还在对方市场和全球市场上展开贴身的竞争。如联想和戴尔，可口可乐和百事可乐，宝洁和联合利华，大众汽车和丰田汽车，这些企业之间的竞争早已超越国界，成功取决于它们对全球市场的争夺。过去，欧洲和日本企业在这方面表现得较为典型，因为这些国家企业的本国市场往往规模不足。然而今天，市场全球化已经成为几乎所有企业的追求。即使一些不掌握核心技术的企业，也可以通过建立强大的生产能力为品牌生产商代工而实现市场全球化并从中获益。在我国沿海地区分布着大量的代工企业，它们的产能远远超出国内市场的需要，而它们的生产效率则具备全球竞争力。事实上，如果没有国际市场的订单，这些企业根本就无法存活。如果国际采购环境发生改变，这些企业也会遇到极大的风险。

生产全球化

贸易壁垒消除，沟通和运输成本下降，在全球范围内组织生产变得更加现实。生产全球化的动力首先是寻找成本最低、效率最高的生产地点组织制造活动，其次则是通过本地制造贴近当地客户的需要。此外，还有政治和贸易争端上的原因。因此，我们既可以看到发达国家在像中国这样的新兴工业国中设厂制造，也可以看到日本汽车企业在美国大量兴办汽车制造厂。

今天，中国被称为“世界工厂”，它的含义是指中国企业能够做到低成本、高质量和大规模的生产，产量足以供应全世界。2016 年，中国一共生产 21 亿部手机，是世界上唯一一个能够为全球市场生产手机的国家。产能密集还意味着配套服务的能力达到世界先进水平，珠三角地区“深莞惠都市圈”是公认的手机生产“天堂”。表 5.1 描述了当前全球主要国家制造业总产值的基本数据。

表 5.1
主要国家制造业总产值排序（2015 年）[3]

	制造业总产值（10 亿美元）	制造业占本国国民总产值（%）	制造业全球份额（%）
中国	2010	27	20
美国	1867	12	18
日本	1063	19	10
德国	700	23	7
韩国	372	29	4
印度	298	16	3
法国	274	11	3
意大利	264	16	3
英国	244	10	2

20 世纪末，制造活动出现由发达国家向新兴工业化国家或地区转移的国际化趋势。第一批受益者是新加坡、韩国、中国台湾和中国香港，由于这些国家和地区的政府和企业积极承接这一轮制造业转移而提高了本国的经济水平和收入，被称为“亚洲四小龙”。随着上述地区劳动力成本的升高，国际贸易中的生产制造环节开始向中国大陆、印度、越南、马来西亚等转移，这种转移往往采取外包的形式。

外包（outsourcing）是指将组织的某项职能交给另一家组织来完成的管理方法。通过向低成本地区外包，企业可以降低成本。以 IT 服务业为例，由于时区、人才和语言上的优势，软件外包和语言服务使得印度成为世界的“办公室”。例如，在美国企业下班后，印度服务人员可以开始处理当天需要回复的客户咨询和资料整理并承担夜间值班的任务。而第二天美国企业上班后，昨天需要处理的事项可能已经完成，这样紧密的外包合作不仅降低成本，还可以创造额外的价值。

生产全球化的另一个主要表现是全球生产组织中所涉及的高度复杂性和由此创造的价值。由于需要在不同的地点组织不同的生产环节，同时又要压缩零备件库存，企业大多依赖先进的管理软件如 ERP 和专业的供应链管理软件来进行协调。然而这种生产方式对物流的组织提出了苛刻的要求，对意外事件高度敏感。2011 年日本地震对日本汽车制造企业在全球市场上的生产就曾造成较为严重的影响。

管理行动专题

利丰集团的全球供应链管理

如何找到全球最便宜和质量最好的供应商？专业化的供应商分布在全球数千个城市中，需要订货的企业很难掌握最新的完整信息。在这种时候，跨国企业通常会依赖与供应商更加接近的国际经纪商的服务。香港利丰集团（现更名为冯氏集团）就是这样的一家经纪商，它帮助全球数百家企业找到合适的海外供应商，特别是中国的供应商。

一家加拿大客户羊毛大衣的供应链是：新西兰的羊毛线；瑞士染料；杭州织布；韩国衬里布；湖南口袋布；绲边、纽扣、金属配件来自深圳，最后在深圳完成大衣的缝制。利丰研究中心对此解释说：“大衣供应加拿大市场，定位为中高档服装，所以选择在新西兰采购羊毛，而瑞士的染料配合新西兰的羊毛才能有最好的效果。大衣内的里布选择了韩国料子，是因为它比中国内地提供的里布轻，配合羊毛的质感，可令整件大衣轻柔舒适。其余部分在中国内地采购，是因为那里能够提供最佳的技术和价格。”

考虑到跨国企业产品品种和质量要求的多变，供应链管理已经变得空前复杂。利丰集团拥有 3600 名采购代理，他们在 37 个国家寻找新的低成本、高品质供应商，帮助现有的 15000 家供应商改进生产以满足跨国企业的订单要求。跨国企业将供应链管理业务外包给利丰，是因为利丰在供应链管理上更专业，能够实现更大的成本节约。

集团主席冯国经说，“一件商品在美国的零售价是 4 美元，其生产成本仅为 1 美元，再减少实在困难，只有从另外的 3 美元入手。这 3 美元就是供应链各个环节的价值，包括产品设计、原材料采购、物流运输、批发零售以及信息和管理。从这个方向思考，企业尚有很多机会可节省成本，增加利润，而供应链管理的重点就在这软三元内的工作。”

技术的全球化

对于拥有专有技术的企业，全球化的过程意味着将技术从原生产国向新组建的海外合资或独资企业转移。这种转移的过程曾经是单向的，由母国向海外企业转移，例如宝洁在中国投资生产的海飞丝、飘柔就是在海外市场上早已经成熟的产品。然而，随着产品研发成本的剧烈上升和技术周期的缩短，今天的跨国企业需要更快速、灵活的技术开发模式。同时，许多国家政府要求海外企业在本地投资研发以提高本地的技术能力，提供更适应本地需要和拥有更多本地内容的产品。

美国通用电气公司将新兴市场中开发的产品和技术输出到发达国家市场，像低价、便携的心电图仪、B 超等都是由中国团队研发而在全球获得成功的。对于美国市场，这些新的产品并未侵蚀原有的高端产品，而是开发出新的市场。今天，母国不再被认为是技术创新的唯一来源，越来越多的跨国企业通过加强海外研发来提升全球创新能力。近年来，经济民族主义思潮有所回升，对跨国企业的全球创新构成了负面的影响。据美国 Booz 公司“2017 全球创新 1000 强报告”，52% 的受访企业认为经济民族主义将对公司的研发产生影响。尽管如此，在高绩效企业中（占名单的 23%），有 41% 仍将继续在本国以外地区市场中设置研发和创新中心。[4]

规则的全球化

2011 年双汇公司因未能对收购的生猪实行全检而导致瘦肉精进入产品，引起社会舆论的关注。与内地频发事故形成对照的是，供应港澳生猪肉的质量多年来保持着可靠的记录。内地食品监管由多个部门分段管理，而输港澳食品则由进出口检验检疫局全程监管，每头生猪都可以回溯到出栏的猪场。

对照并不限于输港澳食品，长期以来出口产品质量要求高于内销产品已经成为人们的习惯认识。如果抛开国内国外市场差别待遇的是非，这样的习惯生动地反映了国际贸易市场规则对我们的硬约束。这些规则包括国际商法、国际贸易惯例、国际外汇市场和证券市场规则、国际质量认证体系、国际会计与审计规则、国际企业社会责任规则以及公司治理规则等。

在多数情况下，中国企业是国际规则的接受者。接受规则有助于企业进入全球市场，例如通过 ISO 等国际质量认证有助于出口企业获得订单，接受国际社会责任审计有助于向发达国家的出口，而提供及时、透明、准确的财务报表则是在海外市场上市的前提。

主动接受国际规则可以帮助国内市场和企业的成熟。20 世纪 90 年代中国银行业积累了大量坏账。在这种情况下，按照国际规则剥离不良资产，争取海外上市成为解决银行业困境的一种积极方式。由于国内证券市场不成熟，无法对银行资产定价，不得不邀请国际银行如美国银行、苏格兰皇家银行等战略投资者参股投资，为海外上市建立价格引导。此后，工商银行、中国银行、建设银行开始成功地转型为拥有现代银行管理能力的独立企业。

从上面的例子可以看出，引进外资同时也是引进国际管理和市场规则。例如，国企和民企纷纷向跨国企业学习公司管理的技能，市场调研、分销体系、品牌管理、人事管理、企业决策制度等。跨国巨头宝洁在参与中国市场竞争的过程中成为日化和快速消费品产业内众多企业的标杆。通过学习，企业提升自己的管理水平，强烈地推动了国内市场的改善。与另一个新兴市场国家印度相比，我国在基础设施和制造业方面明显处于优势，但在企业产权、信用体系、金融体系和公司治理方面表现出很多的缺陷，还需要进一步向国际规则靠拢。[5]

复习一下

1. 全球化主要表现在哪 4 个方面？
2. 谈谈全球规则对中国的利弊。

5.3　全球化的限制因素

全球化给参与各国带来了许多改变，有些改变是受欢迎的，例如低价和丰富的产品，而另一些改变则会引起抵抗，例如环境破坏或民族产业的衰落。许多企业发现，在全球化的过程中需要付出很大的代价才能实现收益。

贸易保护主义

全球化在为参与者带来利益同时也给许多本地社区的成员造成冲击，包括各国原有的商业体系、企业活动和就业。利益受损的群体会采取相应的措施抵制这类冲击，其中最有力的形式就是贸易保护主义。

在国际贸易中，**顺差**（trade surplus）是指一定期间内出口金额高于进口金额的现象，**逆差**（trade deficit）则刚好相反。中国是国际贸易中主要的顺差国，巨额的顺差往往引发进口国的贸易保护主义。贸易保护主义（protectionism）是指为保护本国企业和就业而对进口实施限制的各种政府政策，包括关税（对进口商品征收的税）、配额限制（在一定时期内对来自特定国家的特定商品进口额度限制）等。贸易保护主义并没有客观严格的衡量标准，凡是阻碍自由贸易的政策都可以列入这一范畴。在实践中，出于政治上的考虑，政府通常难以对抗国内利益群体限制贸易的要求。然而，政府也不愿意背上贸易保护主义的恶名，特别是发达国家本身从自由贸易中获利极大。

消费者行为的国别差异

经过多年的努力，像可口可乐、IBM、宝洁、麦当劳等许多跨国企业已经成功地在全球建立起统一的品牌形象，当地消费者对这些品牌的认识就像母国消费者一样。然而，跨国品牌刚刚进入其他国家时往往由于不了解当地消费者的行为而遇到困难，它们需要一个相当长的时间才能深入理解这种差异。在此过程中，企业必须对全球标准化的产品和服务做出适应性的调整，有时甚至需要反复多次和很长的时间，这意味着企业成本的提高。

管理行动专题

中国企业在非洲

2000年，中国和非洲各国的贸易额只有100亿美元，到2017年已经增加到1700亿美元，成为非洲第一大贸易伙伴（第二名是印度，大约600亿美元）。麦肯锡公司在2017年发表了一份报告（Dance of the Lions and Dragons），分析了中国企业在非洲的投资和经营情况。在非洲的中国企业数量已经超过1万家，其中90%是私有企业，制造业占31%，服务业占25%，贸易占22%，建筑和不动产占15%。

埃及CTMC Nonwovens建于苏伊士自由贸易区，这家中国企业生产医疗服，并且把它们出口到法国市场。CTMC Nonwovens雇用了350名埃及工人，占雇员总人数的比例超过90%。该公司的会计Wang Jianglong透露说，这家公司给出的待遇"要好过大多数其他公司"，工资为每月2000至3000埃及镑（合337至506美元）。

手机生产商传音公司旗下生产的手机占非洲市场销量近一半。2011年，传音在埃塞俄比亚设立工厂，雇工1600人。此后，传音还在尼日利亚、加纳开设组装厂，在非洲建立了86个售后服务中心和1000个维修点。传音在非洲市场的成功不仅源于低价和营销策略，还在于对产品进行了符合非洲消费者实际需求的创新。例如，主流手机采用面部识别拍照。非洲消费者普遍肤色较深，用面部识别拍照效果不佳。传音看到了这种用户痛点，研发了基于眼睛和牙齿来定位的拍照，并在此基础上加强曝光，帮助非洲消费者拍出更加满意的照片。

中国企业在非洲受到的批评主要与用工合同和劳工条件有关，这迫使中国企业开始更多关注当地社区和NGO的声音。华为全球收入中有15%来自非洲，它每年在埃及、刚果、肯尼亚、摩洛哥、尼日利亚和南非的培训中心培训12000名电信专业学生。麦肯锡的报告发现，在非中国企业仅有47%的采购额来自非洲本地企业，认为当地企业没有充分受益于中国投资。

例如，曾经有中国消费者抱怨某款方太国产高档灶具火力不够。这款灶具采用意大利进口的萨巴夫灶头，生成散火型火焰，而国内普通灶具往往生成聚火型火焰。前者适用于西式的平底锅，后者更适用于中式烹调和锅具所需要的猛火炒作。又如，宜家在发达国家被认为是一种面向年轻家庭的、价格较为低廉的家具品牌，而在中国，它的产品由于没有价格优势而被视为中高端产品。为此，宜家不得不在经营改进中使用中国配方——大幅度地降价促销。宜家亚太区总裁兼中国区总裁杜福延曾表示，降价是宜家在中国最好的策略。为此，自 2009 年 9 月起，宜家在中国开始了大规模降价。对 500 多种产品调低零售价格，部分热卖产品降幅高达 20%~30%。同时，宜家加大在中国的采购力度，通过降低成本支持持续降价的策略。尽管如此，要想将品牌转变为宜家期望的形象，可能还需要很长时间。也有一些企业在全球化过程中无法克服消费者行为差异所造成的障碍而在某些时间或某些地区遭遇重大的挫折，如家乐福被迫撤出日本市场，沃尔玛撤出德国市场。

商业体系的国别差异

不同国家间在法律制度、商业惯例、用工制度方面存在着很大的差异，这些差异威胁着企业国际化业务的成功。企业在跨国经营中必须对这些差异做出适应性的调整，从而增加企业经营的成本。

以英国和美国为代表的**普通法**（common law）和与法国、德国为代表的大陆法（civil law or code law）体系在诉讼程序和裁判依据上存在着很大的不同。在裁判时，普通法体系强调参考之前的判例，而民法体系则依据法律中详细描述的规则来做出裁判。即使是同一法系的国家，其具体的程序和判例也可能存在不同，这将极大地增加跨国企业国际经营的成本。宗教传统也对企业经营有着重要的影响。例如，《古兰经》规定不得收取贷款利息，在实行伊斯兰法的地区，企业不得不采取创新的融资安排以满足这一要求。伊朗的银行在贷款时收取预付款以替代利息，还有的企业采用租赁的方式回避利息。各国在知识产权保护方面的不同规定和执法差异也是国际化过程中的一个风险。

商业惯例（customs）是指公认的商业行为原则。不同国家间商业惯例差别很大，亚洲国家如中国、日本和韩国在商业活动中注重建立关系，中东地区的国家也有同样的特点。即使是同样注重关系的国家，送礼的规矩和时机也是大不相同的。例如，与中国的商务活动相比，日本商人在送礼时似乎遵循更加刻板的规则。此外，在商务交往中，亚洲国家较为注重等级，商务会谈时发言的顺序受等级制约，而西欧和北美国家企业员工和管理者之间的关系则较为平等。

不同国家在用工制度上的区别往往给跨国企业带来很大的困难。例如，与法国和德国相比，美国在用工制度方面灵活得多，美国企业解雇员工时甚至不需要通知期，而在欧洲，通知期通常长达 60 天。此外，美国企业解雇员工时的赔偿金也比欧洲低得多。沃尔玛在德国经营时企图沿用美国任意解雇员工的政策，结果在当地引起相关各方的强烈不满。2006 年，TCL 在欧洲裁员 400 多人，平均每人的现金成本为 10 万欧元。劳工政策也是在海外投资的中国企业面临的主要风险之一，海外工会和劳工福利法规与中国内地差异很大。

管理行动专题

跨国企业如何应对反全球化潮流？

在特朗普就职一周后，《经济学家》杂志发表了封面报道“全球企业的撤退”。在世界主要经济体之间贸易纠纷频发、国际贸易可能出现下降的情况下，跨国公司应当放弃全球化、改用本地化策略吗？美国纽约大学商学院教授潘卡杰·格玛沃特（Pankaj Ghemawat）不同意这样的看法。

在媒体的宣传下，人们往往过高估计了经济全球化的程度。例如，调查发现，美国人普遍高估国际贸易占GDP的份额，以及海外直接投资占资本形成的份额。在这种心态下，人们会倾向于夸大全球贸易下降的影响。

另一方面，国际贸易本身也表现出韧性。20世纪30年代大萧条曾导致国际贸易大幅下滑，即使如此，国际贸易并未枯竭。从1929年到1933年，国际贸易额收缩了2/3。但其中主要是价格下降的影响，实际数量的减少只有30%。

格玛沃特认为，传统上跨国企业实施全球化的三个主要战略是本地适应（产品改进）、规模（降低成本）和套利（人力、资本、生产资源）。贸易战的威胁并不会消除这些市场机会，跨国企业仍然可以通过全球化实现成长。[6]

复习一下

1. 全球化的限制因素主要有哪三项？
2. 企业国际化过程中可以采取哪些措施减少消费者国别差异的影响？

5.4　文化的国别差异

我们可以将一国的文化（culture）定义为所有指导行为的价值观、符号、信仰和语言。文化的国别差异可能是企业国际化经营中最敏感和最持久的挑战。联想收购IBM公司PC业务后曾担心欧美客户流失，实际上主要流失的反而是中国台湾和日本的客户，后者在文化上更难接受ThinkPad这样高端品牌所有权的改变。尽管文化因素一般无法以定量的形式纳入企业决策，但文化经常以意想不到的方式发挥影响。

价值观、符号、信仰和语言

价值观、符号和信仰通常是不言而喻的，在自己的国家里，人们将其视为理所当然。当两国间文化相似时，文化因素可能不会带来太大的问题。例如，美国经理到英国开展经营活动通常不会在文化上感觉到困难。两国间语言相同，历史上也有很深的渊源。尽管仍然会有一些差异，但这种差异大致较易领会。然而，如果本国文化和业务所在国文化几乎没有重叠时，经理们可能会遇到很大的困难。例如，中国或日本的经理到美国或欧洲开展商务，文化上的差异可能对他们取得成功造成严重的障碍。TCL 公司收购汤姆逊和阿尔卡特部分业务后，CEO 李东生经常在欧洲办公，他想在周末时约员工谈话。在国内，管理者这样做是很常见的，员工多半也会配合。因为在国内的价值观中，工作的重要性往往放在第一位。然而，李的这一要求在欧洲却屡遭婉拒。当地员工认为周末时间属于家庭，在他们的价值观中，家庭的责任更加重要。

跨国企业在广告中经常使用文化符号。来自西方发达国家的跨国企业，其文化符号往往体现西方国家的价值观，不加改变地运用可能会引起海外市场的抵制。例如，伊斯兰国家不接受含有性意味的广告，甚至要求广告中不能出现女性的形象。在南亚一些地区，黑色的牙齿是声望的标志，强调洁白牙齿的牙膏广告在当地很难获得市场。文化符号常常还是企业经营中引发文化冲突的重要因素。例如，尽管从一开始就遇到争议，星巴克咖啡的中国代理商还是成功地在故宫开店并经营了六年。为了避免“文化侵略”的批评，星巴克在故宫甚至将标志淡化到极不起眼的程度。星巴克一味低调避开公众注意的做法，使它失去了向公众宣传故宫开店合理性的机会。结果，当一位中央电视台主持人再次批评故宫允许星巴克开店并引起广泛关注后，星巴克不得不撤出故宫。全球人口信仰宗教的比例超过 80%，由于多数中国内地管理者成长的环境中缺乏宗教背景，这自然会增加中国企业海外经营过程中理解各地宗教习俗的困难。

同样困难的还有语言问题。联想收购 IBM 后，CFO 马雪征经常主持财务会议，她本人是专业的英语翻译，长期担任联想的海外发言人，在这样的会议上仍然感到语言上的困难，其他员工遇到的压力可想而知。尽管英语是最主流的国际商业语言，但在许多国家中讲英语未必是最佳选择。例如，法国对于全球化时代英语的入侵就十分敏感。在商务谈判中，即使法方可以用英语谈判，仍然可能要求使用法语。

有些文化差异可能比较微妙，但会对企业活动产生重要的影响。例如，欧美国家的管理人员认同时间的重要性，绝大多数管理者会将时间表排得满满的并且遵守时间表上的项目。但另一些文化对时间的态度可能并不是这样。在中东和拉美地区，管理者们不愿意定好具体的见面时间，也不愿意定出未来见面时间的安排，在谈判时经常会迟到。这既不是谈判的策略，更不是故意无礼，只是时间价值观上的差异。又如，亚洲地区的管理者在商务谈判时较少正视对方，在欧美谈判者看来这是不真诚的一种表现。

对于国际商务中的管理者，重要的是不要低估文化及其影响。技术进步和企业的国际化扩张（例如无处不在的可口可乐和麦当劳，以及跨越国际的互联网沟通）在一定程度上推动了不同地区人民思想和行动的趋同，北京上海的时尚区域和时尚人群与纽约变得越来越接近。然而，这种全球一体化的趋势也激发起各国人民坚持自己价值观和传统的意愿。在中国，对圣诞节、情人节等洋节日的热衷引起了诸多批评意见，要求重视本民族的传统节日。另一种可能的简化错误是将文化作为标签贴给民族、国家或商业环境。由于现有的文化研究对文化复杂性的理解不够充分，基于这些研究的国际管理仍然是有局限性的。例如，在典型的个人主义文化盛行的美国，经常可以见到集体性的公益行为。而在重视家庭关系的中国，进城打工的乡村父母往往将孩子交给老人看管，形成严重的留守儿童问题。从事国际经营的企业应当对文化差异保持高度的敏感，将文化适应和学习作为持续的要求，才能为当地消费者、客户也为企业创造价值。

不同文化中的个人行为

除了总体文化上的差异，不同文化中个人行为和态度也呈现出清晰的差别。荷兰管理学家霍夫斯塔德（Geert Hofstede）研究了 11.6 万名在十几个不同国家里工作的员工，发现了几个有趣的差异。霍夫斯塔德最初的工作鉴别出四种文化间行为差异的维度。后来，他又提出了第五种，图 5.2 对此进行了说明。

第一种维度霍夫斯塔德称为**社会维度**（social orientation）。社会维度是关于个人与其所属的群体相对重要性的信念。社会维度的两个极端是个人主义和集体主义。个人主义是认为个人优先的文化信仰。霍夫斯塔德的研究表明，美国、英国、澳大利亚、加拿大、新西兰和荷兰相对倾向于个人主义。集体主义同个人主义相反，是认为集体优先的文化信仰。霍夫斯塔德发现，墨西哥、希腊、秘鲁、新加坡、哥伦比亚和巴基斯坦相对倾向于集体主义。在个人主义倾向的文化里，劳动者会偏好将报酬同绩效联系在一起的奖励制度。而在集体主义倾向的文化里，这样的奖励系统可能会妨碍生产力。

第二种是**权力维度**（power orientation）。不同文化中的人们对组织等级中的权力和权威的看法不同。某些文化可以称为权力尊敬型。人们倾向于根据等级接受他们上级的权力与权威，尊重他们对权力的控制。霍夫斯塔德发现，法国、西班牙、墨西哥、日本、巴西、印度尼西亚和新加坡属于相对权力尊敬型的文化。相反，权力宽容型导向的文化对于个人的等级地位相对不那么看重。他们更可能质疑高层人士所作出的决定或命令，甚至可能拒绝接受。霍夫斯塔德的研究发现，美国、以色列、奥地利、丹麦、爱尔兰、挪威、德国和新西兰的文化更倾向于权力宽容型。

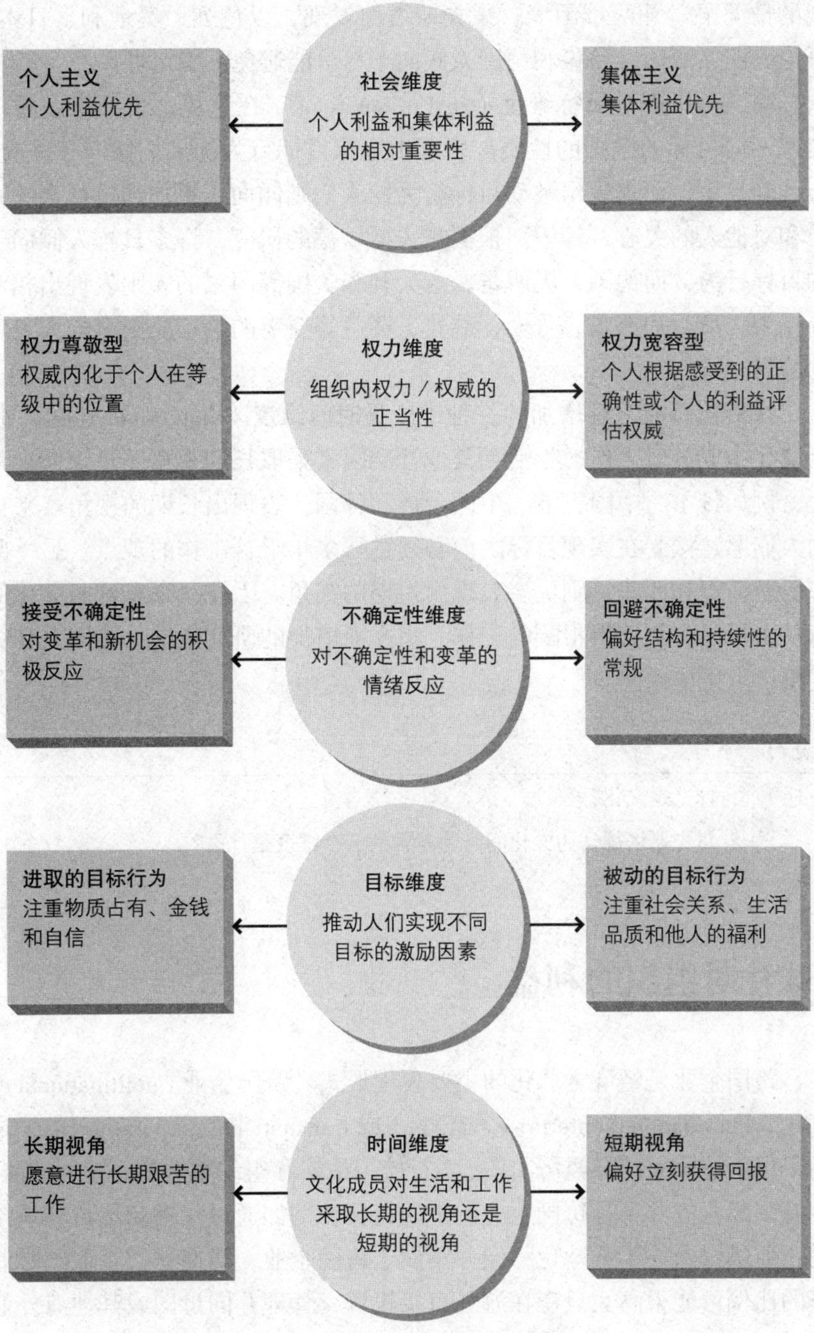

图 5.2　不同文化中的个人行为

第三种是**不确定性维度**（uncertainty orientation）。不确定性维度是个体对不确定性和两难问题的态度。在接受不确定性的文化中，人们受到变革的刺激会投入新机会的挖掘。霍夫斯塔德认为许多美国、丹麦、瑞典、加拿大、新加坡和澳大利亚人属于这一类别。相反，回避不确定性的人们倾向于厌恶不确定性，在可能的情况下避开两难困境。霍夫斯塔德发现，以色列、奥地利、日本、意大利、哥伦比亚、法国、秘鲁和德国人倾向于尽可能避免不确定性。

第四种维度是**目标维度**（goal orientation）。在这里，目标维度是指推动人们实现不同目标的激励的性质。表现出进取目标行为的人们倾向于注重物质占有、金钱和自信。而表现出被动目标行为的人们则倾向于更加注重社会关系、生活品质和对他人的关心，等等。根据霍夫斯塔德的研究，许多日本人倾向于相对进取的目标行为，而德国、墨西哥、意大利和美国等国家的人则表现出相对平和的目标行为。荷兰和挪威、丹麦、瑞典、芬兰等斯堪的纳维亚国家的人表现出相对被动的目标行为。

在最初研究之后增加的一种维度是**时间维度**（time orientation）。时间维度是指文化中成员对工作、生活和其他社会因素采取长期视角还是短期视角。某些文化，例如日本、中国香港、中国台湾和韩国，表现出长期的视角。来自这些文化的人们愿意接受在实现目标之前必须进行多年艰苦工作的观点。另一些文化，例如巴基斯坦和西非，则更多表现出短期的视角。因此，来自这些文化的成员更愿意从事可以立刻获得报酬的工作。霍夫斯塔德的研究指出，美国人和德国人在时间维度上位居中间。

复习一下

1. 什么是文化?
2. 霍夫斯塔德认为文化间行为差异的五个维度是什么?

5.5 全球化对组织的利益

跨国企业是经济全球化的主要表现形式。跨国企业（multinational corporation，MNC，multinational enterprise，MNE，或 transnational corporation，TNCs）是指在两个以上的国家拥有经济实体、实行统一战略和组织整合的企业。按照这一定义，拥有国际业务并不是跨国企业的本质特征。例如通过代理商出口和承接海外订单的企业虽然参与了全球化，但并不属于跨国企业，即使这类企业国际业务占总业务的比例可能很高。只有在海外直接投资、管理并同母国或其他海外业务实现协调的企业才是跨国公司。海外经营意味着进入自己不熟悉的市场并与本地企业竞争，意味着高风险。为什么跨国企业宁愿面对这些风险？它们的收益来自哪里？

本节试图说明，与本国企业相比，跨国企业有机会在全球范围内获取资源、发展独特的组织能力。具体来说，跨国企业通过全球化实现的主要利益包括：扩大市场、规模经济、区位经济和全球学习（图 5.3）。

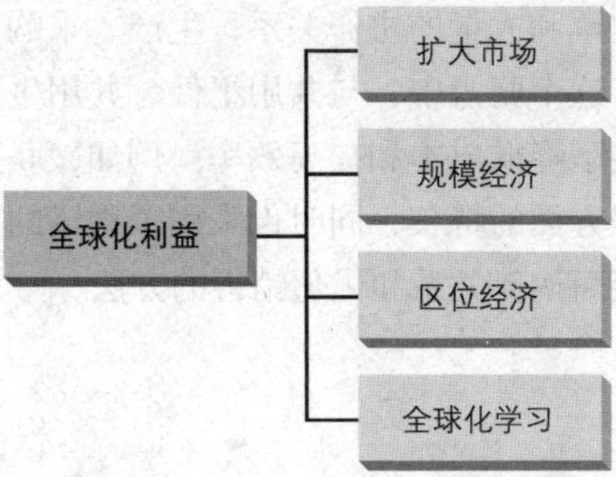

图 5.3　全球化给组织带来的利益

扩大市场

扩大市场是许多企业全球化的初始动力，拥有技术和品牌优势的企业自然倾向在尽可能多的市场中销售和推广自己的产品和服务，实现增长。例如，麦当劳和肯德基在连锁快餐店经营方面积累和发展起独特的能力，通过在海外市场上运用这种能力，企业可以扩大销售，为股东带来更大的回报。同样，微软在美国完成了 Windows 操作系统开发的核心工作，在向海外国家销售的过程中它只要进行相对简单的本地化就可以获得非常高的利润。

追求扩大市场的企业可能从基本的出口业务开始，逐渐过渡到跨国经营。事实上，以可口可乐和宝洁为代表的食品和消费品公司、苹果电脑为代表的 IT 类企业，以及星巴克和好莱坞电影这样的娱乐服务产业，其国际化的初期都是为了扩大市场。与此相似，中国企业也在持续扩大产品的海外市场。2018 年，华为公司海外销售占总收入的比例为 50%，小米海外销售收入占比为 36%。

实现规模经济

许多企业在全球化过程中通过实现规模经济和充分利用产能而获得更大的利润。**规模经济**（scale economies）是由于生产规模扩大获得的成本优势。它的来源包括两个部分，首先是生产的单位成本随规模（生产数量）增加而下降，其次是企业在大规模生产过程中积累经验、提高技术水平所带来的成本优势。对于跨国企业，规模经济也体现在采购成本的降低，例如台湾宏碁电脑和美国耐克公司本身没有生产业务，但两者都可以凭借全球化的销售网络所带来的巨大订单降低采购成本。

日本是世界高水平的制造大国，但本国市场相对狭小。日本的企业往往通过全球化实现规模经济，在汽车、家用电器、消费电子产品等产业中拥有了众多的国际知名品牌。日本的日产汽车公司与法国雷诺公司建立联盟后在世界范围内实现了生产平台的共享和大量的协作关系，生产、采购、销售、运输等各个方面实现了规模经济。在这个联盟中，与共用组件、共用生产能力降低成本同样引人注目的是通过知识共享降低成本和提高效率。例如，联盟采用了日产的采购质量控制方法、生产流程方面的特长，同时也采用了雷诺的人机工程改进措施、采购成本控制、建立供应商伙伴关系和优化销售的方法。

实现区位经济

区位经济（location economies）是指在最适合的地区完成某一价值创造活动所带来的竞争优势，不论这个地区是在全球的任何地点。区位经济给企业带来的优势源自两个方面：首先，通过选择最适合的地点，例如选择靠近市场、靠近原材料产地、靠近供应商、方便运输或人力费用较低的地区，企业可以获得成本优势。

管理行动专题

51Talk 的菲律宾外教

近年来，少儿英语一对一外教课程出现了高速增长。一对一课程需要大量的外教资源，导致北美教师成本大幅度上升。

自 2011 年成立之初，51Talk 就在菲律宾建立运营中心，招募和培训英语教师。2017 年 51Talk 在菲律宾 20 个城市中共培训约 1 万名青少年英语教师。

菲律宾以英文为官方语言，外教英语综合能力好。同等课时的情况下，菲律宾外教价格仅为欧美外教的 1/4。菲律宾外教乐观开朗，和蔼亲切，服务细致。菲律宾与中国没有时差，上课时间高于北美外教。

许多菲律宾外教之前在美国公司呼叫中心工作，51Talk 给出的报酬更高，可以在家上班，不必像呼叫中心一样夜间工作，这些条件对菲律宾外教很有吸引力。

“中国英语教育的市场需求非常大，需要的外教老师很有可能以百万计”，51Talk 创始人黄佳佳说，“但在物理上引进菲律宾老师有非常多的技术难度，在线教育公司通过独特的商业模式，就可以解决社会需求问题”。51Talk 打算在未来五年引入 10 万在线菲律宾外教。

从历史上看，重要的港口地带往往也是制造业的中心，这是为了利用港口货物运输上的优势，便于材料和产品的进出。今天，随着运输和通信技术的改进，企业可以有更多的选择来实现区位经济。许多国际知名品牌将生产环节放在中国等劳动力费用较低的地区，将电话呼叫中心安排在印度、菲律宾等国家以利用当地低成本人力的语言优势。近年来，还出现了将初级研发转移到低成本地区的趋势。例如，无锡药明康德公司的主要业务是为国际制药企业提供药物研发方面的外包服务，这家公司员工超过 9000 人，技术人员占 80%。2018 年上半年销售收入达到 44 亿元，其中海外收入占 80%。CEO 李革说，"药物研发外包以合理的价格提供了高品质的科学技能"。

其次，通过选择合适的地点，例如将研发设于技术领先、人才密集的地区，有助于企业发展独特的技术能力和产品创新，将营销和生产部门设在最重要的市场地区则有助于企业对市场的需求做出反应，由此企业可以获得一种差异化的优势。从事国际金融业务，特别是投资银行业务的企业往往会在伦敦设立业务部门以利用当地人才、信息和交易环境。IBM 公司将全球采购中心设在深圳，不仅仅因为靠近中国低成本生产地区能够降低采购成本，更希望通过将采购部门与低成本供应商接近，掌握帮助供应商提高和发现新的降低采购成本的方法，从而获得独特的竞争优势。

全球学习

全球学习（global learning）通常不是企业跨国经营的初始动力。然而，在跨国经营的过程中，企业可能从全球学习中获得收益，提高价值创造的能力。

当企业走向全球获取原材料供应市场或实现低成本制造时，过去积累起来的经验对于进一步在全球开发市场，找到成本最低、最可靠的材料来源和生产基地将是极有价值的。例如，工业化国家将生产基地从本国转移到发展中国家的过程就体现出全球学习的能力。以 IT 代工为例，在生产设施从中国台湾、中国大陆沿海到中国大陆内地转移的过程中，跨国企业很快就理解了中国企业经营环境中政府的重要作用，在充分利用政府招商政策、供应商管理和物流效率方面都有了很大的提高。同样，中国汽车企业吉利在成功收购沃尔沃之前已经收购了英国锰铜公司、澳大利亚 DSI 变速器公司，积累了国际市场融资、海外市场当地政府关系、当地供应商或经销商关系以及解决与工会和员工管理有关的各种问题的丰富经验。这些通过全球学习（包括通过海外本地员工）建立起来的经验和知识在单纯国内经营的过程中是无法获得的。

另一种重要的全球学习路径是，跨国企业在海外市场上常常面对激发产品创新的新技术或新的市场需求。由于跨国企业拥有全球研发资源和信息资源上的优势，可以帮助它找到更有效的资源、产品和加工技术。通用电气医疗产品集团在中国市场推销产品的过程中注意到，与发达国家对产品性能和特色的关注不同，在中国，价格和携带及操作便捷性才是主要关注点。针对这一市场特性，通用电气开发出针对中国农村医院的低价、便携的超声波检测设备，售价仅15000美元。现在，中国乡镇医院的医生也可以用超声波检测设备进行初步的诊断，这一产品在乡镇诊所引起了轰动。在中国市场成功后，通用电气又将这款产品向其他发展中国家投放，扩大市场。有趣的是，在美国市场上，这款产品同样取得了意外的成功。尽管这款产品不能满足美国正规医院的要求，但在一些之前无法使用超声检测的特殊场合，其便携的特性显示出优越性，如事故现场和急诊室初步诊断、手术室中帮助麻醉师确定手术缝合针与导管的具体位置等，这些之前的产品无法满足的应用创造了新的市场。这样，为满足中国市场需求而产生的技术创新在全球范围内创造出价值。通用电气的经验表明，对于跨国企业，新的竞争优势的基础可能是：在海外市场发现新的顾客需求，利用企业在另一个市场上的研发或生产能力实现新产品和服务，然后将创新的成果推广到所有的市场上。

跨国企业只是全球化的一种先进形式，这并不意味着所有的企业都必须发展成为跨国企业。任何参与全球化的企业都可以在一定程度获得上面所介绍的跨国企业的利益。例如，在全球生产加工体系中找到自己位置的大量加工型企业固然不是跨国企业，但它们同样受益于全球专业分工和价值创造活动的转移。在任何一种全球化的形式中，最重要的是企业能否建立起独特的、其他企业所不具备的为客户创造价值的能力。以国内家装行业的领先者博洛尼公司为例，通过将意大利设计、德国制造和中国成本结合起来，博洛尼在国内市场上建立起中高端家装品牌形象，而在海外的出口和海外直营则突出中国的成本优势。这样，通过在全球范围内灵活调度资源，博洛尼形成了自己独特的价值创造能力。许多日本汽车电子材料生产商向全球汽车企业提供关键部件和材料，这些材料的生产并不占用大量的厂房和人力，而汽车厂家追求标准化和共享平台的努力使得本地定制化的压力不大，因此即使在本国生产向全球市场供应仍然拥有成本上的优势。

复习一下

1. 跨国企业通过全球化实现的主要收益有哪四个方面?
2. 以一家国际化的中国企业为例说明它在全球化过程中的主要收益。

5.6　全球企业的管理挑战

在全球化的过程中，企业必须对一系列的重要问题做出决策。本节将讨论其中几个主要的挑战，包括全球标准化与本地定制的平衡，进入海外市场的模式和跨国企业中的人员管理。

全球标准化与本地定制

在莱维特的全球化定义中隐含着产品、服务和市场的全球标准化，也就是所谓的国际标准，在全球市场中将看到相同的品牌、产品、促销和服务。**全球标准化**（global standardization）是指企业将全球视为统一市场，提供相同的基础产品的经营原则。它的好处是全球各地的人民都可以享受相同的高品质产品和服务，同时由于规模经济、区位经济的作用，标准化产品和服务的成本降低，从而惠及消费者。

然而，在实际的经营中，全球标准化经营受到本地定制的压力。国家间文化差异往往导致不同的消费者行为，东道国政府和法律制度也对跨国企业的标准化努力构成约束，企业不得不对此做出反应。麦当劳是成功克服文化差异的全球化企业的典范。在全球任何地区，牛肉汉堡和炸薯条的口味和制作标准都是一样的。然而，在印度，麦当劳向顾客提供羊肉汉堡，因为当地民众多数不吃牛肉。在中国，麦当劳同样开发出专门为本地顾客提供的产品。

本地定制（local customization）是指跨国企业在产品和营销上考虑国别和地区差异的经营原则。从积极的方面看，重视本地市场为跨国企业带来产品创新和新的市场，如前面谈到过通用电气医疗集团的例子。然而，本地定制通常意味着在产品研发、生产和营销方面增加成本，这与全球标准化降低成本的努力是有矛盾的，几乎所有的跨国企业都面临着平衡两者的挑战。

平衡全球标准化和本地定制的方法之一是将本地定制的产品市场扩大到更多的相邻或相关市场上。例如，美汁源果粒橙是可口可乐公司在中国市场开发的产品，2005 年上市后大获成功。可口可乐在亚洲、非洲和拉丁美洲 18 个国家和地区销售这一产品，5 年后全球销售额突破 10 亿美元，这是可口可乐公司有史以来第 14 个，也是在新兴市场国家建立的第一个 10 亿美元品牌。

进入海外市场的模式

开展国际化经营的企业在进入海外市场时拥有多种可以选择的方式，包括出口、许可、直接投资和战略联盟。

出口。出口（exporting）指的是在一个国家制造而销售到另一个国家。例如，许多葡萄酒分销商从法国、意大利或美国加利福尼亚购买产品进口到自己的国家里进行销售。中国是出口大国，不过多数中国企业是以加工形式出口产品的，没有自己的品牌。出口是用小额投资进入一个新市场最容易、风险最小的方式。出口的缺点包括缴纳关税和运输成本较高。此外，由于产品没有根据当地需要进行修改，难以扩大市场。政府的管制也可能对产品出口施加限制，例如中国产品在国际市场遭遇反倾销等。

管理行动专题

通过亚马逊出口

今天，在亚马逊网站上可以找到大量中国的产品，从摄像头、充电宝到辣椒酱，甚至还有马应龙软膏。过去，这些产品主要是由美国的经销商从中国采购之后在亚马逊网站上销售。这种情况正在改变，中国企业开始直接在亚马逊上销售产品。来自长沙的 Anker 是亚马逊上销售最成功的企业之一，在移动电源品类上排名第一，2017 年销售收入近 40 亿元。

2017 年，在亚马逊欧洲（英、法、德、意、西）新增的卖家中，有 25% 来自中国。而在亚马逊欧洲的主要销售商中，中国企业已经占 34%。大约 71% 的中国卖家采用亚马逊物流（FBA），将货物发到亚马逊仓库，再由后者提供在当地的送货服务。[7] FBA 在很大程度上取代了经销商的职能。一家名为 Payoneer 美国跨境销售咨询公司一年时间里在中国举办了 86 次活动，教授中国企业如何在美国开展网上销售。亚马逊还在广州、杭州、厦门、宁波举办“全球开店”峰会，吸引中国卖家。

中国企业占亚马逊各国市场卖家的比例

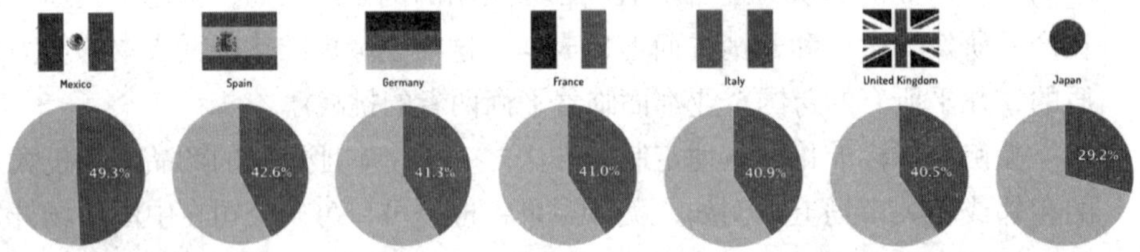

许可。许可（licensing）是一种协议，指一家企业允许另一家企业使用其品牌名称、商标、技术、专利、版权或其他资产。反过来，被许可方则支付一定的费率，通常以销售量为基础计算。例如，博洛尼公司的高端装修品牌钛玛赫来自这家德国公司的许可授权。许可的优点是提高利润和扩大赢利能力。许可模式的主要缺点是缺乏灵活性，被许可企业将在长期的时间里控制产品或专利。如果这家企业工作不得力，则许可方将面临利润上的损失。另一个问题是被许可方可能会将自己所学到的知识和技能转用于外国市场，甚至可能会在许可方的本国市场上寻找机会。在这种情况下，合作伙伴就变成了竞争对手。

战略联盟。战略联盟（strategic alliance）是两家或更多企业共同经营以获得共同收益。合资公司（joint venture）是战略联盟的一种特殊形式，合作伙伴们对一家新的企业共同拥有所有权。合资企业还可以帮助企业分摊新成立企业的风险和成本。这一方法的主要缺陷之一是对合资企业的共同所有权。尽管合资形式降低了每一方的风险，但也限制了控制权和所获得的回报。合资还有可能带来法律上的纠纷。

合资曾经是外国企业开拓中国市场的主要方式，国内主要汽车厂商几乎都和国际知名汽车厂商建立合资品牌，上海迪斯尼则是服务业的合资公司。

直接投资。直接投资（direct investment）指的是总部设在某个国家的公司在外国建立或购买运营设施或分支机构。全资子公司（wholly owned subsidiary）是企业在外国全资拥有的分支机构。福耀玻璃在美国俄亥俄州设厂是直接投资，特斯拉上海工厂则是中国汽车产业政策变更后第一家获准在华独资经营的外国汽车公司。

许多企业选择直接投资是为了利用低成本的劳动力。欧美的跨国企业将生产转移到中国，因为这里有大量有技能的工人，而工资水平更低。还有的时候直接投资是为了进入市场或贸易上的利益。例如，日本汽车企业在美国设厂不仅更加靠近市场，还可以避开贸易保护主义的压力。直接投资的优点是管理控制更加完备，企业不必与他人共享利润。收购现有的企业还会获得人力资源和现有的组织基本架构（行政设施、工厂、仓库，等等）方面的利益。收购还可以获得产品品牌的知名度。对于推出新品牌成本很高的产业，这是一个显著的利益。联想收购 IBM 公司的 PC 业务，获得了 Think 这一著名的品牌。当然，直接投资意味着企业在海外运营，决策复杂性的提高、经济和政治的风险等可能会超出其所获得的收益。

需要注意的是，上面这些方法并不是相互排斥的。事实上，绝大多数大企业同时采用这些方法。跨国企业拥有全球视野和方案来解决海外制造和营销的问题。它们在全世界寻找机会和选择最佳战略以服务于各个市场。在某些情况下，它们进行直接投资，在另一些情况下则采取许可、战略联盟或者进出口的形式。表 5.2 总结了上述方法的优点和缺陷。

表 5.2

企业国际化各种方法的利弊

国际化方法	优　点	缺　陷
出口	1. 现金投入少 2. 风险小 3. 不必对产品进行修改	1. 关税 2. 运输成本高 3. 政府管制
许可	1. 利润增加 2. 赢利能力提高	1. 缺乏灵活性 2. 竞争
战略联盟 / 合资公司	1. 快速进入市场 2. 获得技术和原材料	1. 分享所有权（不能独占控制权和利润）
直接投资	1. 加强控制 2. 利用现有的基本架构	1. 复杂 2. 经济和政治风险较大 3. 不确定性较大

跨国企业的人员管理

跨国企业的成功有赖于成功建立和管理国际化的员工队伍。如果母公司和子公司之间在文化上不能和谐相处，或者不同文化背景员工间存在冲突，那么跨国公司在信息、技术和创新共享方面的可能优势将化为乌有。通常，跨国公司为培养员工的跨文化技能需要进行大量的投资，如专门的培训项目和职业发展路径设计。

在海外经营中，跨国企业的传统做法是从母国派出员工担任高级管理或重要

管理行动专题

代工企业的升级

代工（contractor manufacturer）又称 OEM（original equipment manufacturer），是指为其他企业生产产品或部件并冠以其他企业品牌的生产活动。代工以规模取胜，但利润微薄，通常设在低工资地区。与人们的印象不同，领先的代工厂往往是技术积累极为雄厚的企业。

河北邢台三厦铸铁有限公司拥有 1000 多名员工，2017 年产值 4.1 亿元。在铸铁珐琅炊具领域全球排名前 50 的品牌，都是三厦的客户。三厦代工生产的产品占据北美市场的 50%，欧洲市场的 30%。

三厦生产的铸铁珐琅炊具，要接受直径 225 克重量的钢球从 1 米的高度垂直下落，击打珐琅锅表面，而珐琅保持不掉的考验。通常，代工企业要签署不得为同类产品代工的相关协议，而三厦则可以选择不用执行这个规则。“当你的核心技术超过了市场要求时，你就有了话语权。不在我们这里代工，这些企业将很难找到和我们一样质量好的公司来生产。”三厦高管张军祥说。[8]

上海利长制衣为华伦天奴、阿玛尼、Prada 和 Kenzo 代工。2017 年，利长在意大利开设工作室，发布了自有品牌 Casta Diva。利长产品品质好，但没有市场影响力。当年 12 月，利长与网易合作，将 Casta Diva 的围巾在网易考拉全球工厂上线。由于网易 CEO 丁磊在中国互联网大会上戴了这款围巾，结果成为爆款，销量比预估的高出几十倍。利长与网易考拉合作，试图克服技术力量强大的代工厂在品牌能力上的缺陷。

的技术职位。**外派员工**（expatriates）是指由母国派往国外工作的员工。企业外派员工，首先是因为在外国机构中缺乏适当的技术专家或管理专家。其次，外派员工是对国外经营最有效的监督和控制者。然而，外派员工也是成本最高的用人选择，例如，必须为外派员工支付海外生活补贴。外派员工的失败也是企业的一项重大成本，据估计外派员工的失败率高达 25%。在职的外派人员由于环境改变和生活上的种种不便，其工作效率也可能降低。

外派失败的主要原因是对当地文化和商业管理知识不够了解。因此，许多跨国企业聘用东道国员工，特别是中层以下的职位，而高层管理仍由母国员工担任。这样做既可以保持公司文化统一、与母国沟通顺畅，同时又能够培养更了解当地文化和商业机会的员工，降低成本。此外，聘用东道国员工可以赢得当地政府和社区支持，改善企业环境。还有一些跨国企业在东道国使用第三国（地区）人员。例如，在中国大陆开展业务的外国企业聘用来自香港、台湾地区或新加坡等东南亚国家的华裔管理人员。这些管理者拥有国际企业的工作经验，在文化和语言适应性上则优于本国外派人员。当然，他们的成本远远高于东道国员工。

复习一下

1. 全球标准化的局限是什么？
2. 进入海外市场主要有哪四种选择？

本章要点

1. 全球化是商品、服务、资本和技术在世界范围内的生产、消费和投资。全球化的主要推动因素是贸易和投资壁垒的解除以及沟通和运输成本的显著下降。
2. 全球化的主要表现包括市场的全球化、生产的全球化、技术的全球化和全球规则。
3. 全球化的限制因素包括贸易保护主义、消费者行为国别差异、商业体系国别差异。
4. 文化的国别差异是全球化的一个主要挑战。文化是所有指导行为的价值、符号、信仰和语言。霍夫斯塔德总结了不同文化中个人行为和态度差异的五个维度：社会维度、权力维度、不确定维度、目标维度和时间维度。
5. 跨国企业是指在两个以上的国家拥有经济实体、实行统一战略和组织整合的企业。跨国企业通过全球化实现的主要利益包括：扩大市场、规模经济、区位经济和全球学习。
6. 跨国企业需要在全球标准化与本地定制之间做好平衡。
7. 进入海外市场的模式包括出口、许可、战略联盟和直接投资。
8. 外派员工是指由母国派往国外工作的员工。外派员工成本很高。

批判性思考与讨论题

1. 解释组织规模和全球化之间的关系。只有大型企业才能全球化吗？
2. 从全球化的四个表现看，中国企业全球化有哪些机会和挑战？如何应对这些挑战？
3. 中国企业国际化进入发达经济体和不发达经济体的机会和挑战有何不同？如何应对这些挑战？
4. 选择某一产业，描述国际企业对该产业中企业的影响。是否存在不受全球化趋势影响的产业？如果有，是什么？如果没有，请说明理由。
5. 各举一家企业的例子说明企业通过全球化实现的四种收益：扩大市场、规模经济、区位经济和全球学习。
6. 根据财新网报道，“越南取代中国成为耐克鞋最大生产国”，试从全球化的角度评估这一现象。
7. 如果你是一家正在崛起的电视机公司的CEO，你计划尽早实行国际化。你将采取哪些步骤来执行这一战略？在决策过程中你将强调哪些方面？你将如何组织你的企业？
8. 在网上寻找一家采用全球战略联盟或全球合资企业的大型企业的信息。在你看来，建立这些企业的目的是什么？它们能够实现自己的使命吗？如果是，为什么？如果不是，障碍在哪里？
9. 为什么国际快餐品牌通常采用许可的方式，而制造业企业往往采取合资和联盟的方式。如何解释产业之间的这种区别？
10. 文化因素对IT企业的影响和对时尚服装业的影响有何不同？
11. 阅读下面由霍夫斯塔德提供的文化特性表。根据这张表，说明你最愿意在哪个国家工作，为什么？你最不愿意在哪个国家工作，为什么？

	权力维度（区间11~104，从权力宽容到权力尊敬）	个人维度（区间6~91，从集体主义到个人主义）	不确定性回避维度（区间8~112，从接受到回避不确定性）	目标维度（区间5~95，从被动到进取）
德国	35	67	65	66
印度	77	48	40	56
以色列	13	54	81	47
英国	35	89	35	66
美国	40	91	46	62

资料来源：Geert Hofstede，Cultures and Organizations：Software of the Mind：Intercultural Cooperation and Its Importance for Survival（London：HarperCollins，1994），pp. 26，55，84，113.

学习伴随案例练习

根据你所选择的组织资料，以小组为单位对其管理活动进行讨论。回答下面的问题并向全班报告。

1. 这家组织来自海外的收入有多少？它有哪些海外业务？
2. 全球化对这家组织产生了怎样的影响。未来的可能影响有哪些？它的机会和挑战分别有哪些？

3. 这家组织的主要海外市场在哪里？它采取怎样的方式进入那个市场（出口、许可、合资或直接投资）？你认为这家组织为什么选择这一方式？
4. 全球化令这家组织受益吗？

综合练习一：培养有效的人际关系技能

人际关系是沟通、理解和激励个人与群体的能力。国际企业中的经理必须理解文化习惯和规范如何影响世界上不同地区人们的沟通方式。本练习帮助你评估自己当前的文化意识并找出需要提高的地方。

练习

完成下面的国际文化测验。根据你的得分回答后面的问题。为了简化问题，我们将范围局限在世界上人口最多的10个国家，按顺序排列是中国、印度、美国、印度尼西亚、巴西、巴基斯坦、俄罗斯、孟加拉国、尼日利亚和日本。

国际文化测验

1. 请说出10个国家的主要宗教。
2. 在迎接商业伙伴时，哪个国家应该握手？哪个国家应该鞠躬？哪个国家会拥抱或接吻？
3. 在哪个国家里应当避免穿紫色的衣服？
4. 在哪个国家里微笑是可疑的？
5. 在哪个国家里大笑或微笑是摆脱不愉快或尴尬的方法？
6. 在印度尼西亚，他人身体的哪一部分是绝对不能碰的？在印度呢？在中国，你绝对不能碰哪一部位？
7. 在哪些国家里侍者或小企业在提供服务之前要求先付小费？
8. 在哪个国家里说西班牙语是一种冒犯？
9. 在哪个国家里吹口哨代表坏运气？
10. 在哪个国家里向所有的商务客人递名片是很重要的？
11. 在哪一个国家里你在同商务客人第一次见面时会被问到收入多少和家里有几口人？
12. 哪一个国家在工作时不能嚼口香糖？

你的教授会告诉你正确的答案是什么。你的得分高还是低？你认为自己的文化意识如何？你认为应当怎样做才能提高自己的得分？向全班报告你的看法。

综合练习二：培养有效的技术能力

练习概述

技术能力是完成和理解组织内特定工作的必要技能。企业必须持续分析人口和贸易数据，从而形成合理的国际战略。本练习帮助你提高采集信息的能力和认识信息对企业的影响。

练习背景

世界上人口最多的5个国家是中国、印度、美国、印度尼西亚和巴西。假设你是一家大型跨国企业的经理，利用互联网帮助你回答下列有关国家人口和贸易的问题（未来人口估计请登录美国统计局的网站 www.census.gov/ipc/www/ibrank.html；进出口数据也可以在美国统计局的网站上找到，网址为 www.census.gov/foreign-trade/aip/index.html，找出最近的资源；其他资源可以从中央情报局的网站上找到，网址为 www.cia.gov/cia/publications/factbook/index.html），然后分析这些数据对你的公司可能有什么影响。

练习

1. 列出预计在2050年人口最多的5个国家，说明自2000年以来情况发生了什么样的变化。
2. 找出从中国进口最多的前5个国家。
3. 找出向中国出口最多的前5个国家。
4. 5个最大国家人口的平均寿命（衡量个人财富的指标之一）是多少？5个最大的进口国和5个最大出口国人口的平均寿命为多少？
5. 上述这些国家人均国民生产总值（经济健康性的指标）是多少？
6. 这些数字对你的公司有何影响？从数据上看这些国家作为贸易伙伴的价值如何？它们未来的价值将会如何？

结尾案例

福耀玻璃在美国建厂

2016年10月，全球最大汽车玻璃单体工厂在美国俄亥俄州莫瑞恩竣工投产。福耀集团投资6亿美元，是该州历史上最大的一笔中国投资，满负荷运行时将有2500人在此工作。

2016年，福耀玻璃在中国的市场份额已经达到70%左右，要进军海外市场就必须提升全球供应链能力。福耀玻璃最终选择在美国俄亥俄州莫瑞恩市设厂，这是一个需要魄力的选择。俄亥俄州是汽车工会强势地区，工人成本高，连美国三大汽车巨头也不得不将生产线外迁。亚洲汽车企业如丰田、日产、现代等为了规避这一风险，选择在美国南部设厂。

曹德旺向同样在俄亥俄州设厂的本田汽车请教，"本田汽车那个厂没有工会，它给我们一张纸，说只要做到上面那几点，就没有问题。"这张纸的主要内容是环保、工作环境、员工的薪酬福利等与当地接轨。然而，问题还是很快就来了。

2016年6月，工人投诉福耀玻璃未能保证安全生产，并向全美汽车工人联合会（UAW）求助；2016年11月，UAW宣布支持工人安全生产权利，并向联邦职业安全与卫生署（OSHA）投诉。OSHA对莫瑞恩工厂缺乏完善的电源锁定防护装置等违规行为处以22.5万美元罚款。OSHA前主管戴维·迈克尔斯表示："20万美元罚款是一个很大的数字，现在只有很少的企业被OSHA开出这么大金额的罚单。一个新工厂成立的时候，居然没有安全管理体系，这令人震惊。"为此，福耀投资了不下700万美元改善工厂的安全相关问题。

全美汽车工人联合会在莫瑞恩工厂外不到100米处开设了一间办公室，鼓动工人加入工会。2017年11月，莫瑞恩工厂员工以868票反对、444票赞成否决了成立工会的动议。在选举前，UAW在社交媒体上发起攻势。福耀则抓住与工人们直接沟通交流的优势，在工厂内散发宣传材料，宣传和抨击UAW涉嫌腐败，鼓励工人投反对票，"发出自己的声音"。

曹德旺曾表示，一旦成立工会，客户就会以不能保证正常供货为由撤销订单。《纽约时报》11月10日评论，此次投票"被广泛视为在美国建厂、买厂的中国公司，如何处理劳工关系这个敏感问题的指示灯"。

在中国，福耀可以让工厂在开工后一年内实现满负荷运转。莫瑞恩工厂的建设则是2014年开始的。"我应该感到知足了，"曹德旺说道。"不过与我在中国开的工厂相比仍有很大差距。"

曹德旺说，美国的天然气价格是中国的1/5，汽油、电的价格是中国的一半……中国除了人工便宜，其他都比美国贵，尤其是税收成本。他说："在美国赢利 100 万，企业可以赚 60 万，而在中国只能拿到 42 万，税是 58 万。"恒大集团首席经济学家任泽平曾比较过福耀玻璃和竞争对手美国康宁公司的税负。2015 年，福耀玻璃的综合税率是 18.72%，康宁公司是 11.49%。[9]

美国招商引资的优惠力度也不小。莫瑞恩工厂 18 万平方米的建设费用大概是 4000 万美元，得到的政府补贴就超过了这一金额。每招收一名美国工人，就会得到一定的税收补贴，招收 2000 多员工会得到 3000 万美元补贴。此外，莫瑞恩市还免去了 2015 年福耀新建办公楼等设施的产权税，价值 800 万美元。位于代顿的辛克莱尔社区大学帮助福耀的人力资源部门建立了美国员工的薪酬体系，以及培训入职的新员工等，这项无偿援助的价值也不菲。

福耀玻璃在美国还面对着生产效率低、招工难、文化冲突等一系列挑战。人力成本差距不仅体现在美国白领工人的工资是中国的 2 倍多、美国蓝领工人的工资是中国的 8 倍，还表现在劳动力质量。从 20 世纪 70 年代的"去工业化"到如今的"再工业化"，美国制造业劳动力出现了断层。曹德旺感叹，"很难找到 50 岁以下的工人。"

福耀玻璃还把研发转移到了国内。高管蒋炳铭解释说，美国制造业的产业链不完备，比如在美国工厂周围找不到可以修模具的地方。另外，中国的开发成本也比较低，开发一片玻璃大约需要 10 万元，但在美国需要 10 万美元。

加州大学圣迭戈分校的政治经济学教授史为夷说，中国在非洲和亚洲的海外投资都表现出不愿把业务交给当地人管理的模式。"在管理层，你可以看到技术人员大多来自中国，"她说，"他们聘请担任高级管理职位的当地员工一般是人力资源总监。"[10] 人力资源总监瓦内蒂表示，福耀依然坚持原来的计划，打算在四五年内把工厂交给一个以美国管理人员为主的团队打理。前不久，它又雇用了两名美国副总裁。自从 2014 年宣布建厂规划以来，福耀雇用的员工人数比计划提高了 3 倍。

案例讨论题

1. 福耀在美国开设工厂的主要动机可能有哪些？
2. 在你看来，福耀面临的最主要的挑战有哪些？
3. 从福耀在美国初期的经验来看，你会对将要在美国办厂的企业提供哪些建议？
4. 请再举出三个像福耀一样追求全球生产的企业例子。

开篇案例讨论题

1. 小米在印度市场采用了怎样的国际化战略？
2. 小米在印度市场的主要竞争优势有哪些？
3. 哪些因素可能阻碍小米在印度的成功？

自测题

1. T　F　通信和运输技术的发展是全球化的主要驱动因素。
2. T　F　市场全球化是指产品与服务市场的全球化。
3. T　F　外包主要是为了降低成本。
4. T　F　普通法是以德国和法国为代表的法律体系。
5. T　F　权力宽容型文化中的人主要根据主管的职位等级接受主管的权威并且尊重他们对权力的控制。
6. “免疫实验室”公司拥有一项有效的生产流感疫苗的技术。它没有在海外建造生产设施，而是允许外国企业使用这项技术并且按销售额支付一定比例的使用费。这一做法称为
   a. 许可协议
   b. 战略联盟
   c. 合资公司
   d. 出口
   e. 进口
7. 哪一种国际化方法需要的现金少、风险低，但运输成本高，存在政府管制的威胁？
   a. 许可
   b. 战略联盟
   c. 合资公司
   d. 直接投资
   e. 出口或进口
8. 以下哪一项不是全球化的表现
   a. 市场全球化
   b. 生产全球化
   c. 全球规则
   d. 技术全球化
   e. 价值观全球化
9. 跨国企业通过全球化实现的收益不包括
   a. 全球规则
   b. 扩大市场
   c. 规模经济
   d. 区位经济
   e. 全球学习
10. 联想集团在日本设立研发中心，这体现了跨国企业在全球化中所追求的
    a. 区位经济
    b. 范围经济
    c. 规模经济
    d. 全球学习
    e. 全球标准化

本章注释

[1] Levitt，Theodore，The Globalization of Markets [J]. Harvard Business Review. May–June，pp92–102（1983）.

[2] https://cscmp.org/CSCMP/Develop/Reports_and_Surveys/State_of_Logistics_Report/CSCMP/Develop/Reports_and_Surveys/State_Logistics_Report.aspx?hkey=bdfd8da6–e34f–434c–b39c–d3219dd4a6a2.

[3] https://www.brookings.edu/research/global–manufacturing–scorecard–how–the–us–compares–to–18–other–nations/.

[4] https://www.strategyand.pwc.com/innovation1000#GlobalKeyFindingsTabs1.

[5] 黄亚生 . 改革时期的外国直接投资 [M]. 北京：新星出版社 .2005.

[5] https://hbr.org/2017/07/globalization–in–the–age–of–trump.

[7] https://www.marketplacepulse.com/articles/china–is–a–third–of–amazon–marketplace.

[8] http://hebei.hebnews.cn/2018-09/27/content_7045463.htm.

[9] http://stock.10jqka.com.cn/20171231/c602277622.shtml.

[10] https://cn.nytimes.com/business/20170612/ohio-factory-jobs-china/.

第二部分 2

战略与实施

6 CHAPTER 6 计划与决策

本章学习要点

- 组织中的计划
- 计划的设定
- 战略计划
- 决策的分析
- 决策的行为方面

招商银行已经在零售业务中建立起领先优势。

开篇案例

招商银行领先零售银行业务

零售银行是指服务于普通大众和中小型客户的银行业务。20 世纪 90 年代初，宏观调控引起对公业务波动，招行将目光转向了个人业务，1993 年在深圳推出过储蓄夜市服务。

1995 年，招行推出了“一卡通”产品。一卡通集定活期、多储种、多币种、多功能于一卡，为当时的首创，在市场上大获成功。1997 年年末招行发卡量为工行的 5%，资产规模为工行的 3%。2004 年年末，招行发卡量达到工行的 31%，资产规模仅有工行的 11%。一卡通支持银行业务从管理账户转变为服务客户，成为招行个人业务的一项显著优势。

1999 年，招行推出一网通，开启互联网零售服务。网点少、市场占有率低是招行零售业务的弱点，但互联网使得银行在一定程度上减少了对物理网点的依赖，在实现通存通兑、一号管理方面也变得更为便利。网络化还带来额外的影响，即招行目前为外界称道的“高端客户”。前任行长马蔚华说，网点少，网络业务发达，给招行带来了三类客户：大学生、城市白领和有钱人。2002 年，招行开始发行信用卡。因为有一卡通的基础，非常方便寻找优质客户，当年市场份额即超过 40%，且信用卡业务不良资产率是行业里最低的。2002 年推出的金葵花理财，是中国银行业第一次开始对客群进行细分，实行客户分类式服务管理。

2007 年，时任招商银行行长的马蔚华提出，希望在未来 3~5 年间将零售业务比例从 22.5% 提高到 40%，在当时是国内银行公开提出的最高目标。招行还率先取消了存款考核，改用理财指标。在解释这一举措时，马蔚华说，存款是银行低成本资金的来源，存款指标考核主要从对银行有利的角度来看待业务。而理财业务收益高于银行，使用理财指标是从客户角度来看待业务。放弃存款指标，是以客户为中心的服务的要求。2009 年年底，招商银行的零售业务已占整个业务的 35%。

招行在增加零售银行业务的过程中也遇到过挫折。2009 年前三季度，招行净利润同比下降 31%，而全行业平均降幅仅为 0.5%。据马蔚华解释，业绩下滑一方面是零售业务竞争加剧。另一方面，（为应对 2008 年经济危机由中央政府推出的）四万亿刺激计划中，招行出于风险控制的考虑在地方平台贷等方面参与过少。

招行没有跟随其他银行扩大资产规模以提升业绩的传统做法，而是决定通过提升管理来应对业绩压力。招行的措施包括改进绩效考核体系、强化经济资本管理、提升贷款定价能力、降低成本费用开支等。核心是降低资本消耗、提高收益率，具体则是提高定价能力和非利息收入比重。到 2010 年时，招行的二次转型思路略见成效，当年净利增长回升到 41%。马蔚华曾经说，在决策方面最大的诱惑出现在别人在发展速度上逼近你、超过你的时候，“宁可让他超过你，也不能扰乱自己应该作出的选择决策。”

2014 年，招行实施轻型化业务转型，明确不再追求资产规模，而更关注赢利能力。行长田惠宇提出，争取未来 5 年零售金融在全行税前利润中的占比每年要提升 3 个百分点，达到 50%，并以财富管理、小微金融和消费金融为重点。[1] 为此，招行实施了“移动优先”战略，顺应客户行为线上化、移动化的趋势。招行持续升级招商银行和掌上生活两个 APP，推动零售服务从卡片向 APP 迁移。考核方面，把 APP 的 MAU（月活跃用户）作为北极星指标，北极星指标是整个零售业务甚至全行最重要的指标。过去招行北极星指标是 AUM（资产管理规模指标），现在变成衡量用户规模与活跃度的 MAU 指标。2018 年，招行零售业务收入和利润都超过 50%，领先于国内其他银行。

互联网企业也在挑战招行的零售业务。例如，在理财产品方面，互联网平台的优势非常明显。而招行优势在于有 7000 名客户经理，可以通过线上线下结合，去实现复杂产品的销售。在 APP 功能方面，招行的主要优势是转账，其他功能并不具有优势。招行的策略是引入更多的活动场景，如城市生活中的代交费用、理财论坛等。

计划与决策是组织的第一项管理职能。现代组织的运营环境十分复杂，计划与决策的挑战变得越来越大。通过计划与决策，组织向内部和外部的利益相关人明确组织的意图，指出组织工作的重点和方向，将组织的各项工作纳入一个统一的框架，赋予其各自的意义。本章首先介绍组织中计划的主要类型，然后谈谈战略计划及其过程，接下来讨论计划的缺陷和改进，最后我们详细讨论决策的类型和如何改进决策。

6.1 组织中的计划

在大多数组织中，正式的、结构化的计划过程不过是最近几十年里的事情。**计划工作**（planning）是对于组织在未来一定期间内有关目标和行动决策的有意识的、系统化的制定过程。图 6.1 描述了常用的计划工作流程，包括选择目标、行动安排、资源分配、绩效评估和计划调整等环节。计划是对未来的有意识的计划，而不是对未预期事件的仓促反应。在组织中，计划是由管理层控制和指导的，通常会体现组织员工的技能和知识，计划还为组织成员提供了未来行动的指南。计划意味着组织将选择某一种行动路线，而排斥另一种行动路线。当然，计划必须具备一定的灵活性，可以对未能预见到的事项和环境改变做出反应。

图 6.1　计划工作的流程

计划的层次

组织的计划可以分为战略、战术和作业计划三个层次，反映了从组织整体目标到具体目标的逻辑过程。

战略计划。**战略计划**（strategic planning）是为实现战略目标而制订的计划。更准确地说，战略计划是为实现战略目标而制订的指导资源配置、优先次序和决定行动步骤的计划。这些计划由董事会和最高层管理者制订，通常涉及较长的时间跨度，它针对的是业务范围、资源配置、战略竞争优势和协同的问题。澳大利亚旅游局是澳大利亚政府设立的促进旅游产业的企业。它在2011年发布了“旅游2020战略”，宣布将在2020年实现过夜游客消费1150亿~1400亿澳元的战略目标。实现这一目标的主要行动包括扩大亚洲市场、提升数字化服务水平、增加基础设施投资等。

战略计划还可以进一步细分为公司层战略、业务层战略和运营战略。公司层战略决定企业进入哪些产业，例如京东除了电子商务还涉足物流、金融服务，认为这些多元化的业务能够提升企业集团整体竞争力。业务层战略决定企业在某一业务上如何建立竞争优势，是成本领先，还是差异化产品或服务。京东物流提供高附加值的仓储服务，其价值创造模式与顺丰和菜鸟网络不一样。运营战略则是指在具体的职能上如何实现业务层战略的目标。京东物流在主要城市中不仅建立位于郊区的大型中转仓，还会在市区建立大量的前置仓。

战术计划。**战术计划**（tactical planning）用于实现战术目标，它规定如何实施战略计划中的某一部分。战术计划通常由高层和中层管理者制订。同战略计划相比，战术计划时间跨度较短，内容更为具体和明确，它更关心的是如何完成工作而不是完成什么工作。战术计划的主要负责人是部门管理者。例如，为了吸引中国游客，澳大利亚旅游局准备增加在中国开展旅游营销的城市数量，增加中国和其他亚洲国家的航班以提高运力。2017年，澳大利亚旅游局与中国政府合作举办“中澳旅游年”活动。2018年，澳大利亚旅游局与南方航空合作，开展以商旅顾客为对象的联合营销活动。

作业计划。**作业计划**（operational planning）关注如何实施战术计划以完成作业目标。作业计划由中层和基层经理制订，员工常常也是作业计划制订过程的一部分。作业计划的特点是时间跨度短、范围相对集中。作业计划处理活动数量较少，但细节化程度高。为了增加对美国游客的吸引力，2018年澳大利亚旅游局在美国超级碗橄榄球比赛期间投放了耗资3600万澳元的宣传片。为此，澳大利亚旅游局的官员需要协调赞助商、演员、超级碗赛事组委会、广告商等共同制定实施方案。这支广告片的观看量最终达到6800万次，比排名第二的亚马逊高一倍。

有效的组织能够在不同层次的计划间保持一致性。也就是说，战略计划、战术计划和作业计划必须相互支持，为完成同一个最终的组织目标而努力。

计划的时间结构

前面已经提到，战略计划关注长期，战术计划关注中期，作业计划关注短期。当然，我们应当认识到不同产业的时间结构是不一样的。

长期计划。长期计划跨越许多个年份，有时甚至几十年。日本著名的风险投资家孙正义曾经为软银集团定下 300 年的发展计划。然而，绝大多数管理者们认识到，环境的快速变化令时间跨度太长的计划失去了意义。但是像万科、华为、联想、中石油、IBM、通用汽车这样的大型企业仍然在不断地制订 10~20 年的计划。汽车产业中的概念车体现了汽车企业的长期计划，近年来电动车等非汽油动力车辆的兴起，反映了汽车企业对化石燃料消耗的担忧。大型企业重视长期计划主要有两个原因。首先，企业必须为自己寻求发展的市场空间，大企业可能需要特别大的市场，这不是短期内可以形成或把握的。其次，大的趋势变动对大企业可能造成难以恢复的影响，必须事先准备对策。

在不同的组织中，长期的含义各不相同。为了讨论的方便，我们将任何期限超过 5 年的计划称为长期计划。在复杂、多变的环境中，经理们面临着一种特殊的两难困境。这些企业中的经理一方面要制订长期的计划，同时还要时刻关注环境的可能变化。20 世纪 90 年代，上海春秋旅行社发现了旅游包机市场的巨大潜力，然而当时民营企业不可能获得航空公司的执照。春秋旅行社相信民航市场终将开放，坚持每 3 个月向中国民航总局提交一份旅游包机市场报告。直到 10 年后的 2004 年，中国民航总局才批准旅行社开办航空公司，这就是今天的春秋航空。

中期计划。中期计划是相对稳定的计划，但又比长期计划更灵活。中期计划的时间跨度通常在 1~5 年之间，它对于中层和一线管理者特别重要。他们往往同时进行各种战术计划。

在许多组织中，中期计划是组织计划活动的中心。民生银行三年规划（2018—2020）提出“重回小微”，要求小微银行（面向小微企业的金融服务）做到行业第一。为了实现这一目标，民生银行提出“数字小微金融”的可持续增长路径。全行对小微业务发展采取倾斜性支持政策，对小微业务进行专项考核。将全国 40 家一级分行分为不同组别，差异化地制定了业务发展目标与策略。

短期计划。短期计划的时间期限短于 1 年。短期计划对经理的日常工作影响很大。短期计划可以分为两种。图 6.2 对计划的层次、责任者和计划的时间结构进行了总结。

- □**行动计划是计划的实施方案**。除了贷款外，民生银行小微业务还将小微企业主、家人、员工的理财服务纳入业务增长。通过推广企业结算工具如二维码或“乐收银”，掌握企业的流水，实现风险控制。行动计划是指导基本业务单位开展活动的依据。
- □**反应计划是对未预见到的情况的计划**。民生银行曾经采用商圈联合担保的方式来控制风险，由于经济周期性影响，同一商圈担保的风险反而高于一般违约概率。现在民生银行与工商联合作，建立信贷保证保险基金解决担保问题。[2]

  预料不到情况的出现是管理者无法控制的，但他们必须对此作出反应，同时还要保证他们的目标能够实现。事实上，对任何一种环境变化的反应都是反应计划的一种形式。

	管理层次	计划的细节性	时间结构
战略计划	高层	较少细节	长期（5年以上）
战术计划	高层、中层	中等细节	中期（1~5年）
运作计划	中层、基层	高度细节	短期（1年以内）

图 6.2　计划的层次、结构和责任人

复习一下

1. 计划可以分为哪些层次?
2. 计划按时间期限可以分为几种类型?

6.2　计划的设定

除了不同的层次和时间结构外，计划还可以根据使用的频次来进行分类，这就是一次性计划和持续性计划。此外，绝大多数企业的经营环境中存在着不确定性因素，企业的计划可能需要不断改进，甚至可能是突然的改变，这就需要情景规划和应急计划。

一次性计划和持续性计划

有些计划可能只有一次性的用途，而另一些计划可能适用于反复出现的情景，前者称为一次性计划，后者称为持续性计划，表 6.1 对这两种计划及其具体类型做了总结。

表 6.1
一次性计划和持续性计划

计　划	描　述
一次性计划	√ 用来实施一种在未来可能不会重复的行动的计划
□规划	√ 为一系列大型行动制订的一次性计划
□项目	√ 为复杂性和范围比规划简单的行动制订的一次性计划
持续性计划	√ 为在一定时期内反复发生的活动制订的计划
□政策	√ 规定组织对设想的问题和情境的一般反应的持续性计划
□标准作业程序（SOP）	√ 规定在特定环境下工作步骤的持续性计划
□规则和规定	√ 描述如何完成具体活动的持续性计划

一次性计划

一次性计划（single-use plan）是用来执行未来可能不会重复的行动的方案。北京市建设首都第二国际机场是一个巨大的工程项目，需要制订复杂的一次性计划，包括机场设计、征地拆迁，配套基础设施建设，新航城、新空港产业园建设等。最常见的一次性计划的形式是规划和项目。

规划。规划（program）是为一系列大型行动制订的一次性计划。它可能包括新产品线的上市、开设新的工厂或改变组织使命。富士康在成都建立iPad生产线，产能占全球的2/3，这样的大型新产品线建设有赖于严格的规划。原铁道部建设京沪高铁的规划不仅涉及铁道部内部资源的调动和分配，还要同沿线地方政府达成协作，建立专门的配套车站和服务设施。

项目。项目（project）类似于规划，但在复杂程度和范围上都比前者小。项目可能是更大的规划的一部分，或者本身就是一个独立的一次性规划。对于富士康公司，生产线上的各个车间或产品都是一个项目。每一种产品都由一个经理负责、有一个专门的时间表，等等。项目也可以是在产品线内部推出一个新产品或为现有的工资体系增加新的福利选择。

持续性计划

持续性计划（standing plan）是用于在一定期间内反复发生的行动的方案。持续性计划可以极大地提高组织中例行工作的决策效率。政策、标准作业程序、规则和规定是持续性计划的3种形式。

政策。政策（policies）是指导行动的一般原则，是组织中最常见的持续性计划的形式。政策规定了组织对指定问题和情境的一般反应。例如，《员工伦理守则》（Code of Ethics）规定了公司在商业伦理方面的处理原则和员工必须遵守的行为准则。采购政策往往规定了多家报价和定期检查的评估制度。在招聘方面，公司的政策规定可能是禁止性别歧视，必须按照规定的作业流程由人事和业务经理分别考核，以杜绝违规任用的现象。在报酬决定方面，高管的薪酬必须由董事会决定而无权自行决定等。

标准作业程序。另一类持续性计划是标准作业程序，或SOP（standard operating procedures）。SOP比政策更加具体，它规定了在特定情境下的工作步骤。如家经济型酒店编制了16本操作手册，对硬件和服务做了详尽的规定。在如家店长的办公室里贴着长达13项的日自查表和周自查表，全国所有的连锁店都按同样的要求执行。天才宝贝是一家幼教组织，它的老师在应付哭闹的孩子时遵循着一套标准作业程序。首先将孩子单独带到一个空间，再设法将孩子的注意力转移过来，讲讲空间里的一些有趣的小东西等。接下来与孩子约定一个时间停止哭泣，例如“我们数3个数字，数完我们就不能哭咯”。在夸奖孩子方面，也会设置多达 50 种不同句子对老师加以培训。

规则和规定。最集中的持续性作业计划是规则和规定（rules and regulations），它们仔细描述了如何完成具体的活动。例如，如家对接听电话有规定的标准用语，安全检查必须遵守规定的流程以杜绝隐患。与此相似，企业《员工伦理守则》中可能规定员工有权越级举报不伦理的行为。为此，公司必须明确具体的举报程序以及如何对举报员工进行保护。采购政策也会对应标准化的逐级申报和审查制度，例如将付款和采购在人员上加以隔离，以防范可能的漏洞。

规则和规定与标准作业程序在许多方面是相似的。标准作业程序通常规定了一系列的行动，而规则和规定通常涉及一项行动。例如报销制度作为标准程序可能涉及业务部门申报、财务部门审核和高管批准的多项行动，而其中关于批准权限的规定只涉及流程中的一项行动。此外，规则和规定也并不是越严格越具体就越有效。事实上，过分严格的规定和规则反而会束缚员工的灵活性，特别是在现场服务和销售过程中。绝大多数组织的高层经理有权终止或改变规定。

情景规划和应急计划

在制订计划时，管理层需要注意，不能局限于当前的经营环境假设，而必须将未来经营环境的可能改变纳入计划。为此而准备的计划主要有情景规划和应急计划。

情景规划。情景规划（scenario planning）是指对未来可能影响企业经营的各项因素的假定性分析，并据此形成对策性计划。在情景规划过程中，管理者们需要考虑一系列可能的关于本行业竞争发展的未来情景并给出分析的框架，相应地建立可衡量指标，并形成不同情景下的企业计划。情景规划的一个优点是可以容纳多种未来情景的分析，有的组织通过任命“魔鬼挑战者”（可能来自组织外部）对组织现有计划中的假定进行毫不留情的批评。情景规划主要由企业管理者制定，当前的趋势是参与的人员范围越来越大。

荷兰壳牌公司以擅长情景规划而知名，积累了长达 50 年的情景规划专业实践。2018 年，壳牌发布“天空远景”报告，提出按照《巴黎协定》在 2070 年实现地表温度升高不超过工业革命前 2℃的社会、经济和技术路径设想。[3] 通常情况下，情景规划并不是直接用于运营的计划，而是帮助管理者和员工理解环境的动态复杂性，其价值体现在企业的战略计划中。

情景规划也经常用来进行企业经营风险和不确定的分析，其中最大的挑战是如何将尚未出现的可能变化纳入测量。例如，1993 年纽约世贸中心曾经发生车库爆炸案。根据其后进行的情景规划，纽约期货交易所决定在总部（纽约世贸中心）之外的长岛另设一处交易场所。2001 年“9·11”事件发生后，正是这一设计帮助纽约期货交易所在总部陷入瘫痪后几个小时即在备用交易所恢复交易。金融系统中的银行压力测试（bank stress test）也是一种情景规划方法，它能够检验银行在一系列条件下的资产安全状况，例如利率上升、抵押品价格下降、客户违约率上升等。

应急计划。不论管理者和员工如何努力，总会有一些活动不能按计划完成。今天，绝大多数企业还会制订应急计划。应急计划（contingency planning）是一种重要的计划类型，它是当原定的行动计划被打乱或者无法实施时采用何种替代方案的决定。在制订这类计划的过程中，管理者们通常会考虑紧急事件的需要。与情景规划不同，应急计划规定了当预定的情况出现后具体的替代方案。例如，依赖海运向美国出口玩具的企业，可能需要考虑当海运中断时，如何启动其他运输工具和交货方式。

管理行动专题

日本地震和继发海啸中的情景规划与应急计划

2011 年日本大地震和继发海啸发生后，在核泄漏的威胁下，日本社会仍然保持着固有的秩序，经济和日常生活得到迅速的恢复，这在很大程度上得益于日本出色的应急计划。例如 2005 年开始建立“全民危机警报系统”，利用地震波的纵波（P 波）和横波（S 波）传播时 10 秒钟的时间差，采取各种信息系统发出警报，这就是著名的 10 秒钟预警系统。3 月 11 日，东京地区数百万人在电视上听到了这一系统发出的“10、9、8、7……”倒计时警报。

地震后，日本的通信服务商立刻将公用电话都设置为免费，以便人们尽快通过电话与家人取得联络。三得利公司在遍布日本大街小巷的自动售货机上都装有相应软件，一旦灾难发生，自动售货机就会停止收银，用于救灾。而日本所有的 7-11 便利店则免费提供食品和饮水。日本地铁里的自动贩卖机平时就有说明：一旦进入紧急时期，该自动贩卖机可以被设定为向避难人群提供饮水。

另一方面，即使是周密考虑的危机管理计划也可能因为一个小的环节而导致崩溃。地震发生后，福岛核电站建筑保存完好，显示之前的情景规划中已经考虑到如此高的震级并做好了准备。地震导致供电系统的破坏，此时，福岛电站的多组备用柴油发电机中的一组启动，为冷却泵提供了所需的电力。然而，紧接地震之后的海啸烈度超出设计标准，摧毁了所有的柴油发电机组。当柴油发电机组被冲走后，反应堆操作员将反应堆切换到使用紧急电池。这些电池是备用方案的备用方案，可以向核反应堆冷却系统提供 8 个小时电力，并且也确实完成了任务。此后的 8 个小时，东电公司紧急抢修公路，用卡车运来移动式柴油发电机。可是，运来的柴油发电机因为接口不兼容而无法连接到电站。当电池耗尽后，余热就无法再被带走，随后发生了“核心熔毁”以及一系列爆炸事件。

复习一下

1. 持续性计划的三种主要形式是什么？
2. 组织对不确定性所准备的两种计划是什么？

6.3　战略计划

战略计划过程（strategic planning）是建立组织的主要目标以及决定如何配置资源以实现这些目标的过程，战略计划的制订影响到组织中全体成员的工作。一向以来，组织在制订战略计划时采取自上而下的做法，由董事会、CEO、高管和专业的计划人员为整个组织规定目标和计划，负责战术计划和作业计划的管理者们再根据这些计划和目标划定的范围为各自负责的计划做出程序和预算的安排。这种做法的一个主要缺点是有可能在战略计划和战术、作业计划之间出现隔阂，如果中层、基层管理者和员工对组织的战略计划缺乏认同，那么组织将很难获得成功。因此，今天的组织力图通过更广泛的参与和更透明的沟通来获得组织全体成员对战略计划的知识贡献和技术支持。

战略计划的一般过程包括五个步骤，如图 6.3 所示：

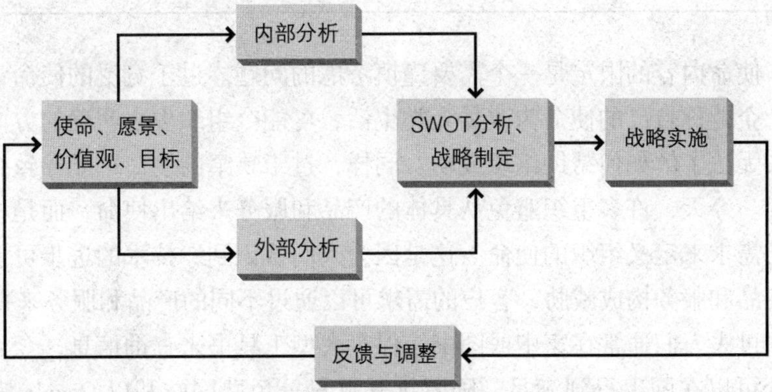

图 6.3　战略计划过程

□战略计划的起点是组织的使命、愿景、价值观和目标。

□组织内部环境和外部环境的分析（在第 4 章已经做过介绍）。

□ SWOT 分析，做出战略选择。形成的战略要能够体现组织使命、愿景、价值和目标，充分发挥组织优势，利用环境中的机会，同时避免组织劣势，阻止环境中的威胁因素。

□战略实施与控制，包括在组织范围内建立起与战略相适应的结构、资源和协同机制，以及运营计划和作业计划的制订和实施。

□反馈与调整。战略计划是一个持续的过程，需要根据实施的反馈和环境的改变做出及时的调整。

第 1 步：使命、愿景、价值观和目标

使命。使命（mission）是对组织基本目的的简洁而清楚的表述，也称使命陈述。它力图描述组织是做什么的，为谁而做，基本的产品和服务以及组织的价值观。表 6.2 列出了几家著名组织的使命。

表 6.2

组织使命陈述示例

组 织	使命陈述
Google	整合全球信息，使人人皆可访问并从中受益。
沃尔玛	省得更多，生活更好。
华为	把数字世界带入每个人、每个家庭、每个组织，构建万物互联的智能世界。
壹基金	传播创新的、人人参与的公益文化，搭建公信透明的、可持续发展的公益平台，以推动公益事业的发展；同时，尽可能为各种自然灾难提供人道主义援助。
长江商学院	为中国企业培养一批具有世界水平的企业家。

使命内容的限定是一个需要谨慎考虑的问题。过于宽泛的使命，例如一家房地产企业称自己的使命为改善人类生活，可能令组织失去明确的方向，让利益相关人无法了解如何帮助组织成功。同样，过于狭窄的使命可能导致企业失去发展机会。今天，许多组织避免从具体的产品和服务来给出使命，而是根据客户和客户的需求来定义组织的使命。这是因为人们认识到，技术的进步可能随时对现有的产品和服务构成威胁，客户的需求可以通过不同的产品和服务来得到满足。

过去人们通常在家中或图书馆保存大型工具书来查询信息，今天，这一服务完全可以在网上得到满足。随着维基百科等免费网站和以 Google 为代表的搜索服务的改进，许多百科全书退出了市场。大英百科全书认识到自己从事的业务是提供准确可靠的参考知识，率先推出了数字化版本和网络版本的百科全书，开发创新的教育产品。尽管纸质百科全书产品几乎已经退出市场，但大英百科继续保持着数字化百科全书服务市场上的领先地位。

愿景。愿景（vision）是对组织未来将要实现的状态的描述。使命侧重公告企业当前的状态，愿景则告诉员工和其他利益相关人，组织的方向是什么，它将可以做到什么。在理想的意义上，愿景描述了企业的长期方向和战略意图。表 6.3 是几家著名组织的愿景陈述。

表 6.3
组织愿景示例

组　织	愿　　景
Facebook	帮助人们建设社群，将世界联系更紧密。
春秋航空	让人人坐得起飞机。
格力电器	缔造全球领先的空调企业，成就格力百年的世界品牌。
自然之友	在人与自然和谐的社会中，每个人都能分享安全的资源和美好的环境。

有效的愿景应当能够鼓舞组织内所有的成员，为组织提供一个整体的、值得奋斗的方向。例如，春秋航空和格力电器的愿景清楚地说明了企业将在哪些产业中建立优势的地位。通常情况下，愿景不会涉及财务数字。大型企业的业务分布在全国各地，不同的业务部门有不同的业务指标，财务指标不可能激励所有的成员。相反，一个有效的愿景能够激励组织制定合理战略。

价值观。价值观（value）是指导组织管理层和员工的一系列基本行为准则，它决定了组织将如何实现自己的使命和愿景。价值观是组织文化的核心，前面第 4 章提到，组织文化是组织竞争优势的来源之一。

阿里巴巴是中国最大的电子商务公司，也是一家年轻的和快速成长的企业。公司员工增加速度较快，来源也相对广泛，而且年轻成员居多。在这样的背景下，统一公司价值观的任务挑战很大。从阿里巴巴网站公布的价值观中可以看到，为了保持企业的创业激情，阿里巴巴公司不仅提出了明确的价值观，还要清楚说明价值观的具体含义。例如“客户第一”的价值观中特别强调“帮助客户成长”，而在敬业的价值观中则鼓励成就“非凡事情”（表 6.4）。

表 6.4
阿里巴巴公司的价值观

客户第一	关注客户关注点，为客户提供建议和资讯，帮助客户成长
团队合作	共享共担，以小我完成大我
拥抱变化	突破自我，迎接变化
诚信	诚实正直，信守承诺
激情	永不言弃，乐观向上
敬业	以专业态度和平常心态做非凡的事情

阿里巴巴认为，价值观不仅是一种抽象的行为哲学，还应当体现在企业的具体决策中。2010 年，阿里巴巴发现并清理了约 0.8% 逾千名涉嫌欺诈的“中国供应商”客户，由于这些不良记录破坏了“客户第一”和“诚信”的公司价值观，CEO 卫哲、COO 李旭晖引咎辞职。2016 年，阿里巴巴的 5 位程序员用编写脚本代码方式在秒杀月饼的内部活动中“秒到”了 133 盒月饼，阿里对这 5 名员工做

出了劝退的处理。秒杀月饼是阿里的内部活动，规则有不清楚的地方，程序员也并非恶意，这样“重”的处理引起了广泛的议论。阿里高层为此召开了专门会议，董事长马云和 CEO 张勇参加，经过 4 小时讨论，仍然坚持原案。[4]

随着并购的增加和组织业务的多元化，许多组织也鼓励不同业务部门拥有自己的使命、愿景和价值观。例如，综合性大学通常已经确定了自己的使命、愿景、价值观等。为了提高市场竞争力，其下属的商学院和管理学院可能需要申请取得国际商学院联合会（AACSB）的认证，而获得认证的前提就包括制订本组织的战略计划，拥有自己的使命。当然，商学院或管理学院的使命必须支持所在大学战略计划中所确定的总的使命。

目标（goal）指的是未来一段时期内组织意图实现的状态或目的。目标对于组织的效能是十分关键的，是组织为完成使命和愿景而必须做好的工作。例如，格力电器将 2018 年的销售目标设定为 2000 亿元，未来 5 年的目标为 6000 亿元。这一目标还会分解到不同的地区和不同的产品项目。因此，目标设定的过程也需要各级管理者的参与，让所有的员工都清楚。大型组织往往会从多个方面设定目标，例如销售、利润、增长、成本和员工发展等。格力电器其他方面的目标还包括 2018 年员工人均工资涨幅实现 20%。

好的目标应当包括以下 5 个特点：

- □**简明和定量**。为管理者们的工作提供标准和指向。
- □**切中要害**。仅限于关键的和重要的事项，用于评估组织绩效的主要目标的数目不能太多，否则管理者将无法专注于核心问题。
- □**既有挑战性又有现实性**。目标应当能够激励员工提高组织的绩效。过于容易的目标无法起到激励效果，而不现实的目标则可能导致放弃努力。
- □**时限的要求**。截止日期有助于激发紧迫感，本身就可以发挥激励的作用。
- □**明确的评估方法**。公正、公开、透明的评估方法可以让员工自主掌握绩效，同样起到激励的作用。

组织所制定的目标可能在内部引发冲突。例如，为了实现企业的利润目标需要加强成本控制目标，生产部门会倾向于大批量生产较少的品种。而营销部门则认为，只有多品种才能实现差异化，增强竞争优势。公司层管理者必须在不同的要求之间作出平衡，这种目标平衡的过程称为**最优化**（optimization）。例如，汽车产业解决这一冲突的方法之一是尽量在同一种平台上生产出差异化的产品。像沃尔沃旗下 XC40 和吉利领克多款车型共享 CMA 紧凑车型平台，这些车辆在品质、档次、外观、性能、功用等方面有着巨大差异，但通过同一技术平台降低了开发和生产的成本。

第 2 步：外部分析和内部分析

这一步骤的主要内容我们在第 4 章中已经讨论过。外部分析的主要目的是在组织外部环境中找出可能影响其达成使命的战略机会和威胁。外部分析主要考察三种具有内在关联的环境：直接的或产业的环境、国家的或民族的环境以及更广泛的社会、政治、宏观经济环境，也就是宏观环境。

内部分析的目的在于找出组织的优势与劣势。例如确定公司资源和能力的数量和质量，如何形成公司专有和独特的竞争力，这些关系到组织竞争优势的确立。通过内部分析，企业可以知道哪些企业优势有助于实现可持续的竞争优势，哪些企业劣势会导致企业在竞争中失利。

第 3 步：SWOT 分析和战略选择

经过外部分析和内部分析，战略计划的下一步是对组织优势（strengths）、劣势（weaknesses）、机会（opportunities）和威胁（threatens）的全面评估，也就是 SWOT 分析，表 6.5 列出了 SWOT 分析中的一些具体项目。

表 6.5

SWOT 分析中需要考虑的问题

潜在优势	潜在机会	潜在劣势	潜在威胁
有效的战略 强大的产品线 市场份额高 生产方面的优势 出色的营销技能 出色的物料管理体系 研发技能和领导力 人力资源管理优势 品牌信誉 成本优势 产品和服务差异化优势 管理优势 适当的组织结构 适当的控制系统 有能力管理战略性变革 其他	扩大核心业务 新的细分市场 扩大产品线 扩大成本优势 扩大产品和服务差异化的优势 多元化进入新的增长性业务 进入国外市场 将研发能力用在新的领域中 进入新相关业务 前向垂直整合 后向垂直整合 克服其他产业的进入壁垒 减少竞争对手间的对抗程度 在新的领域中运用品牌资本寻找快速成长的市场机会 其他	拙劣的战略 过时的、狭窄的产品线 生产成本上升 研发创新能力下降 营销计划软弱 物料管理系统低效 顾客声誉下降 人力资源不足 品牌声誉下降 增长方向迷失 组织方向迷失 组织部门间内耗 组织控制不力 不适当的组织结构和控制系统 内部矛盾激烈和政治行为盛行 其他	核心业务受到攻击 国内竞争加剧 国外竞争加剧 顾客偏好的改变 行业进入壁垒降低 新的、替代产品出现 产业内部对抗加剧 出现新的产业竞争形式 可能被收购 人口统计因素改变 经济因素改变 经济下滑 劳动力成本上升 市场增长乏力 其他

SWOT 分析帮助组织对不同的战略进行比较，分析哪一个战略能够最好地对准、适应和匹配公司的资源和能力以适应环境的需求。SWOT 分析的目标是

找出能够创建和保持竞争优势的战略组合：能够帮助组织发挥优势、纠正劣势、把握机会、阻遏威胁，能够帮助组织实现使命、愿景和目标，同时又符合组织价值观。

当拼多多进入市场时，电子商务市场的竞争似乎已经平息，淘宝和京东是大众市场主导者，苏宁、网易严选和唯品会则是细分市场领导者。与这些大品牌相比，拼多多的优势是它利用了微信时代的社交关系，这种社交关系成本低、信任度高。由于拼多多既可以通过原有的社交关系促进产品销售，同时又可以通过产品激发社交往来，与微信的商业目标和服务能力一致，因此能够得到微信的支持。

优势 低价格 获客成本低 用户众多 基于社交和促进社交的电商 可以容忍低评分	**机会** 新的产品和市场类别 用户消费升级 吸引更多商户和高利润产品
劣势 利润率低 用户消费能力低 产品选择少 山寨产品和低端品牌形象	**威胁** 大品牌介入 政府管制 社交活动引发反感 产品质量问题爆发

图 6.4　拼多多进入电子商务市场的 SWOT 分析

经过 SWOT 分析后，组织的战略组合列示如下，我们会在下一章做更多的讨论：

□**职能层战略**。旨在改善公司内部运营、制造、营销、物料管理、产品开发和客户服务。

□**业务层战略**。包括该业务的所有竞争要素，如何定位以取得竞争优势——低成本、差异化、专注于细分市场或利基市场，以及上述战略的组合。

□**公司层战略**。它回答这样的问题：为了实现组织长期赢利能力最大化，我们应当经营什么业务，我们如何进入和提高自己在这些业务中的份额来获取竞争优势？

□**全球战略**。如何将运营扩展到本国之外，获得全球性竞争优势。

第 4 步：战略实施

管理者还必须保证战略选择和战略制定的结果得到有效的实施。今天，组织对战略实施给予了越来越多的重视，它们认识到战略计划本身只是朝向成功的一小步，有效的实施才是决定战略成功的关键。对战略实施的重视主要表现在两个方面。

首先，组织开始在战略实施中采取更为复杂的管理程序。根据战略选择的结果，组织结构、技术、人力资源、员工激励系统、信息系统、组织文化和领导方式都将根据新的战略进行调整，以保证战略意图的实现。正如战略必须适应外部环境的改变，组织中的关键要素和控制系统也必须同新的战略相匹配。当苏宁做出全面转向电子商务的战略决策之后，组织结构也做了相应的调整，从原有的矩阵式组织转变为事业群组织。将电子商务提升为与连锁平台和商品经营同级的经营总部，运用统一的数据挖掘平台分析消费者信息，同时利用遍布全国的 1700 家实体店提升服务体验。例如，当数据系统发现线上某一款产品销售加速，则可以向线下实体店提供信息，在店面增加这款产品的陈列。

其次，许多组织扩大了参与战略制定的管理人员的范围。除了高管之外，中层和基层经理也参与到组织战略的讨论和制定过程，从而让组织全体成员可以更充分和更清晰地理解组织的战略意图，提高实施的效率。当组织战略发生较大变革时，这将是新战略计划能否成功的关键步骤之一。例如，环保组织“自然之友”制定战略规划时，不仅在组织内部展开讨论，还邀请相关的外部人士参加，力求彻底改变以项目为中心而导致战略模糊的困境。因此，战略规划过程本身也是一个动员全体成员和利益相关人组织战略实施的过程。

一般来说，战略实施包括 4 个步骤：

- □**定义战略任务**。以简明的语言说明为了建立或保持竞争优势组织必须做到哪些事。清楚的战略任务有助于全体员工将自己的工作同组织战略联系起来，有助于重新建立部门间的关系。
- □**评估组织能力**。组织设立专业的人员和程序，通过员工和部门调查访谈了解组织实施战略的能力，哪些因素支持战略实施，哪些因素可能妨碍战略实施。
- □**制定实施步骤**。组织要决定如何改变，在哪些地方做出改变。这包括业务活动、内部流程、部门间关系、员工所需要的新技能和培训，如何在组织结构、绩效考核、信息管理方面做出配合的改变。这一步骤帮助组织全体成员理解新的战略与自身的关系。
- □**实施计划**。列出需要实施的具体任务并分配任务，所有的工作必须与计划中具体的目标相联系、与具体的责任人相联系，并体现在运营预算中。

战略实施的过程涉及组织各个方面，远比战略制定更为复杂。表 6.6 对战略实施的障碍和对策进行了总结，这些困难被称为“无声的杀手”。

表 6.6
战略实施的 6 大障碍

无声的杀手	克服的对策
自上而下的变革或放任的高管管理风格	吸收各级管理者参与，建立经营方向上的共识，建立主动和积极授权的组织文化，为个人和群体规定清晰的责任。
战略模糊、优先项冲突	高管制定清晰的战略陈述和优先事项，并得到全体成员的支持。
高管无效能	将全体高管置于变革中承担责任，培养和提高管理效能。
垂直沟通不畅通	高层和基层间建立诚实的和以事实为依据的对话机制，清楚阐明新的战略和实施中可能的障碍。
职能、事业部和业务间缺乏协作	在整个组织范围内建立新的职责和权力系统，要求"正确的人在正确的地方共同完成正确的任务"。
领导力不足	帮助管理者利用新战略提供的机会发展新的业务和领导变革。同时提供及时的培训，辅以针对性的人员招募。对于仍然不适应的管理者则予以替换。

资料来源：Beer M.，Eisenstat R.A. "The silent killers of strategy implementation and learning." MIT Sloan Management Review 4.no.4（Summer 2000），pp.29–40。

第 5 步：反馈与调整

战略计划是一个持续、动态的过程。进入实施阶段后，管理层必须时刻注意它的执行情况，监督组织真正实现了哪些主要目标以及在多大程度上创造并保持了竞争优势。这方面的信息通过反馈传达给组织管理层，成为下一轮战略计划制订和实施的原始材料。高层管理者通常会根据反馈来决定是否应当加强组织当前的战略或必须做出及时的变革。例如，宜家在进入中国市场初期沿袭其传统战略，将品牌定位在中低端市场。然而，中国市场和消费者的特点决定了宜家的产品和服务属于中高端市场。这种市场上的错位意味着宜家必须采取战略调整，例如强调时尚设计以吸引年轻消费群体，增加中国本地采购以降低产品的成本和价格。

复习一下

1. 简述战略计划的 5 个步骤。
2. SWOT 分析是指什么?

6.4 决策的分析

决策是计划过程的基石，计划过程的每个步骤都要通过决策来最终实现。组织的目标来自管理者的决策，实现目标最优计划的决策也就是选择一种行动路线而放弃其他行动路线的决策。

决策

决策。决策（decision making）是指从一系列方案中做出选择的决定。决策过程包括认识和定义决策情境的性质、确定可选方案、选择最好的方案并予以实施。

管理工作涉及大量的决策。每年的“双 11”促销，零售商都要做出密集的管理决策，营销开支的额度、营销渠道的选择、产品线的配合、员工的排班等。管理决策也不只是管理者的工作，通过授权，所有的企业员工都参与了决策。

程序型决策和非程序型决策。绝大多数决策可以归结为两种类型：程序型决策和非程序型决策。

程序型决策（programmed decision）是相对结构化或经常发生的（或者两者都有）决策。例如采购中的质量管理，生产过程中的质量抽查、员工违纪行为的处理。程序型决策与前面提到的持续性计划有密切的联系，当决策情形出现时，持续性计划提供了决策的依据。许多基础的运作系统和程序以及标准的交易就属于可以程序化的决策。

非程序型决策（non-programmed decision）则是相对非结构化和较少发生的。微软放弃移动操作系统（Windows Phone）的决策就是非程序型的。这些决策的情境是独特和复杂的，管理者要花费大量的时间、精力和资源，从各个方面对问题进行研究。在非程序型决策中，直觉和经验是主要的决定因素。绝大多数由高层经理们作出的战略（兼并、收购和接管）和组织设计决策属于非程序型决策。有关新设施、新产品、劳动合同、收购兼并和法律事务的决策也是非程序型决策。

决策的环境

决策的复杂性在很大程度上取决于决策的环境。根据决策者对环境的了解程度，可以将决策的环境分为确定环境、风险环境和不确定环境，如图 6.5 所示。

确定环境下的决策。如果管理者有相当的确定性知道有哪些决策选择以及每一种选择的环境，则称这样的决策环境为确定性环境。例如，商务印书馆每年会制定加印《新华字典》的决策。由于每年小学入学人数的资料可以通过人口统计和教育部门统计来确定，而《新华字典》在市场上几乎没有竞争对手，它的用量是可以比较准确地预测的。此外，印刷厂和纸张来源通常也是固定的，库存也可以提前获得可靠的数据。因此，商务印书馆的管理者在做出决策时对决策的每一个环境因素都很清楚，环境模糊程度低，做出错误决策的机会不大。确定环境下的决策追求决策最优化，例如如何控制纸张采购的数量和时间以降低采购成本和

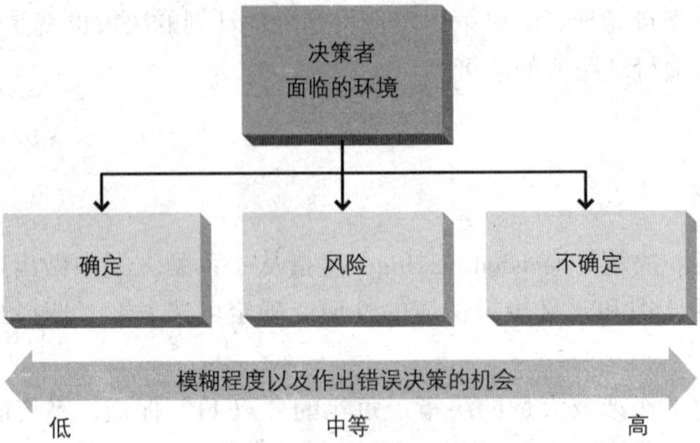

图 6.5 决策的环境

库存成本，同样，印刷工期和环节的优化安排也可以实现成本的降低。当然，绝对的确定环境是不存在的。例如，商务印书馆的管理者可能无法预测市场上的盗版《新华字典》对其产品的影响，导致其印数决策与市场需求不完全一致。

风险环境下的决策。在风险状态下，每一种决策的可能性与潜在收益和成本都合乎概率预测。例如，企业为了提高顾客满意度决定采用无条件退货政策。在做出这个决策之前，企业对自己产品的质量、顾客的主要利益点、经销商的主要利益点、常见退货原因、退货物流的成本等数据通常已经有所了解，而且可以估算不同的退货水平对企业利润的影响。因此其决策尽管是有风险的，但对于决策结果的范围仍然是有一定把握的。风险环境下的决策模糊程度和犯错误可能都处于中等水平。

不确定环境下的决策。不确定环境是指管理者不掌握所有决策可能，也不了解每一种决策的风险水平，对于决策后果同样缺乏理解的决策环境。当代组织面临的多数决策属于不确定环境下的决策。在不确定的环境下，直觉、判断和经验在决策过程中扮演了重要的角色。阿里巴巴 CEO 张勇曾经说，作为一个 CEO，“要善于做不完美的决定”，现在有的时候不允许你把事情想得很周全，你必须做决定。[5] 例如，当零售环境下消费者的行为和需求发生改变时，新零售的概念开始兴起，所有相关的企业都面临着不确定的环境。这包括新零售的技术方向，变革的紧迫性，新零售对实体店带来的机会和威胁分别有哪些，等等。不同的企业对此做出不同的选择，苏宁将电子商务和社区服务相结合，永辉大举兴建具有前置仓功能的便利店，大润发和欧尚选择出售给阿里巴巴以获得基于数据服务的能力，便利蜂则从零开始建立具有城市青年生活特征的社区便利店。这些选择都是企业领导者在不确定环境下所做出的最佳选择，而不同的选择在未来将对这些公司的绩效产生重大的影响。

企业管理者在决策时会尽量明确区分风险决策和不确定性环境下的决策。例如华为每年拿出 90 亿美元进行基础研究，将外部知识转化为与公司战略相匹配的知识，同时将 60 亿美元用于应用研发，也就是将与战略匹配的知识转化为技术与产品，提升竞争力。[6] 前者属于不确定环境下的决策，而后者则属于风险决策。

古典决策模式与理性决策

在决策时，绝大多数管理者认为自己是理性的。古典决策模式（classic model），也称理性模式（rational model），是一种规定性的决策方法。古典模式假设管理者们在决策时运用理性和逻辑，决策的目标是组织利益最大化。图6.6说明了古典模式如何看待决策程序。古典模式要求：

□决策者掌握决策环境和可能选择的全部信息。
□他们可以有效地消除不确定性，获得确定的决策环境。
□他们能够有逻辑和理性地评估决策环境的各个方面。

我们在后面将会看到，这样的条件在现实中几乎是不存在的。

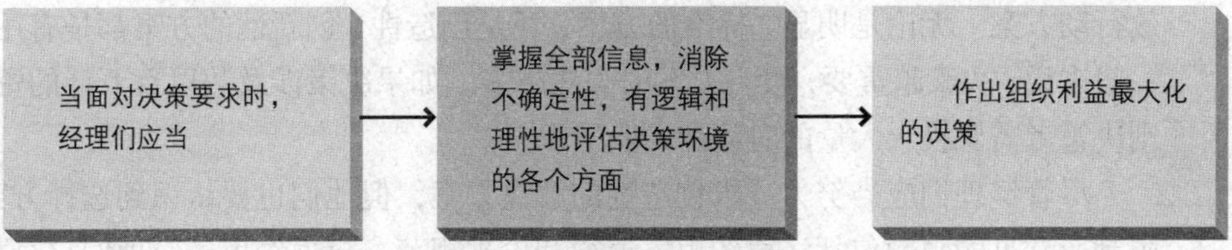

图6.6　古典的决策模式

理性决策的步骤

理性决策的步骤如表6.7所示，这些步骤帮助决策者专注于事实和逻辑，以避免不适当的假设和缺陷的影响。

表6.7
理性决策的步骤

步　骤	说　明	案　例
1. 认识和定义决策要求	出现某些刺激表明必须作出决策。刺激可能是正面的也可能是负面的。	一位工厂经理发现员工流失率提高了5%。
2. 提出供选择的方案	明显的或创造性的方案。一般来说，决策越重要，方案应当越多。	工厂经理可以提高工资、增加福利或改变招聘标准。
3. 评估各种选择方案	每个选择方案的可行性、满意程度和结果。	增加福利涉及面广，可能不现实，提高工资或改变招聘标准则符合要求。
4. 选择最佳方案	考虑所有的环境因素，选择最合适的方案。	改变招聘标准需要很长的时间，应当提高工资。
5. 实施选择的方案	在组织系统内实施选择的方案。	工厂经理需要取得公司总部的批准。人力资源部要建立新的工资结构。
6. 事后跟踪和结果评估	在未来的某个时候，经理应当弄清步骤4的选择以及步骤5所实施的方案的结果。	6个月后，工厂经理发现员工流失率恢复到以前的水平。

决策要求的识别和定义。理性决策的第一步是识别决策是否必要——是否存在需要启动决策程序的刺激和迹象。当设备不工作时，经理必须决定是维修还是更换；当危机爆发时，经理们必须快速决定如何对付。正如我们在前面所说的，推动决策的刺激可能是正面的，也可能是负面的。决定如何投资过剩资金的经理们面对的是一个正面的决策，压缩预算则是一个负面的财务刺激。

问题识别的首要步骤是准确定义问题。经理们必须充分理解问题，包括问题的缘起以及与其他因素的关系。以国际航空工业面临的主要问题为例，商务、教育和旅游方面的跨国旅行增长很快，需要增加国际航班的运力。同时，主要国际机场的容量都已经接近饱和，增加航班的空间已经不大。因此，当前大型商用飞机的生产商空客和波音都将决策要求定义为如何提高国际航班的运力。

提出供选择的方案。识别和定义决策要求之后，下一步就是提出供选择的有效行动方案。无论是明显、标准的方案，还是创造性、创新性的方案都是有用的。一般来说，决策越重要，投入方案的关注越多。如果决策涉及数以百万计的资金，则决策者需要投入大量的时间和专业知识。

尽管经理们应当努力寻求创造性的解决方案，但他们也要认识到选择方案的限制。常见的限制包括法律约束、道德和伦理规范、权力约束、经理们自身权力与权威的局限、技术条件、经济条件和社会规范。针对提高国际航线运力的决策要求，波音公司和空客公司可以选择的方案包括：开发新的大型飞机；建立合资公司开发一款新的大型飞机；改进现有的大型飞机，提高其运力。

评估方案。决策程序的第三步是评估各个方案。图 6.7 描述了用于判断不同方案的决策树模型。每一方案都要从可行性、满意度和结果三个方面来加以考虑。第一个问题是方案是否具有可行性和可能性。对于一家小型的、处境艰难的公司来说，需要巨大财务费用的方案很可能是不现实的。另一些方案可能受困于法律障碍。还有一些方案则会由于人力、材料和信息资源的限制而无法实行。

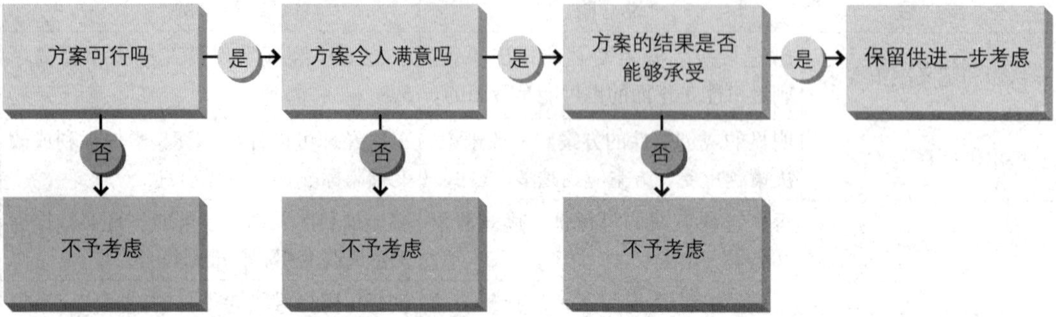

图 6.7　决策程序中的方案评估

经过可行性考察之后，下一步要看方案是否令人满意地解决了决策问题。例如，寻求将产能增加一倍的经理一开始可能会考虑从别的公司购买一家现成的工厂。经过更细致的分析之后，他发现新工厂只能增加 35% 的产能，这一方案并不令人满意。可行性和满意度检验之后，还要考虑这一方案的可能结果。某一特定的方案对组织其他部分会产生什么样的影响？这种影响将导致何种财务成本和非财务成本？例如，降价促销的规划可能会破坏现金流、需要新广告配合，以及改变销售代表的行为，因为这会导致一种新的佣金结构。经理们必须在每个方案的结果上标出“成本”。如果代价太高，即使通过可行性和满意度检验的方案也是无法接受的。空客认为简单扩大现有飞机运力的方案对自己不利，因为波音 747 已经是当前市场上最大的飞机，并且经过扩大后仍然将是世界上最大的飞机。与此同时，波音公司非常关注开发新的、更大型飞机的风险，即使是由它和空客组成合资企业来分担风险。

选择方案。经过一层层的筛选，最后总有几个方案留下来。在这些方案中选出最佳者成了决策的关键点。方法之一是选择具有最佳（可行性、满意度和结果）综合结果的方案。尽管在绝大多数情况下不可能进行客观和可计量的分析，经理们在选择方案时还是经常进行主观预测和权衡。

最优化（optimization）是一个常见的目标。决策很可能影响多个个人和单位，任何可行的方案都不可能在所有目标上实现最优化。决策者们还应当知道，有时可能会出现多个可接受方案，在这种情况下，没有必要认定一个而排除其他。在许多招聘场合，通过评估的候选者被排出顺序。如果最优的候选者放弃，则后面一位自动获得职位，依次排列。根据上面讨论过的理由，空客向波音建议成立合资公司研发大型飞机。而波音则认为自己的最佳方案是改进现有的 747 型飞机，提高其运力。结果，空客决定自行开发和制造新的大型飞机 A380。（此后，波音又决定改进 777 机型，这一机型比 747 和 A380 小一些。）

实施所选择的方案。方案选定之后，经理们要将其发挥作用。在有些情况下，决策的实施相对容易，而在另一些情况下则困难得多。例如，在收购企业时，经理们必须决定如何整合新企业的各项业务活动，将采购、人力资源和分销职能并入一个整体的框架。在实施决策时，经理们还必须考虑到人们对变革的抵制。抵制的原因可能是不安全感、不方便和对未知的恐惧。在实施过程的不同阶段，经理们都会遇到抵制（我们会在第 19 章讨论抵制变革的问题）。

经理们还必须意识到，即使对方案进行了尽可能细致的评估，对可能的结果也进行了充分的准备，在实施过程中仍然可能出现无法预料的结果。在实施开始后，任何因素都可能出现——预料不到的成本增加、无法适合现存的组织子系统、对现金流和运营费用产生了未预见到的影响，等等。波音的计划是在 747 飞机上增高 30 英尺，将运载能力从 416 人提高到 520 人，开发成本 20 亿美元。空客则决定设计新的装备有自动扶梯和电梯的大型双层飞机，载人 655 名，开发成本 80 亿美元。

跟踪和评估结果。决策程序的最后一个步骤是评估决策的有效性——保证所选择的方案符合最初的目的。如果一个方案经过实施证明不行，经理还可以采取补救措施，选用之前考虑的另一个方案（当初的次选或更加后面的备选方案）。

或者经理们也许认为当初对情况的定义是错误的，需要重新再来一次决策程序。当然，经理们也可能会认为原来的方案是恰当的，只不过还需要时间来发挥，或者实施的方法不对头。

2007 年，空客 A380 投入商业运营，这是有史以来最大的客机，机舱面积比波音 747-8 多出 40%。空客声称 A380 将永久性地改变商业航空旅行。然而，经过 10 年的市场检验，空客 A380 的订单远远达不到预期。与一次性运载量相比，航空公司看来更喜欢增加航班频次。此外，A380 对机场条件要求较高，限制了使用范围。研发 A380 耗资 250 亿美元，空客将无法回收这一投资。尽管波音 747-8 同样不大成功，但它的决策是改造而非重新研发，因此成本较低。2019 年，由于订单不足，空客宣布 A380 停产。今天，市场上宽体客机的竞争主要在空客 A350 和波音 777、787 系列之间进行。

管理行动专题

西贝莜面村的快餐决策

西贝莜面村是一家以西北特色菜而知名的正餐餐厅，在全国 40 个城市中拥有 200 多家店面。西贝莜面村菜品虽然不多，但上菜快，主打原产地风味。

2016 年 9 月，董事长贾国龙宣布进军快餐，口号是“10 万 + 门店”。新品牌名叫西贝燕麦面，提供燕麦概念的快餐。3 个月后，由于市场过于小众而停止。2017 年 7 月，西贝麦香村快餐店开始营业，主打面条。3 个月后，贾国龙宣布项目终止。由于快餐项目不断调整，西贝莜面村的决策能力受到质疑，但贾国龙并未停止快餐的尝试。目前，西贝莜面村仍然有外卖专门店、超级肉夹馍、XIBEI EXPRESS（一人食）三种快餐店面形式。

复习一下

1. 理性决策的步骤有哪几个？
2. 回忆你最近作出的理性决策。按照上面所讲的步骤一一回顾，你的决策真的合乎理性吗？

6.5　决策的行为方面

假如所有的决策要求都可以用前一节所讲的方法做出，我们决策的成功率将比现在高许多。然而决策往往是在几乎完全不考虑逻辑和理性的情况下做出的。即使组织希望做出合乎逻辑的决策，它们仍然可能力不从心。可口可乐公司曾经在大范围的蒙目试验中发现消费者喜欢经过口味调整的新可乐，因此决定变更可口可乐的配方。消息宣布后，美国消费者对这一公司决策进行了强烈的抵制和谴责。可口可乐公司在决策中未能考虑可口可乐和原来的配方作为美国生活的象征在消费者心目中的地位，结果不得不宣布继续生产经典配方的可口可乐以挽回声誉。另一方面，即使完全不考虑逻辑的决策仍然可能会非常成功。例如在央视拍卖现场或土地拍卖现场经常会出现报价超越预期的情形，然而这样的决策仍然有可能是成功的。

非理性因素在决策中如何起作用，这是决策行为研究方面的重要主题。管理模式对决策中的主观判断提出了有力的分析。决策中其他的行为因素还包括直觉和承诺升级、前景理论揭示的因素、群体思维、政治因素、风险倾向与伦理。

管理模式

诺贝尔经济学奖得主赫伯特·西蒙（Herbert A.Simon）最早提出决策并非总是合乎理性和逻辑，他的理论今天被称为管理模式（administrative model）。它不是告诉人们如何制定决策，而是描述了真实的决策是什么样的。如图 6.8 所示，这一模式认为：

□经理们用于决策的信息是不充分和不完备的；
□决策受到“有限理性”的约束；
□在决策时应当以“满意”为追求。

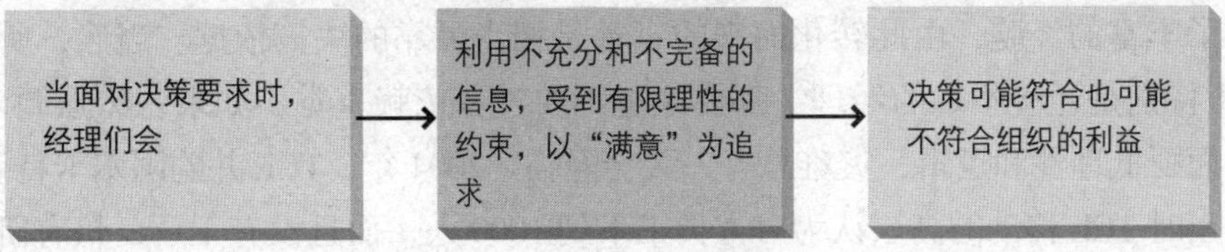

图 6.8　决策的管理模式

有限理性（bounded rationality）是指决策者受到价值观、无意识反省、技能和习惯的限制。他们还受到不充分的信息和知识的限制。有限理性可以解释在技术和市场份额上领先的企业为什么突然间变得脆弱起来。小米手机上市初期，行业内并不认为它会成功，小米在技术积累、供应链合作、渠道、品牌方面不具备优势。竞争企业的高管普遍没有意识到，在新的手机市场竞争中，决定性的因素已经转变为线上渠道的力量、消费者响应速度和性价比。

管理模式中的另一个重要部分是**满意**（satisficing）。这一概念主张，决策者不会穷尽所有可能的方案再从中选择最佳者。相反，决策者倾向于寻找到符合最起码标准的方案之后就停止搜索。例如，寻找新工厂地址的经理可能会选择第一个他认为符合运输、设施和价格基本要求的地点，即使继续搜索可能会找到更好的地点。人们之所以在决策中停止于满意可能有许多理由。经理们也许出于个人原因（例如，不愿意在决策上花更多的时间）而在找到一个刚好能够接受的方案之后就停止搜索。决策者也可能认为自己无法在众多的方案和标准间作出选择。此外，主观的和个人的原因也会干预决策的要求。

由于信息不完备、有限理性和满意三个因素的影响，经理的决策可能符合也可能不符合组织的最大利益。经理为新工厂选择某一地址可能是因为价格最低或运输和其他设施最好，也可能是因为他愿意住在这一地点所在的社区。

总之，古典模式和管理模式描述了两幅截然不同的决策图景。哪一个更准确？事实上，它们每一个都可以用来更好地理解经理的决策。古典模式表明，经理们至少应当尝试更加理性和有逻辑的决策方法。管理模式可以帮助经理们更好地理解自身的认识偏见和局限。

直觉和承诺升级

直觉和承诺升级是两个违反逻辑和理性的重要决策程序。

直觉。直觉（intuition）是对事物的一种内在的信念，不需要经过有意识的思考。经理们的决定有时只是因为“感觉对”或“预感”。不过，这种感觉往往并非是武断。相反，它是基于多年来在类似情况下作出决策的经验。内在感觉可以帮助经理无须经过全套理性决策的步骤就可以作出快速的决策。娃哈哈掌门人宗庆后在决策时主要依赖直觉，他认为市场调查公司提供的资料和咨询公司的建议往往有很大的局限性，不能作为决策的依据。相反，他本人在多年跑市场的过程中积累了丰富的经验，由此转化而来的直觉是相当可靠的决策依据。当然，所有的经理（特别是经验不足的经理）都要注意不要过分依赖直觉。如果一味强调“感觉对”而贬低理性和逻辑，灾难总有一天会降临。2004 年，TCL 并购阿尔卡特手机业务。当时 TCL 移动的高层认为对方员工不到 1000 人，而且没有工厂，只有研发和营销体系。因此就自己设计了收购方案，省了几百万欧元的咨询费。由于对海外经营中可能出现的问题没有很好的预料，一个季度的亏损就超过了省下来的费用。

承诺升级（escalation of commitment）。影响决策的另一个重要行为过程是承诺升级。承诺升级是指在特定的情况下，决策者作出一个决定并且过分执着于这一决定，即使已经证明是错误的也认识不到。例如，人们在购买某公司的股票之

管理行动专题

尼米兹决策中的满意因素

满意是指决策时不去穷尽资源找出最佳方案而是以满意作为决策终点。在时间和资源的压力下，满意有可能是一个非常好的决策模式。

1942年5月，美国海军“约克城”号航空母舰在珊瑚海海战中被日军炸弹击中，导致3座锅炉受损，6个水密舱损坏，近失弹还造成龙骨受损、船体多处破裂和漏油，预计维修需要3个月时间。

太平洋舰队司令尼米兹确认日军将在6月初发动中途岛战役，“约克城”号能否参战决定着战役的成败。他命令“约克城”返回珍珠港进行维修，但维修期限只有3天。

在抵达之前，珍珠港的维修主管就派出维修专家飞赴“约克城”号检查破损情况并用飞机将照片送回港口。港口方面则根据这些照片结合“约克城”号的图纸设计维修方案。“约克城”号拖着10海里长的油迹返回船坞，水还没有排净，1400名维修工人就按预定方案登船开始同步修理。按规定，要先花一天时间卸载航空燃油，尼米兹命令取消这一环节。维修技师们吃住都在船上，尼米兹还取消了灯火管制，在夜间持续动工。

只做最低限度的修理，例如船体破洞不再逐一处理，用胶合板做成破洞模具，在岸上制作预制舱壁，直接烧焊补漏，整座军舰像是贴满了创可贴。损坏的水密舱门则不予理会。3天后，破烂不堪但已经能够满足基本作战需要的军舰按时离港，此时大量的维修技师留在船上继续工作，直到靠近战区才离舰返回。

就这样，“约克城”号参加了中途岛海战并对战局做出了关键性的贡献。

后往往不愿意脱手，即使其价格一再下降。他们选择了一种行动方案——购买股票并预期获利，然后就一味地等待，哪怕损失不断增加。当价值下降时，他们会说服自己不要抛售，因为这样做会导致亏损。1992 年，以巨人汉卡起家的巨人集团决定在珠海兴建巨人大厦。最初时，计划盖 18 层，后来考虑到为所在城市形象做贡献，决定增加到 38 层。为了争取全国第一高楼的称号，最后一直增加到 72 层。建造预算则从 2 亿元增加到 12 亿元，而当时巨人集团总销售额不过 10 亿元。当宏观调控影响到房地产市场后，董事长史玉柱并没有停止已经明显得不偿失的巨人大厦，相反从当时经营状况尚好的保健品业务抽调资金继续供应巨人大厦。当巨人大厦盖到第三层时，终因保健品业务爆发公关危机，集团资金无法周转而陷入停顿。直到今天，巨人大厦烂尾楼仍然在当年旧址经受风雨。

因此，决策者必须采取巧妙的做法。一方面，他们必须注意不要长期执着于错误的决策，这会陷入财务上的困境。另一方面，经理们也不应该轻易放弃一个看上去似乎不正确的决策。20 世纪 90 年代末期，中兴通讯开始接触到小灵通技术，尽管小灵通覆盖范围广、成本低廉，但它是一种落后的、面临淘汰的技术。华为公司也曾经为小灵通立项，最终还是觉得这项技术没有前景，决定取消。而中兴公司则继续投入资源跟踪这一技术，当得知日本国内市场已经大规模应用并且解决了移动时通信质量不高的问题后，中兴从 1999 年开始大规模启动小灵通项目。当时国内移动业务恰好从中国电信剥离出去，中国电信急于寻找一种规避管制（电信不得从事移动业务）进入移动市场的技术，小灵通因此有了用武之地。2003 年，来自小灵通业务的收入甚至占到中兴通讯的 1/3，帮助中兴度过了国际通信市场泡沫破裂后的周期性低谷。

前景理论

前景理论是由诺贝尔经济学奖得主卡尼曼（Daniel Kahneman）和特沃斯基（Amos Tversky）提出并发展的，用于解释人们对风险和不确定的态度如何导致决策偏离理性。前景理论的主张包括：人们在决策时受到框架的影响；对于相同的收益和损失，人们更希望避免损失；人们倾向于夸大损失，缩小收益。

框架（framing）是指决策信息中所提供的参照点，框架效应是指以不同的参照点提供相似的信息对决策的影响。在卡尼曼和特沃斯基著名的亚洲疾病实验中，假定出现了一种罕见的亚洲疾病，预计该疾病的发作将导致 600 人死亡。现有两种应对方案可供选择：

方案 A：可以挽救 200 人。
方案 B：有 1/3 的机会挽救 600 人，而有 2/3 的机会 600 人全部死亡。

根据实验结果，72% 的人选择方案 A。现在，再提出两个供选择的方案：

方案 C：400 人将死亡。
方案 D：有 1/3 的机会无人死亡，而有 2/3 的机会 600 人全部死亡。

此时，78% 的人选择了方案 D。从逻辑上讲，方案 A、C 和方案 B、D 实际上是一样的，但由于表述上的不同（框架），导致人们决策上的差异。

框架效应中的参照点确定原理普遍应用于组织决策。知识付费机构在定价时往往同时给出课时报价和课程整体报价，通常课时报价显著高于整体报价，以吸引订阅者购买整体课程。当人们将电商与实体零售店视为不同类别时，实体零售店的价值会被低估。但在新零售概念出现后，人们开始从电商价值的角度看待实体零售，导致投资实体零售一下子成为新热门。

从这个实验还可以看出，在相同的收益和损失的数量下，人们对损失更敏感，这被称为**损失厌恶**（loss averse）现象，即人们更倾向于避免损失。由此引出前景理论的另一个重要发现，人们对损益的看法受到主观因素的影响。具体来讲，就是在决策中人们倾向于夸大预期的损失，缩小预期的收益，图 6.9 描述了这一现象。有趣的是，这恰好可以解释上面所说的承诺升级现象。例如，管理者可能认为承认错误或终止错误决策对自己和组织将带来重大的不利影响，因此会坚持已经明显不合理的决策。

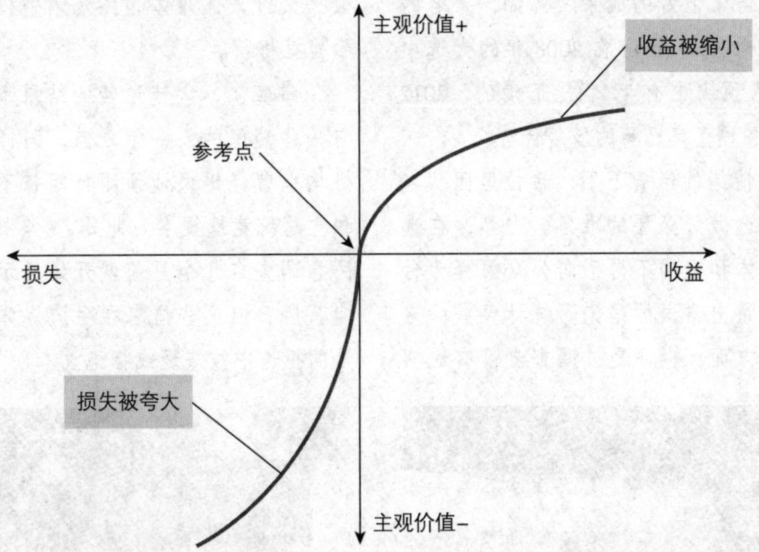

图 6.9　前景理论的价值函数

群体决策与群体思维

许多组织采用群体决策的方式。与个体决策相比，群体决策的优点包括更多的信息、知识、方案建议，更好的沟通以及由此而来的更好的执行。它的缺点则包括效率较低、群体可能受个人控制。群体思维就是群体决策的一个重要的缺陷。

管理行动专题

美国大选中的群体思维

2016年，在美国总统选举日当天，几乎所有的主流媒体、民意调查机构、分析师都认为希拉里将获胜。《纽约时报》说希拉里的胜率为84%，而路透社认为希拉里的胜率为90%，《赫芬顿邮报》则宣布胜率高达98%。这一结论与人们的普遍认识一致，政治资源优越、更富于治国经验的希拉里显然比特朗普更适合担任总统。

近年来，民意调查机构基于统计原理的数据分析获得了很好的成果。例如，著名的民意调查机构Nate Silver在2008年的大选中对50个州的预测中有49个是正确的，2012年则正确地预测了奥巴马的显著优势。

在乐观情绪的影响下下，希拉里团队甚至没有为落选做好必要的准备。自然，在选举后这些媒体和机构不得不向公众解释为什么他们一致做出错误的结论。统计误差的来源可能有多方面，也许是被调查者没有说实话，也许是样本代表性错误，或者两者都有。但更主要的原因是心态，人们不能接受像特朗普这样的外行有可能入主白宫。例如调查取样时对大学以下教育程度群体采样不足，而特朗普对这一群体特别有吸引力。

由于媒体从一开始就夸大了特朗普的缺点，由此形成的舆论让支持特朗普的被调查者在采访时更不愿意披露自己对特朗普的支持。在这种情况下，从民意调查中收集到的数据反过来让媒体和民意调查机构更加相信希拉里将获胜。

事实上，大选逆转的结果事先并不是没有一些端倪的，一年之前，同样是这些媒体机构也曾经错误地预测特朗普不可能获得共和党总统竞选提名。此外，《洛杉矶时报》的民意调查在几个月前就开始显示特朗普有可能获胜。但这些信息在主流媒体的压倒一致性的报道中被淹没或拒绝。[7]

群体思维（group thinking）是指群体和团队内部妥协与和谐的愿望压倒了作出最好决策的目标的现象。决策群体在思考过程中没有质疑决策的主要假设，忽略或排除可能质疑决策的信息，为决策提供合理化论证。陷入群体思维的决策者在决策中更多地基于情感而不是客观的评估，所做出的决策可能既不符合组织的最大利益也不符合群体的最大利益，它的目的只是避免群体内部成员的冲突。群体思维是由美国心理学家简尼斯（Irvin Janis）提出的概念，他发现在美国政府的重大错误政策中往往可以看到这一现象。同样，群体思维经常用来说明拥有复杂计划制定模式的或以往曾经成功决策的组织为什么也会做出错误的决策。在中国历史上，"大跃进"是一个比较典型的群体思维的例子。聘请独立的外部人员或机构对决策或决策的主要假设进行评估可以减少群体思维的影响。

决策中政治因素、风险倾向和伦理的作用

政治因素是决策行为本质中的另一个主要因素。我们将在第 20 章讨论组织政治，但是政治中的一个主要因素——联合，同决策之间存在着密切的关系。**联合**（coalition）是为了实现共同目标的个人和团体的非正式联盟。这一共同的目标通常是一个有利的方案。例如，股东们经常联合起来迫使董事会作出某个决定。联合的结果可能是正面的也可能是负面的。它们可以帮助精明的经理为组织赢得效益和提高赢利能力，也可能扼杀组织精心制定的战略。经理们必须知道在什么情况下实行联合，联合是否符合组织最大利益以及如何防范其不利效应。

决策中**风险倾向**（risk propensity）的行为因素是指决策者愿意参与赌博的程度。有些管理者对自己所做的每一个决策都小心翼翼，他们试图保持决策的理性模式，对自己的行为持极端保守的态度。这样的管理者更有可能避免错误，他们不会制定可能导致重大损失的决策。另一些管理者在决策时则较为大胆。他们愿意承担风险，高度依赖直觉，能够快速地作出决策，在决策时往往敢于冒大的投资风险。如果是在赌场上，这样的管理者往往比保守的管理者更有可能获得巨大的成功，当然他们也可能会导致更大的失败。组织文化在很大程度上决定了风险倾向的水平。

我们在第 3 章中讲过，个人伦理是关于行为对错的个人信念。伦理同决策在许多方面是显著相关的。例如，假设经过仔细的分析，一名经理发现关闭他本人所在的部门，将业务分包给供应商可以帮助公司省钱。但是这种做法可能导致员工失去工作，其中也包括他本人。在这种情况下，他的伦理标准显然将影响他的行动。事实上，管理伦理（公司与雇员的关系，雇员与公司的关系，公司与其他经济机构的关系）中的每个成分都同一系列的决策有关。

复习一下

1. 总结决策的管理模式中的基本要素。
2. 回忆你最近作出或观察到的富于行为色彩的决策。描述各种行为因素如何影响决策的过程和结果。

本章要点

1. 计划是组织最基本的管理职能。计划工作是对组织在未来一定期间内有关目标和行动决策的有意识的、系统化的制订过程。组织的计划可以分为战略计划、战术计划和作业计划三个层次。根据计划的时间期限，可以分为长期计划、中期计划和短期计划。
2. 一次性计划是用来执行未来可能不会重复的行动的方案，规划和项目是最常见的一次性计划。持续性计划是用于在一定期间内反复发生的行动的方案。政策、标准作业程序、规则和规定是持续性计划的 3 种形式。组织为未来经营环境改变而准备的计划主要有情景规划和应急计划，危机管理是一种应急计划。
3. 战略计划过程是建立组织的主要目标以及决定如何配置资源以实现这些目标的过程，包括使命、愿景、价值观和目标，内部环境和外部环境分析，SWOT 分析、战略实施与控制，反馈与调整 5 个步骤。
4. 使命简洁而清楚地表述了组织的基本目的。愿景描述了组织未来将要实现的状态。价值观是指导公司管理层和员工的一系列基本的行为准则，决定了组织将如何实现使命和愿景。目标是未来一段时期内组织意图实现的状态或目的，是组织为完成使命和愿景而必须做好的工作。
5. SWOT 分析是对组织的优势、劣势、机会和威胁的全面分析。通过应用 SWOT 分析，组织选择支持其使命的战略，同时利用组织的机会和优势、化解威胁和避免劣势。
6. 决策是指从一系列方案中做出选择的决定。程序型决策是相对结构化或经常发生的决策。非程序型决策是相对非结构化和较少发生的决策，主要依靠直觉和经验。确定环境、风险环境和不确定环境反映了决策的复杂程度。
7. 古典决策模式也称理性模式，是一种规定性的决策方法。管理模式理论指出决策并不总是理性和逻辑的。信息不完备、有限理性和满意选择是人们做出非理性决策的主要原因。
8. 直觉和承诺升级是两个违反逻辑和理性的重要决策程序。直觉是对事物的一种内在的信念，不需要经过有意识的思考。承诺升级是指在特定的情况下，决策者作出一个决定并且过分执着于这一决定，即使已经证明是错误的也认识不到。
9. 前景理论发现，人们在决策时受到框架的影响；对于相同的收益和损失，人们更希望避免损失。群体思维是指群体和团队内部妥协与和谐的愿望压倒了作出最好决策的目标的现象，是群体决策的主要缺陷之一。政治因素是决策的行为本质中的另一个主要因素。

批判性思考与讨论题

1. 描述每一种组织计划的范围、责任者和时间期限。各种不同类型计划之间的联系是什么？

2. 在高技术产业中，环境的变化非常快，因此不需要做计划。你同意这样的看法吗？为什么？
3. 管理者们经常因为过于重视短期目标而受到批评。在你看来，应当如何在短期和长期目标之间分配精力？当两者出现冲突时，哪一个应当更加优先？解释你的理由。
4. 计划也是一种控制。请评论这一观点。
5. 持续性计划有助于组织提高效率。但是，它们可能会抑制试验精神和组织学习。在什么条件下，组织应当忽略自己的持续性计划？在计划方面，组织如何在效率和创造性之间进行平衡？
6. 访问你所在专业系的系主任。本系和本系成员的目标是什么？向全班报告你的发现。
7. 找出组织无法同时实现其所有目标的例子。为什么会出现这种情况？是否任何一个组织都不可能实现其全部目标？为什么？
8. 从互联网上寻找关于某公司使命和目标的信息。列出其使命和战略目标、战术目标、作业目标。解释这些不同层次目标之间的关系。
9. 选择一家上市企业进行SWOT分析，公司年报的分析与你的分析一样吗？你是否同意年报上的观点？
10. 基层管理者如何参与战略计划？基层管理者不能参与战略计划对组织有何影响？
11. 程序型决策和非程序型决策有何不同？
12. 古典模型和管理模型如何帮助管理者理解真实世界决策的复杂性？
13. 哪一种决策偏见有助于解释许多企业并购的失败？管理者应当如何避免类似的错误决策？
14. 在什么样的组织中最有可能发生群体思维？什么样的组织最不担心群体思维？

学习伴随案例练习

根据你所选择的组织的资料，以小组为单位对其管理活动进行讨论。回答下面的问题并向全班报告。

1. 找出这家组织的使命、愿景、价值观和主要目标。这些战略计划要素相互之间是否有矛盾？
2. 这家企业是否发布过战略计划？根据能够找到的资料对组织的战略计划及其实施进行评价。
3. 这家企业近年来是否犯过重大的错误？造成错误的原因是什么？没有计划？计划不当？或是决策错误？请分析。

综合练习一：培养有效的时间管理技能

时间管理指的是管理者处理工作优先次序、有效率地工作和适当授权的能力。这一练习帮助你将时间管理同目标最优化的过程联系起来。

管理者们总是面对着无数的目标、挑战、机会和需求，这些都要占用他们的时间。巧妙地处理所有这些要求意味着管理者必须对事务的优先次序、可用的时间以及相关因素有清楚的了解。假设你打算创业，在大型商城里面开设一家零售店。一切都要从头开始，没有任何商业联系可资利用。不过，你相信自己的商业计划很好，会给人留下深刻的印象。

在进行业务规划时，你已经知道自己应当拜会下面这些人士：

1. 商城经理，商议租赁事宜。
2. 本地的银行家，安排部分融资。
3. 律师，组建公司事宜。
4. 会计师，建立簿记系统。
5. 供应商，安排信用条件和供货计划。
6. 广告代理公司，准备促销方案。
7. 人事代理，准备聘用人员。

8. 设计公司，设计店面。

根据上面的背景材料，完成下面的工作：

1. 制定计划表，列出你的访问顺序。时间表中应当注意避免反复（在访问了另一方之后不得不回过头来访问前一方）。
2. 将你的计划表与同学的进行比较。
3. 是否可能设计出同样有效但顺序不同的计划表？

综合练习二：培养有效的技术能力

技术能力是完成和理解组织内特定工作的必要技能。本练习帮助你理解组织内各个层次的计划。

在任何一个组织层次，计划必须反映高层制定的目标。使命陈述（有时也称为“愿景陈述”）是最高级的目标，为战略、战术和作业层次的计划提供背景。在理想状态里，使命、战略、战术和作业目标的整个体系构成了从组织最高层到每位员工日常任务计划的清晰紧密的链条。

有效的使命陈述具有下面的特点：

1. 它们应当描述公司所独有的东西，能够说明“公司存在的理由”。
2. 它们应当描述公司主要的产品和顾客。
3. 它们应当是激励性的、令人兴奋的、鼓舞人心的并且考虑到所有的利益相关者。
4. 它们应当足够清楚和细致，对较低层次的计划起到指导的作用。其中包括建立绩效或伦理的标准。

练习的任务

1. 利用互联网找出一家大型上市公司的使命陈述或愿景陈述（可以在许多组织的网站中“关于我们”这一部分中找到这些内容）。
2. 这家公司的使命陈述是否满足上述 4 项标准？请解释。
3. 假设你是这家公司的 CEO。请根据使命陈述中所包含的指导原则，提出你可能作出的战略计划的 2~3 个例子。
4. 从问题 3 的答案中选出你制订的一个战略计划。假设你是一名负责公司内某一职能部门工作如营销、制造或物流的副总，根据战略计划确定的原则，请提出你可能作出的战术计划的 2~3 个例子。
5. 从问题 4 的答案中选出你制订的一个战术计划。假设你是一名负责指导几名员工工作的主管，根据战术计划中所确定的原则，请提出你可能作出的作业计划的 2~3 个例子。

结尾案例

Netflix 的重要市场决策

视频网站 Netflix 成立于 1997 年，最初的业务是录像带租赁。当时美国视频租赁年收入已连续十年超过影院票房收入，市场霸主是百视达，它凭借特许经营和领先一步的数据分析让“门口的租碟店”退出了市场。

在这一时期，DVD 开始出现。Netflix 的创始人认为，DVD 将带来一个新的租赁市场，而百视达并没有准备好。Netflix 将目标集中在新近购买 DVD 播放器的用户，将互联网与 DVD 租赁结合，开创了一种新型零售模式。与百视达按次收费相比，Netflix采用无店铺销售，包月价格合理便宜。网上DVD能够做到片源浩瀚，用户只要在网络上选好片子，隔夜即可收到DVD快递，不用再到店面取货。

1999年，DVD市场进入繁荣期，Netflix对市场的判断得到证明。百视达失去先机，直到2004年才建立网上租赁业务。2006年，Netflix举办视频推荐算法大赛，第一个能够将推荐效果提升10%的团队将获得100万美元的奖金。历经3年时间、180多支团队参加，终于有一支团队率先突破，以10.06%的改进效果获得了大奖。用户由此将高质量的推荐与Netflix建立起联系，成为持续至今的竞争优势。

2006年，Netflix内部做出一个令人沮丧的预测，到2013年DVD的业务会到达极限点。管理层对此有思想准备，早在2001年Netflix就开始对网络视频播放进行技术开发。创始人哈斯廷斯认为，开始时互联网只是个服务手段，但是最后互联网就会变成交付的内容本身。

2007年，Netflix只有1000个视频内容，免费赠送给DVD订阅用户。由于带宽不够，观看网络视频的效果远逊于DVD。尽管很多人不看好网络视频，但公司还是毅然决定将流媒体投资增加到4000万美元，而这一年Netflix的利润不过6700万美元。

2008年，Netflix推出“立即看”（Watch Instantly）服务，用户在电脑上可以直接观赏电影，也是美国唯一一家没有广告的流媒体。2010年，流媒体取得了里程碑式的胜利，超过了DVD邮寄业务的订阅数。2011年，DVD租赁业务已经开始下降，百视达则很快退出了市场。哈斯廷斯曾经说，我最大的恐惧就是我们能否从DVD的成功跳跃到流媒体的成功。

2011年，Netflix把流媒体业务和DVD业务分拆，将流媒体业务上市。拆分决定损害了老客户的利益，原本用户只要订DVD就能看流媒体，现在如果想看流媒体，需要另外付一笔钱，等于价格上涨了60%。用户大量流失，股价下降了80%。Netflix被迫取消了这项计划，哈斯廷斯被《福布斯》杂志评为2011年最糟糕的CEO。

2008年，Netflix和影视公司Starz达成为期四年的协议。Starz提供2500部影片，Netflix支付3000万美元。协议到期以后，Starz要求将版权费用从3000万美元涨到3亿美元，Netflix拒绝了。2013年，Netflix开始涉足视频内容和发行领域，依靠对大量用户数据进行分析和解读，推出符合用户兴趣的《纸牌屋》《铁杉树丛》等自制剧。订阅用户数量出现激增，收入和盈利实现了超预期增长。

Netflix由此形成独特的增长引擎，独家优质内容越多，吸引的用户就越多。收入增加，就有更多的钱投入原创内容吸引更多的用户。老牌视频生产商HBO一年的制作费用只有20亿美元，Netflix的制作费用从2017年的60亿美元增加到2018年的80亿美元，而2018年的总收入也不过158亿美元。由于投入是一次性的，而收入却要分批实现，Netflix出现了巨大的负现金流。Netflix如此烧钱的模式引起了不少争议。但哈斯廷斯认为，负现金流是成功的标志[8]，因为这是Netflix独特商业模式所决定的。

自2014年以来，Netflix接连推出涨价策略，不仅没有流失用户，反而继续快速增长。目前Netflix的主要竞争对手是Amazon Prime（2017年投资45亿美元用于独家内容制作）和Hulu Plus。传统的有线电视也在向网络播放平台迁移。例如，HBO NOW将HBO自身出品的所有电视和电影全部提供给会员，成为Netflix最强有力的竞争对手。不过，Netflix的独家内容让它对付费会员格外有吸引力，形成了较高的竞争壁垒。“所有电视都会在20年内转移到互联网上，传统的电视网络则会和固定电话一样逐渐消亡，”哈斯廷斯说。

案例讨论题

1. Netflix 三次主要决策分别面临怎样的决策环境？
2. Netflix 从 DVD 租赁转向流媒体服务的决策符合理性模式吗？为什么？
3. Netflix 在战略决策方面对我们有哪些启发？

开篇案例讨论题

1. 在你看来，银行的计划工作有何挑战？
2. 在你看来，招行在零售业务中保持领先的主要原因有哪些？
3. 试对招商银行 APP 业务进行 SWOT 分析。
4. 招商银行 APP 似乎缺乏独特功能，请对此提出建议。

自测题

1. T F 计划的基础是决策。
2. T F 最优化是指管理者尽快、尽可能高效率地解决问题。
3. T F 当决策者不知道决策成功的概率时，他就是在风险环境下做出决策。
4. T F 规则、规定和标准运营程序都是持续性计划的例子。
5. T F 为了避免群体思维，群体领导者应当在群体决策过程的早期明确自己的立场。
6. 目标具有下面所有的用途，除了
   a. 为员工的工作提供指导和统一的方向
   b. 促进良好的计划
   c. 员工激励的来源之一
   d. 评估和控制的有效机制
   e. 测试员工对组织的承诺
7. A经理为所在组织制订了一份战略计划，现在准备实施其中一部分具体计划。为此，她需要制订
   a. 使命宣言
   b. 战术计划
   c. 持续性计划
   d. 战略目标
   e. 长期计划
8. 某公司人力资源经理负责招募实习生。她的工作完全是例行的，只要看到申请就知道此人是否可以留用。在这里，她采用的决策方式是
   a. 程序型
   b. 非程序型
   c. 理性
   d. 管理
   e. 确定
9. 王经理以每台4000元的价格购买了一批笔记本电脑。他本来希望能够每台获利500元。然而，由于一款新的、功能更强大的笔记本电脑上市，他的电脑很难卖。王先生拒绝以低于4000元的价格出售电脑，因为这样他就亏钱了。王经理的这一决策属于
   a. 直觉
   b. 承诺升级
   c. 满意
   d. 有限理性
   e. 信息不完备
10. 以下哪一项不是前景理论的观点
   a. 人们在决策时受框架的影响
   b. 人们倾向于夸大损失
   c. 人们倾向于缩小收益
   d. 承诺升级的管理者夸大了承认错误的损失
   e. 在决策时应当以满意为追求

本章注释

[1] http://www.01caijing.com/article/17330.htm.

[2] https://news.sina.com.tw/article/20181018/28518282.html.

[3] https://www.shell.com.cn/zh_cn/promos/energy-and-innovation/shell-sky-vista/_jcr_content.stream/1539830948251/f165d21614435ef4c52ffb179c3aa8b10ab8f7121e4c7dc07399dc77fbc10f24/sky-scenario-china.pdf.

[4] https://www.jianshu.com/p/1a8c2c292b1a.

[5] https://new.qq.com/omn/20180911/20180911A1ES2Y.html.

[6] https://www.huxiu.com/article/178708.html.

[7] https://www.usatoday.com/story/news/politics/elections/2016/2016/11/09/pollsters-donald-trump-hillary-clinton-2016-presidential-election/93523012/.

[8] https://www.businessinsider.com/netflix-negative-free-cash-flow-2017-7.

管　理　学　原　理

7 CHAPTER 7 企业战略与价值链管理

本章学习要点

- 战略、卓越绩效与竞争优势
- 业务层战略
- 价值链分析与业务层战略
- 公司层战略
- 国际企业战略

闪送抓住未能得到满足的细分市场快速成长。

开篇案例

闪送的差异化价值创造

闪送是一个专人直送平台，定位于速度快、安全度高，满足即时速递需求。时间是闪送的核心体验点，它的口号是“1分钟响应，10分钟上门取件，60分钟送达”。闪送起价16元，远高于普通快递公司的价格。公司向闪送员收取20%的信息服务费，通过分佣的方式盈利。

闪送成立于2013年，原本做快递信息服务，在大公司的竞争挤压下被迫转型。创始团队发现，在一、二线城市人们获取信息的时间变得越来越快，成本也不断攀升，而物流的配套体系这么多年基本没有发生什么大的变化。团队决定进入同城快递市场，将快和低价作为两个关键卖点。

一开始的口号是“朝发夕至、夕发朝至，仅6元钱”。上线后虽然增长很快，却一直难以做大。每做一单要赔3块钱，规模越大亏损越严重，不得已再次转型。在取舍时，保留快而放弃低价。为了突出快，闪送以分钟来衡量配送的时效。

大型快递公司采用的是枢纽中转运营模式，业务过程是“快递员—站点—中转中心—站点—快递员—用户”。这种做法的好处是效率高，而且规模越大效率越高，成本越低。它的缺点则是要牺牲一点速度，很难像闪送这样做到几乎以分钟来衡量。闪送创始人薛鹏说，“顺丰也好，三通一达也好，随着规模扩大，都在朝着降低成本来控制风险，我们从服务角度，反向操作，做一个符合消费升级的、满足用户对快和安全需求的服务。”传统快递的思路是如何降低成本，用枢纽中转方式实现了成本的系统性降低，而闪送的思路却是如何提升服务水平。但那些资源丰富、资本实力雄厚的互联网大公司还是让他们倍感压力，“毕竟他们的流量太庞大了。”

闪送在招募闪送员时曾经以为会有一批成员来自传统外卖部门的点对点服务。结果却发现，外卖配送员很少有加入闪送配送团队的。这两种业务派单的频率和性质都不大一样。外卖以周边业务为主，闪送高管说，“外卖送货员中大部分人不适应长距离奔跑，不熟悉北京整体的路线”。外卖送货员只要熟悉了方圆5公里的范围，就可以大大提高自己的工作效率，所以外卖送货员没有激励去转做闪送这样的业务。

闪送送货员需要有长程路线规划设计能力。2017年8月，闪送与百度地图进行战略合作。百度地图为闪送开放了平台独有的电动车骑行导航系统、鹰眼轨迹管理、AR步行导航等差异化服务，不仅让用户实时查看寄送物品的运送情况，也可以帮助闪送员规划就近路线，提高寄送时效。

消费者很容易理解送货速度的差异化特征。闪送采用专人直送，外卖则是顺路并单。在外卖模式中，一次性取几单，然后一单单送。只要有一单出现问题，后面的都会受影响。薛鹏说，“我们给用户提供的是时间确定性的服务，所以我们要求每一单都是专人，一次只送一单。”[1]

副总裁杜尚蟲认为，闪送出售的是时间，只是叠加了算法、系统功能。“我们想做的是一门用时间换时间的生意，不仅仅是单纯的配送服务。”在北京市场，5000米之内的订单平均送达速度为23分钟，1万米之内的订单平均送达速度是33分钟。这个配送速度其实比亲自去送还要快，很大程度上节约了用户的时间成本。

闪送送货员与顾客间的信任程度相对更高，因为在闪送过程中顾客通常会投入焦虑的成本。在收货时，顾客很少让送货员自己花时间找顾客。这意味着闪送更容易建立起品牌与用户间的密切关系。

巨头可以设立独立的直送部门，利用自己的资源打垮闪送。但巨头们的资源也不是无限的，何况它们本身也处于激烈的竞争中。如果核心市场受到威胁，巨头就会马上采取行动。至少在前期，闪送与快递和外卖针对的是不同的人群。例如外卖面向消费需求，而闪送以办公需求为主。同为办公需求，顺丰原有的用户基本上不会转移到闪送这样高成本的服务上来。同时，由于闪送不是高频需求，市场估值不高，新创业的企业也较少进入市场进行争夺。

为什么有些组织在竞争中能够成功而另一些组织却失败了？同样是做微博，为什么新浪比其他门户更成功？在阿里巴巴和京东主导的电商市场上，拼多多如何能够崛起？还有，一些组织过去曾经十分成功，今天却在竞争中陷入了困境。组织采用不同的竞争战略，可能导致完全不同的绩效。

前一章我们讨论了战略计划的制订过程，本章我们来研究如何为组织选择适当的竞争战略。我们首先讨论战略、竞争优势和卓越绩效的来源，然后分析如何运用业务层战略获得竞争优势，接下来我们讨论业务层战略的实施，其中包括价值链分析的重要内容，最后我们对公司层战略选择进行了总结。

7.1 战略、卓越绩效与竞争优势

战略与竞争优势

战略（strategy）是管理者所采取的旨在达成一项或多项组织目标的行动。具体来说，战略是指管理者根据对组织所在产业的价格、顾客需求、成本之间相互关系的理解，通过组合变量实现利润的行动。战略之所以重要，是因为战略在竞争中决定了企业的绩效。天猫和京东都是以价格优势吸引顾客，天猫的战略是以品种多取胜，而京东的战略以送货快、促销灵活取胜。尽管京东和天猫一样实行低成本的战略，但两者同时又试图在低价格的竞争中实现差异化。低成本和差异化都是企业的业务层竞争战略。京东在销售3C产品取得成功后，决定将业务扩大到家电、百货、图书和物流。京东的判断是，它所拥有的低价和快速响应的独特能力可以移植到新的业务中，从而超越过去的竞争对手如新蛋网等。京东将业务扩大到新领域的行动属于企业的公司层战略。

组织战略的成功需要动员组织所有部门和流程才能实现，这一过程是对组织独特竞争力的挑战。农夫山泉以天然水产品作为差异化竞争战略，从生产上说这意味着必须找到优质的、能够长期可靠供应的水源地，从分销上讲这意味着必须克服长途运输的困难和成本，并且在市场上要充当价格领导者，也就是说在没有成本优势的情况下开展竞争并取得竞争优势。

对于大多数组织来说，首要的目标是实现优于竞争对手的绩效。企业的绩效是根据赢利能力来衡量的。常见的赢利指标是投资资本回报率（ROI，利润 / 资本）。投资资本回报率越高，赢利能力越强。

IT 产业竞争激烈，苹果公司连续多年出现在全球卓越绩效排行榜前列。它推出了从 iPod、iPhone 到 iPad、iWatch 等颠覆性的新产品，iPhone 手机的利润占了全部智能手机行业的一半。苹果将硬件产品与 iTunes、App Store 等网络应用联系在一起，iCloud 服务则将所有的用户数据在网络上实现同步。这些创新领先于它的竞争对手。它的产品不仅价格高，还经常由于消费者的抢购而出现断货。如果一家企业的战略产生了卓越的绩效，赢利能力高于行业平均水平，则称这家公司相对于竞争对手拥有**竞争优势**。苹果公司相对于三星、华为、小米等拥有竞争优势。

企业的竞争优势有两个来源，它们是企业业务层战略的两种基本形式。

- □以低于竞争对手的成本生产产品和提供服务，称为**低成本战略**。这意味着企业可以降低价格，扩大市场，或者在同样的价格水平下获得更大的利润，或者同时获得这两种利益。格兰仕是微波炉市场上低成本战略的代表。
- □生产的产品或提供的服务是竞争对手所没有的，称为**差异化战略**。这意味着，与竞争对手相比，企业可以向客户提供独特的价值感受，从而提高或保护价格，阻止竞争。苹果公司的业务层战略主要是差异化。

企业能够实现低成本战略或差异化战略，是因为企业拥有独特的资源和能力，我们在第 4 章介绍过这两个概念，资源和能力的组合构成企业的独特竞争力。对于苹果公司，深刻地把握消费者的需求，不断推出超越消费者期望的创新产品就是它的独特竞争力。

如果能够多年保持高于行业平均水平的赢利能力，则称这家企业拥有**可持续的竞争优势**（sustainable competitive advantage）。苹果公司不是依靠某一款产品，而是持续不断地推出令消费者惊喜的产品，这些产品构成的体系是竞争对手难以模仿和复制的，这表明苹果公司拥有可持续的竞争优势。图 7.1 总结了独特竞争力（独特资源和能力）、竞争优势与卓越绩效的关系。

还要指出的是，战略不是企业的专利，非营利组织同样需要通过战略选择和实施来提高绩效。非营利组织的例子包括政府机构、大学、公立医院和慈善组织。它们的目的不是赢利，但它们也需要通过战略管理有效地利用资源和实现卓越绩效。例如，政府的绩效可能是改善服务、控制预算，大学的绩效则是全球排名。

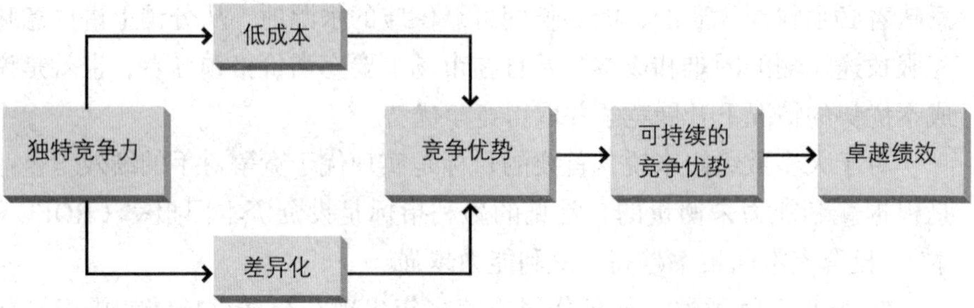

图 7.1　独特资源和能力、竞争优势与卓越绩效

难以复制的竞争力

对于企业，最理想的情况是拥有其他企业难以复制的独特竞争力，这是企业实现可持续竞争优势的前提。阻止其他企业复制的主要因素包括模仿壁垒和路径依赖。

模仿壁垒（barrier to imitation）。企业的竞争优势是可以从外部指标观察到的，即使无法掌握资本回报的确切数据，从市场供应和需求的情况也可以有所了解。竞争对手自然会试图弄清为企业带来竞争优势的资源和能力并加以模仿，如果能够模仿成功，则企业的竞争优势将不复存在。应当承认，几乎任何一种能力都是可以模仿的，区别只是模仿所需要的时间和资源投入。然而，如果竞争对手花在模仿上的时间很长，企业就有机会占领和巩固市场，或利用这一领先期间发展出新的资源和能力，从而实现可持续的竞争优势。当苹果 iPhone 获得市场成功后，竞争对手纷纷推出功能上相似的模仿产品。每当竞争对手的产品功能开始接近自己时，苹果总是能够及时采取升级产品的市场措施保持领先地位。当发现未来硬件配置上很难甩开竞争对手，苹果将升级的重点转向软件和服务，在资讯、影视、游戏和金融方面推出新的产品和服务。

路径依赖（path dependence）。路径依赖是指组织的绩效不仅取决于当前的环境、资源和能力，同时还受到组织过去的选择和决策的影响。**标准**（standard）是常见的导致路径依赖的因素。对于单反相机生产商，镜头和机身之间卡口的标准化选择是可能决定企业命运的重大决策。1987 年，佳能毅然放弃使用多年、系统完善、用户群庞大的 FD 卡口，改用完全电子化的 EF 卡口，抢在竞争对手之前革命性地提升了单反相机的电子性能，通过打破路径依赖奠定了自己在数字化单反相机领域中的领导地位。

复习一下

1. 竞争优势的来源是什么？
2. 举出教材之外的模仿壁垒和路径依赖的例子。

7.2　业务层战略

业务层战略（business-level strategy）指企业与同一产业中竞争对手对抗时所采取的战略，业务层战略的目标是在产业中获得竞争优势。业务层战略的主要内容包括选择基本的竞争战略、市场细分和低成本－差异化边界分析。

首先讨论基本的竞争战略：差异化和低成本。称它们为基本的竞争战略，是因为无论什么样的组织都可以运用这两种战略——制造业、服务业和非营利组织，还因为这两种战略可以应用在任何竞争环境下。

低成本战略

低成本战略（cost-leadership strategy），也称**成本领先战略**，是指通过以低于竞争对手的成本提供产品和服务来获得竞争优势。如前所述，实施低成本战略的企业竞争优势来自两个方面：以低于对手的价格提供产品和服务，扩大市场份额；在同样的价格水平下，低成本战略可以带来更大的利润。

实现低成本战略的主要原理是规模经济，规模经济是同大规模产出相联系的单位成本降低。大规模生产可以摊薄固定成本。无论企业生产数量如何，固定成本都是必须支出的（购买机器、建造生产设施、广告和研发费用等）。生产数量越大，固定成本在产品中所占比例越低，由此实现低成本。从图 7.2 中可以看出，单位成本曲线随着规模的扩大迅速下降。规模经济还可以体现在其他管理职能上，例如在采购、销售等方面都可以获得比竞争对手更有利的竞争条件，从而提高竞争优势。

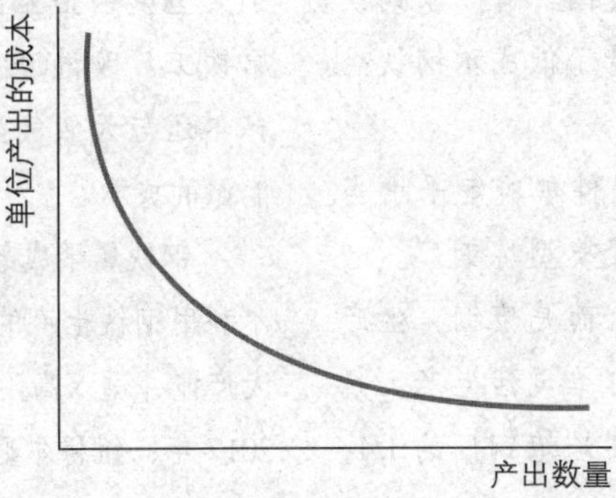

图 7.2　规模经济图示

微波炉行业的领导者格兰仕是低成本战略的代表，它在竞争中频频使用降价的手段，生产规模每上一个台阶，价格就大幅下调。当生产规模达到 125 万台时，格兰仕将出厂价定在规模为 80 万台企业的成本价以下；当规模达到 300 万台时，格兰仕又将出厂价调到规模为 200 万台企业的成本线以下。格兰仕通过规模经济实现低成本，再将出厂价格定在竞争对手成本线以下，夺取竞争对手的市场份额，迫使多家竞争对手退出生产环节。

低成本战略并不意味着低投资，相反，在生产、IT 和物料管理方面，低成本战略企业往往投入巨大的资源。例如，大规模生产通常需要建立巨大的生产设施。像富士康生产线可以容纳数十万员工在其中工作。服务业也是如此，沃尔玛早在 1983 年即耗资 2400 万美元建立起美国最大的商用卫星通信系统，实现总部和分店之间实时的信息交流，提高货物分销和补货的效率。根据波特的五力竞争模型，大规模投资有助于提高进入壁垒，阻止竞争。

管理行动专题

纽科尔的低成本竞争

提到钢铁产业中的低成本竞争，人们往往会想到中国企业在生产规模、人力成本和资金成本上的优势。但在美国，有一家钢铁公司却在多年的竞争中保持了低成本钢铁生产商的领先优势。

20 世纪 60 年代末，纽科尔决定采用当时新兴的电炉炼钢法建设紧凑型炼钢厂。电炉炼钢的原料不是铁矿石，而是废钢。生产的经济规模低，可以根据订单灵活生产。紧凑型炼钢厂的基建投资是高炉炼钢厂的 1/4，产品生产成本低 10%~15%，企业职工人数更少。纽科尔早期集中生产低端产品，以低价格夺取大厂的市场份额。

纽科尔在低工资地区设厂，采取严格的计件制绩效考核，使得企业的生产率高于竞争对手。20 世纪 80 年代，纽科尔公司人均钢产量达到高炉—转炉炼钢厂的一倍。纽科尔对员工实行弹性工资制，当行业不景气时不裁员，但全员减薪以保存业务骨干。当行业景气恢复时，不仅能快速提升产量，熟练工人还能实现高于行业的人均效率。

为了与其他电炉厂商竞争，纽科尔收购了大型废钢企业保证原料来源，自建直接还原铁工厂改进废钢成分、降低原料成本。纽科尔还与天然气生产商建立联盟来降低炼钢能源的成本。

钢铁属于成熟产业，成长空间不大。纽科尔利用钢铁生产的周期性，在行业低谷投资扩大产能并进入高附加值部门。例如，在 2016—2017 年，纽科尔通过收购进入了钢管产业。

在长达 50 年的时间里，纽科尔击退了日本、韩国、印度和中国低成本竞争对手的冲击，成长为美国最大的钢铁公司。

采取低成本战略企业的关注重点是提高运营效率和降低成本，所有资源的运用和管理也向低成本倾斜。企业活动的组织往往以生产为核心，表现为严密的生产和销售控制以及刻板的生产流程预算等。在产品特色方面，实行低成本战略的企业通常不向顾客提供非必要的功能，也即保持最低限度的差异化。与豪华酒店不同，像如家、7天这样的经济型酒店通常不提供休闲服务，装修也维持在最基本的水平上。低成本战略还要求企业的组织结构、组织文化方面有相应的配合，例如简朴的办公环境等。

低成本战略的主要风险是竞争对手找出降低成本的方法，在成本上打败这家企业。在很长的时间里，美国巴诺连锁书店和百思买电器连锁通过低成本战略实现规模经济，取得了卓越绩效。然而，电子商务企业亚马逊通过虚拟店面、出色的库存管理和服务做到了更低的成本和更低的价格。巴诺和百思买不得不跟随亚马逊进行降价，结果走入了战略困境。大量的实体店面是实现连锁经营规模经济的前提，如果关店降低成本，将无法实现规模经济，而保持店面需要承担重大的成本，实际上无法进一步降价。低成本战略的另一个风险是由于消费者习惯改变而导致产品失去市场。有的企业建立起大规模呼叫中心实现了低成本人工服务，当AI技术的改进使得机器能够代替很大部分人工服务时，这类呼叫中心的优势就会受到冲击。

差异化战略

差异化战略（differentiation strategy）的目标是通过创造一种顾客认为重要的有差别的或独特的产品（商品或服务）来获得竞争优势。差异化战略企业的独特能力是能够以竞争对手做不到的方式满足顾客的需求，这意味着它可以向顾客收取高价。差异化企业经常按照市场愿意接受的价格，而不是生产成本，来制定价格。例如，奢侈品的成本通常无法解释其高昂的价格，无论是劳力士手表、LV手袋还是高端矿泉水。它们的价格之所以远远超出竞争对手，主要不是因为生产成本高，而是因为它们让顾客相信差异化的产品值得付出这样高的代价。通过高价提高收入，差异化企业得以实现高于竞争对手的赢利能力。

苹果公司是差异化战略比较典型的代表。苹果公司实施差异化的战略能力并不局限于设计和制造，还将产品与网络和应用软件服务联系起来为用户创造价值。许多企业拥有智能手机设计和生产能力，它们的产品在硬件指标上往往超过苹果，但在软件和用户体验方面却有所不足。APP Store为软件开发商提供了更好的收益，因此APP Store上的应用软件在质量上通常较为优越，从而巩固了苹果的竞争优势地位。

实现差异化主要有三种方式：**品质**、**创新**和**客户响应**。例如，手机电池能够更持久地工作，这是一种品质差异化的体现，而全面屏技术则是通过创新实现差异化。创新主要取决于企业的研发能力。闪送将取件时间尽可能缩短，“1分钟响应，10 分钟取件”，给客户留下超越竞争对手的品牌印象。

无论是提高品质、创新还是客户响应，都意味着额外的成本，实行差异化战略企业的定价通常高于低成本战略企业。为了抵抗低成本企业的价格竞争，差异化企业应当控制一切对差异化能力没有贡献的成本以降低总成本。当然，差异化战略企业也希望能够在保持差异化能力的同时学习低成本的经营方式。差异化战略企业降低成本的方法包括学习效应和大规模定制，我们将在下一章介绍。

差异化战略的风险包括竞争对手的快速模仿，用更低成本生产相同差异化产品和生产出客户价值更高的替代产品。微软 IE 曾经是市场上排名第一的浏览器，Chrome 浏览器采取快速迭代的开发策略，每 6 周更新一次。由于 IE 的更新周期往往需要一年时间，Chrome 逐渐夺取了 IE 的市场份额。差异化战略的持续成功取决于能否在客户眼中保持有价值的独特性，以及能否持续投资开发出新的差异化特性。例如，苹果公司是公认的难于击败的差异化企业，它采取软硬件一体化的设计，用户在手机使用中能够获得优于竞争对手的流畅性，令竞争对手很难找到吸引客户转移的攻击弱点。

市场细分

市场细分（segmentation）是企业为获得竞争优势对顾客进行分组的方法，市场细分的基础是顾客在需求和偏好上的差异。最常见的市场细分是顾客对价格和功能的要求，如不同价格形成的高端矿泉水市场和低端矿泉水市场，不同功能形成的碳酸饮料和运动饮料市场等。业务层战略的一个重要决策是根据市场细分的结果确定企业进入竞争的市场，也即向哪些特定的市场和顾客群体提供产品和服务。通过市场细分，企业可以更好地满足需求不同的顾客，促使产品的市场需求上升，增加收入。

通常情况下，市场细分的方法有三种：

□不承认不同群体间需求的差异化，只为最一般的顾客提供服务。有些行业产品很难实现差异化，例如大宗化工用品或水泥。在这样的产业中，竞争只能采取价格战的形式，企业将追求低成本的战略。

□尽量进行市场细分，为每一类顾客需求生产适用的产品。例如日化行业产品细分程度很高，想想市场上有多少种洗发水。同样，差异化特性极小的蒸馏水只能进行价格战，而矿泉水、茶饮料、碳酸饮料和功能饮料则可以细分出无数个市场。当然，企业必须服务于能够带来利润的细分市场，。像共享雨伞这样的产品可能会受到用户的欢迎，但市场规模较小，企业难以实现可持续的利润。

□承认市场细分，但选择只为少数几个细分市场上的顾客提供产品和服务。

奢侈品企业属于这一类别。神舟电脑主打低价市场，通过在产品中减少顾客需求不多的一些功能来降低成本。

市场细分对于企业战略管理的一个重要价值在于，市场细分是一个不断进化的过程。业务层战略所关注的竞争重点就是发现新的细分市场，为企业增长创造机会。便利蜂在 2017 年年初进入便利店产业，采取了一系列措施与原有便利店在服务项目、服务深度上拉开距离。便利蜂开发 APP 用于结合店内促销的会员管理，自有品牌和鲜食建立基于供应链技术的产品独特性，提供显眼的独立用餐区、共享单车、充电宝、雨伞等外围服务。以偏爱移动端购物体验的年轻人群作为标准的用户对象，强化科技便利店的形象。

市场细分与战略

完成市场细分的分析之后，管理者必须选择组织服务于哪个细分市场。有些企业专注于某一个或某几个细分市场，也有的企业服务于广泛的细分市场。以汽车市场为例，大众汽车集团服务于几乎所有的轿车细分市场，从大众品牌的高尔夫、桑塔纳、捷达、宝来到高端轿车辉腾和越野品牌途锐，同属大众集团的奥迪、保时捷、兰博基尼、宾利则服务于豪华汽车市场。在每一个细分市场上，大众都追求不同于竞争对手的差异化特征。而宝马则专注于相对狭窄的高性能和豪华车市场，其目标消费群为收入较高、追求速度、动力与机械性能的购车群体。同为差异化战略，与大众相比，宝马服务的市场细分要少得多。如果管理者决定本企业服务于少数几个甚至只有一个细分市场，我们称这样的战略为**集中战略**（focus strategy）。如果管理者决定服务于整个市场，我们称其实行的是**广度市场战略**（broad market strategy）。

从前面的分析可以看到，业务层战略主要包括三个维度的决定：基本战略的选择（低成本还是差异化）、市场细分的原则以及服务于哪些细分市场。综合在一起，管理者的这些决定将形成企业在产业中竞争的各种战略选择。图 7.3 描述了业务层战略的四种类型，广度低成本和广度差异化、集中低成本和集中差异化，以电子商务企业为例进行了说明。

广度低成本和广度差异化战略的目标是服务于产业中的众多细分市场，努力获得一个低成本的或差异化的地位。集中低成本和集中差异化战略则专注于一个或少数几个细分市场，努力在这一细分市场中建立起低成本或差异化的地位。从图 7.3 还可以看出，即使是落在同一个战略选择类型中的企业也可能对细分市场采取不同的态度。京东和苏宁同为广度低成本战略，但京东更注重网络体验和物流效率，而苏宁则发挥现场体验和供应商关系上的优势。

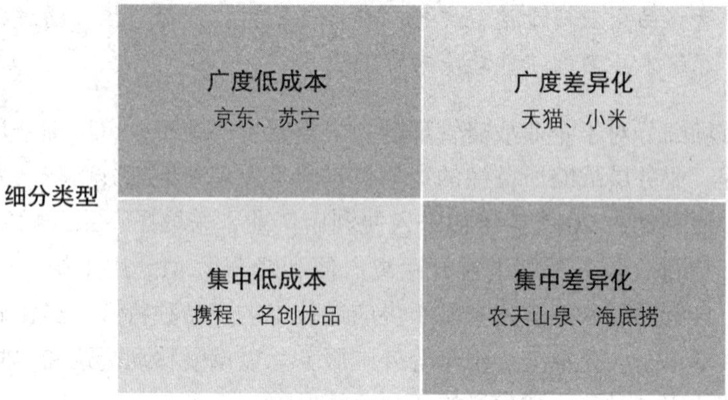

图 7.3　业务层战略的类型

低成本－差异化效能边界

无论选择低成本战略还是差异化战略，企业只有为客户创造出价值、实现效能才有可能建立起竞争优势。新的生产技术，如柔性制造、计算机辅助制造、互联网技术为企业提供了更多的实现低成本制造的选择。许多企业力求将差异化和低成本战略结合起来建立竞争优势，这方面的例子既有传统企业如丰田、宝马，也有互联网企业如亚马逊（运用数据分析技术，根据客户的购买历史为其推荐个性化的产品）。此外，在服装、电器等行业，产品生产和加工地点通常都设在新兴市场国家中，无论是高端产品还是低端产品，许多企业制造成本的差异并不大。

以绝对的差异化为一端，绝对的低成本为另一端，对不同的差异化水平和低成本程度的追求，加上市场细分的多种组合，竞争性企业可以做出无数种业务层战略选择。这些选择的集合构成了低成本－差异化效能边界（efficiency frontier）曲线，不同的企业在效能边界曲线上和曲线内占据不同的位置，如图 7.4 所示。请注意，效能边界曲线的形状是向外凸出的，这是因为边际收益递减。例如，在靠近纵轴的位置，对于差异化程度较高的企业，提高差异化水平需要在成本方面做出很大的牺牲。同样，在靠近横轴的位置，低成本领先企业要想获得进一步的成本提高将不得不牺牲更多的差异化特征。

落在效能边界曲线上的企业实现了最大价值，在它们所采取的差异化、低成本和市场细分组合中，它们是竞争性企业中赢利能力最高的企业。落在效能边界曲线内的企业赢利能力较低，与曲线上的企业相比，它们或者在相同的成本条件下差异化水平不足，或者在相同的差异化水平下成本过高，或者未能在更有利的市场细分中为客户创造价值。随着技术条件和用户偏好的改变，效能边界曲线还会发生移动。创新的和建立起独特能力的企业能够率先推动价值曲线向外移动，从而让落在过去的效能边界曲线上的企业丧失竞争优势。

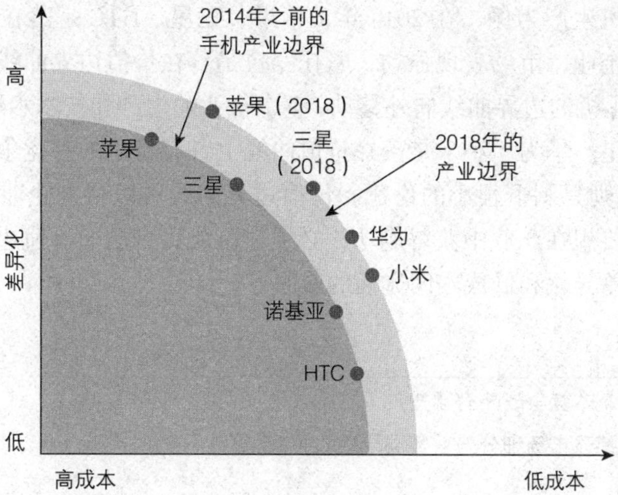

图 7.4　低成本－差异化价值边界，以手机生产企业为例

管理行动专题

联想手机的业务层战略

联想很早就开始生产智能手机。由于乐Phone 等产品在消费市场反应不佳，联想逐渐将业务重心转向运营商定制手机市场。联想知道，运营商未来将削减补贴，希望提升消费市场上手机的竞争力。

2014 年，联想收购摩托罗拉，这一收购为联想带来一个世界级品牌、海外市场和先进的技术与专利。在成为世界第三大手机生产商之后，联想手机中国市场的份额却出现急剧下滑，从 2014 年的 4000 万台减少到 2016 年的 300 万台。

运营商补贴结束后，联想只能在开放市场上与其他品牌竞争。尽管联想有黄金斗士、乐檬、S 系列、ZUK、VIBE、Moto 六个产品系列覆盖低、中、高三个领域，然而联想手机的差异化主张却非常模糊。华为手机主打领先的硬件配置、小米强调性价比，开创了手机销售的互联网时代，OPPO 和 vivo 通过营销和功能优化占领三四线市场。

联想拥有领先技术、知名品牌、强大的供应链和分销渠道，但这些资源和能力需要在有效的业务层战略指导下才能形成在消费市场上的优势。

以手机生产为例，在2014年，苹果、三星、HTC是落在手机生产价值边界曲线上的企业，市场表现强劲，摩托罗拉是落在价值边界曲线内部的企业。到了2018年，手机的边界曲线向外移动，整个行业的生产和技术水平有了很大的提升。苹果、三星、华为、小米是落在价值曲线上各有特色的有竞争力的企业，而诺基亚和HTC则只剩下很小的份额。价值边界曲线可以帮助企业分析自己的竞争环境，企业要想在产业中获得成功，必须尽可能将自己的价值边界向外拓展，同时警惕来自差异化和低成本两方面的威胁。

复习一下

1. 基本竞争战略有哪些?
2. 简述市场细分与业务层战略的关系。

7.3　价值链分析与业务层战略

业务层战略中的另一项重要决策是价值链分析，它说明了企业将在哪些方面建立独特能力以支持低成本-差异化和市场细分选择组合。**价值链**（value chain）指的是企业将投入转化为顾客所重视的产出的一系列活动链，如图7.5所示。价值链的得名源于价值链上的活动都是为产品和服务增加价值的活动，包括基本活动和支持活动。价值链分析的目的是找出价值链上最有可能形成优于竞争对手的价值创造活动，并在这些活动中通过提高差异化和低成本水平建立竞争优势。

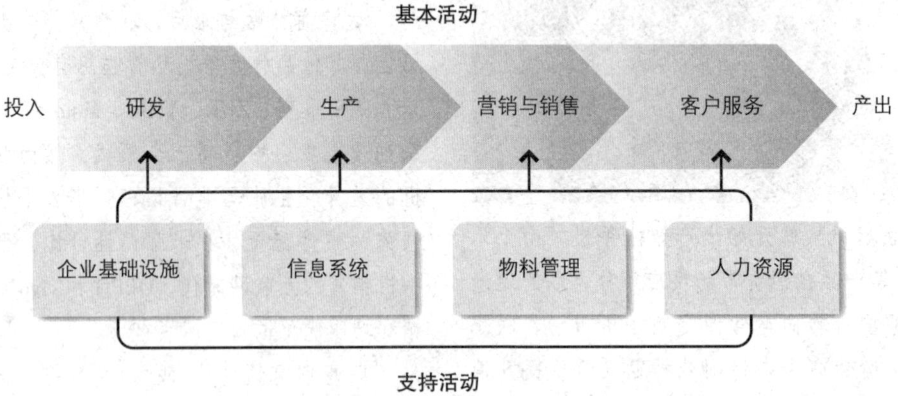

图7.5　价值链

基本活动

价值链上的基本活动（primary activities）是指产品的研发、生产、营销与销售和客户服务等，是直接满足客户需要、创造客户价值的活动。

研发。研发是产品、服务和生产过程的设计。企业通过研发活动开发新产品，改进现有产品，为客户增加价值。研发还包括改进生产过程，例如比亚迪公司通过研发设计出新的制造流程获得竞争优势。研发的目的是通过提供差异化的产品提高或保持价格，通过改进制造过程降低成本。不仅产品需要研发，服务同样需要研发。蚂蚁金服的相互保是一款基于芝麻信用分服务的创新保险产品，在上线后一个月内用户就超过 1000 万。

生产。生产是指产品和服务的创造过程。如果是实物产品，生产就是制造。对于服务产品，生产就是提供服务的过程。例如，银行向顾客提供购房贷款的手续和后续的管理。英特尔生产芯片的工厂拥有面积巨大的无尘室，以保持生产产品的高质量和英特尔独有的差异化产品。能够在生产活动中找到降低成本的方法同样帮助企业建立竞争优势。

营销与销售。营销与销售是帮助企业创造客户价值的重要活动，例如品牌和广告可以提高客户心目中产品和服务的价值。营销与销售活动令企业的产品和服务在客户心中产生正面的联想，从而创造价值。在个人护理、家庭护理、包装食品和烟酒产品为主的快速消费品行业，由于产品间差异化程度不大，复制较为容易，同时顾客的持续消费能力强，因此特别依赖积极的营销活动来营造差异化的价值。例如，可口可乐和百事可乐两种产品的价值差异主要是由营销而不是由配方决定的。

营销和销售是与客户直接接触的活动，企业利用这些活动创造机会，了解客户需求的变化，将市场信息反馈给产品研发部门和生产部门，从而开发出新的、能够更好地满足客户需求的产品，这也是价值创造。

客户服务。客户服务是提供售后服务与支持的业务活动。高品质的客户服务能够为客户创造独特的价值，许多企业由此建立起竞争优势。三一重工为了避免因为设备故障导致客户停工，曾经在作业现场附近准备好两台同类机器。在发生故障后，直接提供替换机器，然后再进行检修。这种服务为客户直接创造了价值，因此获得良好的口碑，帮助企业扩大市场占有率。

支持活动

价值链上的支持活动（support activities）是基本活动赖以进行的企业投入，这些活动可以分为四种类型：物料管理、人力资源、信息系统和组织基础架构。

物料管理。物料管理控制实物资源在价值链上的转移，这一过程从获得原料开始，经过制造再进入分销。物料管理的效率是降低成本的关键。像沃尔玛这样的零售企业特别重视库存周转率，它们的竞争优势主要就是建立在物料管理这一价值创造活动的优势上。

人力资源管理。人力资源管理是保证企业有效进行价值创造活动所需要的正确的技术和人员组合的活动。人力资源管理在许多方面帮助企业创造价值，高效能的人力资源管理可以提高员工的生产力，降低成本，还可以改进客户服务，让客户感受到更高的价值。

信息系统管理。信息系统主要包括库存管理、销售跟踪、产品定价、产品销售、客户服务等，上述功能都得到信息技术网络化趋势的加强。信息系统有助于企业提高效率，从而提高客户心目中的产品和服务的价值。例如，快递公司信息管理系统通常能够向客户提供包裹跟踪服务，这项服务告诉客户物品送达的时间流程，为客户创造基于递送服务的附加价值。

组织基础架构（organization architecture）。组织基础架构是指公司的内部情境，是公司所有价值创造活动发生的环境，包括组织结构、控制系统和公司文化。最高管理层对公司架构的上述方面有很大的影响，也是基础架构的一部分。组织基础架构是战略实施的依托，决定着战略实施能否成功。7 天酒店是经济型连锁酒店的代表，它的分店中不设财务和出纳，每 12 家分店才配备一名财务，公司总部不设前台，这些节省人力开支的措施支持了它的低成本竞争战略。7 天酒店自行研发了数据集成的信息系统，能够有效地支持相比同行更少的人力资源，保证服务的品质。在 7 天酒店，很多管理人员来自商业连锁、IT、市场营销等非酒店业。这是因为经济型酒店的管理方式和传统酒店不一样，更需要连锁业和市场营销方面的人才。

价值链分析与战略实施

价值链分析可以帮助企业分析自己在哪些价值创造活动中拥有或可能拥有显著的优势，应当强化哪些价值创造能力，放弃哪些价值创造活动，从而指导企业的战略实施。以 IBM 放弃 PC 业务的决策为例，IBM 曾经是 PC 产业标准的主导者，其产品向来保持着高品质的形象，这一决策在声誉和士气上的损失不可估量。然而从价值链分析角度看，这是一项十分合理的决策。因为 PC 产品的主要价值创造活动已经从基础研发和品质转移到生产，同时 PC 产品越来越具有了消费产品的属性，而 IBM 的价值创造活动的优势主要体现在大型主机的设计、生产和商业用户的解决方案上。

另一个例子是蒸馏水和纯净水产品。与矿泉水和功能饮料的品种繁多相比，纯净水的品种相对较少。这一产品类别本身很难实现差异化。成本控制的能力对于蒸馏水和纯净水厂商至关重要，因此瓶身设计中的一项重要考虑是节约瓶子的生产成本。可口可乐旗下冰露在中国市场推出环保轻量瓶，百事可乐和康师傅等也采用了类似的瓶身减重措施。瘦身后的 500 毫升冰露瓶身重量仅仅 1.8 克，生产中所消耗的 PET 材料减少 35%，降低成本的同时也大幅度减少了碳排放。另一家市场领导者屈臣氏则采用特殊瓶身设计的方法实现差异化，以精致的瓶体吸引对价格相对不敏感的客户群体。两种不同的选择代表着需要在不同的方向强化价值链上价值创造活动的能力。

管理行动专题

数字技术在教育产业中寻找机会

数字技术通过教育产业价值链的分析和重新定义，为学生和教师创造出新的价值。慕课（MOOC）降低了获得优质教学资源的成本，全球不同地区的学生可以听同一位名师的课程，在企业中则能够显著降低企业大规模基础培训的成本。

好未来的双师课堂将学和习两项原来合在一起的活动分离开来，由名师负责主讲，当地教师进行检查辅导，提高了学生的学习效率。VIPKID 的英语一对一课程，让急于提高学生英语水平的家长可以方便地购买北美教师的服务。作为一种教育“海外购”，为外教创造了收入，为家长提供了突破本地学校教育资源供给约束的选择。

英语教学地区不均衡的现象相对比较严重，特别是听说能力。一起作业网推出英语听说作业 APP，解决了英语教师无法检查监督听说作业的困难。学生使用手机做题，听力练习可以反复进行，自动判题。口语表达则会由标准语音进行纠正，甚至可以改进教师口音的影响。通过将英语学习过程中的一个环节分离出来，形成了有市场价值的解决方案。一起作业网的学生用户已经超过 7000 万人。

复习一下

1. 价值链上的基本活动和支持活动分别是什么？
2. 举出同一个产业中不同企业价值链上活动显著差异的例子。

7.4　公司层战略

业务层战略主要关心在给定业务范围内的竞争战略，而公司层战略（corporate-level strategy）是指决定企业在哪些业务和产业中开展竞争。具体而言，公司层战略的主要决策包括：（1）企业应当经营哪些业务，进入哪些产业；（2）在这些业务中它应当完成的价值创造活动；（3）如何进入或退出产业。公司层战略的主要目标是在当前的一个或数个业务中以及在任何未来的新业务或新产业中保持和提高企业的竞争优势和赢利能力。本节主要讨论公司层战略的几项基本选择，单一业务战略、垂直整合战略和多元化战略。

单一业务战略

许多企业选择在**单一业务**（single business）领域中经营和发展来实现利润和业务的增长，最终建立独特的竞争优势。华为、滴滴、格力、联想、麦当劳、可口可乐、沃尔玛都是单一业务战略的例子，分别专注于通信设备、出行、空调、PC 和 IT 设备、快餐、饮料、折扣零售业务。

单一业务战略的好处是企业可以将所有的资源和能力专注于在这一业务中获得成功。华为所在的通信设备产业竞争激烈，频繁经历技术升级和产业变革。这样的竞争环境要求企业必须高度专注才能保持竞争优势。

单一业务战略的另一个优势是企业从事的是自己最擅长和最了解的业务，从而避免进入现有的资源和能力无法创造更高价值的产业。可口可乐曾经收购哥伦比亚电影公司，还收购过一家大型的葡萄酒厂。然而它缺乏在这两个产业中成功竞争所需要的能力，也无法迅速建立这种能力，最后只得亏损退出。可口可乐进入新产业的行动非但没有像期望的那样创造价值，反而破坏了价值，导致了企业的损失。

格兰仕进入空调产业时，沿用了微波炉产业中的低成本策略。格兰仕在低成本运营方面拥有丰富的经验，然而在空调产业中，全球空调产能已经集中到中国的其他几家竞争对手的手中。格兰仕无法实现规模经济优势，从而无法像在微波炉产业中那样用低成本战略取得竞争优势。

垂直整合

垂直整合（vertical integration）是指向后进入零部件供应产业或向前进入产品使用和分销产业以实现增长、建立竞争优势的战略。农夫山泉投资经营赣南脐橙种植基地是后向垂直整合，果园本来是果汁产品的上游供应商。中信出版社经营机场书店是前向垂直整合，书店本来是出版社产品的顾客（销售商）。

垂直整合战略的目标在于指导企业进入能够增加其核心产品价值的产业，也就是能够提高产品的差异化或降低成本。投资赣南脐橙种植基地，农夫山泉可以将产地标志与果汁产品联系起来，这有助于提升农夫山泉橙汁的品牌价值。

垂直整合的缺陷主要有成本增加和技术变革的威胁。垂直整合企业成本增加的原因首先是自有供应商的成本往往高于外部供应商，自有供应商可以获得稳定的订单，缺乏竞争的动力。其次，垂直整合意味着企业内部管理负担增加（官僚主义），内部交易成本上升。另一方面，垂直整合的企业往往意味着技术束缚，在遇到技术变革时不够灵活。垂直整合的替代选择包括战略联盟、建立长期合作关系等。这些选择有助于企业克服成本增加的趋势，在技术变革中保持灵活性。

多元化战略

多元化（diversification）战略是指企业进入新的产业或业务领域以实现增长、建立竞争优势的战略。采用多元化战略的企业认为，单一业务战略往往增长空间有限。随着竞争对手的加入，利润空间受到压缩，长期赢利能力的前景并不好。此外，专注于单一业务的企业在技术变革时可能遭遇灭顶之灾。美国柯达是彩色胶片产业的主导者，在用户从胶片转向数字化成像技术的过程中遭遇重大挫折，企业规模缩小到只有原来的 1%。

多元化战略可以分为两个类型，相关多元化和不相关多元化。**相关多元化**（related diversification）是指进入另一个同企业现有业务活动相关的产业，新的产业与原来的核心业务在价值链的一个或多个环节上有共同点，可以在营销、研发、生产方面共享资源。亚马逊和阿里巴巴进入企业云计算服务是其本身的技术和服务能力向新市场的延伸，华为从运营商业务进入手机业务也是在新市场上利用其系统性研发创新的优势。

不相关多元化（unrelated diversification）则不具备前述战略的特点，新旧业务之间不存在共同点。韩国三星和印度塔塔是著名的不相关多元化企业，郭广昌领导的复星集团是我国民营企业中不相关多元化经营的代表，其业务范围包括地产、医疗、金融和旅游等。

实施多元化战略的企业如何通过多元化创造出新的价值，提高企业的竞争力？主要的方法有三个：将企业的独特能力转用于新的产业，实现范围经济，组织基本竞争力。

多元化战略的一个重要理由是，企业的独特能力也许可以转用于其他产业或业务，从而为企业带来新的价值创造和增长机会。这方面的成功例子包括 3M 公司“无边界创新和多元化发展”，它将粘合材料方面的独特能力应用于多个行业。3M 公司的核心能力建立在 46 个核心技术平台上，从汽车防爆贴膜，到办公用品即时贴、厨房清洁用品思高百洁布、皮肤护理品牌耐适康。

范围经济（economies of scope）是指在不同业务间共享资源所带来的平均成本的节省。当京东商城从早期以 3C 产品销售为主转向全面百货经营时，新的经营品种可以利用原有的客户群体以及京东所掌握的这一群体的消费信息，从而降低了进入新业务的成本。同样，平安保险公司寿险销售人员在销售保险的同时促销平安银行信用卡，将两项业务结合起来有助于促进各自的发展，同时也节省了成本。

多元化战略为组织带来的上述两项优势主要适用于相关多元化企业。不相关多元化的企业如何建立竞争优势还存在着争论。一般来说，成功的不相关多元化企业在组织的基本竞争力方面表现出色，包括绩效管理、企业文化、学习能力等。

当企业主业增长速度减慢后，多元化是实现增长的常见选择。但多元化的成功需要满足一些苛刻的条件，因此失败的比例相当高。有些企业在相关多元化之后未能在新的产业中建立起成功竞争所需要的能力，如茅台进入啤酒产业，娃哈哈进入童装产业，云南白药进入洗护日化。还有的企业在多元化过程中损害了自己的核心业务，甚至丧失了之前曾经拥有的竞争优势。

复习一下

1. 公司层战略主要有几种选择？
2. 单一业务战略的优势和劣势分别是什么？

7.5 国际企业战略

越来越多的企业面临国际市场的竞争，许多企业甚至在成立初始就做出了在全球市场上竞争的计划。国际扩张可能为企业带来提高绩效的空间，跨国企业通过全球化实现的主要利益包括扩大市场、规模经济、区位经济和全球学习。与本国企业相比，跨国企业有机会在全球范围内获取资源、发展独特的组织能力。

国际企业战略的选择主要是平衡全球效率和本地化响应。通常情况下，提高全球效率的努力能够降低成本，提升竞争优势。但同时也会导致标准化的产品和集权，限制了本地响应，损害了企业在当地市场上的竞争力，也使得企业无法获得全球学习的利益。如果跨国企业决定向当地管理者授权以鼓励本地化响应，则各地产品的差异化将增加成本，损害生产、研发和营销部门的效率。国际企业通常采取下面的 4 种战略选择来对上述问题作出回应，如图 7.6 所示。

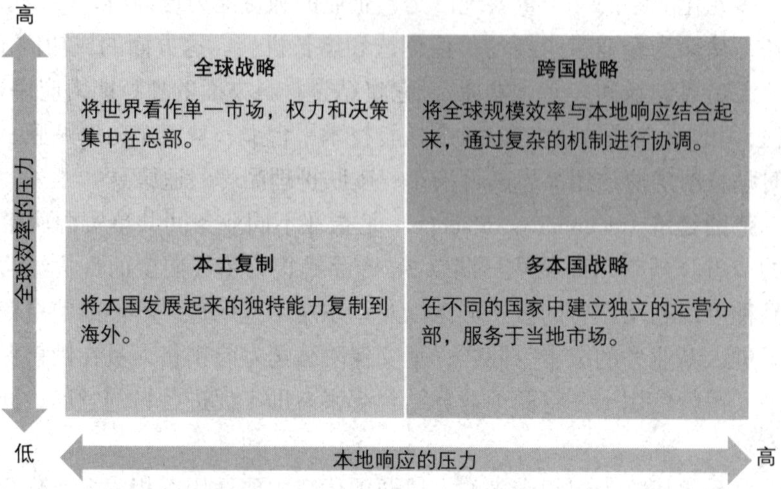

图 7.6 国际战略的四种选择

第一种战略是**本土复制**（home replication）战略。企业利用在本国发展起来的独特能力作为海外市场的竞争武器。换句话说，企业将它在本国市场做得极为出色的作业复制到海外市场。例如，梅塞德斯－奔驰公司的本土复制战略依靠的是其知名的品牌和声誉，能够制造机械性能良好、豪华的、可以高速安全行驶的轿车。梅塞德斯－奔驰公司选择了这一市场细分来实施国际化，尽管只有少数国家有足够高的生活水平和适合于这种产品的道路条件。亚洲、欧洲和美国的顾客无疑都被这种轿车的魅力所吸引。

第二种战略是**多本国**（multi-domestic）战略。实施多本国战略是将企业作为一组相对独立的运营分部加以管理，每一个分部专注于一个特定的本国市场。此外，每一个分部都可以自主定制产品、营销方案和运营技术以最好地满足本地顾客的需求。多本国战略有效的前提是：国家间差异很明显，制造、分销和营销的规模经济效应不明显，总部和分部之间协调成本很高。由于分部必须对本地市场作出反应，母公司通常向不同国家分部的经理们授予很大的权力。在第二次世界大战之前，国际企业通常采用这一战略，因为在当时的通信和运输条件下，控制远在海外的分公司极为困难。

第三种战略是**全球战略**（global strategy）。全球战略企业将世界看作单一市场，它的主要目标是创造出能够满足全球顾客需要的标准的商品和服务。全球战略几乎刚好同多本国战略相反。多本国战略认为每个国家的顾客都是完全不同的，因此应当区别对待。全球战略则假设，不同国家的顾客都是一样的。在开发、制造和销售产品时，全球战略企业将世界市场看成一个整体。它试图通过将制造活动集中在少数几个高效率的工厂以及发动全球广告和营销活动来销售产品，从而实现制造和营销的规模经济效应。由于全球战略要求协调全球各分部的制造和营销，企业通常将权力和决策职能集中在公司总部。半导体是高度标准化的产品并且需求巨大，三星、英特尔在生产半导体时往往采用全球战略。

本土复制战略和全球战略之间存在着重要的相似性：在这两种战略下，企业不管在世界上什么地方的做法都是一样的。在这两种战略之间也存在着一种重要的区别。实施本土复制战略的企业认为，只要它的做法在国内是有效的，那么在海外市场上也应当是有效的。相反，全球战略则没有这样的本土偏见。事实上，它并不注重本土市场的概念，因为在它眼中只有全球市场的概念，而不会将其区分为本国市场和海外市场。全球企业的目标是找出能够最好地服务于全球顾客的方法，而不论其是本土的还是海外的。

第四种战略是**跨国战略**（transnational strategy）。实施跨国战略的企业试图将全球企业的全球规模效率同多本国企业的本地响应优势结合起来。为此，实施跨国战略的企业不会简单地实施集权或分权。相反，它会仔细地为组织中的不同单位分配相应的责任，以最佳的方式实现效率和灵活性的双重目标。

实施跨国战略的企业可能选择对某些管理职能实行总部集权，例如研发和财务。而另一些管理职能，例如人力资源和营销，则予以分权，让本地的经理定制自己的业务活动以更好地响应当地文化和商业环境。微软公司将绝大多数产品开发工作放在美国，而将营销的职责授权给各个国家当地的经理。我们经常可以看到，实施跨国战略的企业将某一产品线的职责交给某一国家，而将另一条产品线交给另一个国家。为了创造内部相互依赖的网络，跨国战略要求企业在整合和协调各个分部的行动上花费很大的精力。

复习一下

1. 国际企业的基本战略选择有哪些?
2. 国际化起步阶段的企业通常采用哪种国际战略?

管理行动专题

宝洁在中国失去的市场

宝洁进入中国市场已经有30年了。巅峰时期，飘柔、海飞丝、潘婷曾占据中国洗发水市场超过六成的份额，舒肤佳、碧浪、汰渍几乎家家都在用。

宝洁在中国市场的销售在2013年达到巅峰，之后突然开始持续下降。2016年，宝洁在洗发护发市场的份额已降至35.8%。[2]

有批评认为，宝洁对中国市场的升级缺乏敏感，未能及时将海外市场的高端产品引进中国。“宝洁足足比蓝月亮晚了4年才推出洗衣液产品。等到对方占领市场才进去，早已没有了优势。”年轻消费者离开电视转向网络，而在网络上宝洁买不到像过去央视黄金时段那样的广告位。电子商务兴起还化解了宝洁在传统商超的地位。

宝洁首席财务官Jon Moeller表示，公司一直专注于占据市场主导地位的低价产品，但对消费者需求转向较高端产品毫无准备。如今越来越多的年轻消费者将海飞丝、飘柔、潘婷等称为“妈妈品牌”。

为了赶上中国消费升级的步伐，宝洁开始发展“小而美”的品牌。例如当妮洗衣香珠、袋鼠洗发水等瞄准中高端市场，其营销方式也和传统做法区分开来，在电商平台上取得了不错的销量。目前，宝洁中国有70%的营销费用花在数字营销上，更注重以内容营销的方式打动消费者。

本章要点

1. 战略是指管理者根据对组织所在产业的价格、顾客需求、成本之间相互关系的理解，通过组合变量实现利润的行动。战略的目标是建立可持续的竞争优势。拥有其他企业难以复制的独特竞争力是企业实现可持续竞争优势的前提。阻止其他企业复制的主要因素包括模仿壁垒和路径依赖。
2. 业务层战略是企业与同一产业中竞争对手对抗时所采取的战略，差异化和低成本是基本的竞争战略。低成本战略是指通过以低于竞争对手的成本提供产品和服务来获得竞争优势，它的原理是规模经济。差异化战略的目标是通过创造一种顾客认为重要的、有差别的或独特的产品（商品或服务）来获得竞争优势。实现差异化的主要方式是品质、创新和客户响应。
3. 市场细分是企业为获得竞争优势对顾客进行分组的方法。最常见的市场细分是根据顾客对价格和功能的要求进行的。业务层战略所关注的竞争重点就是发现新的细分市场，为企业增长创造机会。
4. 业务层战略主要包括三个维度的决定：选择基本战略、市场细分和服务于哪些细分市场。根据企业对基本战略和市场细分的选择，业务层战略可以分为广度低成本和广度差异化、集中低成本和集中差异化。
5. 价值链是企业将投入转化为顾客所重视的产出的一系列活动链，包括基本活动和支持活动。价值链分析的目的是找出最有可能形成优于竞争对手的价值创造活动，并在这些活动中通过增强差异化和低成本建立竞争优势。
6. 价值链上的基本活动是指产品的研发、生产、营销与销售和客户服务等，是直接满足客户需要、创造客户价值的活动。价值链上的支持活动包括物料管理、人力资源、信息系统和组织基础架构。
7. 公司层战略决定企业在哪些业务和产业中进行竞争。选择单一业务战略的企业可以将所有的资源和能力专注于在这一业务中获得成功。垂直整合是向后进入零部件供应产业或向前进入产品使用和分销产业的战略。
8. 多元化战略是指企业进入新的产业或业务领域以实现增长、建立竞争优势。相关多元化是进入另一个同企业现有业务活动相关的产业，以创造和发挥协同效应的竞争战略。不相关多元化战略的业务之间不存在共同点。
9. 国际企业的战略选择需要平衡全球效率与本地响应。国际企业的战略选择包括本土复制战略、多本国战略、全球战略和跨国战略。

批判性思考与讨论题

1. 描述这几个概念之间的联系：独特竞争力、竞争优势和可持续竞争优势。
2. 为什么低成本战略的企业也可能需要巨大的投资？
3. 以一个实际企业的例子说明业务层战略的三个重要决定。
4. 选择一个产业，在其中找出实行四种业务层战略的企业例子。
5. 公司应当先制定哪种战略——业务层战略还是公司层战略？描述业务层战略与公司层战略的关系。
6. 德国大众汽车公司在美国销售甲壳虫轿车，直到 20 世纪 70 年代。最早的甲壳虫轿车用廉价材料制造，运用了高效率的大规模制造技术，给顾客提供的选择余地很小。后来，在20世纪90年代，大众汽车公司上市了新的甲壳虫轿车。它拥有独特的外形，提供多种可供选择的特性，定价很高，以高档顾客为目标市场。大众汽车公司早期甲壳虫轿车的战略是什么，产品差异化、低成本还是集中？大众汽车公司新甲壳虫轿车的战略是什么？解释你的回答。

7. 分别找出一个以下公司层战略的企业例子：单一产业战略、相关多元化和不相关多元化。你认为实行上述三种战略的企业将获得何种绩效水平？用你举的例子说明你的判断。
8. 登录大众点评网，请为其市场细分提供更多的选择。
9. 简述价值链分析与业务层战略的关系。
10. 对微软开发必应搜索的相关多元化战略进行评估。
11. 请对华为手机的业务层战略作出分析。
12. 找一家商务部认定的中华老字号企业，分析其当前的竞争优势。这家企业的竞争优势可持续吗？

学习伴随案例练习

根据你所选择的组织的资料，以小组为单位对其管理活动进行讨论。回答下面的问题并向全班报告。

1. 这家企业的业务层战略是什么？（如果是多元业务的企业，选取其中最大的业务单位。）
2. 在低成本－差异化效能边界上画出企业期望的位置。再画出企业实际的位置。如果你认为这家企业落在边界之内，请说明为什么。如果你认为这家企业落在边界上，它是如何做到的。
3. 描述这家企业价值链活动中创造出最大价值的部分。
4. 这家企业的公司层战略是什么？这一战略是否为公司创造了增加的价值？为什么？

结尾案例

好事多用严选模式对抗亚马逊的竞争

好事多（Costco）是美国最成功的连锁零售超市。它的成功模式很简单。首先，超市里的商品总是大包装出售。品种很少，但多为精品，顾客一次会买得多，享受折扣价的好处。其次，好事多有一个庞大的会员基础，招募会员相当于提前获得收入和绑定销售。

超市有很多吸引顾客的方法，但最重要的是质量和价格。在价格方面好事多有明显的优势，由于品种少，出货量大，它的采购价格有优势。好事多的招牌产品热狗汽水组合非常便宜，多年来一直是$1.50，同样的价钱卖了30年。好事多商品的平均毛利率只有7%，毛利率超过14%需要经过CEO批准。顾客在好事多很难不被其低廉的价格所打动，好事多的结账台以拥挤和排队而闻名。好事多的库存周转期为31天，而沃尔玛山姆会员店是42天。[3]

好事多的店面布置反映出企业对成本效率的追求，地面是水泥的，天花板没有吊顶，货架没有装饰。陈列商品品种3800种，只有沃尔玛的1/20。好事多的牙膏只有4种，而沃尔玛多达 60 种。好事多的目标是让顾客看到 10 件商品时至少有一件要感到惊喜，这种严选模式也是它应对电商威胁的一种有效方式。

好事多销售的商品中有 20% 是它的自营品牌科克兰，科克兰本身已经是市场上的知名品牌。自营品牌的毛利率不超过 15%，但价格却可以显著低于市场，例如科克兰伏特加酒在相同质量下价格只有竞争品牌的一半。好事多还将为会员服务的范围扩大到更多品类，例如会员在合作加油站同样可以享受优惠价格。好事多还销售汽车，它现在已经是美国排名第三大的汽车销售商。通过它的本地合作汽车经销商，顾客可以获得更大的价格优惠。

好事多在全球有 750 家店面，其中 520 家在美国。典型的好事多会员家庭收入约 10 万美元（沃尔玛是 5.5 万美元），会员年度消费大约 2500 美元。好事多选择的会员对象占全美家庭的 25%，收入相对较高。消费能力强是好事多会员的一个特点，例如 60 美元普通会员资格大约一年要采购 1300 美元才合算，而 120 美元的高级会员则要采购 2400 美元才合算。2017 年，好事多会员续费率达到 90%。

会员费收入占公司全部利润的 75%。会员可以申请的联名信用卡也是能够为公司带来利润的产品，这些信用卡为消费者提供返现服务。如果加上信用卡的利润，那么好事多的利润实际上主要来自它提供的服务，而不是超市内商品的利润。好事多因此能够将商品毛利率控制在低水平，在顾客心目中营造出性价比特别高的品牌形象。

好事多认为，顾客到店里来总是会买得多一些。尤其是固定会费，往往刺激顾客多买，因此它直到 2017 年才开始大举开拓网上销售。而此时另一家零售巨头沃尔玛已经是美国仅次于亚马逊和 eBay 的电商。沃尔玛的电商业务在其业务板块中增长最快，但利润不足。往往补贴停止，顾客的订单也会停止。好事多进入电商领域会不会遇到和沃尔玛一样的困难？市场可能不会像对待亚马逊那样给予老企业长期亏损的支持，这也是沃尔玛股价不断下滑的原因。

好事多网站只提供 10000 种商品，而亚马逊则提供 50 万种商品。在中心化的配送能力方面，无论沃尔玛还是好事多都远远落后于亚马逊。尽管好事多存货周转率已经非常高，但亚马逊的表现甚至优于好事多。

在价格方面，目前好事多对亚马逊有压倒性优势。有调查比较了 38 种可以网络下单的产品，亚马逊在饮料和食品上高出近 100%，如果消费者全部在亚马逊购买这 38 种产品，其价格会高出 12%。收购美国最大的有机食品连锁店全食食品后，亚马逊在食品方面的价格劣势也许将得到扭转。两者的竞争重点不同。好事多注重价格折扣和性价比，亚马逊则以购物方便胜出。[4]

好事多拥有 9300 万会员。其中基础会员占 2/3，年费 60 美元；高级会员占 1/3，年费 120 美元。会员总体平均消费为 1500 美元。亚马逊拥有 1 亿会员，年费 119 美元，会员年均消费 1500 美元。[5] 两家的会员续费率差不多，好事多会员中有 57% 同时也是亚马逊的付费会员（Amazon Prime），而在 2015 年，这一比例只有 50%。消费者在亚马逊主要购买电器、书和服装，而生鲜食杂只占 25%。[6]

亚马逊对城区、年轻和工作繁忙的顾客更有吸引力，对于收入相对较高的消费者，时间可能更加重要。由于亚马逊拥有不断增加的网络效应，其增长速度较高。好事多的增长取决于会员人数和会员消费，在其他零售商受到亚马逊冲击的时期，好事多近年单店销售仍然保持了 5%~7% 的增长，显示了消费者对好事多模式的认可。

结尾案例讨论题

1. 为什么亚马逊的兴起没有冲击好事多的增长？
2. 哪些因素能够支持好事多低成本的可持续增长？
3. 分析好事多的电商业务前景。
4. 从网络上搜索好事多和亚马逊的全球化扩张，你认为两家公司全球化扩张差异的原因有哪些？

开篇案例讨论题

1. 用价值链模型对闪送的服务进行分析。
2. 闪送的竞争对手有哪些，它们对闪送构成怎样的威胁？
3. 闪送业务的市场风险可能有哪些？

自测题

1. T　F　运用差异化战略的组织试图将竞争对手的努力引入较不赢利的业务。
2. T　F　基本的竞争战略只有低成本战略和差异化战略两种。
3. T　F　自己开店销售自产轮胎的生产商实行的是前向垂直整合。
4. T　F　在一个产业内，市场细分的方法通常是固定不变的。
5. T　F　实行低成本战略的企业会努力减少生产设备投资。
6. 实行低成本战略的企业会采取以下哪种措施
   a. 扩大产量
   b. 严密的生产和销售控制
   c. 刻板的预算控制
   d. 产品只提供最基本的性能
   e. 以上全部
7. 多弗技术公司生产鸟类喂食器，包括光激活的鸟类呼叫法吸引鸟类前来取食。多弗公司对他们所独有的鸟类喂食器收取比其他生产商更高的价格。多弗公司采取的是哪一种基本战略
   a. 差异化
   b. 集中
   c. 低成本
   d. 基本
   e. 竞争
8. 所有下述都是价值链的基本活动，除了
   a. 研发
   b. 生产
   c. 营销与销售
   d. 员工培训
   e. 客户服务
9. 以下哪一项不是业务层战略的基本决定
   a. 基本战略
   b. 垂直整合的方向
   c. 市场细分
   d. 服务于一个或少数几个细分市场
   e. 服务于所有的细分市场
10. 以下哪一项不属于差异化战略的实现方式
   a. 提高品质
   b. 规模经济
   c. 技术创新
   d. 改进客户响应
   e. 拓宽产品线

本章注释

[1] http://money.jrj.com.cn/2017/06/28092722665632.shtml.

[2] http://yuanchuang.caijing.com.cn/2018/0412/4435135.shtml.

[3] https://csimarket.com/stocks/singleEfficiencyit.php?code=COST.

[4] https://www.forbes.com/sites/pamdanziger/2017/12/06/amazonwhole-foods-vs-costco-costco-has-cheaper-prices-but-amazon-still-wins/.

[5] https://www.practicalecommerce.com/costco-finally-embraces-ecommerce.

[6] https://www.kiplinger.com/article/investing/T052-C008-S002-costco-is-surviving-in-the-age-of-amazon.html.

8 CHAPTER 8

运营管理与竞争优势

本章学习要点

- 什么是运营管理
- 学习效应、大规模定制和柔性制造技术
- 流程管理：流程再造和流程创新
- 产能管理
- 库存管理
- 质量管理
- 供应链管理和信息系统

特斯拉大量使用机器人以降低成本。

开篇案例

特斯拉的“生产地狱”

汽车企业通常为如何取得订单而发愁，但特斯拉的挑战却是如何尽快生产出足够多的 Model 3 电动车，缓解订单积压。

特斯拉原本希望 Model 3 的产能可以在 2017 年年底前达到每月 2 万辆，但在最后 3 个月中特斯拉总计只完成了 2425 辆 Model 3 的交付。CEO 马斯克说，该公司面临着一段长期的“生产地狱”。特斯拉开始争分夺秒地寻找并解决装配过程中遇到的各种问题，主要是抛弃一些被证明不适合某些任务的复杂的机器人，并雇用了数百名工人来代替它们。

成熟的汽车公司通过装配工人建立和掌握生产过程，然后找到方法利用机器接管一部分工作。特斯拉则相反，它先设计了一条拥有超过一千台机器人和其他装配机器、高度自动化的生产线。特斯拉还试图在生产过程中通过调试形成稳定的工艺流程，而不像其他汽车生产企业在大规模生产之前先要确定基本的装配流程。在生产线上进行调整往往导致很高的复杂性，例如某一个部件的改进通常需要其他部件做出改变，而供应商也要同时做出生产调整。

自动化生产领先者的日子并不好过。咨询公司 Oliver Wyman 在对全球汽车厂进行评估的年度调查中发现，生产效率排名靠前的车厂仍然大量使用装配工人，自动化程度最高的车厂则在这份调查中垫底。[1]

特斯拉最初使用机器人来安装 Model 3 的座椅。但是，在拧紧座椅的固定螺栓和连接座椅的供电线时，这些机械动作缓慢且没有很好的一致性。特斯拉对工作台进行了改造，用机器人将座椅挪到合适的位置，然后由装配工们负责螺栓的紧固和供电线路的连接。

特斯拉工程高管承认，该公司高估了自己生产汽车的速度，设计了一个被证明过于复杂的生产系统。马斯克说，“在感受到应用全自动化对某些部分进行装配带来的挑战后——如电池模块生产线、部分原料周转系统，以及总装的两个步骤——我们改善了生产流程，以一定程度的半自动化以及人工装配取代部分全自动化。”

在整个生产流程中，最慢的环节其实是决定整个生产效率的关键点。特斯拉此前的错误在于，片面追求全自动化，而忽视了在某些特定的生产制造环节，人工装配或者说半自动化其实才能达到效率的最大化。

特斯拉的工程师们花了几个月的时间试图让机器人能够准确地引导螺栓穿过一个孔，以固定后刹车的一部分组件。他们最终找到了一个极其简单的解决方案：采用尖头螺栓来代替通常使用的平头螺栓，这样即使机器人出现了哪怕 1 毫米的精度偏差，螺栓也能够通过其锥形尖头被导入那个孔。

特斯拉还寻找各种方法以缩短机器人焊接零部件所花费时间，通过工艺流程优化，生产出焊接点更少的 Model 3 车身。这款车型有大约 5000 个焊接点，但工程师们研究发现，其中 300 个焊接点是不必要的。他们对机器人进行了重新编程，使它们在钢质车身的组装过程中省略这些焊接点。

生产线的改进带来了成本的降低。在之前的一条生产 Model S 和 Model X 的装配线上，将电池组和电动机装配到车身的工作区有 14 个工作台和 17 名装配工人。而在

Model 3 的装配线上，同样工序的工作区仅有 5 个工作台，并且整个过程不需要任何装配工人的参与。

2018 年 12 月，Model 3 产量达到每天 1000 辆。特斯拉没有披露生产线改进的成本细节，但马斯克说，由于基础版成本仍然高达 38000 美元，只有继续提高产量，特斯拉才有可能以 35000 美元的价格实现赢利。

本章将讨论运营管理的主题。我们首先介绍运营管理在管理和组织战略中的角色，接下来讨论大规模生产和大规模定制的相关概念，分析提高生产率和效率的途径，包括流程管理、质量管理和库存管理，最后我们还将讨论供应链管理的重要概念。

8.1 什么是运营管理

运营管理

运营管理主要包括生产系统和生产率管理、质量管理、库存管理、供应链管理和生产设计过程的管理。运营管理（operations management）是组织将输入的资源转化成产品和服务的一系列管理活动，是企业创造增加价值的核心。当格力电器购买压缩机原件、电子元件和外壳材料，在生产基地中将它们装配成价格不等、性能各异的空调产品时，它就是在进行运营管理。当吉野家快餐店的员工按照收银台传递来的订餐信息，在操作台上选取不同的食材组合配餐并在规定时间内交付等待中的顾客时，他 / 她也参与了运营管理。

运营管理的重要性

运营是组织的重要职能，既有效率又有效能的运营管理对于保持竞争力和组织总体绩效是非常重要的。从经济角度看，运营管理创造了某种形式的价值和效用，体现为企业提供的产品和服务的类型。如果产品是实物，如奥迪轿车，则运营通过将不同的输入（金属板、橡胶、油漆、内燃机、控制机件和人类的技巧）转化成某种比输入品价值更高的东西（轿车）而创造价值并提供效用。输入品从进入时的形态转变成一种新的实物形态。这一转变通常由生产运营完成，并从根本上反映了组织的技术能力。

像京东商城这样的电子商务企业的运营活动通过品种、价格和送货等服务为顾客创造价值。航空公司按照约定的起飞和到达时间运送旅客和货物。其他服务运营，如宝洁日化品遍布全国的分销商或运动服装零售店，通过将顾客和厂家生产的产品吸引到一起创造了价值。尽管在这些例子中的组织生产不同的产品或服务，但它们的运营过程具有很多重要的共同点。

运管管理是组织竞争力的来源之一。在同样的资源条件下，有的组织可以生产出价值更多的产品或服务。这种能力表现为生产和服务组织的特殊能力、更高的生产率或更高的质量，成为组织的竞争优势。

制造业与运营管理

由于制造业一度主宰着工业，因此运营管理一直被称为“生产管理”。制造业（manufacturing）是将资源组合转变成有形产出并出售给其他人的企业经营形式。富康士是规模巨大的制造商，它承接苹果和惠普等大企业的订单，在市场上购入各种电子元器件，装配出 iPhone、iPad 等 IT 产品。宜家公司是制造商，它购买木材和五金件、装填材料和织物并把它们组合成家具。在前面介绍全球化生产的概念时，我们了解到中国已经成为世界上最主要的生产基地。今天，在中国组织生产、供应全球是许多跨国企业生产管理的主要挑战。

服务运营

促进制造业运营管理改进的因素同样刺激着服务部门的提高。例如，国际电话费用的降低引导跨国企业将服务业务外包。当日本的戴尔电脑用户打通客服热线时，接电话的可能是中国大连戴尔呼叫中心坐席上的员工。

服务组织是把资源转变成无形的产出（服务）并为消费者创造效用（utility）的组织。银行为客户提供资金管理的服务，物流公司为客户提供物品转移的服务，超市为顾客提供购物管理的服务。

运营管理在组织战略中的角色

运营管理不仅影响组织的竞争力、质量和生产率，它还直接影响组织总体效率。不顾成本追求高质量、放弃质量追求低成本的运营管理都会损害组织在市场上的竞争优势。例如，苹果公司在全球生产 iPad，它的运营管理达到了很高的水平。竞争对手们通过更高的硬件配置取胜的努力几乎都失败了。它们无法获得与苹果公司相同数量级的销售水平，因此无法通过规模生产降低成本，在相同的价位下无法实现盈利。

当组织战略改变时，组织的运营管理也要做出调整。例如在全球范围内开展低成本竞争的企业必须具备全球采购、全球生产和交付以及与供应商建立更紧密协作的能力。运营管理同样会影响战略，假设一家公司决定提高其产品与服务的质量以支持差异化战略。这一决策的成效部分依赖于现有的生产能力与其他资源。如果现有技术不可能达到更高的质量，并且组织缺乏替换其技术的资源，将质量提高到期望的新标准会非常困难，最终可能导致组织整个战略目标陷入失败。

运营管理与生产率

运营管理的主要目标是提高生产率，生产率（productivity）是衡量产出的价值与生产这些产出的投入价值之间效率关系的指标，其数学表达式为：

生产率 = 产出 / 投入

以上公式的计算结果称为全要素生产率，区分全要素生产率中各个要素的作用在实践中较为困难。因此，通常考察与某一具体资源相联系的生产率指标，例如劳动生产率。劳动生产率是产出与劳动投入的比率，即：

劳动生产率 = 产出 / 劳动投入

生产率是组织利润水平的主要决定因素，也在很大程度上决定了组织的生存。生产率也是一国人民生活水平的主要决定因素，更高的生产率可以为本国人民带来更多的产品和服务消费，也可以促进出口，交换其他国家的资源。据世界大型企业联合会（The Conference Board）的数据，中国的劳动生产率仍然较低，但增长速度很快（图 8.1）。

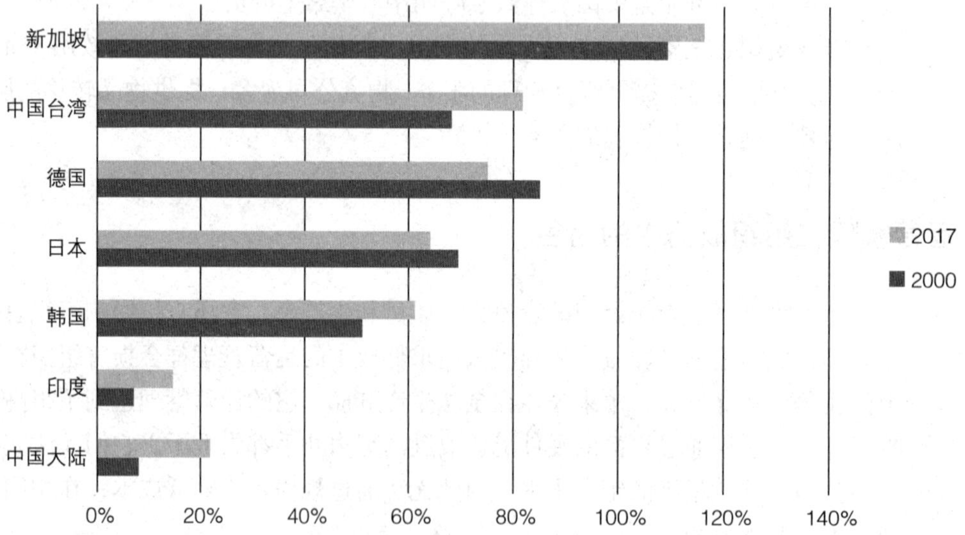

图 8.1 各国（地区）劳动生产率与美国（100%）的对比

提高生产率的方法主要有：

□研发。研发有助于发现新产品或现有产品的新用途，以及生产产品的新方法，这些都会提高生产率。例如，大庆油田长期开采后石油含水量越来越高，导致生产率下降。油田通过研发实现了采油率的提高，在连续 27 年年产 5000 万吨后仍然能够保持年产 4000 万吨的水平。

□**改造和更新生产设备**。2018 年，富士康表示，未来 5 年将通过投资机器人取代 80% 的人力。在富士康，现在有许多工厂完全实现自动化，车间里已经不需要开灯。

□**员工培训**。员工培训可以提高工作能力，掌握和充分利用技术和设备。通过培训员工完成多项工作的能力还有助于控制人工成本，从而提高生产率。

□**员工参与**。这是最具潜力的提高生产率的方法。员工参与包括尊重员工、在工作中给予员工更大的控制权和在整个组织运作中更多的话语权（例如参与战略制定、价值观维护等），有助于鼓励在一线工作中发现问题、解决问题和激发创新，从而提高生产率。丰田汽车公司在管理中强调向员工授权，解决现场问题主要依靠员工的智慧。海底捞火锅则通过给予员工尊重和现场决策权来提高服务生产率。

管理行动专题

仁钦为 12 岁的儿子盖房

21 世纪初，鄂尔多斯市的作家肖亦农认识了蒙古族牧民仁钦。仁钦住在库布齐沙漠腹地名叫赛乌素苏木的地方，这里没有公路。仁钦的儿子只有 12 岁，可仁钦已经开始为儿子准备结婚时用的新房了。

因为交通不便，仁钦每次要赶着羊群去运砖。每只羊驮四块砖，16 只羊一次驮 64 块砖。每驮一次走 200 公里沙地，往返要一个星期的时间，然后羊要缓 20 天才能走下一趟。盖房子总计要用 7000 块砖，仁钦计算了一下，驮够这些砖需要 10 年时间。所以，儿子到了 12 岁，仁钦就开始准备了。

资料来源：http://www.eeo.com.cn/2011/0805/208091.shtml。

复习一下

1. 区分生产运营和服务运营。
2. 提高生产率的主要方法有哪些？

8.2　学习效应、大规模定制和柔性制造技术

在第 7 章里我们介绍过，大规模生产可以摊薄固定成本，降低生产单位产品

的成本，是低成本战略发挥效力的主要原理。下面我们将要了解到，学习效应是另一个降低生产成本的主要途径。

学习效应

学习效应（learning effect）是通过在工作中的学习而节省的成本。例如，员工通过反复从事一项工作而掌握了完成任务的更好方法。新的制造设施如生产线的采用通常需要一段时间才能发挥出充分的产能，劳动生产率（也包括管理的效率）随工作经验的增加而提高，从而产品和服务的单位成本随之下降。越是技术上复杂的工作，通过学习效应获得的收益越明显。[2] 有关学习效应的报道最早来自二战期间波音公司飞机装配车间的观察。[3] 研究者发现，每当某一型号飞机装配数量增长一倍，其劳动力成本就会下降 15% 左右。例如，装配第 4 架飞机时的劳动力消耗只有第 2 架时的 85%，第 8 架时则只有第 4 架的 85%。20 世纪 60 年代，波音 747 生产初期需要 25000 名工人，一个月的产出为 7 架。10 年后大约已经生产了 400 架，此时，同样的任务只要 11000 名工人就可以完成。[4] 研究人员认为，这种成本随着生产单位倍增而下降的趋势源自员工通过学习掌握了更省力、省料和较少错误的工作方法，工作现场组织和安排也变得更合理，从而提高生产率。

从图 8.2 可以看出，规模经济（大规模生产）的效应是沿着曲线运动，例如

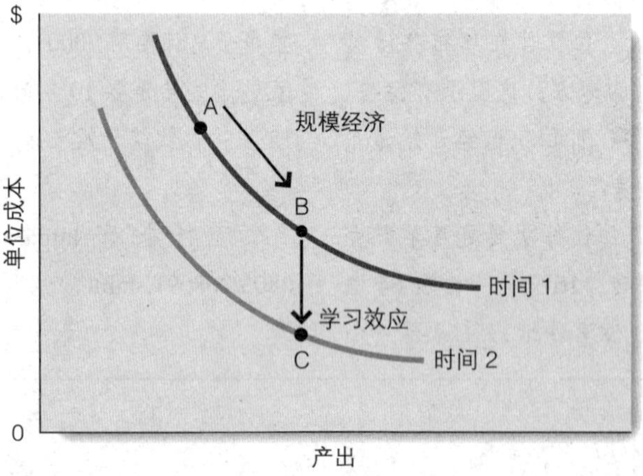

图 8.2 学习效应与规模经济对单位成本的影响

从 A 点到 B 点单位成本下降。而学习曲线的效应则是将成本曲线本身向下移动，随着经验的积累，从 B 点到 C 点的成本下降。与规模经济相同，学习效应也是低成本企业降低成本的方法。

从学习效应的机制来看，即使产量不扩大（波音公司的飞机产量并不算高），仍然可以实现学习效应。这意味着，学习效应并非规模经济（大规模生产）的结

果。实行差异化战略的企业也可以通过学习效应降低成本，拉近与低成本战略企业的成本差距。与低成本企业相比，差异化企业通常在规模经济上不占优势，学习效应是差异化企业可以充分利用降低成本的方法。企业还应当通过鼓励员工进行改进来扩大和延长学习效应。

学习效应还对企业的竞争战略产生影响，例如企业可以估计学习效应对生产成本的影响，根据预期的成本降低幅度率先采取降价的行动以扩大市场份额、阻止竞争对手进入。采用这一战略的风险则是组织遗忘和学习效应终止。当员工离开本企业或流动到其他企业时，就会出现组织遗忘。而当产业趋势和技术发生转移时，学习效应将终止。

大规模定制

今天，像我国传统的东北工业基地那种大规模生产已经很少看到，取而代之的是大规模定制和柔性制造。大规模定制是差异化企业降低成本的另一个方法。根据规模经济的概念，实现低成本的途径是对标准化产品进行大规模生产。差异化意味着产品多样化和批量减小，这是与标准化相矛盾的，特别是小批量生产要求的生产设备和工序的调整往往导致成本显著上升。

大规模定制是解决这一矛盾的方法之一。所谓大规模定制（mass customization），是指企业以接近于大规模生产的成本向顾客提供满足其定制需要的产品和服务。大规模定制的实现主要依靠柔性制造技术（flexible manufacturing），一种由日本丰田汽车公司的大野耐一在 20 世纪 50 年代首创的生产技术。它可以缩短生产设备组装时间，以紧凑的工序提高设备利用率，提高制造过程各阶段品质控制。例如，传统的汽车生产流水线工序很长，导致大量库存，而在需要调整生产设备时又很费时，转产成本高。丰田公司对工厂设施摆放进行了合理化设计，尽可能采用通用配件，将生产线上所使用的工具和操作步骤进行标准化，尽量采用通用的工艺方法。这些方法大幅度降低了生产设备组装和调整所需要的时间以及在制品库存，减少进入下一道工序的次品数量，在实现生产线规模经济的同时将转产的成本控制在较低水平，可以灵活生产出具备差异化特征的汽车产品，从而实现大规模定制的效益。

电脑技术在生产领域中的应用还可以进一步提高生产组织和调整的效率，大规模定制发展的潜力仍然很大。例如，在成衣产业中，体型扫描、计算机辅助设计、单层面料剪裁、数字化印染和单元式生产等技术已经发展起来。像 Levi's 公司使用体型扫描方法来帮助顾客选择最适合自身体型的设计，实现面料定制与合体定制，这些信息数据还可以储存起来备用。远程网络应用 3D 技术和虚拟试穿（virtual try-on）则进一步提高了成衣定制的用户满意。定制可以帮助成衣企业摆脱大批量生产所导致的库存积压，集中采购和生产则令它们仍然享有规模经济的优势。

服务业也可以采用大规模定制的方法。例如，携程网在南通设立的电话呼叫中心可以容纳12000个座席。尽管每位客户都会提出个性化的要求，然而所有的员工在向客户提供服务时都遵守着严格标准化的程序，电脑还会根据员工的输入显示程序化的服务提示方案。这些标准化的服务设计能够控制服务的成本，在个性化服务的同时实现了规模经济效应。与此类似，网易印象派电子商务向顾客提供定制化的照片冲洗、礼品制作服务，通过集中的采购、制作和电子商务交易的低成本实现规模经济，同时也满足了用户个性化需求。

管理行动专题

丰田公司的模具快速更换法

20世纪50年代，生产管理顾问新乡重夫在研究丰田汽车公司生产过程时发现，更换设备需要花费大量时间，导致生产成本上升，是小批量生产高成本的主要原因。其中一个特别显著的环节是用于生产车身的大型连续冲压设备的更换，设备本身重达数吨，而安装精度要求误差不超过1毫米。传统的更换方法是停下生产线，用高架起重机吊下模具，用肉眼确定位置，用撬棍调整模具的位置，同时进行试冲压。整个过程耗时长达12小时，甚至3天。

在大野耐一的支持下，新乡进行了一系列的改进。首先，在连续冲压设备上安装了精密测量仪器，记录每一款车型的模具安装时必须符合的测量值。然后以这些测量值为依据安装模具，不再依赖肉眼观察，仅此一项改进就将更换设备的时间减少到了一个半小时。

此后，根据进一步的观察，丰田汽车公司继续改进，建立起更紧凑的模具更换标准流程。当新车型进入厂房时，就会提前准备好专用的设备更换工具，他们还对吊车的入场程序进行了优化。当旧的模具开始移走时，装载新模具的吊车已经进场等待。经过流程优化，丰田的工程师将冲压模具设备更换时间减少到10分钟，可以将经济生产规模降低到一辆。由此带来的库存节省和生产成本降低成为丰田长期的、可持续的竞争优势的重要来源。

复习一下

1. 学习效应发生的原因可能有哪些？
2. 大规模生产和大规模定制的区别是什么？

8.3 流程管理：流程改进和流程创新

流程

流程（process，business process）是组织所实施的一系列连续的步骤，将投入转化为有价值的产出。组织中的每一位成员几乎都置身于某一流程中，管理者的工作也是在各种流程中实现的，流程影响着组织中所有成员的活动。奇瑞、吉利、比亚迪的汽车生产流水线是产品的生产流程，医院的挂号、就诊、处理、复诊则是服务的生产流程。

流程的特点主要有：

□流程的目的是为顾客创造价值。
□从投入开始（包括中间）直到产出的完整过程。
□流程上的活动依照一定的顺序进行或并行。
□流程常常是跨越部门的。

图 8.3 简要列出了京东、当当、亚马逊等电子商务零售服务企业的主要流程。从图中可以看出，这一流程跨越了多个职能部门。对于组织，流程的一个作用是明确了各项活动的责任人以及他们所创造的价值。

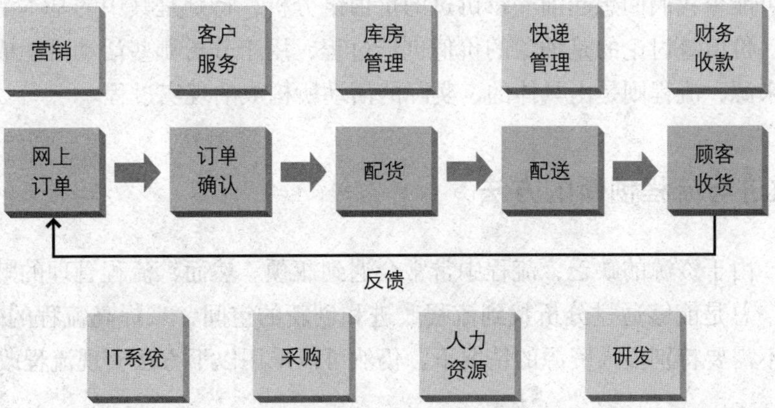

图 8.3 京东商城的顾客购物服务流程

流程的另一个意义在于提醒我们从顾客（流程终点）的观点认识组织的全部活动。正如我们在前面所讨论的，大规模生产的流程固然可以降低成本，但其流程观是从前向后看，结果是专注于产品的生产而忽视了顾客对产品灵活性和定制化的要求。激烈的竞争要求组织将顾客需求的满足作为流程触发的起点，从而将组织资源分配的重点从生产转向满足顾客的需要。例如，戴尔公司采取按单生产的大规模定制模式，以顾客的订单为起点组织生产，避免库存风险，提高流程效率，增加了顾客的价值。服务产业也是一样，当《读库》早期遇到读者投诉寄到的书有破损时，由于担心增加成本，出版方会询问顾客是否需要重寄。2011年开始，《读库》在收到类似投诉时不再发出询问，而是直接为顾客提供一本新书，不让顾客所获得的价值因为内部的流程（审查和成本控制）而受到损害是这一改变的动因。

流程的绩效

在衡量流程的绩效时，组织主要关注流程中等待的任务数量（相当于库存）、流程的时间、产出的速度。

以京东的流程为例，库存就是在系统中等待执行的订单数量，流程的时间是顾客从下单到收到货物的等待时间，产出的速度则是最终订单完成的数量。流程中的每一个环节都会影响流程的绩效，各个环节间能力的不均衡将导致流程效率下降。例如，京东曾经多次发布送达延迟公告，最严重时不得不暂时关闭订单系统。快递能力不足和库房转移是送达延迟的常见原因，京东近几年的发展史几乎就是不断扩大仓库和快递能力的历史。与流程中所直接涉及的各个职能相似，支持职能也影响着流程的效率。例如，采购问题曾经导致京东的16G型号iPad 2库存不足，在开放接受订单后短短几分钟即告售罄。

在企业中，流程的种类很多，这些流程规定着真实企业的所有活动。流程分析可能令我们回想起前一章讲过的价值链分析，特别是其中的基本活动与支持活动。价值链讨论的是抽象的价值创造过程，用于分析哪些活动可能成为竞争优势的来源，流程则是由具体的、实际的活动所构成的现实过程。

流程改进与流程创新的方法

由于资源的缺乏，流程中常常会遇到瓶颈。然而，流程管理的魅力之一就在于，总是能够通过分析找到流程改进和创新的空间，来提高流程的效率。例如，在不需要特别投入资源的情况下，仍然可以采用以下方法实现流程改进：

□同步进行活动。流程中往往有许多顺序安排的活动，流程的时间等于完成所有活动所需要的时间。将顺序的活动改为同步的活动，可以极大地压缩流程中所消耗的时间。

20世纪80年代末兴起的并行工程（concurrent engineering，CE）设计方法就是这样的应用。传统的新产品开发采用顺序流程，设计、工艺、技术、采购、生产依次展开。不仅流程时间长，后续阶段出现的问题还往往导致返工。并行工程设计法则要求在产品开发开始时就组建跨职能的团队

（产品、工艺、技术、采购、生产），考虑产品整个生命周期中从概念形成到产品报废的所有因素，包括质量、成本、进度计划和用户要求，从而提高质量、降低成本、缩短产品开发周期和产品上市时间。

- □**改变活动的顺序**。流程中经常会有物料或文件在设备、房间、部门之间多次往返的过程。例如，有时一份文件会在不同的部门间反复传递，进行审核和签署。通过对文件传递程序的研究，可以找出改变其中一些活动顺序的方法，压缩流程时间。贝尔加拿大公司提供宽带服务的订单受理过程中经常会有重复输入的现象，在专业软件的帮助下，公司后台操作的重复得以消除，订单处理周期从 60 天缩减为 18 天。[5]
- □**减少中断的时间**。在许多流程中可以发现不同活动间隔时间过长的问题。例如，采购的频率为一周一次，如果订货或缺货报告错过截止日期，则需要等待一周才有机会进入新的采购周期。因此，在流程设计中就需要强调提交订货报告的时间。例如进行前瞻性的采购需求分析，从而有效地减少流程的时间。前面介绍的丰田汽车公司快速更换模具就是这样的例子。

今天，市场上已经有了很多商业流程管理（BPM）软件，这些软件将流程分析与产业的优秀管理经验相结合，帮助企业管理流程，发现瓶颈，消除浪费，提高流程的效率。

管理行动专题

交叉理货

分销的速度和效率对于大型零售企业的客户满意度和利润水平的重要性是不言而喻的。传统的分销路线是从供应商处将产品送往店面，例如宝洁公司的车队将产品送往沃尔玛分销中心后再由沃尔玛送往各家门店。然而，这样做存在着库存成本，以及入库出库两次操作带来的效率损失。

沃尔玛等企业在 20 世纪 90 年代开始在分销流程中使用交叉理货（cross docking）的模式，如图 8.4 所示。在这一模式下，来自工厂的产品在仓库的“码头”（装卸平台）上根据各家商店订货要求当场分类包装，然后直接发往商店。车队进出由 IT 系统控制和优化，当工厂的货车开到时，可以停靠在码头的一侧，现场在卸货的同时进行分类包装。准备发出的货车在“码头”另一侧待命，装上重新整理后的货物直接开往各家门店。这一设计将原来的两个反向操作入库和出库合并为交叉理货环节，取消了仓库成本，提高流程的效率，降低了成本。

到了 21 世纪初，沃尔玛全部商品中已经有 86% 使用交叉理货方式，而主要竞争对手凯玛特则只有 50%。沃尔玛租用卫星将其所有店面的销售数据提供给供应商，从而提高供应组织的效率。它的送货车队拥有 2000 辆卡车，每周每家店面可以补货两次。综合起来，沃尔玛的销货成本比行业平均水平低3个百分点。[6]

新的RFID（射频识别）技术可以无须扫描即获取货物的信息，这一技术有望取代传统的扫描方式，从而将交叉理货的程序进一步缩减为卸货—理货—装车三个环节。

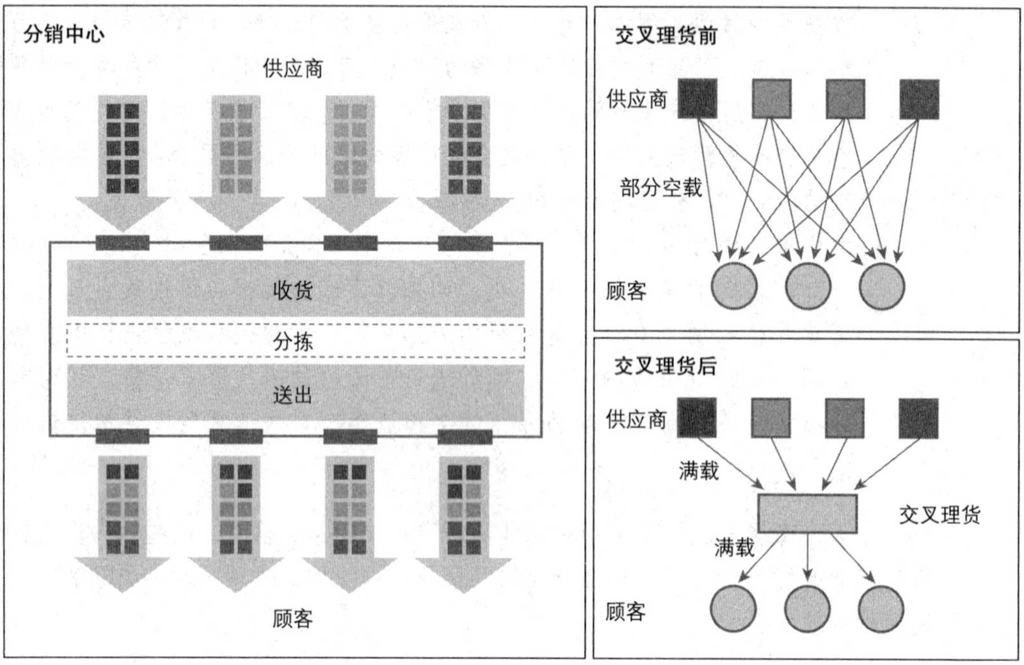

图 8.4a

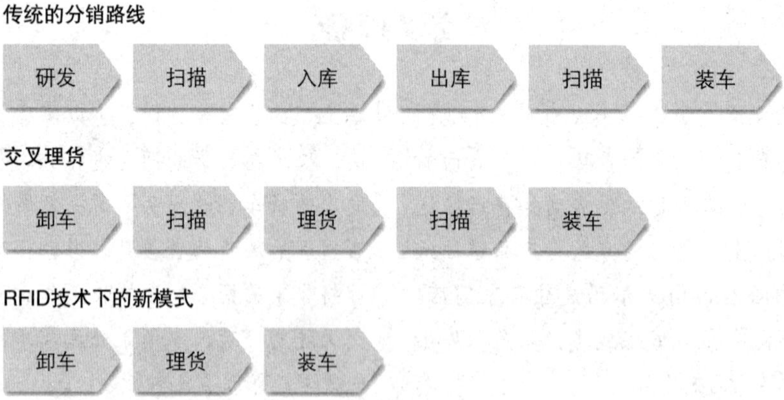

图 8.4b

管理行动专题

流程再造

流程改进与创新通常是在既定战略管理指导下的持续过程。当竞争环境发生重大改变时，渐进的流程改进与创新不能满足企业的竞争需要。管理学家汉默（Michael Hammer）和钱皮（James Champy）认为，企业不应当满足于提高现有流程效率，而应当从企业战略和商业模式的角度重新审视并改进自己的流程，这就是流程再造（reengineering）。具体来说，流程再造是"对商业流程的根本性的重新思考和激烈的重新设计，以实现关键指标上重大的绩效改进，如成本、质量、服务和速度"。[7] 主张流程再造的学者们认为，管理者倾向于将企业看作工作的集合，因而将主要的精力放在提高完成工作的效率，而忘记了企业最为重要的使命：为顾客创造价值。

台湾建筑师谢英俊在灾区的住宅重建流程中做了创新的尝试。1999 年，台湾发生"9·21"大地震，日月潭周围原住民的房屋大部分倒塌。谢英俊受邀前往帮助当地原住民邵人重建家园。"当时政府能够提供的资金是很少的，通常只有 25%，最多时也只有 60%。"重建一般交由建筑专业施工队来进行，灾民坐在旁边看别人帮自己重建，自己却只能等待救济款发放而"无所事事"。

钱不够用，人力闲置。谢英俊针对邵人的实际情况提出"协力造屋"的主张，让建筑过程"去工具化"。在技术人员的专业指导下，吸引邵族人参与进来一起建房。这样房主不仅可以省下一大笔开支，还能达到传统"换工"的文化含义。根据当地的气候和经济条件，谢英俊决定采用轻钢架、三合板、竹子和不织布为主要建材，将原本 1 平方米 2 万新台币的造价降低至 5000 元新台币。

邵人小区完成后，谢英俊将邵人、布农人、泰雅人的年轻人编成工作队，开始到附近其他少数民族部落协助重建。由于构法简单，操作容易，一些留在部落无事可做的年轻人也加入了协力造屋工作队。6 年中，谢英俊和同事率领由邵人青年组成的建筑队，共建造了 300 多套房屋。通过流程再造，降低建筑过程的困难，即便没有专业技术的农民都能参与进来，发挥劳动力和创造力。

复习一下

1. 请你在教材之外举出一个服务业流程的例子。
2. 流程绩效主要考察哪三项指标？

8.4 产能管理

产能管理

产能（capacity）是指在一个特定期间内系统能够实现的产出数量，决定产能的因素包括设施、设备和人力资源等。制造业产能的例子包括某一班次中组装的电脑数量；服务业产能的例子包括一天内医院能够接待的患者数量。

产能管理是管理者平衡投入与产出（需求）之间关系的过程，在很大程度上决定着组织的客户响应水平、成本结构、库存政策和人力政策。如果一家企业的产能显著超出需求，则意味着投入产能的资源出现了浪费，这会降低投资回报，削弱企业的竞争优势；反之，如果一家企业的产能显著低于需求，则意味着无法生产出足够数量的产品或服务，未能充分利用市场潜力。这同样会降低投资的回报，给竞争对手提供机会，损害企业的竞争优势。

衡量产能管理的一个常用指标是产能利用率：

$$产能利用率=\frac{产能使用}{最佳运营水平}$$

假定一家手机工厂的最佳运营水平是每天生产 1.2 万部手机，当前它的生产状况是每天生产 11500 部，则其产能利用率 =11500/12000=0.96 或 96%。

在产能管理中，企业主要考虑三项因素。首先是保持系统的平衡性。所谓平衡，指的是各道工序间投入与产出间的平衡，例如，在理想的情况下，PC 工厂主板的生产数量应当正好等于组装 PC 整机所需要的数量，或等待 X 光照相的病人人数恰好等于 X 光机和技师能够处理的数量。然而，在实际中，这往往是不现实的。因为不同生产或服务环节的最优产能可能是不同的，一定期间内机箱生产的最优产能可能远远超过主板。另一方面，需求的波动也让平衡难以实现，需要照 X 光检查的病人数量每天都可能是不一样的。解决平衡问题的方法主要是设法消除瓶颈环节。例如，让住院病人在早晨集中进行 X 光照相，可以减少白天门诊病人突然增加对 X 光室的压力。此外，还可以专门针对瓶颈建立备用设备和人力或临时购买外部合作方的产能。

产能管理需要考虑的第二项因素是产能增加的频率。频繁增加产能会带来成本的增加，包括购买新设备、更换和安装、员工的培训等。另一方面，产能增加周期过长也可能是成本高昂的。在这种情况下，产能往往会呈现峰值式的增长。这意味着每次购入较大的产能，会导致产能闲置时间较长。企业还可以通过现有产能的改造，如技术创新和流程创新，来控制产能成本的增加。

产能管理需要考虑的第三项因素是外部产能的利用。当组织外部存在着可靠和廉价产能时，外购或合作也许是更合理的做法。极端的情况如苹果、宏碁和耐克，它们没有自己的工厂，完全依靠外部合作方的产能。合作的例子则包括航空公司之间的代码共享（code sharing），例如国航一些代码为 CA 的航班实际上是由其合作伙伴提供的，如深航、山东航空，其国际航线也可能是全日空或美联航等提供的。代码共享帮助航空公司将业务延伸到本身没有的（无产能的）航线。电子商务公司在自建物流的同时也使用外部物流服务以保持物流产能的弹性。

提高产能利用

提高产能的利用水平可以提高组织的生产率，提高资产的回报率。为此，组织可以采用以下方法：

□挖掘产能的潜力。例如必胜客推出下午茶，将原本不营业的时段利用起来。

□加快周转速度。例如快餐店在环境设计中通过明亮色彩、强烈的音乐等因素形成鼓励快速用餐后离开的气氛。

□灵活定价。随淡旺季不同调升或降低价格以配合充分利用产能。电子商务为灵活定价提供了更有力的应用，航空公司发布的机票价格经常按分钟来改变。

复习一下

1. 举一个教材之外的例子说明什么是产能。
2. 产能管理需要考虑哪三项因素？

8.5　库存管理

库存

库存（inventory）是指生产过程中的投入品和等待销售的制成品。在制造业企业中，库存通常包括原材料、半成品和成品。例如，对于汽车厂，钢板是原材料，组装线上的车身等构件是半成品，而仓库中的整车则是成品库存。对于服务业企业，库存的例子包括等待销售的商品，或等待买主的广告位。库存是不可避免的，由于库存意味着资金和资源（库房、管理等）的占用，组织总是力求降低持有库存的成本。

库存的另一个威胁是库存贬值（devaluation）。对于超市和餐厅，超过需求部分的生鲜库存只能折价销售或放弃。销售不畅的库存产品在新产品上市后也面临着降价的命运。衡量库存管理水平的一个指标是库存周转（inventory turnover），通常用库存周转一次所需要的天数来表示。不同行业的库存最低周转天数是不一样的，企业要努力赶上行业领先企业的指标。例如，沃尔玛的库存周转为 30 天，而戴尔的库存周转可能只有 2 天。

管理行动专题

库存驱动的成本管理

20 世纪 90 年代，PC 产品的贬值速度达到每周 1%，威胁生产企业的利润。惠普公司在 1995 年发现，其持有库存的成本与 PC 运营利润相等。进一步的研究发现，传统的库存持有成本只占库存总成本的 10%。许多原来没有准确跟踪的成本因素才是导致亏损的根本原因，这主要可以分为 4 类：

- □ PC 部件贬值，在短短 9 个月的更新周期中，CPU 的贬值高达 40%。
- □ 售价保护成本。当惠普宣布降价时，已经发往供应商处的库存必须给予价格保护补贴。
- □ 退货成本。有时可能高达产品销售收入的 10%。
- □ 产品升级导致旧型号的库存损失。

库存成本分析帮助惠普公司认识到系统降低整个供应链上库存成本的重要性，而不再是像过去那样命令下属部门“减少 20% 的库存”。例如，将生产工厂合并可以减少多处存放的部件库存。奖励经销商保持低水平的合理库存可以减少其他三项库存成本。过去，空运部件可能被认为成本过高，今天却已经是普遍的做法了，因为这有助于降低库存成本。经过努力，惠普将库存成本占销售收入的比例从 1997 年的 18.7% 压缩到 1999 年的 3.8%。利润率低、产品生命周期短、产品容易过期或者销售季节性强，并且需求无法预测的企业，都可以从这种库存驱动的成本管理（inventory-driven costs management）方法中受益。

经济订购数量

有没有什么方法能够方便地计算出企业合理库存的数量呢？一个常用的指标称为经济订购数量（EOQ，economic order quantity），其计算公式如下：

$$EOQ=\sqrt{\frac{2\times 订购成本\times 年需求量}{持有成本}}=\sqrt{\frac{2C_0D}{C_h}}$$

其中 C_0 为订购成本（包括安装、调试、贬值等），D 为年需求量，C_h 为单位库存物料的年度持有成本。[8] 假定有一家企业对某一物料的需求和库存成本如下：

年度物料需求量 D=10000 件

物料单价 C=100 元

订购成本 C_0=1000 元

单位物料年度持有成本 C_h=20 元

则其经济订购数量为：

$$EOQ=\sqrt{\frac{2C_0D}{C_h}}=\sqrt{\frac{2\times1000\times10000}{20}}=\sqrt{1000000}=1000$$

由此我们可以知道这家企业最好一年订购 10 次这种物料，每次订购数量为 1000 件。我们还可以进一步计算这家企业在这一物料上的库存持有成本（假定库存稳定消耗并且新库存是在旧库存正好耗尽时入库，则平均库存为 EOQ 的 1/2）：

$$\text{库存持有成本}=C_h\times\frac{1}{2}EOQ=10000\text{（元）}$$

如果一家企业能够设法降低 EOQ，则库存持有成本将直接减少。从 EOQ 公式看，年需求量、持有成本相对稳定，订购成本则是一个可以更灵活控制的变量。惠普公司通过减少库存可以降低由于部件贬值带来的损失→降低订购成本→降低 EOQ→降低库存持有成本。丰田公司通过加快设备安装调试的时间，同样可以实现库存持有成本降低。

JIT 与按订单生产

企业管理者为了减少不必要的库存做出了许多努力。丰田公司率先发展出 JIT（just-in-time）的理念，也就是只在生产需要时才承担库存。例如，丰田公司不再设立大型的部件仓库，而是要求供应商在其生产基地附近生产或设立仓库，随时根据丰田公司的需要提供最低数量的部件。

今天，JIT 的思想被许多其他产业吸收和发扬。例如戴尔公司通过网络系统向供应商实时提供生产计划的更新，从而帮助供应商优化生产计划，将 JIT 的利益分享给整条供应链。对于零售企业，JIT 有助于更好地利用货架或销售空间，减少滞销品种占用的资源。总结起来，JIT 的好处包括：

- 更小、更灵活的生产批次，尽可能消除库存的成本。
- 供应链上更密切合作，令所有厂商受益。
- 更容易发现缺陷，减少大批量生产或进货导致的损失。

JIT 的一个缺点是缓冲库存（buffer stocks）不足，当供应商发生某种不可预知的问题时可能导致生产完全停顿。采用 JIT 理念的企业必须为此做好应急方案，例如向顾客提供其他选择或补偿。

与 JIT 致力于消灭库存理念相一致的，是按订单生产（build-to-order），即只有当订单生成后才开始生产。例如戴尔公司在网站上进行直销，只有当用户下单后车间才开始启动生产。按订单生产使得企业不必再为产品与需求的匹配担心，在理论上消除了部件库存和成品库存。按订单生产更适合有一定定制要求、同时标准化程度较高的商品。有些商品，像是沐浴露，通常没有顾客要求定制。还有的顾客希望在销售现场看到演示和介绍后立刻取货，这也是为什么在 PC 市场上既有像戴尔这样的直销品牌，也有联想这样的主要依靠经销商销售的品牌。

管理行动专题

肯德基没鸡

2018 年 2 月，肯德基英国的“鸡荒”已经持续了将近一周。最严重的时候 700 多家门店同时关门，推特上 #KFCCrisis 成了搜索热点。吃不到炸鸡的消费者愤怒地问道：“你怎么会没有鸡卖？”“我们有鸡肉，也有餐馆，可它们不在一起。”

通常情况下，肯德基加盟商下订单之后 24 小时之内鸡肉就会送到店里。2 月 14 日，肯德基英国的物流正式从 Bidvest 转手给 DHL，鸡肉仓储从六个基地压缩为只有设在 Rugby 的一处基地。2 月 14 日凌晨，英国 M6 高速公路上七辆车相撞，一死两伤。警察将事故发生地段封路调查，但紧接着两辆货车又在附近相撞。这些事故发生的地区就在英国肯德基的物流仓储中心附近，堵塞了车辆进出的通道。

很多媒体把这次的“鸡荒”归结于只有一处基地。有学者指出，Rugby 位于英国的“黄金矩形地带”，这里往英国任何地区都可以做到次日达，肯德基的决策没有问题。但是，这毕竟是一个复杂的库存解决方案，新仓库、新的 IT 系统和新的交接，这些凑在一起，使得肯德基成了一家“没有鸡肉的炸鸡店”。

复习一下

1. 对于企业，库存的成本有哪些？
2. 企业采用 JIT 生产方式会遇到哪些困难？

8.6　质量管理

20 世纪 80 年代是中国改革开放最活跃的一个时期，中国民众开始与冰箱、彩电、洗衣机等现代家用电器亲密接触。然而，当时国货产品的质量缺陷给人留下了难以忘却的印象，产品故障频仍，售后服务恶劣。40 年过去，今天中国家用电器产品的质量已经不输于全球任何竞争对手。在这一成功的背后，是中国企业追赶国际质量先进水平所付出的努力。

全面质量管理

在历史上，人们曾经认为质量和成本是一对矛盾的关系，提高质量就意味着增加成本。戴明（W. Edwards Deming）、朱兰（Joseph Juran）、克劳士比（Philip Crosby）等质量管理大师指出，质量本身就是产品或服务的一项关键内容，而不是产品的外部指标。通过质量改进实现"零缺陷""第一次就做对"等，可以大幅度减少退货、返工和其他由于质量问题造成的损失，增加利润，提高竞争优势。

全面质量管理（total quality management，TQM）是旨在提高客户满意、员工参与、加强供应商伙伴关系和在整个组织中倡导持续质量改进的综合努力。组织认识到，质量管理是一项系统的工程，提高质量的努力应当贯穿从产品设计开始的整个生命周期。除了大量运用统计工具进行生产过程和产品缺陷的诊断分析外，全面质量管理还包括以下几个方面的努力：

- □客户满意。生产高质量的产品，提高客户服务的水平，表明组织对客户利益的高度关注。
- □员工参与。鼓励员工参加决策，建立自我管理的团队，让员工承担起提高质量的责任。
- □供应商伙伴关系。与供应商建立良好的工作关系，提高物料和部件的品质，降低成本。
- □持续的质量改进。质量改进不是一个短暂的项目，而是组织长期的努力方向。

六西格玛

六西格玛（six sigma，6σ）是近年来众多企业用于提高质量和总体经营绩效的一项技术，用统计数据和改进方法消除产品和服务缺陷。西格玛是统计学中的标准差，六西格玛意味着在 100 万次操作中只有 3.4 次错误。这是一个高度挑战性的目标。但是，能够做到这一水平的企业将获得极大的收益。六西格玛技术是由摩托罗拉公司在 20 世纪 80 年代开始应用的，通用电气、戴尔、惠普、西门子等企业应用六西格玛实现了质量改进、流程创新和成本节约。

管理行动专题

青啤里面的“洋沙子”

青岛啤酒是国内最大的啤酒集团，“青岛啤酒”品牌拥有世界级的声誉。但是，青啤也认识到，与世界级企业相比，自己在运营方面还有很大的差距。2002 年，美国 AB 集团入股青岛啤酒。2003 年，青啤启动了“最佳实践交流活动”。双方都派出了高级别的经理主持，AB 集团将管理经验和模式大规模和深入地输入青啤，青啤上下称之为掺入“洋沙子”。

青岛啤酒的高品质源于自己的一套完整严谨的操作规程，是全国啤酒业学习的典范。在与 AB 集团的交流中，他们发现对方的规程比自己做得更细。溶解氧的含量是啤酒保持口味一致性的关键指标。以前青岛啤酒的溶解氧指标很高，基本在 0.45ppm。在从 AB 公司引入关键工序控制点回顾法（CPCPR）之后，青啤找出了几百个关键控制点。技术人员和操作工人一起研究操作细节中问题，将溶解氧内控指标定在 0.2ppm，实际操作水平可以达到 0.05~0.06ppm。“现在我公司酿制的每一瓶、每一罐啤酒的口味基本一致，”青啤五公司总工程师冉群说。

通过与 AB 公司的最佳实践交流，青啤在没有增加任何设备和人员的情况下，生产能力提高了 25%。总裁金志国评论说：“增长的产能相当于兼并了 4~5 个年产 10 万吨的啤酒厂，却没有兼并的成本与风险。”

六西格玛的成功实行要求高层的坚定支持、大量的培训、团队合作和整体组织态度和文化的转变。在六西格玛的运用中，首先要制定测量的标准，在此基础上形成改进的目标。其次是流程的不断改进，对于缺陷不是就事论事，而是从设计、流程各个角度进行分析，找出关键环节。在通用电气公司，当一项六西格玛改进完成时，项目负责人必须提供证据证明问题已经得到了永久性的解决。

美国银行（Bank of America）发现，在网上银行账户开设业务中，最重要的客户体验是开设网上账户所用的时间以及远程验证用户的能力。于是，IT 和业务人员运用六西格玛方法，把开设网上账户时需要打开的网页数从 10 个减少到 4 个。这项改进使美国银行当年即成为网上客户服务的顶尖银行之一。考虑到这家银行的 1980 万网上客户通常会申请更多的贷款，存款也更多，而且给银行带来的利润比其他客户高出 30%，这项改进的战略意义是很清楚的。

管理行动专题

绿带、黑带和黑带大师

从事六西格玛质量改进项目的专业人员，根据角色和技能的不同，分为绿带、黑带和黑带大师。绿带（green belt）是指接受基本培训，可以加入六西格玛项目团队或独立处理本人工作中较小问题的员工。黑带（black belt）是指拥有较高技能，可以领导一个六西格玛项目团队的专业人员。黑带大师（master black belt）是指在统计方法和流程改进方面接受过高级培训并且拥有更多经验的专业人员。通用电气公司要求每一位员工达到绿带的水平，在六西格玛培训中已经花费了超过 10 亿美元。

新乡的“防错”技术

从全面质量管理到六西格玛的质量管理理念和工具都需要大量运用统计方法，前面提到的日本管理专家新乡重夫提出了一种不同于以往强调统计分析的质量管理概念。新乡认为，统计只能在事后解决问题，告诉我们发生错误的概率，然而重要的是一开始就防止错误的发生。错误和缺陷是两个不同的概念。错误是不可避免的，而缺陷则是应当避免的。新乡提出的方法是在操作完成后实行即时检查，将发现的错误随时予以纠正，从而消灭缺陷。

新乡认为，可以采用三种检查反馈方法：（1）后续检查，由流程中的下一名员工或独立检查员实施并立即反馈；（2）自查，除了必须由探测器检查的项目之外都应当进行自查；（3）源头检查，通过执行检查程序预防错误的发生。基于上述三项方法组合构成的“防错”机制（poka-yoke），包括检查表或特殊的工具设计，可以帮助员工在开始操作之前排除错误，在错误发生后则可以快速发现并予以纠正。

国际质量标准：ISO9000 和 ISO14000

不同的企业对质量有不同的标准，消费者和企业如何判断哪些企业产品的质量符合要求？国际标准组织（ISO，一家非政府组织，总部设于瑞士日内瓦，拥有 156 个国家成员）组织质量专家组制定企业保证产品质量的方法。1987 年，专家组发布了 ISO9000，规定了企业接受认证必须遵守的质量管理程序。这些认证由独立的审计人员进行，可以证明一家企业在设计、生产、流程、产品测试、员工培训、记录保存和缺陷改正方面达到了质量控制程序的标准。ISO 认证不是强制性的，但国际标准组织中的 156 个成员国都已经批准了这些标准。在欧洲，很多企业会拒绝与没有通过ISO认证的企业进行业务往来。ISO标准不是单一标准而是一组标准，它是定期更新的，例如ISO9001：2000就是一个新的标准体系。

在近年来强调“绿色”社会的潮流中，ISO14000标准族受到重视。ISO1400是对企业运营中环保要求的国际标准，欧盟国家在进口产品方面对ISO1400标准

管理行动专题

服务接触点的质量管理

服务接触点（service encounter）是顾客与服务提供商建立互动的期间，也称“真相一刻”。顾客在服务接触点的体验在很大程度上决定了对服务质量的感知。同时，服务接触点也是服务提供商影响顾客体验的重要机会。美国管理学家蔡斯（Richard B.Chase）和达苏（Srirum Dasu）认为，服务接触点的质量控制有三个重要方面：服务体验流（实际发生）、时间流（时间长短）和接触绩效判断。他们主张用行为科学的原理从6个方面改进服务设计和质量。[9]

1. 服务接触前端和后端的重要性是不一样的。服务提供商在服务的前端应当做到基本的客户满意，以吸引顾客继续留在服务流程里。同时，如果在服务流程的后端能够提供比前端更好的服务，顾客的满意度将高于相反的情况。一项研究发现，在痛苦的结肠镜检查结束时，将肠镜取出后再延长一分钟的（无痛苦）时间，则病人的感受将有显著的改善。在行为科学上，这一做法的依据是人们对改进的偏好以及在回忆时人们更容易记住结尾阶段的体验。艺术演出时往往将重要节目放在结束时，旅游团结束行程时会组织盛大晚会，都是服务过程“前轻后重”的例子。
2. 快乐分开，痛苦合并。将快乐分为不同阶段，可以延长快乐的体验。同理，医院的流程应当尽量合并，让患者一次完成，即使这意味着必须拖长时间。
3. 让顾客控制流程有助于提高顾客的满意度。快餐连锁店赛百味只有四款面包，但供顾客选择添加的肉品、蔬菜和酱料的组合多种多样。同样，在抽血时让患者自己决定哪条胳膊可以减少抽血过程中的痛苦。有时，在提供维修服务时，让顾客指定时间可能比当场维修带来更高的满意。
4. 注意规范和礼仪，特别是当顾客对服务的内容和质量缺乏了解时。此时，规范和礼仪成为他们判断服务质量的主要依据。例如在昂贵的定制西服或房屋装修的过程中。
5. 责怪的对象是人而不是系统。当发生服务问题时，顾客的责怪对象总是与他们接触的人，尽管这些人对于系统的设计没有任何责任。机场工作人员往往成为航班延误的替罪羊，而问题实际上主要出在航空公司。
6. 服务补救要分类。服务失败可以分为两类，一类是服务任务上的失败，一类是人际过程上的失败。对于服务任务上的失败，尽管也需要道歉，但更重要的是通过完成任务来补救。例如发现结账错误应当立即修正并提供优惠券或其他实物性的补偿。相反，如果是人际过程上的失败，前述做法往往不够，此时需要的是及时的或高级别的道歉。

普遍要求较高。

复习一下

1. 全面质量管理的基本要素有哪些？

2. 根据新乡的观点，错误和缺陷的区别是什么？

8.7　供应链管理

现代运营管理的一个突出特点是将传统企业内部的生产与运营管理纳入企业所在的供应链的管理中。也就是说，企业在进行运营管理时，不仅要关注内部运营，还要关注整条供应链上自己所处的地位并做出相应的优化。

供应链管理

供应链（supply chain）是由各种各样的企业组织共同从事的一系列有序、连贯的商品移动活动，从原材料供应一直到将商品送达最终消费者手中，经过使用直至废弃的过程，如图 8.5 所示。供应链管理是对原材料、零部件、加工程序、最终产品以及供应链中所涉及的组织的相关信息进行管理的过程。运营管理是供应链管理的一部分。

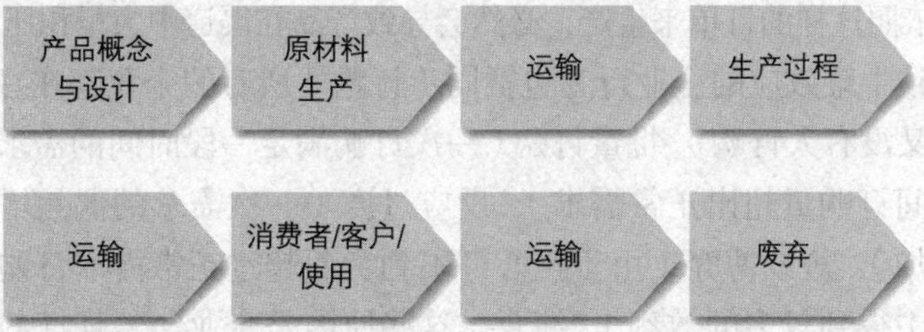

图 8.5　供应链过程图示

在供应链上，绩效取决于供应链所有成员的行为，一个薄弱的环节可能对整条供应链和其他各个点构成负面影响。虽然所有的成员都支持最优化供应链的原则，但每个企业自身的首要目标是最优化其自身的绩效。供应链中每个成员的利己行为可能导致整条供应链不能发挥最佳绩效。不过，我们可以通过改进运营协调来提高供应链的绩效。

例如，从供应链的角度看，采购管理的改进趋势之一是减少供应商的数目而增加供应商的协作，这已经成为多数企业的战略选择。企业不再将供应商看作压榨成本的对象，而是通过与供应商的合作提高整个产业的收入。

□价格。协作有助于帮助供应商降低成本，稳定的订单会促进供应商增加投资和提供更周到的服务。

□品质。向供应商提供更透明的运营信息可以帮助供应商理解生产要求，从而提高供应品的质量。

□可靠性。信息的分享有助于供应商按照生产商的要求安排供应品的生产，从而保持供应的稳定。更密切的协作是将供应商纳入产品开发的流程。由于在实际的生产过程中需要用到供应商的产品，在设计阶段就让供应商参与进来可以大大减少未来生产中的问题。

牛鞭效应

牛鞭效应（bullwhip effect）是指越靠近供应链的上游，需求波动越大的现象。顾客最终需求量的波动是不可避免的，这里所强调是反映到上游供应商的需求波动大大超过真实需求的波动，导致效率的降低。直观的理解是因为最前端的需求量波动导致在订单向上游传导的过程中逐级放大，因此上游的供应商经常会遇到订单暴涨或暴跌的情况（在运营管理学科中已经发展了计量的模型描述牛鞭效应的形成）。例如，零售商发现需求提高，订购量要增长 25%。但是，它担心需求进一步增长，因此为保险起见订购了 50% 的增加数量。在其上游的批发商注意到零售商的这种变化，为了保险同样也会加大其向上游分销商的订购量。同样的心理导致分销商也做出增加订购的决策，此时供应商所看到的数字已经比原始的需求波动大了很多倍。如果供应商依照这样的订单来生产，必然会导致产品在渠道中大量积压。

导致牛鞭效应的企业行为包括同步订购（所有的企业都在月初订购，而在其他时间又没有人订购）、批量订购（一次订购满足一段时间的需求）、促销订购（在促销期间订购量超出正常需求）、反应过度（一次需求的偶然增加导致订货的大幅度增加）、短缺博弈（由于担心订不到货而超过正常需求订购，寄希望于在比例分配中得到较多的数额）。注意，这些原因是企业经营环境的一部分，不可能完全消除。20 世纪 90 年代发展起来的有效客户反应（efficient consumer response，ECR）技术就致力于改进这方面的运作。

信息共享。在供应链的各个阶段之间更好地实现信息共享可以减轻牛鞭效应。这不光是指共享当前的需求数字，还包括共享零售商可能的促销、广告等前瞻性的计划。另一方面，如果供应商能够向下游零售商发布配件短缺的信息，同样可以使零售商避免由于供货能力问题而导致促销计划不能实现。供应商和零售商共享信息还有助于控制恐慌性订购。

供应商管理库存。宝洁和沃尔玛公司是最早定义牛鞭效应的公司，也为减少牛鞭效应发挥了很大的作用，它们的做法称为供应商管理库存（vendor-management inventory，VMI）。VMI 主要有以下特点：

管理行动专题

亚马逊无人商店与智能供应链

智能供应链是指在供应链管理中使用物联网、机器人和大数据技术，采用大量的传感器、自动化、网络支持和数据分析以提高供应链绩效和顾客满意度。麦肯锡认为，智能供应链可以减少订单流失、降低物流费用、仓储费用，特别是大幅度降低行政管理费用。[10]

2018年，亚马逊首家无人商店Amazon Go在西雅图开业。一位顾客进入Amazon Go，拎了半打啤酒和一个纪念杯，购物结束走出店外，总共用时30秒。进店顾客需要有Amazon Go APP，刷二维码进门。顾客离店后，Amazon Go会自动完成货品结算，并在15分钟内把账单发到顾客手机上。

Amazon Go店内商品上没有独特的条形码或贴纸，而是通过计算机视觉系统跟踪顾客的消费行为，其安装在天花板上的100个摄像头可以覆盖超市每个场景的每个角度。相机拍摄的图像被传入到后台系统中，后台系统识别是哪位顾客拿起了那些物体，并加入至APP上的购物车中。Amazon Go没有结算台，实现了即拿即走，无须扫描和排队的极致用户体验。[11]

在国内，自动售货机正在升级为智能货柜，借助RFID、重力传感器、高清摄像和网络通信，已经可以实现补货任务的自动触发，并实现每台货柜补货“个性化”，降低补货成本，提高销售。智能货柜结合电子支付能够准确跟踪记录用户消费习惯，更好地计划产品和营销。

□零售商不再决定订购量和订购时机，而由供应商决定何时向零售商运送多少货物。补货的目标额度则由双方相互商定。

□零售商和供应商分享销售数据，建立自动补货系统。零售商和供应商分享自身的促销计划。

□取消促销订购，维持订购价格稳定或更低。

为制造而设计

供应链管理整合的另一个方向是向前端推进。设计与生产曾经被认为是供应链上两个截然不同的阶段，生产的任务就是贯彻设计的方案。今天，越来越多的企业在开始在产品设计阶段就考虑到生产阶段的组织和管理。

研究发现，设计阶段的决策决定着产品80%的成本，而制造阶段的决策只占产品成本的20%。此外，产品总成本的60%是在设计初期决定的。这意味着，在开始生产过程后通过质量改进降低成本的空间是相当有限的。[11] 为制造而设计（design for manufacturing，DFM）是指企业通过设计方面的努力来提高生产率的战略，也就是通过设计来使得制造过程变得简易，同时降低成本。这一概念经常与本章前面提到的并行设计（CE）联系在一起，企业往往需要建立多部门（设计专家、工具专家、生产专家）的任务团队来实现为制造而设计。

DFM常用的法则包括减少部件数量、模块化设计、标准配件、多功能配件、减少加工困难、减少紧固件使用、装配过程采用同向作业、增加配件的规范性（尺寸、颜色等便于识别）以及减少操作次数。

管理行动专题

惠普公司通过设计改进实现打印机定制化生产

20世纪90年代初，惠普公司位于美国华盛顿州温哥华市的工厂负责生产Desk-Jet Plus型号的打印机。在整机安装阶段，工厂需要为不同国家市场配备不同的电源和各种语言版本的使用手册，然后将成品送往美洲、欧洲和亚洲三大分销中心。温哥华工厂远离分销中心，难以做到快速的客户响应，为了避免订单流失，惠普分销中心不得不承担大量的多种产品的库存。

惠普公司的解决方案是将最后一道工序从温哥华工厂转移到分销中心。整机出厂时不配电源和使用手册，这两个部件的装配由分销中心根据订单需要来完成。为了简化分销中心的生产过程，对电源设计进行了改进，采用了插入式而非内置型的电源。经过重新设计，在保持客户响应不变的情况下，整条供应链上的库存成本可以下降18%，由此创造的价值高达数百万美元。同时，灵活的客户反应为惠普带来了领先的竞争优势。

复习一下

1. 什么是供应链管理?
2. 供应商库存管理的特点有哪些?

本章要点

1. 运营管理是组织将输入的资源转化成产品和服务的一系列管理活动。运营管理的主要目标是提高生产率，是制造业和服务业组织竞争力的重要来源。
2. 生产率是衡量产出的价值与生产这些产出的投入价值之间效率关系的指标。通过研发、更新设备、培训和员工参与可以提高组织的生产率。
3. 学习效应是通过在工作中的学习而节省的成本。越是技术上复杂的工作，通过学习效应获得的收益越明显。学习效应是差异化战略企业可以充分利用的降低成本的方法。
4. 大规模定制是指企业以接近于大规模生产的成本向顾客提供满足其定制需要的产品和服务。大规模定制的实现主要依靠柔性制造技术，服务业也可以运用大规模定制。
5. 流程是组织所实施的一系列连续的步骤，将投入转化为有价值的产出。流程的目的是为顾客创造价值。流程的绩效表现为流程中等待的任务数量、流程的时间、产出的速度。有多种方法可以实现流程改进和流程创新。
6. 产能管理是管理者平衡投入与产出（需求）之间关系的过程，在很大程度上决定着企业的客户响应水平、成本结构、库存政策和人力资源政策。提高产能的利用水平可以提高组织的生产率，提高资产的回报率。
7. 库存是指生产过程中的投入品和等待销售的制成品。库存是不可避免的，组织总是力求降低持有库存的成本，经济订购数量表明了企业的合理库存。JIT 是只在生产需要时才承担库存，按订单生产是只在订单生成后才开始生产，它们都是组织消除库存的系统方案。
8. 全面质量管理旨在提高客户满意、员工参与、加强供应商伙伴关系和在整个组织中倡导持续质量改进。六西格玛是运用统计数据和改进方法消除产品和服务缺陷的技术。
9. 供应链是由相关企业共同从事的一系列有序的、连贯的商品移动活动，从原材料供应一直到将商品送达最终消费者手中，经过使用直至废弃的过程。运营管理是供应链管理的一部分。电子商务、全球采购、为制造而设计等可以改进运营协调来提高供应链的绩效，包括消除牛鞭效应。

批判性思考与讨论题

1. 运营管理与组织战略的关系是什么？生产率和质量如何嵌入这种关系之中？
2. 服务型组织如何利用来自运营管理的技术？给出你所在学校（教育服务的提供商）的例子。
3. 运营管理与以下哪个层次的战略联系最紧密，公司层战略还是业务层战略？为什么？
4. 以一个具体企业的例子说明大规模定制实现的条件。
5. 流程并不总是越快越好，请举出一个需要通过减慢流程创造价值的例子。
6. “自动化对于经济没有好处，因为机器将逐渐取代几乎所有的人工，从而造成高失业率和贫困。”你同意这种观点吗？解释你的答案。
7. 作为消费者，你一定遇到过不如意的服务，请从流程绩效的角度分析这项服务并提出改进的可能。
8. 许多企业采用外部产能来解决产能问题，请评价这种方法的优势和风险。
9. 请评论“库存是效率的敌人”。这句话总是对的吗？

10. 什么是全面质量管理？全面质量管理的主要特点是什么？
11. 一些质量管理大师声称，高质量的产品或服务就是那些没有差错的产品或服务。其他人声称当消费者的需求被满足时就等于高质量。还有一些人声称高质量产品或服务必须具有创新性。你同意上面这些观点吗？如果不同意，你如何定义质量？解释对于质量定义的选择如何影响管理者的行为。
12. 考虑一个在你看来提供高质量产品或服务的企业。这些产品的哪些特性让你觉得它们的质量高？你认为每个人都会同意你的判断吗？为什么？
13. 建立全球性的供应链有哪些优势？哪些风险？信息系统对于这些优势和风险有何作用？

学习伴随案例练习

根据你所选择的组织的资料，以小组为单位对其管理活动进行讨论。回答下面的问题并向全班报告。

1. 与竞争对手相比，这家组织的运营管理与生产率水平如何？你的证据是什么？
2. 这家组织还可以采取哪些方法提高运营效率？这将如何影响其竞争力？
3. 如果这家组织是制造商，它可以采用按单生产吗？为什么？（如果它已经实行按单生产，分析这一战略是如何实施的？为组织带来了哪些优势？）
4. 如果这家组织是服务商，它提供的是标准化的服务还是定制的服务？提高定制化水平可以改进其竞争优势吗？为此需要做怎样的改变？

综合练习：培养有效的沟通技能

沟通技能是管理者将思想和信息传递给他人，并从他人那里接受思想和信息的能力。本练习帮助你提高处理质量问题时的沟通技能。

假设你是一家大型汽车配件分销商的客户服务经理。你们的一家大客户，一家大型汽车经销商 ABC Auto 的总经理写来下面这封信，你现在要作出回复。

尊敬的客户服务经理：

上个月 1 日，我公司向贵公司发出一张采购订单。信后附有这张订单的复本。不幸的是，我们所收到的货物同订单相比有所缺少。而且，在你公司货物所附的发货单中并未注明货物短少。但是，收取的货款却是按照货物齐全计算的。为了解决这一问题，请立即将缺少的货物补发我公司。如果一周内不能完成，请取消订单并退回差额。今后，如果您不能足额发货，请及时通知我方并且不要收取全额货款。

我期待您的回复和解决问题的方案。

您的忠诚的

A.N.Owner，ABC Auto

附件：订单（编号 00001）

练习

1. 请写一封回信，假定你现在已经有货。
2. 如果 ABC Auto 不是一家大客户，你的回复会有所不同吗？
3. 如果你发现你公司实际上足额发货，但中途被你公司的送货人员盗取，你的回复会有不同吗？
4. 如果你发现实际上是对方搞错了，你将如何回复？

5. 基于上面的练习，你认为有效处理客户投诉的要点有哪些（例如语气、道歉、提出解决方案，等等）？解释你自己是如何运用的。

结尾案例

盒马鲜生：速度重新定义线下生鲜零售

2016年1月，盒马鲜生第一家店开张。用户既可以在卖场购物，也可以在卖场三公里范围内用APP线上购物。

盒马主打消费品和生鲜全品类运营。盒马声称，占其品类80%以上的生鲜食品，相较传统商超都有价格优势。上海总经理张国宏表示，盒马经营的生鲜食品价格对标的不是超市，而是菜场，“我们的绿叶菜，绝大部分时间比上海的菜场零售价格低30%；猪肉比菜场低20%。”

低价并不意味着盒马准备长期亏本。张国宏说，盒马生鲜食品的毛利率比同行高很多，已经做到10%~20%，甚至比商超行业中毛利率最高的永辉超市更高。盒马提倡“一餐食”，产品尽量做小包装。绝大部分生鲜在第一个环节就进行了包装化，从而变成标品，避免了在运输、门店运营和顾客挑选等环节中遭受巨大损耗。

盒马鲜生的门店分成几个区域，每个区域都有一些拿着RF枪（一款手持扫描设备）的店员负责拣货。商品放入专用捡货袋，挂上天花板上的传送带。根据商品温度和保存条件的不同，拣货所需的购物袋分成灰色、绿色、紫色和蓝色。一个订单分拆成几个来拣货、挂在传送带上送到后场打包，以压缩打包时间。整个过程不能超过10分钟。

后台计算好了送货的路线和送货地点的先后顺序，快递员接过包裹后，要在20分钟之内送到用户家里。这样的送货速度，不仅让用户体验飙升，还降低了物流成本，因为最后一段路不需要用冷链车配送了。

店仓一体和悬挂链只是盒马鲜生给人印象最深的外部印象，CEO侯毅透露，盒马鲜生开发出专用的管理系统，包括配送、物流、门店销售、APP系统等。实施这套系统的明显好处之一是降低了新人的上手难度。以拣货为例，传统的商超需要很长时间培训，新人才能学会。但盒马应用这套系统之后，两小时之内，新员工就可以记住大概货架、存储、仓位在哪里，接收产品编号之后，来到相应位置，使用RF枪进行操作，把商品送到要送达的货架。

盒马的店面更像一个物流中心。传统的门店不管货位，库存也做不到实时监测，但盒马却有一套智能店仓作业系统。这套系统不仅知道货位在哪里，任务怎么派，并且还能在不同工种之间进行调动。盒马设计这套系统是为了满足其生鲜快速配送的特殊需要。

由于采用店仓模式，盒马将前置仓设在距离客户只有3公里的地方。通过将打包和快递环节分开处理，形成两个阶段。第一阶段在店内完成，第二段从店面到客户才是传统的B2C电商。通过将前半段（10分钟）从传统的电商流程中独立出来进行处理，盒马实现了规模效应和运输效率的提高。

侯毅说，移动互联网流量运营、流量红利到期的情况下，实体门店可以低成本地引流。到店就是流量，直接转化为线上。3公里半径的精确流量运营，复购和转化十倍于传统电商。“突然想要，而且还要立刻拿到。”30分钟内，新鲜的菜就能送到你手中。快到这个程度，用户才不会觉得在APP上买东西不方便。这也就开发出新的消费场景，崭新的“日销售”是对传统零售“周消费”的巨大升级。

据2018年7月的数据，7家运营1.5年以上的盒马鲜生成熟门店，单店日均销售额超过80万元，单店坪效（平均营业面积4000平方米）超过5万元（经营效率超过同类型大卖场2~3倍），线上销售占比超过60%（全行业遥遥领先）。

结尾案例讨论题

1. 线上订单的拣货区可以与卖场合在一起，也可以独立设置，请比较这两种做法。
2. 堂吃服务对于盒马鲜生有怎样的意义，这种服务可持续吗？
3. 盒马鲜生在计算店面坪效时将线上收入计入，对零售业有怎样的影响？
4. 传统店面与盒马鲜生竞争将面临怎样的困难？

开篇案例讨论题

1. 特斯拉为什么没有采用与其他汽车厂商相同的生产线管理方式？
2. 特斯拉降低成本的潜力如何？
3. 特斯拉的生产方式对行业将会有怎样的影响？

自测题

1. T　F　学习效应是规模经济（大规模生产）的结果。
2. T　F　我们总是能够通过分析找到流程改进和创新的空间，来提高流程的效率。
3. T　F　柔性生产技术是大规模定制得以实现的主要方法。
4. T　F　生产设计不是运营管理的一部分。
5. T　F　实施六西格玛要求不断进行改正，直到错误几乎完全消失。
6. 服务组织和制造组织的主要区别是
   a. 对于制造组织，战略更重要
   b. 服务组织创造无形的产出
   c. 服务组织更有效率
   d. 制造组织效能更高
   e. 在服务组织中，控制较不重要
7. 以下哪一项不属于运营管理的职能
   a. 生产率管理
   b. 质量管理
   c. 库存管理和供应链管理
   d. 生产设计
   e. 运营资金管理
8. 以下哪一项不是流程管理的特点
   a. 流程的目的是为顾客创造价值
   b. 从投入开始直到产出的完整过程
   c. 流程上的活动依照一定的顺序进行或并行
   d. 流程是书面的制度文件
   e. 流程常常是跨越部门的
9. 质量和成本之间的关系如何
   a. 质量上升，成本下降
   b. 成本降低，质量上升
   c. 中等程度的质量是最便宜的，而低质量或高质量都是代价高昂的
   d. 中等程度的质量是最昂贵的，低质量或高质量是最便宜的
   e. 高品质要求高生产率，反过来增加了成本
10. 采用 JIT 方法的一个缺点是
   a. 与外部供应商的沟通困难
   b. 企业的缓冲库存不足
   c. 可能超出经济订购数量
   d. 不合适生产定制的产品
   e. 增加了产品缺陷

本章注释

[1] https://www.nytimes.com/2018/06/30/business/tesla-factory-musk.html.

[2] Pankhurst，K.V. Learning by experience，work and productivity：theory and empirical evidence [J]. Journal of Vocational Education & Training，62（2）(2010)：103-122.

[3] Wright, T.P. Factors Affecting the Cost of Airplanes [J], Journal of Aeronautical Sciences, 3(4)(1936)：122-28.

[4] Bluestone，B.，P. Jordan，et al. Aircraft Industry Dynamics：An Analysis of Competition，Capital，and Labor [M]. Boston，MA，Auburn House Publishing Company，1981.

[5] http://www.qilinsoft.com.cn/about/index_39.html.

[6] Simchi-Levi，D. Kaminsky，P.Simchi-Levi，E. Managing the Supply Chain：The Definitive Guide for the Business Professional [M]. McGraw-Hill，2003.

[7] Hammer，M.Champy，J. Reengineering the Corporation：A Manifesto for Business Revolution [M] New York：Harper Business，1993.p.30.

［8］经济订购数量的推导过程如下：

库存总成本 = 持有成本 + 订购成本

$C_t=\dfrac{C_hQ}{2}+\dfrac{C_0Q}{Q}$，其中 C_t 为库存总成本，C_h 为持有成本（每单位物料平均年度持有和储存成本，通常按物料单位成本乘以一个百分比计算），C_0 为订购成本，D 为年需求量，Q 为订购数量。对 Q 求导，得：

$\dfrac{dC_t}{dQ}=\dfrac{C_h}{2}+\dfrac{C_0Q}{Q^2}$，当 $\dfrac{dC_t}{dQ}=0$ 时，总成本最小，此时：

$$Q=EOQ=\sqrt{\frac{2C_0D}{C_h}}$$

［9］Chase R.B. and Dasu S.，Want to Perfect Your Company's Service? Use Behavioral Science[J]. Harvard Business Review 79（June 2001）：78–84.

［10］https://www.mckinsey.com/business-functions/operations/our-insights/supply-chain-40-the-next-generation-digital-supply-chain.

［11］https://www.iyiou.com/p/68285.

［12］Anderson, David M. "Design for Manufacturability," Optimizing Cost, Quality and Time-to-Market［M］, California，CIM Press，1990.

管 理 学 原 理

9 CHAPTER 9

创建新企业

本章学习要点

- 创业的社会价值
- 创业与企业家
- 成功创业的战略
- 创业型组织的结构

WeWork 以基于数据分析的“空间即服务”提升办公空间的产出。

开篇案例

WeWork：带互联网基因的办公空间专家

WeWork正在改变白领们的工作，2018年它在32个国家近100座城市里为26.8万人提供了工位。起初，WeWork的基本商业模式是按折扣价租下整层办公楼，然后将其分割为小块，向那些现金紧张的创业公司会员按月收取租金。

有人将WeWork比拟为星巴克，你去星巴克不止是为了喝一杯咖啡，还因为喜欢它的装饰、音乐和令人舒适的咖啡香气。WeWork也一样，它不止有办公桌和WiFi，还有创业的氛围。[1]

WeWork不是联合办公的首创者，Regus在几十年前就开始推广这一概念。但WeWork很快建立起自己的独特形象，创业时代的联合办公空间。这包括工业化的别致美感、大型的公共空间（摆放舒适的沙发）、不间断的流行音乐。[2]

WeWork的愿景是"空间即服务"。它所提供服务之一是与其他创业者交流。WeWork注重办公空间的设计，营造鼓励创新和交流的气氛。所有的WeWork办公地点都会举办各类活动。用户们既可能从创业伙伴的思想中得到启发，也可以从娱乐中得到笑声。

WeWork大力投资于数据，数据分析能够降低成本，还能创造出独特的体验。例如分析会议室预约情况，以决定应当设置多少间会议室。还测试在楼层中用热力地图找出会员们最常去的地方，再根据这些数据设置专门的"意图性拥挤"区域，以鼓励成员之间的互动。

WeWork的优势来自对大量租房活动的观察和由此产生的数据，有了数据的支持，WeWork向客户提供的就不仅仅是办公空间，而是组织产出，这是最有价值的一手知识。它的数据能够反映用户在哪些地方生产力最高，什么样的布置可以让他们感觉良好，以及究竟需要多大办公空间（WeWork的结论是比通常想象的要小得多）。

WeWork代表对办公空间的一些新的理解。过去，企业对办公空间的要求是最大化利用。但今天，人们发现通过办公空间设计可以让白领喜欢他们的办公室。办公室里开始出现一些以前不会有的东西，像是懒人沙发、乒乓球桌，免费食品也流行开来。新一代的员工对办公空间提出了不同于传统的要求，例如对社区气氛的期望。[3]

过去，由于工程方和企业之间无法实现沟通，施工部门并不了解企业的实际需求，企业在租赁办公室之后往往要投入大量精力和资源进行装修。WeWork用BIM技术帮助办公室设计团队方便和快捷地将办公室空间与设施以尽可能细节的方式提前做出安排，避免以往施工与用户需求脱离的困难。

现在WeWork能够根据用户的需求迅速提供"强体验、高技术的办公空间"，"让办公室跑得像业务一样快"。例如，到处要有插孔和屏幕，技术工具应当在不同空间移动而保持工作状态，个性化设置和调整的成本应当越低越好。固定的会议桌已经不合时宜，所有办公家具都应当是可以移动和改变的。

像微软和IBM这样的大企业也开始租用WeWork办公室，有时是因为业务上不需要很大的办公空间，有时也是为了给员工提供外部的办公环境。2016年，微软向3座城市里的300名销售人员提供WeWork作为办公选项。几个月后，80%的人表示这一选择提高了生产力。

WeWork认为用不了多久，这些企业就会将办公室管理外包给自己，因为在机器学习的帮助下，WeWork掌握着更加复杂的办公空间生产力最优化数据。WeWork估计，与传统租赁方式相比，这些大型企业将节省25%~50%的运营费用。

WeWork正在帮助企业缩小办公面积，"我们帮助他们了解哪些面积可以无须扩大"。一家位于芝加哥的国际性旅行服务企业占用了三层楼的办公室。WeWork对办公室进行了重新设计，减少了一层楼的空间，还增加了一项运动设施、设计了活动日程以及宽敞的户外区域。

长远来看，这是比联合办公更大的市场机会，WeWork希望将自己打造成为像"内置英特尔"一样的办公室品牌。不过WeWork成员所获得的主要不是成本节省，而是方便和酷的感觉。许多大型企业无法给员工提供这样的感受。

大约从20世纪80年代后期开始，创业是经济增长中一种重要驱动力的理论得到广泛的认可，各国政府开始将创业同经济增长联系起来。我们经常会在媒体上看到创业故事，政府和社会对创业也采取大力鼓励的态度。全世界每年有许多人投身于创业，其中有一部分取得了成功，而多数情况下的创业以失败告终。有时创业需要经过多次失败才能取得成功，优秀的创业者并不因为失败而气馁，亨利·福特在成功创立美国最大的汽车公司之前曾经两度破产。

创业是一个复杂的过程，充满着意外和风险，然而创业也为我们带来创新和机会。本章首先讨论创业和创业的社会价值，然后分析创业的选择，接下来讨论企业家的个人性格以及如何增加创业成功的概率。最后，我们讨论创业型组织的结构设计和常见问题，总结了鼓励内部创业的方法。

9.1 创业的社会价值

创业

创业（entrepreneurship）是专注于**机会**、**创新**和**成长**的企业活动。作为一种精神状态或思维方式，创业表现为对机会和创新的高度关注，像如家和7天为代表的经济型酒店的兴起就是因为发现了经济型商务旅行的巨大市场空间以及对新型住宿服务的需求，并以创新的服务满足了这种需求。创业的另一个特点是在思考时突破现有资源的限制。在苏宁创业初期，当时热销的消费电器彩电、冰箱和洗衣机的销售掌握在百货和五交化公司手中，苏宁没有任何进货优势。苏宁决定避开这些热门产品，而从市场竞争不强、但对服务十分敏感的空调入手，以专业化服务建立起自己的市场份额。

创业往往和新企业的创建联系在一起，但创业同样可以发生在现有的企业内部、政府机构与非营利组织中。创业是由企业家发起和组织的，**企业家**（entrepreneur）是发现机会、利用资源和推动创业活动的个人或群体。

管理行动专题

创业意味着突破资源的限制

由于资金缺乏和技术约束，中国企业家特别善于流程创新。这种创新在企业成本节约中的潜力，常常令跨国公司觉得不可思议。下面是长江商学院曾鸣教授在《龙行天下》一书中讲的故事：

饮料企业装箱时很难避免出现空箱的疏漏。一家跨国公司出现这样的问题时马上从美国请来质量专家研究，最后的解决方案是在流水线边上装一台 X 光机，用 X 光机检查每个箱子是不是空的；又设了一个机械手，空的箱子用机械手拿掉。中国企业没有这样奢侈的条件，他们想出了一个土方法。在流水线边上装一个大功率的风扇，不停地吹，空箱子一旦出现就被会吹掉。同样的效果，不同的成本。

资料来源：曾鸣，威廉姆斯．龙行天下［M］．北京：机械工业出版社，2008：p67.

创业促进经济增长

早期的经济学理论认为，经济增长主要取决于资本和劳动的投入。20 世纪 80 年代，以罗默（2018 年诺贝尔经济学奖得主）为代表的经济学家发现，响应市场需求的技术变革是经济增长中的一个关键变量，这样的技术变革是企业家创业活动的结果。罗默所称的技术变革指的是企业家在创业过程中找出（图 9.1）：

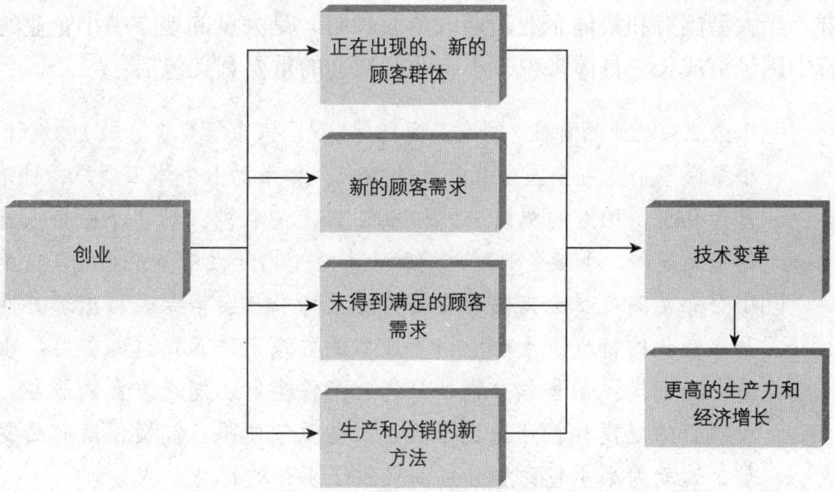

图 9.1 创业与技术变革

□新的、正在出现的顾客群体；

□新的顾客需求；
□现有的但尚未得到满足的顾客需求；
□生产和分销的新方法。[1]

IT 技术的突破和变革推动了生产力的迅速提高，在网络时代创造出像阿里巴巴、腾讯、苹果、亚马逊、Google、Facebook 这样的能够在很短时间内成长为产业主导力量的新兴企业。需要注意的是，技术变革不一定是技术上的突破，在已有技术的基础上做出改进或重新定位同样是创业活动。这方面的例子包括集装箱的使用、电子商务对超市和百货公司的挑战，以及连锁店的兴起将之前的零散产业转化为集中经营的产业等。创业活动对新产业的形成有重要的意义。新产业的出现往往是新的技术变革提供的创业机会被企业家所把握的结果。一些重大技术变革带来了完整的新产业的兴起，例如汽车发动机、飞机发动机、电子管、半导体、个人计算机、互联网、激光技术和基因技术。

创业与小企业的社会价值

绝大多数创业企业是小企业。小企业（small business）是由一位或少数几位个人独立持有的，其销售和资产不足以影响企业经营环境的企业。小企业必须是独立的，大企业集团下设的企业，即使规模很小，也不算是小企业。小企业的另一个特点是对所在产业影响很小，不会改变产业的商业模式、定价和服务标准。例如，一家小型电影制作公司不会像中影、华谊兄弟、光线传媒那样对电影票房分配产生影响。

在中国经济中，小企业有着特别的贡献。回顾改革开放的历史，可以说小企业改变了中国经济的面貌，从早期沸腾的乡镇企业，到苏南、温州和广东沿海民营企业遍地开花。今天，小企业在许多地区已经形成了具有世界竞争力的产业集群。当大型国有和集体企业遭遇改革瓶颈时，是大量的地方中小企业的活力推动着中国经济成长。具体来说，小企业对社会的重要意义包括：

□**小企业对就业的贡献**。国家工商总局（现国家市场监督总局）的统计数据显示，小型微型企业占全国企业数量的 76%，如果加上个体工商户，这一比例将上升为 94%。70% 的城镇居民和 80% 以上的农民工都在小微企业就业。同样的资金投入，小微企业可吸纳就业人员平均是大中型企业的 4 倍至 5 倍。[2]

□**小企业是满足社会需要的重要力量**。许多社会需要表现出地方性、个人化和零散化的特点，大企业由于成本的关系无法满足这些需要。小企业往往为大企业提供销售和分销、分包、配件生产、发送方面的服务。例如，由于项目的规模和特点变化多端，大型承包商不可能提供所有必要的专业人员，这就为小承包商和分包商提供了生存的机会。

□**创新**。创新不仅来自大企业，也来自小企业和个人。美国中小企业管理局认为，小企业提供了投入市场的所有“创新”中的 55%。像个人电脑、晶体管收音机、复印机、飞机发动机、网络路由器、社交网络都是小企业发明的。在网络经济时代，这一点表现得尤其突出，许多最具创新性的软件、平台和服务都是由小企业开发的。

管理行动专题

吸管大王

1994 年，楼仲平开始在浙江义乌经营吸管生产，这就是双童吸管的开端。一支吸管售价 8 厘，利润只有 8 毫。双童吸管一年的销售收入可以达到 2 亿元，是全球最大的吸管生产商。

吸管虽小，经营风险可不低。低门槛产品往往导致同质化和价格竞争。双童从 1995 年开始拓展沃尔玛等海外客户，由此避开了 1998 年的亚洲金融危机。1998 年之后，双童的海外订单不断增长，占比超过 90%，但利润受到压缩。2003 年，楼仲平决定放弃一些国际大客户的订单，转而在国内发掘咖啡馆、酒吧、连锁餐饮、高级酒店等小客户。到 2005 年，双童的内、外贸份额达到了 1∶1 左右。2008 年国际金融危机爆发，提早转向内销的双童得以平安渡过。

2006 年开始，双童陆续开发出了风车吸管、哈哈吸管、可降解吸管等几十种创新产品。一款可在关节处折出各种花型的艺术吸管在 2009 年实现了量产，至今仍占双童吸管总产值的 1/4 左右。“传统的吸管平均售价是 6~7 厘钱，这款吸管刚出来时卖到 1 毛，现在还卖 4 分多。”

双童每年都将 1/3 左右的利润投入到研发，拥有吸管类专利 150 多项。双童还对生产流水线进行技术改造，未来车间里的人数有望从上百人减少到个位数。

2018 年，麦当劳和星巴克相继发布未来将停用塑料吸管的消息。双童一款采用玉米淀粉制作的可降解吸管订单随后出现了猛涨。

复习一下

1. 什么是作为思维方式的创业?
2. 企业家在创业过程中可以运用哪些技术变革?

9.2　创业与企业家

为什么创业?

企业家的创业动机可能有多种，包括：

□**改善生活**。在中国改革开放后成长起来的第一批企业家中，改善生活可能是最主要的创业动机之一。娃哈哈集团总裁宗庆后42岁承包杭州上城区校办企业经销部，开始创业时只有3名员工，主要业务是供销课本和冷饮。

□**成就人生目标和追求自主**。李开复从Google中国公司离职后创办创新工场，这与他在大学巡回演讲中所披露的人生态度是一致的。前红塔集团负责人褚时健在出狱后选择了重新创业，承包开发2000多亩果园，创建了“褚橙”品牌。

□**不满足于现有的产品和服务**。对出租车服务的不满促成了Uber共享出行的理念。

□**追求巨大的利润**。叶富国创办的名创优品连锁店在线下零售的困难时期仍然实现了高速成长，营业额超过100亿元。

□**社会理想**。如“穷人的银行家”尤努斯创办格莱珉银行，向低收入群体提供经营贷款。与此相似的还有李连杰创业成立壹基金、姬十三成立的科学松鼠会，此类创业也称公益创业，是采用企业化方式实现社会理想的努力。

企业家成功的条件是什么？

创业的挑战之一是企业家如何在创新和将创新转化为商业利益之间把握好平衡。我们知道，许多新技术的发明人创办企业并不成功。还有更多技术，今天以其出名的并不是最初的发明者。例如，图形界面和鼠标是施乐公司发明的，但施乐的计算机业务并不成功，苹果公司将这一技术运用到自己的产品中大获成功。

美国巴布森学院的蒂蒙斯教授将企业家成功的条件归结为创新和管理两个维度，如图9.2所示。[3] 在创新维度上，企业家必须有创造力和创新能力。然而，仅有创造力而缺乏商业技能的发明家通常无法将创意或技术转化为商业成功。另

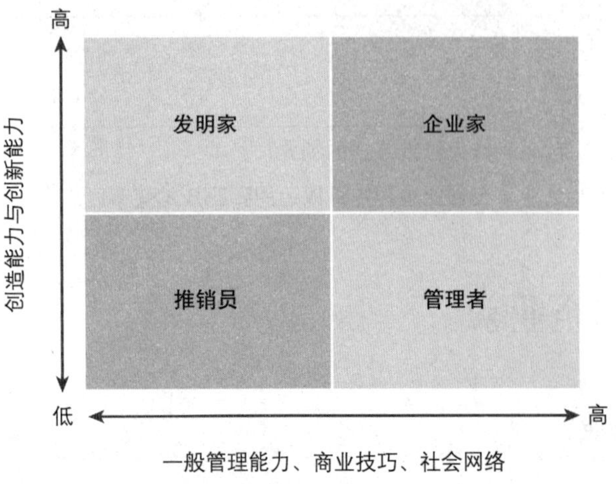

图9.2 成功企业家的能力构成

一方面，管理者尽管拥有足够的管理技能、商业技巧和社会网络，但他们往往不具备创造力，并不是企业家。推销也是一种重要的能力，企业家应当有能力将自己的愿景推销给投资人、员工、供应商、经销商等利益相关人。不过，与其他两种能力相比，推销能力更有可能在市场上购买到。只有将创造力和管理技能结合起来，企业家的创业才会成功。

企业家的人格特质

虽然已经做了许多研究，但管理学者们并未发现或确认企业家表现出特殊的人格特质。**特质**（trait）是指行为、思考和情绪的稳定模式，能够让某一类人同其他人区别开来。通常认为，可以从以下5个方面理解企业家的人格特质。

- □**风险承担**。与人们通常的理解稍有不同，在追求机会时，企业家并不是一味大胆的风险承担者。相反，他们是适度的和精于计算的风险承担者。他们努力判断企业活动的内在风险，在追求机会的同时试图尽量缩小风险和控制风险。万科进入房地产市场初期曾经以旁人认为疯狂的高价拿地，在表面上巨大风险的背后，是精心设计的新开发模式。
- □**成就需求**。企业家拥有高水平的成就需求，乐于对新的目标和解决新问题承担起个人责任。有时这种特质也被称为“激情”，是追求机会的内在动力。成就需求推动企业家忍受失败和压力。新东方教育创业群体的一句名言是“从绝望中寻找希望”。
- □**独立的需求**。企业家往往有意追求个人独立，他们对自己的行为和决策负责，在机会的追求中表现出高度的主动性。然而，对独立的需求可能导致企业家不善于授权。娃哈哈集团的宗庆后就是一位喜欢集权的著名企业家。
- □**内在控制点**。**内在控制点**（internal locus of control）是指个体相信自己有能力控制环境和结果的心理倾向，相反，认为自己无法控制环境和结果的个体则称拥有外在控制点。企业家通常拥有内在控制点，联想集团将企业文化归结为“尽心尽力、说到做到”，实际上就是在鼓励一种创业的精神。
- □**容忍不确定性**。创业企业常常表现出混乱的情形，与大企业的结构化体制形成鲜明的对比。企业家对这种不确定性往往更具容忍力，因为混乱也意味着有可能发现机会。淘宝网鼓励员工练习“倒立”，体现了马云希望员工在业务中采用另类思维实现创新的愿望。

复习一下

1. 蒂蒙斯用来分析创业成功的两个维度是什么？
2. 企业家人格特质都是有利于创业成功的吗？

9.3 成功创业的战略

独特竞争力的来源

组织的独特竞争力来自组织的资源和能力，是组织在经营业务活动中胜过竞争对手的地方。小企业的独特竞争力通常出现在三个领域中：在现有市场上找出新的利基市场、找到新市场和先行者优势。

管理行动专题

一加手机的细分市场

在如此拥挤的手机市场上，一家4年时间里只做出6款手机的企业有生存机会吗？刘作虎曾经是OPPO负责海外业务的副总裁，2013年12月创立一加。一加从开始时就将国际市场作为目标。

一加用户以海外专业人士为主。只做线上销售，并且需要邀请码才能购买，这样有利于控制销售和成本。为了避免团队人员结构造成文化差异，海外团队的人员比例为1/3欧洲人、1/3美国人、1/3亚洲人。

运营人员保持着高强度的用户互动。当一加决定开发某个功能或者增加某个配件时，运营人员会告诉用户：今天我们选了一个××寸的屏幕，采用××技术，为什么这么选择，与其他竞品比较的优势是什么等。还会对用户进行调查，大家对这个功能怎么看。很多海外媒体对一加手机的报道都是通过论坛获取信息。一加海外论坛里起初只有不到5000名注册用户，到产品上线前，注册用户已经超过25万。

一加定位于400美元以上的智能手机，每年只生产两款。2017年一加销售接近100亿人民币，70%都在海外市场。刘作虎说：“我们希望通过打造一款能跨越种族、地域、语言和文化差异的好产品，让世界能真正认同和尊重的中国品牌。”2018年11月，美国第三大运营商T-Mobile遍布全美的5600多家门店将开始出售一加6T手机。一加也是首家在美国主流市场冲击中高端市场的中国厂商。

在现有市场上找出新的利基市场。现有的市场是几家大企业根据定义相对清楚的标准进行竞争的市场。例如，快餐连锁行业由肯德基、麦当劳等国际连锁店主导，在产品的标准化、环境卫生、质量控制、上餐速度等方面展开竞争。然而西式快餐的问题在于无法与中国传统的饮食习惯很好地结合，这就为中式快餐连锁店留下了创新的空间。“真功夫”将原盅蒸饭的概念引入快餐，尽管真功夫同样建立了标准化的生产和服务体系，但它的价值主张或竞争的重点却是口味和营养，吸引注重这两个就餐因素的顾客，与西式快餐区分开来。

真功夫的方法是在现有的市场中发现一个新的利基。**利基**（niche）是目前尚未开发的市场细分。一般来说，小型的创业企业比大型企业更善于发现市场利基。大型组织在过去和现有的商业运作中已经投入了太多资源，往往对新的市场机会不够敏感。企业家们则是能够识别这种机会并迅速行动起来加以利用的人。

找到新市场。成功的企业家在发现全新的市场方面拥有超群的能力。这种发现至少可以通过两种方式。首先，企业家可以将某一市场中已经获得成功的产品或服务转移到另一个市场。例如，经济型酒店是西方发达国家较为成熟的经营形态。以如家为代表的新企业在 21 世纪初开始着手将国内传统的招待所改造为连锁经济型酒店，改变了城市商务和旅行酒店产业的面貌。奥特莱斯（Outlets），也称工厂直销店，是美国在 20 世纪 70 年代后流行起来的一种零售业态。2002 年 12 月，国内第一家模仿这种业态的燕莎奥特莱斯开业。今天，许多城市都开设了大型的奥特莱斯。

其次，企业家可以创造一个新的产业。例如远大空调以非电空调技术为核心拓展节能环保的非电空调产业，承建多项奥运绿化工程赢得声誉的民营企业东方园林公司拥有城市绿化设计技术的核心能力，带动了大型市政绿化工程产业。

先行者优势。先行者优势（first mover advantage）是由于一家企业比其他企业更早利用一个市场机会所带来的优势。有时，大型企业和小型创业企业可能同时发现现有市场中的利基市场，但是大企业常常不能像小企业那样快速利用这些机会。

造成这种差异的原因非常多。首先，许多大型组织决策速度较慢，在实施前需要经过层层审批。例如体检本来是大医院的业务，然而现在体检市场却主要由一些小的连锁企业主导，如爱康、慈铭等。这主要是因为小型机构具有灵活性，对市场需求能够做出更快的反应，而不是因为它们的设备或工作人员比大医院更优越。其次，对于大型组织来说，利用新机会可能意味着很大部分资产处于风险中。当波音公司决定建造一款新式商用客机时，如果决策效果不好，理论上可能导致公司破产。风险的规模导致大公司谨慎行事。相反，小企业的资产面临的风险总额要小得多。还有，大公司往往受到以往成功的限制而难以实现转型。

创业成功的途径

理念（idea）。很多创业始于理念，理念可以是一种产品，例如微信或 AirPod；可以是一个未开发的市场，例如专业的体检服务；也可以是正确时机的判断，例如新浪并不是最早在市场上提供微博服务的，它是在用户对微博已经有了一定的了解之后全力投入这一市场并取得成功的。一些伟大的企业源于创始人的远见卓识，苹果公司的乔布斯、微软的盖茨都是很好的例子，他们都是从小企业发展起来的。阿里巴巴的马云提出“让天下没有难做的生意”，致力于帮助中国中小企业向国外销售，继而通过淘宝网让所有的商家获得更广阔的销售空间。理念并不仅仅是一种激动人心的口号，理念还常常意味着牺牲和放弃。联想集团的柳传志曾经有机会入资民生银行，也曾经有机会涉足房地产，但柳认为这与联想集团以技术为本、产业报国的理想不符，一一拒绝。

机会（opportunity）。企业家们在识别、创造和利用机会方面展现出特长，他们可以发现大企业所忽视或无法把握的市场机会。企业家们关注的市场机会通常有以下这些：

☐**技术发现**。IT、生物科技领域中的新技术往往成为企业家关注的重点。在深圳证券交易所中小板上市并受到追捧的海普瑞公司，其主营业务是肝素钠（抗凝血药）原料的提纯技术。

☐**专业服务**。慈铭、爱康等企业成功地将体检从医院业务中分离出来，为机构用户创造出额外的价值。

☐**人口统计特征的变迁**。许多地方兴建的购物中心在电子商务冲击下生意清淡，教育机构利用租金下降的机会进驻购物中心。养老机构或老人看护机构可能是老龄化社会的投资热点。

☐**生活方式和流行趋势**。新一代产妇对产后护理提出了更高的要求，过去价格高昂的单间病房、月嫂和月子餐如今成为普通人的消费选择。

☐**政府政策和宏观经济环境的改变**。政府政策改变是创业灵感的来源之一，例如民办教育管制环境的放宽为进入这一产业提供了机遇。宏观经济环境同样是创业的激励因素，能源价格的上涨为节能产品和服务提供了市场空间，低利率或负利率则为理财产品提供了创新的机会。

创业战略矩阵。企业家不是从观察者的角度认识机会。而是将自身的资源、能力考虑进去形成创新，同时控制风险，从而将机会转化为创业的成果。图 9.3 以战略矩阵的形式描述了企业家的战略选择。从矩阵中我们可以看到两个维度，创新和风险，分别组合成为四种战略：

☐**高创新低风险**。例如发明某种特效药，市场需求很大。如果它的配方受到专利保护，那么这种药的生产和销售就属于高创新低风险。可是，这种局面通常很难维持，因为竞争对手会很快出现，增加创业的风险。

☐**高创新高风险**。IT 产业中的创业很多属于这一类型。一项产品，即使在技术上没有问题，但在市场化的过程中仍然可能失败。安卓之父安迪·鲁宾 2017 年发布的 Essential Phone 在业内获得很好的评价，但由于供货不及时和部分缺陷未能及时修正，半年销量不足 10 万部。

□低创新高风险。这是绝大多数小企业创业的情况，它们的产品、服务和商业模式通常和市场上现有的企业没有多大区别，面临着同已有企业竞争、争取客户的困难。

□低创新和低风险。一个小村子也许只能养活一家理发店，因此它们的经营风险较小。同样，一家实体店也许投资很高，但在淘宝上开一家网店则风险较小。

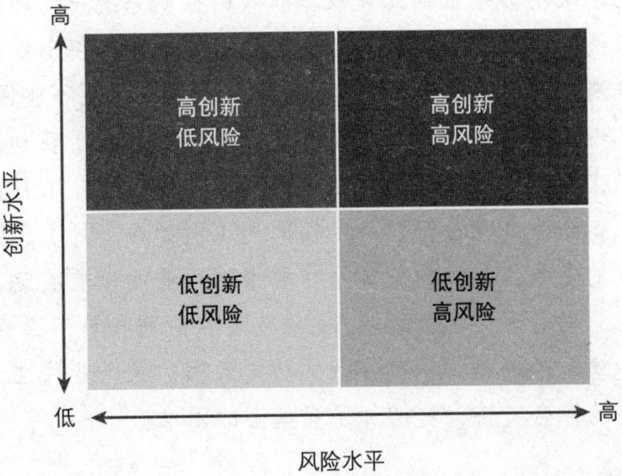

图 9.3 战略创业矩阵

企业家需要分析自己的战略选择属于哪一种类型，尽量争取高创新低风险的战略而避免低创新高风险的选择。这个模型还可以帮助企业家找到符合自己需求的战略选择，例如高创新高风险也许并不合适自己。最后，这一模型还指出，即使在低创新的情况下仍然可以通过差异化的努力做到低风险。

创业失败的原因

尽管没有可靠的数据，但一般认为创业失败的比率相当高。不仅个体创业和小企业失败的比率很高，大企业创办的新企业同样经常失败。餐饮可能是创业失败率最高的类别，而加盟连锁经营则相对失败率较低。创业企业失败率高是很好理解的，新企业没有知名度，争取顾客的成本相对较高。此外，规模小也导致其经营成本居高不下，无法在生产和营销上实现规模经济。除了先天因素之外，创业过程失败的原因还可以归结为以下 4 项：

□缺乏管理能力或管理经验。有些企业家可能过高地估计了自己的管理智慧或误将常识当作商业智慧，还有的企业家以为只要努力工作就可以成功。但是，如果企业家们不懂得如何作出基本的企业决策或对管理的原理和基本概念一无所知，那么企业将很难取得长期的成功。例如，有些企业家根据直觉而不是精密的成本计算来定价，结果产品可能无法保持足够的利润率以维持企业经营。也有的企业家本人能力很强，事必躬亲，不懂得授权，也会妨碍创业企业的成功。

□**疏于管理导致创业失败**。有些企业家选择利用业余时间经营企业，或者只投入一部分精力。新企业的创办需要投入大量的时间，企业家必须关注市场的变化和竞争对手的动向，不愿意投入足够时间和精力的企业家通常很难成功。

□**控制系统不力导致创业失败**。有效的控制系统是有序经营和向企业家揭露隐藏问题所必需的。如果控制系统未能揭露即将出现的问题，企业家们将很快陷入困境。由于工作紧张，有的企业家甚至不能保持有效的财务记录。

□**资本不足也会导致新企业失败**。有时企业家对于获利的期限过于乐观。然而，在绝大多数情况下，新企业可能需要经过几个月甚至几年时间才能获利。新企业要准备好在一定期间内（例如6个月）无法获利时保持经营所需要的资本，具体的数额则需要根据行业的性质决定。否则，即使是赢利的企业也会因为现金断流，无法支付供应商和员工工资而陷入破产。此外，由于缺乏抵押物和销售收入的历史数据，新企业往往无法从金融机构获得需要的资金支持，更增加了资本上的困难。

商业计划书

企业家发现机会之后，通常会有立即行动的激情。然而，在商业世界中，直觉本身并不能作为决策的依据。企业家需要将决策建立在市场分析的基础上，不仅要说服自己，还要能够说服相关利益人。在创业论证时，**机会分析**（opportunity analysis）可以提供有价值的基本分析，如表9.1所示。机会分析包括对产品和服务的描述，对机会的评估，对企业家能力的评估，对创业所需要的具体资源和活动以及赢利方式的分析。

表9.1

创业的机会分析

1. 创业活动满足了哪个具体市场的需求？
2. 关于这一市场需求，企业家有哪些个人观察和分析？
3. 这一市场需求的趋势如何？
4. 企业家可以在市场上获得哪些调研资料对这一市场需求进行更深入的分析？
5. 哪些技术、产品或服务可以用来满足这一市场需求？
6. 现有竞争对手有哪些？当前的竞争状态如何？创业开始后竞争状态可能有怎样的变化？
7. 是否存在国际市场上的类似需求？
8. 国际市场竞争状态如何？创业开始后国际市场竞争状态可能有怎样的改变？
9. 创业企业将如何实现赢利？

表 9.2

商业计划书概要

1. 行政摘要	□ 产品改进和新产品计划
□ 创业的目标	□ 产品开发成本
□ 机会和战略	□ 知识产权
□ 目标市场和假定	7. 生产和运营
□ 竞争优势	□ 运营周期
□ 创业企业的赢利前景	□ 厂址规划
□ 创业团队	□ 设备和改进
□ 向投资人提供的条件	□ 运营战略与计划
2. 产业分析与企业的产品和服务	□ 政策管制和法律事务
□ 产业分析	8. 管理团队
□ 创业的目标	□ 组织结构
□ 产品和服务	□ 主要团队成员
□ 进入和成长战略	□ 管理层报酬和股权
3. 市场调研和分析	□ 其他投资人
□ 顾客分析	□ 员工报酬和奖金计划
□ 市场规模和趋势	□ 董事会
□ 竞争分析和竞争优势	□ 其他股东、权利和限制
□ 销售和市场份额预测	□ 专业顾问
□ 未来市场分析	9. 总体时间安排
4. 经济可行性分析	10. 主要风险和假定
□ 毛利和净利	11. 财务计划
□ 利润的潜力和持续性	□ 当前利润表和资产负债表
□ 固定成本、可变成本和半可变成本	□ 模拟利润表
□ 实现损益平衡的时间	□ 模拟资产负债表
□ 实现正现金流的时间	□ 模拟现金流量表
5. 营销计划	□ 损益平衡分析
□ 营销战略	□ 成本控制措施
□ 定价	□ 其他重要事项
□ 销售技巧	12. 投资说明
□ 服务和质量保证	□ 期望投资方式
□ 广告和促销	□ 期望投资数额
□ 分销方案	□ 股权计算方法
6. 产品开发计划	□ 资金用途
□ 目前的开发状态和任务	□ 投资者回报
□ 困难和风险	13. 附录

与初步的机会分析不同，商业计划书考虑了未来企业经营中的主要方面。**商业计划书**（business plan）是分析和描述创业企业战略和运营计划的文件。商业

计划书中要描述创业企业的目的、市场、战略、组织结构和未来的方向，通常还会根据企业职能制定营销、财务、生产和人力资源方面的计划。当前的趋势是商业计划书向着更加专业的方向发展，因为创业企业的投资人在决定投资前通常要求企业家提供详细的商业计划书。

一份有效的商业计划书应当做到：（1）为创业企业的合理性提供证据；（2）在实际的企业经营中提供指导；（3）吸引投资人为创业提供资金。表 9.2 描述了商业计划书的概要。

通常企业家对商业计划书中的财务计划给予特别的重视。然而有经验的投资人知道，财务预测往往过于乐观，在投资判断时自然会对财务数据进行折扣。除了财务计划之外，投资人更想知道企业家是否周密地考虑了其他 5 个方面。

- □人员。创业企业能否招募到足够数量的拥有必要技能的员工？如何保留和激励员工？好的创意和充分的激励能够吸引优秀的员工，帮助企业成功。
- □机会。顾客的定义准确吗？顾客的决策程序如何？顾客可以接受的价格是多少？如何找到足够的顾客？获取和服务顾客的成本是多少？生产和提供产品和服务的成本是多少？一句话，创业企业的竞争优势如何？
- □竞争。商业计划书必须详细说明当前的竞争者有哪些，未来的竞争对手又会有哪些，它们的优势和劣势分别是什么。发现创业企业进入它们的市场后，竞争对手们会如何反应，你的对策是什么。
- □环境。商业环境当前和未来的趋势对创业企业是否有利？例如，在出版行业向数字化转型的时代，建立在纸质出版业务模式上的商业计划很可能是不合时宜的。同样，对于租赁场地成本占运营费用比例较高的创业企业，未来商业地产的租赁价格趋势可能十分重要。
- □风险。商业计划书中还必须列出充分的风险提示，例如产品失败、丢失关键客户、技术人员流失、现金不足等，并给出各种条件下的应对策略。

复习一下

1. 为什么小企业比大企业更容易发现市场利基？
2. 企业家和投资人对商业计划书的兴趣有何不同？

9.4 创业型组织的结构

当战略和商业计划确定之后，企业家下一步要设计组织结构，将商业计划的远景变为现实。例如，企业家必须考虑组织设计、职位描述、组织结构图和管理控制系统。

当然，互联网的出现改写了开办和经营小企业的所有法则。开办企业变得比以往更容易和更快。尽管如此，还是要靠企业家们来作出正确的决策。他们必须决定如何进入这一产业。是从头开始，还是买下一家现有的企业？此外，企业家还必须找到合适的融资渠道，以及决定何时和如何寻求专家建议。

新企业的创建

企业家做出创业决策后，首先要选择经营的产品和服务，包括产业与市场调查。企业家不仅要评估产业趋势，还要评估自己的能力。就像现有企业的经理们一样，新企业的所有者必须保证他们理解自己所要参与的企业的真正性质。

购买现有的企业。是从头开始还是买下一家现有的企业？管理顾问通常建议后一种办法，认为这种方法胜算更高。一家现有的企业通常已经证明它能够吸引顾客获得利润。现有的企业已经建立了贷款人、供应商和社区关系。此外，根据现有企业的运营记录，潜在购买者可以清楚地知道对于新企业的未来可以有怎样的预期。星巴克原来只是一家艰难度日的目录邮购企业，只是在舒尔茨（Howard Schultz）买下它之后才开始在连锁咖啡店产业进行扩张。然而，购买现有企业有时会遇到潜在的风险，例如隐藏债务或其他未知的不利信息等。

从头开始。当然，更多的人喜欢享受从规划、培育直到成长为强大企业的完整过程。从头开始也有其现实的理由。新创建的企业可以免受以前所有者的影响。新企业的所有人可以自主选择贷款人、设备、库存、地点、供应商和员工，不必受先前所有者承诺和政策的约束，也不会因为隐藏的风险而遭受损失。

另一方面，从头开始创办企业的风险同样很大。新企业的创建者只能对经营前景进行假设和推测。企业的成败主要取决于是否能够找到真正的商业机会。有没有足够多的顾客愿意支付合适的价格给当时还不存在的产品？

企业家必须对机会分析中所提出的问题做出回答：（1）顾客是谁？（2）他们在哪里？（3）顾客愿意支付的价格是多少？（4）顾客购买的数量是多少？（5）竞争对手是谁？（6）我的产品与竞争对手的区别有哪些？

即使对于有丰富市场经验的现有的大型企业，回答上述问题也是一桩困难的任务。新企业的所有者如何才能获得必要的信息？首先，实际经验是获得市场知识的最好方法。例如，曾经在健身店工作过的企业家，在创办新的健身企业时通常对上述问题已经有了自己的回答。其次，网络、商业报道、行业协会，甚至广告中可以发现许多竞争对手和产业分析的资料。最后，专业的调查机构也是有用的信息来源。

为创业企业融资

选择如何开始固然重要，但创业者首先必须获得用来开办企业的经费。最常见的来源是家庭和朋友、个人储蓄、银行与类似的贷款机构、投资人和政府机构。贷款机构通常更有可能向收购而不是新企业提供融资服务，因为前者的风险比较容易评估。从头开始创办新企业的人士通常不得不依赖自己的资源。

个人资源。个人资源是创业企业最重要的资金来源，包括本人、家庭、朋友和偶然投资人，也就是人们常说的3F（family，friends and fools）。在中国，家庭创业的例子非常多，像饲料大王希望集团是刘永好四兄弟集资创办的，快餐连锁真功夫则是蔡达标夫妇和内弟潘宇海联合投资创立的。家庭创业投资的好处是容易快速集合充足的资本，同时家庭创业团队较有凝聚力。缺点是成功后往往面临财产权和控制权的问题。刘氏四兄弟在1991年和1995年将集团财产进行划分后，各自在不同的领域中寻求发展，成功地度过了创业企业的发展危机。而真功夫则发生了争夺企业控制权的纠纷，影响到创业企业的价值。

战略联盟。战略联盟也是为企业成长提供融资的常见手段。创业企业可以组团与供应商谈判要求折扣，提供联合销售优惠，或共享场地设备等以节省资本开支，其效果等于争取到了经营资本。例如中小网站往往加入某些广告联盟以获得收入补充经营费用，如Google AdSense、百度联盟、有道联盟等。

企业孵化器。企业孵化器（business incubator）通常是由政府部门在工业园和大学附近建立的向特定类型创业企业提供保护性支持的经营场所。企业孵化器一般租金和费用较低，不过这种优惠通常是有期限的。孵化器还可能会提供一些共享服务，或者向企业提供管理咨询、争取银行贷款等。我国企业孵化器数量已经超过1000家，毕业的企业中包括尚德、中星微电子等著名企业。

贷款人。银行、独立投资人和政府贷款在初创资金中所占的比例少于个人的投资，但有些时候它们起着十分重要的作用。不过，要想从这些渠道获得资源需要付出额外的努力。银行和私人投资者通常要审核正规的商业计划——关于企业与市场、企业主的背景和其他资金来源等详细的资料。政府贷款和基金则要遵守严格的资质要求，向国家创新基金申请基金还必须得到当地科技部门的推荐。

风险资本公司。风险资本公司由一组小规模投资人构成，通过寻找具有快速增长潜力的企业而获利。绝大多数这类企业并不提供贷款，而是投资于新企业。它们向新企业提供资本，换取股份。风险资本公司也可能会要求在董事会中拥有一个席位。在有些时候，创业企业管理层在作出重大决策时需要经过风险资本公司的批准。阿里巴巴集团在创业初期获得了日本软银公司的风险资本，当当网和京东商城则获得美国老虎基金的风险资本。对于互联网企业，风险资本和贷款不像从前那样难以获得了。随着这类投资的增加，企业家和风险投资人对于投资业务都积累了更丰富的经验，从而降低了交易的成本。

风险资本公司投资的目的不是长期持有创业企业的股权，而是为了最终退出企业并获利。获利的方式主要是在企业成功后将股权高价转让，或在企业公开上市后将企业股份出售给其他投资人。IPO（首次公开募股）是指企业经过证券监督部门批准后首次向公众出售股份并在证券市场交易其股票的财务活动。IPO 之后，企业可以募集到发展业务所需要的资金，企业家和风险资本公司可以通过证券市场发现公司的价格，通过出售股份来获利（会有一定的期限限制）。IPO 的缺点是企业家股份的比例可能减少，从而失去对企业的控制。此外，上市后企业需要履行信息披露义务，接受公众投资人的监督，也会削弱企业家对企业的控制。

管理行动专题

中关村的创业咖啡馆

北京中关村是高技术企业扎堆办公的地方，也是高校科研人员集中的所在。大量技术人员、项目管理人员在这一区域工作，堪称互联网创业的理想土壤。然而，许多创业者资金匮乏，甚至租不起办公室。难以找到合适的创业团队成员和投资人也是常见的困难。

近年来，中关村西区先后出现了贝塔咖啡、车库咖啡、3W 咖啡等专门为互联网创业者提供服务的场所。创业者可以在这里低价享受办公场地、办公设施，专业人员的聚集也为创业团队的组建提供了便利。创业咖啡馆还吸引了大量的投资人前来了解当前创业热点。

车库咖啡成立初期曾经承诺，以一杯咖啡的价格提供办公场地，吸引了众多草根创业者。除了餐饮服务和办公基础设施外，每天还有半小时的创意交流会，创业者之间、创业者和投资者之间可以利用这一机会相互了解，激发新的思想。这里还会定期举办创业讲座。在成立一年后的时间里，这里入驻了 30 多家创业公司，已经有 13 个团队拿到 200 万美元以上的投资。车库咖啡孵化创业企业的成绩甚至吸引了时任证监会主席郭树清前来调研。

喝着 15 元一杯的咖啡，想着百万美元的投资，外界这样形容在三家创业咖啡馆内办公的创业团队。批评者认为，创业咖啡馆的热闹反映了创业渠道不足的社会问题。但这些咖啡馆本身的商业模式不清晰，未必能够长期持续。此外，创业项目的质量也很难维持。

创业团队、社会网络与管理建议的来源

创业团队。创业曾经被看作是独角戏，许多企业家也的确喜欢个人控制一切的感觉。然而，今天的商业环境已经变得越来越复杂，变化也越来越快，团队创业流行起来。创业团队可以增加创业的动力，降低人事风险，汇集更全面的专业技能。创业团队是创业企业成功的关键因素，常常也是投资人最关注的企业资源，创业团队的构成还会影响客户、供应商对创业企业的态度。马云的 18 人创业团队放弃北京的工作跟随他到杭州创建阿里巴巴，史玉柱东山再起时身边的创业团队还是过去的老同事，这些团队所表现出的凝聚力对于创业企业的价值不言而喻。

社会网络。企业家们越来越多地意识到社会网络的价值，他们定期聚会讨论共同面临的问题和机会，更为重要的则是凝聚资源。社会网络可以为企业家带来社会资本，获得良好的声望，帮助企业家获得有效的信息、赢得信任和协作机会、招募员工、建立商业联盟、获得融资信息。社会网络可以为企业带来竞争优势。社会网络的建立可以是职业的积累，也可以是通过参加行业协会或各种私人俱乐部等途径。

顾问委员会。所有的公司，即使是那些法律上不要求成立董事会的企业，也会受益于顾问委员会处理难题的能力。因此，一些小企业创立了顾问委员会以备咨询和协助。例如，顾问委员会可以帮助企业家决定工厂扩建融资和向海外市场出口产品的最佳方法。

管理顾问。管理顾问是帮助管理者解决经营问题并收取费用的专家。关于管理顾问的价值可谓众说纷纭。他们通常是某一领域的专家，例如国际业务、小企业、制造业或人力资源管理。他们可能带来客观的和经过检验的观点，当然，他们的要价也可能很高。同聘请其他专业人员一样，选择管理顾问也要非常谨慎。可以通过聘用过他们的大企业获得其工作绩效的资料和证明。当然，如果顾客合作的话（例如提供工作时间表和对工作的书面要求），管理顾问的工作将更有效。

特许经营

像肯德基、如家、晨光文具、谭木匠、7-11、21世纪不动产这些组织之间有什么共同点？在很多情况下，它们是当地企业家所有和管理的，而由母公司向其颁发许可。

对于有志于创业的企业家，特许经营是可行的方法之一。**特许经营**（franchising）是根据特许经营合同，由特许人向被特许人拥有和管理的企业发放许可，在统一的经营模式下开展经营。特许经营合同是允许被许可方销售许可方（母公司）产品的协议。

在特许经营中，被许可方可以从母公司的经验和专长中获益，还可以向许可方请求管理和财务上的支援。许可方可能会提供财务资源，帮助选址、谈判租金、设计店面和采购设备。它还会帮助培训第一批员工和经理，传授标准化的政策和作业流程。企业开张后，许可方为被许可方提供的利益还包括向采购中心进货的优惠价格。许可方还会负责营销战略（特别是广告）。最后，被许可方通常可以获得持续的管理顾问服务。简言之，被许可方不仅获得了或者说投资于现成的业务，还有专家的协助。

特许经营为买卖双方都带来了好处。许可方可以利用被许可方的资金获得高速发展。这一战略曾经帮助麦当劳在很短的时间内迅速成长为价值数十亿美元的大公司。对于被许可方，在拥有一家企业的同时还能获得大企业的管理经验。与从头开始相比，这样做不需要一步步完全靠自己，几乎可以在一夜之间建起企业。此外，由于特许店的建立通常只是复制的过程，失败的风险相应也小得多。

当然，加盟特许经营也有其不利之处，其中最主要的是起步费用。加盟店的特许费用差别很大。一家肯德基加盟店的特许费用可能需要数百万元，而谭木匠的加盟费可能只要几万元。此外，被许可方可能还要一直承担将销售的某一百分比支付给母公司的义务。另一个问题是特许经营中被许可方通常会牺牲某些独立性。例如如家的加盟店必须按照母公司的统一规定提供标准化的服务，而无权根据当时当地的具体情况灵活做出变通。最后，终止特许经营有时需要付出较高代价。

特许加盟固然可以降低风险，但并不一定保证成功。许多加盟者由于选址不当、成本上升或特许方未能兑现持续支持，眼看着自己的投资打了水漂。另一个风险是连锁店本身倒闭，每年都会有许多连锁经营店歇业或停止发展连锁。例如，取得美国罗杰斯快餐授权的北京罗杰斯曾经是一个十分成功的连锁餐厅品牌，然而由于美国母公司破产，不得不更名为乐杰士，重新建立品牌形象。

内部创业

并不是只有新创业的企业和企业家对机会充满渴望，现有的企业，包括大型企业也希望在内部寻找创业的机会，鼓励创业精神，以保持竞争优势。内部创业（intrapreneurship）是指大型企业鼓励员工承担风险和创新的活动及其相关的机制。像 3M、杜邦、惠普和 Google 都是以内部创业见长的大型企业。新浪微博成长为中国最大的微博平台，腾讯微信成长为最大的手机聊天软件，都是内部创业活动的例子。

鼓励内部创业。许多企业通过制度性的设计来鼓励员工创新。例如，3M 公司规定员工可以有 15% 的工作时间用于自己选择的产品项目。在 Google 公司，这一时间的比例为 20%。

内部创业团队的组织。内部创业团队的组织方式主要有两种：臭鼬工厂和酿私酒。**臭鼬工厂**（skunkworks）是美国飞机制造商洛克希德 · 马丁公司专门设计创新产品的部门，以成功设计突破性产品而知名，如 F117 隐形战斗机。今天，臭鼬工厂是指组织所设立的、要求在规定期间完成特定目标的新产品研发机构，通常给予机构成员较大的自主权。臭鼬工厂的负责人是组织中有威望的经理，其成员则是组织正式分配的，组织通常在资源上提供倾斜政策。例如，微软决定开发 Zune 来对抗苹果的 iPod，在项目进行到一半时却发现按当时的进度显然无法按时完成。微软决定从团队中抽出一个专门小组，授权他们可以自由决策而不受官僚程序约束。最终这个小组在创业的氛围中完成了一段重要的基础软件代码，将项目拉回了正轨。

酿私酒（bootlegging）是指组织成员私下结成的创业团队，开发出有利于组织的创新产品。酿私酒是自下而上的、非结构化的创新，通常没有得到组织官方授权，也很难获得相应的资源分配。酿私酒活动可以帮助组织发现在原有的组织框架和战略视野中无法认识到的创新机会。组织通过合理的设计可以形成容忍、鼓励私下创业的气氛。例如，Google 内部有一个随时变动的 Top 100 项目列表，这些项目都来自 20% 时间，每个工程师都可以对项目投票，还可以自由决定参加哪个项目。Google 将项目开放给公众测试，让优秀项目可以更快地获得市场的肯定，还设立千万美元级别的“创始人奖”，支持员工内部创业。

管理行动专题

酿私酒：开发东芝笔记本电脑

日本东芝公司是笔记本电脑生产和研发的领先企业，世界上第一台笔记本电脑 T1100 就是东芝公司研发的。美国伦赛勒理工学院教授 P.A.Abetti 对东芝笔记本电脑成功过程的研究，揭示了酿私酒在东芝笔记本电脑市场成功中的重要作用。[4]

日本第一台个人电脑是由东芝公司的沟口哲也研发成功的。然而由于当时东芝公司在主机电脑业务中遭受重挫，对新产品不感兴趣。1983 年，古贺正一出任计算机部总经理后，支持沟口开发便携式膝上型电脑（笔记本电脑的前身）。沟口给总部的项目建议报告中预计一年半时间研制成功，然而总部以经费缺乏为理由加以否决。古贺并未放弃，向总部申请用本部门的经费支持这项研发，同时保证本部门上交的利润不会减少，然而依然遭到总部的否决。这就是东芝笔记本电脑开发史上著名的“两次否决”。

然而，古贺与沟口对膝上型电脑的市场依然充满信心。既然得不到批准，研发工作只好秘密进行，古贺从军用计算机研发部门调来 10 名工程师，经费从本部门预算中解决。1985 年 4 月，产品原型开发成功。然而，总部认为便携式电脑只是一种华而不实的产品，不同意生产上市，而只是向其他大型计算机厂商寻求贴牌生产的机会（由东芝生产挂别人的品牌）。时任欧洲分部副总裁的西田厚聪（2005 年起担任东芝董事长）对这款产品很感兴趣，承担起在欧洲销售的责任，在 14 个月的时间里成功销售了 1 万台。此后，西田厚聪又负责在美国市场开发便携式电脑，同样大获成功。

本章要点

1. 创业是规划、组织、运作和承担企业风险的过程。企业家是发现机会、利用资源和推动创业活动的个人或群体。
2. 一般来说，创业会从小企业起步。小企业是创新的重要来源，它们创造许多工作职位，并且对大企业的成功作出贡献。
3. 企业家在创业中可能有多种动机，把握好创新和商业利益之间的平衡是创业成功的主要挑战。

4. 在选择战略时，企业家要考虑他们所要进入的产业的性质。小企业还必须形成自己独特的竞争力。小企业通常长于在现有市场上找出新的利基市场，找到新市场和获得先行者优势。小企业通常很难实现规模优势。
5. 形成和坚持新理念和发现新市场是创业成功的主要途径，而创业失败往往是因为缺乏管理能力、投入精力不够、控制不力和资本不足。
6. 企业家确定战略之后，通常要将其体现为书面形式的商业计划。人员、机会、环境、竞争和风险是投资者最希望了解的信息。
7. 公司战略和商业计划就绪之后，企业家需要为自己的企业选择一种实施战略和计划的结构，包括新企业如何创建，如何为新企业融资，如何建立创业团队、社会网络和获得管理资源等。
8. 特许经营是根据特许经营合同，在统一的经营模式下开展经营的创业形式。特许经营的优势是明显的，但也有一些风险。
9. 内部创业是指大型企业鼓励员工承担风险和创新的活动及其相关机制。臭鼬工厂和酿私酒是常见的内部创业活动。

批判性思考与讨论题

1. 理解罗默所说的四类技术变革，各举一家企业的例子加以说明。
2. 以 1~10 为比例，列出你自己对创业的兴趣。为什么你将自己的兴趣设定在这个数字上？
3. 你觉得自己成为成功企业家的机会有多大？作为企业家，你的优势和劣势是什么？如何提高自己的能力？
4. 为战略创业矩阵 4 个象限各找出一个实际例子。
5. 小企业独特竞争力的来源主要有哪三项？各举一个课本之外的例子，说明它们产生了怎样的结果。
6. 组成小组，运用头脑风暴法提出创业的想法。讨论你们的结果，这些想法是从哪里来的？哪些想法最有可能成功，哪些最不可能？为什么？
7. 在你居住和活动的区域找出一些新成立的企业。讨论它们存活的可能性并给出理由。请对这些企业给出改进的建议。
8. 找两位以上的企业家访谈，问他们两个你最感兴趣的问题，然后向全班报告。这些问题有何不同，有何相同？
9. 成立一个臭鼬小组，为本校、本班提出一个创新建议并提交行动方案。
10. 你觉得特许加盟连锁是一个好的创业选择吗？你会选择什么样的特许加盟连锁，为什么？
11. 找出一家最近倒闭的小企业，它们失败的原因是什么，怎样做将可能避免失败？
12. 找出近期宏观环境和其他企业经营环境变化（例如时尚或潮流），讨论它们可能带来哪些创业机会。

学习伴随案例练习

根据你所选择的组织的资料，以小组为单位对其管理活动进行讨论。回答下面的问题并向全班报告。

1. 从企业经营环境变化来看，这家企业可能有哪些创业机会？
2. 用战略创业矩阵对上述机会进行分析。
3. 选择其中一个最优机会制订商业计划书。
4. 在你看来，哪些小企业可能对这家企业构成威胁？

结尾案例

维吉达尼：南疆的社会创业

社会创业是指为实现某种社会目标而进行的创业活动。2011 年 7 月，深圳媒体人刘敬文作为援疆社工来到喀什开展残疾人就业项目。每次去乡村探访，维吾尔族农户都会拿出干果招待大家。"真的太好吃了！"刘敬文说。可是，这样好的干果每家农户都有几百千克卖不出去。喀什乡村是中国最贫穷的地区之一，"全村只有一辆拖拉机，耕作基本靠牛，住的都是干打垒的房子。"

当地维吾尔族农户仍然维持传统的种植方式，很少使用化肥和农药，也不会在整理的过程中加入非天然的保鲜剂。在他们眼里，这些都是真主赐给他们的食物，要珍惜和感恩，绝不会对食物做违背良心的事。几位志愿者决定为这里的农民做些事情，在淘宝上开设一家网店帮助销售干果，品牌名称就叫维吉达尼，维语"良心"。

"农产品和工业品不一样，工业品像苹果手机要费很大劲才能让它拥有生命，而农产品本来就有生命……是人和自然相互沟通的产物。"刘敬文觉得，讲故事是维吉达尼的第一个禀赋，"好的农产品，有了好故事，才能让消费者获得最大满足。"。

2014 年，维吉达尼发现在喀什阿瓦提乡有一片 3000 亩的小圆枣林，树龄普遍接近 100 岁，最高可达 400 岁。村民打算把这片枣林砍了嫁接大枣，但有位阿吉老人拦住众人，保护了这片圆枣林。刘敬文听了这个故事，决定帮助阿吉老人。他想，"能不能把古树本身看作是一个产品"，这就是后来的认领小圆枣古树林的活动。一年 365 元，成熟后就把这棵树结的果实寄给认领的消费者。参与的人既有李亚鹏、白岩松这样的知名人物，也有许多普通人。他们把树当成自己的一种精神、情感寄托，共有 6000 棵树被认领。

2013 年，维吉达尼发起了农民合作社，以高于市场 10% 的价格收购签约农户优质农产品，每年还给农户提供利润分红和农业技能培训。合作社的成员有几个层级，农民、明星农户、产品互助组。在合作社，维吉达尼与农民的关系是平等的。收购产品时只认标准，不会照顾，但农民可以参加培训提高自己的产品。

维吉达尼采用社会工作的方法，定期探访维吾尔农户，建立农户档案。将农户和产品的信息图文并茂呈现在微博和网站上，让消费者更直接地感知喀什，对农户、对产品更有感觉。"消费者如果仅仅买东西，是不够的，因为他对土地、对食物背后的状态很不了解……消费者要参与到整个品牌的过程当中来。""我们最有成就感的是农户和客户之间的情感沟通。"刘敬文说，"我们会在产品里面放一张农户的照片，附一句温暖的话，很多客户收到之后都会给农户们回信。而农户们收到千里之外寄来的明信片，也觉得自己的劳动得到尊重。"

刘敬文希望维吉达尼不要停留在一个帮帮忙的状态，要寻找到可持续的商业模式，彻底改变新疆农户的生存状态。"让这一片特别适合农业的区域，像很多优秀的农业产区一样，产生特别好的果实。每年提前把订单接了，用生态农业的技术按照需求生产，农户们尤其是年轻一代农户通过培训掌握熟练的种植技术，有体面的收入。"

如何才能拿到更大规模的订单？2015年，团队开始通过线上线下各个渠道去铺订单量。然而水果有季节性，不适合电商“爆品思维”。好不容易把一个产品做火了，可能很快就断货了。维吉达尼开始把注意力放在B端上，包括各大水果连锁店、批发市场和企业。经过两年尝试，终于把巴楚留香瓜这个单品做火了。

新零售给维吉达尼带来了突破的机会，能够绕过传统的中间商，实行产地直供。2017年11月初，维吉达尼开始向盒马鲜生上海门店供货，不到100天的时间，盒马门店卖掉近300吨阿克苏糖心苹果。

电商销售对产品质量要求很高，如盒马鲜生对阿克苏苹果有20多项检查指标。在巴楚留香瓜推广过程中，维吉达尼发现，由于缺少标准意识，新疆当地产品的商品化率非常低，成为阻碍销售的主要因素。为了提高品控，刘敬文决定更加深入生产端。维吉达尼和合作方发起了“一万亩沙漠蜜瓜”计划，建设一万亩连栋大棚、小拱棚的蜜瓜基地。维吉达尼在“开始众筹”上发起了项目众筹，共有1651人参加，筹集到872万元，并争取到相应的政府补贴资金。

当前，维吉达尼团队共有30人，分布于深圳、喀什和武汉。其中，深圳团队负责设计、营销，喀什团队负责供应链和产区，武汉团队主要负责运营。创业6年，维吉达尼在新疆拥有3000多户合作农户，销售产品种类超过20种。刘敬文把维吉达尼定义为一个农户合作品牌，强调产品的产地和生产者。

案例讨论题：

1. 从机会、创新和成长的角度分析维吉达尼的创业。
2. 总结维吉达尼的独特竞争力。
3. 维吉达尼面临的主要挑战可能有哪些？

开篇案例讨论题

1. 从资源和机会的角度分析 WeWork 的创业特点。
2. 用价值链模型分析 WeWork 的价值重建。
3. 总结 WeWork 的独特竞争力。

自测题

1. T F 聘用专业管理者经营企业而自己的注意力转向其他方面兴趣的企业主仍然可以称为企业家。
2. T F 创业发生在创业企业中，而不是现有企业中。
3. T F 管理顾问通常会建议企业家购买一家企业而不是从头开始创办一家企业。
4. T F 银行贷款是小企业资金最常见的来源。
5. T F 创业成功取决于企业家的创造能力和创新能力，而不是企业家的管理技能。
6. 以下哪一种特质通常不是企业家的特质
   a. 成就需要
   b. 内在控制点
   c. 容忍不确定性
   d. 回避风险
   e. 独立需要
7. 小庞在一家家具商店工作，她经常遇到一些顾客抱怨，沙发还可以用但因为盖布磨损却不得不买新的。小庞不知道是否有人在从事家具翻新业务，但她认为这是一个创办新企业的机会。小庞也许发现了一个
   a. 独特竞争力
   b. 利基市场
   c. 商业计划
   d. 批发的机会
   e. 连锁经营
8. 从头开始创办新企业的风险比购买一家现有的企业更大，为了打开市场，企业家们必须回答下述所有的问题，除了
   a. 顾客是谁
   b. 顾客愿意出什么样的价钱
   c. 竞争对手是谁
   d. 我的产品与竞争对手有何区别
   e. 我的家庭会全力支持我吗
9. 下列哪一项不属于小企业独特竞争力的来源？
   a. 找到新的利基市场
   b. 找到新市场
   c. 先行者优势
   d. 创造一个新产品
   e. 获得国家政策扶持
10. 晓虹考虑经营一家连锁企业。下列哪项是她在同特许授权人的关系中不会遇到的
    a. 特许授权人提供资金
    b. 初期成本会非常高
    c. 绝大多数特许授权人不愿意提供持续的管理咨询
    d. 作为被特许人，小企业主会丧失部分独立性
    e. 特许经营降低了风险，但并不保证成功

本章注释

[1] Romer P M. Increasing returns and long-term growth [J] .Journal of Political Economy.1986.94 (5) .1002-1037.

[2] http://www.gov.cn/xinwen/2014-03/31/content_2650031.htm.

[3] Timmons，Jeffry.A. The Entrepreneurial Mind [M] . Andover Massachusetts：Brick House Publishing Company. 1989.p21.

[4] Abetti PA. 1997. The birth and growth of Toshiba's laptop and notebook computers：A case study in Japanese corporate venturing [J] . Journal of Business Venturing 12 (6)：507-529.

第三部分 3

组织结构与控制

CHAPTER 10 组织工作与结构设计

本章学习要点

- 组织结构
- 工作设计
- 组织结构设计：垂直方向的差异
- 组织结构设计：水平方向的差别
- 组织结构设计：整合与协调的机制

邵逸夫医院推行护理工作“新”理念。

开篇案例

邵逸夫医院：护理工作新环境

护理是现代医疗服务的核心部门，通常占医院技术人员的一半以上。传统的护理管理强调护士执行医嘱和做好病人的生理护理。浙江大学邵逸夫医院将护理工作由单一的疾病护理转向以病人为中心的整体护理，护理团队拥有自己的愿景、使命和价值观，设立了新的岗位和制度。

全科护士。邵逸夫医院实行床位统一调配管理，全院各病区均为标准化设施，每个病区 42 张床位，配备 1 名护士长（负责本部门的人、财、物管理），1 名秘书，14~15 名床边护士。每个病区都有机会收住不同专科的病人，每位护士都有可能面对不同专科疾病的病人，病情观察和初步急救处理都由护士独立完成。医院通过护理规范化培训、全科护理培训及共性护理相关知识培训，培养全科护士，提高他们的批判性思维能力、交流能力和解决问题的能力。

专科高级护士（clinic nurse specialist）。由具有较高的专科护理知识并经过专门培训的高年资护士担任，有较强的管理能力、教育能力、组织协调能力和独立判断能力。邵逸夫医院在 7 个专业领域成功地设立了这样的护士，包括糖尿病教育护士、伤口 / 造口护士、静脉治疗护理护士等。

医院还开设了专科护士门诊，这些被称为 APN（advanced practice nurse）的专科护士在自己擅长的领域为病人提供个体化专业护理服务。例如，手术后带有造口的病人和由于各种原因导致慢性难愈合复杂伤口的病人，可以到专科护士门诊挂号，进行造口、伤口的处理，获得护理技术方面的指导。需要长期留置静脉管路的化疗病人则可以挂静脉治疗护理门诊号，由专业的护士放置、维护留置静脉管路。

护理秘书（unit secretary）。护理秘书是非护理专业人员，经过专业的公关培训，主要负责科室的日常行政和对外联系（如物品维修的联系，协助护士长发放科室奖金、资料管理），为病人预约辅助检查或治疗时间电脑管理（药物医嘱的电脑输入、化验报告的打印等工作）。同时作为病区接待员，为病人及一切来访者提供信息。护理秘书的设立把护士从繁杂的非护理性事务中解放出来，也使护士长可以集中精力做好护理管理工作。

在职培训。邵逸夫医院采用学分制护理继续教育管理体制。注册护士每年必须完成 25 个学分。必修学分包括 CPR（心肺复苏）、模拟抢救（mock code），当年设定护士必须掌握的必修分课程及技能考核，学分完成情况直接纳入年终考核。

无线信息系统。病人一入院就会获得一个条码腕带，住院期间的所有信息可以通过条码腕带查询，如身份确认、生命体征查询、医嘱查询、治疗用药查询、检查报告查询。护士通过条码腕带、药物或试管标签的扫描，自动产生医嘱执行签名。条码腕带扫描使核对程序准确有效，提高效率，减少事故，也减轻了护士的工作量。移动终端方便护士携带，在病人床边工作时响应十分迅速。由于记录了医嘱的实际执行状态，还使医疗质量监控和护理工作的量化成为可能。

输液配药、加药占据了护士大量的时间，同时也存在安全隐患。邵逸夫医院设立了静脉输注混合药物配置（PIVAS）服务中心统一配药，整个操作在高洁环境下由药师完成，保证了药液无菌性，防止异物污染和潜在的药物相互作用。送到病区后，护士可以在很短的时间内接收、查对，从而使护士有更多的时间进行临床护理。

护理委员会。医院建立了多个护理委员会指导护理部门提高质量，激励护理人员。例如，护理交流委员会由护士长和来自每个护理部门的护理交流协调员（护士）组成。交流和传授如何表达关怀、有效的倾听、建设性反馈、如何面对批评以及身体语言的技巧，提高临床护士与病人沟通交流的能力。

邵逸夫医院还把护士的关怀（nuring nurse）放入了护理理念。护士承担着特殊的工作压力，同事间支持委员会（peer support）就是一个关爱护士心理健康的组织。护士在情绪低落时会得到同事和心理专家的支持。悲伤护理委员会则系统地指导护士们如何关爱病人和家属，帮助病人渡过难关，同时也减轻护士的心理压力。

2016 年，邵逸夫医院在快速康复外科设立导航护士（nurse navigator），协调整个手术治疗过程中团队内各学科间的衔接、措施实施的评估及反馈、治疗效果的监控，保障患者手术康复，发展了新型专科护士岗位。

管理者的工作离不开与人打交道，他们是在组织中承担某一职责、提供管理者完成任务所需要的资源和行动的个人或群体。管理者与上级、同级和下属之间的关系是组织中最关键的因素，它主要是由组织结构所决定的。

本章从组织结构开始，讨论创建组织的基本要素工作设计，接下来讨论组织结构在垂直方向上和水平方向上的不同选择，它们在战略上的含义，以及结构整合的机制。

10.1 组织结构

当组织规模较小时，老板经常会亲自管理所有的工作。然而，随着组织的成长，亲自管理员工变得十分困难。在这种情况下，组织会设立新的管理职位来管理员工和工作。当然，组织并不是随意地将员工和工作分派给管理者，而是按照一定的原则和计划来建立组织结构。**组织架构**（organization architect）是组织的整体性，是组织结构、文化、控制系统和人力资源系统的总和，决定着组织资源使用的效率和效能。

组织结构与影响因素

组织结构（organization structure）是组织完成工作的基本框架，表现为正式的任务分配和报告关系。组织结构的作用是协调员工、群体、部门和事业部的活动，通过共同的努力实现效率和效能。一个组织应当建立怎样的组织结构？这个问题并没有最佳答案。有些组织适合机械、稳定的结构，而另一些组织则适合有机、灵活的结构。影响组织结构的主要因素包括环境、战略、技术和人力资源。

组织环境。在环境相对稳定的产业中，组织通常会建立起层级清晰、规则明确的（机械的）结构以提高运营效率。在环境变化剧烈的产业中，为了加快决策速度和沟通，以及不错过资源和机会，管理者倾向于采用更灵活的、更支持创业精神的（有机的）组织结构。在这样的组织结构下，下层会拥有更大的决策权力，在价值观和行为规范上则会鼓励变革和创新。大学的竞争环境相对变化不大，往往形成官僚组织结构。而以项目为中心的非营利机构可能需要随着赞助商和赞助金额的改变而灵活调整内部工作安排与流程，矩阵和团队结构更加适合。

组织战略。不同的战略往往对应着不同的组织结构。低成本战略对标准化和规范的强调对应着更强调控制，从而更为僵硬的组织结构。差异化战略要求更灵活的组织结构，通过打破部门界限的合作实现创新，能够向市场不断快速推出新产品。国际化战略同样要求企业采取更灵活的结构，更好地满足海外市场的要求并捕捉机会。当银行业从依赖贷款业务的利差利润转向争取中间业务的服务利润时，许多银行开始从总行—分行结构向事业部结构转变。

技术。组织所运用的技术也影响结构选择。如果组织中的决策主要是程序型的，例如快餐店的店面操作，则组织倾向于正式的结构。相反，大型实验室或开发设计团队由于经常遭遇未预期的问题，需要非程序型决策，其结构必然是灵活的，将更多的权力授予基层以便作出快速反应和专业判断。

人力资源。缺乏经验和技能的员工队伍往往对应正式的结构和严格的监管。员工专业能力越强，对自主决策权的要求越强烈，越反感监管，组织更有可能建立基于自治和自我控制的结构，也越有可能建立自我管理的团队。

组织设计的官僚组织模式

通用理论和权变理论是理解管理的两种基本模式。通用理论试图寻找管理组织的“最佳方法”，而权变理论则认为适当的管理行为取决于具体情境中的独特要素。当代组织设计的基础可以追溯到两个早期的通用理论：官僚组织模式和行为模式。

官僚组织模式。德国社会学家马克斯·韦伯（Max Webber，1864—1920）是古典组织理论的先驱。韦伯思想的核心是官僚组织模型。韦伯认为，官僚组织（bureaucracy）是基于合法性的正规的权威体系，是逻辑的、理性的和有效率的。他提出了所有的组织都应当追求的标准模型——完成工作的“最佳方式”。根据韦伯的观点，理想的官僚组织表现出 5 项基本特征。

□明确的分工，保证每个职位均由专家承担。
□具备内在一致性的规章制度体系和统一的任务规划。
□清晰的等级、自上而下的命令链条。
□管理者非人格化，相互间以及和下属间保持适当的社会距离。
□聘用和晋升以专业技术为依据，不得任意解雇员工。

最典型的现代官僚组织要数政府、大学和医院。想一想你在大学里需要填报的表格和通过的程序，包括入学手续、住宿手续、学期报到、选课、专业变更、学位申请，等等。即使电子文件取代了纸面作业，但步骤和程序往往还是一样的。这些程序之所以必要，是因为大学要面对众多的人群，它必须保证公平和公正。因此，规则、制度和标准化程序都是必不可少的。

官僚组织的主要优势是它的某些构成要素确实有助于提高效率（例如依赖规则和聘用专家）。官僚主义还有助于防止任人唯亲（人人都必须遵守规则）和建立透明的程序及办事原则。不幸的是，官僚组织也有严重的缺陷，其中一项主要的缺陷是官僚组织模式常常会失去灵活性和变得僵化，一旦规则建立起来就很难进行变通。此外，官僚主义往往忽视人性与社会性。

组织设计的行为模式

组织设计的另一种通用理论是**行为模式**（behavioral model），它是伴随着管理思想中人际关系学派的发展而成长起来的。利克特（Rensis Likert）对几家大型组织进行了研究，以确定效率差异的原因。他发现采用官僚组织模式的效率不如采用更具行为导向的组织模式，换言之，更注重建立工作小组气氛和更关心人际过程的组织效率更高。

利克特用 8 项重要指标来定义组织的特征：领导、激励、沟通、互动、决策、目标设定、控制和绩效目标。利克特相信，每个组织都可以用这些维度加以衡量和分类。他认为基本的官僚组织模式——系统 1 设计，代表了各个维度中的一个极端。而基于行为模式的系统 4 设计则代表了各个维度中的另一个极端。例如，系统 4 设计中应用了许多激励程序，它的互动过程是开放的和频繁的。其他方面的对比也是极为明显的。在两种极端之间还有系统 2 设计和系统 3 设计。利克特认为所有的组织都应当采用系统 4 设计。他建议经理们应当强调支持性关系，建立高绩效目标，采用群体决策的方法，由此来建立系统 4 组织。在其理论影响力的巅峰时期，许多组织试图转变为系统 4 组织。通用汽车公司在亚特兰大地区实行了从系统 2 组织向系统 4 组织转变的计划。经过 3 年时间，直接和间接的劳动效率都出现了改善，工具损坏率、废料成本和产品品质方面的指标也都有所改善。[1] 表 10.1 描述了利克特对系统 1 和系统 4 组织特性的观点。

表 10.1
系统 1 与系统 4 的组织

系统 1 组织	系统 4 组织
1. 领导程序中感受不到信心和信任。下属不能同主管自由地讨论工作问题，主管也不会向下属征求意见和观点。	1. 领导程序中可以感受到主管与下属全方位的信心和信任。下属同主管自由地讨论工作问题，主管向下属征求意见和观点。
2. 激励程序只注意物质、安全和经济动机，以恐惧和惩罚为工具。员工中普遍存在对组织不满的态度。	2. 激励程序用参与性方法涵盖广泛的动机。员工对组织和组织目标持支持的态度。
3. 沟通程序中的信息自上向下流动并且在此过程中出现扭曲、失真，导致员工的疑虑。	3. 沟通程序中的信息自由流动——向下、向上和水平流动。信息是准确和真实的。
4. 互动过程是封闭的和受限制的。下属对于部门目标、方法和活动很少有影响。	4. 互动过程是开放和丰富的。主管和下属都可以影响部门目标、方法和活动。
5. 决策程序局限于组织上层，相对集权。	5. 决策程序发生在组织中的各个层次，相对分权。
6. 目标设定程序局限于组织上层，不鼓励群体参与。	6. 目标设定程序鼓励群体参与，设定高而现实的目标。
7. 控制程序集权，强调错误的责任。	7. 控制程序分散在组织内部，强调自我控制和问题解决。
8. 经理们对开发组织人力资源缺乏承诺，绩效目标低、缺乏主动性。	8. 经理们认识到通过培训开发组织人力资源的必要性，追求高而积极的绩效目标。

资料来源：Adapted from Rensis Likert，The Human Organization，1967，P4–P10。

同官僚组织模式一样，行为模式也有优势和劣势。它的优势在于重视组织员工的价值，强调人的行为。利克特和他的合作者为组织设计提供了更具人性化的方法。不幸的是，尽管行为模式强调组织设计的最佳方案（系统 4），但实际上却是不存在这样的方案的。对一个组织适用的方法可能不适用于另一个组织。即使同一个组织，今天适用的方法明天也未必适用。因此，通用模式（例如官僚组织模式和行为模式）已经在很大程度上被更新的考虑权变因素的模式所取代。在本章后面的部分我们将分析决定特殊情况下组织设计最佳方案的各种因素。

复习一下

1. 官僚组织模式和行为模式有何不同？
2. 为什么经理们总想找出做事的“最佳方案”？

10.2　工作设计

工作设计（job design）是与个人有关的工作职责的确定。对于富士康生产线上的员工，工作设计规定了他要操作的设备和完成装配任务的数量和质量标准。对于如家经济连锁酒店的前台，工作设计规定了办理入住手续的步骤和完成任务的时间要求。工作设计的起点是工作的专业化。

工作专业化

工作专业化（job specialization）是将组织任务分解为小的构成成分的程度。工作专业化来自18世纪英国经济学家亚当·斯密在《国富论》提出的“劳动分工”概念。工作专业化往往与大规模生产方式联系在一起，让人想起一眼望不到头的工厂流水线。服务业中也普遍使用专业化的方法，许多快餐公司如呷哺呷哺、真功夫采用中央厨房与店面分离的模式，将餐厅经营中通常是连续作业的备餐流程在时间和空间上进行分割，从而实现成本的降低。

工作专业化是现代组织中普遍采取的工作设计形式，它的好处包括：

□效率提高，因为细分、简单的工作更容易完成；

□压缩了任务转换的时间；

□工作定义越细，越容易开发工作设备；

□如果人员流失，培训新员工成本相对较低。

管理者也必须警惕工作专业化的弊端。高度专业化令员工对工作产生厌倦，缺乏激励和挑战，可能导致缺勤增加，影响工作质量。下面我们将介绍其他几种工作设计方法。

其他工作设计方法

除了专业化之外，常见的工作设计方法还有以下五种。

工作轮换（job rotation）。工作轮换是指有计划地调换员工的工作。例如在库房工作的员工从周一到周五轮换其工作内容，分别从事卸货、入库、发票管理、发货、装车等。尽管总的工作内容不变，但每天的工作却各不相同。工作轮换在提高激励和满意方面的作用十分有限，员工很快就能识破这种朝三暮四的伎俩。

工作扩大化（job enlargement）。工作扩大化是增加员工工作任务的工作设计。例如，与麦当劳的前台员工相比，赛百味的员工承担着更多制作食品的任务，这就是一种工作扩大化的形式。工作扩大化被认为能够减少员工的厌倦感，因为工作的内容有所增加。然而，很多情况下，工作扩大化之后结果仍然令人厌倦。

工作丰富化（job enrichment）。工作丰富化是指增加员工对自己工作的控制。例如，授权员工在工作中发现更好的方法，鼓励员工增加技能，允许工人决定自己如何完成任务，授权员工对未预期事件做出决策，允许员工监督和衡量自己的工作绩效等。工作丰富化的假定是增加责任有助于鼓励员工参与，从而提高工作质量。海底捞火锅店的服务员在顾客不满意时有免单的权力，而不必报告经理批准，在增加了员工激励的同时，服务质量也得到提高。

工作团队（working team）。工作团队是一种成员间密切合作，享有高度自治的工作设计。例如，管理咨询公司的顾问们经常为了项目的需要组成工作团队，分工和工作监督的决定往往在团队内部做出。完成项目中所分担工作的顾问事后可以灵活地加入另一个项目团队。这种自我控制和灵活的工作安排相结合，有助于提高员工激励。

工作特性模式（job characteristics model）。工作特性模式是一种照顾到工作体系和员工偏好的工作专业化方法。如图 10.1 所示，工作特性模式要求从五个核心维度对工作进行诊断和改善。

□技能多样性：工作中所涉及的工作种类。
□任务明确性：员工工作的完整性或是否构成全部工作中一个可明确的部分。
□任务重要性：可感受到的任务的重要程度。
□自主性：员工对自己工作的控制程度。
□反馈：员工在多大程度上可以获得对自己工作结果的了解。

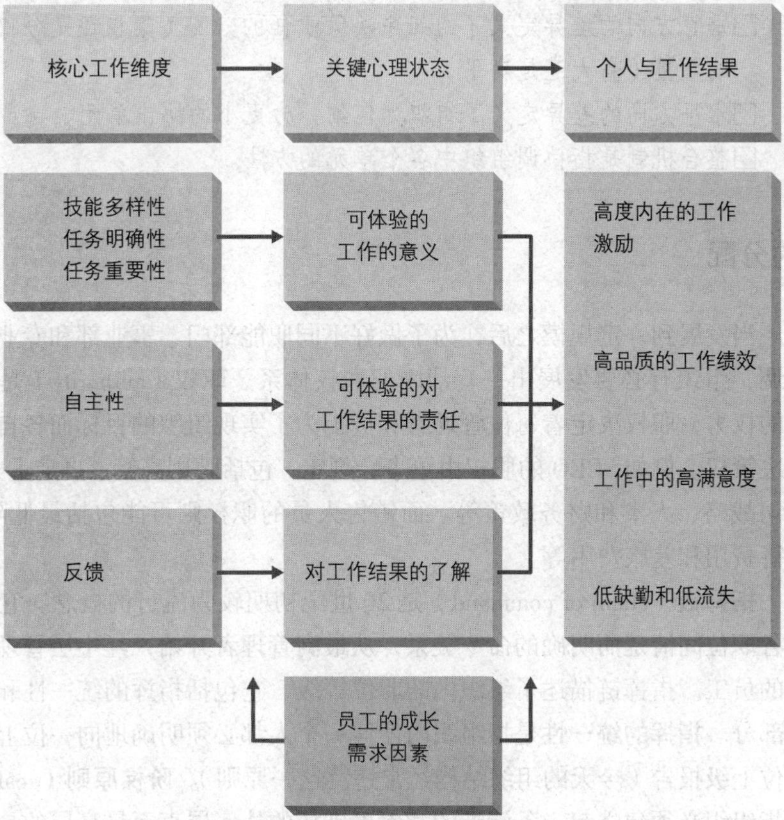

图 10.1　工作特性模式

工作设计在上述维度中的得分越高，员工越有可能体验到更多的心理状态。理论上的假定是，体验这些心理状态将带来高水平的内在激励、高品质的绩效、高水平的工作满意度和低水平的缺勤和流失。与这样的工作特性相对应的组织环境则是灵活的结构、基层决策、共同协作和不断的学习。另一个与工作特性模式影响相关的变量是成长需求因素。成长愿望强烈的员工对工作特性反应强烈，而低成长需求的员工则没有强烈的反应或反应前后不一致。

复习一下

1. 基本的工作设计的替代选择有哪些？
2. 哪一种工作设计最符合你现在的情况？你是否同意本书对这类工作设计的评价？

10.3 组织结构设计：垂直方向的差异

在组织战略实施中，有效的组织结构设计是一个关键性的因素。组织结构设计需要考虑三个维度：

□垂直方向的差异定义了组织中决策责任的分配（集权还是分权）以及层级的数量（高大还是扁平）。
□水平方向的差异定义了组织如何细分为更小的协作单元。
□整合机制是指协调组织中各个单元的方法。

职权的分配

当发展到一定规模之后，为了做好不同职能部门、事业部和专业人员之间的协调，组织有必要发展出一套清晰的职权体系。**职权**（authority）是组织合法授予的权力，职权决定着每位管理者和员工为了实现组织的目标而各自拥有的资源和决策权。例如，CEO 的职权由董事会规定，包括聘用高管、决定重大投资事宜、公司战略、人事和财务政策等。而销售人员的职权则可能包括最低限度的折扣、招待费用和差旅费用等。

指挥链（chain of command）是 20 世纪初期较为流行的概念，它指的是组织内各职位间清楚而明确的命令关系，从最高管理者开始，经中层管理者直至最基层的员工。指挥链描述了组织内的职位等级，它包括指挥的统一性和阶梯原则两个部分。**指挥的统一性**是指组织内任何一个人都必须明确地向一位上级并且只向一位上级报告（今天的组织结构经常违背这一原则）。**阶梯原则**（scalar principle）是指组织必须建立起一条清晰的和不可破坏的从底层直至最高层的命令链。指挥链上的每个人都要承担他所做出决策的最终责任。

管理幅度

指挥链上的管理者通常管理一名以上的下属。**管理幅度**（span of management，span of control）指的是有多少人向一名管理者报告。合理的管理幅度应当是多少？早期管理学者曾经主张每位管理者的直接下属不要超过 6 名，超过这个数字，管理者将无法有效地处理有关下属工作的信息。今天，管理幅度仍然是组织结构工作中的关键要素，当前主流的观点是不存在普遍适用的、预定的理想幅度或最优幅度。简言之，管理幅度受到情境因素的影响。表 10.2 列出了一些影响管理幅度的因素。例如，管理者和下属的能力较强，则管理幅度可以放宽。如果下属在距离上分布很广，则管理幅度只能窄一些。此外，如果下属的工作属于例行工作并且工作成果易于观察和衡量，或者下属有较大的决策权，则管理幅度也可以大一些。在环境有利的条件下，管理者直接管理的下属人数可以达到 20 人以上。

表 10.2

影响管理幅度的因素

1. 管理者和下属的能力（能力越强，管理幅度越宽）
2. 下属在距离上的分布（分布越广，管理幅度越窄）
3. 管理者工作中非监督性工作的多少（非监督性工作越多，管理幅度越窄）
4. 管理者和下属互动的要求（互动越少，管理幅度越宽）
5. 程序标准化的程度（标准化程度越高，管理幅度越宽）
6. 管理任务的相似性（相似性越高，管理幅度越宽）
7. 新问题出现的频率（频率越高，管理幅度越窄）
8. 管理者和下属的偏好

业务职位和支持职位

组织中的职位差异还体现为业务职位和支持职位的差异。业务职位（line position）是直接位于指挥链上的职位，对实现组织目标负责。支持职位（staff position）是向业务职位提供专业咨询、建议和支持的职位。

业务职位和支持职位间最明显的区别是职位设置的目的，业务管理者（也称直线经理）直接对组织目标负责，而支持管理者则提供咨询和协助。另一个区别是两者的授权。业务职位通常是组织中正式和法定的职权，而支持职位则形式多样，职权各异。包括：

- □建议职权。业务管理者可以自行决定是否征求支持管理者的意见，在征求意见后也有权决定是否采纳其意见。
- □强制建议。业务管理者必须征求支持管理者的意见，但可以自行决定是否采纳其意见。

□**职能性职权**。例如，人事经理在歧视性员工招聘问题上拥有职权。这是利用支持职位的最有效方法，既可以获得专家的意见，同时又不会破坏指挥链。

高大和扁平的层级

组织规模扩大的另一个结果是职位等级（层级）开始增加，组织结构变得高大起来。高大的组织（tall organization）是指相对于组织的规模而言，组织的层级较多。扁平的组织（flat organization）是指相对于组织的规模而言，组织的层级较少。图 10.2 描述了高大的组织和扁平的组织。

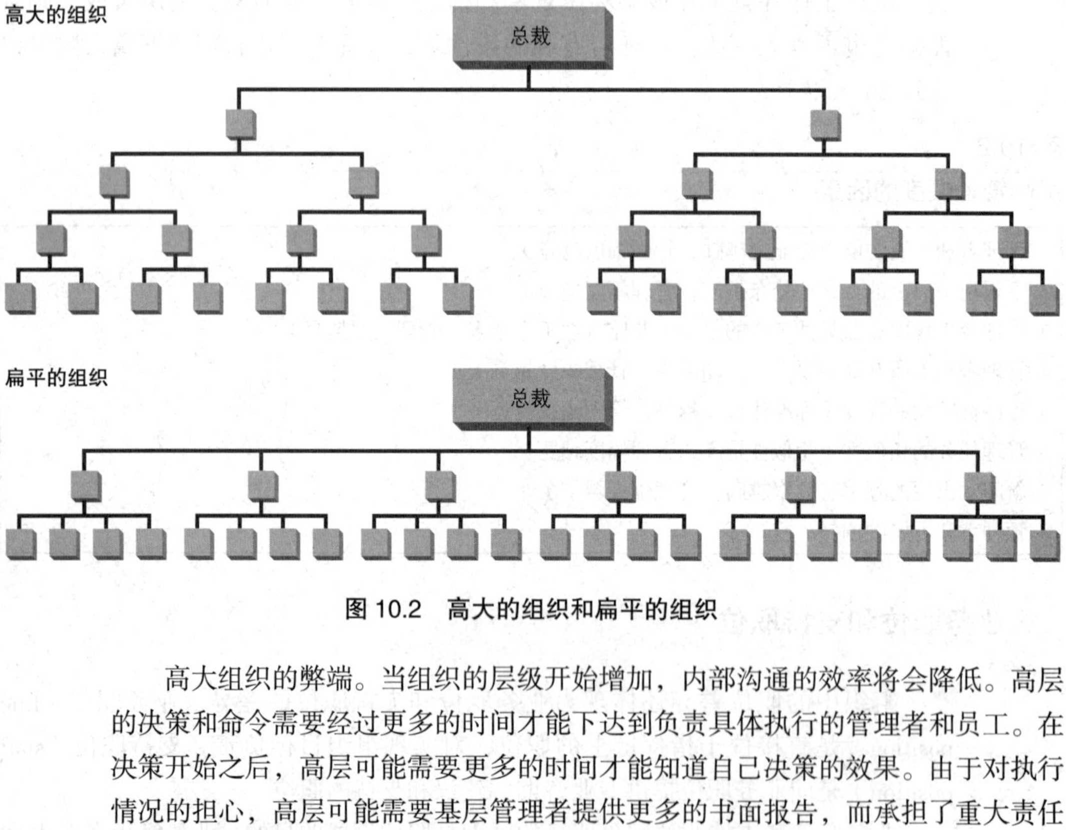

图 10.2　高大的组织和扁平的组织

高大组织的弊端。当组织的层级开始增加，内部沟通的效率将会降低。高层的决策和命令需要经过更多的时间才能下达到负责具体执行的管理者和员工。在决策开始之后，高层可能需要更多的时间才能知道自己决策的效果。由于对执行情况的担心，高层可能需要基层管理者提供更多的书面报告，而承担了重大责任的基层管理者则需要花更多时间决定如何执行，或者尽可能将决策的风险转移给高层。

高大组织的另一个沟通问题是信息在传递过程中的**扭曲**（distortion）。传递信息的层级越多，扭曲的可能越大，导致不同层级管理者对组织状况的判断截然不同。扭曲的原因可能是偶然的（accidental distortion），例如不同层级、不同职能的管理者都倾向于从自己部门的立场解释信息。这将导致高层根据错误的信息做出决策，损害组织的绩效。另一方面，信息的扭曲也可能是有意的（deliberate distortion)。例如各级管理者可能倾向于对信息做有利于自己的解释以获得资源或奖励，或者隐瞒坏消息、夸大好消息。这同样会导致高层无法掌握准确信息，从而做出错误的决策，损害组织的绩效。

此外，高大的组织不可避免要聘用更多的管理者，与之相关的成本相当高，包括工资、福利、办公室、秘书等。当组织面临变革时，高大组织中的众多层级还可能成为阻碍的因素，例如中间管理层可能因为顾虑自己的权力受损而反对变革。

压缩层级(delayering)。压缩层级是指组织通过系统的方法减少管理层级的过程，表 10.3 列出了压缩层级对组织的利益。今天，20 世纪 50 年代那种多层级的高大组织已经非常少见了，5~6 个层级成为当代组织的常见情形。为了消除高大组织层级过多而产生的弊端，高层决策者必须清楚自己的组织究竟需要多少管理人员，是否可以通过组织重新设计来减少管理人员。组织管理中经常提到的一项原则是最低限度的指挥链，意即组织结构中应当只保留能够满足效率和效能需要的最低限度的层级。当然，不顾具体情况一味压缩层级有时可能导致士气下降。通用电气公司前 CEO 杰克·韦尔奇主张压缩层级时应当迅速行动(从而缩短中层管理者担心自己职位的时间)，同时尽快提拔那些证明能够适应这一变革的管理者，在组织中建立起一种新的管理能力导向。

表 10.3

压缩层级对组织的利益

1. 减少管理人员的数量
2. 减少组织中的官僚主义
3. 加快决策的速度
4. 鼓励创新
5. 让管理者们更靠近组织的顾客
6. 有利于培养跨职能的员工

压缩层级通常与组织结构的重新设计联系起来。例如，过去组织可能依赖中层管理者处理经营过程中大量的信息和决策。然而在新的 IT 系统支持下，类似的过程可能只需要为数很少的中层管理者就可以处理。同时，层级压缩往往意味着管理幅度扩大。

集权和分权

集权(centralization)是指组织内系统化地将权力保持在高层管理者手中的过程。相反，**分权**(decentralization)是指组织内系统化地将权力授予基层管理者和员工的过程，也就是职权沿着指挥链尽量向下分配。集权还是分权是组织设计中的一项重要选择。不同的组织表现出很大的差异。有些组织强调分权，例如 Google 的工程师可以将 20% 的时间用于自己选择的研发项目。而另一些组织如富士康则强调集权，总裁郭台铭说："走出实验室，没有高科技，只有执行的纪律。"富士康甚至规定员工上厕所的时间不得超过5分钟。为什么不同组织间差别如此大？在回答这个问题之前，我们先来看看集权和分权各自的优点。

集权的优点包括提高协调的效率、保持目标一致、减少重复性的活动等。例如，当不同部门间的协作出现问题时，集权的组织可以更快采取措施。高层集权更有可能指导组织采取目标一致的行动，避免基层偏离组织主要目标。将生产和采购等环节进行全球化的集中则可能为组织带来更高的效率。

分权的优点则包括改进高管工作流程、提高员工激励、快速响应、提高决策质量和改进绩效。例如，分权可以减轻高管处理日常事务的负担，从而将更多的精力放在前瞻性的决策中。分权增加了员工对自己工作的控制，提高员工的激励水平。分权将更多的权限授予最早接触信息的员工和基层管理者，提高了响应速度。由于现场的员工掌握更充分的信息，决策的质量也得到提高。最后，分权消除了推诿的借口，可以提高绩效。

哪些因素决定企业偏向集权或分权？

- □**规模经济**。在规模经济效应明显的产业中，组织通常倾向于集权。例如，装配线的管理通常是集权的。而像沃尔玛、麦当劳这样的能够实现规模效应的服务业连锁企业也是集权组织的例子。
- □**组织关键时刻**。在遭遇危机和重大变革时，组织往往倾向于集权。当携程面对竞争对手在移动智能终端的压力时，创始人梁建章重新担任携程CEO，以集权方式快速实施了合并升级APP、价格战和收购在内的多项重要决策。
- □**本地化要求**。在本地化要求高的产业中，组织往往倾向于分权。外资企业刚刚进入中国时，一般会向中国客户推销其全球标准化产品，此时的管理模式以集权为特征。当中国市场逐渐扩大后，满足本地顾客特殊需要的产品和服务成为竞争优势的来源。与麦当劳相比，肯德基的中国管理团队享有较高的分权，推出了许多中国市场独有的产品。
- □**组织环境**。环境越复杂、不确定程度越高，组织越倾向于分权。例如，与国内分支机构相比，组织的海外机构通常得到更多的决策自主权。
- □**社会文化**。不同的社会文化中都有集权和分权的例子。但相对说来，华人企业采用集权模式的比例较高。[2]一些民营企业聘用来自外企的职业经理人出任高管，他们遇到的一个普遍问题就是企业创始人的集权。

一家组织究竟应当采取集权还是分权？这个问题没有确定的答案。除了上述分析之外，组织的历史也是一个影响因素，组织早期采取集权还是分权在很大程度上影响组织其后的选择。在组织内部，不同部门的集权和分权水平也可能完全不同。运营、制造、财务部门通常倾向于集权，营销、研发更有可能倾向于分权。此外，许多组织根据环境和竞争需要也会实行集权和分权的变革。华为公司曾经是一个高度集权的组织，现在则强调通过分权令企业更有效地利用机会。

复习一下

1. 解释业务职位和支持职位的区别。
2. 管理幅度由哪些因素决定?

10.4 组织结构设计：水平方向的差别

组织结构设计的垂直方向主要解决在组织系统内如何分配权限，而水平方向则主要解决如何围绕组织的目标建立相互协作的部门和运营单位，这种工作分组的过程称为部门化（departmentalization）。组织结构水平方向的设计选择主要包括职能结构、事业部结构、地区结构、矩阵结构和混合结构。

职能结构

职能（function）是指一组共同工作的员工，他们拥有相似的技能，或者使用同类知识、工具或技术完成自己的工作。组织中常见的职能部门包括人力资源、研发、营销、财务等。职能结构是指组织结构中包含了所有生产和提供服务所需要的职能部门，职能结构也称 U 型结构。图 10.3 描述了一家 IT 公司的职能结构。从图中可以看出，这家公司采用的部门化方法包括职能、产品、顾客和地域。

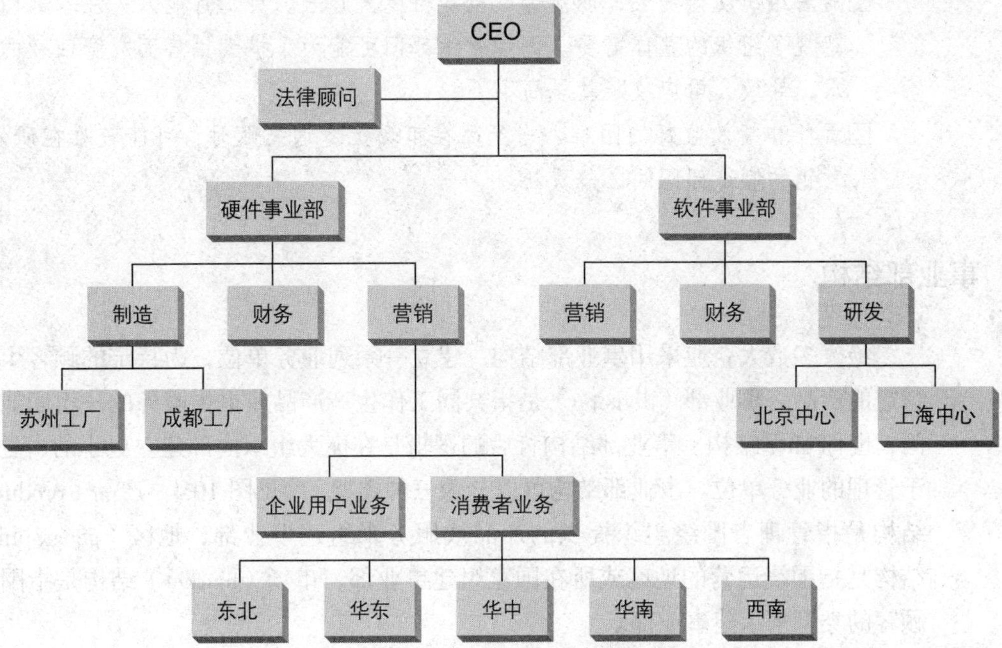

图 10.3　一家 IT 公司的职能结构

职能结构是最常见的部门化方法，小企业主要采用职能结构。职能结构将同类的或类似的职能组合在一起，例如财务职能组合在一起构成财务部、制造职能组合起来构成制造部门。上述公司的职能部门中列出了制造、财务和营销三个部门，每一个部门对应着一项主要的职能。

职能结构的主要优点包括：

□每个部门都由专业人士组成，有助于部门内的相互学习并提高技能；
□员工的工作往往是密切相关的，部门内的协调工作相对容易；
□管理工作相对简单，只要求管理者熟悉相对较少的专门技能；
□良好的职能结构有助于管理者获取外部环境变化的信息，并制定相应的竞争战略。例如，营销人员会负责带回竞争对手新产品和价格变动的信息或找到可供利用的扩大市场的机会。财务人员会留意金融市场的变化，当利率升高时减少负债，利率降低时则增加债务融资。

职能结构对于小企业非常适合，像话剧团、歌舞剧团等商业性表演组织往往采取职能结构。然而，当组织规模扩大后，职能结构将暴露出一些难以克服的问题，影响组织的效率和效能。职能结构的一个主要缺点是僵化，主要表现为：

□决策速度变慢，组织官僚化。决策时往往需要各个职能部门之间取得共识，例如，产品研发可能需要财务部门批准预算，原型开发好之后可能需要制造部门论证如何安排生产，部门间沟通和协调困难将导致组织效率和效能降低。
□随着组织规模变大，职能部门也变得庞大起来。员工可能只关注本部门而忽视了组织的整体需要。例如营销部门可能为了扩大销售而放宽回款的要求，导致公司应收账款居高不下。
□责任和绩效监督的困难。当产品在市场上遭遇失败时，可能较难在研发、营销和制造部门间区分责任。

事业部结构

绝大多数大企业采用事业部结构，建立一系列业务单位，为特定的顾客生产特定的产品。事业部（division）是指共同工作生产产品或提供服务的一组职能部门，也称M型结构。事业部结构背后的逻辑是在庞大组织内部建立更小的、更易于管理的业务单位。事业部结构可以分为三种类型，参见图10.4。产品（product）结构是指管理者围绕组织提供的产品或服务来组建事业部，地区（geographic）结构是指围绕运营的地区或所在国家组建事业部，市场（market）结构是指围绕顾客的类型来组建事业部。

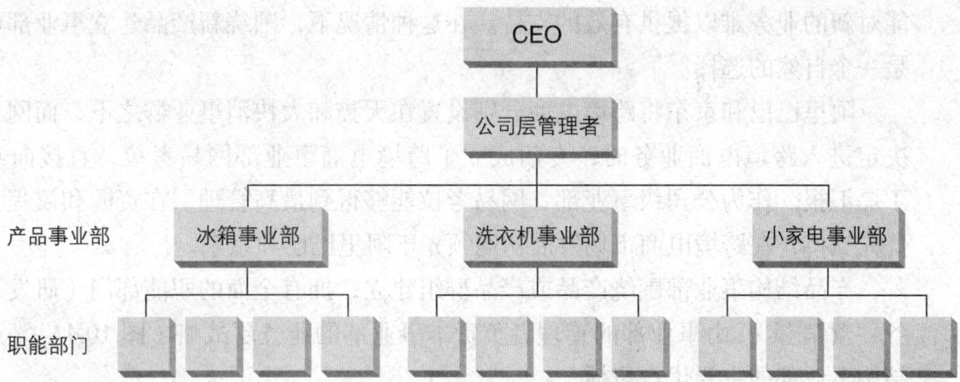

图 10.4A　产品结构事业部

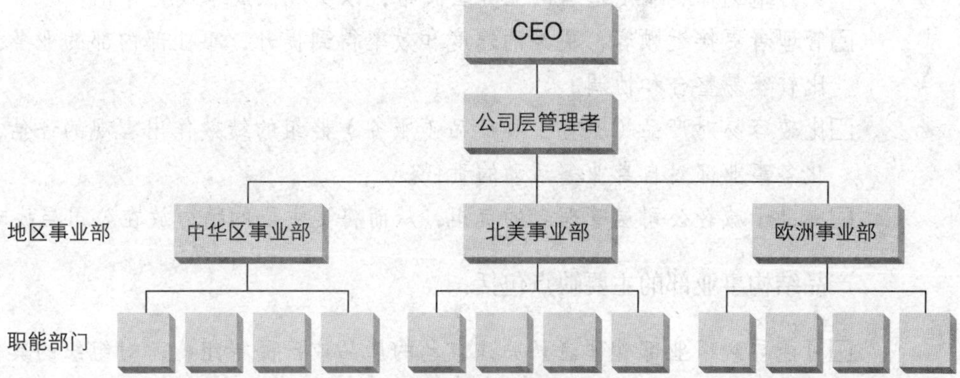

图 10.4B　地区结构事业部

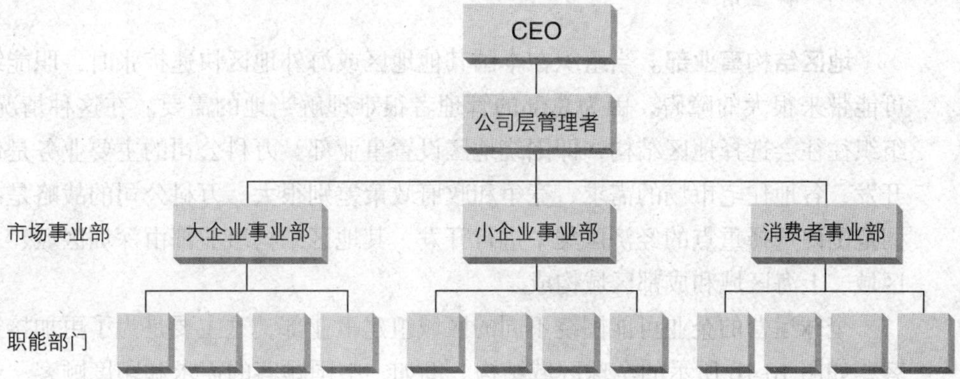

图 10.4C　市场结构的事业部

产品结构事业部。如果一家企业打算进入新的产业或提供新的服务，例如一家擅长开发硬件的 IT 企业想要扩大到软件服务领域。由于新业务的需求、产品开发周期和营销活动的组织方式与之前的业务有很大的差别，这家企业需要招聘拥有新技能的技术员工和管理人员，项目的管理方式也可能完全不同，原有的职能对新的业务难以提供有效的支持。在这种情况下，围绕新产品建立事业部可能是一个自然的选择。

阿里巴巴和京东将跨境电商分别设置在天猫和大快消事业群之下，而网易在决定进入跨境电商业务时，专门成立了跨境电商事业部网易考拉，直接向 CEO 丁磊汇报。作为公司级事业部，网易考拉能够得到最高管理层在资源和议程上的优先支持，在跨境电商市场发展初期领先于阿里巴巴和京东。

产品结构事业部围绕产品或产品群组建立，拥有全面的职能部门（研发、财务、营销等），由事业部的管理者负责本事业部的业务层战略（图 10.4A）。产品结构事业部的主要优点包括：

□专注单一产品或产品群组有利于管理者建立特定领域的技能和专长，能够更好地选择和制定适当的业务层战略，以实现低成本或差异化。

□管理者更接近顾客，决策的速度和效率得到提升，事业部内部的业务活动比较容易整合和协调。

□比较容易对产品（服务）和产品（服务）群组的绩效作出客观的评估，强化各事业部对自身业务活动的责任。

□有助于减轻公司层管理者的负担，从而将更主要的精力放在公司层战略。

产品结构事业部的主要缺点包括：

□可能导致事业部管理者只关注自己的产品或产品群组，而对组织的其他业务漠不关心。

□管理成本上升，因为每个事业部都要建立自己的职能部门（例如财务、人事和营销）。

地区结构事业部。当组织在本国其他地区或海外地区快速扩张时，职能结构可能带来很大的障碍，因为总部的管理者很难理解当地的需要。在这种情况下，组织往往会选择地区结构，即围绕地区设置事业部。万科公司的主要业务是住宅开发，各地住宅市场的需求、竞争和政府政策差别很大。万科公司的战略是在全国范围内选择重点的经济区集中进行开发，其地区结构事业部由深圳区域、北京区域、上海区域和成都区域构成。

全球运营的企业可能围绕不同的区域组建事业部，这主要是为了更加接近顾客，如图 10.4B 所示的全球区域结构。例如，中国顾客的需求和印度顾客、中东顾客可能完全不同，全球区域事业部可以较好地满足当地顾客的特殊需求。另一方面，如果企业提供的是一种标准化的产品，全世界的顾客都愿意购买相同的产品，那么这家企业将很可能采用全球产品结构，由产品部门而不是各国或各地区的管理者来决定应当在哪里生产以及如何向全球营销。例如，汽车生产商倾向于在全球销售统一的产品，由全球产品事业部的管理者们管理全球价值链，决定在哪里建立外国分部来分销和销售产品。

市场结构事业部。当组织面临满足多样化的产品购买者群体需要时，往往会采用市场结构事业部，围绕着所服务客户的不同类型建立事业部。例如，神州数码按照客户的不同类型建立六大事业部。其中的商用战略本部、消费战略本部和供应链服务战略本部分别负责中小企业的商用 IT 产品分销、面向普通消费者的消费IT产品分销、新型渠道模式和物流供应商，还有专门面向行业客户的事业部。市场结构有助于管理者对客户的需求做出更快的反应，能够快速定下决心满足客户变化的需求。

矩阵结构

无论组织采取产品、地区还是市场结构，都是为了能够让管理者更快和更灵活地对环境作出反应。然而，如果顾客需求和外部环境都处于不断变动之中，事业部结构同样不能很好地帮助管理者对复杂的环境改变做出快速和灵活的反应。为此，有些组织采用了矩阵（matrix）结构，这是最为灵活的一种组织结构设计。**矩阵结构**是指由两种部门化类型重叠而成的组织结构形式。例如将职能和产品部门重叠来组合人员和资源，矩阵中的员工既是职能部门的员工（比如工程师），同时又是项目团队的成员。

图 10.5 描述了一个基本的矩阵结构，图的上部是工程、制造、财务和营销各个职能部门，分别由相应的副总裁负责，每位副总裁均配有相当数量的下属人员。图的左侧列是许多称为“项目经理”的职位，每位项目经理负责一个项目组，

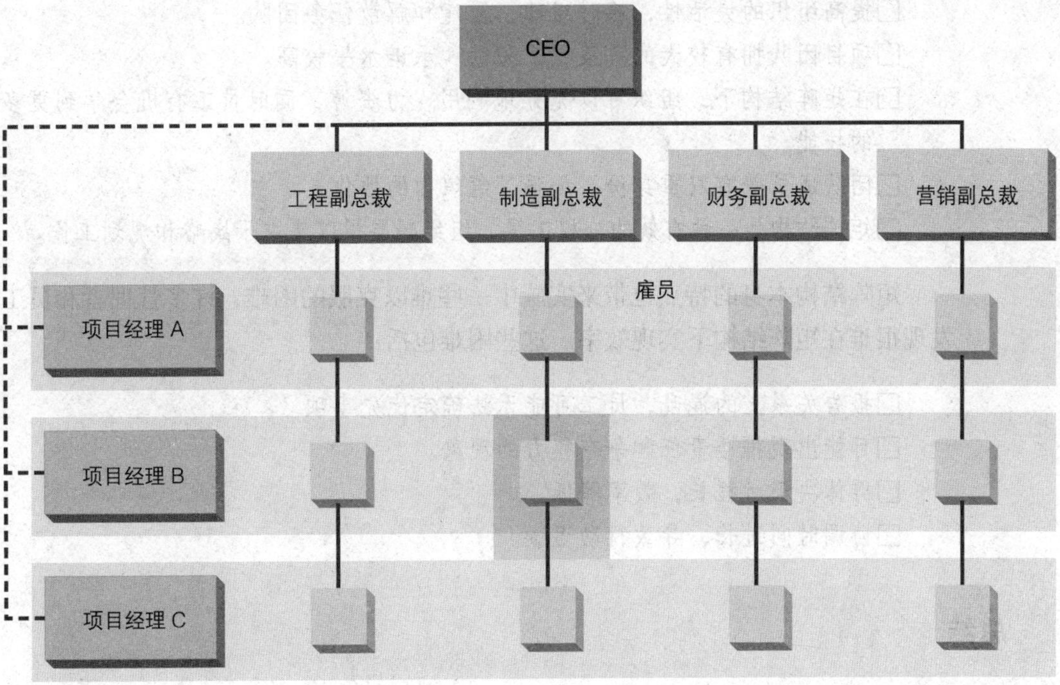

图 10.5　矩阵结构

项目组的成员就是来自上述职能部门的代表。请注意矩阵结构图中所反映的多元命令结构，每个成员都要同时向职能上级和项目经理报告。

项目小组或项目团队是为实现预定项目或计划而组合起来的。例如，企业准备开发新产品时可能会将来自各个职能部门的成员组合成一个项目团队共同完成任务。同时，这些项目成员仍然保留其职能部门的身份，在项目完成后返回各自的部门或由职能部门分配到新的团队中。为了实现灵活性，项目团队通常被赋予较大的决策权限。项目经理拥有完成项目所需要的资源决策权。高技术企业经常采用矩阵结构，当市场和技术发生激烈变化时可以做出迅速的反应。

考虑采用矩阵结构的组织常见于下面的三种情况中：

□外部环境压力很大。例如，激烈的外部竞争要求以营销部门为前导建立强大的营销冲击，但产品线的多元化又需要围绕产品进行结构设计。

□需要处理大量信息的组织。与单线的纵向关系相比，矩阵结构所增加的横向关系可以提高组织处理信息的能力。对于需要紧跟市场变化的企业，这一能力至关重要。

□分享信息要求高的组织，例如项目决策需要众多部门的支持。矩阵结构有助于打破原有的部门界限，快速获得职能部门的专业意见和决策支持。

在全球化竞争的背景下，几乎所有的企业都面临着上面提到的困难，也都在一定程度上采用或借鉴矩阵结构的组织设计。与传统组织设计相比，矩阵结构表现出一些明显优势：

□提高组织的灵活性，随时组建、重建和解散任务团队。

□项目团队拥有较大的决策权，激励和承诺水平较高。

□在矩阵结构下，组织可以充分地利用人力资源，同时员工有机会学到更多的技能。

□团队成员兼有双重身份，加强了组织内的协作。

□矩阵结构是一种有效的分权工具，组织高层得以集中于战略和规划工作。

矩阵结构本身的特点也带来实施中一些难以克服的困难，许多管理者和员工发现很难在矩阵结构下实现效率。这些困难包括：

□报告关系上的混乱，员工可能无法确定优先事项。

□可能出现推诿责任和争夺权力的现象。

□群体决策过程长，效率降低。

□协调时间过长，导致行动迟缓。

总结

哪一种组织设计最有可能帮助企业成功？没有标准的答案，企业的组织结构是战略、文化和环境共同作用的结果。在成功的企业中我们可以找到所有基本组织结构的例子，而采用相同组织结构的企业也可能表现出完全不同的绩效。在现实中，几乎所有的组织都在不同层次和事业部同时使用不同的组织结构设计，形成一种混合结构（hybrid structure）。另一个需要关注的问题是，当企业改变战略时，组织结构往往也要做出相应的调整，这种改变可能会对企业构成很大的挑战。

管理行动专题

区块链结构

区块链（Block Chain）是一种去中心化的串联加密交易记录，是比特币的技术基础。今天，区块链的应用从加密货币拓展到各种交易管理和组织管理。

传统企业组织的特点是中心化，表现为闭合、中央集权和层级式。按照诺贝尔经济学奖得主科斯的观点，这样的组织结构将组织外部的市场活动转化为组织内部活动，有助于降低经济活动中的三项成本：搜索、协调和合约。

区块链支持者认为，在开放的、去中心化的区块链社区，上述三项成本都可以大幅度降低。搜索成本高的原因是信息不准确，如隐瞒和篡改，而不可更改和透明恰恰是区块链交易记录的基本功能。区块链所带来的任务和过程的透明，为成员间持续和稳定的协作创造了条件，从而减少了对层级制协调（管理也是一种中介）的需要。

合约成本高的一个原因是无法信任交易对方，与其花费大量时间对每一项任务的完成质量进行谈判，不如与员工建立雇用合约，在组织内部进行监督成本更低。区块链社区使用智能合约（smart contract）取代传统合约，智能合约是一种可执行合约的计算机程序，它能够提高合约执行的速度和可靠度。智能合约一旦达成，其执行将只取决于合约条款，任何一方都无法干预，交易双方免除了对合约执行的顾虑。一家名为 Aragon 的区块链组织还设计出了去中心的司法机关，对智能合约争议进行仲裁。

ConsenSys 公司将区块链技术用于管理企业，以全员共治取代中央化的科层制。日常运营、项目管理、软件开发和测试、雇佣和外包等均通过区块链来实现，每位员工拥有基于任务完成表现及其他成员评价的声誉系统。从高管到普通员工，从简单的办公用品采购到公司战略制定，所有人员的工作完成情况及互动，全部的公司经营活动都会被记录在分布式账本中，且可以对全体人员开放。公司创始人约瑟夫·卢宾说道，“永久存在的数字身份、人格及声誉系统会让我们更诚实，彼此之间有更良好的行为”。

复习一下

1. 为什么大企业往往采用事业部结构?
2. 组织采用矩阵结构的主要原因有哪些?

10.5 组织结构设计：整合与协调的机制

组织结构越复杂，整合与协调的矛盾越突出。不同的职能和事业部从自身的角度出发，对组织当前问题的看法可能是完全不同的。例如，制造部门最关心的可能是工期和成本，更重视短期的问题。而研发部门则倾向于重视较长期的问题，对成本不是特别敏感。因为研发的周期较长，而研发的主要目的是获得突破性的产品而不是降低成本。这种立场上的差异可能导致制造部门的管理者和研发部门管理者之间的分歧，增加了协作和共同实现组织目标的困难。在实行产品结构事业部的组织中，产品事业部的员工可能一味关注本部门的产品成功，而忽视了组织整体的利益，例如他们可能不愿意与其他部门分享知识和信息。

当事业部或职能部门管理者们之间发生意见不一致，并且当他们拥有的职权相近时，唯一能够发挥整合和协调作用的人就是CEO。然而，将最高管理者卷入日常工作将是对组织资源的浪费，这会导致组织战略决策能力下降。事实上，考察组织结构效率的一项主要的指标就是通过组织层级递交给最高层决策的问题数量。

正式的整合机制

为了避免上述问题，促进组织内部的沟通以及职能之间或事业部之间的协调，高管们在设计组织结构时通常会考虑与之相配套的整合机制（integrating mechanisms）。组织结构的复杂程度越高，协调的需求越强。例如，准备采用矩阵结构的组织必须建立高度复杂的整合机制。图10.6描述了正式的整合机制的几种选择。

管理层级（managerial hierarchy）。利用管理层级来实现整合和协调的组织任命专门的管理者来负责相互依赖的小组、部门和事业部的工作，传统的职能结构是管理层级的典型。部门经理之间可以通过直接接触解决协调问题，如果发生矛盾则逐级上报，直至CEO。如果组织整合要求不高并且业务经理协调能力较强，管理层级可以是有效率的。

程序与规则（procedure and rules）。例行的协调工作可以通过程序和规则来完成。例如，航空母舰甲板上地勤工作人员可能多达上千人，需要同时进行多种危险的作业，如加油、指挥舰载机移动、起飞、回收以及安全救生等。在这种情况下，程序和规则在很大程度上替代了协调机制，所有工作人员必须牢记和遵守这些规定，以免造成损害。可以理解的是，程序和规则并不适用于复杂和非正常的协调。

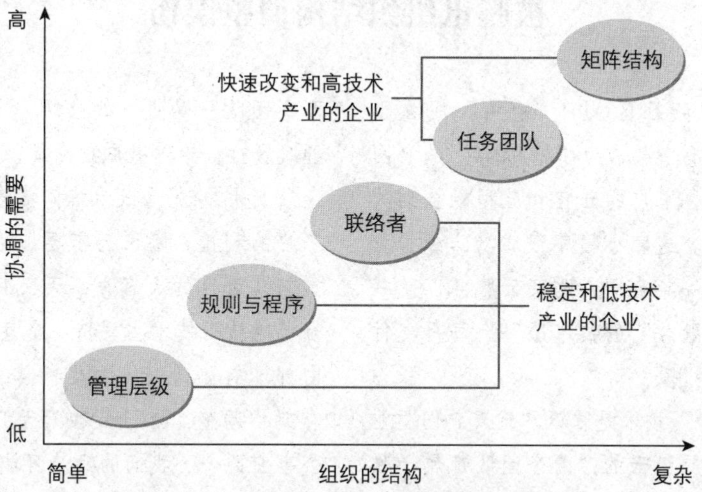

图 10.6 正式的整合机制

联络者（liaison roles）。联络者是指承担协调功能的管理者。当部门间接触、协调的要求增加后，可以考虑在两个部门内分别指定一名经理负责与对方的联络。这些经理可能逐日、逐周、逐月举行会议，交流信息，协调决策，成为他们全职工作的一个部分。专职的联络者之间可以发展起非正式的关系，有助于增加部门间的信任。联络者帮助信息在不同部门间的流动，这对大型组织十分有用，因为在那里不同部门间的员工可能没有相互认识的机会。

任务团队（task teams）。任务团队是协调要求很高时的整合机制。当两个以上的部门间需要经常协调时，管理层级和联络者将无法胜任。此时往往需要从部门中各派出一名管理者组成团队解决某项共同的问题，团队成员代表各自所在的部门收集信息、提出方案。例如，吉利集团采购委员会成员由研发、制造、管理、财务等数位副总裁组成，吉利借助这一机制来解决采购腐败，降低成本，实现零部件标准化。任务团队经常被称为特设委员会（ad hoc committee），任务完成后解散，成员回到原来的部门，或者成员都有各自的主要工作。

矩阵结构（matrix structures）。在整合要求最高的组织中，矩阵结构往往是唯一的选择。在矩阵结构中，每一个成员都要承担起整合的作用。正如前面所介绍的，矩阵管理能够处理大量的信息并随时对变化做出反应，然而它的弊端也是很明显的。如果管理者和员工的想法和习惯仍然保持以往的状态，矩阵的优势将无法发挥。管理者不能仅仅满足于结构上的变动，还要切实在行为规范、价值观和态度方面领导变革，实现高度的适应性。

管理行动专题

被腾讯组织结构调整误伤

女性短视频社区APP“她拍”成立于2018年年初，有一款名为“她face+”的P图小程序，可以将用户的五官和脸型融合到其他图片素材中。这款小程序很成功，她拍与腾讯云签订了一年合同，购买云服务以及一项名为“人脸融合”的技术服务，每月支付500万元左右费用。

“人脸融合”技术是腾讯“天天P图”业务部门提供给腾讯云的，两个团队都属于腾讯SNG事业群。9月27日，天天P图停止向腾讯云提供技术支持，并力推同类小程序“疯狂变脸”。三天后，腾讯宣布组织架构调整，两个团队分属两个事业群。她拍原合同无法继续履行，导致用户数锐减。

她拍指责腾讯为推同类产品，损害企业客户的利益。腾讯云需要她拍这样能够每月贡献几百万的大客户，天天P图却不愿意拿自己的核心技术去扶持一个竞争对手。“他们内部没有协商好，殃及我们。”“如果腾讯没有架构调整，腾讯云和天天P图还同属于一个事业群……我们的事情可能解决……”“我们是腾讯架构调整中被无辜殃及的一只蚂蚁……”腾讯则表示，双方对合同存在不同理解。[3]

非正式的整合机制、网络型组织

以上所讨论的组织设计仍然保留着传统组织设计中的职能和层级，更为彻底的做法是取消这些职能和层级，而代之以网络。**网络组织**（network organization）是指由一组相互独立的、多为单一职能的企业共同协作来生产产品或服务的组织设计方法，如图10.7所示。在网络组织中，重要的不再是职能，而是企业间的关系网络。网络组织的主要优势是每个企业都可以发挥自己的所长，企业之间的合作关系高度灵活。网络组织的成员通常依赖电子通信分享信息，对客户的需求做出快速的反应。传统的组织边界在这里变得模糊或者被打开，组织内部的管理者与外部的网络成员建立起密切的互动。作为整体的网络则同时拥有了职能结构的专业化、产品结构的市场反应能力以及矩阵结构的灵活性。

虚拟（virtual）**组织**或动态网络（dynamic network）一种常见的网络组织形式，它的特点是在成员间建立起一种临时的协作关系，能够根据竞争环境的改变随时组合。网络成员间的关系建立在基于期望结果的合约（市场机制）之上，而不是依赖传统的层级和职权。那些表现不佳的成员则随时会被淘汰或取代。在电子产业、服饰产业和玩具产业中，类似的结构很常见。

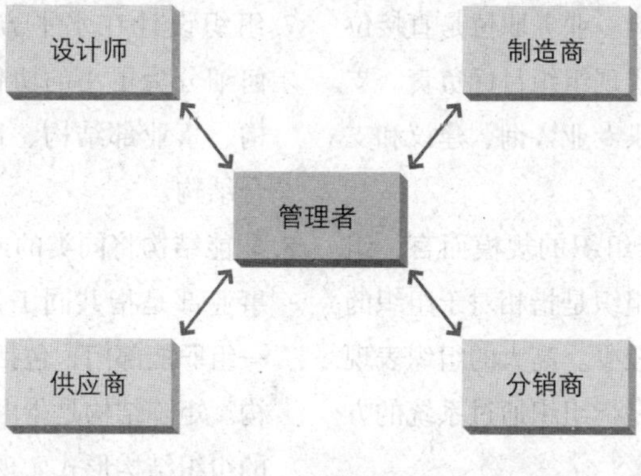

图 10.7　网络型组织

动态网络也适用于工作可以由专家独立完成的组织。微软公司有 150 名成员参与 WORD 文档交换标准制定，他们来自不同的部门、不同的国家，隶属于不同的老板。他们还承担着其他工作，工作目标也不尽相同。然而，他们相互之间拥有高度的信任，相信自己的工作对公司有利。

成功的网络型组织能够实现灵活性、创新、对环境改变的快速反应，降低成本和风险。网络型组织的成功条件包括：

☐参与网络的企业必须拥有正确的专长，也即能够满足网络中其他企业的需要。

☐在选择合作企业时同样要看对方是否确有专长以及能否与自己互补。

☐必须保证所有网络成员充分理解协作的战略目标。

☐保持相互间高度信任，相信网络成员能够保证质量。

复习一下

1. 正式的整合机制主要包括哪些？
2. 网络型组织的主要优点是什么？

本章要点

1. 组织结构是组织完成工作的基本框架，通过正式的任务分配和报告关系协调员工、群体、部门和事业部的活动。官僚组织模式和行为模式是两个主要的通用组织设计原则。
2. 工作设计是与个人有关的工作职责的确定，最常见的做法是工作专业化。工作轮换、工作扩大化、工作丰富化、工作特性模式和工作团队等都是工作专业化的替代形式。
3. 组织结构设计中垂直方向的差异，是指组织中决策责任的分配（集权还是分权）以及层级的数量（高大还是扁平）。
4. 指挥链是组织内各职位间清楚而明确的命令关系，包括指挥的统一性和阶梯原则。管理幅度指的是有多少人向一名管理者报告，管理幅度的大小受情境因素影响。业务职位是直接位于指挥链上的职位，对实现组织目标负责。支持职位是向业务职位提供专业咨询、建议和支持的职位。

5. 高大的组织是指相对于组织的规模而言，组织的层级较多。扁平的组织是指相对于组织的规模而言，组织的层级较少。高大的组织表现出各种弊端，压缩层级是指组织通过系统的方法减少管理层级的过程。
6. 集权是组织内系统化地将权力保持在高层管理者手中的过程。分权是组织内系统化地将权力授予基层管理者和员工的过程。组织采取集权还是分权受多种因素影响。
7. 组织设计在水平方向的差异定义了组织如何细分为更小的协作单元，主要包括职能结构、事业部结构、地区结构、矩阵结构和混合结构。
8. 职能结构将同类的或类似的职能组合在一起。事业部是指共同工作生产产品或提供服务的一组职能部门，包括产品、地区和市场三种结构。矩阵结构是指由两种部门化类型重叠而成的组织结构形式。现实中的大型组织通常实行混合结构。
9. 整合机制是协调组织中各个单元的方法，包括正式的整合机制和非正式的整合机制。

批判性思考与讨论题

1. 以你所在的组织为例，描述组织中的哪些结构因素属于官僚主义模式，哪些属于行为模式？按照你的看法，这一组织的结构更加偏向官僚主义模式还是行为模式？为什么？
2. 描述工作专业化的其他5种替代方案，同工作专业化相比，它们分别有哪些优势？
3. 以你自己的工作或以其他人的工作为例，运用工作特性模式评估这一工作的核心维度。然后描述核心维度如何产生关键性的心理状态，以及个人和工作上的成果。
4. 有些人认为当今企业工作中技术复杂性的增加导致了工作专业化的回归。你认为工作专业化程度大幅提高的后果将是什么？在回答时考虑正反两个方面。
5. 什么是指挥的统一性？什么是阶梯原则？两者可以分开吗？
6. 什么情况下集权可能比分权对组织更有利？
7. 根据下面的工作性质，管理幅度分别应当是多大？你考虑到哪些因素？
   - □私人开业的医生，需要管理许多护士和办公室人员。
   - □汽修钣金厂老板，负责同顾客谈生意和指导几名有经验的技师，还要培训和监督缺乏经验的员工。
   - □国际性广告公司经理，负责领导一组分布在世界各地的专业人员。
8. 成功的组织往往倾向于增加管理层级，请问这是为什么？如何才能限制层级的增加？
9. 在哪些情况下，一家大型、多元化的企业会希望将（1）采购，（2）人力资源政策，集权到总部？
10. 描述与每一种部门化方法相对应的组织结构。这些结构对于组织内职权的分配有什么影响？
11. 请设想用另一种部门化方法组织你所在的大学、本地快餐连锁店、制造型企业或其他组织。你的方案的优点是什么？
12. 组织设计的基本形式有哪几种？每一种各有哪些优势和缺陷？
13. 每一种组织设计都只能适用于某一类企业而不是普适的。请描述采用职能结构（U型）组织设计的企业的特征。然后分别描述采用事业部结构（M型）和矩阵组织设计的企业的特征。请解释每一类组织设计及其所对应的组织特征之间的关系。

14. 从网上搜索 5 家不同组织的组织结构图（或者根据网上的资料自己绘制）。这些组织结构间的相似和差异表现在哪里，说明你的发现。

15. 在本地找两家不同的组织（零售店、制造厂等），了解它们的组织结构。说明它们之间的相似和差异。

16. 通过互联网或图书馆了解某一公司的战略和组织设计。你能看出企业战略和结构之间的关系吗？向全班报告你的发现。

17. 你所在的大学采用哪种组织形式？你所在的城市的政府呢？其他你所熟悉的组织呢？在这些组织的形式间有哪些共同点和不同点？

学习伴随案例练习

根据你所选择的组织的资料，以小组为单位对其管理活动进行讨论。回答下面的问题并向全班报告。

1. 描述这家组织的基本结构。
2. 评价这家组织的结构与其战略是否匹配？如果答案为是，请解释为什么。如果不是，请给出你的建议。
3. 这家组织属于高大组织还是扁平组织？组织层级的数量是否适当？
4. CEO 的管理幅度如何？在你看来，这个幅度是过大、过小还是适中？
5. 哪些决策由总部负责，哪些决策由业务单元负责？在你看来，这家组织分权和集权的水平是否适当？

综合练习一

诊断技能是管理者对某一情境的最佳处理进行具体化的技能。本练习要求你将诊断能力用于组织集权与分权的问题。

组织经常会改变集权和分权的程度。假设现在有两种截然相反的情景。在情景 A 中，你是一家大型组织的最高管理者。这个组织在历史上一向采取集权制。由于本练习没有描述的某种原因，你决定将组织改变为分权。对于情景 B，假设情况刚好相反。你是一家长期采取分权制的企业的最高管理者，现在决定转向集权。

1. 列出在情景 A 中实行分权化可能遇到的主要障碍。
2. 列出在情景 B 中实行集权化可能遇到的主要障碍。
3. 哪一种情景实行起来比较容易？为什么？
4. 你会选择在集权的组织还是分权的组织中工作？为什么？

综合练习二

技术能力是完成和理解组织内特定工作的必要技能。本练习培养你在部门化、报告关系建立、协调和职位差异方面的能力。

设计组织结构的任务，包括工作职位、管理幅度和协调，是一个永不停止的过程。管理者们必须持续监督和评估企业的结构，进行必要的调整。

假设你负责为一家新的大型零售书店建立组织结构。请问你将如何建立部门、如何规定每位主管的管理幅度，以及业务职位和支持职位的差异如何。你的员工中包括管理人员，负责不同种类图书（儿童书、小说、技术类图书等）的人员以及店面设计与展示、广告、财务、法律、零售、库存和仓储、人力资源和电脑操作人员。

1. 为你的商店建立组织结构，其中的细节应当包括组织层级、报告关系和管理幅度。

2. 哪些职位是业务职位，哪些是支持职位？

3. 描述你打算采用的协调机制。

4. 用互联网调查书店里的结构元素。你所设计的结构与从网上得到的结构有何区别？为什么会存在这种区别？

结尾案例

万科的事业合伙人制度

万科是中国房地产行业的标杆性企业，不仅多年来持续保持着优良的业绩，还以其经理人制度而著称。为了提升员工和经理人员的激励，万科从 2014 年开始面向基层员工实行项目跟投制度，面向管理层实行合伙人持股计划。

项目跟投制度是向投行和万科在美国的合作伙伴学来的机制。所谓项目跟投，就是对项目获取和经营质量影响最大的那部分员工——项目的管理团队和城市公司的管理层，需要拿出自己的钱和公司共同投资，员工也可以在一定比例内投资公司的新项目。从 2014 年 4 月开始，万科所有的新获取项目都必须配套跟投计划。

在事业跟投的基础上，万科还建立起事业合伙制。所有的新业务必须设计跟投制度，称为事业跟投。在股东没有获得足够的收益之前，事业合伙人的投资将没有回报，甚至连本金都要用来赔付。但如果经营取得了远超社会平均水平的回报，事业合伙人的分配比例将明显超过他们的投资占比。[4]“合伙人制度要求每个合伙人在他所负责的工作、业务里面能够做到最好。”CEO 郁亮表示。

公司高管谭华杰认为，成功的合伙人制度需要三个前提。首先，企业知识在员工手中，激发创造性可以转化为价值。其次，企业股权分散，合伙人分配没有大股东的阻力。最后，业务考核能够拆分为封闭的小单位。

北京万科总经理刘肖解释了事业合伙人制度如何将万科转变为任务导向型的组织。“战略解码”是将公司整体事业计划分解到每一个团队的可视化过程，主要分为“GTVK”四大任务，G 代表公司级的任务，北京地区大约有 10 个；T 代表战团级别的任务，是 G 的分解，数量为 50~60 个；V 是战队级别的任务，数量在一两百个；K 则是指战斗级别的任务。其中，V 和 K 可以是自下而上发起的。

这就是万科所倡导的“事件合伙机制”——以事件为中心，不管什么部门、什么级别，只要事件需要，员工可以临时组成一个团队，完成事件，对事件负责。将北京万科变成 400 个、500 个任务，每个任务只有一个任务负责人，他就是这个任务最后劣后（劣后与优先对应，即最后参加分配者）。其他所有人无论原来的层级、部门，都是这个负责人下面的兵。

据刘肖介绍，每季度都有 10 到 15 个 V 由员工发起。刘肖解释说，只有在迭代的过程中承担更多的任务类型，你在公司的相对影响力才会变大（包括岗位责任工资）。反之，如果你只是原地踏步，由于公司提拔人的速度在加快，就有可能面临末位淘汰。这个制度对年轻人的吸引力很大，越年轻越容易接受。

在考核方面，万科基于公司年度战略解码及季度行动举措，各个 GT 战团与公司合伙人委员会进行战略回顾、质询和对话。为了促使员工自发涌现，万科的"V 战队"以目标和任务为导向，个体之间会因为新项目随时进行组合。从而打破职级、资历、专业壁垒，激发组织活性。根据任务奖励，使员工从对上级负责到对战略负责，从超越公司期望到超越自我极限。

事业合伙人制度的另一个战略动机是万科的业务转型。万科如今的定位是"城市生活与建设服务商"，增加了教育公司、泊寓公司、商业公司等业务。高管孙嘉认为，从原来确定的地产开发业务，到不确定的扩展型业务，需要激发管理层和员工的创业精神。"万科深圳公司过去以住宅开发为主，采取的是职能管理线条配合。过去 5 年，深圳公司进入多个业务场景后，破除了传统的总经理、经理这种层级结构，而是扁平化的管理中心、事业中心模式，让一批优秀、愿意担当的青年员工，加入合伙人团队"。

2018 年，万科撤销总部全部部门设置，另成立事业发展中心、管理中心和支持中心。过去万科职级共有 V1~V7，现在则只有集团合伙人、中心合伙人、执行合伙人和合伙人四个层级。

集团合伙人是万科副总裁级高管，中心合伙人则大多是万科总部原来各业务部门的负责人，执行合伙人包括了 26 位总部相应职能板块的业务骨干，合伙人则是普通员工。而在北京万科，原由总经理、副总经理、部门经理、骨干、员工组成五级管理层级，现在变成了两级。

结尾案例讨论题

1. 项目跟投的优点和缺点可能有哪些？
2. 万科事件合伙机制的优点和缺点可能有哪些？
3. 事业合伙人制度支持万科在竞争环境中取得优势，需要什么样的条件？

开篇案例讨论题

1. 邵逸夫医院工作设计的特点是什么？
2. 邵逸夫医院工作设计的主要优点有哪些？能够支持怎样的战略意图？
3. 谈谈邵逸夫医院护理工作中支持性职位的作用。

自测题

1. T F 在环境变化剧烈的产业中，为了提高决策速度和沟通，以及不错过资源和机会，应当建立起层级清晰、规则明确的组织结构。
2. T F 工作团队是工作专业化的一个替代选择。
3. T F 员工拥有一个以上的老板，这样的组织违反了阶梯法则。
4. T F 信息技术的快速发展令组织管理者的协调工作变得更困难。
5. T F 矩阵设计是其他两种组织形式的混合。
6. 下列哪一项不是组织结构的基本因素
   a. 工作设计
   b. 工作组合
   c. 建立报告关系
   d. 提高赢利能力
   e. 分配权力
7. 工作特性方法认为应当根据下列维度对工作进行诊断，除了
   a. 反馈
   b. 任务明确性
   c. 技能多样化
   d. 自主性
   e. 任务专业性
8. 指挥统一性原则认为
   a. 组织内任何一个人都应当只向一个老板报告
   b. 在组织中，必须有一条自上至下没有任何断点的权力链条
   c. 控制幅度较宽的管理者是最有效的
   d. 组织中的 CEO 必须拥有最后的决策权
   e. 指挥链中的“链接”或层次越少越好
9. 马克斯·韦伯提出了组织设计的官僚主义模式。下列哪一项不是韦伯理论中的要素
   a. 独特的劳动分工
   b. 文牍主义和僵化
   c. 规则一致性
   d. 清晰的指挥链
   e. 非人性化的社会关系
10. 下列哪一项不是利克特行为模式中系统 1 组织的特性？
   a. 领导不是基于信心和信任
   b. 激励基于经济动机
   c. 决策在各个层次上作出
   d. 沟通向下流动
   e. 下属对部门目标影响很小

本章注释

[1] Dowling，W.F. “At General Motors：System 4 Builds Performance and Profits，” [J] .Organizational Dynamics，Winter 1975，pp. 23–28.

[2] Kai–Alexander，S. Inside Chinese Organizations：An Empirical Study of Business Practices in China [D]. Dissertation.Com.1999.P2–4.

[3] https://tech.sina.com.cn/roll/2019–01–06/doc–ihqfskcn4457338.shtml.

[4] http://www.ceibsreview.com/show/index/calssid/5/id/3337.

管　理　学　原　理

11 CHAPTER 11 组织中的控制

本章学习要点

- 什么是控制
- 财务控制
- 行为控制与文化控制
- 战略控制

晨星公司是少有的不依赖经理和层级来管理的企业。

开篇案例

晨星公司：没有经理的企业

晨星公司是世界上最大的西红柿加工企业，1970 年由鲁弗（Chris Rufer）创立。公司拥有 400 名员工，3 家工厂，年收入 6 亿美元。

早在公司规模还很小时，鲁弗和员工就决心创建一家不同寻常的组织，一家自我管理的企业。在这家企业里，没有经理，所有员工自己决定做什么工作和需要哪些资源。

管理层可以取消，管理的职能却不能。为此，晨星采用了一种特殊的方法，每位员工都要提交自己的同事支持承诺表（CLOU，Colleague Letter of Understanding），它的职能是在同事间建立起责任和权利关系。在起草过程中，员工必须征得与其共同工作员工的认可，通常需要 10 人以上。同事支持承诺表每年填写一次，年终进行评审。主要内容包括：

1. 个人使命。用于说明本人在组织内的基本目标。例如，“按照顾客要求，以低成本和有利环境安全的方法供应番茄酱产品”。
2. 活动。为了实现个人使命，员工同意应当完成的工作任务。
3. 指标。用于衡量任务完成程度的关键指标。
4. 时间。需要多少时间才能完成工作任务。
5. 同事。受你工作影响的同事必须签字同意这份文件。

在晨星看来，同事间的承诺比工作合同和主管监督更加有效。每位员工都是自己的管理者，自己决定使命、工作任务和同事关系，行使计划、组织、领导和控制职能。当一项新任务出现时，愿意主动承担的员工可以通过更新自己的使命来领导这一任务，从而保持企业对市场需求的灵敏。简言之，CLOU 并不是取消管理，而是试图用同事间的关系代替管理。

2007 年，晨星建立了数字化的 CLOU 工具。所有员工的 CLOU 都可以在线查询，也可以在发生分歧时检索文件，而 CLOU 指标的完成情况则随时反映在员工的 CLOU 记录中。在线 CLOU 也使得员工互评变得更有效，每位员工必须对他的所有“同事”做出反馈。

鲁弗说，既然人们对个人生活中的许多问题有能力做出决策，那么就没有理由怀疑他们在工作中也可以自己做出决策。

- □谁来安排工作？用个人使命代替老板。员工为达成使命自行争取必要的培训、资源和协作。
- □谁来分配资源？员工可以自行决定设备购买，不需要上级批准，大宗购买则通过定期会议进行协调。如果投资需要超过公司现金，购买自行停止。财务部门的任务是寻求资金，而不是分配资金。招募新员工也由未来的同事们自己决定，“我不希望给员工借口，说他们不能取得成功是因为没有设备或同事不给力”，鲁弗说。
- □没有晋升，如何激励员工？员工竞争的是在公司内部的影响力，而不是晋升机会。承担的责任越大，影响力越大，薪酬也越高。薪酬标准和员工的薪酬水平由专门委员会在年终决定。增加影响力的途径包括提高专业能力，主动发起变革等。例如，有一半员工接受了供应商谈判技巧的培训。公司希望通过员工发展将决策权下放而不是集中到上层。
- □谁来审核开支和费用？尽管不需要老板批准，员工在资本支出前仍然需要得到同事的支持，包括投资回报和可行性计算。同样，需要招募新人的员工也要说服同事支持。

晨星公司每年2月召开例行战略会议，每个业务部门有20分钟时间向公司全体人员陈述新一年的计划。同事们用虚拟货币对最具前景的战略计划进行投资，没有吸引到足够投资的业务部门将被审查并重新来过。

前一章主要探讨了组织结构设计中需要考虑的因素。然而，结构本身并不能指导组织成员的行动方向。当管理者们做出选择来影响、塑造和管制事业部、职能部门和员工的活动以保证组织目标实现，他们所行使的就是管理的控制职能。本章首先探讨组织控制系统的性质，描述控制的目的、领域和责任以及控制的步骤。我们还将讨论不同类型的控制系统，即财务控制、行为控制和文化控制。

11.1 什么是控制

控制是组织行为的规则，它可以使某些影响绩效的因素被维持在可以接受的范围内。没有这些规则，组织将失去衡量活动效果的能力。在任何时点上，组织总是需要绩效指标来判断企业的状况。当组织绩效脱离可接受的区域时，控制为组织提供了调整路线的机制。假设一家快餐店规定的外卖送餐时间是30分钟，可容忍的延误是99.5%。如果在一段时间里反复发生延迟送餐超出标准值的情形，管理者将很清楚系统中出现了可能危及快餐店顾客满意和销售额的问题，并及时采取措施加以调整。相反，如果没有设置这样的指标或没有跟踪指标，组织将无法实现其目标，即使已经实现了目标也无从得知。

控制并不意味着只是在事后才作出反应，也包括预期活动的发展方向和结果并运用这一能力帮助组织对变化作出及时的反应，保持组织在正确的轨道上运行。控制也并不仅仅是管束，而是有效的激励、正确地判断组织面临的重大问题以及引导组织作出变革。例如，一种鼓励充分授权、承担风险和员工决策的控制系统，实际上也是一种有效的激励创新的机制。

控制的目的

如图11.1所示，对于有效运营的组织，控制提供了适应环境变化、限制错误积累、应对组织复杂性和最小化成本的方法。

适应环境变化。在复杂多变的商业环境中，所有的组织都必须应对变化。如果管理者能够确立目标并即刻实现，控制也许不是必要的。但是，在目标确立与目标实现这段时间里会发生许多事情，甚至连目标本身也可能发生改变。一个设计得当的目标体系可以帮助管理者预测、监视并回应不断变化的环境。例如，当

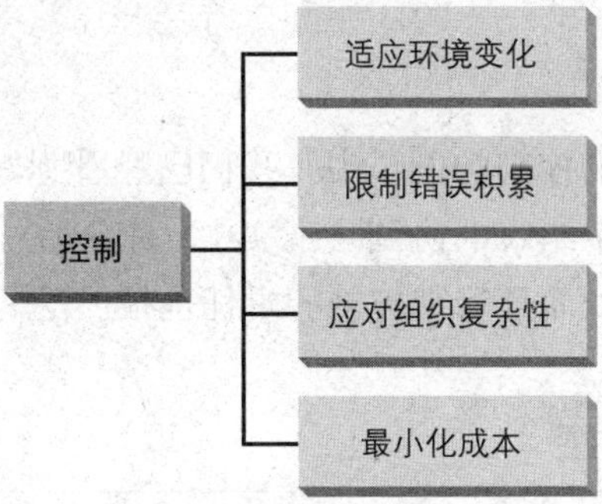

图 11.1　控制的目的

发现 SUV 市场成长性良好时，汽车企业会调整目标，增加对 SUV 的投入并通过扩大高端产品提升利润水平。

设计不恰当的控制系统会导致组织绩效下降到不可接受的水平。2018 年 4 月，住宅开发商碧桂园一周之内连发三份文件，要求提高项目周转速度。从项目摘牌到开工如果超过 40 天、开工工期大于 7 个月，项目总撤职。[1] 此后，碧桂园发生了一系列的安全事故，包括 6 月 24 日上海奉贤区在建项目红墅林事故和 7 月 26 日安徽六安活动板房倒塌事故。调查发现，赶工是造成事故的原因。

限制错误的积累。小错误一般不会对组织的财务健康造成严重威胁。然而，随着时间的流逝，小错误可能会不断积累而变得严重。旅游服务商往往通过交叉销售来提高产品的利润水平，如在机票预订时提供保险或接送服务。但如果在用户不知情的情况下，默认捆绑增值服务，就会侵犯用户的权益。2017 年 11 月，携程因为捆绑销售而引发大量批评。尽管在早期这可能给用户带来便捷，但随着默认服务的数量越来越多，金额越来越高，终于导致了严重的信任危机。

应对组织复杂性。当企业只购买一种原材料、只生产一种产品，组织设计很简单，满足于稳定的产品需求时，管理人员利用非常基本、简单的系统就可以维持控制。但是，当企业利用上万种原材料生产许多产品，拥有广阔的市场领域，组织设计复杂，拥有众多竞争对手时，就需要复杂的系统以便维持适当的控制。互联网企业的技术架构通常分为前台和后台，前台是让用户使用的界面，后台是数据中心。为了更加贴近顾客，前台要经常灵活变更，而后台配合往往非常耗时。为此，大型电商开始开发中台架构，也就是支持前台实现的基础服务模块。如果前台业务是销售跨境商品，那么在中台就能提供关税信息处理，或者前台销售生鲜，中台就能够提供“拼团”服务模块。

最小化成本。有效的控制可以协助降低成本、增加产出。格兰仕是一家在低成本大规模生产方面拥有优势的家电企业，原材料成本占其总成本的 60%~70%，采购控制对格兰仕具有战略意义。格兰仕要求每年的采购成本降低 10%~15%，为此建立的控制保障机制包括透明的公司目标、多方报价比较、共赢的长期合作等。

控制的领域和责任

在前面所列举的控制的例子中，我们已经看到好几种组织行为的规则，从生产高质量产品到复杂组织的协调。现实中，组织在一系列不同的领域中、在不同的层次上实行控制，而且管理控制的责任也很广泛。

管理行动专题

生产线上的问题专家

在长安福特马自达重庆工厂涂装车间精益生产的过程中，员工参与扮演了重要的角色。生产质量小组发现，中涂打磨的颗粒缺陷是该车间排名第一的缺陷原因，千辆车缺陷数量高达39.32辆。车漆表面颗粒越多，操作工的打磨时间越长，影响产量和质量。

经过样本采集和数据监测，质量改善小组找出了漆面颗粒缺陷的主要来源。在喷涂之后车的烘烤过程中，来自烘炉的不明物质在循环风的作用下粘到未干的车漆表面。进一步的分析发现，这些颗粒来自烘炉过滤器密封条在高温条件下碳化产生的杂质。质量改善小组要求密封条供应商提供耐高温密封胶条替代之前产品，供应商自行承担了新密封条的成本上涨。

质量改善小组的工作并未就此终止。他们通过数据对比，发现密封条带来的颗粒缺陷占总异物的数量不到一半。进入烘炉内部勘察后，小组成员发现，喷涂工艺的喷房中风向不平衡。他们在喷房内垂直挂了一条丝带，启动生产线后，发现丝带向外飘斜约30度。结论是，喷房喷漆产生的漆微粒被吹到了烘炉入口的空气之中，再被循环风系统带入到烘炉内部。解决方法很简单，每天工人启动喷涂生产线时，查看丝带是否垂直地面。若发现丝带倾斜，就说明风向失衡，可通过设备调整风力大小，重新实现平衡。经过这一质量改善，每1000辆车较之前可提前854分钟的交付时间。长安福特马自达汽车有限公司制造部副总监李建平评价说，“一个人做同样的事情，超过10万个小时，他就是专家。我集中12名这个问题的专家（生产线工人），绝对管用！”

控制的领域。控制可以应用于组织的任何领域。大多数组织根据它们使用的四种资源——物质资源、人力资源、信息资源和财务资源来确定控制应用领域。物质资源的控制包括库存管理（库存既不能太多也不能太少）、质量控制（维持适当水平的产品质量）和设备控制（提供必要的机器和设备）。人力资源的控制包括人员选择与安置、培训与提高、绩效评估与薪酬。信息资源的控制包括销售与营销预测、环境分析、公共关系、生产进度及经济预测。财务控制包括管理组织的债务，既要满足经营需要又要防止超出组织的偿付能力，确保组织永远拥有足够的现金以满足其还贷要求，但又不至于在账户中存有过量现金，并保证及时收到应收账款、支付应付账款。

在许多时候，对财务资源的控制是最重要的，因为财务资源控制与组织中的其他所有资源的控制都有关系。过多的库存使得存货成本增加；招聘时选错人员则需要解雇和重新聘用，也会增加支出；不准确的销售预测会导致现金流中断及其他财务影响。财务问题渗透到大多数与控制相关的活动中。

美国联邦储备委员会每年都要对 35 家大型银行进行压力测试（stress test），考察这些银行在出现经济衰退、房价下跌和失业率达到两位数的情况时能否有足够的资本生存下去。没有通过压力测试的银行就不能向股东派发股息。

控制的责任。从传统上讲，管理人员要负责监督组织中的一系列控制系统和事务。他们要确定组织采用哪种类型的控制和执行控制的系统，并根据控制系统提供的信息采取行动。这就意味着，控制的最终责任落在了所有管理者的身上。一些组织动员生产工人（operating employees）协助维持有效的控制。事实上，生产工人的参与常常被作为推进组织控制有效性的工具，这方面的例子包括质量小组、工作团队等。

控制过程的步骤

不论组织需要何种类型或层次的控制，控制过程都包含四项基本步骤。如表 11.1 所示。

表 11.1

控制过程的步骤

控制过程的步骤	
步骤 1	建立控制标准
步骤 2	衡量绩效
步骤 3	将绩效与标准进行比较
步骤 4	提供强化或考虑纠正行动

建立标准。控制过程的第一步是建立标准。控制标准（control standard）是对后续绩效进行比较时的一个目标。例如，在赛百味快餐店，三明治的原料包括4种长度为12英寸的面包以及各种肉类、蔬菜、酱汁。这个看似简单的菜谱拥有400种左右的原料，最终可以调制出多达200万种口味。为了保证服务顾客的速度，赛百味要求面包每四小时烘烤一次以确保新鲜。而从切面包、加肉、铺奶酪，将需要预热的面包放进烤箱加热20秒，到继续添加蔬菜、酱料，配上饮料或甜点，整个过程应当控制在60秒以内。

为控制目的而建立的标准应该用可衡量的条款来表述。注意上面赛百味的标准中有关数字的部分，规定了面包长度、烘焙的标准，从加热到完成三明治制作的总体时间限制。标准还应该与组织的目标一致。赛百味的目标包括顾客服务（当面制作，多种选择）、食品质量（新鲜面包）以及店面整洁。与此相似，一家零售商的目标应当包括单位销售面积销售额的年度增长，医院的目标应当包括病床利用率提高等。

建立标准的最后一个方面是确立绩效指标。绩效指标是对绩效的衡量，提供与被控制项目直接相关的信息。例如，假设一家组织要建一座新工厂，时间很紧。相关绩效指标可能是购买建厂房所需的土地、选择承包人并订购设备，而每月销售量的增长则不是直接相关的指标。另一方面，如果控制关注的是收入，那么每月销售增长就是相关指标，而为建新厂房购买土地就是不相关的。

衡量绩效。控制过程的第二步是衡量绩效。衡量绩效是大多数组织要持续不断进行的活动。为了做到有效率的控制，绩效指标必须恰当。销售绩效可以用每天、每周、每月的销售数据来衡量，而生产绩效则可以由单位成本、产品质量或产量来衡量。员工的绩效通常通过产出的质量或数量进行衡量，但许多工作的绩效并不能这样直接地衡量。

研发人员在取得突破前可能要在某个项目上花费数年的时间。接管了一家濒临倒闭企业的管理者可能要花费数月甚至数年的时间才能扭转形势。恰当的绩效衡量对于维持有效的控制是至关重要的，尽管有上述的困难，但绩效指标通常还是可以开发出来的。例如，同行评议可以在一定程度上帮助我们了解研发人员的进展，如果那家企业的管理者能够说服债权人自己有能力逐步使企业赢利，这也是管理者绩效的一种客观反映。

将绩效与标准进行比较。控制过程的第三步是将目标绩效与事先确立的标准进行比较。绩效可能高于、低于或等于标准。在某些情况下这种比较很容易。美国通用电气每一位事业部经理的目标都是要使自己的产品成为市场上数一数二的产品（基于总销售量），这一标准很明确而且销售量很容易计算。然而，有时候比较并不很明确。如果绩效低于预期，那么问题就是偏离标准多远时才需要采取补救行动。例如，如果标准是增加销售8%，那么增加7.9%算是实现目标了吗？

比较绩效与标准的时间周期依赖于不同的因素，包括被控制项目的复杂性和重要性。对于较长的时期和较高层次的标准，年度比较可能更合适。其他情况下，也许需要更频繁地进行比较。例如，如果一家企业面临严重的现金短缺，那么它就需要每天监控手中的现金储备。

提供强化或考虑采取纠正行动。控制过程的最后一步是确定是否应当提供强化，以及需要采取哪些纠正行动。提供强化是指当绩效符合甚至超过标准时，管理者应当向完成绩效的团队或个人提供及时的正面强化（reinforcement），强化的方法可以是祝贺、表扬、奖金乃至升迁。行为科学的研究表明，及时的强化可以增加相同行为再次发生的机会。强化有助于提高员工的满意，减少员工流失或转向竞争对手的可能。强化是组织控制系统中重要的方法，强化应当是可预期的和透明的，应当让员工在工作时很清楚自己达成绩效后可以获得的奖励，而不应当依赖个人的主观判断和临时的措施，以免损害公平。当然，创新的强化也会对员工士气产生积极的作用。例如，亚马逊早期由于客服人员数量不足，出现了较为严重的顾客邮件积压。CEO 贝佐斯在周末发起员工间的工作竞赛，规定每回复 1000 条信息，可以获得 200 美元，很快解决了问题。

是否纠正行动在很大程度上依赖于管理人员的分析判断技巧。将绩效与控制标准进行对比后，可以采取的行动有三种：维持现状（什么也不做）、纠正偏差和改变标准。当绩效与标准基本匹配时，最好的做法就是维持现状，但更多的时候需要管理者采取某些行动纠正绩效与标准的偏差。

有些时候，绩效高于预期同样会为组织带来问题。2018 年“双 11”十周年成交额再创造新高。然而就在第二天，“收货地址无法修改”却成为网络上最热门的关键词，大量用户抱怨由于收货地址无法修改而带来的麻烦。

如果在开始的时候将标准定得过高或过低，最终就需要对已经确立的标准进行修改。如果许多员工远远达不到标准，或根本就没有员工达到过标准，那么标准显然需要修改。同样，随着环境的改变，即使确立时很恰当的标准也可能需要调整。

复习一下

1. 什么是控制？
2. 控制过程的四项基本步骤是什么？

11.2　财务控制

本节我们将开始探讨三种主要的控制类型：财务控制、行为控制和文化控制。表 11.2 描述了三种控制类型及其运行机制。管理者们在组织中同时使用这三种控制系统来引导、塑造和管制组织的活动。首先讨论财务控制的原理和方法。

表 11.2

三种控制系统类型

控制系统的类型	控制机制
财务控制	○ 财务预算 ○ 财务报表 ○ 比率分析 ○ 审计
行为控制	○ 直接督导 ○ 目标管理 ○ 规则和标准运营程序
文化控制	○ 价值观 ○ 规范 ○ 社会化过程

财务控制

财务控制是当财务资源流入组织（收入、股东投资）、由组织持有（流动资金、留存收益）以及流出组织（支出、费用）时的控制。企业必须管理财务以使收入足以支付成本，同时还能为企业所有者带来利润。非营利组织如大学也有同样的考虑：他们的收入（来自税收或学费）必须能够补偿运营支出和一般管理费用。一些名噪一时的企业就是因为财务控制上的失误而陷入困境，例如太子奶和五谷道场的产品都是有市场竞争力的，然而由于企业扩张发生资金不足的困难而无法继续经营，不得不破产或出售。在财务控制方面，我们主要讨论由预算和其他财务控制工具提供的控制。

预算控制。预算（budget）是用数字表达的规划。组织需要为工作团队、部门、事业部和整个组织建立预算，通常预算的期间是一年。预算一般由财务术语表述，但偶尔也可能用产出、时间或其他数量指标来表述。2017 年北京和上海“三公”消费均比预算减少超过 20%，显示了两家地方政府在预算控制上的决心。

由于其数量特征，预算为不同部门、组织的不同层次和不同时期的绩效衡量提供了依据。预算有四个主要目的：它们帮助管理者协调资源与项目（因为它们使用同一个标准，通常用货币来衡量）；它们有助于阐述已经确立的控制标准；它们为组织的资源和期望提供指导路线；预算使得组织能够评估管理者和组织单位的绩效。

预算的种类。大多数组织会开发和利用三种类型的预算——财务预算、运营预算和非货币预算。表 11.3 总结了这些预算的特征。

表 11.3
组织中的预算类型

预算种类	说　明
财务预算	现金的来源与使用
○ 现金流或现金预算	每月、每周或每天所有现金收入的来源和现金支出
○ 资本支出预算	主要资产如工厂、设备或土地的成本
○ 资产负债表预算	当其他所有预算都实现时，预测组织资产和负债
运营预算	用财务术语描述的计划经营目标
○ 销售或收入预算	正常经营下组织希望获得的收入
○ 支出预算	在未来时期组织预计的支出
○ 利润预算	销售或收入与支出的预计差额
非货币预算	用非财务术语描述的计划经营目标
○ 劳动力预算	可以利用的直接工时
○ 办公空间预算	不同职能部门可利用的办公空间
○ 生产预算	未来时期生产的产品数量

财务预算（financial budget）显示组织在未来时期希望从哪里获得现金，以及如何利用这些现金。现金通常的来源包括销售收入、短期和长期贷款、出售资产以及发行新股。特斯拉上海建厂大约需要投资 20 亿美元，特斯拉表示不会通过募集资本的方式获得资金，而将通过本地银行贷款、亚洲债券市场解决资金需要。

运营预算（operating budget）关注的是组织内部的计划和经营目标。它描述了组织计划生产的产品或服务的数量，以及利用何种资源进行生产。特斯拉上海厂计划达到 50 万辆的年生产规模，需要为用地许可、建造工厂设施、供应商服务等制定运营预算。其中建设用地计划 1300 亩，用地许可估计花费 10 亿元人民币。

非货币预算（nonmonetary budget）是用非财务术语如产出量、直接工时、机时或分配数量等表述的预算。非货币预算通常由组织基层的管理人员使用。例如，对于呼叫中心的管理人员，可以按每周需要分配 8000 个工时的预算制定工作安排，也可以按一周支付 10 万元的工资来制定工作安排。比较而言，前者显然是一个更合理的安排工作的指标。

制定预算。传统上，预算是由管理高层和控制者制定的，然后再分派给较低层次的管理人员。尽管一些组织还在采用这种模式，但更多的现代组织已经允许所有的管理人员参与预算的制定过程。作为开始，管理高层会发布一个召集预算请求（budget requests）的指示，规定预算可能采取的一般模式。例如，如果预计经济形势恶化，销售在下一年可能下降，管理者可能预先被告知要削减运营预算。

各个运营单位的领导者通常会向事业部的领导者提交预算请求。一个运营单位的领导者可能是生产或批发企业的部门经理，或者可能是社会服务机构的项目主管。部门领导包括工厂经理、区域销售经理或大学院长。部门领导将各个运营单位领导的预算请求汇总成事业部的总预算请求。管理者之间的大量互动就发生在这一阶段，因为部门领导需要协调各部门的预算需求。

接下来，部门的预算请求被提交给预算委员会。预算委员会通常由高层管理人员组成。委员会评估来自各部门的预算请求，并再一次纠正重复与不一致。最后，预算委员会、内控师和 CEO 对组织总体预算以及各运营部门的预算进行评估并达成一致意见。然后，这些决策被反馈给每一位经理。

预算的优点与弱点。预算有很多优点，但也存在许多弱点。从好的一面说，预算有利于有效的控制。为运营设置货币价值使得管理者能够更好地监控运营并精确地找出问题所在。预算以相同的指标（货币）表述不同的活动，有助于不同部门间的协调与沟通。预算有助于保留组织绩效的记录，是计划的合理组成部分。换句话说，当管理者制订计划时，他们应该同时考虑相关的控制指标。组织可以先将制定预算作为计划的一部分，然后再将预算作为控制的一部分，从而利用预算将计划和控制联系起来。

另一方面，过于严格地遵守预算也可能带来问题。预算应该充当指导性的框架，但管理者有时没有意识到环境的变化会导致预算必须做出调整。此外，制定预算的过程可能需要大量的时间和沟通工作，降低组织效率。最后，预算可能抑制创新与变革。当所有能够得到的资金都被分配到特定的预算中时，似乎再也没有办法获得额外的资金来利用意外的机会。事实上，正是由于这些原因，一些组织收缩了其预算系统。尽管大多数组织会继续使用预算，但最终目标是使它的约束力及刚性降低。

财务控制的其他工具。预算是最常用的财务控制方法，其他一些有用的工具包括财务报表、比率分析和财务审计。

财务报表（financial statement）。财务报表是组织财务状况某些方面的概述。财务报表必须以人们普遍接受和要求的形式制作并提交。几乎所有的组织都会使用的最基本的财务报表是资产负债表和利润表。

资产负债表（balance sheet）列出了某一时点（通常是财务年度最后一天）组织的财务状况。例如，资产负债表可能描述了组织在 2020 年 12 月 31 日的财务状况。大多数资产负债表被划分为流动资产（流动性相对较高，或较容易转化为现金的资产）、固定资产（使用期限较长或流动性较差的资产）、流动负债（必须在不久的将来偿还的债务或其他负债）、长期负债（可以在较长时期内偿还的负债）以及股东权益（所有者对资产的要求权）。

资产负债表反映了一个组织在某一特定时点的财务状况，而利润表则描述了一段时期（通常是一年）的财务表现。例如，利润表可以描述 2020 年 1 月 1 日至 2020 年 12 月 31 日的财务状况。从利润表中可以看到一段时期内企业的收入减去支出后的净收入（利润或亏损）。资产负债表和利润表提供的信息可以用来计算重要的财务比率。

比率分析（ratio analysis）。财务比率是资产负债表或利润表中一种要素与另一种要素的比较。比率分析是计算一个或多个财务比率以评估组织的财务健康状况。组织将一系列不同的财务比率作为财务控制的一部分。例如，利润比率（profit ratios）反映了组织有效利用资源的能力，流动性比率（liquidity ratios）反映了组织资产的流动性（容易转化为现金），杠杆比率（leverage ratios）反映了组织偿付债务和利息的能力，活动比率（activity ratios）反映了组织某一职能领域而不是整个组织的效率。表 11.4 对主要财务绩效比率进行了描述。

表 11.4

主要财务绩效比率

利润比率		
投资回报率	税前净利润 / 总资产	衡量管理者运用组织资源创造利润的能力
运营利润	运营利润 / 销售收入	衡量组织从销售收入中获得利润的能力
流动性比率		
流动比率	流动资产 / 流动负债	衡量组织是否拥有支付短期债务的资源
速动比率	（流动资产 – 存货）/ 流动负债	衡量组织在不必出售存货的情况下支付短期债务的能力
杠杆比率		
负债资产比率	总负债 / 总资产	衡量组织采用借入资金支持投资的程度
利息保障倍数	息税前利润 / 利息总额	衡量为了满足利息支付需要所允许的利润减少的限度
活动比率		
库存周转	销货成本 / 存货	衡量管理者控制存货支持销售的能力
应收账款周转天数	应收账款 /（信用销售总额 / 天数）	衡量管理者从客户处收款以支付企业费用的效率

财务审计（financial audits）。审计是对组织会计、财务和营运系统的独立评估。审计类型主要有两种，外部审计和内部审计。

外部审计（external audit）是聘用组织以外的专家进行的财务评估。外部审计通常关注组织的会计程序和财务报表的编制是否以客观的和可核实的方式进行。组织聘请注册会计师（CPA）提供这一服务。CPA 的主要目标是向股东、政府和其他感兴趣的团体证实组织财务经理和会计采用的制作财务报告和文件的方法是合法且恰当的。外部审计非常重要，法律规定，公众持股公司需要定期进行外部审计，以此向投资者保证其财务报告是可靠的。2018 年，沪深股市共有 123 家公司被出具“非标”审计意见，创 6 年来新高。“非标”是指外部审计师认为公司财务报告中存在缺陷，提醒投资者注意。由于审计对象往往是审计师的客户，审计师可能出现利益冲突的情形。

外部审计是由外部会计人员进行的，而内部审计（internal audit）则是由组织的雇员进行的。其目的和外部审计相同——证实组织采用的财务与会计流程的正确性。内部审计同样要审核财务与会计流程的效率及恰当性。由于执行这些行动的人员来自组织永久的组成部分，内部审计比外部审计更加昂贵。此外，对组织行为更加熟悉的员工除了技术正确性之外，还能指出会计系统的显著问题。万达审计部门对酒店会员积分管理系统进行数据分析时，发现有三家酒店在餐饮消费上存在高频、异常的积分记录。经查对，最终证实这三家酒店都发生了餐厅员工利用客人消费为自己积分的舞弊行为。[2]

财务控制的缺点

财务控制系统的优点是以客观的数字为依据，然而数据只是现实经营活动中某一侧面的反映。例如，假定一家企业要求下属的事业部完成销售额倍增的任务，再假定这家企业并未推出新的、有竞争力的产品或经济形势及购买力并未发生有利的改变。此时，为了实现销售目标，销售部门可能不得不增加对经销商的压力，甚至损害经销商利益。2018 年，汽车市场下滑。东风神龙在北京试点，由神龙与保险公司签约，顾客只能使用厂商指定的保险公司。这项政策剥夺了 4S 店获得保险返还的利润，导致神龙汽车经销商的不满。

同样，如果将利润指标规定得过于刻板，当管理者发现正常经营无法实现利润时，可能会采取削减研发开支、压缩广告、推迟保养设备等方法减少费用、增加利润。这样做的结果在短期内尽管能实现利润目标，但会损害企业的长期发展潜力（削减研发意味着新产品或新技术的损失，而压缩广告意味着客户流失）。

财务指标只是指导组织运营的方法之一，管理者在设计财务控制时必须注意，财务控制指标应当能够激励组织内各个层次的管理者并保持组织活动的有序运行，同时也要避免各级管理者为了达成财务指标而采取不适当的行为。管理者必须时刻关注财务控制的效果，不仅考察财务控制对组织的效果，还要了解财务控制对其他利益相关人如顾客、员工的影响。

复习一下

1. 什么是财务控制？
2. 预算有哪几种类型？

11.3 行为控制与文化控制

本节讨论通过行为控制和文化控制激励员工的方法，行为控制包括直接督导、目标管理法和官僚控制。文化控制是与授权相结合的具有较长期稳定性的控制手段。

直接督导

直接督导（direct supervision）是最直接和效果最强的行为控制方法，由管理者直接观察和监督下属的行为，并对不适当的行为作出干预。在直接督导的过程中，管理者常常采取示范的方式帮助下属提高和发展技能。直接督导让管理者可以亲身参与下属的活动，能够直接指导下属并发展下属的个人能力。在这个意义上，直接督导是非常有效的激励员工的机制。

然而，直接督导也有消极的一面。首先，直接督导成本很高，管理者能够做到有效直接督导的下属数量是非常有限的。依赖直接督导的组织，管理者人数势必较多，由此产生的费用也会很高。其次，直接督导可能破坏激励。员工也许会觉得过于细致的督导妨碍了他们自主决定的需要，知识工作者或专家型员工可能对直接督导表现出反感。另一种可能是下属或者干脆放弃自主的决策，而依赖管理者做出决策。再次，直接督导对个人判断的依赖可能导致员工认为管理者对自己的评价不够客观，从而损害激励。最后，有些任务无法直接督导。例如对高度复杂的业务工作督导可能超出管理者的能力。

目标管理法

许多组织采取目标管理法（management by objectives）来帮助管理者评估下属的行为、监督目标的实施。目标管理法是一种规范的控制系统，用于评估下属实现特定组织目标、满足绩效标准或预算的能力。绝大多数组织会采用某种形式的目标管理，目标管理法主要包括三个步骤。

步骤一：在组织的各个层面建立具体的目标。首先由高管建立组织的总体目标，例如财务目标，然后逐层分解直至最基层的员工。

步骤二：管理者和下属共同决定下属的工作目标。目标管理法的一个特色在于其参与性。各个层次的管理者都要与其直接下属共同决定下属的恰当的以及可实现的目标，同时商定实现上述目标所需要的预算和资源。下属的参与可以增加下属对预算和目标的承诺，也有助于管理者制定现实的目标。

步骤三：管理者和下属定期评估下属目标实现的情况。当各级管理者的目标确定后，管理者就要对这些目标负责。为此，他们会定期与下属讨论，评估下属工作目标的实现程度，在目标实现遇到困难时及时采取调整的措施。目标设定过程也包含了薪酬和晋升的条件，实现和超越目标意味着获得事先规定的奖励。

在分权的组织中，情况可能有所不同。例如团队管理的组织，目标设定的过程是与团队而不是个人进行协商，实现目标后的奖励也是针对整体团队，而不是针对个人。

惠普公司是目标管理法最优秀的实践者之一。在惠普公司，每一位管理者都必须制定目标，同时也要考虑其他管理者的目标，最终将自己的目标整合到公司的整体目标中。管理者必须呈交计划如何实现目标的书面报告，还要与公司中的其他管理者共同讨论各自目标以及如何协作。公司创始人之一帕卡德（Bill Packard）在其《惠普之道》一书中评论惠普的成功时说，“（目标管理法）将总体目标叙述得清清楚楚，并且征得大家的同意和支持。在达成目标的过程中，员工在权限范围内，有自行决定最佳做事方法的灵活性。”

与刻板的事事督导的管理控制相比，目标管理法在目标制定时吸引员工的参与并在目标实现的过程中尊重员工自我决策，从而提高员工的激励。目标管理法的成功取决于目标评估过程的准确和公平，如果在评估中掺杂了个人偏见或公司政治，那么目标管理法的控制效能就会大打折扣，无法起到激励员工的作用。

官僚控制

官僚控制（bureaucratical control）是以机械、刻板为特征的管理控制，通常采用大量的规则和标准作业程序（standard operation precedures，SOP）。官僚控制的目标是员工的服从。采用这种控制方式的组织依赖严格的规章制度和等级制度，它强调员工必须达到可接受的最低绩效水平，并常常表现为高大的组织结构。它根据个人绩效进行奖励，整个组织中员工参与的水平很低。

规则和标准作业程序规定了员工的行为方式，目的是为了指导员工有效地履行工作职责。规则和标准作业程序还有助于员工对其他员工的行为作出预期，从而明确职责和权限。这些清楚明确的规定可以防止管理者因为个人偏见而对员工行为作出不适当的干预，同样也可以指导员工不得回避自己的工作责任。表 11.5 给出了一个 SOP 的样本。

表 11.5

工商行政管理人员着装规定（节选）

……

三、男性工商行政管理人员大檐帽前缘与眉同高，女性工商行政管理人员大檐帽稍向上倾。绒（皮）帽护脑下缘距眉：男性工商行政管理人员为一指（约 1.5cm），女性工商行政管理人员为三指（约 4.5cm）。

四、扣好领钩、衣扣，不得披衣、敞怀、挽袖、卷裤腿；冬、夏、春秋制服不得混穿，制服与便服不得混穿，内衣下摆不得外露；男、女长袖立领衬衣作外衣穿着时，应佩戴肩章和制式领带，下摆应扎在裤腰内；穿着短袖开领夏衫，应佩戴肩章和领花，下摆不得扎在裤腰内；男、女长袖立领夏衫与春秋服配套穿着时，应佩戴制式领带。

五、通常着工商行政管理制服时应穿便鞋、皮鞋（含凉鞋），鞋跟高度：女同志不得超过 4cm，男同志不得超过 3cm.

六、季节换装的时间和着装要求，应根据当地气候情况由省、自治区、直辖市工商行政管理局统一规定。

……

资料来源：国家工商行政管理局工商办字〔2000〕38 号文件。

官僚控制的合理性在于，如果员工真的遵守这些规则和 SOP，则他们的行为将是标准化的，同样的行为将反复出现，从而员工的工作成果将是高度可预测的。同样合理的推论是，标准化的行为将带来标准化的产出，这将可以减少管理者们用于监督员工行为的精力。因为管理者需要关注和处理的只是例外的违反规则的情形，或作业过程中出现的规则中未能规定的情形。

任何组织都离不开官僚控制，财务报销制度就是一种几乎存在于所有组织的控制机制。生产流水线上的操作也必须遵循严格的标准作业以确保效率和安全。连锁餐饮店的食品准备和服务也都是以标准作业程序为依据的，例如麦当劳要求每位顾客的服务时间不超过 210 秒。在这些情况下，员工们要接受遵守规则的严格培训，违反规则将受到处罚，管理者对过程的严格控制保证了整个作业的绩效。

官僚控制的主要缺点是烦琐和僵化。例如，规定和标准作业增加的速度往往比取消的速度快得多。当组织中规定的数量积累到一定程度，管理者将越来越多地依赖规则而不是具体情况做出决策，审批程序也将变得复杂起来，决策的效率和质量都将下降。僵化是指下属或员工倾向于依赖规则或只按规则行事以避免承担责任。华为内刊曾经有一封基层来函，名为“一次付款的艰难旅程”，抱怨内部财务审批“流程指导和说明往往比流程本身更难懂和复杂”。对此，任正非批评说“财务忘了自己的本职是为业务服务、为作战服务”。

文化控制

文化控制，也称部落控制（clan control），是指相信员工能够接受组织的价值观、期望和目标，并在行动中遵守。当组织成员拥有共同的价值观和目标，成员间将建立起相互信任。在这样的组织中，对正式控制的需要相对较少。文化控制鼓励在组织中建立起基于相互尊重的关系，鼓励组织中的每位成员为自己的行为负责。员工们得到组织总体价值观的指引，他们对自己的行为可以做出良好的判断。著名的美国诺世全（Nordstrom）百货公司给员工的工作指南只有一句话，“做出最好的判断，除此之外别无规则”。海底捞火锅店对店长的考核只有三项：顾客满意度、员工积极性和干部培养。

与行为控制不同，文化控制注重员工工作环境的作用，通过信任和授权来控制。越来越多的管理者发现，传统的财务控制和行为控制已经难以满足现代组织控制的需要。这一压力主要来自：

- □员工的工作发生改变。工作中智力成分的比重越来越高，推理和问题解决而不是简单地依循标准操作程序成为工作的主要内容。完成工作任务的方法越来越多，直接督导变得日益困难。
- □管理工作性质的改变。传统上，管理者的知识和技能优于下属。今天，员工在专业方面比管理者懂得多已经是十分普遍的现象了。当专业技能向下转移时，传统的等级控制就不再起作用了。

□雇佣关系的改变。传统上，员工更关注报酬、工作稳定性和工作强度。今天，除了上述因素之外，员工还要求自主决策、自行提出解决问题的方案以及要求工作更富挑战性。简言之，员工要求对工作有更多的控制。

在这样的背景下，管理者们往往采取授权（empowerment）的方法来改进控制。既然完成工作任务并不限于管理者所了解的方法，也无法严密监控员工在工作中的行为，唯一合理的方案就是授权员工自行决策，相信他们的行为必定是符合组织利益的。这绝不意味着放弃控制，相反，管理者可以通过建立一种强大的高标准和诚信的文化指导员工进行自我控制。表 11.6 列出了授权管理控制的一些主要特点。

表 11.6

授权管理控制的特点

1. 在活动发生的地方进行控制。等级、直接督导和检查将被自我引导的团队取代。
2. 采用"实时"控制而非事后控制。由从事实际工作的员工在问题发生的源头即予以解决。管理者的角色变成协助者。
3. 管理控制的基本假定由不信任转变为信任。强调授权而非服从，信息是为了协助决策而不是监督。
4. 基于同事行为规范的管理控制。同事对员工行为的影响是最重要的控制机制，比数字管理更有效。
5. 重建激励系统以强化顾客响应和团队工作。绩效管理系统应当围绕着强化顾客价值和团队绩效。

注重授权的组织更关注顾客满意而不是取悦老板。在这样的组织中，错误会得到原谅，因为这是为应对变革和不确定性所不可避免的，应当将错误理解为学习的机会。团队成员在工作的过程中共同学习和成长。

文化控制需要很长时间的持久努力才能实现。这一特色意味着组织可能更加稳定和能够保持方向，不会因为短期的环境因素（例如高管变动）而陷入混乱。另一方面，越是稳定的文化越难以改变，当管理者希望为组织建立一种新的文化时，依赖文化控制的组织可能会非常困难。

复习一下

1. 行为控制的主要方法有哪些？
2. 文化控制和官僚控制的主要区别是什么？

11.4 战略控制

前面的章节中已经讨论了组织战略的重要性，同样重要的是组织利用这一战略实现其目标的有效程度。要做到这一点，组织必须整合其战略与控制系统。

战略控制

战略控制（strategic control）是检验组织是否采取了符合外部环境和组织竞争优势的战略的过程。战略控制关心的是，在组织可以做的（例如外部环境提供了各种机会）和组织能够做的（竞争优势的所在）之间是否实现了匹配，有效的战略控制还可以帮助组织理解成功的要素。战略控制不仅关注组织当前的绩效和资源使用，更关注如何激励员工聚焦于组织未来可能面临的挑战，通过员工的共同努力在长时间里保持组织的竞争优势。

战略控制系统包括正式的目标设定、衡量和反馈系统，旨在帮助管理者了解，组织所执行的战略在多大程度上实现了自己的战略目标。例如，在业务层战略的层面上，战略控制考察基本活动和支持活动的实施是否实现了战略意图。而在公司层面上，战略控制的重点则是业务间资源的共享，如知识、技术和市场间的协作。

管理行动专题

苏宁的战略控制系统

当苏宁意识到电子商务对传统家电连锁的威胁后，在 2010 年上线了苏宁易购，开展独立的电子商务业务。由于线下体量大，苏宁易购面对京东等电子商务企业竞争未能取得优势。2013 年，苏宁更名为苏宁云商，放弃原有的电器类别符号，转型为全品类电子商务公司。在做出大举进入新业务和新领域的决定时，苏宁没能客观地评估自己原有能力和结构是否能够有效牵引，转型过程中出现经营吃力、专业性不足、考虑准备不够全面、操作执行不够到位等各种问题，未能实现战略预期。苏宁不得不实行组织结构调整、领导人员变更和运营思路的转变，实行权责分明的独立事业部运作。

2018 年，苏宁云商改名为苏宁易购，线下所有的门店也统一为苏宁易购。苏宁希望从零售商转型为零售服务商，其线上平台和线下门店向整个零售产业开放资源和能力，建立各类零售场景所需要的数据处理能力，成为零售业的基础设施供应商。

战略控制主要关注组织的5个方面——结构、领导力、技术、人力资源及信息与运营控制系统。例如，组织应该定期考察其结构以确定是否有利于企业实现其追求的战略目标。假设一家采用职能型结构（U型）的企业的既定目标是年销售增长率达到20%。然而，绩效指标显示，它目前的年销售增长率只有10%。详细的分析可能会表明是当前的结构以某种形式（如决策速度慢、阻碍创新）抑制了增长，而事业部制（M型）可能更有利于达到期望的目标（通过加快决策制定和鼓励创新）。

如上所述，如果有一种或数种执行方法正在阻碍战略目标的实现，那么执行方法就必须改变。企业可能会发现它必须改变其结构、更换关键领导人、采用新技术、调整其人力资源，或者改变信息与运营控制系统。

平衡计分卡

有效的战略控制试图避免财务控制的一些误区。财务收益的波动可能源自管理者之外的一些力量。例如，尽管管理者忠实地执行了战略计划，但经济衰退仍然可能导致组织绩效下降。相反，有时短期的财务指标好转可能是以牺牲长期的战略能力为代价的，例如削减研发或营销的开支可以改进财务指标，但组织的长期目标可能因此受损。平衡计分卡也许是能够弥补财务指标不足的评估战略控制的更有效工具。

平衡计分卡（balanced scorecard）是用于检验战略和财务控制是否有效评估组织绩效的框架，特别适用于业务层战略。平衡计分卡的主要理念是，组织有可能因为强调财务控制而放弃了战略控制。财务控制主要是对组织过去行为和产出的反馈，无法对未来绩效的驱动因素做出评价，而后者对于组织也许更为重要。因此，财务控制过度将导致管理者忽视组织的长期利益和价值创造潜力。相反，适当平衡战略控制和财务控制有助于组织更有效地监督其绩效。

平衡计分卡包括四个维度的评估：财务维度（销售增长、赢利能力、股东的风险），客户维度（关注组织产品提供的客户感知价值），内部业务流程（创造客户和股东满意度的各种业务流程的优先顺序），以及学习和成长（关注组织如何鼓励变革、创新和成长），如表11.7所示。一般来说，当组织重视其学习和成长能力时，通常会选择战略控制的方法。

表11.7

平衡计分卡的四项维度与标准

维　度	标　准
财务	○ 现金流
	○ 权益回报率
	○ 资产回报率

续表

维　　度	标　　准
客户	○ 预见客户需求的能力
	○ 客户服务的有效程度
	○ 重复性客户的比率
	○ 客户沟通的质量
内部业务流程	○ 资产利用率的提高
	○ 员工士气的提高
	○ 库存周转率的变化
学习与成长	○ 创新能力的改进
	○ 新产品数量相对于竞争对手的优势
	○ 员工技能的提高

平衡计分卡方法中各种标准的建立不应当纠缠于细节，而应当有利于组织从战略角度和财务角度理解其绩效。战略控制决定着组织将如何创造价值，管理者根据这种理解投资于组织的各种能力，以形成未来的竞争优势。事实上，绝大多数组织重组是为了让结构服务于核心业务。经过重组，管理层得以实现对业务部门的战略控制。

管理行动专题

梅克伦堡县的平衡计分卡实践

美国北卡罗来纳州梅克伦堡（Mecklenburg）县财政困难，经常要压缩预算。常用的做法是按比例压缩，结果导致最重要的项目开支不足。该县政治不稳定，两年一次的改选几乎总是发生政治力量上的变动，而新议会则会推出与前一届完全不同的优先事项原则。

2000 年，新任县长琼斯（Harry Jones）决定采用一种新的模式来避免经济状况和政治立场的变动导致政府运行上的低效。首先，由议会建立起 2015 年的梅县愿景，“成为人民喜爱的生活、工作和休闲的社区”。新的愿景聚焦于社区的需要，而不仅仅是对政府职能的考核，这意味着不能仅仅从政府服务的具体客户角度评估绩效，更要从社区整体利益的角度来评估。除了财务指标与私营部门不同，政府部门的平衡计分卡同样包括其他三项主要内容，即客户维度、内部业务流程和学习与成长。

2003 年，梅县议会再次面临削减预算或增税的选择。由于政府预算是按职能部门编制的，很难计算某项服务在该部门预算中的份额，同样也很难计算这项服务在平衡计分卡标准下的得分。县议会决定，不再按职能部门进行评估，而是按计分卡的指标对每项服务进行评估。采用手工方法根据计分卡的指标将预算与服务项目进行配比，共区分出 50 个项目（直接对应计分卡上的指标），包括 267 项服务。

这一工作让议会、县长和公众了解到有哪些服务，在怎样的程度上得到资金支持，预期的目标是什么，实际的结果是什么。

议会接下来将优先事项分为 7 个级别，将 50 个项目分给这些级别，每个级别不超过 8 项。在讨论优先级别时不是按传统的客户需求（避免纠缠于部门客户的需求），而是提出了基于计分卡指标的 3 项原则：

□相关性：梅县当前如何提供这些服务，应当如何提供这一项服务项目？

□绩效：实现了哪些成果？

□效率：公共资金在这一服务项目中的使用效率如何？

只有在优先顺序排列完成后才开始进一步的资金分配，下图显示了 2007—2008 年度资金分配的优先顺序。这一方法避免了传统预算方法关注资金分配而不是资金效果的弊端，保证了将资金用到最符合战略目标的方向，体现出以平衡计分卡为依据的绩效衡量如何在战略控制中发挥有效的作用。到 2008 年，梅县的绩效评估表明，2015 年绩效目标的 51% 已经实现。从 2011 年开始，梅县将公共服务顾客（居民）满意度指标期望提升到 84%，实际结果则一直保持在 96% 以上。

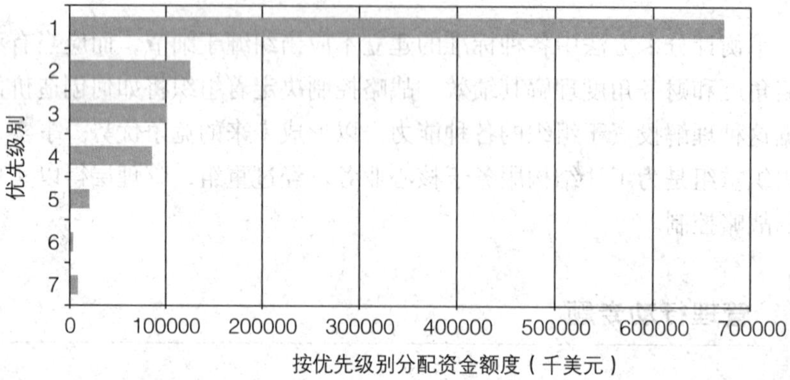

复习一下

1. 有效控制的基本特征是什么？
2. 回想一下你有没有抗拒控制的时候。组织应当如何或者说应该怎样做才能更好地克服你对控制的抗拒？

本章要点

1. 控制是对组织行为的规范，以确保影响绩效的因素维持在可接受的限度内。
2. 控制提供了适应环境变化、限制错误累积、应对组织复杂性和最小化成本的方法。控制包括运营、财务、结构和战略各个层面。控制过去是管理人员的责任，现在正日益成为员工的责任。
3. 控制过程的步骤包括：（1）建立标准；（2）衡量绩效；（3）对绩效与标准进行比较；（4）评估比较结果并采取适当的行动。
4. 管理者们使用财务控制、行为控制和文化控制三种控制系统来引导、塑造和管制组织的活动。财务控制集中于组织财务资源的控制，基于以数字方式表达的预算和规划，包括财务预算、经营预算和非货币预算。财务报表、各种比率以及外部与内部审计也是组织财务控制的重要工具。

5. 行为控制包括直接督导、目标管理法和官僚控制。直接督导由管理者直接观察和监督下属的行为，并对不适当的行为作出干预。目标管理法是一种规范的控制系统，用于评估下属实现特定组织目标、满足绩效标准或预算的能力。官僚控制是以机械、刻板为特征的管理控制，通常采用大量的规则和标准作业程序。

6. 文化控制，也称部落控制，是指相信员工能够接受组织的价值观、期望和目标，并在行动中遵守。文化控制注重员工工作环境的作用，通过信任和授权来控制，具有较长期稳定性。

7. 战略控制是检验组织是否采取了符合外部环境和组织竞争优势的战略的过程。平衡计分卡是检验战略和财务控制是否有效评估组织绩效的框架，特别适用于业务层战略。

批判性思考与讨论题

1. 组织控制的目的是什么？为什么控制很重要？
2. 控制标准的建立有哪些注意因素？
3. 描述大多数组织建立预算的方式。预算如何帮助管理者进行财务控制？
4. 预算的优点和缺点分别有哪些？
5. 简述目标管理法的主要步骤？在分权的组织中，目标管理法的实施有何不同？
6. 一家公司采用严格的绩效标准。另一家公司的标准则更灵活。两种系统的优势与劣势各是什么？
7. “官僚控制系统起不到激励的作用，因此应当予以废除”，你同意这种说法吗？
8. 文化控制对组织控制做了哪些特别的假设？
9. 当今的许多组织中，基层的工人也会参与到控制当中。举例说明一位基层工人至少可以采取两种特别的行动帮助组织更好地适应环境变化。然后再举例说明如何限制累积错误、应对组织复杂性和最小化成本。
10. 与一位基层员工会面以确定组织对他的工作的控制领域或层次。这位员工抗拒控制吗？为什么？
11. 在以下三类组织中，更有可能采用的控制方法是什么？

（1）医院

（2）特种部队

（3）大学录取部门

学习伴随案例练习

根据你所选择的组织的资料，以小组为单位对其管理活动进行讨论。回答下面的问题并向全班报告。

1. 描述这家组织在财务、行为和文化控制上有何特点？
2. 这家组织是否做到了战略与控制系统的整合？
3. 你对这家组织控制系统的改变有何建议？

综合讨论题：培养有效的时间管理技能

时间管理是指管理者安排工作优先次序、保持工作效率和合理授权的能力，这一能力在控制职能中发挥着重要的作用。也就是说，管理者可以运用时间管理技能更有效地控制自己的工作。本练习旨在证明时间管理与控制之间的关系。

练习背景

你是一位在小型制造企业任职的中层经理，刚刚休假回来。今天是周一，你得知你的助理今天不能上班，因为她的姑姑去世了，她要出城去办丧事。不过，她给你发了一封邮件。

亲爱的老板：

很抱歉今天不能上班，明天我会回来。下面是一些比较重要的事项，请您过目：

1. 您的老板约您下午 4：00 见面。

2. 车间主任希望尽快同您见面，讨论工人的问题。

3. 我们的大客户投诉最近的交货。

4. 我们的大供应商希望同您商谈交货时间的变更。

5. 商会的代表希望您周三参加一个早餐会，讨论我们的扩张计划。

6. 法务部希望同您讨论职业安全保障事宜。

7. 人力资源部请您安排时间面试新的主管候选人。

8. 一位上月被开除的机械师最近老是在停车场附近转悠，这令一些员工感到不舒服。

练习

1. 根据上述信息将任务分成三类：非常紧急、紧急和不紧急。
2. 时间期限和重要性是一回事吗？
3. 在对工作进行重要性分类之前还需要哪些信息？
4. 如果你的助理今天上班，你的计划会有不同吗？

结尾案例

7–11 加盟店的管理控制

7–11 是全球最大的连锁便利店，在日本拥有 2 万多家加盟店，单店经营效益全球第一。高便利性的购买渠道、差异化的商品、高品质的服务是日本 7–11 成功的核心。2016 财年，7–11 日本公司库存周转天数只有 10.1 天，比美国最好的亚马逊还要快。

7–11 所理解的服务不仅是态度和流程，更重要的是对顾客需求的洞察。尽管 7–11 的 IT 系统和大数据分析已经相当完善，但是，如果现场的员工不懂得利用，这些数据的意义就不大。

7–11 总部推荐的商品 SKU（单品）总数大约 4800 种，单店销售约 2900 个。7–11 将采购决策权放在店主手上，店长要手工输入每一款下单产品的数量和品类。这样做可以提醒店长不要拘泥于历史数据，而要基于历史数据看未来。每个店家都要经过培训，如何下单和选货，限定各种各样的条件，用这种方式彻底排除死货。

7–11 将商品分为冷冻型、微冷型、恒温型、暖温型四个温度段进行集约化管理。不同的品类用不同的车，然后在不同的时间送不同的东西，一天可以送三次。这种策略相当于用车辆空间补充货架空间，以避免死库存。每一个时段每一家店的送货品类、数量都是不一样的，并且是最小单元配送，以确保精准。

便利店顾客逛店时间仅为 5 分钟左右，卖场陈列布局直接影响顾客购买情况。7–11 由店铺督导指导加盟店运营，包括商品种类、商店清洁、沟通友好和食品鲜度管理等。每位店铺督导负责 8 家店铺，每周单店巡店 2 次。巡店时要确认上次的问题是否解决，并及时反馈沟通。店铺督导每两周会到东京总部参加全体督导会议，由董事长铃木敏文亲自主持。

为了减少信息的丢失或扭曲，7–11 要求店铺督导将有关经营策略、其他店铺的成功案例、商品推荐等信息当面向负责的加盟店传达。这种信息传达制度保障了执行效果，并且有利于建立本部与加盟商的良好关系。

7–11 与加盟店签订的合约中，有一个“最低保证”的承诺条款。万一达不到预定销售额，加盟店得到的年毛利额不能低于 1900 万日元（营业时间每天 16 小时的为 1600 万日元），确保最低收入。如果总部对加盟店协助不力，无法使加盟店的业绩得到提升，总部就必须自己承担后果。

在日本，7–11 以委托加盟模式为主，绝大多数是夫妻店。一家典型的委托加盟店，按照 32% 的平均毛利润，总部分成 18% 左右，并承担房租、部分水电气费和商品损耗成本；加盟店分成 14% 左右，并承担人工、部分水电气费、大部分商品损耗成本和其他杂费。

总部与加盟店费用分担的设置考虑到便利店经营的特点。例如，加盟店电费的八成由总部承担。这样做可以鼓励加盟店实行充分的夜间照明以吸引顾客和保障安全，在夏季保持空调低温。7–11 店内有许多需要冷藏的商品，假如为了节省电费而牺牲冷藏质量，结果将损失门店的顾客忠诚度，对业绩产生负面影响。7–11 加盟店的盒饭等鲜食商品的报废损耗由总部承担 15%。这也是鼓励加盟店保持库存，贯彻“尽力避免缺货比任何事情都重要”所采取的具体措施。

结尾案例讨论题

1.7–11 的加盟店管理如何贯彻公司的总体战略？

2. 财务绩效之外，7–11 还采用了哪些控制系统？

开篇案例讨论题

1. 请描述自我管理的文化对企业的利益。

2. 请描述什么样的员工更有可能愿意在晨星工作。

3. 请列出自我管理一些可能的弊端。

自测题

1. T F 控制过程的第一步是衡量绩效。
2. T F 管理者运用非货币预算将资源（如工作时间和产出单位）转化为量化的财务术语。
3. T F 官僚控制的目标是服从。
4. T F 有些工作的绩效无法直接衡量。
5. T F 平衡计分卡旨在实现战略控制和财务控制的平衡。
6. 以下哪一项不是预算的目的
   a. 协调资源与项目
   b. 阐述控制标准
   c. 提供资源和期望的指导路线
   d. 评估绩效
   e. 证实财务与会计流程的正确性
7. 当绩效与标准匹配时，管理者应当
   a. 纠正偏差
   b. 改变标准
   c. 维持现状
   d. 降低员工抵抗
   e. 适当降低绩效
8. 通过信任和授权来管理的控制方法属于
   a. 直接督导
   b. 目标管理法
   c. 官僚控制
   d. 文化控制
   e. 财务控制
9. 比率分析有何好处
   a. 它可以帮助管理者了解组织是否是无歧视的
   b. 它为管理者提供了一幅企业财务健康状况的图景
   c. 它可以用来对组织的控制系统进行独立的评估
   d. 它总结了组织在过去一年中的财务绩效
   e. 它避免了过度控制的常见问题
10. 为下一年度新招聘的大批员工准备宿舍属于
   a. 财务预算
   b. 运营预算
   c. 非货币预算
   d. 资本支出预算
   e. 预算控制

本章注释

[1] https://www.thepaper.cn/newsDetail_forward_2071053.
[2] http://finance.sina.com.cn/chanjing/gsnews/2018-08-04/doc-ihhhczfa2446935.shtml.

管 理 学 原 理

12 CHAPTER 12 组织文化

本章学习要点

- 什么是组织文化
- 组织文化的分解
- 组织文化的重要性
- 组织文化的创建
- 组织文化的变革
- 并购中的组织文化管理

亚马逊拥有富于竞争性的企业文化。

开篇案例

亚马逊企业文化的争议

亚马逊的内部口号是“努力工作、享受快乐、创造历史”。想要创造历史就必须敢于批判现实。亚马逊鼓励员工在工作中毫不客气地反驳他人的观点，晚上照常回邮件，并且保持不可思议的高标准。

一位负责图书营销的员工回忆说，他经常走出会议室，看到有人在外面掩面而泣。“在我的工作伙伴中，人人都在工作台前哭过。”内部电话指南上会告诉员工如何向领导反馈对同事的私密看法（any time feedback tool），还举例说明报告的内容，像是“我觉得他不够灵活，对一些小的额外工作公开抱怨。”[1] 一位员工在生产后要求将工作时间改为 7: 00~16: 30，接回孩子之后经常还会继续工作。但不了解这项工时安排的同事却投诉她早退，而老板则表示不愿意公开支持她。

亚马逊采用精英式竞争，公司里有一句流行的话，在亚马逊“好学生也会变得不自信”。同事之间要相互挑战，“即使这样做让人觉得不舒服或疲倦”（亚马逊领导力法则说明）。团队成员要排序，业绩出色的员工能够留下来享受股票价格飞涨的收益，但失意者则会离开或在例行的年度考核中被解雇。首席招聘官哈克说，“我们的工作是高度挑战的，有些人会做不来。”在有些员工看来，日常工作变得像是经常的战斗（抢在别人前面回复 email）。

也有员工说，“冲突带来了创新。”一些员工认为自己在亚马逊获得了很大的成长，因为公司帮助他们突破以往自认为的极限。低年资员工同样能够做出重大贡献，无人机送货业务就是由一位低年资工程师发起的。有一些离职者认为在公司所学到的助力他们职业生涯的腾飞。一位写过《亚马逊之路》的前高管说，“许多在那里工作的人怀有一种矛盾的感受：我痛恨在这家伟大公司里工作。”

贝佐斯的管理思维并不总是符合人们的直觉，例如他认为人们往往高估了和谐在工作中的作用，因为它有可能扼杀诚实的批评和鼓励那些明明有缺陷的想法。亚马逊的员工应当“不苟同，坚定”，坚决揭露同事观点中的错误，哪怕这会令人痛苦。人力资源副总裁 Tony Galbato 说，“妥协和回避争论当然容易得多，也更和谐，但可能导致错误的决策。”

在一定程度上，亚马逊实现了贝佐斯的期望，拥抱风险和通过压力测试来锤炼观点。在亚马逊，员工经常说他们现在的同事是自己职业生涯中所见过的最尖锐、最坚定的同事，他们真的信奉亚马逊的 14 条领导原则，像是“绝不将就”“挑战任何困难”。

作为一家依赖技术的企业，亚马逊也将技术带入工作环境：更敏捷和更有生产力，更强硬和不通融。亚马逊用数据对员工进行持续的绩效评估。每位员工都要负责一系列的数据，在业务评估时必须对这些数据做出解释。评估是严格的，对于有问题的数据或问题的原因，“不清楚”是不可接受的回答。对于数据不足的地方，同事的反馈则会补充这种评估。有时，员工会觉得工作永远做不完或不够好。

2015 年，《纽约时报》刊登了名为“亚马逊内幕”的文章，说亚马逊有一种“有意为之的达尔文主义”：过分强调优胜劣汰，没有对后进的同事产生督促效果，而是单纯地让他们感到羞耻。贝佐斯撰文反驳，表示如果亚马逊真的像报道中所说的那样，他自己也不会在这样的公司工作，如果员工了解类似的情况，他欢迎员工直接给他写信。

贝佐斯在一次媒体会议上表示，“我今天最主要的工作是帮助保持公司文化”。贝佐斯提到，一种独特的组织文化可能适用某些人而不适用另一些人。“我们从未说过我们的做法是对的，但那就是我们的做法。在过去的20年里，我们聚集起来一群思维方式相似的员工。”

《纽约时报》的文章引起了许多争议，在此之后亚马逊企业文化的表现有所好转，例如在匿名职场评论 Galssdoor 上的评价出现了提升。亚马逊在 2017 年引入了一种名为 Forte 的人力资源工具，简化了评估流程，并且更加重视员工的长处而不是弱项。招聘网站 LinkedIn 的数据发现亚马逊是最受欢迎的雇主，尽管员工说工作要求很高，但也表扬了它的领导力并且为能够在全球最大的技术公司工作而自豪。[2] 也有不少其他企业的高管对亚马逊的做法表示欣赏，准备在自己的组织中学习亚马逊的做法。

20 世纪 80 年代，国际管理学界兴起了研究组织文化的热潮。与西方管理者相比，中国的管理者更喜欢采用非结构化和非定量的管理方法，组织文化的理念在中国甚至更受欢迎。许多文章和管理者鼓吹文化是组织成功的关键因素，成功管理者应当有能力建立特殊的组织文化，拥有强文化的组织绩效高于没有这种文化的企业。

本章首先对作为组织个性化特征的组织文化进行讨论，接下来对组织文化的构成进行深入的分解，在此基础上探讨组织文化的重要性。在后面的部分中还将介绍组织文化的创建模式和组织文化的变革，以及在并购中如何进行组织文化管理。

12.1 什么是组织文化

组织文化

与个人一样，组织也会表现出自己的个性。北大和清华都是顶尖的高等教育机构，位置上只隔一条中关村北大街，除了院系专业的区别之外，给人留下更深刻印象的还是两所学校的风格显著不同。同样是第一批成功的互联网企业，新浪、搜狐和网易却拥有完全不同的气质。这些风格和气质上的差别是组织文化的研究范围。

组织文化（organizational culture）是一组共享的价值观，它帮助组织成员理解组织的立场、行为方式和组织所关心的问题，并通过故事和其他符号含义来传播。文化是一种无形的概念，无法进行客观的测量或观察。然而，文化是组织内部环境的基础，在塑造组织行为方面扮演重要的角色，组织文化对于组织成员的生活起着重要的作用。绝大多数高管认识到组织文化对组织战略和竞争力的重要性，在组织文化发展上倾注大量的精力。

共享的价值观

在定义组织文化时，不同的学者会有各自的偏好。然而，在所有组织文化的定义中都会提到价值观。**价值观**（values）是组织成员所共享的一组有关行为准则的稳定信念。价值观定义了哪些行为是好的或可接受的，而哪些行为是不好的或不可接受的。

在组织中，价值观被认为是理所当然的。也就是说，它们是公司员工的基本信念，而不仅仅是写在墙上的内容或培训项目中的方案。如果一家组织将追求顾客满意作为自己的价值观，但它的员工却将顾客在公司网站上的负面评价予以屏蔽，那么这一组织所声称的价值观最多只是一种愿望，而不是组织的现实。

对于有些组织，表述这些信念有时会像让人们表达个人信念一样困难。今天，越来越多的组织对其价值观作出明确的陈述。例如万科的价值观之一是“阳光照亮的体制”，提倡对内平等、对外开放，致力于建设公正透明的制度，让每一个员工得到尊重和机会。在中国民营企业往往难以推行现代企业制度和公司用人政策不透明的背景下，这一价值观对员工起到了显著的激励作用。

尽管组织能够表述和描述文化中基本的价值观，但这些价值观要想发挥对员工的影响还是要通过不假思索的反应。如果员工需要查阅手册或需要某种特别的回忆才能想起组织文化的要求，这种组织文化显然是没有多少力量的。只有当文化成为个人生活的一部分，文化才能成为行为的重要影响因素。在这个意义上，我们从外部观察中看到的符号只是组织文化的冰山一角，如图 12.1 所示。

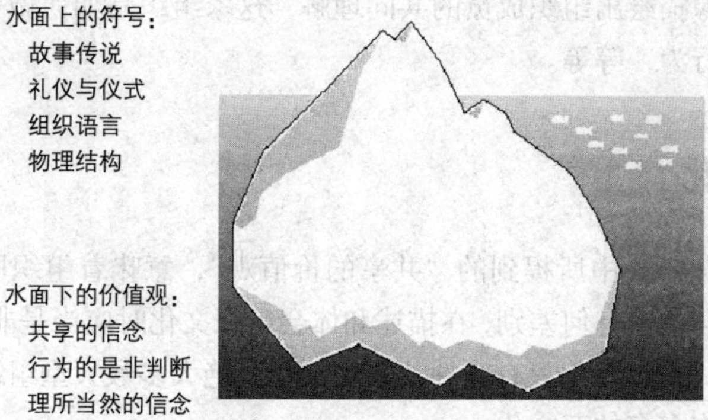

图 12.1　组织文化：符号与价值观

组织文化的 7 项关键特征

管理学家进一步将抽象的组织文化与一系列具体的关键特征联系起来，归结为 7 项关键特征，如图 12.2 所示。[3]

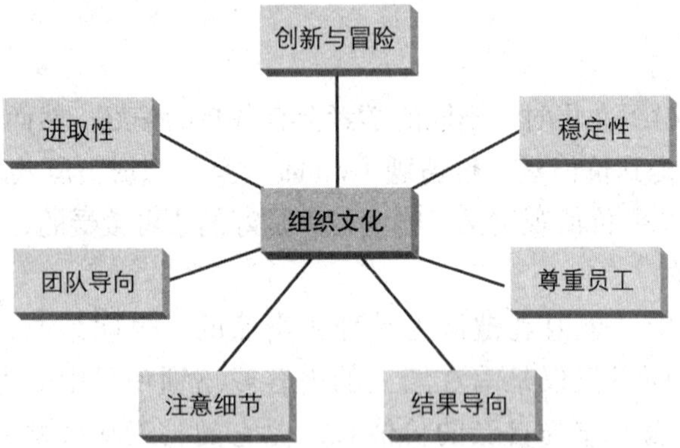

图 12.2　组织文化的 7 项关键特征

□创新与冒险。鼓励员工创新并勇于承担风险的程度。

□稳定性。组织活动在多大程度上强调维持现状而不是追求增长。

□尊重员工。管理决策在多大程度上考虑到对员工的影响。

□结果导向。管理者更关注结果或产出，还是更关注用于实现结果的技术和过程。

□关注细节。要求员工在工作中表现出准确、注意力和分析能力的程度。

□团队导向。工作活动的开展围绕着团队而非个人进行的程度。

□进取性。组织成员间表现出进取和竞争而不是轻松相处的程度。

上述所有各项对应的是一个从低到高的不同水平的连续序列。根据这 7 个方面的得分，我们可以从组织成员总体性格的角度对组织的文化得到一个综合的图像。这一图像描绘出组织成员的共同理解，这家组织是如何做事的，成员应当展示出怎样的行为，等等。

组织中的亚文化

组织文化定义中所提到的“共享的价值观”，意味着组织所有成员，不论他们在背景和职位上有何差别，在描述和体会组织文化时应当是非常相似的。然而，这并不是说，在组织中只有一种共同的文化。绝大多数大型组织中存在着一种主导文化和许许多多的亚文化。

主导文化（dominant culture）是指组织成员共同拥有的核心价值观。当我们谈论组织文化时，实际上指的就是主导文化。主导文化赋予组织整体上的个性，区别于其他组织。在大型组织中，由于部门和地域特点的不同，在主导文化之下通常还会形成**亚文化**（subculture）。例如，即使具备组织的总体文化特征，但销售或营销部门、制造和研发部门仍然可能发展出自己特色的亚文化。同样，不同地区的分部也可能展现出不同的亚文化。通常情况下，亚文化是在组织主导文化的基础上增加一些部门或地方的特色，以反映不同工作群体所面临的特殊问题、情境或经验的总结。

在大型组织中，还可能发展出反对主导文化的亚文化，导致组织成员间的冲突。然而反主导文化的亚文化对组织也可能是有用的。首先，反文化是对主导秩序的批评与反抗，可能带来创新的思考，避免组织成员盲目遵循某一套价值观。其次，反文化可能源自对环境的新认识，促使组织对环境改变作出反应。当组织需要发起变革时，反文化可能成为组织内部支持变革的力量，将组织文化推进到一个新阶段。

复习一下

1. 什么是组织文化?
2. 如何向外界介绍你所在大学的组织文化?

12.2 组织文化的分解

组织文化的真实表现并不是某个漂亮的定义，它分散于不同的组织载体和过程中，包括故事和传说、礼仪和仪式、组织语言、物理结构与装饰和社会化过程。

组织中的故事和传说

组织文化的一项重要特征是对所传播价值观符号含义的强调。尽管组织可以通过各种文本的方式直接描述这些价值观，但最好的沟通方式是运用故事、例子，甚至“传说”和“神话”。故事往往有自己独立的生命。在讲述、重述、塑造和重塑的过程中，这些故事与最初发生时的真实情况之间的联系逐渐变得不那么重要了，重要的则是这些故事对组织成员日常行为的影响。许多中国企业早期是在特殊环境下成长起来的，有关的创业故事也格外多。许多企业将早期创业故事通过员工交流、企业史创作逐渐传播到组织内部和外部。如阿里巴巴十八罗汉在杭州公寓中开始创业，百度早期放弃合作搜索收入，坚持独立搜索业务的重大选择等。在组织新员工的入职培训中，在老员工和新员工的交流中，这些故事被传播到组织内部和外部，成为组织文化的外在呈现。

组织发展历史上的故事在传播中可以产生出强大的社会约束效应，这些故事中包含着组织对员工行为的期望、个人绩效的标准和不得触碰的“高压线”，告诉组织成员哪些是应当做的（而哪些是不应当做的）。故事之所以有效的另一个原因可能是在故事中通常体现着一定的情感力量，这有助于听到故事的组织成员记住这些故事。

组织中的故事和传说不一定都是正面的，以惩戒为主题的故事就是从反面揭示违背主导文化的后果。另一种故事则与前面提到的反文化有关，它表现出对组织主导文化的批判。当 TCL 董事长李东生与飞利浦消费电子总裁谈判时，他注意到对方是一个人并且打车前来，而 TCL 则是一群人并且有专车接送。正是在这种交流中的对比，让 TCL 意识到双方文化中的巨大差异。[4]

礼仪和仪式

组织文化最明显的表现是组织中的礼仪和仪式。礼仪（rites）是在特定时刻进行的标准化和重复发生的活动，用以影响组织成员的行为和理解。仪式（rituals）是礼仪的系统。例如，许多日本公司的管理者和员工在工作日开始的时候一起做操并齐唱“公司歌”。做操和唱歌都是礼仪，这些礼仪结合起来则构成仪式。许多公司的周年庆典或年会往往按特定的仪式进行，包括各种奖励和表彰，例如长年服务奖以鼓励员工忠诚。富士康公司的年会“尾牙”通常有金额很高、中奖面宽的抽奖，鼓舞士气。

同样，组织中不同部门间技术类型、职能和专业知识积累上的差异也会体现在亚文化的礼仪和仪式中。例如部门内部可能会有一些专用的称谓来描述只有本部门成员才能理解的活动。

组织语言

工作场所中使用的语言也是组织文化的重要表现。组织成员相互间如何称呼，他们如何描述客户，如何表达愤怒和欢迎利益相关人，这些都是组织价值观的体现。例如，星巴克以其店员与顾客打招呼的热情而著称，让顾客在不同的店面都可以享受同样的温暖感受，营造星巴克特有的鼓励交流的文化。

一些企业内部沟通邮件中大量使用术语（jargon），以此作为确认同类以及群体沟通的风格。有些时候，这些术语甚至超出组织的范围成为社会用语，在 IT 界这是十分常见的现象。新员工加入后往往被大量的内部用语淹没，经过大约 6 个月的工作，他们将掌握在什么情况下如何使用这些用语。一旦在头脑中接受这些用语，它们也就发挥了将全体成员纳入统一的组织文化或亚文化的作用。

物理结构与装饰

Google 公司以办公条件优越而著称，员工可以获得一笔预算用于美化自己的办公空间，会议室的名称也可以由员工自己来取，在办公室可以看到按摩椅和专门的零食、水果饮料区域，还配备健身和娱乐设施，表达了这家公司吸引全球最优秀的人才和鼓励技术创新的企业文化。

亚马逊公司办公场所的设计与装修原则几乎刚好相反。办公大楼里的楼梯大量采用原色，员工的桌子用以前的门板拼装，走廊的木板装饰是用以前工厂的包装台做的，会议室里的装饰墙则是废旧的唱片。这种节俭、朴素和低调反映了亚马逊致力于为顾客提供低成本消费体验的企业文化。

社会化过程

组织成员间在工作过程中相互学习哪些是重要的价值观，以及正确和错误的行为方式。组织社会化过程是指新成员学习组织价值观和规范以及掌握必要的工作行为方式的过程。经过社会化过程，组织成员会将组织的价值观和规范内化，也就是认同这些价值观和规范本来就是正确的。

军队在新兵入伍后通常会进行极为严格而枯燥的队列训练，其目的就是通过这种社会化过程让新兵建立起军队的价值观和行为规范。其他组织也采用类似的方法，例如大学新生入学往往要安排军训，希望学生开始适应集体和协作的生活。在华为公司，员工入职后要参加两周的军训，学习企业历史和文化，灌输企业的价值观。

复习一下

1. 组织中的故事和传说如何体现组织价值观？
2. 谈谈你所在大学组织语言的特点。

12.3　组织文化的重要性

文化决定着组织的感觉。传统企业的上班着装要求和互联网企业可能完全不同，前者如银行，可能要求员工在接待客户时着正装。而在互联网企业，从高管到员工，穿着都很随便。这种着装上的不同风格体现着企业内部对员工行为方式的要求，银行要求员工给客户留下正规、保守和可靠的印象，而互联网企业宽松的管理氛围则对应员工长时间的加班和不断提出创新思想的能力。

文化是组织内一种强大的力量，决定着企业的整体效率和长期的成功。能够发展和保持强大文化的企业，像华为、腾讯、阿里巴巴、联想、海底捞等，往往比那些无法发展和保持文化的企业更有效能。

组织文化的强度和匹配

在不同的组织中，文化的强度可能是不同的。强文化（strong culture）对于组织成员行为的影响更大，更有可能减少员工的流失。在强文化下，成员间对组织核心价值的共享既深入又广泛。也就是说，组织成员对核心价值接受程度和承诺程度越高，则组织文化越强，对成员行为的影响也越大。这种高强度的共享形成强大的内部氛围，对成员行为的约束越强。在海底捞火锅店，当员工表现出服务质量问题时，他们的同事都可能会指出来，因为超越客户服务的期望在这家公司表现为强文化。

强文化的一个特点是员工流失率低。因为强文化代表组织成员间对于组织目的高度一致的认识。这种一致性有助于在成员间建立起凝聚、忠诚和组织承诺，从而减少员工离开组织的可能。

强文化有助于组织绩效吗？答案是不一定。只有当组织文化与组织环境实现匹配，强文化才会有助于提高绩效。强文化对组织绩效可能产生消极作用的原因包括：

□强文化与环境相抵触，组织将无法更好地服务于顾客和其他重要的利益相关人。

□强文化可能导致管理决策者陷入思维定式，无法正确引导组织采取适应环境的行动。

□强文化可能压迫亚文化，不利于组织内部对文化的反思和新文化的成长。

适应性文化

当组织文化价值与环境相匹配时，强文化有助于提高组织的绩效。另一方面，强文化也可能阻碍组织绩效的提高。如果组织能够发展出一种适应性的强文化，则成功的机会将会增加。适应性文化（adaptive culture）是指员工专注于顾客和其他利益相关人需求的变化，并支持组织发起改变，跟上环境的变化。

适应性文化的首要特点是外部关注。组织成员们很清楚，组织的成功取决于能否不断变革以满足利益相关人的需求。其次，适应性文化要求组织成员对组织的目标和过程给予同样的重视。他们通过不断的流程改进，从生产、研发和客户服务各个方面进行改进以满足客户的需求。再次，适应性文化的组织成员对组织有强烈的主人感，他们在工作中主动承担责任，推动改变。最后，适应性文化是前瞻和快速反应的，组织成员主动寻找机会而不是消极等待，并且迅速采取行动。

组织文化和商业伦理

组织文化是影响组织伦理氛围的重要因素。伦理行为源于合乎伦理的价值观，这些价值观如果体现在主导文化中，则组织成员将更有可能表现出伦理行为。与较高的伦理行为标准相联系的组织文化鼓励承担风险、员工间进取性（竞争）较低或中等、结果与手段同样重要等。这样的文化支持管理者承担风险、推动创新，不必担心内部无原则的竞争，能够在重视目标达成的同时也关注达成目标所运用的手段是否合乎伦理。

强文化对组织成员行为的影响比弱文化更大，鼓励伦理的强文化更有助于塑造组织成员的伦理行为。相反，鼓励挑战伦理界限的文化则可能带来不伦理的行为。2011 年的阿里巴巴供应商欺诈丑闻表明，阿里巴巴虽然重视诚信伦理，但诚信还不是企业的强文化，因此会有员工在业绩压力下为了实现目标而破坏伦理规则。通过迅速做出强烈的反应，包括 CEO、COO 在内的高管引咎辞职，以及对上百名员工作出开除和惩戒，阿里巴巴试图将诚信的企业文化转化为强文化，并向商户和采购客户等外部利益人发出同样的信号。

组织管理者可以考虑采用以下方法来建立鼓励伦理行为的强文化。

- □向全体成员和利益相关人发出强烈的信号，表明组织将不会容忍不伦理的行为。京东每年公开提供 1000 万元的反腐奖励基金，用于对举报违规行为并查实的个人或单位进行奖励。
- □高管以身作则。在格力空调，董明珠拒绝向亲戚提供供货便利，即使这样做从表面上看并不损害公司利益而且不近人情。
- □提供伦理培训。通过案例、讲座、讨论会等形式帮助组织成员掌握判断伦理行为的原则和方法，强化伦理标准。例如通过一些道德两难问题启发员工思考伦理问题的复杂性，提高其分析能力和在现实中遇到此类问题时的应对技能。
- □奖励伦理行为，惩罚不伦理行为，并将其结合到组织的管理系统中。对积极的伦理行为的奖励和对不伦理行为的惩罚应当是高度公开和清楚定义的。

复习一下

1. 什么是强文化？强文化有何优点，有何缺点？
2. 适应性文化的特点是什么？

12.4　组织文化的创建

在新创建企业的日程表上，相对于开发产品和服务并销售给顾客的紧迫任务，组织文化建设可能被企业家视为将来的工作。然而，随着组织的成长和成功，通常会形成一种不同于其他组织的文化，这种文化本身也是它成功的原因之一。换言之，企业的成功源于企业的作为、战略、做法和文化。文化与战略的相关性适用于新组织，也同样适用于试图改变的和强化文化的组织。图 12.3 对组织文化的创建过程进行了总结。

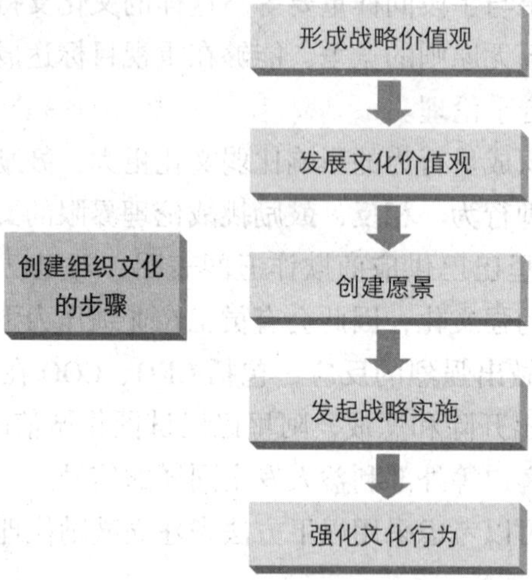

图 12.3 组织文化的创建

创始人和领导者的行动

组织文化是从哪里来的？通常情况下，组织文化是长期发展和培养的结果，它的起点往往是组织创立者。组织创立者通常在一开始担任组织最高领导者，直至企业成长起来，在此过程中他们实际上缔造了组织的文化。娃哈哈创始人宗庆后从创业伊始就高度重视市场和经销商关系管理，建立起与经销商血肉相连的利益共同体，形成市场导向的组织文化。

公司的成功和经验分享也对文化的形成起着重要的作用。恒安集团（拥有安尔乐品牌）创始人许连捷带领企业通过两次变革，成功地实现了从家族文化到现代企业，从规模管理到精益管理的转变，其中积累的故事和经验成为这家企业组织文化的主要资源。

创始人对组织文化的重要作用是如何实现的？管理学者施耐德提出了 **ASA 模型**（attraction-selection-attrition framework）。首先，当创始人开始招聘员工时，他会选择和吸引与自己拥有相似人格特征的员工。这些相似的员工更有可能留在组织中，而人格特征不相似的员工则更有可能在未来离开组织。经过这样一个吸引—选择—磨损的过程，组织成员变得拥有相似的人格特征，并且规定了主导性的组织文化。[5]

价值观的建立

价值观是组织文化的核心，价值观的确立是组织文化创建的起点。首先，管理层必须确定组织的战略价值观。**战略价值观**（strategic value）是对塑造战略的组织环境的基本信念。它们是在环境分析和战略分析之后发展起来的，战略分析是评估经济、人口、公共政策、技术和社会趋势并且找出组织能够满足的市场需要的过程。也就是说，战略价值观将组织与环境联系起来。例如，京东电子决定从3C产品（电脑与电子通信类产品）向百货市场扩张。这表示京东的决策层认为，只要产品价格和服务有竞争力，顾客完全有可能选择电子商务满足其日常生活中大部分的购买需求，而不仅仅是购买电子产品。

组织文化建设的第二个步骤是建立组织的文化价值观。**文化价值观**（culture value）是为了实现组织的战略价值观员工应当具备的价值观。它们应当基于组织如何和为何成功的信念。试图发展文化价值观而又不能将其同战略价值观联系起来的组织可能只剩下一些与其业务没有联系的空洞口号。换言之，员工应当乐意表现出与组织战略价值观一致的和支持这一价值观的工作行为。如果组织战略价值观是低成本制造，则工作场所的豪华装修就是价值观冲突的行为。如果战略价值观是强调客户服务，则删除负面评价或留言就是价值观冲突的行为。如果战略价值观是创新，则控制和监督员工的工作细节就是价值观冲突的行为。

愿景的创建

在确定了战略价值观和文化价值观之后，组织还必须建立方向性的愿景。“愿景”是指组织在将来某一时点上的景象，描述了战略价值和文化价值如何结合起来创造组织的未来。例如，京东电子的愿景是做中国最大的电子商务公司，这意味着公司必须在品类和服务上建立竞争优势。愿景在向员工和利益相关人传达绩效目标的同时，将战略价值观和文化价值观协调起来。传统的看法认为愿景在先，而经验则表明，只有在战略价值和文化价值建立起来之后，愿景才是有意义的。

启动战略实施

创建组织文化的下一步是启动战略实施，根据组织的价值观采取行动实现组织愿景。战略实施包括了许多步骤，从组织设计到招聘和培训认同价值观并且愿意付诸实施的员工。假定一家银行的传统业务主要集中于贷款和存款业务，利润也来自利差。由于竞争加剧，利差减小，银行决定发起变革，更加关注理财服务等业务。这家银行需要招聘与之前员工相比拥有新的技能和能力的员工，例如更擅长建立关系的员工。同时，银行还必须对现有的员工进行认真的、长期的培训，让他们适应新的服务导向的企业文化。战略价值观和文化价值的形成提供了战略实施的刺激因素。

强化文化行为

最后一步是在实施组织战略和遵守组织文化价值观的过程中强化员工的行为。强化行为可以采取多种方式。首先，组织中正式的奖励系统必须以能够触动员工的力度奖励期望的行为。其次，组织内部必须宣讲能够反映组织文化价值观的员工行为。最后，组织必须建立礼仪和仪式，强调对于实现组织愿景至关重要的行为。事实上，组织必须对做出正确行为的员工表现出非常强烈的反应。例如，研究生毕业后加入华为公司的李一男在入职两周后就因为出色表现而晋升为高级工程师，半年后在新的业绩支持下进一步晋升为部门副总经理。这一措施向公司全体员工发出强烈的信号，鼓励年轻人通过技术创新实现职业成长。

强化文化行为的另一个重要方法是建立稳定的员工队伍。例如，格力电器强调员工对组织的忠诚，为此必须保持员工队伍的稳定。格力员工中，工作时间在10年以上的占据了很大比例。同时，格力还欢迎员工介绍自己的家人和亲戚来格力工作，认为这样有助于增加企业的凝聚感。

复习一下

1. 描述组织文化创建的过程。
2. 强化文化行为的方法有哪些?

12.5 组织文化的变革

适应性组织文化强调组织应当关注外部环境的改变，围绕客户和利益相关人的要求适时改变组织文化，这是关系到组织能否保持竞争优势的关键能力。

文化变革的困难

意图改变组织文化的高层管理者可能需要付出极大的时间和耐心。从各个方面来看，现有组织文化都会抵制变革，因为它们是组织基本的价值观，被视为是天经地义的，并且已经通过故事或其他符号得到了有效的传播。如果管理者打算改变组织的文化，他们实际上是在试图改变人们对哪些行为适当和哪些行为不适当的基本假定。

组织文化变革是长期和困难的过程。一个主要的问题是，即使已经决定建立新的文化价值观，高层管理者仍会在不经意间恢复过去的行为模式。例如，已经接受新价值观（重视基层管理者和员工想法）的高层管理者可能会对一位下属的具体意见提出激烈的批评，这种行为意味着一个新的故事，从反面支持过去的价值和信念。这会导致基层管理者认为高管只是希望员工提出看法，却不打算真的改变自己的价值观。结果，员工将不再认真看待高管的变革决心，使文化变革变得更加困难。

创始人和领导者的行动

公司创始人和高管的行为能够影响企业文化的变革，包括组织的语言、礼仪、仪式和传说等。他们可以改变从一些组织故事中得到的认识，鼓励成员像自己一样看待现实问题。由于他们所处的地位，高管可以从新的角度对情境进行解释，改变对组织中重要事件所赋予的含义。他们还可以利用手中的权力在组织中创造出新的礼仪和仪式，尽管这可能需要较长的时间才能做到。当宁高宁空降中粮集团后，他并没有马上发起战略性的变革，而是在公司内部进行高管培训，并努力建立起用数字说话的汇报机制，以此推动以结果为导向的企业文化。

符号管理

组织文化是通过故事和其他符号媒介得到理解和传播的，有意变革组织文化的管理者应当尝试用支持新文化价值观的故事和传说代替过去的故事和传说，创造能够产生新故事的情境。在改革开放初期，国家领导人带头在公务活动包括出国访问时穿西装而不是中山装，向外界发出强烈的变革信号。

2015 年，新任本田总裁八乡隆弘要求有外籍职员参加的会议以及公司总部与海外分公司共享文件资料时，全部使用英语，即便只有一位外籍职员出席会议。此外，本田公司总部向海外分公司作出指示等场合，也必须使用英语。只有在没有外籍职员出席会议，或者只有日本本土职员共享资料文件的场合，才可以使用日语。在八乡隆弘看来，英语作为官方语言是本田公司成为国际企业的必经之路。

建立与文化一致的奖励和绩效评估系统

奖励系统是能够对组织文化产生重要影响的组织因素，与文化价值观一致的奖励系统可以强化企业的文化。例如，对于希望将文化变革为注重结果导向的组织，召开每周例会可以提供一个快速评估近期结果的形式，并且向管理者和员工传达对于业绩的紧迫感。而对于以顾客为导向的组织，对行为和过程进行细致考核可能更加重要，因为组织通常很难从服务结果衡量服务的质量。阿里巴巴每个季度的业绩考核是和价值观考核结合起来的，马云曾经总结说，“文化是考核出来的”。[6]

管理行动专题

组织文化评价量表 OCAI

组织文化评价量表（OCAI）是由奎因（Robert E. Quinn）和卡梅隆（Kim S. Cameron）所提出的测量组织文化的量表。该量表根据企业六方面特征（主导特征、领导风格、员工管理、组织凝聚、战略重点和成功准则），将组织文化分为四大类型，宗族型、层级型、市场型和活力型。每家组织都是这四种类型文化的不同程度的组合。OCAI 是一种非常直观、便捷的测量工具，不仅能够用来评价组织文化，更重要的是能够帮助组织确定文化变革的方向。

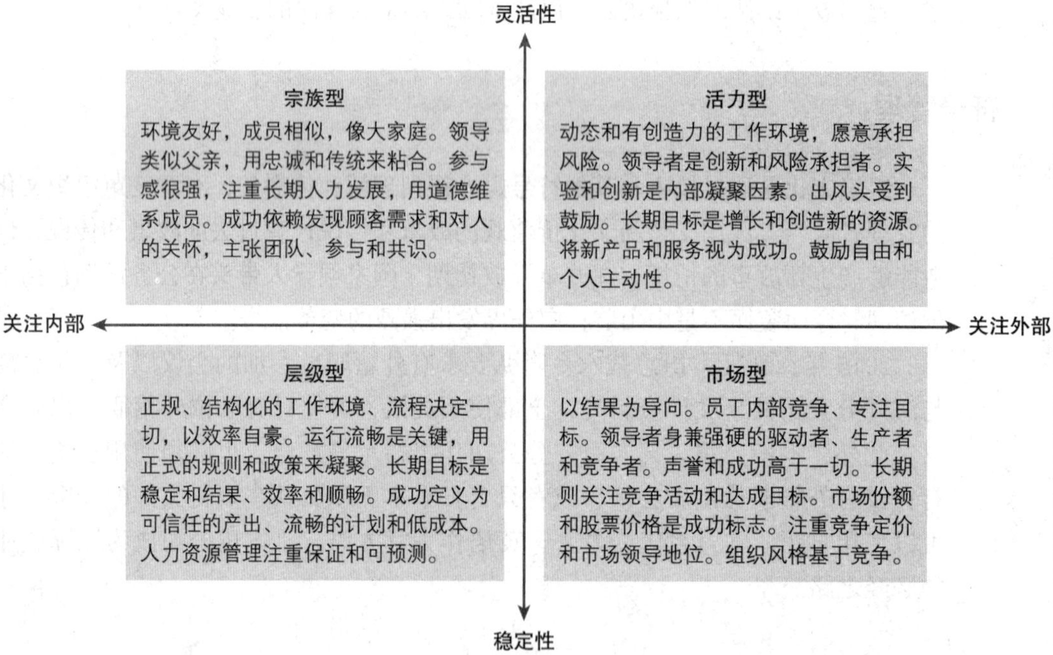

复习一下

1. 组织文化变革的困难有哪些？
2. 描述变革组织文化的路径。

12.6 并购中的组织文化管理

并购通常基于财务或市场的理由，而较少考虑并购企业之间可能的文化冲突。通常情况下，并购之后会产生一方主导的文化。这一过程并不容易，许多员工包括高管可能在双方文化整合的过程中受到挫折。事实上，由于无法实现文化融合导致并购失败的情况是相当普遍的。

二元文化审计

企业在并购前通常会做尽职调查以防范可能的风险，对于文化冲突，尽职调

管理行动专题

并购案中的文化冲突

时代华纳和美国在线的并购案价值 1800 亿美元，曾被称为历史上最大的并购案。这一并购的目标是将传统媒体与网络媒体的优势结合起来形成强大的竞争力。从理论上讲，并购的意图是完美的。时代华纳拥有传统媒体的知识与资源，而美国在线当时是最大的互联网服务商，拥有数千万用户，掌握能够将时代华纳的这些资源转变为价值的渠道。双方高管在合并时曾表示有信心处理好文化冲突。

然而，合并之后，双方很快发现，原先期待的资源共享与合作由于两家企业间的文化冲突而在现实中无法推行。美国在线是一家新型的 IT 公司，主要由年轻员工构成，崇尚快速抢占市场，操作灵活、决策迅速，善于创新、敢于冒险。而时代华纳则是一家长期经营稳健的传统企业，对市场把握准确，拥有深厚的底蕴，而在决策上则较为谨慎，注重员工的年资。

双方合并后即展开权力争夺，初期美国在线凭借互联网优势占上风。网络泡沫破灭后，时代华纳管理层重新掌握主导权。这种激烈的变化令员工无所适从，严重地破坏了公司内部的相互信任。在面对外部客户时，双方不是利用同一企业的便利相互合作，而是相互竞争，导致企业价值的下降。有人说，时代华纳就像一批老派的西装笔挺的人，跟习惯穿牛仔裤工作的技术人员是很难相处的。2009 年，两家公司正式宣布分离，结束近 10 年的文化冲突。

查的方法之一是二元文化审计。**二元文化审计**（bicultural audit）是指对并购交易中两家企业的文化关系进行分析，以判断合并后两者文化冲突可能程度。二元文化审计的过程始于对双方员工的访谈、问卷调查、焦点小组和观察研究，找出合并双方企业文化的差别。在此过程中，研究人员需要对组织中各项元素进行考察，包括办公室的布局、顾客收费程序、决策过程、信息分享方式等。

在第二阶段，将双方的数据收集起来并进行分析，找出哪些文化差异可能导致冲突，哪些文化价值观则有可能为合并的组织提供共同的文化基础。在最后一个阶段，双方应当制定战略和行动方案，为双方的文化差异提供整合的桥梁。

2001 年，惠普在与康柏的合并过程中特别注意了双方在文化上的整合。由于康柏之前在并购 DEC 时已经对文化整合的困难有所体会，双方派出高管组建了几十支整合团队，其中包括一支专门负责文化整合的团队。文化整合团队采访了两家公司中 1500 位员工，分析了文化差异并制定出文化整合的行动方案。经过 10 年的磨合，业界普遍认为这次并购取得了成功。

如何整合不同组织间的文化

一些企业在经过二元文化审计后发现双方发生重大文化冲突的可能性很大而决定终止合并。另一些企业则相信自己有勇气处理好文化差异，这些企业通过双方合作建立起可行的合并战略。整合不同企业文化的战略主要包括四种，同化、替代、整合和隔离，如表 12.1 所示。

表 12.1

整合不同组织文化的战略

整合战略	方　法	适用于
同化	被收购企业接受收购企业的文化	被收购企业为弱文化的情形
替代	收购企业强行在被收购企业中推行自己的文化	通常效果不好，可能只有当被收购企业文化不适用并且其员工未意识到时有效
整合	将两者文化整合为一种新文化	现有文化都可以得到改进
隔离	双方保持分离状态，文化交流极少	两家公司在各自领域中都很成功，由于业务不同需要保持不同的组织文化

同化。同化（assimilation）是指被收购企业的员工自愿接受收购企业的文化价值观。当被收购企业文化较弱、作用不明显，而收购企业的文化较强并且定义清晰时，同化最有可能。在这种情况下，通常不至于发生文化冲突，因为被收购企业的员工已经对原有企业文化感到不满，正在寻找新的文化价值认同。

替代。同化很不容易，组织成员通常抵制变化，特别是当被收购组织成员不得不放弃原来的文化和价值观的时候。在遇到抵制的情况下，有些收购企业会采用替代的方法。替代（deculturation）是指收购企业强行在被收购企业中推行自己的文化。例如，收购企业可能会取消被收购企业原有的支持其文化的元素和奖励制度，而不能认同新文化的员工则予以解雇。

当被收购企业的文化已经失去效能，而员工未能意识到原有文化的问题时，替代可能是有效的。然而，在很多时候这一做法并不适用。因为被收购企业的员工会抵制收购企业的文化入侵，他们会拖延或破坏文化整合的过程。例如，2005 年上海汽车集团收购韩国双龙汽车后长期无法实施文化替代，甚至在双龙汽车的网站上根本没有提到上海汽车的控股地位。双龙汽车的员工不信任上汽的管理，频频发动罢工，企业绩效下滑严重，上海汽车在此次投资中蒙受了严重的损失。

整合。整合（integration）是指在并购中将双方企业的文化整合为一种新的复合性的组织文化，保留各自文化中最好的方面。整合是一个缓慢而有风险的过程，因为在实施中总会遇到企图保留现有文化的各种力量的抵抗。当双方的文化间存在着相似地方的时候，这种方法可能是有效的。此外，如果并购双方均意识到自身文化中存在着弱点，则可以通过整合的过程得到共同的提高。

隔离。隔离（separation）是指并购双方同意保持独立的实体，双方很少进行文化交流或进行共同的组织活动。这种战略适用于双方在不同产业中经营或在不同国家中经营的情况，因为不同产业和国家的文化价值观很可能是不相同的。当然，长期隔离的状况可能导致并购后的企业走向分手。例如，1998 年戴姆勒奔驰与克莱斯勒合并后未能实现预期的协同收益，克莱斯勒业绩持续下降。同时，双方高管在文化中冲突不断，连公司名片应当采用德国格式还是美国格式也迟迟不能达成一致。2007 年，双方宣告合并破裂，恢复为两家独立经营的企业。

复习一下

1. 什么是二元文化审计？
2. 整合不同组织间文化的战略有哪些？

本章要点

1. 组织文化是一组共享的价值观，它帮助组织成员理解组织的立场、行为方式和组织所关心的问题，并通过故事和其他符号含义来传播。
2. 价值观是组织成员所共享的一组有关行为准则的稳定信念。在组织中，价值观被认为是理所当然的。
3. 主导文化是指组织成员共同拥有的核心价值观。在大型组织中，由于部门和地域特点的不同，在主导文化之下通常还会形成亚文化，甚至可能会有反对主导文化的亚文化。
4. 组织文化分散于不同的组织载体和过程中，包括故事和传说、礼仪和仪式、组织语言、物理结构与装饰和社会化过程。

5. 当组织文化与组织环境相匹配，强文化有助于提高绩效。鼓励伦理的强文化有助于塑造组织成员的伦理行为。适应性文化是指员工专注于顾客和其他利益相关人需求的变化，并支持组织发起改变，跟上环境的变化。
6. 组织文化的起点往往是组织创立者，公司的成功和经验分享也对文化的形成起着重要的作用。组织文化创建的两个基本步骤是确立战略价值观和文化价值观。“愿景”描述了战略价值观和文化价值观如何结合起来创造组织的未来。战略实施是根据组织的价值观采取行动实现组织愿景，在战略实施过程中还必须强化员工的文化行为。
7. 组织文化变革是一个长期和困难的过程，因为现有的组织文化会抵制变革，而管理层往往在不经意间恢复以往的行为。成功的文化变革方法包括创始人和领导者的行为、符号管理以及建立与文化一致的奖励和绩效评估系统。
8. 并购可能产生文化冲突。二元文化审计对并购交易中两家企业的文化关系进行分析，判断合并后两者文化冲突的可能程度。整合不同企业文化的战略主要包括四种，同化、替代、整合和隔离。

批判性思考与讨论题

1. 什么是组织文化？
2. 描述一家组织的价值观，其员工的行为是否表现出对组织价值观的认同。
3. 组织中为什么会出现亚文化？
4. 反文化对组织可能有哪些益处？
5. 在商业报道中找出组织负责人讲述本组织故事的报道，分析这个故事如何体现组织的文化。
6. 强文化在哪些情况下可能损害企业的绩效？
7. 建立适应性文化的难点有哪些？
8. 简述组织文化创建过程的步骤。
9. 请举出一个通过符号管理推动组织文化变革的例子。
10. 举例说明并购中整合不同企业文化的四种战略。

学习伴随案例练习

根据你所选择的组织的资料，以小组为单位对其管理活动进行讨论。回答下面的问题并向全班报告。

1. 描述这家组织的价值观。
2. 在这家组织中，与价值观相关的故事和传说有哪些？
3. 这家组织表现出强文化还是适应性文化？请分析。

结尾案例

宝洁校友在民企的经验

宝洁是外企在中国成功的代表，为中国企业界培养了大批的专业管理者。有媒体报道，宝洁在内地经营的30年里，累计为国内消费品及相关行业输送高层次人才超过6000人。

一位进入民企工作的前宝洁员工，在社交媒体上介绍了他在不同类型企业环境转变过程中所遇到的问题和收获。[7]

这位前宝洁员工发现，很多人离开宝洁的第一份工作都做不太久，他们会被扑面而来的混乱吓到。为什么没有Project Leader？为什么大家都不用日程表发会议邀请？为什么每个地方的Visual相差这么多？跟宝洁这样的公司比起来，所有的地方都是“乱”的。

流程不完美是常见的抱怨，作者认为，民企并不是不想要完善的流程，只是缺少执行流程的必要能力和资源。他举了一个例子，在外企，大的营销项目要请广告公司比稿。这对宝洁当然很容易。但在民企，现实情况却是，并没有公司来参加比稿，甚至连一个稿都没有。

作者拉来当年合作过的广告公司，其创意也确实得到采用，但这样做却可能被认为是“指定供应商”。在这种情况下，流程和资源，哪个更重要呢？作者认为，首先要面对现实，找到可以利用的资源，把事情做起来，常常需要“先推进，尽快完善流程”。

人员管理是另一项挑战，通常外企有一套统一的评价人的标准，队伍构成也因此相对齐整。而民企的队伍则是在发展过程中逐渐形成的，偶然性带来了多样化。这就是你的队伍，如果你想做出一样漂亮拿得出手的东西，唯一的方法就是去了解他们每个个体，根据他们的背景、优势、动机和愿望安排具体的工作。需要花更多的心力去琢磨，谁和谁可以组合在一起，谁和谁最好不要接触，谁可以放心让他自己跟Agency开会，谁是第一次接触这样的项目，必须事事盯紧指导。作者发现，民企固然缺少外企素质全面的“三好学生”，却有不少身怀绝技的“特长生”。

决策过程和责任分配也大不一样。在外企，人们常常抱怨自己没什么发挥的余地。外企给人一种安全感。你做出一套方案，各个部门都会给出自己的意见。但在民企，管理者却发现自己“自由了”，没有了知识丰富架构合理和各部门的牵制，管理者不得不独立承担起决策的全部责任。不过，这也带来了决策迅速、责任明确的优点。

在新一代求职者眼中，民企的吸引力在增加，特别是互联网民企。求职者认为，像宝洁这样的快速消费品企业有比较大的成本投入，需要非常精准地去控制利润，会导致公司战略偏保守。尽管有完善的培训体系，但自我发挥的余地比较小。

在互联网企业，员工可以直接感受到强烈的创新性，“因为互联网企业是轻资产的，产品迭代非常快，公司也是扁平化的，人们的自主性会比较大，而且互联网企业有很大概率能重新定义我们生活的方式。”优信咨询调查显示，本土互联网企业以有竞争力的薪酬和高强度工作著称，但这些企业最吸引95后人才的是其创业精神以及有创造力和活力的工作环境。

结尾案例讨论题

1. 简要归纳所谓外企和民企一般文化的异同。
2. 根据你的了解，互联网民企在文化上对于员工的吸引力有哪些？

开篇案例讨论题

1. 请归纳亚马逊组织文化的特点。
2. 你会向所在组织推荐这种企业文化吗？
3. 和许多技术型企业一样，亚马逊用技术的方法来实践和改进组织文化，请评论这一做法的利弊。

自测题

1. T　F　组织文化中的共享价值观必须是以书面的形式作出表述。
2. T　F　在绝大多数大型组织中，存在着一种主导文化和一种亚文化。
3. T　F　不同组织间礼仪和仪式都是差不多的，因此它们不是组织的独特文化。
4. T　F　强文化的组织员工流动率低，绩效更高。
5. T　F　战略价值观是关于组织如何和为何成功的信念。
6. 以下哪一项不是反文化可能对组织带来的价值
   a. 不局限于主导观念，有助于创新
   b. 共享的价值观
   c. 带来对环境的新认识
   d. 有助于文化变革
   e. 激发组织内部的冲突
7. 以下哪一项不是作为组织文化载体的故事和传说的特点
   a. 故事和传说都是由组织官方审定通过并传播的
   b. 组织中的故事与传说与最初发生时的真实情况之间的联系逐渐变得不那么重要了
   c. 故事和传说可以产生强大的社会约束效应
   d. 故事中通常体现着一定的情感力量
   e. 故事和传说不一定是正面的
8. 适应性文化的主要特点中不包括
   a. 外部关注
   b. 既关注过程，也关注结果
   c. 对组织有强烈责任感
   d. 主动的和快速反应的
   e. 员工流失率低
9. 在管理者尝试改变组织文化之前
   a. 他们必须理解组织的文化
   b. 他们应当更加注重成长和竞争力
   c. 他们必须保护组织免受“外人”影响
   d. 他们应当减少对组织文化的需要
   e. 他们必须消除任务环境中对变革的抵制
10. 在并购中，双方企业的文化整合为一种新的复合性的组织文化，保留各自文化中最好的方面，这是
   a. 同化
   b. 替代
   c. 整合
   d. 隔离
   e. 强化

本章注释

[1] https://www.nytimes.com/2015/08/16/technology/inside-amazon-wrestling-big-ideas-in-a-bruising-workplace.html.

[2] https://www.cnbc.com/2018/03/30/amazon-employee-reaction-to-hr-programs-connections-forte.html.

[3] O'Reilly，C.A.，.Chatman，J.，and Caldwell D.F.，People and Organizational Culture：A Profile Comparison Approach to Assessing Person-Oranization Fit [J] .Academy of Management Journal，September 1991，pp.487-516.

[4] http://finance.sina.com.cn/leadership/stragymanage/20051020/14182049883.shtml.

[5] Schneider，B.（1987）. The people make the place. Personnel Psychology，40，437-453.

[6] https://www.huxiu.com/article/163487.html.

[7] http://www.sohu.com/a/252641735_465518.

管　理　学　原　理

13 CHAPTER 13

发展高绩效的团队

本章学习要点

- 组织中的群体和团队
- 团队的动力机制
- 团队的特性
- 群体和团队的重要性

阿拉善 SEE 生态协会通过议事规则进行团队规范，图为前任会长王石和议事规则专家袁天鹏。

开篇案例

阿拉善SEE生态保护协会：争吵不休的团队

2009年10月28日，阿拉善SEE生态协会举行换届选举会议。除了近百名企业家会员之外，十几家NGO（非政府组织）专门前来观摩，国内几十家媒体的记者也应邀到会采访。会议开始不久，理事们就因为协会新设立的一个基金会的性质问题争论得不可开交。在场的人如果此前不太了解协会的相关情况，一定会为混乱的场面而感到费解。

其实，争吵在2004年阿拉善协会诞生的那一刻就开始了。先是协会章程迟迟不能达成一致，有人便提议，“我们是不是原则通过一下？”搜狐的张朝阳质问：“一部章程有很多条款，什么叫原则通过？到底是通过还是不通过？”招商银行马蔚华和万科公司王石分别站起来试图说明什么是原则通过，却发现海归企业家和港台企业家完全不理解这个在内地广泛使用的决策程序。只好临时调整议事规则，把每一条章程修改建议都写到白板上，逐条进行表决。

协会筹备小组拿出早就拟好的一份执行理事候选名单，说明是等额选举，没想到却出现了质疑的声音：“这15个提名，我们为什么要选举他们？”“筹备小组的提名权力，也是需要经过大家同意的！”筹备组的人措手不及。“我们这些人都太有决策能力，每一个人要说服另外一个人都比较难。”瀛海威创始人张树新回忆道，“因为在企业里大多是一把手，他的话就是句号了。”

阿拉善协会成立不久，最初的激情开始消退，出现了会员时间投入不足和目标分歧的问题。东莞企业家杨利川愤而致信协会，“……可见我们在游戏规则上的脆弱，以及在理念上是多么缺乏共识。”杨还直率地批评了开会没有规则，理事们随意缺席，会长们在会上东拉西扯、草率投票等种种状况。张树新回忆说，“没有真诚的公共生活，一帮优秀的人在一起也会变成愚蠢的团体。”这封信成为组织变革的一个重要环节。信发出4天后，几位副会长开会进行了反思并形成一项制度：执行理事们一年为协会花费多少工作时间，都要由秘书处统计，每年向理事大会汇报。

会议秩序曾经是阿拉善协会的一个头疼问题。为了体现民主，任何人都可以随意打断别人发言和跑题。一位香港企业家忍不住抗议：哪有这样开会的？应该先要有动议，再有人附议，然后表决啊。2008年，协会秘书长杨鹏与《罗伯特议事规则》的译者袁天鹏签订合同，请他为协会专门制定一套《SEE议事规则》。“这大概是国内第一份单纯为了制订一套议事规则而签署的合同，”袁天鹏说。新的规则共有43条条款，详细规定了发言、辩论、动议、表决、选举、会议议程等规则。这位议事专家强调，在这些“细枝末节”的背后，才有“议事的效率，以及议事程序的正义性”。2008年12月底，《规则》在执行理事会上通过。当天的会议就开始运用这套规则议事。尽管有争论，有异议，但会员们按照“动议—附议—表决”的流程进行。协会秘书长杨鹏说：“平等的人在一起共同参与公共事务，是需要训练的。”

为了解决程序上的争议，每次开会，秘书处必然带着一本协会章程，以供参会者随时查阅。协会甚至专门成立了独立的章程委员会，只对理事大会负责。为了限制会长的权力，章程规定会长可以定期召集执行理事会，决定时间、地点和议题，但没有任何决策权，只有一票。会长可以提名秘书长，但必须经执行理事会表决。协会财务总监人选的决定总共有三个环节，会长只是其中一环。而且，会长违反协会章程还可能受到监事会弹劾。预算编制和审批由项目委员会预审，咨询全体理事后由执行理事会表决。一经通过，即使是拥有决策权的执行理事会也只有20%的调整余地。所有会议记录、各种资料、审计报告以及财务报表，都要公布在网上，供会员和公众监督。这样的制度建设被王石称为组织的“DNA遗传基因”。

尽管发起人刘晓光抱怨民主的“效率低下”，但也承认“民主本身有很大的力量，是能够把大家积聚起来的东西”。王石认为，在混乱之后最终达成共识，“一下就把协会的文化基因形成了”“……突然发现，大家在找一种共同语言，这种共同语言就是最基本的民主程序”。

2017年，章程修改的全部四大表决项都未获通过。阿拉善SEE的微信公众号发出看法，“这样的结果，更充分地体现了阿拉善SEE会员对于协会事务平等参与、民主决策、权力制衡、公开透明的诉求。”

阿拉善强势的文化也对会员构成约束，2018年，阿拉善SEE生态协会宣布取消圣象集团会员资格，因为后者未将企业应尽的环保和社会责任履行到位。

烦琐的规则和争吵似乎并没有损害阿拉善SEE生态协会的决策效率。今天，阿拉善SEE生态协会已经是世界上最大的沙漠保护组织。

在组织中，我们的角色常常是某个团队的成员，也会经常与各式各样其他团队打交道。管理学家们投入大量的精力来研究为什么有些团队比另一些团队效能更高。本章首先介绍群体与团队的基本概念和团队的原理，接下来解释组织中团队的发展阶段和几个特殊的团队类型。之后将讨论团队的四项重要特性以及如何改善，最后是对人们加入群体和团队动机的分析，以及提高团队效能的方法。

13.1 组织中的群体和团队

群体是组织和团队生活中的普遍现象。它们是许多工作开展的形式，推动着组织内外正式的结构边界。

群体与团队

群体（group）是指两个或两个以上的成员经常互动以实现共同目标。而团队（team）是指执行与工作有关的任务、职能和活动的一组成员。从定义中我们可以看出，所有的团队都是群体，但并非所有的群体都是团队。团队与群体最主要的区别在于，团队成员之间的协作关系更强，团队成员共同对完成组织所赋予的目标承担责任。当我们在谈论群体时，所有的描述和分析实际上也包括了团队的内容。事实上，在今天的组织语言中，团队的使用频率远远高于群体。

例如，在一间咨询公司中，同一专业的咨询师们构成一个群体。他们互相支持，实现咨询公司的目标，但相互之间的协作并不密切，群体目标也缺乏紧迫性。当咨询公司获得项目后，通常会由几位咨询师组建任务团队。此时，团队成员间的关系发生了变化，他们必须建立更密切的协作，并共同为项目的成功负责。

群体与团队的类型

一般来说，组织中存在三种基本的群体类型——职能群体、任务群体、非正式群体，如图 13.1 所示。

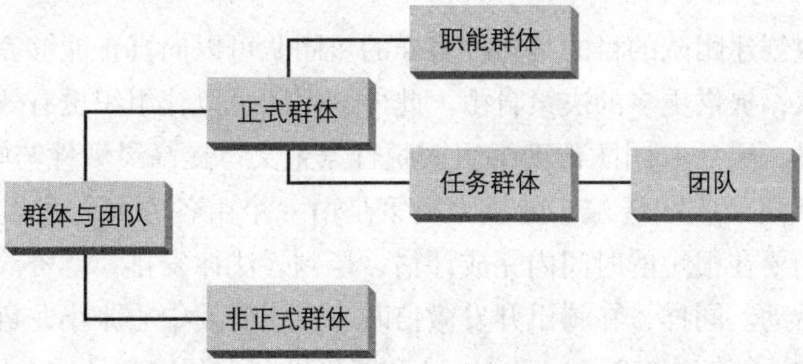

图 13.1　组织中群体的类型

职能群体。职能群体（functional group）是组织所建立的在无限期的时期中实现一系列组织目标的永久性群体。公司的广告部门、大学的院系和医院的护理人员都是职能群体的例子。广告部门负责制定广告计划，提高销售额，执行短期促销支持和建立公司品牌形象。作为同一群体的成员，广告部门员工往往共享一些基本的特征，例如崇尚创造力，关注顾客需求，对接触消费者渠道的改变敏感。广告部门的工作是永久性和连续的，尽管“双 11”可能是年度工作的一个重点阶段，但在任务完成后会还有“双 12”、年终促销等等。

任务群体。任务群体（task group）是组织创建的、要求在一定时间内实现相对狭窄目标的群体。绝大多数委员会和工作组属于任务群体。组织指定任务群体的成员，赋予其相对狭窄的目标，例如开发新产品或评估投诉程序。时间期限可能是具体的（要求委员会 60 天内作出决策）或暗示的（项目团队将在新产品开发完成后解散）。

团队是越来越普遍的一种特殊的任务群体，往往独立开展工作。表 13.1 列出了当今常见的团队类型。团队的早期形式包括自主工作群体和质量圈。今天，团队有时也被称为“自我管理的团队”、“跨职能团队”或“高绩效团队”。许多公司采用团队的形式完成日常工作。例如，采购传统上被认为是独立的业务部门。今天，企业认识到，单纯依靠谈判杀价无法实现从供应链中挤出成本的目的。因此，大型企业通常会组建战略采购团队，将产品设计和质量管理的人员纳入采购团队，从整条供应链运营的角度寻求降低采购成本的机会。

表 13.1

团队的类型

团队类型	主要特点
解决问题的团队	最常见的团队，是为解决某一具体问题而组成的知识工作者团队，问题解决后解散。
管理团队	由不同职能部门的管理者组成，负责协调组织内团队间的工作。
工作团队	负责组织日常工作的团队。如果得到授权，则是自我管理的团队。
虚拟团队	由网络联系起来团队，成员根据需要进入或退出，轮流担任领导。
质量圈	由员工和主管组成，定期召开会议解决质量问题的团队。

组织创建团队的目的是多种多样的。团队可以向真正能够完成任务的员工更多地授权，提供更多的决策自由。此外，团队可以让组织更有效地利用员工的知识和激励。最后，团队帮助组织摆脱官僚主义、提高灵活性与响应水平。例如，吉利汽车集团收购沃尔沃的重大决策是由一个由各方面专家组成的团队来执行的，他们要在很短的时间内完成评估、谈判、法律安排、融资等高度风险和复杂的业务活动。同样，在腾讯开发微信时，广州研发中心张小龙负责组建一支开发团队，抽调能够在 iPhone、Android 和塞班平台上开发产品的成员。

组织决定采用团队形式时，本质上是在实施一项大型的组织变革。重要的是采取一种逻辑的和系统的方法在现有的组织设计中规划和实施团队，还要注意到在此过程中会遇到抵抗。抵抗最有可能来自一线经理，因为他们不得不将很大一部分权力交给团队。组织可能必须改变整个管理哲学，让这些经理从主管变为教练或协助者。

在团队建立之后，经理们应当继续监督它们的业绩和效能。在最好的环境下，团队可以成为具备高绩效水平的紧密群体。为了达到这一结果，经理们可以运用本章后面提到的任何一种或所有的技术来提高团队的内聚。如果实施得当，并且得到员工的支持，绩效水平很可能相对较高。换言之，如果变革过程处理得好，团队成员将能够理解团队的价值和潜力，以及通过团队绩效可能获得的奖励。另一方面，如果团队设计和实施不当，则团队工作效能将降低并且损害组织的效能。

非正式群体。非正式群体（informal group）主要包括友谊群体或利益群体，是成员为了同组织目标相关或不相关的目的建立起来的，它的时间期限并不确定。一群每天午餐时间在一起的员工可能会讨论如何提高生产力，也可能会讨论如何挪用资金或本地政治和体育。只要群体成员喜欢聚餐，他们可能会一直持续下去。如果午餐不再有趣，他们可能离开公司或开始另一项活动。

管理行动专题

大企业里的小型开发团队

大型互联网公司虽然拥有上万名研发人员，但在具体的产品研发中往往启用技术小团队，充分发挥小团队快速灵活、便于沟通和不受官僚体制约束的优点。

比如，亚马逊 CTO Werner Vogels 接受访谈时透露："亚马逊建立了很多的技术小团队，每个团队基本上都是 8~10 个人，这种团队的灵活性体现在，当有了新的想法马上就能够行动起来，而且沟通简单，不需要开很多会议才能把事情说清楚，""这些技术小团队围绕的是亚马逊提供的各种服务，比如购物、推荐系统、甚至评论服务"。

同样，Facebook 的产品经理 Adam Mosseri 介绍说，他的公司已经形成了"特别认可小团队"的文化，绝大多数项目最多六七个人。"我们之所以相信小团队是因为它们的效率更高，而速度对于我们非常重要。此外，我们给予这些小团队决策权。"

Google 公司前任 CEO 施密特在接受采访时表示，"我们的成功产品都是由反应快的小团队开发的"，即使 Google+ 这样超大型的项目动员了超过 500 名的工程师，但其中"Circles 的设计是由一个人主导的。团队为 5~10 人，他们在通用平台上做彼此的工作"。

国内的互联网巨头腾讯，在开发明星产品微信时团队也并不大。据腾讯副总裁张小龙介绍，"微信第一批成员不到 10 人"。

友谊群体（friendship group）是基于员工社会交往所形成的非正式群体。友谊群体可以提高员工在工作场所的满意度，为他们提供更多的人际互动，在压力下建立社会支持，改善工作中的感受。管理者之间也经常组成类似的群体，例如定期聚会打高尔夫球等。这样的群体在活动中往往包含业务咨询的内容，有助于他们解决工作中的问题。

利益群体（interest group）是组织内部寻求实现与员工有关的共同目标的非正式群体。员工可能自发形成利益群体，向管理层要求更灵活的工作时间、改进工作条件或向本地社区提供志愿服务。例如，员工可能要求企业提供带薪志愿服务的机会，他们可能成立正式的志愿者协会，也可能采取非正式群体的形式。管理者应当关注利益群体的形成和活动，从中发现组织需要变革的信号。

非正式群体是管理者不可忽视的重要力量。需要注意的是，非正式群体的目标和走向不一定符合组织的目标。

复习一下

1. 群体和团队的基本类型有哪些？
2. 说出你加入的四个群体并解释你为什么要加入。

13.2　团队的动力机制

团队的发展阶段

想象一下临时将 5 个人编成团队和一个已经经过多年运作、高度协调的团队的区别。新团队的成员相互不熟悉，在互动上也不充分。而在一个有很多经验的团队里，成员间相互熟悉各自的优点和缺点，对于各自在群体中的角色也更加放心。前者是不成熟的团队，而后者是成熟的团队。从不成熟到成熟，团队的建设要经过几个发展阶段，如图 13.2 所示。

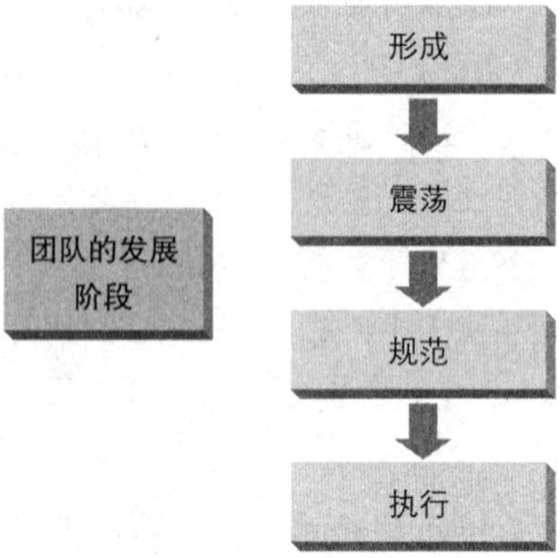

图 13.2　团队发展的阶段

第一阶段称为**形成**（forming）阶段。团队成员就位，开始测试人际行为，哪些是可以接受的，哪些是不可以接受的。成员高度依赖其他团队成员以判断哪些是可以接受的行为。团队的基本原则开始确立，临时性的团队结构开始出现。例如，2006 年 4 月，2008 年北京奥运会组委会确定开闭幕式创意团队由张艺谋担任总导演。团队是由奥组委通过竞标产生，然后将竞标团队的创意合并起来。这样组建起来的团队，成员都是知名的艺术家，在创作理念、整体构思和行为风格上存在很大的差异。由于张艺谋团队为 2004 年雅典奥运会最后 8 分钟设计的演出受到猛烈的抨击，舆论不看好张艺谋担任奥运会创意总导演，给他的工作带来了很大压力。此外，当时张艺谋还在拍摄《满城尽带黄金甲》，全体成员的工作沟通也并不顺畅。

第二个阶段通常是缓慢发生的，称为**震荡**（storming）阶段。在这一阶段，往往普遍缺乏团结感，互动模式不稳定。与此同时，某些成员可能开始争取成为群体或团队领导，或者企图对群体的工作发挥主要影响。张艺谋回忆说，“创意的反复性是很大的。当时间不紧迫、没有进入制作阶段的时候，创意都是在天上飞的。每个人尽管都有一定的制作经验，但还是海阔天空。那时候大家觉得好像举国之力，就可以上天揽月，似乎什么都可以做，但其实是不行的，它有个基本规律”。当时鸟巢施工需要创意团队确定方案，然而除了明确要“大胆”以及其后无休止的讨论，没有什么实际进展。

第三个阶段是**规范**（norming）阶段，团队开始进行大量的活动。在这一阶段，每个人都开始了解和接受自己的角色以及他人的角色。成员间相互接受，产生团结感。例如，团队可能接受某人成为领导。如果此人后来违反了重要的原则或做了其他有损领导形象的事，冲突可能再度爆发，团队拒绝这位领导而寻找新的领导。

开闭幕式运营中心成立并入驻办公室后，创意准备工作进入紧张的开发阶段。由于不同艺术类型的特点不同，而对期望的呈现效果又很难做出明确具体的规定，张艺谋经常会推翻自己曾经同意的设想，给编舞、作曲、演员和技术人员带来极大的困扰。创意团队和技术团队中有不少人向开闭幕式工作部部长张和平投诉，甚至提出辞职。张和平将意见反馈给张艺谋并协助他调整同团队成员的沟通，而在艺术水准方面张艺谋则毫不放松。与此同时，也有一些不能适应创意团队工作环境苛刻要求的成员先后离开创意团队。全体成员开始适应创意团队的工作节奏和氛围。2007 年 3 月，张艺谋团队提出的以四大发明为主的创意被组委会否定，团队陷入极大的困难。张艺谋和团队成员相互支持，通过加入新的元素，形成了新的方案，同时保留原方案中纸创意的精华部分。

第四个阶段是**执行**（performing）阶段，也是一个缓慢发生的阶段。团队开始真正致力于手中的问题。成员发挥了自己所接受角色的作用，出现了稳定的互动，整个团队同心协力为实现目标而努力。团队中的基本结构已经不再是问题，它成为实现团队目标的机制。度过了前期磨合的困难之后，张艺谋的团队逐渐适应了各自的角色和任务要求，工作效率持续提高。尽管还遇到 LED 黑屏、缶的制作和舞蹈设计、活字模表演卡住故障、太极舞蹈设计、大脚印烟花的技术实现等各种困难，都在团队的协作下一一得到解决。张艺谋的核心角色也得到了团队成员的衷心认可，开闭幕式团队将绩效保持到最后盛大的现场演出。

自我管理的团队

自我管理的团队（self-managed team）是指获得授权、自主承担起完成某项工作任务的团队。团队成员自主决定日常工作中做些什么、如何完成以及团队成员的分工。管理者只向团队提出总体的工作目标，例如保持生产产品的缺陷率不超过规定指标，而让团队成员自行决定如何实现这一目标。自我管理的团队有助于提高质量、加强激励与满意并降低成本。

自我管理团队的特点可以归结如下：

□负责一项完整的工作。

□由团队而不是主管来分配团队成员的工作。

□团队控制绝大部分的资源投入、工作流程和产出。

□发生问题时，由团队负责解决。

□反馈和奖励发生在团队整体，个体的反馈和奖励在团队中进行。

虚拟团队

传统上，团队依赖面对面的交流才能完成任务。而在网络条件下，人们可以在相互不见面的情况下组建团队。**虚拟团队**（virtual teams）是指通过各种信息技术，如 e-mail、即时通信、远程分享、电话和视频会议，来实现互动的团队。

组织工作从以生产为中心转向以知识为中心的演变是推动虚拟团队发展的一个重要因素。随着全球化和专业化的发展，管理者们需要突破地区的限制，将不同地区的专家和员工组成团队。例如，一家跨国企业在北美、欧洲、亚洲和南美设有工厂，每家工厂都有专职的质量控制专家。当需要解决企业生产过程中一个整体性的质量问题时，这家企业很可能将不同地区的专家组建为一个任务团队，让团队使用电子技术进行沟通。

除了与传统团队相同的挑战，虚拟团队还有一个更主要的挑战，那就是建立成员间的信任。由于成员间缺乏面对面的互动，虚拟团队的管理者务必要创造一个高度明确的流程，消除模棱两可的地方，使成员能有效沟通，树立良好的信任氛围。例如，有时甚至连 4 小时回复还是 48 小时回复这类细节都必须做出明确的规定。跨国虚拟团队可能还要面临文化差异的挑战，优秀的跨国团队管理者则必须善于在项目的不同阶段尝试不同的决策流程。

团队的问题

团队会给组织和成员带来利益，但团队并非万用灵药，有些任务交给个人来完成可能更有效率。团队也许是完成任务的有效形式，但团队建设需要消耗大量的精力和时间，这些成本称为**过程成本**（process losses）。此外，团队的发展需要环境。如果只是简单地将人们安置在一起而不去发展适当的奖励系统、沟通机制、团队领导等，结果很可能只是浪费时间和增加混乱。

团队中最可能出现的一个问题是与**社会惰性**（social loafing）相关的生产力浪费。社会惰性是指人们在团队中工作时付出的努力少于个人工作时的情景。减少社会惰性的方法之一是让每个人的产出变得容易识别。当任务有趣时，社会惰性也会较少发生，因为团队成员会有更高的内在动力去提供投入。当任务重要时，社会惰性也会较少，因为团队成员之间的期望和压力较大。最后，如果团队成员相互尊重和信任，社会惰性也会较少发生。

复习一下

1. 简述团队成熟过程中的四个阶段。
2. 为虚拟团队设计创新的方法来建立信任关系。

13.3 团队的特性

经过团队发展的 4 个阶段，团队变得成熟起来，开始呈现出 4 项重要的基本特征——角色结构、行为规范、内聚和非正式领导。

角色结构

角色（role）是团队中的个体在帮助实现团队目标的时候所扮演的部分。有些人是领导，有些人做专业工作，有些人负责内部衔接，等等。事实上，有人承担任务专家的角色（专注于完成任务），有人承担社会情感的角色（向团队成员提供社会和情感支持）。有些人，通常是领导者，同时扮演两种角色，也有些人不扮演任何一种角色。在群体中，角色结构是团队和群体成员规定和接受的角色及角色间的相互关系。我们每个人都属于许多团队和群体——工作、班级、家庭和社会组织，扮演着多种角色。

角色结构是角色事件发展的结果，如图 13.3 所示。角色事件发展的过程始于期待角色，即其他成员对个体的期待。期待角色转换为发送角色，这是指团队成员用于将期待角色沟通给个体的信息和暗示。感受到的角色是个体所感受到的发送角色的含义。最后，实际角色是个体在角色中真正所做的。当然，角色事件通常不会这样简单。如果这一过程出现扰乱，个体可能会体验到角色模糊、冲突或过载。

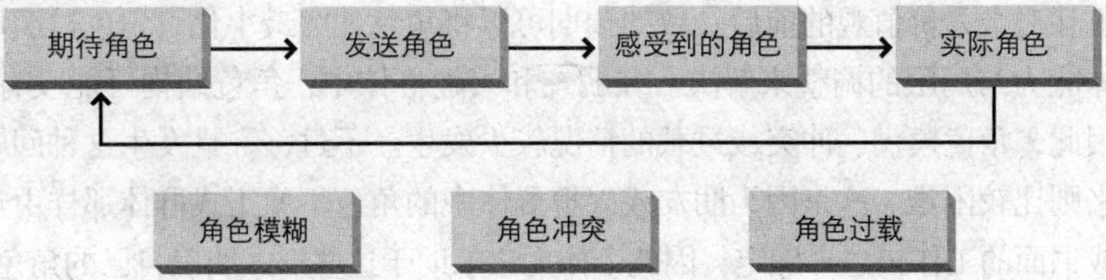

图 13.3　角色事件的发展过程

角色模糊。角色模糊（role ambiguity）是当发送角色不清楚时发生的情况。如果你的老师要你写一篇论文但又不告诉你更多的信息，你可能会陷入角色模糊。你不知道题目是什么，要写多长，格式如何以及何时交稿。在工作环境中，角色模糊可能是由于工作描述不清晰，主管指示模糊不清，或者同事的暗示不清楚，结果导致员工或下属不知所措。角色模糊对于遇到困难的个体和期望员工实现高绩效的组织都可能构成严重的问题。

角色冲突。角色冲突（role conflict）是构成发送角色的信息和暗示很清楚，但它们本身是相互冲突或排斥的。其中常见的形式是角色间冲突。例如，老板要求员工加班，而家人要求员工早点回来，这些（本身很清楚的）要求相互之间就是冲突的。有些组织采用矩阵结构，同一名员工可能既是项目团队的成员又是职能群体的成员，他在不同的团队中所扮演的角色之间或者团队角色和此人在职能群体中的永久性职位之间都可能发生冲突。

内部角色冲突是指同一角色所接收的来自不同方向的相互矛盾的要求。一位经理的上司要求他向员工施加压力遵守新的工作规则，而他的下属却要求改变这一规则，认为这样对工作更有利。这样，来自各方的要求就是相互矛盾的，经理很可能不知道应该如何做。内部发送者冲突是指同一来源的要求是清楚但相互矛盾的。例如老板可能早上刚刚说过下个月不会再要求加班了，但午饭后却要求员工当天晚上加班。人与角色冲突是指角色要求与个体价值、态度和需要是分裂的。例如要求某人去做不伦理或违法的事，或者任务将会造成灾难性后果（比如开除自己的朋友），就会导致人与角色的冲突。管理者们应当特别留意各种角色冲突。冲突可能在各种情境下发生，导致不利的后果，包括紧张、绩效下降和离职率提高。

角色过载。角色过载（role overload）是指对角色的期待超出了个体的能力。如果经理一次交代员工办理几件重大事项，但在时间和资源上的支持不够，极大增加了这名员工的工作负担，此时可能会出现角色过载的现象。角色过载还可能表现为个体一次承担过多角色。例如，如果某人工作过分辛苦，同时担当多项职务，还要承担家庭责任，则很可能出现角色过载的现象。

在职能群体或团队，管理者可以采取步骤避免角色模糊、角色冲突和角色过载。清楚而合理的预期和发出清楚而坦率的信息有助于消除角色模糊。考虑员工其他角色和对个人价值观的前后一致的预期可以将角色冲突最小化。角色过载可以通过个体能力与局限的调整来解决。在朋友和兴趣群体中，角色结构可能没有那样正式。因此，角色模糊、冲突或过载的情况较少发生。不过，一旦发生这种问题，解决起来则比较困难。这是因为朋友或兴趣群体中的角色不像正式群体那样由正式的权威或书面的工作描述来确定，因此个体无法求助于这些形式明确自己的角色。

规范

规范（norms）是团队和群体能够接受的或预期其成员能够符合的行为标准。例如，许多委员会都有议事规范。如果某人发言时间太长，其他人可能会不理睬他、保持距离或流露不满，甚至因为他“违反”规范而惩罚他。在这个意义上，规范决定了可接受和不可接受之间的界限。有些群体和团队的规范限制行为的上限，从而“让群体成员的生活变得轻松”。一般来说，这样的规范是限制生产力的，例如不要积极发言，只完成最低限度的工作。还有一些群体和团队的规范限制行为的下限。这样的规范往往是激励性、承诺性和高绩效的——例如开会前必须对会议要讨论的问题做好准备。管理者可以利用规范帮助组织向好的方向转化。例如，在听取报告时注重数字可以鼓励员工运用数字来衡量绩效，从而做到透明的激励。

规范一般化。某一团队和群体的规范不能一般化到其他团队和群体。某些企业可能要求员工上班时穿正装，不穿正装的员工可能受到惩罚。反过来，有些企业的规范则比较随意，穿正装的反而会受到“惩罚”。即使在同一工作领域，类似的群体或团队也会有不同的规范。一个团队可能总是努力超过预定目标，另一个则总是刚好完成目标。一个团队的规范可能是友好和热情地对待主管，而另一个团队则冷淡或同主管保持距离。有些差异主要是由团队成员构成造成的。

规范变化。在某些案例中，群体和团队也可能会发生规范的变化。例如，团队中资历最浅的成员可能被要求从事最不令人愉快或琐细的工作。这些任务可能是招待一名特别难缠的顾客、负责佣金低的产品。另一个例子是某些个体，特别是非正式的领导，享有打破某些规范的特权。如果团队约定在 8 点开会，任何人迟到都会被指责。不过，非正式领导者可能会晚来几分钟，只要这种事不常发生，团队可能不会抱怨。

规范统一性。有 4 种因素促成了规范的统一性（conformity）。首先，同团队和群体相关的因素很重要。例如，有些团队和群体向成员施加统一性的压力高于其他团队和群体。其次，促成行为的最初的刺激可能影响统一性。刺激越是模糊（例如关于团队将隶属于新的部门或事业部的新闻，或对团队成员的奖金计算方式进行调整），统一性的压力越大。再次，个体特质决定了个体对统一性的倾向（例如，智力高的人通常不容易接受统一性）。最后，情境因素（团队规模和规整性）也影响统一性。如果个体知道了团队和群体的规范，他可以有几种选择。最简单的就是遵守规范。例如，新来的教师发现系里其他人在上课时都穿正装，他也会开始穿正装。一种变化的形式是遵守规范的“精神”而同时保持个性，例如穿西装但不打领带。

个体也许会忽视规范。如果某人不遵守统一性要求，可能会导致一些后果。首先，团队和群体可能增加同违反规范的个体的沟通，试图纠正他的行为。如果这样不行，团队和群体开始将他排除在活动之外，事实上对他实行了排斥。最后，我们需要简单地考虑一下规范统一性的另一个方面——社会化。社会化（socialization）是个人从局外人变成局内人的一般化的规范统一性。新近加入群体和团队的人通常要学习这样的规范，例如衣着、工作时间和人际关系，如何称谓同事和上司等。新来者学习这些规范的过程就是融入组织文化的社会化过程。有些组织积极地管理社会化过程，而另一些组织则听任其自然发生。

内聚

第三项重要的团队特征是内聚。**内聚**（cohesiveness）是成员忠诚和团队承诺的程度与团队内相互吸引的程度。在高度内聚的团队中，成员们共同工作、相互支持和信任，通常能够有效地实现所选择的目标。相反，缺乏内聚的团队通常协调不好，成员相互间不够支持，很难实现目标。管理者感兴趣的是增加和降低团队内聚的因素以及团队内聚的作用，见表 13.2。

表 13.2

影响团队内聚的因素

增加内聚的因素	降低内聚的因素
○ 团队间竞争	○ 团队规模
○ 个人吸引力	○ 目标不一致
○ 有利的评估	○ 团队内竞争
○ 目标认同	○ 支配
○ 互动	○ 失意经验

增加内聚的因素。5 种因素会增加团队的内聚，其中最有力的一种是团队间竞争。当两个或更多的团队处于直接竞争时（例如，三个销售团队竞争最佳销售奖或两支橄榄球队竞争冠军），每个团队都会变得更加内聚。第二，正如人际吸引有助于形成团队，个人吸引力也可以加强团队内聚。第三，外人对团队的整体有利评估可以增加内聚。因此，如果团队赢得了销售竞赛或冠军，或受到了上级认可和表扬，则有助于增加内聚。

与此相似，如果所有的团队成员认同他们的目标，则内聚很可能会增加。另外，成员互动越频繁，则团队会越加内聚。希望增加团队内聚的管理者可以建立某种形式的团队内竞争、为团队配备相互吸引的成员、提供成功的机会、建立所有成员都可能接受的目标，并且创造充分的互动机会。

降低内聚的因素。5 种因素会降低团队的内聚。第一，随着团队规模扩大，内聚倾向于降低。第二，团队成员对团队目标看法不同也会减少内聚。例如，某些成员认为团队的目标应当是产出最大，而另一些成员主张限制产出，这种争论会降低团队的内聚。第三，团队内竞争也会降低内聚。如果团队成员间相互竞争，他们就会专注于自己的行为而不是团队的行动。第四，团队由一人或数人支配时，总的内聚性会降低。其他成员也许会认为失去了互动和贡献的机会，从而令团队失去吸引力。第五，失意的经验也会降低群体内聚。销售团队在竞赛中垫底、不断输球的球队、因为工作业绩差而被申斥的工作团队都可能降低内聚。

内聚的作用。一般而言，团队内聚增加，成员间的互动得到加强，规范得到统一，团队的满意度也会提高。内聚还会影响团队的绩效，不过绩效还要受到团队绩效规范的影响。图 13.4 显示了内聚和绩效规范如何互相影响形成组织的绩效。

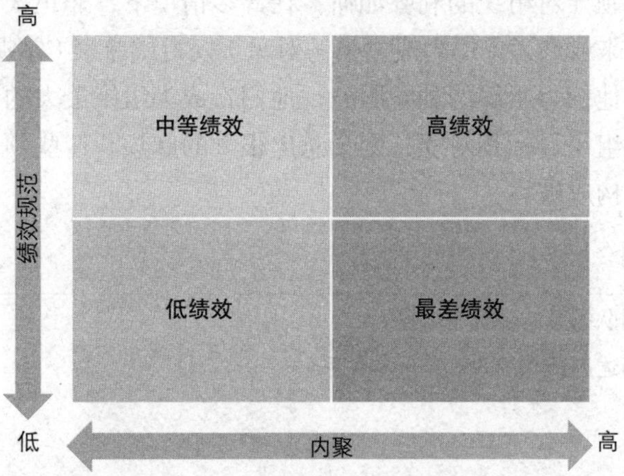

图 13.4 内聚和绩效规范的相互影响

当内聚和绩效规范都高时，团队绩效最高，因为团队愿意实现高绩效（规范）而成员则共同努力（内聚）。海底捞通过激发普通员工的工作热情，以及鼓励乡亲和亲属加入企业，建立起高内聚和高绩效规范的团队。当规范高而内聚低时，绩效水平中等。尽管团队愿意获得高绩效，但成员间协作不一定很好。当绩效规范低时，绩效一定会低，而不论内聚程度如何。最差的情境是低绩效规范同高内聚相结合。在这种情况下，所有的成员都同意限制绩效（规范低），而群体在保持这一绩效水平方面团结一致（高内聚）。如果内聚低，管理者可以通过制定高的目标或奖励实现目标，或引进高绩效的新团队成员来提高绩效规范。但是，一个高内聚的群体很可能抗拒这种干预。例如，上汽收购韩国双龙公司之后，面对的就是一个低绩效而高内聚的团队，外来的管理层很难做出调整。

正式的领导和非正式的领导

绝大多数职能群体与团队拥有正式的领导——由组织任命或选拔，或由群体和团队成员选举产生。由于友谊和利益群体是由成员自行发起的，因此他们的领导必定是选举产生的或由成员指定的。有些群体和团队指定领导（例如俱乐部的会长），有些则没有。此外，即使已经有了一位正式的领导，群体和团队仍然可能继续寻找他人来做领导。非正式领导（informal leader）是进行领导活动但并未由组织或群体正式认可的领导。群体和团队中的正式领导和非正式领导可能是同一个人，也可能是不同的人。我们在前面就提到过群体和团队中任务专家角色和社会情感角色的区别。非正式领导通常能够同时有效地担负两种角色。如果正式的领导只能担负其中一种角色，则非正式领导往往会出现以补充正式领导的职能。如果正式的领导无法担负任何一种角色，则一名或多名非正式领导会出现并担负起两方面的职能。

非正式领导对组织的利弊如何？在许多情境下，非正式领导很有权威，因为他们的权力来自参考（作为成员模仿对象）权力或专家（掌握更多的知识和技能）权力。如果他们为组织的利益服务，他们将成为组织最大的资产。但是，如果他们的目标同组织目标相对立，则会惹出很大的麻烦。这些领导可能会降低绩效规范和对组织构成破坏。

复习一下

1. 团队的基本特征有哪些?
2. 简述内聚和绩效规范间的关系。

13.4 群体和团队的重要性

为什么人们会加入群体和团队

人们出于各种动机加入群体和团队，他们加入组织也就是加入了职能群体。人们接受职位是为了赚钱或从事自己所选择的职业。一旦进入组织，他们就被分配一定的工作或角色，成为职能群体和团队的成员。已经加入现有职能群体的人们被告知、要求或自愿加入委员会、工作组或团队。事实上，对团队合作者的需要已经变得如此强烈，许多组织在招聘新员工的要求中将愿意与他人一起工作作为一项先决条件。人们加入非正式群体的动机则比较复杂。

人际吸引。非正式群体或兴趣群体形成的原因之一是人们相互间的吸引，这是由许多不同的因素促成的。人们相处久了，即使单纯的亲近感也会产生吸引力。如果人们拥有共同的态度、性格或经济地位，则吸引就会增加。

群体活动。个体可能因为群体的活动而受到吸引。慢跑、桥牌、保龄球、诗歌、战争游戏和航模都可能是人们喜欢的活动。许多人喜欢加入群体来参与活动，有些活动则本来就是群体项目。

群体目标。群体的目标也会激励个体加入。环境保护可能是一个群体的目标，而政治筹款则是另一个群体的目标。个体加入这样的群体不是受到其他群体内成员的吸引，也不是群体的工作有吸引力，而是为了献身于群体的目标。

需要满足。满足亲和需要是个体加入群体的原因之一。一个新来的社区成员可能选择加入新来者俱乐部，认识更多的人或找到与人相处的机会。同样，某一领域中的专业人士（例如掌握一种新的编程方法）也可能加入背景相似的人员构成的群体以交流信息和心得。

工具性利益。个体加入群体的最后一个原因是群体成员资格可以为个体提供工具性利益。例如，高年级大学生通常会加入几个专业俱乐部或协会，因为在简历中写上这样的资格有助于获得好的工作。与此相似，加入高尔夫球俱乐部的经理可能不是因为喜欢其中的成员或爱好（当然他 / 她有可能的确爱好）这项运动。俱乐部的目标无关紧要，他 / 她的情感性需要可以通过其他方式来满足。但是，通过加入这个俱乐部，他 / 她可以获得重要的和有用的业务接触。俱乐部的会员身份是建立这些接触的工具。

提高团队的效能

管理者总是希望尽可能保持团队的高效能，为团队建立起一个有力的支持环境。为此，我们需要考虑团队的设计特征（team design features）和团队信任。

团队的设计特征。团队的设计会影响团队的效能，主要包括任务特征、团队规模、团队构成。

任务特征（task characteristics）。关于哪些任务最适合由团队来完成，专家们之间的意见并不一致。有些研究表明，团队更适合结构性的工作，因为清楚的任务结构有助于人们明确各自承担的责任，提高协同的效果。然而，也有一些研究发现，团队更适合复杂的任务，复杂的任务激励人们相互支持来克服困难，团队也有可能做出更好的决策。任务的结构和任务的复杂性并不矛盾，然而复杂的任务通常不是结构性的。

有一种任务类型特别适合团队结构，这就是相依任务（task interdependence），也就是参与任务的成员是为了同一个目标，在任务过程中必须共享投入、密切互动，并且每个成员的结果（例如奖励）也在一定程度上取决于其他成员的绩效。任务相依的程度越高，越需要人们以团队而不是个人的形式完成任务。

团队规模（team size）。团队的规模是指有助于团队发挥最佳效能的人数构成。经验上认为，团队的规模在 5~7 人为最佳。团队的规模取决于一些特定的因素。规模大的团队效能会降低，因为团队成员需要花费大量时间来协调角色，解决差异。国际著名的设计公司 IDEO（设计出苹果电脑的第一个鼠标）拥有 500 多名设计师，这家公司通过灵活的团队组合激发创意。IDEO 摒弃了单个大型团队，创建多个小团队。他们围绕项目和专业要求迅速组建团队，在目标实现、项目结束之后，他们又会打散，重组后去执行另一项任务。

当然，团队的规模并不是越小越好。理想的团队是拥有足够多的成员来提供足够的能力和思想以完成任务，同时又能控制人数，保持有效的协调和成员有意义的参与。

团队构成（team composition）。团队构成是指团队成员的招募标准和成员结构。许多组织在招募人员时会特别注重申请人在团队中的表现。他们希望新的成员乐于与他人共同工作，能够遵守团队的行为规则，愿意支持团队实现目标。也就是说，有效的团队成员不仅应当具备有价值的知识和技能，还必须能够与其他成员友好相处。

在亚马逊公司，参与员工面试的除了人事部门、业务部门之外还有一个特殊的群体，称为抬杆者（bar raiser）。抬杆者是一群对亚马逊的企业文化以及行为准则有深刻理解的员工，他们在招聘中负责维护招聘质量。在招聘中，抬杆者会用很苛刻的眼光考察应聘者是否在至少一点上比亚马逊的平均能力水平要高。如果是，那么雇用这样的人实际上就等于在提升公司的能力，这就是抬杆的本意。如果发现申请人在团队合作和文化方面不符合亚马逊的要求，则抬杆者可以直接否决。

团队构成的另一项重要因素是团队成员的多样性（diversity）。当团队成员间知识、技能和思维方式呈现多样性，在处理复杂问题需要创新解决方案时会表现出优势。这是因为，首先，不同背景的团队成员对于问题或机会可能有不同的看法，团队会有更多的方案选项；其次，多样化的团队成员拥有更多的知识；最后，多样化的团队往往代表性更大，决策更合理。然而，多样化团队需要更长的时间才能发展为有效能的团队，团队成员间的冲突也可能更多。因此，当任务紧迫、任务属于例行的或渐进创新时，同质化的团队可能效能更高。

团队信任。团队成员间的关系取决于信任，信任是影响团队效能的另一项重要因素。信任（trust）是一种心理状态，是指对他人的行为和意愿做出积极的预期并承担由此带来的风险。高度信任的表现之一是当你处于风险之中，其他人有可能影响你时，你相信他们不会伤害你。信任包括对团队其他成员的信念和意识，既是理性的判断，也是情感上的判断。从信任的基础来看，信任可以分为基于计算的信任、基于知识的信任和基于认同的信任，如图 13.5 所示。

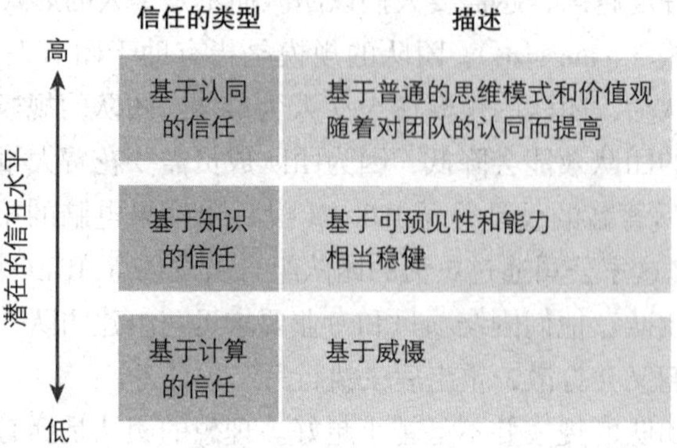

图 13.5 团队信任的三项基础

基于计算的信任（calculus-based trust）是指基于逻辑计算，认为其他团队成员将会表现出适当的行为，否则他们会面临惩罚。团队中的所有成员都相信对方会信守承诺，因为大家都惧怕惩罚。例如在学校的小组作业中，学员相信自己的组员会完成各自分配的工作，否则教师不会允许。

基于知识的信任（knowledge-based trust）是指基于对他人行为预测的信任关系。我们对他人越是理解，越能够预测他们的行为，则我们越有可能信任他们。即使我们不同意或不喜欢团队某一成员的行为，但基于对他以往行为一致性的了解，我们仍然可以产生一定程度的信任。基于知识的信任实际上就是对他人能力的信心，例如我们在医院里对医生的信任就属于这一类别。

基于认同的信任（identification-based trust）是指基于团队成员间的相互理解和情感联系的信任状态。认同是指团队成员间思维相似、情感相似和行为相似。这在高绩效的团队中间往往能够看到，因为团队成员共享价值观和思维模式。基于认同的信任与社会认同的概念有关，你越是认同自己在团队中的成员身份，你越是信任团队中的成员。

基于计算的信任是最脆弱的，团队成员只要有一次未能实现期望可能就会导致信任的破坏。基于知识的信任则较为稳定，因为这种信任经历了时间的考验。对于一位长期绩效稳定的成员，偶尔的失误可能影响信任，但不会导致信任瓦解。在基于认同的信任中，团队成员间价值观高度一致，即使发生有违信任的行为也会很快得到谅解，因为承认背叛信任是对团队成员自我形象的否定。

管理行动专题

提高虚拟团队的效能

虚拟团队的效能比传统团队更具挑战性。信息技术对提高虚拟团队的效能起到关键作用，然而，没有一种信息技术能够解决距离带来的困难。管理专家对提高虚拟团队的绩效有两项建议：

虚拟团队成员的胜任力（competencies）。对虚拟团队成员胜任力的要求比传统团队的更高。虚拟团队成员应当拥有电子沟通、自我领导（即使同事不在身边仍然保持激励），以及高水平的情商（不需要面对面而可以传达情感）。

保持必要的面对面沟通。尽管虚拟团队的本意不包括面对面的沟通，然而，这种沟通方式所带来的理解和认同上的效果是其他沟通方式所无法替代的，特别是在团队组建的阶段。

复习一下

1. 以你加入的某个非正式群体为例，描述你加入的动机。
2. 简述多样化团队和同质化团队的特点。

本章要点

1. 群体是指两个或两个以上的成员经常互动以实现共同目标。而团队是指执行与工作有关的任务、职能和活动的一组成员。
2. 组织中存在三种基本的群体类型——职能群体、任务群体、非正式群体。
3. 人们加入非正式群体的动机包括群体活动、群体目标、需要满足和工具性利益。
4. 团队的优势包括向真正能够完成任务的员工更多地授权，让组织更有效地利用员工的知识和激励，以及帮助组织摆脱官僚主义。
5. 人们加入群体和团队的原因包括人际吸引、群体活动、群体目标、需要满足、工具性利益。
6. 团队从不成熟到成熟的发展要经过四个阶段：形成、震荡、规范和执行。
7. 团队的四项基本特征是角色结构、行为规范、内聚和非正式领导。
8. 团队的设计特征和团队信任影响团队绩效。团队的设计特征包括任务特征、团队规模、团队构成。团队信任可以分为基于计算的信任、基于知识的信任和基于认同的信任。

批判性思考与讨论题

1. 什么是群体？群体有几种类型？它们之间的异同如何？
2. 群体和团队的区别是什么？
3. 为什么有人不愿意在团队中工作？作为管理者，你将如何打消他们的抵制？
4. 团队发展分为几个阶段？所有的团队都要经历本章所介绍的几个步骤吗？为什么？成熟团队和不成熟团队的管理有何不同？
5. 举出一个团队中如何减少社会惰性的例子。
6. 举例描述群体中角色的发展。怎样从一个角色过渡到下一个角色？
7. 个体加入群体的原因有很多。绝大多数群体中的成员是出于各自不同的目的而加入的，这会对群体造成怎样的结果？群体的领导如何设法减少由于加入原因不同而引起的冲突？
8. 假设群体已经充分发展，所有的成员实现了社会化。规范统一对于个体有何利益？不服从群体规范对于个体有何利益？
9. 规范统一对于组织有何利益？什么情况下规范统一性高反而会损害组织的绩效？
10. 你认为团队是一项有长远价值的管理方式吗？为什么？
11. 描述管理学课堂上的行为规范。这种规范的一般性如何？或者说，违反规范的学生将受到怎样的惩罚？规范的变化程度如何？或者说，是否有学生享有违反规范的特权？
12. 什么样的员工可能更喜欢在虚拟团队中工作？什么样的员工可能更喜欢面对面的工作团队？
13. 团队缺乏内聚的原因可能有哪些？假设你被指定去管理一支低绩效、高内聚的群体。你将采取什么措施来改变局面？

15. 有的企业将志愿活动作为团队建设的工作，例如召集部分员工花一天的时间共同从事一项社区志愿服务。请评价这种方法是否有助于培养有效的团队。

16. 在网上找出一家专门提供团队建设咨询服务的企业，运用本章的概念和方法评论它的服务是否有效。

学习伴随案例练习

根据你所选择的组织的资料，以小组为单位对其管理活动进行讨论。回答下面的问题并向全班报告。

1. 描述你所跟踪的组织是如何建立团队的。
2. 这些团队的结构和责任如何？它们是自我管理的团队吗？

综合讨论题

在典型的企业组织之外存在着多种有效的群体形式，如球队、军队、内阁、学生会、教会的领导层都是团队的例子。

1. 在互联网上找出一个真实的团队的例子，选择的标准是：（1）不能是传统的营利性组织；（2）你能够说明它是一个高效能的团队。
2. 说明团队有效的原因。考虑团队特征和活动，例如角色结构、行为规范、内聚和冲突管理。
3. 企业管理者可以从这一团队中学到什么？如何将这一团队成功的因素应用到企业中？

结尾案例

Google 公司的团队研究

人力资源是 Google 公司竞争优势的核心，为了保持这一优势，他们不能仅仅依赖商学院的研究成果。作为行业领导者，Google 总是要求招募市场上最优秀的员工，但员工加入公司后还要在团队中能够发挥作用才行。

2012 年，Google 发起亚里士多德项目，对公司里数百支团队进行研究，找出团队成功或不成功的原因。项目组首先对过去半个世纪的学术研究成果进行整理。优秀团队是由兴趣相似的员工构成吗？或者，对同一种奖励更敏感的成员构成？

根据这些研究，项目组对 Google 内部团队进行了梳理，这些团队在办公时间以外社交频率如何？他们拥有相同的爱好吗？教育背景相似？团队成员都是外向还是都是内向好？他们对成员重叠的团队作图，看哪一个团队能够超越预定目标。他们还研究了团队在一起的时间长短，团队性别比例与团队成功的关系。

项目组研究了 180 支团队，然而一直没能找出团队成员构成与绩效之间的模式。“团队成员的个性特征、技能或背景都和绩效无关，也就是说，团队中的‘谁’似乎与绩效无关。”

在最有效的团队中，有些由朋友构成，他们会在工作时间之外进行社交，但也有些纯粹是陌生人。有的团队成员特别优秀，有的成员并不出色，有的拥有强势领导，也有的则轮流当领导。有两支团队，成员几乎相同，但绩效却相差很大。亚里士多德项目负责人说，“在Google，我们很擅长找出模式，但这次却没能发现明显模式”。

不过，项目组注意到心理学和社会学的一些学术研究对群体规范的重视。群体规范是指在群体中支配行为的传统、行为标准和未明言的规则。例如，某一团队可能竭力避免分歧，而另一团队可能鼓励激烈辩论以避免群体思维。即使团队成员和个人有不同的行为风格，但群体规范会压倒个人倾向，使得团队形成差异。

卡内基梅隆大学和麻省理工学院的心理学家们使用定义和测量个人智商的方法来测量团队智商。他们的研究发现，团队是有智商的，并且智商是稳定的。而决定团队智商的主要因素是团队成员如何相互对待。也就是说，正确的群体规范能够提升团队智商，而错误的团队规范会束缚团队智商，哪怕团队是由特别出色的成员所构成。[1]

亚里士多德项目组发现了成功团队共有的两个群体规范。首先，在成功的团队中，每位成员发言的时间比例大致相同，研究者称其为“轮流讲话的均等分布”。“如果人人都有机会说话，团队绩效就好。但如果只有一个人或少数人说话，团队智商就会下降。”其次，好的团队都拥有“平均水平的社交敏感度”。通过声音、表情或其他非言语暗示，他们能够凭直觉发现其他人的感受。

在心理学中，这两种群体规范称为心理安全。“一种安全感，成员知道自己不会因为发言而受到惩罚或陷入尴尬，”“描述团队成员间相互信任和相互尊重的气氛”。亚里士多德项目组发现，如果将心理安全引入团队绩效分析，许多问题都可以得到解决。例如，如果团队领导创造出承担风险的安全空间，那么团队绩效往往较高。相反，如果团队领导无法控制自己的情绪，则团队绩效通常不高。

其他重要因素还包括清楚的目标和相互依赖的文化，但Google的数据表明，与其他要素相比，心理安全才是团队绩效最关键的决定因素。心理安全水平高的团队成员留存水平高，他们更善于利用其他成员的多样化观点，能够创造更高的收益，被高管们评价为有效团队的机会高一倍。

如何提高团队成员的心理安全呢？员工们工作繁忙，而心理安全却是复杂的，需要时间来建立。你可以要求大家轮流发言，也可以要求大家注意同事的感受。但有些员工，像是工程师，本来就不善于表达情感。

人们不愿意在生活和工作中扮演两副面孔，工作也不只是出力。要想建立心理安全，就必须让团队成员在工作中有敢于分享的自由，能够讨论一些困难的主题。心理安全往往建立在一些经验过程中，如情感性的交流、深入的谈话、关于团队未来和团队成员给我们的感想，等等。在研究中，一支自愿参与的团队以披露和讨论团队领导者的病情作为契机，在成员内部公开讨论团队规范，并设计出重建团队规范、提高心理安全的方法。

结尾案例讨论题

1. 回顾你自己参与过的团队，请分别给出一个心理安全水平高和低的例子。
2. 在你的例子中心理安全水平与绩效的关系与案例中的结论一致吗？
3. 为什么很多团队难以提升心理安全？

开篇案例讨论题

1. 请分析阿拉善SEE生态协会目前处于团队发展的哪一个阶段？
2. 描述阿拉善SEE生态协会团队特性。
3. 阿拉善SEE生态协会如何解决团队内的冲突？

自测题

1. T　F　如果组织决定采用团队的形式，它是在实施一次重大的组织变革。
2. T　F　人与角色冲突源于来自同一个信息源的冲突信息。
3. T　F　不了解群体规范的个体会主动接收发自其他群体成员的沟通。
4. T　F　团队内竞争减少了内聚。
5. T　F　非正式群体的目标和走向不一定符合组织的目标。
6. 组织创建团队的原因包括下面所有的，除了
   a. 向那些实际完成任务的人授予更多的责任
   b. 让员工拥有更大的权力和决策自由
   c. 增加了组织中主管的人数
   d. 组织可以提高灵活性和反应速度
   e. 组织可以充分运用员工的知识
7. 群体和团队在发展中遵循下列哪种过程
   a. 震荡、形成、规范、执行
   b. 规范、执行、形成、震荡
   c. 执行、震荡、规范、形成
   d. 形成、震荡、规范、执行
   e. 形成、规范、震荡、执行
8. 如果在角色事件中出现重大的扰动，下列情况可能出现，除了
   a. 角色模糊
   b. 角色间冲突
   c. 内部发送者冲突
   d. 人与角色冲突
   e. 角色普遍化
9. 下列哪一项不会影响规范统一性的水平
   a. 来自团队要求统一的压力
   b. 团队性质是跨职能团队还是高绩效团队
   c. 个体特质，例如智力
   d. 情境因素，例如团队规模
   e. 引发行动的初始刺激的模糊程度
10. 以下哪一项不是人们加入群体的原因
   a. 扩大资源基础
   b. 群体目标
   c. 群体活动
   d. 需要满足
   e. 工具性利益

本章注释

[1] https://www.psychologicalscience.org/news/what-google-learned-from-its-quest-to-build-the-perfect-team.html.

14

CHAPTER 14

人员配置与员工发展

本章学习要点

- 人力资源管理
- 人力资源规划
- 招聘、挑选和入职培训
- 薪酬和福利
- 培训和发展
- 绩效评估
- 人力资源管理的法律问题

和睦家医院的独特定位对人力资源管理提出挑战。

开篇案例

和睦家：在中国提供美式医院服务

和睦家医院是一家完全按美国私立医院标准设立的综合性医院，拥有一支国际化的医疗队伍。医生们来自美国、加拿大等十多个国家和地区；语言涵盖英语、法语、德语、西班牙语、瑞典语、芬兰语、波斯语、日语、普通话、粤语和斯瓦希里语，外籍医生所占比例始终保持在一半左右。

和睦家从规模和技术层面上无法与国有大医院抗衡。运营总监陈沛说，“我们的核心竞争力在于让我们服务的客户能够舒服、快捷、隐私而且干净地获得他们需要的常见病的治疗”。和睦家选择医师的标准不仅是出色的医学教育背景和高超的专业技术，同时还要求他们热忱、富有同情心、对中国多文化工作环境有真正热情。和睦家的人力资源成本超过其运营成本的50%，而国内公立医院的人力成本规定不超过20%。

和睦家将人力资源管理提升到医院战略发展的层面。当医院需要开展一项新的服务项目，人力资源部从立项的环节即开始介入，与业务部门沟通人员的要求、到岗的时间等。医疗技术的复杂性以及服务人群的特殊性令和睦家人力资源部门承担着很大的压力。上海和睦家医院开业，计划招聘20名医生。由于涉及海外招聘，这一过程历时一年左右才得以完成。

人力资源部总监Susie Bates认为，无论是人员招聘、岗位设置还是绩效考核，首先一定要设计一个好的流程。这个流程不是基于某个人来设计，而是基于整个公司的需要。“聘用决定在和睦家往往是一个合作的决定，”Susie说。“医疗执行官、科室主席乃至科室中比较资深的医生都会参加面试……科室主任最关注的是这个人能否增加其科室的竞争力；而我们则会从整个战略的角度，考虑他是否适合我们这个组织。”

Susie坦言，要所有人都精通医术且深谙两国的文化是不太现实的。和睦家人力资源管理的战略性还表现在人员招聘时的标准，选择那些愿意去学习和接受一种新文化的人才。和睦家可以为他们创造一个了解其他文化的机会，而他们也要有拥抱和欣赏不同文化的胸怀。对Susie而言，最大的挑战在于如何让本地员工与海外员工一起有效地工作，尤其医疗行业又是一个特别以人为本的行业。“我们非常幸运地拥有一批国内外有经验的医生，他们都有自己的工作方式，我们所要做的可能是要帮助他们找出第三种方式，能够被他们所共同认可并接受的方式，使得1+1最终大于2。”

欧美护理市场对国际注册护士的争夺十分激烈，和睦家曾经在一年里就有19名护士被挖走。“我们的对策就是给她们提供一些交叉专业的培训，甚至帮她们准备国际注册护士的考试。我们并不简单地阻止她们出国工作的想法，但我们非常欢迎她们工作一段时间后再回来，”Susie说。

和睦家医院的护士并不总是固定在一个科室，而是根据任务进行分配。一名护士可能同时持有ICU专科护士资格和急诊专科护士资格。和睦家常年聘请2名美国注册护士担任护理教员，对新护士和专科护士进行培训。护理部鼓励护士学习，并在排班时对参加学习的护士进行照顾。对于与医院签订工作合同的护士，还会给予经济奖励。和睦家开发了一项护士晋升方案，每年的10月都会举行护士晋升考试。

和睦家每年会做一次绩效评估，评估的依据是医疗质量官制订的医疗质量标准以及每个岗位的职责描述。院长盘仲莹介绍说，“和睦家不只注重绩效，更注重影响绩效的因素，比如员工的工作压力、职业发展、子女教育、精神创伤、婚姻情感等”。和睦家建立了员工帮助计划EAP，由专业人员对员工及其直系亲属提供专业指导、培训和咨询，帮助员工及其家庭成员解决各种心理和行为问题。新的管理信息系统可以根据实时数据，结合员工技能、资格证书甚至员工个人的时间偏好等实现医护人员的高级排班，还将实现员工自助排班和交换班次等更为人性化的管理。

和睦家还非常注重对员工的培训。早上和中午会有医院或各科的讲座，打卡算学分。每年还有一笔继续教育基金，一般是一个月的薪水。自己选择感兴趣的会议，回来报销食宿及注册费。培训不仅仅针对医生和护士，新加盟的员工有入职课程，医院长期安排有英语和中文的语言课程以及为医院的高层管理者开设的关于领导力的课程，聘请美国哈佛大学的老师来进行一对一的培训，另外还有对其他医院开放的牙科护士的培训课程等等。

创始人李碧菁认为：“和睦家医院完全有能力达到数十家规模。”这意味着人力资源管理需要做出更加前瞻性的设计和投入。

许多企业家和管理者认为，组织最大的挑战莫过于发现和留住最好的员工。本章首先介绍企业如何获得、保留和发展人力资源，企业如何将资源的需求和供应配比。接下来我们将讨论工作分析的概念。我们还将讨论企业在招聘员工时如何招募、挑选和进行入职培训。然后我们将描述激励员工留在组织并有效工作的报酬形式，以及员工的培训、管理发展和绩效评估的方法。最后我们将对人力资源的法律进行简要的总结。

14.1 人力资源管理

大学校园里经常会有企业举办的全国高校巡回招聘说明会，这是企业在提前开展人才争夺和争取足够的员工储备。

人力资源管理

人力资源管理（human resource management，HRM）是组织吸引、保持和开发有效员工队伍的活动。许多企业都认为“人是最宝贵的资源”，也的确花了很大的努力来试图发现和留住最好的员工，它们认识到低效率的人力资源管理将给组织带来极高的成本。企业首先要设法招募到足够的优秀员工，提供有竞争力的报酬留住他们（retentiom），还要创造条件让员工在工作中得到发展。

在小型企业，企业主往往亲自承担人力资源管理的工作。大型组织会有专门的人力资源部门和专业员工，像阿里巴巴、腾讯和华为这样的大型企业会配备大量专业人员管理人力资源。人力资源专业人员和业务经理需要共同分担人力资源管理的工作。例如，人力资源规划和工作分析可能主要是人力资源部门的工作，但他们需要业务部门提供信息。招聘工作虽然由人力资源部门发起，但业务部门有权决定人选。入职培训由人力资源部门组织，而具体的培训活动却是在业务部门。报酬系统由人力资源部门设计，业务部门则决定加薪和晋升。培训和发展也是两个部门共同组织的。绩效评估的原则通常由人力资源部门建立，具体的实施则是在业务部门。

表 14.1

人力资源管理的主要活动

招募员工的人力资源管理活动包括：

□人力资源规划：预测企业未来的人力资源需求。

□工作分析：明确职位的性质。

□招聘：吸引符合要求的员工来申请职位。

□入职培训：让新员工熟悉公司。

留住员工的人力资源活动包括：

□报酬：用货币支付来奖励员工的工作。

□福利：提供给员工的福利项目和水平。

员工发展的人力资源活动包括：

□培训和发展：向员工传授新技能、提供新工作和更有效的工作方法。

□绩效评估：评估员工当前的和潜在的绩效水平。

建立多元化的员工队伍

多元化（diversity）是指组织成员在某一个或多个重要方面表现出差异，例如价值观、信仰、行为、习俗和态度等。这种差异来自成员的多元文化（multicultural）背景，包括年龄、性别、地域差异、种族差异等。例如，年长的员工和年轻员工在工作态度、教育水平、技能储备方面的差异就是多元化的一种反映。

组织的多元化首先是劳动力队伍多元化的一种反映。随着社会多元化程度的提高，越来越多的企业将多元化视为企业竞争优势的来源。多元化对企业竞争力的贡献包括：

□降低成本和员工资源优势。例如，有些企业抱怨“90 后”一代在工作中出现的问题，但许多网络公司和新型服务公司却能够充分发挥这一代人的特殊优势，从而提高生产力和减少有经验员工的离职。同样，在多元化方面有所建树的企业也更容易招募到多元化的员工队伍。

□**营销优势和创新优势**。多元化组织的员工更了解不同市场群体的需求，也更有机会从中发现商机。与相似性高的组织成员结构相比，多元化的员工队伍能够为组织带来更多的新观念和差异，更有机会表现出创造性和创新。同时，多元化组织员工解决问题的能力也更强，因为员工队伍中的信息和知识更加丰富。

□**系统的灵活性**。多元化组织不得不表现出更大的灵活性，因此更有可能对环境的变化作出快速反应并找到利用这些改变的方法。

多元化也可能带来组织内部的冲突。例如，男性主管可能认为提拔女性主管是性别照顾，因而会产生不满。创业团队的成员可能对新加入的外来高管持有戒心而影响合作。多元化的员工队伍还增加了统一公司文化的难度。

企业提高多元化管理水平的途径包括增加政策透明度、加强沟通和多元化培训。

知识工作者的管理

知识工作者（knowledge worker）是以自己的知识为组织增加价值的组织成员。知识工作者包括计算机科学家、工程师、物理学家等专业人士，他们往往在高技术企业工作，掌握抽象的知识。知识工作者认为自己有权利自主工作，他们更忠诚于自己的专业而不是组织，更看重同行的评价而不是组织的报酬。知识工作者对知识更新的要求极为强烈，这主要是因为专业知识的更新速度很快，例如工程类技术教育的“半衰期”只有 3 年。

知识工作者给人力资源管理带来了很多挑战，如知识工作者的考核和晋升。有些企业在考核中看重年资，而有些企业则看重研发项目的回报。在晋升方面，有些企业设计了专业和管理的双重晋升路径供知识工作者选择。此外，组织需要给知识工作者提供充分的“更新”知识的条件，例如同行交流。

在宽泛的意义上，任何具备稀缺性、有价值和难于模仿的组织内的知识都是竞争优势的来源。这些知识不仅体现为技术性的知识，还体现为掌握了运营知识的普通员工。因此，企业通过投资于员工的培训和发展可以获得独特的竞争优势。

临时员工的管理

临时员工（contingent worker）是以非全职员工形式为本组织工作的员工，包括兼职员工、外部承包商的员工、劳务派遣工和其他形式的临时人员。临时员工的使用相当普遍，例如，许多机构的保安是从保安公司派遣来的而不是本机构聘用的。不仅企业，政府部门现在也大量使用临时员工，像公安、税务等部门都会使用临时员工。

组织聘用临时员工的主要目的是降低成本。以劳务派遣工为例，企业可以不向这些员工支付福利、休假和病假的费用。另一个目的是运营的灵活性，例如企业订单变动会导致生产线员工人数的大幅度变动，聘用临时员工可以快速满足需要，而在订单完成后又不必承担继续聘用或让员工下岗的成本。

聘用临时员工也有不利的一面。临时员工更倾向于掌握一般性技术而不是本组织专门用到的技术，临时员工可能缺乏组织忠诚，依赖临时员工可能妨碍组织建立属于自己的、有竞争力的员工队伍。

战略人力资源管理

今天的管理者已经认识到，人力资源管理的有效性对组织的绩效有着重大的影响。低效率的人力资源规划会导致大量招聘后又大批裁员，高昂的雇员补偿、培训费用和士气损失，这些都要组织付出重大的代价。随心所欲的报酬系统无法吸引、保留和激励优秀的员工，过时的招聘手法还可能让企业卷入纠纷。现在，绝大多数企业的人力资源负责人都是直接向 CEO 报告。许多企业制定了战略人力资源规划，并且将这些规划与其他战略规划结合起来。也就是说，人力资源部门不仅要提高履行传统职能的能力，还要能够从战略层面上配合组织的变革。这是因为，组织认识到环境的复杂性，以及低效率的人力资源管理所带来的成本。

组织将人力资源管理纳入战略层次的一个重要表现是越来越多的企业在使命中强调人力资源，像美国的星巴克、沃尔玛和西南航空公司，中国的华为、格力等在企业使命中都强调了员工的价值。通过雇用正确的员工，培训员工以提高工作的效能，为他们安排合适的工作，激励他们更加努力工作和保留有经验的员工，人力资源管理能够为企业带来巨大的竞争优势。

许多跨国企业在制定企业发展计划和战略的阶段就开始寻求人力资源部门的介入。管理学家巴列特（Bartlett）和戈沙尔（Gorshal）指出，人力资源经理在跨国企业中的地位出现了显著的上升，因为他们控制了企业在全球范围内进行竞争所必需的关键而稀缺的资源。

雇主品牌

为了在激烈竞争的人力资源市场上吸引到最优秀、最适合的员工，企业还需要建立并管理好自己的雇主品牌。**雇主品牌**（employer brand）是与员工受雇于组织、获得组织身份相关的各种功能、经济和心理的利益。[1] 与商品品牌一样，雇主品牌是雇主的信誉，包含了人们对在该公司工作的期望、公司所重视的东西（公司文化）以及该公司与劳动市场或产业中其他雇主的区别。在招聘和保留员工时，雇主品牌拥有特殊的优势。就像商品品牌一样，雇主品牌帮助企业从大量平庸的就业选择中凸显出来。雇主品牌帮助就业者将复杂的信念和期望转变为相对简化的印象。例如，国企往往令人联想到稳定，外企令人想到优越的待遇和绩效导向的价值观。互联网公司尽管在经常性的加班和员工股权方面很接近，然而行业内人员可以清楚地区分腾讯、网易、搜狐和新浪的形象有何不同。

组织可以通过以下三个步骤改进雇主品牌：

□评估当前的雇主品牌。例如通过对员工或潜在员工的调查，了解他们对组织雇主品牌的感受。

□按照期望的差异化雇主品牌形象调整组织文化和实践。审视组织的奖励、文化、培训和其他职能是否与所期望的雇主品牌形象一致。

□向潜在员工和公众持续传达这一形象。例如在每年开展的校园招聘会上持续传达雇主的品牌形象。

复习一下

1. 人力资源管理的主要活动有哪些？
2. 简述雇主品牌的重要性。

14.2 人力资源规划

人力资源规划

吸引合格的人力资源的起点是规划。**人力资源规划**（human resource planning）是制定战略来满足组织未来人力资源需求的过程。人力资源规划的起点是公司的总体战略规划，由此出发可以预测人力资源的未来需求。图 14.1 描述了人力资源规划的步骤。

预测人力资源的需求。首先需要进行趋势评估，包括过去的人力资源使用、未来的组织规划和总体经济的趋势。通常组织会将销售预测作为这一预测的核心指标，根据经验比例确定所需要的人力资源的类别和数量。

预测人力资源的供给。对未来劳动力供给的预测包括预测内部供应（未来某一时刻在组织中的员工人数和类型，需要根据企业规划以及当前的员工流失和晋升的情况进行调整）和外部供应（劳动力市场上可供雇用的劳动力的数量和类型）。

对于某些重要的或专业的职位，管理者们需要进行特别的安排。最常用的技术是接替图，其中列出了每一个重要的职位、目前的在职人员、继续在职的估计时间、哪些人可以胜任或很快可以胜任这一职位。这样的技术有助于组织为重要的职位做好人员变动的准备。

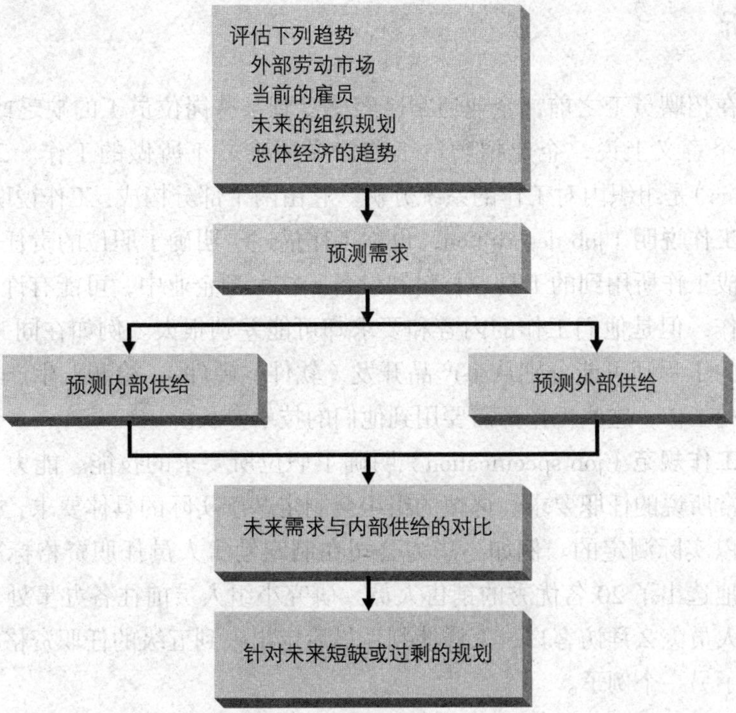

图 14.1 人力资源规划的步骤

为了帮助组织规划和找到符合要求的员工，有些组织开发了员工信息系统（employee information system），也称技能库存。这一系统中储存了员工所受的教育、技能、工作经验、职业理想等电子数据，可以在组织需要的时候迅速找到符合要求的员工。

预测外部人力资源的供给是一项困难的工作，因为可能影响结果的不确定性因素太多。如果企业处于高速成长的阶段，则这方面的工作尤其重要。京东商城决定将呼叫中心设在总裁刘强东的家乡江苏宿迁。与北京上海等沿海地区相比，宿迁的人力成本显然低得多。然而，这一决策没有考虑到宿迁本地人的普通话水平。当座席数扩容为 500 人时，京东发现在当地很难招到足够的符合普通话标准的女性员工。结果不得不从四川招聘员工，再派他们到宿迁就职。

产业发展水平和总体人才储备也是一个需要考虑的因素。2001 年华为发动了以产业人才垄断为目标的万人大招聘，结果引起了很大的争议。一方面，华为知道在这样一个快速发展和不断升级的产业中，优秀的专业人才的储备将决定企业的竞争力；另一方面，在电信产业转型的背景下，许多当年招聘的员工实际上无法安排适当的职位。在此之后，华为的人才招聘仍然保持了每年数千人的规模，但在需求和供给的配比方面则力求达到更高的水平。

工作分析

在招聘员工之前，企业通常已经感受到某些岗位员工的缺乏或预测会缺乏。在这个意义上说，企业招聘员工前需要明确员工所做的工作。**工作分析**（job analysis）是组织内对工作的系统分析。它由两个部分构成：工作说明和工作规范。

工作说明（job description，也称工作描述）明确了职位的责任、工作的条件和完成工作所用到的工具、材料和设备。在大型企业中，可能有许多人从事同一种工作，但是他们工作的内容和要求却可能差别很大。例如在同一家 IT 企业中工作的工程师可能分别从事产品开发（软件、硬件）、检测、生产、采购或销售等不同工作，这些工作都需要用到他们的技术专长。

工作规范（job specification）明确了职位所要求的技能、能力和条件，也就是通常所说的任职要求。谨慎的组织会制定基于实际的具体要求，这些要求应当是可以实际测定的。例如，华为公司在制定销售人员任职资格标准时，先在全国各地选出了 20 名优秀的销售人员。研究小组人员前往各办事处，看这些优秀销售人员怎么拜访客户、怎样谈判，最后定出一到五级的任职资格标准。表 14.2 给出了另一个例子。

工作分析信息体现在许多人力资源的活动中。例如，职位的职责和职位的要求是招聘、选拔、绩效评估和公平报酬的必要条件。

表 14.2

华为公司招聘要求中的工作说明和工作规范

职位：产品工程师　**职位编码：**S020002-11

职责

1. 负责客户支持服务需求和市场 / 竞争信息的收集、分析与研究；
2. 负责客户支持服务产品 / 解决方案的开发和资料输出，主要包括服务产品 / 解决方案（如维保服务、管理服务和备件服务等）的设计和产品化，服务产品定价 / 报价策略和方法的制定和工具化等；
3. 负责参与重大服务销售项目的售前支持工作，对服务方案制作与评审、成本测算、报价建议等提供支持；
4. 负责服务解决方案 / 服务产品的品牌宣传、应用推广与培训，对其应用提供技术支持。

职位要求

1. 大学本科或以上学历，营销、电子、通信、计算机等相关工作行业经验（本科 5 年，硕士 4 年）；
2. 拥有较强的客户理解能力，需求分析能力，人际沟通能力和团队合作能力；
3. 拥有相关投标经验、项目管理经验者优先；
4. 能适应长期海外常驻或者频繁出差要求；
5. 具备良好的沟通、协调能力，对问题具有敏感性，推动力强；
6. 英语可作为工作语言。

备注：本职位出差频率为一年出差 6 个月左右。

工作地点：深圳　有效期 20×× -12-15 至 20×× -06-15

复习一下

1. 请描述人力资源规划的程序。
2. 工作说明和工作规范的区别是什么?

14.3　招聘、挑选和入职培训

招聘

在组织确定了自己未来的人力资源需要之后，下一步通常是开始招聘。招聘（recruiting）是吸引合格人才申请加入空缺职位的过程。招聘的对象有时来自组织外部，有时来自组织内部。

外部招聘是指吸引组织外部的人员申请工作职位，通常所说的招聘就是这个含义。外部招聘的方法包括招聘广告、校园招聘、招聘代理、员工介绍，还有一些偶然性的应聘者。一些对高质量新员工需求量大的企业，如 Google，会鼓励全体员工识别并邀请行业明星加入，为此可能发布奖励政策和系统支持。Facebook 公司中 60%~70% 的工程师是员工推荐招聘的，成功推荐一名工程师，推荐人可以获得 5000 美元奖金。优秀毕业生也是各类企业争夺的对象，每当招聘季节，诸多企业会在校园内展开人才的竞争。像华为、腾讯这样的企业还会与学校建立合作，提早介入人才的培养。

现在，网络已经成为重要的招聘工具。企业在自己的网站上发布职位信息，个人也可以在像 LinkedIn 这样的专业人员招聘类网站上发布求职信息和自我介绍。高级管理者和高级专业人员往往是市场上激烈争夺的对象，专门帮助组织从事这类招聘工作的机构被称为猎头公司。

有时组织在安排某一职位人选时会优先考虑内部人员。内部招聘是将当前的员工作为空缺职位的候选者。内部晋升有助于提高士气，保留高品质的员工。有时可以通过人事档案或企业信息系统获得适合的候选人资料，也可以通过管理者提名推荐来获得候选人名单。绝大多数企业会在内网公布空缺的职位。

招聘虽然是由企业所发起的，但它所涉及的决策却是双向的。组织在挑选申请人，申请人也在挑选组织。在人才短缺的产业中，许多组织在通常的报酬、福利之外还会强调其他因素。例如 Google、微软在招聘中会暗示同最聪明的人在一起工作所获得的满足。有的组织会强调工作的趣味性，非营利组织则会强调工作对于社会的意义。

招聘工作成功的一个重要前提是人与职位的匹配，这需要双方的努力。错误的聘用可能以离职或解雇而告终，对于员工固然是挫折，对于组织也是重大的损失。而在管理人员招聘中发生的错误则会给整个组织带来极大困扰，影响各种利益相关人。

管理行动专题

面试次数的选择

面试需要消耗大量的时间，拖延时间还可能导致求职者接受竞争对手的职位。另一方面，匆忙决策造成的后果也是代价高昂的，一只“坏苹果”可能损害整个团队。

Google每年收到200万份简历，进入Google工作比考入哈佛大学难10倍。Google在早期对于面试十分谨慎，10轮面试是很常见的。这样长的流程不仅让Google员工难以负担，也损害了求职者的体验。Google人力资源部门对面试轮数与入职预测之间的关系进行分析，发现四轮面试之后求职者入职的机会不再增加。官方说法是，“在86%的置信水平上，四轮面试即足以预测求职者能否入职”。[2]

结合其他研究发现，Google决定在招聘中采用“四轮面试法则”，将招聘时间缩短了两周。

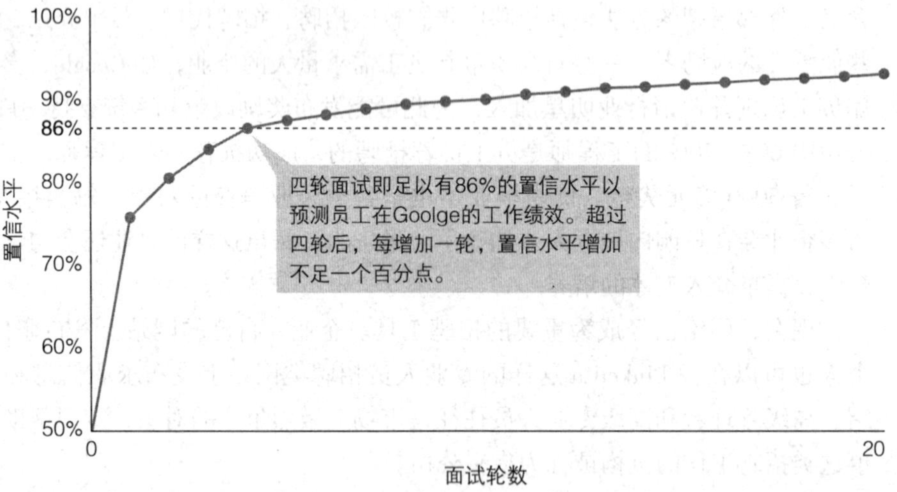

挑选

组织通过招聘的程序会获得一组申请者，下一步的工作是从中挑选出合适的员工。**挑选**（selection）程序的意图是收集能够预测申请者将会成功的信息，然后聘用最有可能成功的员工。工作分析的结果在这一阶段扮演着重要的角色，工作分析可以告诉组织什么样的人最可能在这一职位上成功。当然，尽管在挑选作业中已经有了一些定量的方法，但还不能建立可靠的模型，管理者的直觉仍然非常重要。

挑选方法的信度和效度。**信度**（reliability）是指对特性的测量结果是否保持一致。例如，在挑选阶段测量结果表明某位申请人分析能力较强，然而在工作之后却得出相反的结论，则说明挑选方法的信度不足。**效度**（validity）是指所测量的结果能否预测申请人的工作表现。例如，中国雇主比较看重申请人的本科学校和外语水平。这是因为高考被认为是相对公正的，而外语能力则是本人努力程度的一个重要指标。表 14.3 总结了不同挑选方法的效度。

表 14.3

不同挑选方法的效度

挑选的方法	普及度	效度	说　明
职位申请书和证明人	高	中等	难以验证信息的可靠性，证明人提供的信息应当与职位申请书一致。
工作样本测试	中	中高	以“样本”而不是“信号”来判断，效度较高。但成本可能很高，有些职位难以应用。
能力考试	中	中等	对知识的测试接近于“样本”，其他能力测试也可以用于预测工作相关的行为。
非结构化面试	很高	低中	通过增加面试官人数和改进问题的类型可以提高效度。
模式行为描述面试	中	中高	效度相当高的挑选方法，但使用相对不多。
个性测试	中低	低中	使用开始增多，但往往只适用于某些工作的某些绩效维度。

职位申请书。挑选员工的第一步是要求候选人填写职位申请书和简历，内容是关于申请人的工作历史、教育背景和与工作相关的个人数据。职位申请书通常起到初步筛选申请人的作用。

管理行动专题

如何让求职申请吸引人

你当然希望自己的求职申请、简历或求职信能够吸引招聘人员，但这也是其他求职人员的愿望。怎样才能吸引未来雇主的注意，从竞争中脱颖而出呢？

□增加一点点个性。一位求职者给 20 家广告公司写信，但没有人理睬她。于是她在求职信的封面上写道，“在广告公司工作是我的梦想”，这一次她收到了面试通知并且最终得到了这份工作。

□说明你能做些什么。说明你知道这家公司面临的挑战以及你对公司有何价值。一家教学辅导公司的负责人收到了几十封求职信，她将工作给了其中的一个人，因为这名候选人解释了“她的工作如何对公司作出贡献”。

□表现出创造性，但不要过头。有时，过于强调独特性并不适当。相反，在需要创造性的时候你应当考虑一种有想象力的方法。一位申请人在递交简历的同时还附上视频，在视频中他展示了营销公司产品的方法，最终获得了这个营销职位。

证明人。招聘人员的组织通常会要求申请人提供证明其背景信息和提供个人评价的证明人（reference）。由于申请人自然地倾向于提供对自己最有利的证明人，因此证明人的作用主要是核对此前的工作经验、职责和离职原因等。

工作样本测试（work sample tests）是指现场进行的实际工作能力测试，测试的内容是未来员工的工作任务。测试的方式可以是实际工作，也可以是模拟能力测试，例如管理决策。

评估中心法。评估中心法是一种常用的选拔经理的方法，对于内部提升特别有效。评估中心法是对管理工作主要部分进行的内容模拟。评估通常持续2~3天，由6~12名员工参加各种管理练习，包括面试、公开演讲和标准化的能力测试。然后由几位经过培训的观察人员对候选人进行评估，这些人通常是候选人将要工作的部门的各层次经理。

能力考试。同具体工作相关的技能、能力、态度或知识的考试是工作成功的最佳预测方法。有些考试是纸笔考试，有些考试则以游戏或活动的形式进行。申请人也懂得考试的重要性，“世界500强企业招聘考试题”在市场上一直是畅销书的重要主题。组织应当注意考试中的公平性。

面试。面试是一种最常用的挑选技术，几乎所有的招聘都要经过面试环节。管理者们希望通过面试了解（猜测）申请人的人格特质，例如申请人的责任心、可靠性、主动性和韧性。面试模拟了一种社会化的环境，可以测试申请人的社会化能力，也就是与他人相处或互动的能力。此外，面试还可以帮助管理者了解申请人的一般能力，如智力、知识和技能。然而，面试的有效性也常常受到质疑。许多因素会影响面试官对申请人的看法，从而导致面试过程缺乏严格的标准。例如，面试过程经常受到简历内容的影响，而不是按照一种客观的程序来进行。

培训面试官了解自己可能的偏见和改善面试的结构安排可以提高面试的效果。结构化面试是用事先准备好的问题组织面试，并且对所有申请人的提问顺序都是一样的。在面试程序中体现一致性，可以减少面试官个人因素的影响。多角度的面试也是一种解决方法，例如由多位管理者以及未来的同事和下属参与面试。

面试问题集中于以往工作行为的结构化面试称为**模式化行为描述面试**（patterned behavior description interview）。面试官事先准备好一些情境问题，要求申请人举出以往最相关的工作行为。例如，为了解申请人与人相处的能力，可以要求他回忆过去在遇到同事之间意见不一致时如何处理问题。基于申请人所提出的解释，面试官还可以进行更深入的提问。如果所申请的工作职位与特定行为相联系，例如服务标准，这种方法是相当有效的。表14.4给出了美国范德比尔特大学医院面试住院医师申请的方案。[3]

表 14.4

在考察住院医师时运用模式化行为描述面试方法

专业精神行为	以往行为描述问题
1. 遵守伦理原则和利他主义	1. 请举出一个例子，说明你曾经犯过一个严重错误并不得不向你的上级和同事承认自己的错误。
2. 对于患者、社会和专业领域敢于承担个人责任	2. 请举出一个过去工作中的例子，描述你对处理一项伦理情境的不同意见。
3. 对于文化、年龄、性别和残疾人的敏感性	3. 请举出过去一年里你在工作或学校中遇到的一项重大挑战。
4. 追求卓越和专业发展的承诺	4. 请举出一个例子，有人对你很信赖，然而你觉得自己不得不打破这种信赖。
5. 可靠，能够很好地管理时间和资源	5. 举出一个例子说明你是如何向他人传达坏消息的。 6. 你认为自己的优势是什么？缺陷是什么？

人格测试。许多组织要求申请人进行人格测试（也称个性测试）。如果说前面提到的能力考试是对具体因素进行测试，那么人格测试则是对抽象因素进行考试。人格（personality）是指能够解释个体行为倾向的相对稳定的行为模式和一致的内在状态，我们会在后面的章节进一步讨论这个概念。人格测试的结果可以预测一部分未来的工作表现。

入职培训

经过前面的各个阶段后，组织向申请人提供了职位。在申请人接受职位之后，他将成为组织的一名员工。刚刚加入组织的员工通常要参加**入职培训**（orientation）。入职培训是帮助新员工熟悉组织的过程，其内容可以从基本的设施位置介绍直到长期职业发展路径的了解。最基本的入职培训包括人力资源部的说明和直属上级与同事的工作介绍。不同的组织在入职培训上可能差别很大，华为公司对于新毕业的大学生提供了期限很长的入职培训，其目的主要是灌输组织文化和传授基本的工作技能，从而保证进入工作岗位员工的行为符合公司的战略。联想公司则用“入模子”培训的方式让新员工熟悉公司的制度和文化，按联想的行为规范做事。

复习一下

1. 内部招聘和外部招聘对组织的利益有何不同?
2. 作为一名候选人，组织在招聘时的哪些作法可能令你印象深刻?

14.4 薪酬和福利

通过精心设计的招聘程序找到合适的员工之后，组织还要设法留住他们。这就需要组织设计适当的薪酬、福利政策以及为员工提供发展的条件。

薪酬的决定

薪酬（compensation）是组织提供给员工用来交换其工作的财务报酬。薪酬可以分为工资和奖金。工资通常是按月支付的固定数额，对应于每个工作日一定的工作时间。员工工作超过协议的时间需要支付加班费，管理人员往往没有加班费，不论他们工作多长时间。奖金则是同一定的绩效水平挂钩的货币化激励。绩效的类型很多，从不缺勤到完成销售任务。

薪酬是组织和员工间重要且复杂的关系。组织必须向员工提供基本的薪酬以保证员工的生活。同时，员工也会按自己的标准计算组织的薪酬。如果对薪酬感觉不满意，他们可能会选择离职或减少自己对组织的贡献。因此，有效的薪酬系统符合组织的最大利益。好的薪酬系统有助于吸引申请者、留住当前的员工并且在合理的成本范围内激励员工。成功的薪酬系统包括适当的工资水平、工资结构和个人工资决定系统。

工资水平的决定。组织需要决定支付高于、低于或等于平均水平的工资。绝大多数企业选择接近平均水平的工资，大型、成功的跨国企业有可能愿意支付高于平均水平的工资，以建立“工资领导者”的形象并吸引和保留高素质的员工。例如，Google、微软、惠普、IBM 这样的大型企业通常会提供极为优厚的工资待遇，而中小型民营企业则通常给人工资待遇不高的印象。

在决定了工资水平之后，企业还要决定工资的具体数额。企业可能需要进行工资调查，可以委托专业机构，但大多是通过企业协会和社交网络来获得，专业媒体有时也会发布职位报酬的信息。

工资结构的决定。工资结构是组织中从高到低的工资水平。组织通常根据职位评估的结果来决定工资的结构，**职位评估**（job evaluation）是评估某一职位相对于另一职位的价值。大型企业中职位种类繁多，需要建立复杂的职位评估程序，将同样价值的职位归入同一种工资等级。这样，当招聘新员工时，只要对照组织的标准进行职位评估，就可以决定他的工资范围。公务员的工资决定（行政级别）是工资结构的另一个例子。

个人工资的决定。在工资水平和工资结构决定之后，组织可以进一步作出个人的工资决定。最简单的做法是为某一职位规定一个单一的工资数额，例如小时工的工资。即使是相同职位，仍可能会有许多因素需要考虑，例如工作年限、技

管理行动专题

Instacart：创业公司的薪酬框架

创业公司常犯的错误是还没有建立起完善的薪酬体系，就急着想要用高薪争抢人才，使得在职员工的薪酬难以平衡，甚至流失人才。

Instacart 是一家帮助消费者采购生鲜商品的初创企业。起初公司用市场数据对标来制定薪酬，由于标准的模糊和不一致，候选人在面试中会产生各种关于薪酬的疑问。现在，在面试之前，公司会准备好三个数据：市场数据、过往候选人的历史面试资料，以及评估候选人级别的准则。

在 Instacart，尽管薪酬级别的决定过程与方法对员工保密，但与薪酬挂钩的岗位级别信息必须清晰地传达给候选人。Instacart 公司的岗位级别分为以下六种：

第一级：职业起步期

第二级：职业上升期

第三级：资深专业人员

第四级：团队的成功领导者

第五级：整个公司的领导者

第六级：行业改变者

而这六个层级的应用遵循三个主要原则：第一，只有贡献大小之分，没有层级资历之分。第二，这不是一个线性的衡量层级，上升到下一个层级比升到之前的层级难得多。第三，这些原则贯穿在整个管理过程中。其目的是让每个人清楚地看到如何自我提升，给管理者提供考量的标准，更是为了让招聘候选者尽可能地了解整个公司团队。[4]

能水平或绩效水平等。互联网为工资决定提供了更多的信息输入，网上曾经流行“晒”（share）工资，员工可以很容易从网络资源或 glassdoor.com 这样的服务网站了解基于职位和资历的相关工资水平。

奖励系统：基于绩效的薪酬

奖励系统（reward system）是定义、评估和奖励员工绩效的机制。根据期望理论，如果人们认为某些行动可能导向他们所期望的结果，他们将有激励表现出这样的行为。图 14.2 描述了组织中奖励与激励的关系。奖励系统是组织管理员工激励最主要的工具，奖励系统应当明确奖励与绩效的关系。

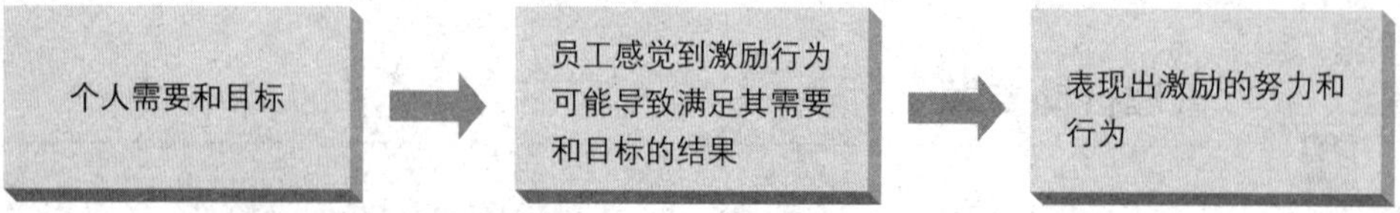

图 14.2 组织中奖励与激励的关系

价值奖励系统（merit reward system）根据员工对组织贡献的相对价值进行奖励。加薪是最常用的价值奖励系统。例如，组织决定年度加薪幅度为 5%，但通常不会平均加薪，而是划定一定的比例。25% 的优秀员工加薪超过 5%，50% 的中等水平员工按 5% 加薪，而绩效较差的 25% 员工则可能加薪更少或不加薪。实行价值奖励系统的企业应当保证员工理解什么是“价值”，从而将价值的定义与公司的战略目标结合起来。价值奖励系统的缺点包括难以避免主观性，可能挫伤员工的热情；涉及的周期较长，激励强化不够；奖励是永久性的，缺乏灵活性等。

激励性奖励系统（incentive reward system）是对员工的绩效进行一次性的奖励，例如计件工资、销售人员的佣金。有时激励性奖励也采用非货币的形式，例如奖励度假。激励性奖励的主要优点是奖励的灵活性。因为奖励和绩效挂钩，组织可以保证奖励的是能够为组织带来回报的行为。同时，绩效标准的设计可以多变，例如可以将新产品销售的奖励设置得更高一些以推动产品升级。这都是基本工资或价值奖励系统所不具备的功能。

福利的决定

福利（benefits）是组织向员工提供的薪酬之外的价值。福利大约占组织为员工支付费用的 1/3。

福利的种类。福利有多种形式，不上班而付薪的情况包括病假、年假和失业补偿，保险福利则包括员工和家人的人身和健康险，工作赔偿保险是向因公受伤员工提供的医疗和残疾福利。社会保险是政府强制缴纳的保险，由雇主和员工共同支付。企业养老金和年金也是员工的福利。还有的组织为员工提供进修和学费的报销。

灵活的福利计划。有些组织规定员工可以根据自己的需要在基本福利之外作出选择，例如可以选择更多的休假、子女医疗报销或增加养老金。还有的组织增加了工作区托儿服务、购房或购车补助，甚至还有提前退休的福利。

福利的主要作用是鼓励人们留在组织中。它通常不能激发高绩效，因为它主要是组织员工身份的结果，而与绩效关系不大。组织需要对福利进行谨慎的选择，并且做好沟通工作，让员工了解公司在福利上的努力。福利也可能会随着经济条件的变化而改变。

复习一下

1. 工资结构对于薪酬有何重要性？组织如何决定工资结构？
2. 价值奖励系统和激励性奖励系统的特点分别是什么？

14.5　培训和发展

职业规划

通常情况下人们不会一直从事某项工作。有的人在组织内变换工作，有的人在组织间变换工作，有的人两者都有。如果这种变化是突然发生的或者在意识到需要变化时却为时已晚，那么对组织和个人可能都是不利的。预先制定职业发展的规划符合各方的利益。职业规划是根据个人的特点设定职业目标并制定如何实现这些目标的计划过程。职业规划是一个长期的过程，随着工作经验的增加，新的目标不断出现，而实现目标所需要的技能和条件也在变化。培训和发展是帮助员工改进职业规划的重要方法。

管理行动专题

McJob，麦当劳的烦恼

麦当劳在快餐食品领域中创造了多个词汇，例如巨无霸汉堡（Big Mac）、麦香鸡（McChicken），这些是它希望消费者记住的。然而，当另一个与它直接相关的新词汇被收入字典，这一次，麦当劳却避之唯恐不及。

2003 年，美国《韦氏大学词典》收录了“McJob”，释义为“低收入、低技能、缺乏前途的工作”。麦当劳公司提出了强烈的抗议，认为这是对提供公共服务的全美快餐业从业人员的“一记耳光”。它认为这是过时的偏见，应当修改为“令人激动的、有回报的……适用终身的技能”。麦当劳英国公司也举出实际的证据来加以反驳，高管中有一半的人是从店面晋升起来的，其中女性占 1/4，而麦当劳的用工政策也的确经常得到正面的评价。

有人认为，麦当劳的行动来得有些晚，人们使用 McJob 一词已经长达十几年，而词典中的定义并没有违背人们的日常理解。从某种意义上说，这恰恰是麦当劳本身成功的产物，大多数人不需要字典也明白它的含义。很难统计有多少人曾经做过这项工作，人们完全能够以平常心看待这项工作。尽管麦当劳的工作也需要一定的技术，但人员流动性高也是实际情况，这恰恰就是 McJob 所要表达的意思。

你也许光顾过麦当劳，根据你的经验，词典中对 McJob 的定义反映的是历史情况还是当前真实的情况？麦当劳应当怎样做才能改变这一词汇的含义？

员工培训和发展

在人力资源管理中，**培训**（training）是指教会运营性或技术性员工做好自己的工作，**发展**（development）是指教会经理和专业人员完成当前或未来工作所需要的技能。绝大多数组织向经理和员工提供经常性的培训和发展项目，华为公司每年的培训经费高达数亿元。

培训需要的分析。培训应当能够直接提高员工的生产力，为组织绩效作出贡献。培训工作的第一步是确定需要。例如，当组织开始采用新设备、新软件或新的信息系统时，就需要对员工进行大量的培训，以免在使用中发生问题，导致绩效的损失。当然，培训不能解决所有的问题。员工或团队绩效不佳的原因可能是激励不当、设备老化、领导不力、工作设计有问题或技能不足、知识缺乏，这些原因中只有最后一项可以通过培训来改进。图 14.3 描述了培训管理的流程。

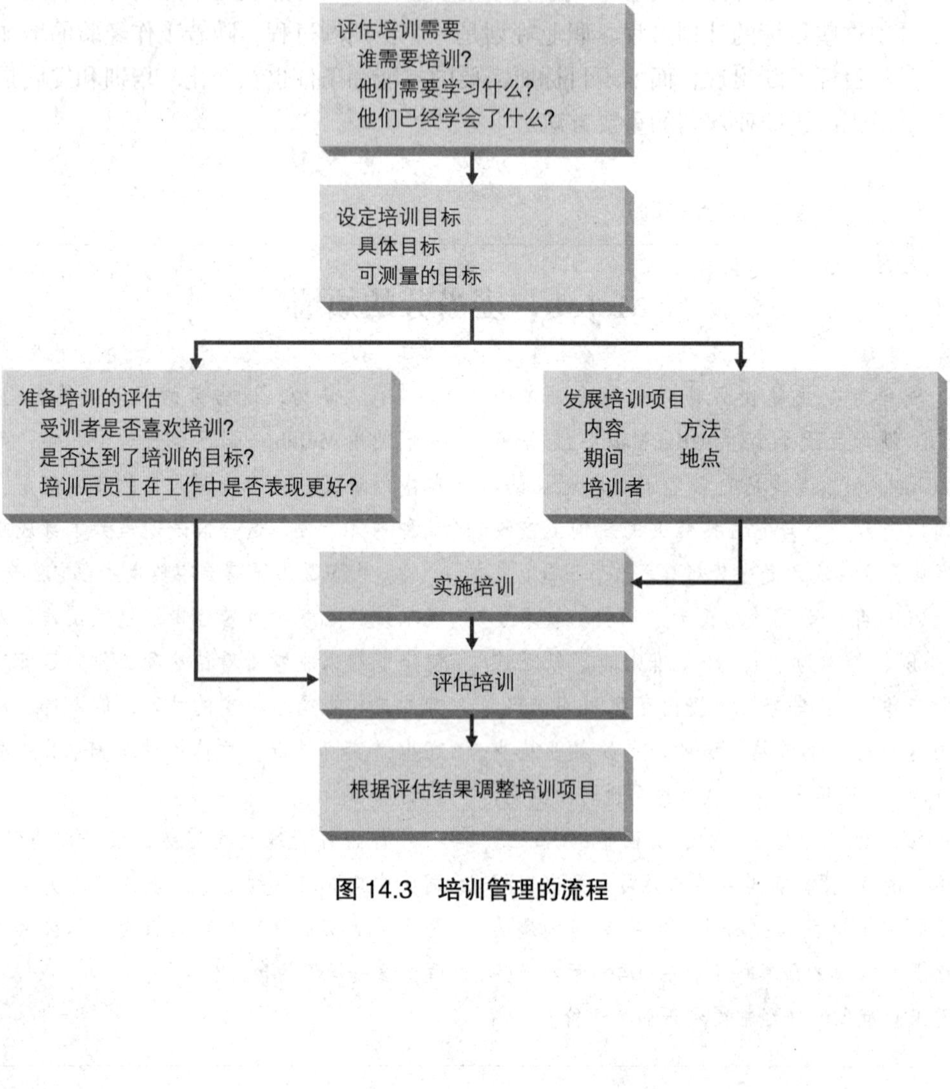

图 14.3　培训管理的流程

常用的培训方法。培训和发展的方法很多，采用什么方法取决于多方面的考虑，其中最重要的是培训的内容。如果培训内容是事实性的材料（例如新的报销规定），则在线课程、指定阅读材料、程序化学习和讲课的方法较好。如果培训内容是人际关系或群体决策，在培训方法上就要考虑人际接触，例如角色扮演和案例讲座。如果培训内容是操作技能，那么就必须让员工进行实际的操作，入职培训和在职培训都属于这一类型。

企业普遍向管理人员提供时间管理、沟通、人际关系和法律方面的培训，或者为他们在商学院进修支付费用。有些企业为经理提供管理**教练**（coach），由高级经理或管理顾问对初级经理进行定期的指导，提高他们的管理技能。经理轮岗和担任高级经理助理可以让管理者更全面、更系统地理解组织实现目标的方法，也是管理发展的重要措施。还有的企业采用**导师**（mentor）的形式，帮助经理人在组织中建立关系、获得资源并支持其发展。

培训的评估。培训是组织的投入，只有对培训的结果进行评估才能知道投入是否得到了期望的收益。通常的评估方法包括在培训前对某一项或多项指标（例如态度和绩效）进行测量，而在培训后再次进行测量以判断培训的效果（包括听取受训员工的反馈）。但是，更重要的是工作中的实际测量，因此组织必须采取系统的方法从受训员工的同事或上级那里得到评估反馈。

复习一下

1. 什么是职业规划?
2. 常用的培训方法有哪些?

14.6　绩效评估

经过培训后，员工会被分配到具体的工作岗位上。接下来管理者关心的问题将是员工绩效的评估。**绩效评估**（performance appraisal）是对员工工作情况的正式评估。组织必须经常对员工进行绩效评估，这是因为：首先，绩效评估为判断培训效果和人力资源选拔工具的效果提供了依据。其次，绩效评估还是行政管理如加薪、升职、奖励和培训的基础。最后，员工也需要通过绩效评估来了解自己目前的绩效和未来的发展方向。由于绩效评估涉及员工的工资和晋升，这项工作必须做到公正和无歧视。

常用的评估方法

组织进行绩效评估的两种基本方法是客观法和判断法。客观的绩效测量法包括实际产出、差错率、销售额或组织目标的实现。客观的绩效评估的问题之一是

“机会偏差”，这是指某人也许比其他人拥有更好的完成工作的机会。例如，在经济水平较高的地区，高档的产品线可能有更多的销售机会。客观的评估方法中应当包括对这种外部机会的修正措施。

另一种客观方法被称为特殊绩效测试。它是指创造一种标准的条件来进行评估。例如，对于电话营销的人员可以用事先准备好的问题进行测试，记录服务人员回答的速度、态度、重要事项是否遗漏，依此进行打分。这种方法的缺点是无法在测试中体现员工的激励程度。即使员工测试的得分很高，但如果在工作中缺乏激励，那么工作的绩效还是不会好。

关键事件法是对员工行为进行客观评价的一种方法。**关键事件法**（critical incidents approach）是分析工作中最关键的事件，并据此区分员工绩效的方法。这种方法主要包括三个步骤：观察员工的行为，书面记录影响工作成败的关键事件，定期与员工进行评估。关键事件法重视将员工的有效行为和无效行为区分开来，提供了日常工作活动的记录，弥补绩效指标评估中很少反映过程的缺陷。

判断法是绩效评估中最常用的方法，它主要包括排序和评级技术。**排序**（ranking）是在员工间进行直接的比较，然后按从好到差的顺序进行排列。排序的好处是一目了然，不需要界定客观的指标。但排序也有一些缺陷。首先，排序不适用于复杂的大型组织，因为可能会出现大量的中间层次无法准确区分其绩效高低的情况。其次，排序法很难在不同团队间进行，例如财务部门和销售部门很难纳入同一种排序。最后，排序法否定了员工的复杂性，因为员工可能既有弱点又有优点，而笼统的排序则可能埋没员工的才能，造成组织的损失。

评级（rating）是将员工的绩效同一种固定的标准进行对比，评定的标准被称为评级表。我们在图 14.4 中可以看到一个这样的例子，它用三个标尺对银行出纳的工作绩效进行评估。每一种标尺都包含了一个绩效维度（准时、亲和与准确），分别对应着各自的评估标尺。评级的设计中往往包含多种维度，维度的取舍和权重是评级中需要考虑的问题。

评估中的错误

无论设计得多么好，任何评估都可能发生错误和偏差，很多错误是同评估者的缺陷分不开的。**近期性问题**是一种常见的错误，也就是按照员工近期的表现做出判断，而不是综合考虑绩效评估所涉及的整个时间段（例如半年或 1 年）。还有的错误则表现为评估尺度掌握上的主观性，例如过于严厉或过于宽松，导致评估的结果发生偏差。

晕轮效应（halo effect）是指将员工在某一方面的评估延伸到其他方面。例如，一名销售人员的销售业绩很好，对他的良好印象可能会延伸到其他方面，令他得到高于实际水平的评估。对员工的**刻板印象**也会导致评估的错误，例如在管理者

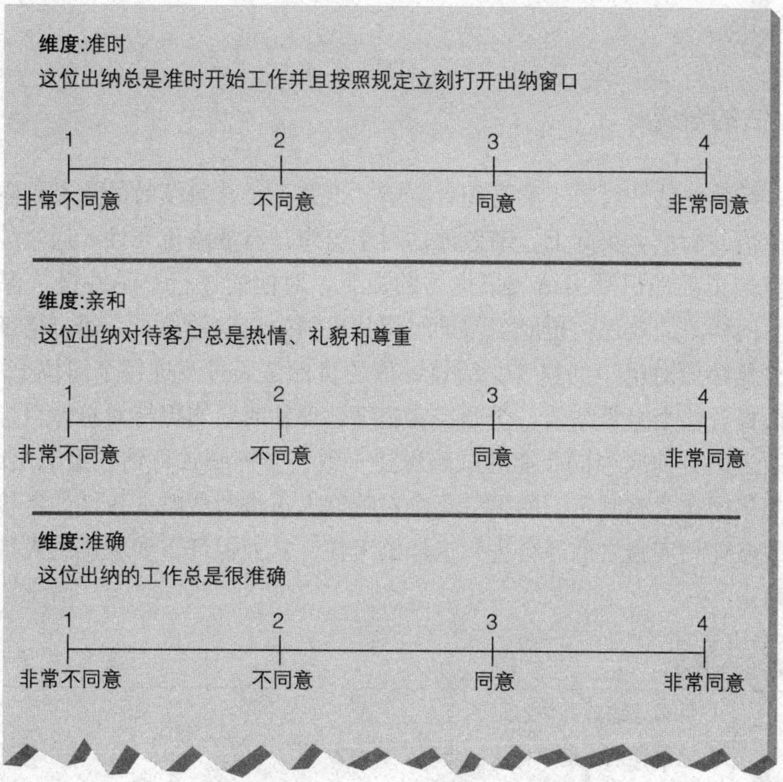

图 14.4　银行出纳评级标尺

心目中已经给员工下了结论，而评估只是一个证明这些结论的过程。组织应当设法建立有效的评级系统，再通过培训经理们来尽量减少错误（或滥用）。

管理者的评估更为复杂，许多组织采用 360 度反馈法对管理者的绩效进行评价。所谓 360 度是指不光由上级，还要由同级和下级进行评估，从而获得全方位的评估反馈。这种做法可以收集到许多传统评估方法所无法得到的信息。它的缺点是耗费时间和对被评估者可能产生较大的压力。

绩效反馈

绩效评估的最后一个环节是向下属进行绩效反馈，通常在上下级之间以私人谈话的方式完成。在这样的谈话中，应当注意将谈话集中于事实，也就是客观性的陈述（绩效的水平、评估的方法以及未来改善的方法）。许多管理者不喜欢绩效反馈，因为这样的谈话会让人精神紧张，特别是当反馈结果是负面的或下属对绩效评估的公正性表示异议的时候。

有些公司采取激烈的绩效反馈方法。美国通用电气公司规定绩效最差的 10% 员工将被停职并被替换为新员工，联想集团也多年实行 5% 的末位淘汰制。实行这种方法的企业认为，它有助于提高员工队伍的品质，激励员工更加努力地工作。

绩效评估的总结

绩效评估针对员工和管理者实施，这并不意味着绩效的意义仅限于个人或个人价值的衡量。实际上，绩效评估对于组织具有战略重要性。通过绩效评估，组织应当正确地识别出绩效最优秀的员工，对他们进行奖励并设法保留这样的员工。同样，绩效评估也应当帮助组织找出绩效最差的员工，通过培训或其他方法减少低绩效对组织的损害。绩效评估的目标是通过改进每个岗位上员工的绩效，进而提升整个组织绩效。企业在实施绩效评估时应当保持对总体目标的关注，绩效改进的方向应当同企业的战略保持一致，发挥绩效评估在组织层面上的作用。联想集团在战略制定后的第一年会对管理人员进行战略一致性的考核，而在新一轮战略计划实施之前还会进行这样的考核，从而保证重要职位的人选符合公司的战略。

复习一下

1. 什么是绩效评估?
2. 绩效评估关键事件法的步骤有哪些?

14.7 人力资源管理的法律问题

组织和员工的关系受到许多法律的管制，组织要特别注意在公平就业、福利、劳动关系、职业安全和健康等方面的法律和法规。

有关劳动法律关系方面的立法近年来有显著增加和具体化的趋势（表 14.5）。例如，继 1995 年开始实施《劳动法》之后，针对劳动关系中普遍存在的劳动合同方面的问题又于 2008 年实施了《劳动合同法》。《就业促进法》《劳动争议调解仲裁法》《残疾人就业条例》也是近年陆续实施的法律。这些法律通常配有相关的实施细则，对法律的条文作出执行中的具体规定。

法律法规的快速变化是人力资源管理者必须注意的问题，它的背景是政府、企业和员工都在做出努力，通过劳动关系的调整提高社会的稳定性。例如，户籍制度、社会保险属地管理方面的改革都会影响员工的福利和企业的运作。另一方面，与人力资源有关的法规种类繁多，特别是地方性法规，在全球和全国范围内运营的企业特别要注意。

表 14.5

影响组织人力资源管理的主要法律、法规

《劳动法》：调整劳动关系的基本法律。
《劳动合同法》：建立劳动关系必须订立书面的劳动合同，规定了必须签订无固定期限劳动合同的条件。
上述两个法律是与企业人力资源政策关系最密切的法律。
《就业促进法》：国家所提供的就业服务和鼓励就业的政策和规定。
《工会法》：员工有建立工会的权利，规定了工会在企业运营中的权力。
《妇女权益保障法》：保障妇女与男子平等的工作权利以及对女职工的特殊劳动保护。
《残疾人就业条例》：用人单位必须安排一定比例的残疾人就业。
《安全生产法》：规定了企业对安全生产的责任和主要责任人追究制度。
《职业病防治法》：用人单位必须参加工伤社会保险。
《劳动争议调解仲裁法》：劳动争议的范围和仲裁方式。
大量的地方性法规，例如关于养老、失业、疾病和公积金的规定。

本章要点

1. 人力资源管理（HRM）是组织吸引、保持和开发有效员工队伍的活动。建立多元化的员工队伍、知识工作者和临时员工管理是人力资源管理中的三项特殊工作。今天，人力资源管理要在战略上支持组织的变革，企业还应当建立并管理好自己的雇主品牌。
2. 吸引人力资源是HRM职能中的一个重要部分。人力资源规划始于职位分析，然后是预测组织未来对员工的需求，预测组织内外可聘用员工的供应，最后是招聘规划，力求招聘到足够多数量和类型的员工。
3. 招聘和选拔是吸引、评估和聘用职位申请者的过程。选拔职位申请者的方法包括职位申请书、证明人、工作样本测试、评估中心法、能力考试、面试和个性测试。
4. 保留人力资源同样很重要。某一职位的报酬相对于组织内其他职位或相对于劳动力市场上相似职位的报酬必须公平。适当的激励或基于价值的报酬系统可以鼓励高绩效，好的福利计划有助于吸引和留住员工。
5. 组织还必须努力开发自己的人力资源。职业规划是根据个人的特点设定职业目标并制定如何实现这些目标的计划过程。培训和发展可以帮助员工更好地完成当前的工作，并且为未来的工作做好准备。
6. 绩效评估是对员工工作情况的正式评估。客观法和判断法都是可行的绩效评估方法，好的评估系统往往同时包括几种方法。评估信息的有效性值得注意，通常很难同时对工作绩效的诸多方面进行准确的评估。绩效改进的方向应当同企业的战略保持一致。
7. 与人力资源有关的法律法规众多，并且表现出本地化的特征，组织要特别注意在公平就业、福利、劳动关系、职业安全和健康等方面的法律和法规。

批判性思考与讨论题

1. 人力资源管理主要由哪三项活动构成？
2. 试析企业聘用临时员工的利弊。

3. 影响企业人力资源需求和供给的因素有哪些？
4. 工作说明和工作规范的侧重点分别是什么？
5. 比较内部招聘和外部招聘的利弊。
6. 描述企业作出工资决定的步骤。
7. 激励性奖励系统的主要优点是什么？
8. 在什么情况下难以实行激励性奖励系统？
9. 福利与薪酬的主要区别是什么？
10. 职业规划对企业有何利益？
11. 绩效评估的基本方法有哪些？
12. 什么是晕轮效应？如何减少晕轮效应的不利影响？
13. 请举出三个常见的刻板印象的例子。在你看来，管理者应当如何避免无意识受到刻板印象操纵？
14. 假定一家企业计划在全国范围内招聘几位营销专家，哪些挑选方法有助于企业找到最合适的人选？
15. 以一家实际企业的例子解释人力资源管理应当怎样与组织战略与目标保持一致？

综合练习

访问华为网站的招聘栏目（http://career.huawei.com），回答以下问题：

1. 比较英文招聘和中文招聘中工作说明和工作规范的差异，你认为可能的原因是什么？
2. 企业对招聘人员的发展提供了怎样的说明？
3. 从招聘网站上看华为如何鼓励文化多元化？

学习伴随案例练习

根据你所选择的组织的资料，以小组为单位对其管理活动进行讨论。回答下面的问题并向全班报告。

1. 根据这家组织的资料，在未来五年内，它是否会出现员工短缺的现象？为什么？哪些因素可能妨碍这家组织预测未来员工的需求与供给？
2. 请评价这家组织的雇主品牌。如果你是雇主品牌顾问，你会给组织怎样的建议来强化其雇主品牌？
3. 这家组织采用的最主要的培训方法是什么？请评价这家组织的员工培训，在分析时既要考虑生产职位也要考虑服务职位。

结尾案例

施耐德本地员工发展

法国施耐德电气公司已经有百年历史，它引以为自豪的是一大批忠诚度极高的员工。“我们要给员工一种归属感。施耐德有15000名职员，不是每个人都会非常如意，有些人可能在一个地方工作得并不开心，人力资源部就会充分从对方的角度考虑，实行主动调岗，”人力资源总监浦小君说。

近年来，施耐德的平均员工流失率低于

10%，属于业内较为稳定的跨国公司。施耐德的低压电气部门有很多销售经理都在公司服务十年以上。浦小君表示，公司留人的方法其实有很多，比如轮岗、薪酬福利、提升领导力、提升雇主价值、增强归属感等，“但根据公司的实际情况和行业特点以及员工本身的需求会有所侧重。”

中国区总裁朱海说，“在人才培养上，施耐德有一个 3E 理论，即 Education（培训）——从课堂学、Exposure（展示）——跟别人学和 Experience（经验）——从做中学。我们认为在人的成长和发展过程中培训的效果只占 10%，指导和展示占 20%，而最大的成长机会（70%）来自让员工有更多的实战经验。所以培养人才最好的方法是给他一个实战的舞台”。[5]

人力资源副总裁张翼认为，施耐德从产品转型到服务和软件，很多职能职位和技术能力需求在变化，工作的复杂度变得越来越高。过去，施耐德人才的主要素质是基于产品的。他们往往更加熟悉某类或某些产品本身的性能、参数，在实际应用的时候需要注意的各个环节等，知道这些产品能够用在什么地方。而在越来越注重整体解决方案的市场中，电气公司需要的人才不光要求懂得产品本身的特性，还要求要能够对某个甚至某些行业和领域的所有生产和运行方式都非常了解。如果说之前市场需要的人才是行业的服务者，那么现在需要的人才则是市场的导向者。

浦小君说，电力和自动化领域的复合型人才现在并不容易找到，特别是一些关键职位。“我们的人才必须全面地、彻底地、深刻地理解我们的客户，同时还要具备在这样一个大公司里调动资源的能力。这一点，对于我们员工的个人领导力，提出了挑战。”

为了帮助员工探寻自身职业发展道路，施耐德电气人力资源部门开展丰富的人才发展项目，例如，“马可·波罗”项目为青年员工提供海外工作机会，通过技能、领导力的提升以及跨国文化交流加速年轻人才的发展。

每一层级的管理者都有责任和义务去培养自己的继任者。除了带领团队取得业务领域的成功之外，对领导者进行考评的另外一个关键因素就是他们是否具有人才培养观念。优秀的管理者继任计划是一个组织能够健康、稳定发展的重要保障，对于领导者来说，在他们要晋升到更高一级职位时，必须保证已经培养出合格的继任者。

施耐德电气将所有培训活动都整合在施耐德全球在线学习系统平台（My Learning Link）。该系统包含全球上万门内容、领域、语言各不相同的培训课程，员工随时上线都能查到全球课表。有意愿的员工也可以出国学习，充分利用全球的资源。

数字化平台更易追踪、监督、管理，避免了很多沟通问题。所有施耐德电气的正式员工都拥有 My Learning Link 账号，根据个人情况，每人拥有至少一门课的在线学习机会。完成培训之后要在线交付评估，所有的学习记录都会导入到系统当中。

每年年初，管理者会对员工进行绩效评估，然后为每位员工制定核心的成长路径，My Learning Link 根据成长路径，立即推送给员工相应的课程介绍。另一方面，员工也应该主动对培训提出要求，对自己的学习成长做出承诺。

施耐德在企业内部开发了一套领导力模型并制定了 8 个领导力行为习惯，把这 8 个习惯作为领导者在平时工作中遵循的行为准则。为了帮助领导者顺利达到相应水平，还会提供各种工具和培训课程，并制定个性化的领导力提升计划。每一位领导者都必须在年度工作计划中加入领导力提升计划。管理者会将个人领导力提升计划和下属分享，让团队成员知悉行动计划，获得更多的反馈建议，形成良好的沟通氛围。

结尾案例讨论题

1. 施耐德人力资源管理的目标是什么，难度如何？
2. 施耐德所采取的做法如何解决其特殊需求？
3. 找出一家在人力资源方面与施耐德面临相似问题的企业，它们的做法有什么不同吗？

开篇案例讨论题

和睦家：在中国提供美式医院服务

1. 分析人力资源管理对和睦家医院的战略重要性。
2. 和睦家医院人力资源规划的主要困难是什么？如何克服？
3. 和睦家医院挽留护理人员的困难是什么？如何克服？

自测题

1. T　F　招聘只是人力资源部门的工作。
2. T　F　雇主品牌是组织产品与服务品牌的总和。
3. T　F　内部招聘会对组织开放的工作岗位产生连锁效应。
4. T　F　面试往往很难看出职位候选人的潜在成功机会。
5. T　F　工作评估是审核员工的教育背景、技能和工作经验。

6. 吸引、发展和保留有效的员工队伍的活动称为
   a. 招聘
   b. 选拔
   c. 员工关系
   d. 劳动关系
   e. 人力资源管理
7. 培训和发展项目是否有效的真正检验是
   a. 培训是否影响生产工期
   b. 培训者是否实现了学习目标
   c. 被培训者的工作绩效在培训后是否得到提高
   d. 被培训者说他们从培训中学到了很多
   e. 被培训者是否乐于参加培训
8. 桑德拉要对一组员工的个人绩效进行评估。这个工作很难，因为参加的人数众多，受评工作的类型不同，每位员工都有优点和缺点，而且还无法在她所使用的衡量方法中都得到体现。此时桑德拉应当采用哪种评估技术
   a. 评级
   b. 排序
   c. 发展
   d. 行为锚定等级评价法
   e. 360 度反馈
9. 在中国，外企支付的工资通常高于产业的平均水平，这种工资决定涉及的系统称为
   a. 工资结构的决定
   b. 工资水平的决定
   c. 工资评估的决定
   d. 激励决定
   e. 福利决定
10. 对于依赖知识工作者的组织，下列哪个步骤是关键性的
   a. 投诉程序标准化
   b. 再培训和知识升级培训
   c. 阻止成立工会
   d. 鼓励成立工会
   e. 建立非正式的评估中心

本章注释

[1] Ambler，T and Barrow，S.The employer brand [J]，The Journal of Brand Management，Vol. 4，1996.pp185-206.

[2] https://www.inc.com/michael-schneider/5-years-of-google-data-reveals-number-of-interviews-it-takes-to-find-perfect-candidate.html.

[3] Easdown J，Castro P，Shinkle E，Small L，Algren J. The behavioral interview-a method to evaluate ACGME competencies in resident selection：a pilot project [J]. JEPM 7（1），Jan-June，2005.

[4] https://firstround.com/review/how-instacart-uses-data-to-craft-a-bespoke-comp-strategy/.

[5] http://www.ceconline.com/hr/ma/8800067234/02/.

管　　理　　学　　原　　理

第四部分

领导力 4

15 *CHAPTER 15*

组织中的个体差异、行为和态度

本章学习要点

- 理解组织中的个体
- 人格与个体行为
- 态度与个体行为
- 知觉与个体行为
- 压力与个体行为
- 组织中的创造性
- 工作环境中行为的类型

董明珠是要求严格、极具权威的女性领导者，在格力留下很深的印记。

开篇案例

个性鲜明的董明珠

20 世纪 90 年代末，董明珠担任格力电器经营部负责人。有一次在上班时间发现大家正在抢着吃零食，她厉声责问："谁让你们上班吃东西的？"就在此时，下班铃声响了。员工都以为躲过一劫，没想到董明珠是个认死理的人。她宣布，刚才吃零食的每人罚款 100 元！这件事让大家见识了董明珠对工作制度的苛刻要求。

在负责安徽市场时，董明珠曾在客户处蹲守 40 天追回全部存货。此后，董明珠定下规矩：先付款、再发货。为了让先付款的老板放心，她主动站在店面和销售人员一起售货。日后，在她手中，再也没有出现过一笔应收款。

"原则性的问题是不可妥协的，所以别人感觉我很强悍。"什么是原则性问题呢？董明珠说，"企业的利益就是原则问题……"。对于外界有关自己不近人情的指责，董明珠说："每一个人说法不同、看法不同，当然会有不同的评价，觉得自己问心无愧，就可以了。"

董明珠认为，在管理方面没什么艺术不艺术，唯一有的就是铁的纪律和制度，"和谐就是斗争出来的"。"她的洞察力和观察力非常强，和你聊几句，就能知道你心里想什么。"董明珠原来的秘书何滔说。

"领导把小事管好了，企业就没有大事了，"董明珠说。而她管理小事的方式，就是"挑错"。如果董明珠在企业坐镇，整个厂区的神经紧张度都会陡然增加。"要求高、标准高，这一点确实让大家的压力很大。"格力电器董秘望靖东说，"上午布置的，下午就要出结果，是没有任何商量余地的。""发脾气的门槛也是比较低的。"[1] 董明珠也曾调侃说自己在格力"做尽了恶人"。

2004 年 2 月，格力发现国美在成都的一家店擅自将格力空调降价，董明珠决定停止向国美供货。同年 3 月，国美向全国销售分支发布通知，把格力产品清场。一家是连续 9 年占据国内空调销售量第一的生产商，一家是中国最大的家电零售商。许多人认为，格力这样做会丧失掉很大的市场份额。董明珠不这样看，相反，她认为和国美这样的大型零售连锁店合作，对很多制造企业来说并不有利。今天，以自主渠道为特色的"格力模式"，已经成为商学院的经典教学案例。

董明珠身上有很强的优越感。她曾说："我从来就没有失误过，我从不认错，我永远是对的。""我想表达的意思是，我不允许自己犯错，因为一旦错了，企业就有可能一下没了，错不起啊。"

董明珠说，"我的责任是为那些想做事业的、有理想、有追求的人，创造一个好的平台和环境，最起码给努力工作的人公平公正的机会。"她认为，领导者一定要有清醒的头脑，因为不公平的政策，一定会带来不公平的结果。那些很会在你面前表现的人得到提拔，那些很卖力工作却没到你面前表现的人得不到公正对待，这样的环境很糟糕，对企业是巨大的伤害。

董明珠在格力的 30 年，可以称之为"斗争的 30 年"，与空调业的陋习、经销商的强权、政府采购的潜规则、恶意收购的野蛮人斗智斗勇。这种执着，使得董明珠成为家电业乃至整个制造业极富正义感和权威的女性领导者。由于擅长"语不惊人死不休"地创造新闻标题，董明珠甚至成为“网红董小姐”。格力已经占有国内空调 40% 的份额，投资者仍然期望董明珠能够为格力找到更大的发展空间。

企业中的员工表现出各种各样的人格特征和行为特性。每位员工的不同特性影响着他们对组织的感受、在未来将如何改变对组织的态度以及工作绩效。这些特征反映了组织中个人行为的基本要素。

本章描述了这些基本的要素，第一节我们将探讨组织中个体在心理方面的性质。接下来引入人格的概念，讨论影响组织中行为的重要的人格特性。然后我们再探讨个体态度及其在组织中的角色、工作场所中压力的角色以及个体的创造力。最后，我们描述了对组织具有重要性的各种基本的个人行为。

15.1 理解组织中的个体

为了理解组织中的人类行为，我们首先要考虑个体与组织间关系的基本性质，理解个体差异的性质。

心理契约

绝大多数人对契约的概念有所了解。例如，我们在日常生活中办理银行卡或买卖房产时都要签署一份申明条款的契约，其中明确约定了契约签署者之间的权利和义务。心理契约同标准的契约类似，但不那么正式和严格。具体而言，**心理契约**（psychological contract）是个体就自己对组织的贡献以及组织对个体贡献回报的总体期待。心理契约不是书面的，其条款也不是公开谈判的结果。

图 15.1 说明了心理契约的基本性质。个体为组织作出各种**贡献**（contribution）——努力、技能、能力、时间、忠诚等。组织假定这些贡献可以满足其不同需要和要求。换言之，由于组织是因为某人具备某项技能而聘用他，因此组织可以合理地期望他在工作中展现这些技能。

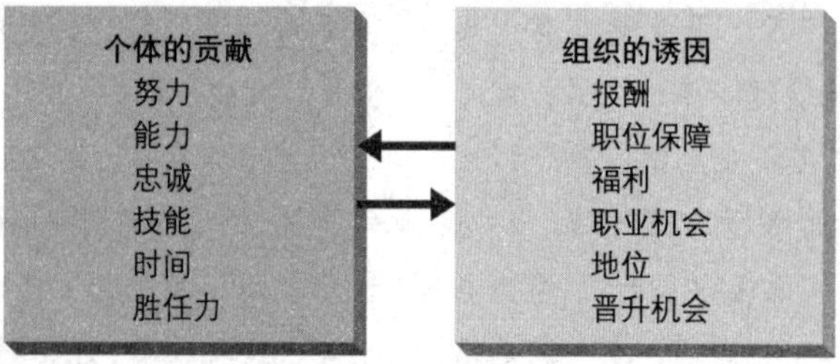

图 15.1 心理契约

作为对这些贡献的回报，组织向个人提供**诱因**（inducement）。有些诱因，例如报酬和职业机会，是有形的。另一些诱因，例如职位保障和地位，则是无形的。正如个体的贡献必须满足组织的需求，组织所提供的诱因也必须符合个人的需求。如果某人因为有吸引力的工资和晋升的机会而接受了组织的聘用，那么他将会期望这些奖励最终能够兑现。

如果个体和组织都感到双方之间的心理契约是公平和平等的，那么他们会对这种关系表示满意并且维持这种关系。另一方面，如果任何一方感到契约不平衡或不公平，则会发起变动。例如，个体也许会要求加薪或升职，减少其努力，或者另谋他职。组织方面也可以发起变动，要求个体通过培训提高技能，将个体调职，或者终止与此人的聘用关系。

管理心理契约是组织所面临的基本的挑战。组织必须保证它从员工那里获得价值。与此同时，它还必须保证自己正在向员工提供合理的诱因。如果组织提供的报酬低于员工的贡献，员工会降低绩效或离职。当然，如果组织支付过高，则会增加不必要的成本或导致能力不胜任的人员留在组织中，产生冗余。

人职匹配

管理心理契约的一个特殊方面是人职匹配。**人职匹配**（person–job fit）是个体同组织诱因之间的匹配程度。理论上讲，每位员工都有一些希望满足的具体愿望，同时也会展现同工作相关的行为和具备必要的能力。如果组织充分利用这些行为和能力并且准确地满足其需求，则可以实现完美的人职匹配。

当然，现实中不可能实现这样高的匹配层次。首先，组织的选拔程序并不是完美的。在作出聘用决策时，组织可以最大限度地准确测量员工的技能水平，并且还可以通过培训加以提高。然而，即使是简单的绩效维度也很难客观和有效地测量。

其次，人和组织都处于变化之中。曾经在新工作中感受到激励和兴奋的个体用不了几年就会觉得同样的工作变得枯燥和单调。此外，当组织更新设备和流程之后，它对员工技能的要求也将发生改变。

最后，个体的差异也会带来困扰。仅仅测量技能和绩效已经够困难了，评估需求、态度和人格则更复杂。所有这些个体差异都增加了人职匹配的难度和复杂性。

个体差异的性质

个体差异是个体间不同的特性。个体差异包括物理的、心理的和情绪的差异。总的来看，所有这些令个体独特的差异构成了个体同他人相比的独特之处。本章其余部分主要探讨个体差异。但是，在此之前，我们先要讨论一下评估个体行为的情境重要性。

个体的具体差异是好还是坏？它们对绩效有益还是有害？答案当然是具体情况具体分析。某人也许对一种职位设置非常不满、消极，但对另一种却极为满意、主动和积极。工作环境、同事和领导都是重要的影响因素。

因此，组织在评估或解释员工间个体差异时必须考虑行为发生的情境。在一种情境下满意和富于生产力的员工在另一种情境下可能完全相反。既要建立有效的心理契约，又要实现最优化的人职匹配，同时还要考虑个体差异、贡献、诱因和情境的关系，这些都是组织面临的重大挑战。

复习一下

1. 什么是心理契约？它的基本构成是什么？
2. 用你本人的个性为例子描述好的人职匹配和差的人职匹配。

15.2 人格与个体行为

人格特质代表着组织中某些最基本的个体差异。**人格**（personality）是构成人与人之间相互区别的一组相对稳定的心理特性。管理者们应当努力理解基本的人格特性和它们如何影响组织中人们的行为，特别是他们对组织的感受和态度。

“大五”人格特质

“大五”人格特质是基于五种关键特质的人格分析模型，这一模型十分流行。心理学家们在文献中报告了数千种不同的人格特质和维度。近年来，研究者发现，有五种基本的人格特质同组织的关系特别密切，即宜人性、责任感、情绪稳定性、外向性和开放性。由于这五种特质的重要性和它在目前引起的关注，我们通常将其称为“大五”人格特质（“Big Five” personality traits）。图 15.2 对“大五”特质进行了说明。研究发现，“大五”人格特质表现出跨语言、跨文化和跨评定者的稳定性。[2]

宜人性（agreeableness）指同他人相处的能力。宜人性使人在同他人交往时温和、合作、宽恕、理解和好脾气。不过这会导致其他人变得急躁、易怒、不合作和敌对。尽管研究未能充分证实宜人性的作用，但高宜人性很可能意味着可以和同事、下属以及高级经理发展良好的工作关系，而低宜人性则不具备这种良好的关系。这一模式也适用于同顾客、供应商和其他关键组织成分之间的关系。

责任感（conscientiousness）指一个人所专注的目标数量。目标数量相对较少

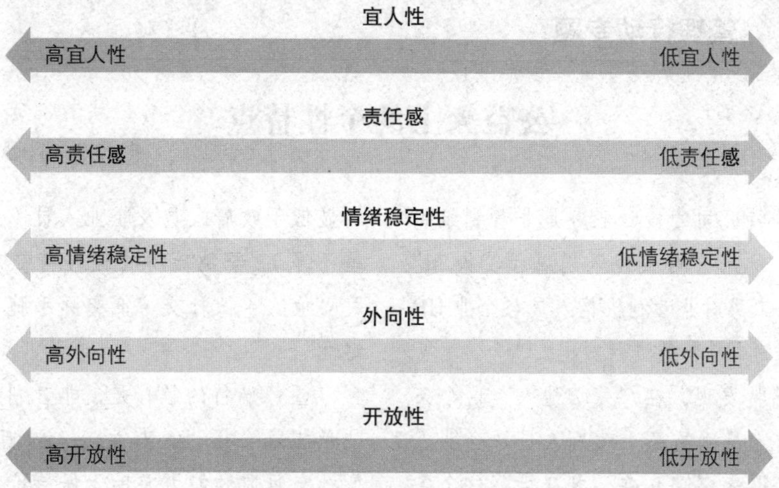

图 15.2　“大五”人格模型

的人通常表现出组织性、系统性、关心他人、严谨、负责、自律。而目标较多的人则缺乏组织性、不太关心他人、缺乏责任心、不严谨和自律较差。对多项不同工作的研究发现，高责任感往往比低责任感绩效更高。当然，这样的结果也是符合逻辑的，因为高责任感的人对工作比较认真，并且以高度负责的精神完成自己的工作。

情绪稳定性（negative emotionality）高表现为镇静、平静、坚韧和安全感；而低情绪稳定性则更容易激动、产生不安全感、过度反应和陷入极端情绪。高情绪稳定性的人被认为可以更好地处理工作压力及紧张。他们的稳定性意味着他们较低情绪稳定性的人更加可靠。

外向性（亦称外倾，extraversion）是指人在关系中的舒适程度。“外向”人格是社交型的、健谈的、自信的，愿意建立新的关系，而内向（或内倾）则与之相反。研究发现，外向的人总的来说更容易取得较高的工作绩效，他们更有可能从事基于人际关系的工作，例如销售和营销。

开放性（openness）是信仰和兴趣的僵化程度。开放性水平较高的人愿意倾听新的观念和根据新的信息改变自己的观念、信仰和态度。他们通常兴趣广泛、好奇、富于想象力和创造力。相反，开放性水平较低的人对新观念的接受能力差，不愿意改变自己的思维。此外，他们的兴趣较为狭窄，缺乏好奇心和创造力。通常认为开放性水平较高的人更可能实现高绩效，因为他们更加灵活并且更有可能为组织内其他人所接受。开放性还包括个体接受变革的意愿。开放性水平高的个体更可能接受变革，而开放性水平低的个体则更可能抵制变革。

“大五”人格特质模型受到研究者和管理者的高度关注。这一模型的潜在价值是包含了一组整体的特质，成为特定环境下特定行为的有效预测指标。理解和掌握评估员工上述特质方法的管理者可以据此理解员工的行为。另一方面，管理

管理行动专题

公益人士的个性特点

墨德瑞特公司的核心业务是非营利组织能力提升，这家公司曾经采用基于“大五”模型的测量工具对非营利机构人员与企业 HR 和政府人员的个性特质进行对比。[3]

墨德瑞特发现，在“关心他人”这个条目上，公益人员明显高于政府人员及企业人员（后两者得分相似）；在“社交性”这个条目上，公益人员远低于企业人员，也明显低于政府人员；在“交际手腕”这个条目上，公益人员远低于政府人员，也明显低于企业人员；在“情绪控制”这个条目上，公益人员明显低于政府人员及企业人员（后两者得分差不多）。墨德瑞特将这些特征总结为“高关心他人 + 低社交 + 低交际手腕 + 低情绪稳定性”。

墨德瑞特的解释是，非营利组织工作往往承担社会压力，与主流人群有一定距离，低社交习惯和能力有助于保持价值观和行为方式的独立性。由于在传统人才库中，这类个性特质往往评价不高，非营利组织很可能需要使用新的招募方式和组织方式。

者还必须谨慎行事，以免过高估计用“大五”特质评估他人的能力。即使采用了目前最严格和最有效的测量方法，仍然难以避免结果的不准确性，许多其他因素和特质也很可能对组织中的行为有影响。

迈尔斯—布瑞格斯模型

理解组织中人格的另一种有趣的方法是**迈尔斯－布瑞格斯模型**（Myers Briggs）。这一模型基于卡尔·容格的经典著作，它将人分为四种一般维度。具体内容如下：

- □外向型（extraversion）和内向型（introversion）。外向型人格通过与人相处获得能量，而内向型人格厌倦与人相处，需要独处来恢复能量。
- □感觉型（sensing）和直觉型（intuition）。感觉型的人喜欢具体的事物，而直觉型的人喜欢抽象的概念。
- □思考型（thinking）和情感型（feeling）。思考型个体根据逻辑和理性进行决策，而情感型个体更多地基于感觉和情感决策。
- □判断型（judging）和感受型（perceiving）。判断型人格喜欢完成或结束，而感受型人格喜欢过程和结果不确定。

为了应用上述模型，我们要使用一个问卷来测量自己在各个维度上的人格。

根据任一维度上的高得分或低得分，被试者可以被归入 16 种不同的人格类型。**迈尔斯－布瑞格斯人格类型指标**（Myers Briggs Type Indicator，MBTI）是某些组织评估人格类型时常用的问卷。事实上，它是当今最流行的选拔工具，每年有大约 200 万人回答这一问卷。研究认为，MBTI 是判断沟通类型和交往倾向的有用工具。但这一工具人格特性方面的效度和信度都还存在着疑问。

其他有用的人格特质

除了“大五”和迈尔斯—布瑞格斯模型，其他一些人格特质也会影响组织中的行为，其中的重要类型包括控制点、自我效能、权威主义、马基雅维利主义、自尊感和风险倾向。

控制点（locus of control）是人们确信行为影响结果的程度。例如，有些人相信只要努力工作就能获得成功。他们还相信不这样做的人是因为他们缺乏能力或激励。相信个体可以控制自己生活的人拥有内部控制点。另一些人则相信命运、机会、运气或他人的行为决定自己的生活。例如，未能获得晋升的人可能将失败归咎于政治或运气不好，而不会认为自己缺乏技能或绩效不佳。相信本身无法控制的因素决定其生活的人拥有外部控制点。

自我效能（self-efficacy）同控制点类似但有细微的不同。自我效能是对自己完成任务能力的信心。自我效能高的人相信自己可以出色地完成某一具体的任务。能力的自我评估对自我效能有影响，人格也会影响自我效能。有些人表现出比其他人更高的自信。这种自信增加了自我保证的意识，令他们得以更加专注于绩效。

权威主义是另一种重要的人格特质。**权威主义**（authoritarianism）是个体认同等级社会系统（各种组织）权力和地位差异的程度。例如，高权威主义的人可能接受权力更高的人下达的指示或命令，只因为那是“老板”；低权威主义的人即使执行了老板合适的和合理的指令，仍有可能向老板提出疑问和表示不同意见，甚至拒绝执行他反对的命令。高权威主义的经理可能是独裁和苛刻的，高权威主义的下属更有可能接受上司的这种行为。而低权威主义的经理容许下属在决策中发挥更大的作用，低权威主义的下属则会对这种行为作出积极反应。

马基雅维利主义（Machiavellianism）得名于 16 世纪意大利政治哲学家马基雅维利。在其所著的《君王论》一书中，马基雅维利解释了君王可以怎样更方便地攫取和使用权力。现在，马基雅维利主义被用来描述以获取权力和控制他人行为为目的的行为。研究指出，马基雅维利主义在不同人身上表现不同。高马基雅维利主义者倾向于理性和非情绪化，为达到个人目标不惜运用谎言，对忠诚和友情较为淡漠，乐于操纵他人。低马基雅维利主义者则更加情绪化，不愿意为成功而说谎，珍视忠诚和友情，不愿意操纵他人。在企业家群体中，经常有人被指责为高马基雅维利主义者。

自尊感（self esteem）是个体相信自我价值的程度。高自尊感的人更可能寻求地位高的职位，对实现高绩效更有信心，并且从个人成就中获得更大的内在满足。相反，低自尊感的人更容易满足于低级职位，对自己的能力缺乏信心，更注重外部的奖励。现有的证据证明，自尊感是在许多国家中存在的一种人格特质，在各个国家的组织中都发挥着重要的作用。

风险倾向（risk propensity）是个体抓住机会和作出有风险决策的意愿。高风险倾向的管理者可能愿意尝试新的理念和在新产品上投注。他也可能将组织带向新的不同的方向。他还是组织创新的催化者。另一方面，如果风险决策错误，这样的管理者也会将组织置于危险的境地。低风险倾向的管理者可能导致组织陷入停滞或保守，当然也可能通过保持稳健和安定而帮助组织成功地度过风暴和意外的考验。风险倾向的结果在很大程度上取决于组织的环境。

情绪智力

近年来发展起来的情绪智力概念为人格研究提供了一些有趣的见解。**情绪智力**（emotional intelligence）亦称情商（EQ），是个体管理自我意识、情绪、自我激励、表现同情心和掌握社交技能的水平。这些不同的维度可以描述如下：

- □自我意识（self awareness）是其他构成成分的基础。它是指个体对自身感受的意识水平。一般来说，自我意识越强，越能够有效地引导个体生活和行为。
- □情绪管理（managing emotions）是个体平衡焦虑、恐惧和愤怒的能力，令个体无须过度在意任务是否完成。
- □自我激励（motivating oneself）是保持乐观和在困难、失败、挫折面前不屈不挠的能力。
- □同理心（empathy）是理解他人感受的能力，特别是在没有被告知背景信息的情况下。
- □社交技能（social skill）是个体同他人相处建立积极关系的能力。

初步的研究指出，EQ高的人可能绩效更高，特别是在需要高度人际互动和涉及影响与指导他人的职位上。此外，EQ似乎不是生理性的而是可以后天培养的。表15.1给出了情绪智力的一个量表。

表 15.1

情绪智力量表

答题选项：1= 完全不同意，2= 基本不同意，3= 有些不同意，4= 不确定，5= 有些同意，6= 基本同意，7= 完全同意							
1. 绝大多数情况下我很清楚自己为什么会有当时的感受。	1	2	3	4	5	6	7
2. 我总是能够从朋友们的行为中了解他们的情绪。	1	2	3	4	5	6	7
3. 我总是为自己设定目标，然后尽最大努力来实现它们。	1	2	3	4	5	6	7
4. 我有能力控制自己的脾气，理性处理好困难的事情。	1	2	3	4	5	6	7
5. 我很了解自己的情绪。	1	2	3	4	5	6	7
6. 我能够很好地观察到他人的情绪。	1	2	3	4	5	6	7
7. 我总是告诉自己，我是有能力的。	1	2	3	4	5	6	7
8. 我在控制自己的情绪方面表现出很强的能力。	1	2	3	4	5	6	7
9. 我完全理解自己的感受。	1	2	3	4	5	6	7
10. 我对他人的感受和情绪十分敏感。	1	2	3	4	5	6	7
11. 我是一个能够自我激励的人。	1	2	3	4	5	6	7
12. 即使十分愤怒，我也能够很快地平静下来。	1	2	3	4	5	6	7
13. 我总是知道自己是开心还是不开心。	1	2	3	4	5	6	7
14. 我很清楚周围其他人的情绪状况。	1	2	3	4	5	6	7
15. 我总是鼓励自己尽最大努力。	1	2	3	4	5	6	7
16. 我非常善于控制自己的情绪。	1	2	3	4	5	6	7
得分分析： 自我情绪评估能力 =1，5，9，13 得分加总 他人情绪评估能力 =2，6，10，14 得分加总 情绪运用能力 =3，7，11，15 得分加总 情绪管理能力 =4，8，12，16 得分加总							

来源：由黄炽森和罗胜强在 2002 年开发。

复习一下

1. 什么是人格？
2. 请说出“大五”模型描述了哪几种基本的人格维度。

15.3　态度与个体行为

态度

组织中个体行为的另一项重要因素是态度。态度（attitude）是人们对具体观念、情境或他人的信念和感觉的综合体。态度在个体行为研究中非常重要，因为它是绝大多数人表达感受的机制。雇员提出报酬过低反映了他对自己报酬的看法。同样，如果经理说喜欢新的广告，他所表示的是他对组织的营销努力的感受。

态度由三项成分构成。**情绪成分**（affective component）反映了个体对情境的感受和情感。**认知成分**（cognitive component）源于个体对情境的知识。请注意上述两种成分间的关系，个体的认知从属于个体的情绪。例如某人也许“知道”某位足球前锋的技术优于另一位，而另一个人也许恰恰“知道”相反的结论。最后，**意向成分**（intentional component）反映的是个体对情境或在情境中的预期行为。

为了说明这三种成分，假设一位经理租用了某家酒店的会议室举办一场促销活动，然而在现场活动时麦克风突然坏了，投影仪也放不出影像，并且原来试过的无线网络现在也不能接入，在最紧张的时刻，酒店技术人员姗姗来迟。事后在总结活动时，这位经理可能会说，这是一家烂透了的酒店（情绪成分），他们的服务水平和应变能力是我所见过最差的（认知成分）。我绝对不会再去他们那里，而且会告诉我的朋友们不要去那里举办活动（意向成分）。

通常情况下，人们力图在所有的态度和态度的三种成分间保持一致。然而，环境因素有时可能导致这些成分间的冲突。个体所体会到的自身态度间的冲突称为**认知失调**（cognitive dissonance）。例如，一位发誓绝不在大型、非人性化的公司中工作的个体总是想着如何开办自己的公司，当家做主。不幸的是，当他真的做出大胆的创业尝试之后，一连串的财务挫折令他别无选择，只能回到大型企业为他人工作。此时认知失调就出现了。情绪成分和认知成分与意向成分发生了冲突。绝大多数人通常不喜欢认知失调，为了减少认知失调，个体可能告诉自己这一情境只是暂时的，只要忍耐一时，他还是可以回去开办自己的公司。当然，他也可以调整自己的认知，发现在大型企业中工作比预期的要好。

工作满意与不满意

组织中的人们对许多不同的事情形成态度。例如，雇员对工资、晋升、老板、福利、公司餐厅的食品和公司球队队服的颜色都有自己的态度。当然，某些态度比其他态度更重要。特别重要的态度包括工作满意或不满意，以及组织承诺。

工作满意（job satisfaction）或不满意是反映员工在工作中满足与成就水平的一种态度。关于工作满意的大量研究指出，个人因素与群体和组织因素决定了这一态度。个人因素包括个人的需求和渴望，群体和组织因素包括与同事和主管的关系、工作环境、工作政策及报酬。

管理者十分关注工作满意与绩效的关系。一般认为，满意的员工出勤率较高，可以做出更大的贡献，更有可能留在组织内。相反，不满意的员工出勤率较低，在工作中感到压力较大并影响同事，会不断地寻找新工作。然而，同大多数经理的想象不同，高的工作满意度并不必然带来高绩效。研究发现，由于受到多种因素的影响，工作满意与绩效之间的关系较为复杂。[4] 在复杂工作中，由于员工对自己的工作拥有更多的控制，工作满意对绩效的正面影响高于例行工作。同时，有些员工在抱怨、寻找其他工作机会和等待问题解决的（工作不满意）过程中仍然可能保持很高的绩效。最后一种情况是，如果组织向高绩效员工提供合理的奖励，则绩效可能带来工作满意的提升。

组织承诺

组织承诺。**组织承诺**（organizational commitment）是反映个体认同或依恋组

管理行动专题

员工第一，顾客第二

有相当多的管理者相信，只有员工满意了，顾客才会满意，特别是在服务业。例如，阿里巴巴的创始人马云主张员工第一、客户第二，因为“只有员工开心了，我们的客户才会开心。而客户们那些鼓励的言语，鼓励的话，又会让他们像发疯一样去工作……”。同样，星巴克咖啡的创始人舒尔茨也认为星巴克成功最重要的一点是做到了员工第一、顾客第二，因为“员工不放在第一位，顾客就不可能得到最好的服务”。

马云和舒尔茨的观点是有管理学依据的。首先，工作满意可能影响员工的绩效，高水平的激励能够转化为友好的服务，从而提高服务的效率。其次，对工作环境和工作内容满意度高的员工在工作时通常拥有更好的情绪，快乐的员工会让顾客感受到服务品质更高。最后，满意度高的员工较少离职，这样的员工知识和技能水平更高，可以让顾客体验到更具一致性的服务。有些时候，顾客还会对熟悉的员工表现出消费的忠诚。营销专家们提出了“员工—顾客—利润”链的模型来描述员工满意如何转化为顾客满意和组织的赢利能力，如下图所示。

当然，“员工第一、顾客第二”的理念无法保证员工免受压力，也不能确保他们永远开心。员工还是会受到敦促，接受高标准和严要求，去承担艰难的工作任务。但在这样做的时候，组织会给予他们理解、帮助、信任和尊重。

此外，企业是社区的一员，许多员工在企业中度过生活中很大部分时间，让员工在工作中得到快乐也是企业的一项社会责任。

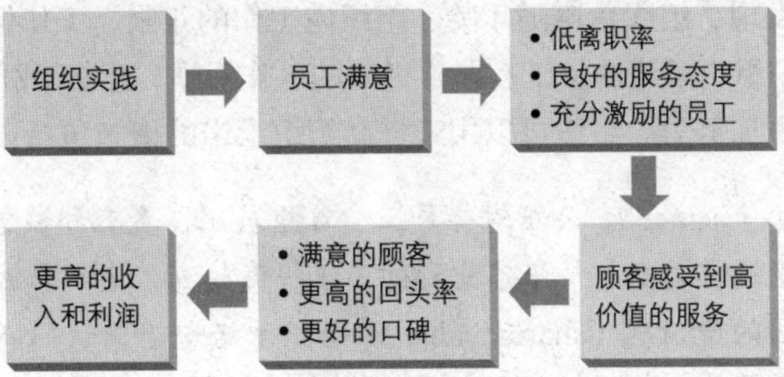

员工—顾客—利润链

织的态度。组织承诺水平高的个体将自己视为组织中真正的一员（例如在提到组织时会说"'我们'制造高品质的产品"），不计较小处的不满意，并且一直将自己视为组织的一部分。相反，组织承诺水平低的个体更倾向于将自己视为外人（例如在提到组织时会说"他们给的报酬不高"），夸大自己的不满意，并且不认为自己是组织中的长期成员。表 15.2 是一份用来测量员工组织承诺水平的问卷。

表 15.2

组织承诺问卷

答题选项：完全不同意，基本不同意，有些不同意，不确定，有些同意，基本同意，完全同意
1. 我愿意付出远远多于平常的努力来帮助组织获得成功。 2. 我会告诉朋友我所就职的是一家了不起的组织。 3. 我对组织的忠诚感很弱。* 4. 为了能够留在组织中工作，我愿意接受任何一种工作上的安排。 5. 我发现我个人的价值观与组织的价值观是一致的。 6. 我可以骄傲地告诉别人，我是这家组织的成员。 7. 只要工作类似，我在其他组织中工作也是一样的。* 8. 这家组织确实能够激励我在工作上做出最好的表现。 9. 只要我当前的工作环境中发生一个很小的变化，就可能导致我离开这家组织。* 10. 我特别庆幸自己当初在找工作时没有选择另一家同样有机会加入的组织。 11. 长期留在这家组织中不会给我带来很大的收益。* 12. 我经常发现自己不同意这家组织所制定的有关员工的政策。* 13. 我真心关心组织的前途。 14. 我认为，这家组织是我可能找到的最好的雇主。 15. 在我看来，为这家组织工作显然是一个错误。*
计分方法：对于 1、2、4、5、6、8、10、13、14，计分方法为：1= 完全不同意，2= 基本不同意，3= 有些不同意，4= 不确定，5= 有些同意，6= 基本同意，7= 完全同意，对于 3、7、9、11、12、15，计分方法为：7= 完全不同意，6= 基本不同意，5= 有些不同意，4= 不确定，3= 有些同意，2= 基本同意，1= 完全同意。对上述 15 道题的总分进行平均，分数越高，组织承诺水平越高。

来源：以上问卷是由 L.W.Porter 和 F.J.Smith 在 1974 年开发的。

研究发现，组织承诺随年龄、组织内工作的年限、工作保障和决策参与而提高。感受到组织承诺的员工有非常可靠的工作习惯，通常计划在组织中长期工作，在工作中更加努力。组织可以用来提高组织承诺的措施包括：

- □公正（justice）。公正对待员工、尊重员工、宽容和诚信的组织，员工组织承诺通常较高。员工感受到的公正程度越高，组织忠诚越高。
- □共同的价值观（shared value）。组织承诺与组织认同高度相关，当员工确信自己的价值观与组织主导价值观一致时，承诺水平最高，更加有可能支持组织的决策。

□信任（trust）。信任是一种心理状态，人们愿意承担由于对他人的行为或意图做出正面期望可能带来的风险。信任意味着群体或个人间的忠诚，它是一种双向的行为。只有当员工信任组织时，他们才会认同组织并感受到为组织工作的义务。可以想象，裁员对员工忠诚打击最大，职位安全受损将严重破坏员工对组织的信任。

□组织理解（organizational comprehension）。当员工更了解组织的过去、现在和未来时，员工的态度将会改善。当组织高层向员工做出及时、快速的沟通时，以及当组织成功地鼓励员工、群体之间的沟通时，组织承诺通常出现上升。

□员工卷入（employee involvement）。鼓励员工参与影响组织未来的决策可以增加员工的工作满意，在这些过程中表现出的组织对员工的信任也可以提高员工的组织承诺。

组织中的情绪与心态

研究者近来开始对态度的情绪成分产生了新的兴趣。前面提到，态度的情绪成分反映了感受和情感。管理学者们曾经认为每位员工每天的感受和情感都可能会变化，但现在的研究表明，尽管某些短期波动确实存在，但还是有一些基本的、相当稳定的和可预测的情绪和情感状态。

例如，有些人具有较高的**积极情绪**（positive affectivity）。这意味着他们比较向上和乐观，对生活有一种总体上健康的感受，通常从积极的方面看待事物。这样，他们看上去总是拥有好心情。而另一些具有较高的**消极情绪**（negative affectivity）的人则刚好相反。他们的情绪比较低沉和悲观，通常从消极的方面看待事物，在绝大多数时间里看上去情绪不佳。

当然，即使最极端的情绪类型也会有不同的变化。积极情绪较高的人在听到坏消息——晋升无望、绩效评估非常不好、下岗或开除时，也会陷入情绪不佳的状态。而那些消极情绪的人也可能会有开心一刻——至少有一段时间——例如刚刚升职、获得非常积极的绩效评估或者其他好事降临。在这些事件的初期影响过去之后，积极情绪的人会恢复他们正常的积极心态，而消极情绪的人则又将陷入正常的坏情绪中。

复习一下

1. 态度的三种构成成分是什么？
2. 提高员工组织承诺的措施有哪些？

15.4 知觉与个体行为

前面提到过，对象的知觉是形成态度的一个重要因素。由于知觉对其他各种工作场所行为也发生着影响，管理者应当对基本的知觉过程有一定的理解。

基本的知觉过程

知觉（perception）是个体意识和解释环境信息的一组过程。知觉是主观性的，因此可能导致偏差。偏差（bias）是指系统性的使用有关他人信息的倾向，将导致不准确的知觉。如图 15.3 所示，选择性知觉和刻板印象是组织中两种基本的知觉偏差过程。

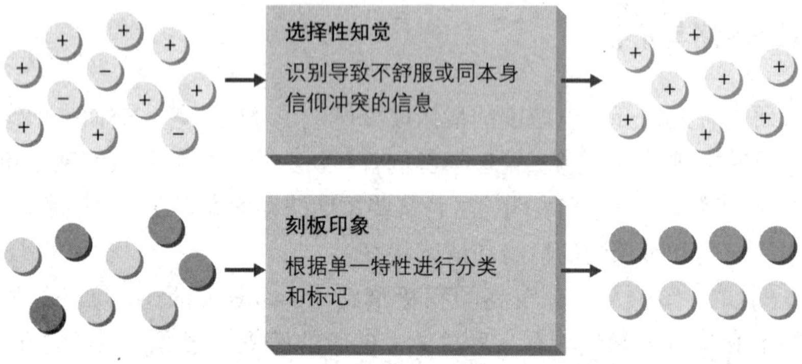

图 15.3 知觉过程

选择性知觉（selective perception）。选择性知觉是指个体识别导致不舒服或同本身信仰冲突的信息。例如，假设经理特别欣赏某位员工，他很可能会对这位员工表现出特别积极的态度并且认为他是一位最优秀的员工。某天如果这位员工看上去工作不认真，选择性知觉的作用会让这位经理很快忘掉他所看到的现象。相反，如果经理对某位员工形成非常消极的印象，他会认为这位员工绩效不佳，总也做不好工作。即使有一次他发现这位员工表现出很高的绩效，也不会长时间记住。一方面，选择性知觉是有益的，因为它帮助我们忽略不重要的信息。当然，这种有益性的前提是我们的基本知觉必须准确。如果选择性知觉导致我们忽视了重要的信息，它就是极端有害的。

刻板印象。**刻板印象**（stereotyping，亦称定型）是根据单一特性进行分类和标记的过程。常见的刻板印象例子有种族和性别。当然，这方面的刻板印象可能是不准确和有害的。例如，管理者可能会形成女性适合某些工作而男性适合另一些工作的刻板印象。如果它影响到管理者对员工的招聘，则会对组织产生不利的影响。首先，组织会失去一些优秀的候选者。其次，这种做法是违法的。最后，这种做法是不道德的。另一方面，某些类型的刻板印象则是有用的和有益的。假如经理形成了某类工作需要沟通技能的刻板印象，则该名经理将在面试中特别注意候选人的沟通技能，这类刻板印象就是有益的。

知觉与归因

知觉同归因之间存在着密切的关联。**归因**（attribution）是观察行为并将其归属于某种原因的机理。所观察到的行为可能是自己的，也可能是他人的。假如一位员工发现自己减少了工作的时间，谈论工作的时候也比从前少，请病假的次数则增加了。她可能由此得出结论，认为自己对工作失去了兴趣，最终决定放弃工作。在此过程中，她观察到自己的行为，进行了归因，并作出了与此相一致的反应。

更为常见的是对他人行为的归因。假如上面这位员工的经理也观察到这些行为，他可能得出同样的归因。另一方面，他也可能会认为她病得很重，或是自己要求过于严格，或者她的压力太大，或者她有健康问题，或者她的家庭出了麻烦。

构成归因的基本框架是**共识**（consensus，其他人在相同情境下采取同样的行为）、**一致性**（consistency，同一个人在不同的时间表现出相同的行为）和**特殊性**（distinctiveness，不同情境下同一个人表现出相同的行为）。例如，一位经理发现某位员工在开会时迟到。经理会进一步发现他是唯一一个迟到的人（低共识），回想起他经常在其他会议上迟到（高一致性），最后想起该员工有时上班迟到或午餐时间拖长（低特殊性）。这一归因模式可能导致经理得出结论，这名员工的行为应当加以改变。最后，经理可能同该员工进行谈话，为防止将来再犯而设置一些惩罚性措施。

复习一下

1. 定义什么是知觉，两种基本的知觉过程是什么？
2. 举出生活中他人行为的一个真实的例子，用归因理论解释这种行为。

15.5 压力与个体行为

压力是组织中行为的一个基本要素。**压力**（stress）是个体对强烈刺激的反应。这种刺激被称为**压力源**（stressor）。压力过程通常遵循一种被称为**一般适应综合征**（General Adaptation Syndrome，GAS）的循环过程，如图 15.4 所示。根据这一观点，当个体遇到压力源后，GAS 开始启动。第 1 阶段是警戒。他会感到惊慌、不知所措和无助。例如，原定于一个月后召开的会议突然提前到一周后，一位基层经理必须在第二天完成市场竞争分析报告作为上级撰写其分管部门报告的基础，他的第一个反应也许是："这能来得及完成吗？"

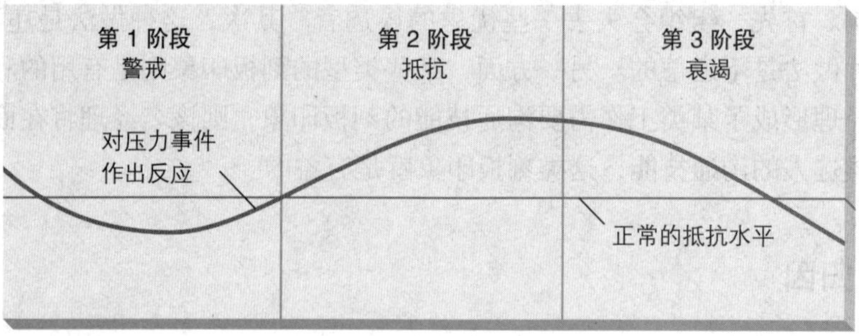

图 15.4　一般适应综合征

如果压力源过于强大，个体可能会觉得无法应对，从而不会认真尝试对其作出反应。在绝大多数例子中，经过一段短暂的警戒过程，个体会聚集起一些力量抵抗压力源的消极作用。例如，这位要交报告的经理会平静下来，打电话通知家人他要加班，接下来准备大干一场，叫外卖送餐，然后着手工作。在 GAS 的第 2 阶段，个体开始抵抗压力源的作用。

在许多例子中，第 2 阶段就是 GAS 的结束。如果经理能够在预计时间之前完成评估，他会将报告装进公文包，对自己微笑，然后回家。尽管很累，但很满足。另一方面，如果长期暴露在压力源之下而无法解决，则将进入 GAS 的第 3 阶段——衰竭。在这一阶段，个体完全放弃努力，不再抵抗压力源。对于这位经理而言，结果可能是在凌晨 3 点钟的时候趴在桌子上睡着了，而评估则无法按时完成。

应当注意的是，压力并不总是坏的。如果压力不存在，我们就会陷入无生气和停滞的状态。适度的压力可以带来激励和兴奋。然而，压力过多则会产生消极影响。另一方面，“坏事”固然会导致压力，“好事”也同样会导致压力。过分紧张、时间透支和坏消息会导致压力，但是，赢得奖金以及如何支配奖金也可能导致压力。同样，升职、赞赏和类似的“好事”也是压力的来源。

在对压力进行分析时，一个重要的思路是 A 型人格和 B 型人格的区分。A 型人格的个体是高度竞争性的，对工作极度投入，时间紧迫感很强。他们往往是有进取心的、不耐烦的和高度工作导向的。他们拥有丰富的驱动力，希望尽可能快速地实现尽可能多的成就。B 型人格竞争性较弱，对工作的投入不强，时间紧迫感不强。这一类型的个体不大同他人发生冲突，更可能拥有平衡和放松的生活方式。B 型人格能够不受时间压力保持稳定的工作节奏。没有证据表明 B 型人格比 A 型人格在工作中更成功或更不成功，但是他们可能较少感受到压力。

压力的来源和后果

压力显然不是一个简单的现象。如图 15.5 所示，几种不同的来源都可能导致压力。值得注意的是，这里所列出的只包含与工作有关的状况，但实际上压力也可能源于个人情况。

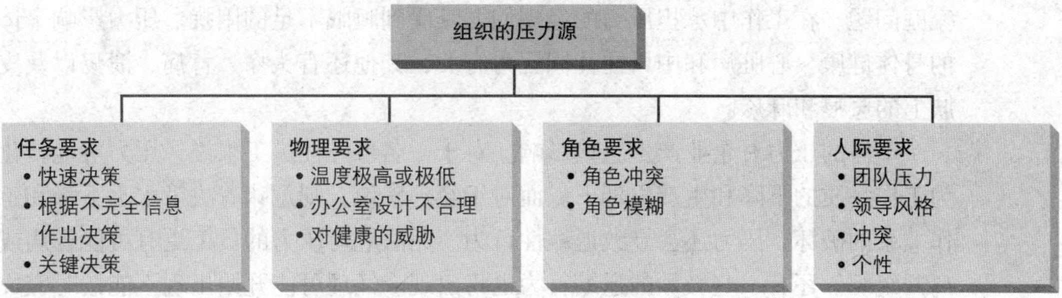

图 15.5　工作压力的来源

压力的来源。与工作相关的压力源一共有 4 种——任务要求、物理要求、角色要求和人际要求。任务要求同任务有关。有些岗位比其他岗位压力更大，导致某些工作压力大的原因包括需要作出快速的决策、根据不完备的信息作出决策或决策的后果很严重。外科医生、消防队员、飞行员和股票经纪人属于工作压力较大的人群，而全科医师、搬运工和办公室接待员的工作压力相对较低。全科医师尽管也要作出重要的决定，但他通常有时间作出细致的诊断并且尝试多种不同的治疗方案。但是，在外科手术进行过程中，医生必须快速作出决定，一旦决策失误就可能危及患者的生命。

物理要求是同工作设置有关的压力源。在高温或高寒地区从事室外工作，甚至办公室温度不适宜都可能导致压力。办公室设计不合理所导致的缺乏隐私和阻碍社交、照明不足以及工作空间不足都会导致压力。更严重的情况是对健康的威胁，像采煤、禽类加工和有毒垃圾处理等工作。

角色要求也是压力的来源之一。角色（role）是一系列同组织和群体中某一职位相联系的预期行为。压力可能来自个体在群体中所感受到的角色冲突或角色模糊。例如，员工可能感受到来自老板的压力，老板要求增加工作时间和出差时间，但家人也要求她拿出更多的时间来照料生活。在这种情况下，她一定会体验到压力。与此相似，缺乏入职训练和培训的新员工在组织中则会体验到角色模糊带来的压力。频繁的会议也是潜在的压力源。

人际要求是同组织中人们所要处理的各种关系相关的压力源。例如，团队中会有完成产出目标和行为一致的压力。领导风格也会带来压力。要求决策参与的员工可能因为老板的拒绝而产生压力。个性间存在冲突的员工在一起密切工作时可能体验到压力。例如，拥有内部控制点的员工可能不习惯与倾向于等待和靠天吃饭的人共事。

压力的后果。我们在前面提到，压力可能是积极的，也可能是消极的。消极的后果可能是行为上的、心理上的或健康上的。从行为上讲，压力可能导致有害的行为，例如吸烟、酗酒、暴食或滥用药物。其他由压力导致的行为还有事故隐患、对自己和他人的暴力以及饮食紊乱。

压力的心理后果影响员工的心理健康和幸福。其表现包括睡眠不足、沮丧和家庭问题。在工作中承担压力的经理们尤其受到睡眠不足的困扰。压力影响个体的身体健康。心脏病和中风往往同压力有关，其他还有头痛、背痛、溃疡以及皮肤上的斑痕和麻疹。

个体的压力对企业产生直接影响。对于一名事务性员工来说，压力可能转化为工作品质的下降和生产力低下。而对于经理来说，则意味着决策水平下降和工作关系的破坏。压力还会导致退缩性行为。无法应对压力的员工更有可能告病或离开组织。还有一些微妙的退缩行为也将出现。经理可能开始出现不能按时完成任务的情况，或者午餐时间拖长。员工的退缩性行为还表现为漠不关心情绪的滋长。压力所导致的不正常行为令个体变得难以相处。工作满意度、士气和组织承诺都会在过度压力下受损，激励的效力也会打折扣。

压力的另一个后果是**倦怠**（burnout）。如果持续受到过多的压力，个体会产生一种衰竭的感受。倦怠会导致疲劳、挫折和无助，接下来则是僵化、丧失自信和心理性退缩。个体要挣扎着上班，完成同样工作所需要的时间延长了，表现出精神和身体上的衰竭。中国人力资源网 2004 年一项面向 4000 名在职人员的网上调查发现，重度倦怠的人数为 19%。女性倦怠水平明显高于男性，基层员工倦怠水平明显高于高管，公务员的倦怠水平则在所有职业群体中最高。为了避免倦怠的伤害，一些组织采取了相应的措施，例如向员工提供培训课程，帮助他们认识倦怠的症状并教会他们如何避免。华为公司设立了首席员工健康与安全官，从公司角度进行设计和管理，帮助员工减轻压力所带来的抑郁和焦虑。

压力的管理

由于压力可能产生的种种后果，组织和个人都应当努力限制其损害效应。已经有了许多管理压力的方法和理念，有些适用于组织，有些适用于个人。

管理压力的方法之一是锻炼身体。经常锻炼的人感觉不那么紧张和有压力，他们更为自信，更为乐观。由于身体状况较好，他们较少得各种常见病。相反，不经常锻炼的人往往感到压力较大，更容易陷入沮丧，更容易心脏病发作。由于身体状况不佳，他们也更容易得病。

管理压力的另一种方法是放松。放松令个体适应压力，从而更好地处理压力。放松的形式有许多种，定期休假就是其中的一种。近期的一项研究发现，休假之后人们对各种工作场所特性的态度有显著的改善。人们还可以学习在工作中放松，专家们建议在普通的工作日中经常安排短时休息。

时间管理也是控制压力的方法之一。时间管理的原理是，如果个体时间管理得当，则可以减少或消除许多压力。时间管理的方法之一是每天早上列一个当日要做的事情清单，然后将清单上的项目分为三组：必须完成的关键事项，应当完成的重要事项，可以授权他人完成或推迟完成的其他事项。然后个体按照清单上项目的重要性顺序完成事项。

最后，支持群体也是管理压力的方法之一。支持群体可以是家庭成员或闲暇时在一起的朋友。下班后与同事好友一起看一场篮球赛或电影，可以帮助人们应对持续的压力或危机。例如，一位经过数月的努力却未获得晋升的员工可能需要朋友来倚靠一下、进行一次交谈或发泄。人们还可以利用更复杂或更正式的支持群体，例如社区中心可以帮助刚刚离婚、失去亲人或遭遇其他悲剧的人士。

组织已经开始认识到它应当帮助员工应对压力。组织本来就是压力的来源之一，它也应当承担缓解压力的责任。此外，同压力有关的保险索赔可能令组织付出巨大的代价。而且较少承受有害压力的员工工作更有效率。AT&T 公司开设了一系列的课程和培训帮助员工应对工作压力，它的考虑正是这里所提到的三个因素。

健康压力项目是组织专门用来帮助员工应对压力的设计。为此，组织将开设压力管理项目、健康促进项目和其他项目，通常包括同锻炼身体有关的活动以及戒烟、减肥和一般压力管理课程。

有些企业采用自己的方法或利用现有的此类项目。例如，Google 在总部拥有 20 间体育馆。其他的企业则同本地健身俱乐部谈判购买折扣健身会员卡。组织内的健身设施方便了员工锻炼，但成本也很高。尽管如此，还是有越来越多的企业为员工组织健身活动。与此相似，有些企业向员工提供周期性的长假，让他们有一段较长的时间用来休养和恢复，例如英特尔和麦当劳就提供这样的福利。

复习一下

1. 什么是压力？压力的主要来源和后果分别是什么？
2. 你属于 A 型人格还是 B 型人格？你如何评价自己的人格类型？

15.6　组织中的创造性

创造性是组织中个体行为的另一个要素。创造性是个体产生新思想或从现有思想中发现新理论的能力。是什么使人具有创造性？如何使人变得更有创造性？创造性过程的机理是什么？尽管对这些问题心理学家还没有完整的答案，但通过对几种通用模式的研究可以帮助我们理解组织内个体创造性的来源。

创造性个体

许多研究者专门研究创造性个体的共同特性。这些特性通常可以归入三个类别：背景经验、个人特质和认知能力。

背景经验和创造性。研究者们发现，许多创造性个体是在创造性得到滋养的环境中成长起来的。莫扎特成长于一个音乐家的家庭，6 岁就开始作曲和演奏。居里夫妇的女儿和父母一样获得了诺贝尔化学奖。爱迪生的创造力是由母亲培养的。但是，背景经验与上述例子中完全不同的人同样也可能是富于创造性的。

个人特质和创造性。某些个人特质同个体创造性有关。创造性人士共同的特质包括开放、被复杂事物所吸引、高度的活力、独立和自治、强烈的自信和强烈的对自己创造性的自信。拥有这些特质的人比其他不具备这些特质的人更可能具备创造性。

认知能力和创造性。认知能力是个体进行智力思考和有效地分析情境与数据的能力。智力是创造力的前提——创造性人士都拥有高智力，但高智力并不必然带来创造性。创造力还同收敛性思维和发散性思维有关。**发散性思维**（divergent thinking）是从情境、现象或事件中观察到差异的能力。**收敛性思维**（convergent thinking）是从情境、现象或事件中发现共同点的能力。创造性人士通常两者都精通。

如何激发创造性是教育和企业的热闹话题。有趣的是，一些日本的管理者开始怀疑自己的创造能力。他们认为，日本企业对群体和谐的注重窒息了个体的主动性，阻碍了个体创造性的发挥。为此，许多日本企业开发了员工培训项目，试图激发员工的创造性。

创造性活动的过程

尽管创造性人士通常说他们的思想来自“一闪念”，实际上个体的创造性活动还是要经过一系列的阶段。并非所有的创造性活动都遵循下面 4 个步骤，但它的确具有一定的普遍性。

准备阶段。这是创造性活动的开始阶段。在企业管理领域中发挥创造性的个体通常先要接受正规的商业培训和教育。正规的教育和培训是熟悉大量研究成果和知识的最有效的途径。这也是工商管理本科和硕士课程如此受欢迎的原因之一。正规的商业教育可以帮助个体“跟上速度”，快速作出创造性贡献。正规教育之后在工作中获得的经验同样对创造性过程有贡献。重要的是，创造性人士的教育和培训永远不会结束。布鲁斯·罗斯先是获得了化学博士学位，然后在制药产业中花了很多年时间学习化合物及其对人类作用的知识。

孵化阶段。接下来是注意力不那么集中的阶段，准备阶段所获得的知识和思想成熟并发展起来。孵化阶段的有趣特色之一是它通常得益于专注的理性思考的暂时中断。有些创造性人士依靠体力活动如散步或游泳来摆脱进行中的思考，有些人则读书或听音乐。有时睡眠也是暂时中断的选择之一。罗斯最后加入了 Warner-Lambert 公司，一家积极进取的制药企业，协助开发降低胆固醇的药物。在业余时间里，罗斯阅读神秘小说，在山区钓鱼。他后来承认这正是他进行最佳思考的时刻。与此相似，每隔两年比尔·盖茨都会到一个与世隔绝的小木屋里思考技术发展的趋势。据他本人讲，在这样的静思中可以获得微软发展方向最深刻的见解。

领悟阶段。领悟是一种自发的突破，创造性人士对某些问题或情境产生了新的理解。领悟代表了在孵化阶段逐渐成熟的零散的思想和观念的聚合。它可能是突然出现的，也可能是慢慢得到的。领悟可能由某些外部的事件所激发，例如新的实验或数据，迫使个体从新的角度思考旧的问题。领悟也可能完全由内部事件触发，各种思维模式最终结合起来产生了新的理解。有一天罗斯正在琢磨早先研究中的一些数据，这些数据表明开发中的新药不如已有的药品。但是，这一次他发现了以前未曾注意到的统计学意义上的关系。他意识到自己抓住了一个重大的突破。

管理行动专题

意诺新的创新众包

意诺新（Innocentive）是一家美国创新众包公司，擅长生物和化学领域中的创新。企业可以将创新难题公开或匿名发布在意诺新社区，规定条件并提供奖金。来自 190 个国家的 39 万名技术人员在意诺新注册，目前已经运行了 2000 项创新大奖，总奖金超过 2000 万美元。发布奖项的企业主要来自欧美，但 50% 的注册人员来自俄罗斯、印度和中国。

据意诺新的统计，在获奖人员中，有 70% 是外行。有一次，高露洁公司想把一种新氟化物混合到牙膏中，但结果很不理想，这些粉末不能很好地与牙膏混合，往往跑到牙膏管外面来。高露洁公司在意诺新悬赏 2.5 万美元解决这一问题。很快，一位名叫埃德·梅尔卡雷克（Ed Melcarek）的加拿大物理学家贴出了自己的答案。在他看来，问题的关键是颗粒物带电。只要让氟化物带电，让牙膏管接地，氟化物就会紧贴牙膏管。梅尔卡雷克之所以能够快速解决问题，是因为他从物理学家而不是化学家的角度来思考，这也是他屡屡成功拿下大奖的"诀窍"。[5]

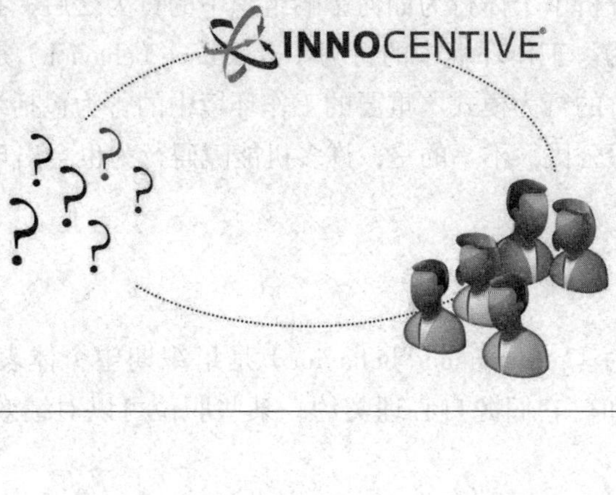

验证阶段。领悟发生之后，需要经过验证阶段来证明领悟的有效性或真实性。对于许多创造性的观念来说，验证包括进行科学实验以证明领悟是否能够得出预期的结果。验证还包括产品或服务原型的开发。原型是用于考察思想是否有效的一种或少数几种产品。产品原型通常不向公众出售，但是对于验证创造性过程中发生的突破极为重要。新产品或服务开发出来之后，市场的验证是对其背后思想的最终测试。罗斯和同事们开始测试新的药物，最终获得了美国食品与药物管理局的许可。这种名为 Lipitor 的降胆固醇药物成了历史上最畅销的药品。

加强组织中的创造性

有许多方法可以帮助经理们加强和提高组织中的创造性。加强创造性的方法之一是将其作为组织文化的一部分，这通常是通过设立明确的目标来实现的。像 3M 公司和 Rubbermaid 公司这样特别希望加强创造性的企业设定了目标，要求未来一定比例的收入必须来自新产品。这清楚地表明了公司对创造性和创新的重视。

加强创造性的另一个重要部分是奖励创造性的成功，同时注意不要惩罚创造性的失败。许多纸面上看来可行的思想在现实中被证明是不可行的。如果第一个提出失败想法的人被解雇或受到惩罚，那么其他的人就将在工作中变得更加小心，创新的思想自然也就少了。

复习一下

1. 什么是创造性？它的来源有哪些？
2. 回忆你最近有过的一个重要思想，根据本节所讨论的创造性过程解释它是如何产生的。

15.7　工作环境中行为的类型

在仔细分析了个体行为如何影响组织中的行为之后，我们将注意力转向工作环境中的行为。工作环境中的行为（workplace behavior）是组织成员直接或间接影响组织效益的行为模式。重要的工作环境中的行为包括绩效与生产力、缺勤和离职以及组织公民。不幸的是，许多机能障碍行为也会出现在组织环境中。

绩效行为

绩效行为（performance behavior）是组织期望个体表现出来的同工作相关的行为的总和。它们源自心理契约。某些职位可以对绩效行为作出狭窄的定义和测量。例如，装配线传送带上安装部件的工作绩效行为相对较少，只要保证员工留在装配线上准确安装就可以了，然后通过计算准确安装部件的百分比评估其绩效。

对于其他许多职位，绩效行为更加分散和难以评估，如 Google 公司的研发工程师。科学家在实验室工作，努力发现具有商业潜力的科学突破。科学家必须运用读研究生时学到的知识和以前研究工作的经验。直觉和创造性也是重要的因素。期望的突破可能需要数月甚至数年的时间才能获得。组织需要运用许多不同的方法进行绩效评估。当然，关键是将评估机制同工作匹配起来。

退缩行为

缺勤和离职是与**退缩**（withdrawal）有关的行为。**缺勤**（absenteeism）是个体不出现在工作场所的行为，其原因可能是合法的（生病、法律义务、亲人离世等）或伪造的（表面上合法但实际只是不上班的托词）。缺勤员工的工作无法完成，可能需要另请他人。这会造成实际产出的数量和质量下降。显然，缺勤是不可避免的，组织所关心的是如何令伪造的缺勤最少化和尽可能减少合法的缺勤。高缺勤率也是出现其他问题的症状，例如工作不满意和士气低落。

离职（turnover）是指人们离开他们的职位。替代离职的个体通常会增加组织的成本，如果离职的是生产力特别高的员工，则组织的成本更高。离职是由许多因素促成的，包括职位的特点、组织、个体、劳动力市场和家庭影响。一般来说，人职匹配不佳也是一个常见的原因。劳动力短缺导致许多企业离职率提高。

直接的离职管理往往很困难，即使注重奖励绩效的组织也是如此。当然，某些离职是不可避免的，有时甚至是组织所期望的。例如，如果组织打算减少人手降低成本，则自愿离职比不得不终止合同要好得多。此外，如果选择离职的是低绩效的员工或工作不满意程度较高的员工，组织也会从这种离职中获益。

组织公民

组织公民（organizational citizenship）是员工对组织具有整体性积极贡献的行为。如果一位员工的工作在数量和质量上都是可接受的，但是她拒绝加班，不帮助新人掌握工作诀窍，除了严格意义上的工作之外不愿意为组织作任何贡献。那么，尽管她是一位有绩效的员工，却不是一名好的组织公民。

另一位员工的工作绩效与该名员工相仿，但只要老板要求，他总是加班到很晚，愿意花时间帮助新人，令人感到他对组织的成功负有承诺。尽管此人的工作绩效并不比上面的员工更高，却是一名更好的组织公民。

组织公民的行为受到各种复杂的个人、社会和组织变量的影响。例如，人格、态度和个体需求必须同组织行为取得一致。与此相似，个体或群体工作的社会背景也会协助和促进这类行为。组织本身，特别是它的文化，必须促进、认可和奖励这些行为类型。尽管组织公民的研究还处于早期阶段，但研究发现，它对组织效能起着重要的影响作用。

机能障碍行为

机能障碍行为（dysfunctional behaviors）是对组织造成减损而不是贡献的行为。最常见的两种机能障碍行为是前面讨论过的缺勤和离职。其他机能障碍行为可能对组织造成更大的损失。盗窃和破坏造成直接的经济损失，性骚扰、种族歧视带来直接的（侵权赔偿）和间接的（士气低落、恐惧和有价值员工的流失）损失，还有政治化的行为、在组织中有意误导他人、散布不怀好意的谣言和类似的行径。工作场所暴力也日渐引起了组织的关心，每年都会因此而造成伤亡。

复习一下

1. 绩效行为、退缩行为、组织公民和机能障碍行为之间的区别是什么？
2. 你是否有过没生病而请病假或请病假逃课的情况？为什么要这样做？

本章要点

1. 理解组织中个体的行为对于管理者具有重要的意义。帮助实现这一理解的基本工具之一是心理契约——个体就自己对组织的贡献以及组织对个体贡献回报的总体期待。组织努力实现优化的人职匹配，个体差异使这一工作变得复杂。
2. 人格是构成人与人之间相互区别的一组相对稳定的心理特性。“大五”人格特质包括宜人性、责任感、情绪稳定性、外向性和开放性，迈尔斯－布瑞格斯模型也是理解人格的有用模型。其他重要人格特质还有控制点、自我效能、权威主义、马基雅维利主义、自尊感和风险倾向。情绪智力是一个较新的概念，它为理解人格提供了有趣的见解。
3. 态度基于情感、知识和意图行为。人格是相对稳定的，有些态度却是比较容易形成和改变的，另一些态度则较为稳定。工作满意或不满意和组织承诺是重要的与工作相关的态度。
4. 知觉是个体意识和解释环境信息的一组过程。基本的知觉过程包括选择性知觉和刻板印象。知觉与归因有密切关联。
5. 压力是个体对强烈刺激的反应。一般适应综合征（GAS）描述了基本的压力过程。压力的来源可能是任务要求、物理要求、角色要求和人际要求。压力的后果包括对组织和个体的影响，倦怠也是压力的后果。压力可以通过多种方法进行管理。
6. 创造性是个体产生新思想或从现有思想中发现新理论的能力。创造性人士倾向于具备某些特定的背景经验、人格特质和认知能力。创造性过程包括准备、孵化、领悟和验证 4 个阶段。
7. 工作环境中的行为是组织成员直接或间接影响组织效益的行为模式。绩效行为是组织期望个体表现出来的同工作相关的行为的总和。缺勤和离职是基本的退缩行为。组织公民是员工对组织具有整体积极性贡献的行为。机能障碍行为是对组织极为有害的行为。

批判性思考与讨论题

1. 什么是心理契约？在心理契约中，个体对组织的贡献有哪些？组织提供的诱因有哪些？
2. 用本章讨论的各种人格维度描述你自己的人格。例如，你认为自己拥有内部控制点还是外部控制点？
3. 态度的三种构成成分是什么？它们之间的相互关系如何？什么是认知失调？个体如何解决认知失调的问题？
4. 创造性过程有哪些步骤？组织如何提高员工的创造性？
5. 工作环境中的重要行为有哪些？
6. 组织越来越多地用人格测试方法来鉴别职位申请者。请问这种方法的利弊分别是什么？管理者应当如何避免其潜在缺陷？
7. 以一份亲身经历过的工作为例，说明你所体验到的工作满意和不满意以及组织承诺。描述这些态度产生的原因以及它们如何影响你的行为。
8. 作为管理者，你如何判断员工处于工作满意状态，如何判断员工具有高度的组织承诺？如果员工处于工作不满意状态，如何才能提高其满意程度？如何才能提高其组织承诺？
9. “满意的员工带来满意的顾客”，请说明这一陈述为什么可能是对的。什么情况下它是不对的。
10. 管理者不可能对所有的信息给予同样的注意，因此选择性知觉是不可避免的。选择性知觉对管理者的工作有何帮助？它带来了哪些困难？管理者怎样才能增加“好的”选择性知觉和“减少”坏的选择性知觉？
11. 写出你作为班级一员的心理契约。你的贡献是什么？班级向你提供了哪些诱因？请你的教授告诉大家她打算在班级中建立怎样的心理契约。你的回答和教授的回答有何不同？为什么会有上述不同？向全班报告你的想法。
12. 假定你要为自己服务的百货公司招聘三名新员工：一名卖鞋，一名管理玩具部，一名在仓库工作。为了实现良好的人职匹配，描述你希望各职位人员应当具备的基本特征。
13. 描述某人表现出极高或极低“大五”人格的例子。例如，首先找出一名高宜人性或低宜人性的人，然后说明这一人格特质的结果。结果是否符合逻辑。像理论所说的那样，积极的人格特质通常带来好的结果而消极人格特质则导致坏的结果。解释你的发现。
14. 为什么不同人格类型的管理者可以一样做到有效能和成功？
15. 情绪智力不高对于管理者的效能可能有怎样的妨碍？
16. 在工作场所拥有好朋友是否表现出员工五大人格模型中的某些维度？在工作场所中拥有好朋友对工作满意有何影响？

综合练习：时间管理

时间管理是对工作重要性进行排序、提高工作效率和适度授权的技能。时间管理不当可能导致压力。本练习帮助你运用时间管理技术减轻压力。列出给你带来压力的几个主要的事件和预期。压力源包括学校（紧张的课程和考试）、工作（经济压力、工作完成的期限）和个人环境（朋友、爱情、家庭）。请做到尽可能具体，至少找出 10 个压力源。

1. 请说明哪些压力源于时间管理不当。例如，考试的压力是否是推迟了复习所造成的？

2. 为每一种同时间有关的压力源设计一种更有效地利用时间的战略。
3. 注意不同压力源与时间相互间的关系。例如，经济压力迫使你工作，而工作会干扰学习。通过时间管理可以有效地改善这些关系吗？
4. 如何管理生活中的压力？有效的时间管理有助于管理压力吗？

学习伴随案例练习

根据你所选择的组织的资料，以小组为单位对其管理活动进行讨论。回答下面的问题并向全班报告。

1. 这家企业在员工管理上曾经获得过任何奖项吗？是否有资料表明这家企业努力激发员工的积极情绪。
2. 本章提到增加员工组织承诺的五种方法，请收集信息分析这家组织在这五个方面做得如何。
3. 在你看来，这家组织是一个高压力的还是低压力的工作场所？为什么？组织采取了哪些方法来帮助员工减少压力？

结尾案例

工作中的压力

不论组织大小、工作性质，员工的紧张和压力是不可避免的现象。在工作场所感受到焦虑和压力会对员工造成负面的身体和心理影响，导致生产力降低和医疗成本上升。有报道说，由此造成的损失每年高达3000亿美元。[6]一些企业采用了各种措施来帮助员工管理压力。

精神健康活动

一些临时性的因素可能导致压力过高，如短期工作负担加重导致睡眠不足、高血压和头痛。爱彼迎公司向员工提供免费瑜伽课，苹果公司给员工30分钟冥想时间，耐克公司里设置了放松房间。有的企业每月组织健行比赛，通常以部门为单位并公告颁奖。

还有的公司向员工提供第三空间，不愿意在自己工位上办公的员工可以变换环境，到专门的房间里完成工作。

办公室娱乐

工作任务再紧张，也可以在中间找出几分钟时间让大家一起放松一下。有的企业在办公区安放乒乓球桌、攀岩墙，让员工可以方便地做一些运动来缓解紧张。如果条件允许，让员工带宠物来上班也是一种普遍有效的放松方法。

有的企业举办工位特色装修大赛，员工可以自行装饰自己的工位，获得选票最多者还将获得奖金，这样的活动有助于员工在工作之外的主题上互相交流。

在大型活动或项目之前举办热身派对，让所有的团队成员参加并相互交流，可以缓解紧张。

志愿者服务

帮助他人是提升自己生活满意度的一个有效方法。Salesforce 公司允许员工每年56个小时带薪做志愿服务，还授予员工现金，用于向自己选择的慈善机构捐款。一家医疗技术企业每年给员工 5 天在职志愿者假。员工通过志愿服务减轻压力，提高了生产力。

减轻与工作相关的生活压力

许多企业采用创造性方法缓解压力。Google 为了减少员工用在生活琐事上的时间，为员工提供管家服务，从预订晚餐到理发预约。另一家企业为家长提供 16 小时学校任务时间，这样在开家长会或需要到学校去时可以不用占休假时间。

一家名为 Pitt Ohio 的卡车运输公司有 1800 名司机，从 2016 年开始，如果员工能够连续 6 个月每周向紧急储蓄账户存入 19 美元，则公司将奖励 56 美元，继续保持 6 个月的员工还将获得额外的 56 美元奖励。公司管理层通过调研发现，司机的财务压力可能导致每年增加 8 起安全事故。最终，有 92% 的参加者达到了储蓄目标。

也有的公司采取措施帮助员工提升抵御压力的能力，如 Google 公司发起支持个人发展的活动以提高创造力、发挥潜力和可持续的生产力。Google 负责人认为，这些活动可能在时间、预算和资源上都不需要特别高的花费。[7]

示范和鼓励所有提升幸福感的活动。盖洛普的一项研究发现，团队成员中如果有一人体验到幸福感，则三个月后团队其他成员获得幸福感的体验增加 20%。结论是，团队应当尽可能发起幸福感提升活动

让员工有机会脱离工作。研究发现，长时间、多任务的状态对生产力不利，企业应当有意识地帮助员工，能让他们有机会脱离工作环境，例如在晚上 8 点之后不再要求回复邮件。

强调单一任务以增加专注。多任务安排不仅会导致完成任务时间延长，还会增加错误的数量。人类最擅长对系列单一任务的处理，团队领导可以帮助成员按优先顺序将工作划分为一系列的单一任务，避免重要任务在时间点上重叠，区分紧急和重要。

展现同理心和同情心。研究发现，领导人的同理心和同情心，包括理解人们的动机、希望和困难，以及提供正确的支持方式，与生产力和利润的相关性最高。领导人花时间认可团队成员、倾听反馈包括批评意见，促进同事间协作都有助于提高员工对抗压力的能力。

案例讨论题

1. 减轻员工压力对企业为什么重要？
2. 组织通常采取哪些方法向员工提供减压支持？
3. 在你看来，还可以有哪些方法帮助员工减轻压力？

开篇案例讨论题

个性鲜明的董明珠

1. 用大五人格模型分析董明珠的个性特征。
2. 用控制点、自我效能和自尊感特质分析董明珠的个性特征。
3. 作为领导，董明珠的个性对于格力电器的发展有哪些有利的地方，有哪些可能的问题？

自测题

1. T F 心理契约通常是书面的。
2. T F 态度和人格特质实际上是同一个东西。
3. T F 消极情绪较强的人总是情绪不佳。
4. T F B型性格的人比A型性格的人较少体会到压力。
5. T F 创造力强的人是收敛型思考者，而创造力不强的人则是发散型思考者。
6. 下面哪一个不属于“大五人格特质”中的维度
   a. 对自己能够完成任务的信心或信念
   b. 信仰和兴趣的严格程度
   c. 在与他人相处时感受舒适的程度
   d. 与他人相处的能力
   e. 专注目标的数目
7. 张帅希望提高自己的情绪智力。她应当致力于改进以下这些维度，除了
   a. 自我意识
   b. 管理情绪
   c. 同情心
   d. 创造力
   e. 社交技巧
8. 下面哪一个不属于工作相关的压力源
   a. 办公室室温太高
   b. 信息不完备情况下的快速决策
   c. 个性冲突的员工在一起工作
   d. 新员工入职介绍和培训不足
   e. 员工不断经历疲劳、挫折和无助
9. 在解决一个产品分销问题时，管理者发现问题的来源有些像花园里纽结的水管，加大压力解决不了问题（也就是不能从制造上找答案）。这属于下述哪一种例子
   a. 发散性思维
   b. 垂直思维
   c. 水平思维
   d. 收敛性思维
   e. 责任心
10. 作为组织公民的员工应当
    a. 严格按正式的工作绩效要求来做
    b. 承诺留在组织
    c. 对组织作出总的贡献
    d. 通常心情不错
    e. 对组织、组织文化和其他员工抱积极的态度

本章注释

[1] http://www.ce.cn/xwzx/gnsz/gdxw/201703/07/t20170307_20782176.shtml.

[2] McCrae, R. R., Terracciano, A., & 78 Members of the Personality Profiles. Universal features of personality traits from the observer's perspective: Data from 50 cultures [J]. Journal of Personality and Social Psychology, 88, 547-561.2005.

[3] http://www.chinadevelopmentbrief.org.cn/news-19241.html.

[4] Judge, T. A., Thoresen, C. J., Bono, J. E., & Patton, G. K. The job satisfaction-job performance relationship: A qualitative and quantitative review [J]. Psychological Bulletin, 127 (3), 376-407.2001.

[5] https://www.ideaconnection.com/open-innovation-success/Method-to-Get-Fluoride-Powder-into-Toothpaste-Tubes-00057.html.

[6] https://www.fastcompany.com/3053048/how-google-and-other-companies-help-employees-burn-off-stress-in-unique-ways.

[7] https://hbr.org/2016/01/help-your-team-manage-stress-anxiety-and-burnout.

管　　理　　学　　原　　理

16 CHAPTER 16

激励和奖励员工的绩效

本章学习要点

- 激励的本质
- 激励的内容理论
- 激励的过程理论
- 激励的强化理论
- 运用外在奖励系统进行绩效激励
- 运用内在奖励系统进行绩效激励

海底捞的特色激励让员工在服务上努力超出顾客的期望。

开篇案例

海底捞火锅店：保持服务的激情

在北京，一家名为海底捞的四川火锅店门口常常有很多人等位。这些客人并不焦躁，海底捞利用等位的时间为他们提供擦鞋、美甲和免费上网的服务。来到海底捞火锅店的消费者对店员的服务热情无不留下深刻的印象。

1994 年，张勇在四川简阳创办了海底捞火锅店，以经营川味火锅为主。到 2018 年，海底捞已经拥有了 341 家直营店、5 万名员工。在谈到激发员工热情时，张勇说："标准化固然重要，但是笑容是没有办法标准化的。""最重要的是如何让员工喜欢这份工作。"

海底捞副总经理袁华强认为，要想让员工在工作中充满激情和自信去面对顾客，首先要给他们提供良好的生活环境。一些餐饮店让员工住在地下室，在海底捞，服务员和经理一样住公寓套房。空调、洗浴、电视、电脑上网一应俱全，步行 20 分钟之内可以到工作地点。公司有专门的家政服务人员，负责员工宿舍卫生的日常清扫以及员工衣服、床单、被褥的清洗等，让服务人员也享受到他人的服务。在简阳，张勇还建了一座私立学校，海底捞员工的子女可以免费上学。

尊重与善待员工，海底捞还有不少"创意"。几乎每个月海底捞都要给员工发四五次奖，有时候是一顿免费火锅，有时候是一天假期，有时候是现金……还有，将发给先进员工的奖金直接寄给他的父母。张勇说："这不仅仅是 400 块钱的事情……重要的是，他的父母有了家庭荣耀。"也许海底捞的员工并不比其他餐厅服务员赚得多，但是他们所得到的关怀和享受到的福利超过了普通打工者的待遇。海底捞的员工流失率为 10%，远远低于 28% 的行业平均水平。

除了财务和工程岗位，海底捞的高层都是从基层成长起来的。副总经理袁华强几乎干过海底捞所有的职务：门童、厨师、洗碗工……。张勇认为这样的晋升方法更有利于增加员工认同，"如果将北京区的总经理换成一个从美国回来的博士，相信不到半年就乱套了。员工不认可你，你讲得再好，你的理念再好，员工与你不是一条心，不听你的，没办法！"管理人员离职，海底捞也会提供相应的补偿。店长离职可以获得 8 万元，小区经理 20 万元，大区经理 800 万元。

海底捞在工作中给予员工很大的权限。服务员有权给客人免单，比如听到顾客说多算了一份牛肉钱，除了立刻纠正之外，她可以马上拿出名片写上：下次就餐赠送一份。袁华强解释道："任何一个员工可以在他的权力范围内给客人处理问题，这样做首先让员工觉得自己是餐厅的主人公。其实做餐饮难免会出现问题，比如餐具、菜品没洗干净，出现这种问题最好的处理办法不是你领班、经理去解决，而是由直接与客人接触的服务员解决，他可以第一时间解决问题。"在员工的考核中，海底捞重视关键事件法，根据实际服务过程中发生的事件进行讲解和评议，特别重视顾客对员工的评价。

2012 年，海底捞开始推行计件工资。火锅店里传菜总是瓶颈，张勇规定传菜每次 0.4 元，不限传菜组。其他如美甲 9 元，服务员按人头计件，每人 2.9 元，擦桌子 1 元，走锅 0.4 元，用打卡记录。每天营业结束进行计件核算，简单直接。表面看来计件法漏洞不少，但员工之间可以相互监督，店内还有监控设备协助计件核查。

计件工资也会有一些弊端，如老员工把不赚钱的苦活推给新员工，带来内部矛盾。计件工资也会改变客户体验，翻台率成了考核指标，服务员赶着帮客人下菜，只盼着客人快吃快走。

张勇说，海底捞只不过想做到“基本的善良和简单的公平”。据海底捞招股说明书，其员工成本接近总收入的30%，人均成本6.2万元。类似企业呷哺呷哺的员工人均成本则是3.9万元。随着新一代员工进场，海底捞还面临如何改进和提高员工激励的挑战。

在绝大多数情况下，人们可以自行决定是否努力工作或投入多少精力。因此，管理者必须理解员工如何和为什么对自己的工作绩效作出不同的选择。在这一选择背后的关键因素则是激励，也就是本章的主题。我们首先研究员工激励的本质、过程和激励的来源，然后介绍主要的激励理论，包括激励的内容理论、过程理论和强化理论。最后讨论如何运用外部奖励系统和内部奖励系统进行绩效激励。

16.1　激励的本质

激励（motivation）是引导人们作出特定行为的力量的组合。在任何一个工作日中，员工都可以选择尽心尽力地工作，也可以选择勉强适度工作以免受到申斥，或者尽可能少地工作。管理者的目标是令第一种行为尽可能增加，而令最后一种行为尽可能少出现。

工作场所中激励的重要性

激励对于管理的重要性在于，它可以解释人们在组织中的行为和绩效。为什么有些管理者能够将企业的利益置于第一位而另一些管理者则更在意自己的工资和福利？为什么有些员工比其他员工工作更努力？

个体的绩效通常由三项因素决定：**激励**（愿意完成工作）、**能力**（有能力完成工作）和**工作环境**（有资源用于完成工作）。如果雇员缺乏能力，管理者可以进行培训或替换员工。如果资源不足，管理者可以进行调整。但是，如果问题出在激励上，那么管理者面临的困难就会大得多。个体行为是一个复杂的现象，管理者可能很难发现问题的准确性质和解决方案。一方面，激励是无形的，另一方面，它又是绩效的决定因素，这两者都增加了它在工作场所中的重要性。

图 16.1 中的激励过程模型有助于理解激励行为发生的过程。激励过程始于匮乏或需要。例如，员工感到他的工资太低，也就是体会到增加收入的需要。为此，他会寻求满足这一需要的方法，例如工作更努力以争取加薪或另找新的工作。接下来他作出了一项选择，在作出选择之后——例如工作更努力，在一段时期内增加工作时间，他开始评估自己的成就。如果经过努力工作，工资提高了，他可能会感到高兴并继续努力工作。但是，如果没有得到加薪，他很可能会尝试另一种选择。

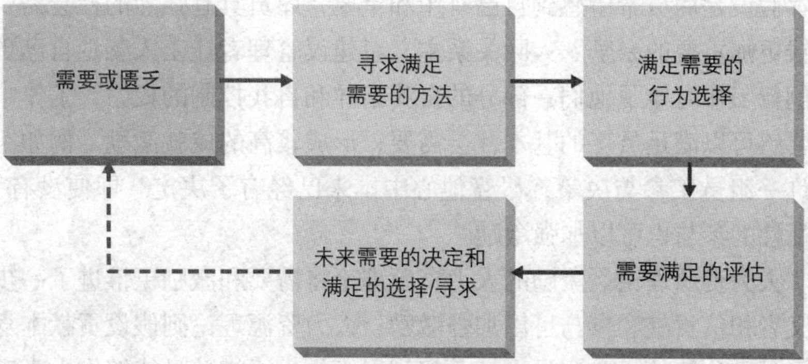

图 16.1　激励过程模型

从来源上看，激励行为可以分为内在激励行为和外在激励行为。**内在激励行为**（intrinsically motivated behavior）是指行为出于本身目的，这一行为本身即是一种激励。例如，管理者或员工可能拥有很强的成就动机，即使没有奖励，他们也会竭尽全力实现组织绩效。工作内容有趣，过程和结果富于挑战性都有可能提高内在激励。喜欢与孩子在一起的教师、追求新鲜体验的记者、乐于解决编程问题的程序员，他们的激励来自工作内容本身。

外在激励行为（extrinsically motivated behavior）是指为了获取物质或社会奖励或避免惩罚而采取的行为。对于这类行为，激励来自行为的结果，而不是行为本身。如果律师或会计师对自己的工作并不真的有兴趣，只是因为收入高来做这一行，他们的行为就是外在激励行为。

在生活中，我们的行为可能是内在激励的，或外在激励的，更多则是内在外在激励同时都有的。例如，我们可能享受工作的乐趣，同时我们也会在意工作的收入和稳定性。

历史上的激励理论

我们先来回顾一下早期的激励理论，然后再介绍较新的理论。在早期的激励理论中，传统方法、人际关系理论和人力资源理论都对理解激励作出了贡献。

传统方法。传统方法以泰勒为代表。我们在前面已经提到，泰勒主张实行奖励性的报酬体系。他相信经理比工人更了解工作，他进一步假设经济收入可以用来激励所有的人。传统方法的另一种假设是工作本身是不快乐的，工作的报酬比工作的性质更重要。因此，只要有足够的报酬，人们可以从事任何一种工作。尽管金钱在激励中的角色不可忽视，但传统方法对金钱报酬的看法过分狭隘，忽视了其他的激励性因素。

人际关系理论。人际关系理论强调工作场所中社会过程的作用。这一理论的基本假设是雇员希望感到自己有用和重要，雇员具有强烈的社会需要，这些是比金钱更加重要的激励。人际关系主义者建议管理者让工人感觉自己更重要，在完成例行工作时给予他们一部分的自我指导和自我控制的权力。工作中的参与感和重要感可以满足员工的基本社会需要，形成较高的成就激励。例如，管理者可能允许一组员工参与决策，尽管他心中本来已经有了决定。即使没有真正的参与，象征性的参与也可以加强激励。

人力资源理论。激励的人力资源理论将需要和激励更推进了一步。人际关系主义者相信贡献和参与可以加强激励，人力资源理论则假设贡献本身对个体和组织也是有价值的。它假设人们希望为组织作出贡献并且能够作出真正的贡献。因此，管理者的任务是鼓励参与，创立一种能够充分利用人力资源的工作环境。这一理论指导着当前绝大多数的员工激励理论，例如，今天的企业在解决各种问题时往往组建工作团队，通过授权和增加员工参与提供激励，从而为公司作出重大的贡献。

复习一下

1. 历史上的激励理论有哪些?
2. 用图 16.1 追踪你近期所体会到的一次激励循环。

16.2 激励的内容理论

激励的内容理论（content perspectives on motivation）主要涉及激励过程的第 1 步——需要与匮乏。内容理论试图回答一个问题：工作场所中的哪些因素可以激励员工？更高的工资、更短的工作时间和工作环境改善能够起到激励作用吗？或者，给予员工更大的自主权和更大的责任才是更有效的激励方法？这些都是激励的内容理论。前者断言，激励是工资、工作时间和工作环境的函数；后者则认为自主权和责任是激励的来源。有两种十分著名的内容理论：需要层次论和双因素理论。

需要层次论

许多理论家对需要层次论作出了贡献。**需要层次论**（hierarchy of needs）假定人们的需要是不同的，可以按照重要性顺序进行排列。其中最知名的两种理论是马斯洛的需要层次论和 ERG 理论。

马斯洛的需要层次论。马斯洛是一位人际关系主义者，他认为人们通过激励满足 5 种需要层次。图 16.2 对马斯洛的需要层次论进行了描述。位于底部的需要层次是生理需要——像食物和空气，代表着生存和生物功能的基本需要。在组织中，这些需要通常由足够的工资和工作环境本身来加以满足，后者包括休息室、照明、适宜的温度和通风。

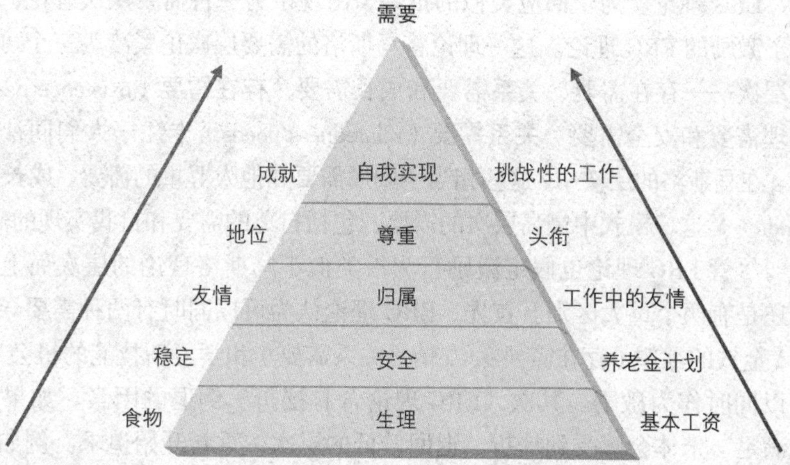

图 16.2　马斯洛的需要层次论

接下来是安全需要，是对有保证的生理和情绪环境的需要，包括住房、穿衣以及不必担心金钱和工作安全。在工作场所中，这些需要可以通过工作持续性（不会下岗）、投诉系统（保护员工免受主管独裁之苦）以及保险和退休福利（保障疾病和晚年生活来源）来满足。即使在今天社会保险相对完备的条件下，产业变迁和经济衰退仍然可能导致人们失业，从而令安全需要成为优先的需要。

归属需要是同社会过程有关的需要，包括爱的需要、情感以及被同类接纳的需要。对于绝大多数人，这些需要是在工作中的友情和工作外的家庭与社区关系中得到满足的。通过允许社会交往和让员工感觉自己是小组或工作群体的一部分，管理者可以帮助员工满足这些需要。

尊重需要实际上包括两种不同的需要：积极的自我形象和自尊，以及对认可和他人尊重的需要。管理者可以通过提供各种外在的成就符号来满足这些需要，比如头衔、好的办公室和其他类似的适当奖励。在更为内在的层次上，管理者可以提供挑战性的工作安排或机会以激发成就感。

位于顶端的是**自我实现**（self-actualization）的需要，其中包括实现持续成长和个人发展的潜力。自我实现需要是管理者最难满足的需要。事实上，也可以说这种满足只能通过个体内在的体验来获得。但是，管理者可以通过促进一种自我实现的文化来帮助员工。例如，可以给予员工参与工作决策和学习新东西的机会。

马斯洛认为这5种需要构成一个顺序的层次。个体最初的和首要的激励是生理需要。只要生理需要尚未获得满足，个体将受到激励专注于这一需要。在生理需要得到满足之后，它们就不再成为首要的激励因素，个体沿顺序向上“移动”，开始关心安全需要。这一过程持续下去，直到个体达到自我实现的层次。马斯洛的需要层次论具有直觉的逻辑性，被许多管理者所接受。但是研究者也发现了它的缺陷和不足。有些研究发现，马斯洛所强调的5个层次不具有普遍性，层次的顺序也并不总是一样的。此外，不同文化中的人具有不同的需要和层次。

ERG理论。为了回应类似的批评，出现了另一种需要层次理论，研究者们发展了激励的ERG理论。这一理论将马斯洛的需要层次论紧凑为三个可能相互重叠的层次——存在需要、关系需要和成长需要。**存在需要**（existence needs）对应于生理需要和安全需要。**关系需要**（relatedness needs）专注于人们同社会环境的关系。在马斯洛的层次中，这些相当于归属需要和他人尊重的需要。**成长需要**（growth needs）是这一模式中最高层次的需要，包括自尊的需要和自我实现的需要。

尽管ERG理论也假定激励行为沿类似于马斯洛理论的层次而上升，两者之间还是有两个重大区别。首先，ERG理论认为可以同时有两种需要导致激励。例如，金钱的欲望（存在需要）、友情（关系需要）和学习新技能的机会（成长需要）可以同时作为激励。其次，ERG理论含有挫折-倒退的因素。如果需要迟迟不能满足，个体会感受到挫折，退回较低的层次，重新开始追求。例如，以前由金钱（存在需要）激励的员工可能获得了一次加薪，从而满足了这方面的需要。假定他接下来试图建立友情满足关系需要。如果由于某些原因他发现不可能同工作中的其他同事成为好朋友，他可能受到挫折并且退缩，只得继续争取更多的金钱来实现激励。

双因素理论

另一种流行的内容理论是激励的双因素理论。美国管理学家赫茨伯格（Frederick Herzberg）经过对200名会计和工程师的访谈调查，提出了这一理论。他要求他们回忆获得满足和激励的时刻以及不满足和没有受到激励的时刻。令人吃惊的是，他发现有些因素既可能同满意相关也可能同不满意相关。比如，某人可能将“低收入”作为不满意的原因，但不一定将“高收入”作为满意的理由。相反，另一些因素——如认可和成就——却被认为是满意和激励的原因。

这一发现令赫茨伯格认识到，传统的工作满意理论是不完备的，因为它假设满意与不满意处于同一个连续统的两端。要么满意，要么不满意，要么处于中间状态。但是赫茨伯格通过访谈发现了两类完全不同的维度：一种从满意到不满意，另一种从不满意到没有不满意（no dissatisfaction）。图 16.3 描述了这一模型以及一些影响连续统的因素的例子。注意，该模型假定影响满意连续统的因素——称为**激励因素**（motivator）——同工作的内容特别有关，而假定导致不满意的因素——称为**保健因素**（hygiene）——则同工作环境有关。

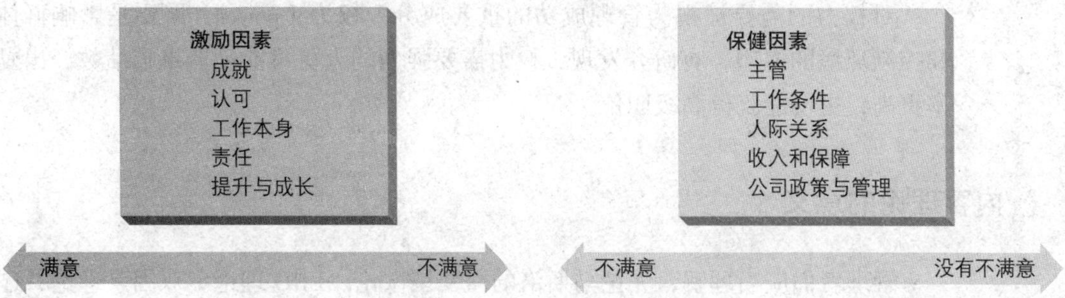

图 16.3　激励的双因素理论

基于上述发现，赫茨伯格指出，激励雇员的过程分为两个阶段。首先，管理者必须保证保健因素是充足的：报酬和工作保障必须是适当的，工作条件应当是安全的，督导的方式必须是可接受的，等等。在适当的水平上提供保健因素并不是对员工的激励，管理者这样做是为了避免员工不满意，即实现“没有不满意”。仅仅通过保健因素来“满意”的员工通常只做最低限度的工作。因此，管理者必须进入下一个阶段——让员工有机会体验激励因素，比如成就与认可。这样做的结果将是较高的满意和激励水平。赫茨伯格比其他绝大多数理论家更进一步，描述了如何在工作场所应用双因素理论。具体来说，他推荐了工作丰富化的方法（我们在第 10 章中讨论过），他主张对工作进行再设计以提供更高水平的激励因素。

尽管受到管理者的广泛接受，对赫茨伯格的理论仍然有一些批评。其中之一认为，赫茨伯格早期访谈中的发现可以有不同的解释。另一项指责是他的访谈样本不能代表一般人口，后续的研究往往不支持他的理论。目前，这一理论在研究领域中成果不多。但是，它对管理者们的影响很大，大大提高了他们对工作中的激励及其重要性的认识。

个体的需要

除了上述理论之外，围绕组织中具有重要性的个体需要也出现了大量的研究。研究发现，三种最为重要的个体需要是成就、亲和与权力。

成就（achievement）需要是人们最熟悉的，它是指比过去更有效地完成工作或任务的愿望。成就需要高的人愿意承担个人责任、倾向于给自己设定比较难的目标、要求得到具体的和快速的反馈并且急于完成任务。第一位提出这一需要的心理学家麦克利兰（David C. McClelland）认为，只有 10% 的美国人具有较高的成就需要。而在日本人中，高成就需要的比例达到 25%。

亲和（affiliation）需要，就像马斯洛的归属需要一样，亲和需要指的是对人类同伴和接受的需要。亲和需要高的人很可能偏好（并且实际上也更擅长）需要大量社会交往和有机会交朋友的工作。同样，在工作中拥有好友的员工对工作可能更投入。

对权力的需要被视为管理成功的重要成分。**权力**（power）需要是影响群体和控制环境的愿望。有研究发现，权力需要强烈的人更可能创造卓越绩效，出勤率更高，更可能获得高级职位。[1]

内容理论的意义

管理者们应当理解，无论马斯洛的需要层次论、ERG 理论、双因素理论，还是成就需要、亲和需要和权力需要理论，它们全都是对导致激励的因素的有用洞察。但它们并没有告诉我们激励的过程是怎样的。它们无法解释为什么有些人可以受到某一因素的激励而另一些却不能，以及如何才能满足不同的需要。这些问题包括满意的行为或行动、目标和感受，是各种关于激励的过程理论的研究对象。

复习一下

1. 员工激励的需要层次有哪些？
2. 请评价你自己的成就需要、亲和需要和权力需要。

16.3 激励的过程理论

过程理论（process perspectives on motivation）研究激励如何发生。前面讲过了激励的刺激因素，过程理论研究的是为什么人们选择特定的行为方式来满足需要，以及在实现目标之后如何评估自己的需要。我们将介绍三种有用的过程理论：期望理论、公平理论和目标设定理论。

期望理论

期望理论（expectancy theory）认为，激励取决于结果的价值和达成结果的可能性。假设你临近大学毕业，想找一份工作，你看到广告上说某大型电器公司招聘副总裁，年薪 150 万人民币。尽管这很吸引人，但你知道自己获得这一职位的机会微乎其微。下一个广告是物业公司招聘保安，年薪 5 万元，即使你有把握获得这份工作，恐怕也不会去申请。最后，你发现了另一家银行的招聘广告，职位是管理培训生，年薪 20 万元。尽管竞争很激烈，但你很可能去申请这份工作，因为这是你想做的工作并且有合理的机会得到它。

期望理论基于四项基本的假定。

□行为由个体或环境中各种因素综合决定。
□人们在组织中自行作出行为的决策。
□不同的人拥有不同的需要、愿望和目标。
□人们根据行为达成期望结果的可能性，在不同的行为计划间作出选择。

图 16.4 总结了基本的期望模型。这一模型认为，激励产生努力，而努力再加上能力和环境则导致绩效。绩效反过来导向各种成果，每一种成果都具有一定的价值，称为效价（valence）。期望理论中最重要的部分并未呈现在图中，那就是个体的行为逻辑：期望努力会产生绩效，绩效会导致成果，而每种成果都具有某种价值（效价）。

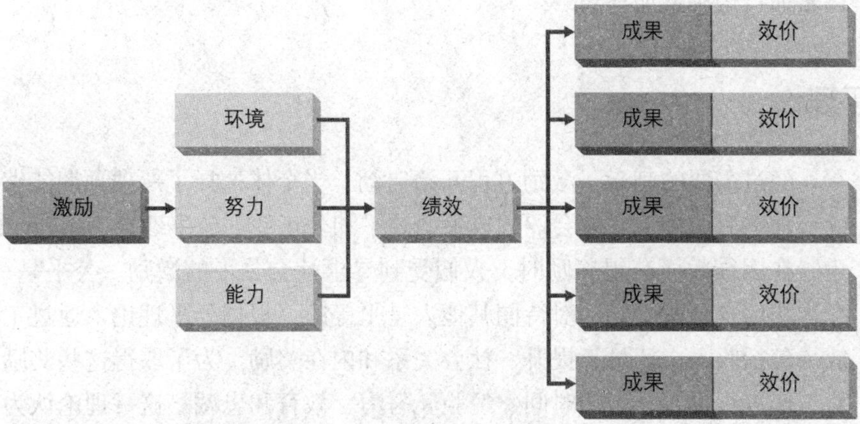

图 16.4　激励的期望模型

努力－绩效期望。努力－绩效期望（effort-to-performance expectancy）是个体对努力能够导致绩效的可能性的知觉。如果个体相信努力可以直接导致绩效，期望值将会很高（接近 1.0）。如果个体认为努力与绩效之间是不相关的，则努力－绩效期望值将很弱（接近 0）。如果个体相信两者间有关系但并不强烈，则努力－绩效期望值处于中间水平（介于 0 到 1.0 之间）。

绩效－成果期望。绩效－成果期望（performance-to-outcome expectancy）是个体对绩效将导致某一具体成果的知觉。例如，如果个体相信高绩效将导致加薪，则绩效—成果期望值将会很高（接近 1.0）。相反，不相信这种关系的个体的期望值将会很低（接近 0）。

成果和效价。成果是行为在组织内的结果，通常是奖励。期望理论认为个体的行为将在组织内部导致各种成果或结果。例如，绩效高的员工可能获得更大幅度的加薪、更快的提升和更多的赞赏。另一方面，他也可能承受更大的压力和同事关系的紧张。每一种成果都体现着一种价值或效价（衡量个体对具体成果价值看法的指标）。如果成果是个体所希望的，则效价为正，反之则为负。如果成果对个体无关紧要，则效价为零。

正是在这里，期望理论超越了激励的内容理论。根据期望理论，不同的人具有不同的需要，他们将以不同的方式满足这些需要。对于高成就需要及低亲和需要的员工，加薪和提升作为高绩效的成果具有正的效价，表扬和不满具有零效价，压力则具有负效价。而对于另一位低成就需要及高亲和需要的员工，加薪、提升和表扬具有正的效价，而不满和压力则具有负的效价。

激励行为的发生需要三个条件。首先，努力－绩效期望必须大于 0（个体必须相信通过努力可以实现高绩效）。其次，绩效－成果期望也必须大于 0（个体必须相信高绩效可以带来成果）。最后，成果的总效价必须大于 0（有些成果具有负的效价，但其他成果的效价可以抵消其负值。例如，加薪、升职和赞扬的吸引力超过了压力和不满导致的不快）。期望理论认为，如果满足上述条件，则个体将通过激励增加努力。

公平理论

经过需要的刺激，激励过程开始启动。当个体选择了一项预期能够满足需要的行动之后，接下来他会评估成果的公平和公正性。**公平理论**（equity theory）认为，在因绩效而获得奖励时，人们受到寻求社会公平的激励。公平是一种信念，个体相信自己所受到的对待同其他人是平等的。根据公平理论，通过工作收获的成果包括收入、认可、提升、社会关系和内在奖励。为了取得这些奖励，个体要对工作进行投入，包括时间、经验、努力、教育和忠诚。这一理论认为，人们将投入和成果看成一种比例，然后同他人的比例进行对比。这里所说的“他人”包括同一工作小组的成员或平均和综合群体成员。

比例的计算和对比过程都是非常主观的和基于个体知觉的。经过对比，将出现三种结果：公平的奖励、奖励不足或奖励过度。如果比例都是一样的，则个体会获得公平的感受。即使他人的成果大于个体本身的成果，只要他人的投入同比增加，个体仍然可以感受到公平。例如一位高中毕业的员工年薪 6 万元，而另一位大学毕业的员工年薪 12 万元，则高中毕业的员工仍然可能会感到相对公平。

奖励不足的员工会试图减少不公平。例如他可以减少自己对工作的投入、要求加薪、改变比例的计算方法以说服自己、令他人改变其投入或成果、离职或改变对比的对象。个体同样也会体会到奖励过度的情形，有些人会因此受到力图减少奖励过度的激励。在这种情况下，个体可能增加投入付出更大的努力、减少自己的工作成果、改变比例的计算方法以说服自己、令他人改变其投入或成果。许多公司采用基于绩效的奖励系统取代以往的标准或无差别加薪，管理者在此过程中必须保证程序和标准的清楚、客观，保证绩效最高的员工得到公平的奖励。

目标设定理论

激励的目标设定理论（goal-setting theory）假定行为是有意识的目标和意图的结果。因此，通过为组织成员设定目标，管理者可以影响他们的行为。根据这一理论，管理者的任务是充分理解人们设定目标和实现目标的过程。目标设定理论认为，绩效受两个具体的目标特征影响——目标难度和目标具体化。

目标难度。目标难度是目标的挑战性和达成目标所需要的努力。如果人们通过工作实现目标，那么合理的假定将是困难的目标需要更加努力地工作。但目标不应当是遥不可及的。2004 年，联合利华公司被一些大客户批评服务水平低下。在尼尔森 2004 年的一项国际连锁零售商调研中，联合利华中国的综合评价排在 20 名以外。为了改变留给客户的这种印象，联合利华的销售部、市场部、财务部、物流部、客服部在一起研究后，在公司内部建立了一个名为“Winning With Customer”的项目。这是一个颇有难度的目标，整个公司层面投入了相应的支持。例如升级信息系统，投入大量人员培训，从总部借鉴好的做法和经验等，管理层开会时也总是会花大量时间去琢磨如何进一步提高效率和客户的投资回报率。2011 年，联合利华的这一排名上升至第二名，在食品类的排名为第一名。

目标具体化。目标具体化是指目标要清晰和准确。例如，“提高生产率”作为目标就不够具体，而“在未来 6 个月内提高生产率 3%”则是一个非常具体的目标。有些目标，如成本、产出、赢利能力和增长，都是可以具体化的。而另一些目标，如提高员工工作满意度、士气、公司形象和声誉、伦理和具有社会责任感的行为，则比较难以具体化。当目标难度不变时，目标具体化同绩效间存在着密切的关系。在前面联合利华的例子中，目标包括产品在乐购上海重点门店的货架满足率提高到 98%。也就是说，理应出现在货架上的 100 种商品实际出现 98 种，而之前这一水平一直停留在 90% 左右。对于联合利华和乐购来说，数字指标提升的背后是生意的切实增长。以联合利华的经验来看，货架有货率每提高 3%，就会带动产品销售提高 1%。在联合利华的例子中，他们的目标既是具体的又是现实的。

期望理论适用于试图改善下属激励的管理者。管理者可以采取一系列步骤实施这一理论的基本思想。首先，弄清每位员工希望的成果。其次，确定为了实现组织目标需要何种绩效和绩效水平。然后要保证希望的绩效水平是可以达到的。接下来，分析相互间冲突的各种期望的完成情况并且确保奖励足够大。最后，还要注意总体系统是公平的（对所有的人都公平）。公平理论对于管理者最重要的启发是，如果奖励是为了激励员工，它们必须是公平和平等的。另外，管理者应当注意以员工作为对比物的“他人”的性质。目标设定理论既可以用于实施期望理论也可以用于实施公平理论。

复习一下

1. 描述期望理论中员工所经历的基本的激励过程。
2. 回忆你所经历过的不公平的情境。用公平理论分析这一情境，你对不公平的感觉是合理的吗？

16.4 激励的强化理论

激励过程的第三个因素是为什么某些行为可以长期持续，而另一些行为则发生了改变。正如我们所看到的，内容理论研究需要，而过程理论解释为什么人们选择不同的行为满足需要，以及他们如何评估通过这些行为获得奖励的公平性。强化理论则解释这些奖励如何导致行为改变或保持行为。具体来说，**强化理论**（reinforcement theory）认为，导致奖励结果的行为很可能不断重复，而导致惩罚结果的行为则不大可能重复。

组织中强化的类型

行为的强化分为 4 种基本类型：积极强化、逃避、惩罚和消退。表 16.1 对此进行了总结。其中两种强化或保持行为，而另外两种则削弱或减少行为。

表 16.1

强化理论的要素

强化的类型	
1. 积极强化。通过提供希望的结果强化行为。 2. 逃避。通过逃避不希望的行为强化行为。	3. 惩罚。运用消极结果或不愉快的结果减少不希望行为。 4. 消退。通过忽视而减少不希望的行为。
实施强化的计划	
1. 固定间隔。在固定的时间间隔实施强化，不论行为是否发生。 2. 可变间隔。在不同的时间间隔实施强化。	3. 固定比例。在固定数量的行为出现后实施强化，不考虑时间期限。 4. 可变比例。在不同数量的行为发生后实施强化。

积极的强化（positive reinforcement）是一种强化行为的方法，在希望的行为发生之后给予奖励或赋予积极的成果。当经理观察到员工工作特别出色并给予赞赏时，赞赏起到了积极强化出色工作的作用。组织内其他的积极强化工具包括加薪、升职和奖励。奖励的形式是多样的，可以是表扬、奖品甚至旅行的机会。强化希望行为的另一种方法是**逃避**（avoidance）。例如，员工按时上班以逃避上司的申斥。在这一例子中，员工受到激励表现出准时的行为以逃避迟到可能导致的

不愉快的结果。

惩罚是运用消极结果或不愉快的结果来减少不希望行为的方法。某些经理用惩罚来减少不希望的行为。如果员工在工作中缺乏投入、迟到、工作不好或干扰他人工作，经理们可能诉诸申斥、纪律或罚款。其中的逻辑是，不愉快的结果可能减少员工再次采取这种行为的机会。由于惩罚对生产力会产生破坏效应（例如不满和敌意），通常建议在可能的情况下尽可能采用其他强化方法。**消退**（extinction）也是减弱行为的方法，特别适用于这一行为曾经受到奖励的情况。如果某一员工讲了黄色笑话而老板笑了，笑声强化了这一行为，这名员工可能继续讲黄色笑话。但是，只要今后不再理睬这一行为，从而不予强化，老板可以让这种行为陷入衰退并最终令其“灭绝”。

组织中的强化工作

强化的内容固然重要，同样重要的还有强化的时机和频率。在进行强化工作时有多种方法可供选择。我们可以在表 16.1 中找到这些方法。固定间隔法每隔一个固定时间即实施强化，而不论行为是否发生，例子之一就是每周或每月支付薪水。然而这种方法只能提供最初始的激励，因为员工们知道，不论工作绩效如何他们总会领到薪水。可变间隔法也是以时间为基础的强化，但是上一次强化与下一次强化之间的间隔并不固定。这一方法适用于表扬和其他基于访问或检查的奖励。如果员工不知道老板何时会来，他们可能倾向于长期将绩效保持在一个合理的高水平。

固定比例法是在一定数量的行为出现之后即进行强化，而不论时间间隔如何。这将导致更高程度的努力。例如，当银行吸引新顾客使用其信用卡时，销售人员每招到 5 名顾客就可以获得一个小的奖励。这一制度的激励水平较高，因为每当有顾客申请信用卡都意味着销售人员向下一次奖金靠近了一步。可变比例法是最有效的保持希望行为的方法，每次强化之间行为的数量都不相同。一位主管在员工获得第 2 次订单时进行表扬，接下来分别在第 7 次、第 9 次、第 5 次和第 3 次获得订单时进行表扬，他采用的就是可变比例法。员工在这种情况下会努力增加希望行为的频率，因为每次行为都能提高获得奖励的机会。当然，可变比例法很难（即使不是不可能）用于正式的奖励，因为记录奖励时间的工作将会过于复杂。

希望应用强化理论激励员工的管理者通常采用一种被称为**行为矫正**（behavior modification）的技术，也称 OB Mod。OB Mod 始于确定需要增加（例如生产的数量）或减少（例如迟到）的行为，然后将这些目标行为同具体的强化类型联系起来。OB Mod 最适用的行为管理是具体、客观和可计量的，例如出勤、准时、销售成交，这些行为本身是可控的、可以充分检测的，提高生产力、职业安全和改进客户服务也是 OB Mod 常见的应用。

管理行动专题

艾默瑞空运公司的行为矫正法

行为矫正法的一个经典案例是20世纪70年代艾默瑞（Emery）空运公司进行的关于包裹搬运工工作方式的研究。该公司出于经济考虑，要求工人尽量将小件包裹集中到运输专用的大装载箱再运输。当管理人员询问工人搬运的货物中有多少使用了装载箱，工人的回答一律是90%，但事实上比例仅有45%。

为了鼓励员工使用装载箱，管理层建立了一个反馈和积极强化方案。每个装运工发给一个表格记录货物、货主和是否装入装载箱。每天结束工作后由工人自行计算装载箱使用率，并据此发放奖励。该制度实施后，装载箱的使用率猛增到90%。项目实施四年后，再次检测发现装载箱的使用率一直保持着该水平。据公司称，这项措施在3年为公司节省了300万美元，而实施这一方案的成本每年不过5000多美元。[2]

强化理论的意义

强化是组织可以采取的一种有效的保持员工激励的工具。为了真正实现它的作用，管理者必须在使用上述不同的强化类型方法时保持一致性。此外，管理者还必须知道，他们有可能在不经意间激励了不希望的或导致机能障碍的行为。例如，如果某位员工经常迟到而没有相应的惩罚结果，则这名员工和其他人都会认为他们有权迟到。

复习一下

1. 管理者可以采用的基本强化类型和方法有哪些？
2. 举出一个所有强化类型都影响到你的行为的例子。

16.5　运用外在奖励系统进行绩效激励

员工的绩效奖励通常可以分为两种，外在奖励和内在奖励。**外在奖励**（extrinsic rewards）是基于员工行为或结果的奖励，包括工资、绩效奖、表扬或其他的认可形式。外在奖励并非自然实现，需要外部人员采取行动实施奖励。**内在奖励**（intrinsic rewards）是员工从其行为或结果中自然或直接产生的积极的情感体验，包括掌握一项新技术的喜悦、完成任务的满足感。内在奖励是自然实现的，不需要外部人员介入。

组织的奖励系统

组织的**奖励系统**（reward system）是管理员工外在奖励的最主要工具，是用来定义、评估和奖励员工绩效的正式的和非正式的机制。其中，与绩效有关的奖励对激励的作用最大。奖励系统的主要目标是明确奖励与激励的关系和奖励与绩效的关系，希望员工表现出相对较高绩效的组织应当提供值得员工付出努力的东西。如果将奖励同高绩效联系起来，员工将受到激励，更加努力地工作以赢取这些奖励。在这一点上，他们的个人利益与组织利益是一致的。绩效奖励还对其他员工行为有影响，例如员工保留和组织公民行为。

基于身份和能力的奖励

基于身份和能力的奖励是指以员工的年资、职位或专业能力为依据提供的奖励。**年资奖励**（seniority-based rewards）是最常见的奖励形式。这是指通常每位成员只要在本组织中持续工作都可以获得的奖励，例如第 13 个月的工资，或工龄补贴。这种奖励可以吸引那些注重收入可预测性的员工。它的缺点也正在于此，由于奖励与绩效之间没有直接关系，高绩效员工会觉得奖励缺乏吸引力，而低绩效员工则可能因为奖励而努力留在组织中，这对组织的竞争力是不利的。日本企业曾经长期采用“年功序列制”的年资奖励制度，员工的工资取决于工龄。这一奖励制度起到了凝聚人心、保留技术知识和有效培养人才的效果，成为日本企业崛起的重要支柱。20 世纪 90 年代，日本企业在全球竞争下逐渐放弃了这一制度，转向更多考虑绩效的奖励制度。

基于职位的奖励（status-based rewards）是向承担组织重要职位的员工提供的奖励。职位的责任越大，工作条件越困难，奖励越多。除了薪酬之外，办公室、公司配车、俱乐部会员等也是这类奖励的形式。有些企业为关键岗位的员工设计了“金手铐”，给予员工很高的奖励，但如果员工离职则要支付很高的代价。基于职位的奖励的主要缺点包括鼓励组织内部的层级制度和官僚主义、鼓励员工专注于内部竞争而不是创造价值。

基于胜任力的奖励（competency-based rewards）是向掌握有价值的知识技能并能够在工作中加以运用的员工提供的奖励。例如两名员工从事相同的工作，则胜任力高的员工得到更多奖励。它的基本假设是，胜任力越高的员工对工作的理解越深入，越有可能改进工作，从而为组织创造价值。大众汽车集团英国公司为每一个工作组合建立了 10 项关键胜任力指标，每项指标分为 3~4 个层次，从而为员工提供了透明和相对客观的奖励制度。基于胜任力的奖励的主要优点是鼓励员工发展自己的技能，从而为组织提供更大的工作灵活性。像亚马逊这样的企业在招聘时要求员工在能力上高于企业平均水平，也是出于同样的考虑。基于胜任力的奖励制度的主要缺点是评价很难做到客观透明，以及帮助员工提高胜任力往往需要组织承担额外的培训成本。

基于绩效的奖励

自古以来，基于绩效的奖励就被认为是激励效果最强的外在奖励制度。《战国策》中记载的秦兵令人望而生畏，“左挈人头，右挟生虏”，其背后就是商鞅制定的首级论功赐爵（奖励）制度。在激烈竞争的环境下，今天的企业对于将奖励与绩效联系起来表现出很大的热情。下面我们从个体层面和团队与组织层面来讨论基于绩效的奖励。

计件工资和佣金是常见也是最客观的个体层面绩效奖励。顺丰快递的派收员实行的是底薪加计件工资，每位员工可以自己计算出本期应得的收入，做得好的派收员甚至不愿意从事管理工作。计件工资和佣金的缺点是过于简单，因为绩效并不是完全由员工个人所控制的。此外，非销售岗位上的员工难以采用这一方法。

绩效评估（performance appraisal）是基于组织的整体目标和预设的衡量标准，对个体员工绩效所做的定期的系统性评估，往往以上级与员工定期面谈的方式进行。绩效评估有助于组织区分不同员工的工作为组织创造的价值，作为加薪和奖金发放的依据。

绩效评估受到许多批评，例如压制创造性（因为标准总是预设的）、破坏工作场所的和谐、短视等，其中最受诟病的是主观性和评估偏见（在政府和非营利机构）。组织可以从以下四个方面改进绩效评估质量。

- □更客观的评估标准。哈佛大学肯尼迪学院对大学教师的授课评价包括课程的设置、学生的打分，而学术评价则主要依据同行评议期刊上发表的论文，这些标准将学院当局主观因素的影响减少到最低。
- □采用锚定绩效评估工具，帮助理解标准的含义。例如与员工共同设定未来目标，在下一次评估时针对目标进行回顾。或者提供多个维度的优秀或较差的实例，从而评估人和员工双方减少歧异。
- □采用多元绩效信息。例如360度反馈，即根据员工上级、下级、同级和其他部门同事的综合反馈确定员工绩效。这一方法比单纯的上级反馈更全面、更准确，也有助于激发基层员工的积极性。它的缺点是比较耗时，而且可能引发组织内政治行为。
- □加强绩效评估培训。通过对评估人的培训可以改进绩效评估的准确性，包括减少评估错误、理解评估维度和掌握评估标准等。

团队和小组奖励系统

随着团队和小组工作成为一种趋势，基于团队的奖励系统得到组织越来越多的重视。

收益分享计划（gainsharing programs）是 20 世纪 30 年代开始发展起来的一种团队奖励系统，它将由生产力上升带来的收益与员工分享。收益分享的基本假设是劳资双方目标一致，应当从重大的经济收益中获得相应的比例。

一般来说，收益分享计划始于对团队或小组生产力的测量。测量的方法必须是有效、可靠的，并且能够充分反映团队或小组当前的绩效水平。然后要求团队或小组利用一切由成员开发出来并且得到主管批准的方法来降低成本或提高生产力。接下来对团队或小组所实现的成本降低或生产力提高进行分析并转化为货币价值，用事先确定的公式在劳资间进行分配。典型的分配方式是将 25% 的收益分给员工，75% 分给组织。收益分享计划有助于鼓励团队间的协作、知识分享和提高员工满意度。

一些组织还采用了其他的团队奖励系统。例如，有些企业开始在团队和小组层次实行真正的激励性措施。同个人激励一样，团队或小组激励将奖金同绩效增加直接联系起来，并且只有在实现目标后才能得到，而不是直接增加基本工资。当然，分配也是采取团队和小组的形式，不是直接给个人。在某些情况下，个人分配是以基本工资为基础，而在另一些情况下，则实行简单的平均分配。

有些组织在团队或小组层次上还实行非货币奖励——奖状或奖项，例如授予最高生产力改进奖、最佳客户满意奖或类似的奖励。奖励本身可以是无形的，例如放假；也可以是有形的，如奖品或饰品。在任何情况下都要注意，奖励是团队层次的，是对团队全体成员的模范性绩效的认可。

面向整个组织的奖励

除了团队和小组层次的激励之外，还有一种范围更广的激励形式，即面向整个组织的激励。其中一种长期有效的方法是**利润分享**（profit sharing）。在年终的时候，公司将一定比例的利润拨入利润共享计划，然后分给全体员工。利润分享系统的逻辑是如果组织取得好的绩效，则人人都可以从中受益。但是，当企业绩效不佳的时候，利润分享计划将近乎摆设。此时可能会引起员工的消极反应，因为他们已经将利润分享视为年度报酬的一部分。

员工持股计划（employee stock ownership plans，ESOPs）是鼓励员工持有公司股票的奖励系统，通常向员工提供折扣的价格或无息贷款。在美国，典型的做法是由公司安排一笔贷款，在公开市场上购买一定比例本公司的股票，然后再用公司的利润逐年偿还这笔贷款。员工则根据年资和绩效拥有公司所持有股票中的一部分，最终令每位员工都成为公司的所有者。企业也会鼓励员工购买本企业的股票，例如汇丰银行的储蓄认股计划，以指定日期前 5 个营业日的平均价格的 80% 作为员工认股价。2012 年，中国证监会发布了《上市公司员工持股暂行办法》，规定上市公司可以用最近 12 个月应付员工的现金薪酬购买公司股票。利润分享和员工持股都可以增加员工主人翁的感受，从而实现激励。这种方式的缺点是，员工会发现个人的努力与企业利润或股票表现之间往往没有直接联系，从而减少了激励的直接效果。

高管的薪酬

绝大多数企业为高管制定了独立的报酬计划，其目的是为了奖励经理的绩效和组织的绩效。

标准的高管薪酬。绝大多数高管的薪酬分为两种形式。一种是基本工资，同组织内其他专业人员或管理人员一样，基本工资是个体保证可以获得的报酬。2017 年美国苹果公司 CEO 蒂姆·库克的基本工资为 300 万美元，与前一年持平。

除了基本工资之外，绝大多数高管还有激励性的收入。传统的激励性方法是奖金。奖金的数目取决于组织的绩效。在年底的时候，组织所获得的部分利润将用于支付奖金。高管则从总的奖金额度中获得一定的比例，其中 CEO 和总裁的奖金比例会高一些。奖金的比例通常在聘用合同中进行规定。有些组织有意不进行具体规定，这样董事会可以有更多的灵活性来奖励贡献最大的高管。2017 年库克的奖金为 930 万美元，2016 年为 530 万美元，差额主要是因为 2016 年公司未能完成预定销售和利润目标。

高管薪酬的特殊形式。除了工资和奖金之外，许多高管还可以获得其他的报酬。近年来受到广泛关注的一种高管报酬形式是股票期权。**股票期权**（stock option plan）是授予公司高管在未来以一个事先协议的价格购买公司股票的权力。其中的逻辑是如果公司高管使得公司实现高绩效，则公司股票价格将会上涨。此时公司高管可以按事先协议的、通常低于其未来市价的价格购买公司股票，而其中的差价则是高管所得的报酬。相反，如果股票价格低于协议价格，则高管将无法从期权中获利，期权就没有价值了。2017 年库克的股票期权奖励价值为 8920 万美元。

作为一种奖励高管的方法，股票期权的使用仍在不断增加。期权能够将高管的利益和股东利益结合进来，而且（除了对股票价值的稀释之外）成本相对较低，因此这一做法在未来可能会更加流行。股票期权的一个潜在问题是内幕交易，例如，美国安然公司的高管被指控向市场隐瞒关键的财务信息，在股票以 80 美元一股交易时套现期权。而在不利的财务信息公开后，安然股票的价格下降到不足 1 美元。当然，这种行为是违法的，但是公众却由此对期权的作用和组织对期权的会计处理产生了疑问。绝大多数组织在会计上并未将期权按债务处理，但事实上，只要期权被执行，它们就是债务。有人担心如果组织未将期权视为债务，则经理们实际上高估了公司的价值，这当然会有助于抬升股票的价格。

除了期权之外，其他高管薪酬形式还有临时补贴，如参加私人俱乐部、享用公司娱乐设施等。有些企业还向高管提供低息或无息贷款，这种做法常见于公司从其他企业招聘人员时，这是给予新高管的一种激励，以鼓励他离开原来的公司加入本组织。

对高管薪酬制度的批评。近年来，高管薪酬成为批评的靶子。其中有许多原因，一个主要的原因是某些经理的薪酬太高，就像普通人往往不能理解电影明星和体育明星的惊人收入一样，他们也很难理解高管的惊人薪酬。据《纽约时报》报道，一名富士康（苹果产品的主要生产商）装配线工人需要工作 6 万年才能赚到 2012 年苹果公司 CEO 库克的报酬。当然，库克只是一个特例。2011 年美国收入最高的 100 位 CEO 年收入中位数为 1400 万美元，而美国员工人均年收入为 4.5 万美元。

令问题更加严重的是，看上去高管的薪酬同支付这些薪酬的组织绩效之间只有很少关系，甚至没有关系。如果组织的绩效水平很高并且股票持续升值，则大多数人会同意应当向有功的高管提供有吸引力的奖励。然而，难以理解的是，当组织绩效只达到最低限度的标准时，为什么还要向高管们支付高额的工资和奖励。例如，在利润下降的情况下，许多上市公司高管的薪酬仍然得到显著增长。

复习一下

1. 基于身份和能力的奖励有哪三种？
2. 绩效评估的困难有哪些？

16.6　运用内在奖励系统进行激励

内在奖励系统试图通过向员工授予更大的控制自己工作以及组织运营和战略的权力，从而让员工从工作过程本身获得激励。

授权和参与

授权和参与是提高员工激励的重要方法。**授权**（empowerment）是让员工自行设定工作目标、制定决策以及在责任和权力范围内解决问题。**参与**（participation）是让员工在涉及自己工作的决策中发挥作用。和参与相比，授权是一个更加宽泛的概念，它包括但不限于工作本身、工作情境和工作环境。

参与和授权在激励中的作用既可以用期望理论表述又可以用内容理论表述。参与决策的员工会对恰当地执行决策作出更大的承诺。不仅如此，成功的决策、执行和体验积极结果的过程有助于满足个体的成就需要，提供认可和责任并强化自尊。邀请员工加入组织决策的行为本身就会提高员工的自尊。此外，参与有助于澄清期望。也就是说，通过参与决策，员工们可以更好地理解绩效与他们最想要的奖励之间的联系。

参与的领域。首先，员工可以在工作中参与解决问题和作出决策。例如，管理者不是简单地告诉员工如何完成工作，而是让他们自行决定如何完成工作。根据自己的经验和专长，员工可以决定如何提高自己的生产力。在许多情境中，员工能够非常高质量地作出选择材料、工具等决策。

在行政管理方面也可以考虑让员工参与，例如工时的制定。如果员工的工作相互间独立性较强，则员工可以自行决定何时交班、中间休息、午餐等。工作小组或团队可以自行为成员安排休假和请假。此外，产品品质也是可以通过增加员工参与度实现绩效提高的领域，这种参与已经成了日本企业成功的标志。

授权的技术和问题。近年来，许多组织积极寻求将参与扩展到传统领域之外的方法。简单的技术，例如建议箱和问答会谈，提供了一定水平的参与。这些做法的基本动机是充分利用员工内在的资质和能力。今天，许多经理更喜欢用“授权”而不是“参与”的说法，因为前者的含义更为丰富。

授权过程包括以下四个维度：

- □自主决定：让员工对自己的工作有信心，有独立意识。
- □意义：得到授权的员工更关心自己的工作，更负责。
- □胜任力：得到授权的员工更自信，更愿意接受挑战。
- □影响：得到授权的员工视自己为组织的活跃成员，将自己的工作与组织成功联系起来。

授权的方法之一是使用工作团队。这样的团队是授权进行规划、组织、指导和控制自己工作的员工的团体。团队的主管更多扮演着教练而不是传统的“老板”角色。另一种授权方法是改变团队总体的组织方法。最基本的模式是组织消除层级，从而变得更加分权。权力、责任和权威被尽可能地向下延伸，让工作公平地掌握在真正做工作的人手中。

不论采用什么方法，通过授权提高组织效能需要满足几个具体条件。首先，组织在将权力向下延伸时必须有诚意。在少数几个领域中象征性地促进参与和自主权很难获得成功。其次，组织必须承诺保持授权和参与的政策。如果刚开始授权，后来却予以削弱或完全收回，这样只会引起员工的不满。最后，员工必须真正相信授权的行为符合各方的最大利益。例如，在某些工厂中，工人会隐藏他们的高产出记录，担心管理层利用这些记录提高绩效要求。

此外，组织在授权时必须做到系统和耐心。将控制权过快和过多地转移出去可能导致灾难。组织还必须准备增加培训方面的投入，自主权增加的员工需要更多的培训以更有效地利用这些权力。

灵活的工作安排

当今的组织在工作安排方面进行了许多新的尝试。这些尝试的目标是通过增加工作的灵活性来提高员工的激励和绩效。其中比较常见的形式包括弹性工作时间、工作分担和远程工作。

弹性工作时间。弹性工作时间（flexible work schedule），也称弹性时间，它的设计意图是让员工对自己的工作时间有更多的控制。工作日被分割成两个部分：弹性时间和核心时间。在核心时间，所有的员工都必须在岗，但在弹性时间他们可以自行安排。某位员工也许决定早上先到，下午早走；另一位员工也许选择晚来晚走，还有的人早来晚走，但中间休息时间较长。

工作分担。工作分担（job sharing）是由两名兼职员工分担一整天的工作。一人负责上午，另一人负责下午。这种形式适合兼职人员或人手紧缺的时期。组织方面可以获得更广泛的员工来源，从更多的人才中受益。

远程工作。远程工作（telecommuting）是允许员工在一定时间里不在办公室上班，通常是在家上班。利用 E-mail、互联网和其他的信息技术，许多员工可以在家里同公司保持密切接触并且完成和办公室里同样多的工作。现代通信技术的强大和复杂化令远程工作变得更加方便。大约 15% 的美国员工采用某种形式的远程工作，在某些行业中，这一比例还要高。例如，40% 的 IBM 员工没有固定办公室，AT&T 的这一比例为 35%，Sun 微系统公司为 50%。

管理行动专题

宝洁中国的弹性工作时间[3]

2007 年，宝洁中国公司开始推行“工作与生活平衡”（Better Work Better Life）计划。根据这一计划，员工可以每周申请一天在家工作。对于宝洁员工，这一政策所传达的信息是清楚的，公司注重的是工作的绩效，而不是员工是否坐在办公室。除了在家办公之外，还有其他许多弹性工作时间的安排。以 8 小时工作制为例，上午 10 时到下午 4 时之间为核心工作时间，其他时间员工可以自行决定。员工还可以根据自己的需要，要求“非全职工作”，申请一周工作 3 天或 4 天，拿 60% 或 80% 的工资，但公司不会让员工其他的福利缩水，比如少交社会保险金、意外保险等。凡在公司工作超过一年以上的职员，可以因个人的任何理由，每 3 年要求 1 个月，或每 7 年要求 3 个月的时间享受“个人离开”假期。

除了强调对员工的信任之外，实施弹性工作时间也需要在许多细节上做好安排。例如，国外弹性工作时间往往与减少办公室座位相配套。但中国员工不习惯没有专属的座位，因此宝洁中国没有削减办公室座位。宝洁公司还专门发布了在家办公的 6 条训诫，帮助员工减少在家办公对工作效率带来的影响。

复习一下

1. 总结授权和参与背后的基本逻辑。
2. 你个人最喜欢哪种工时制度？最不喜欢哪种？

本章要点

1. 激励是引导人们作出特定行为的力量的组合。激励同能力和工作环境一起决定着个体的绩效。关于激励的思考从传统方法发展到人际关系理论，再发展到人力资源理论。
2. 激励的内容理论研究哪些因素导致激励。流行的内容理论包括马斯洛的需要层次论、EGR理论和赫茨伯格的双因素理论。其他重要的个人需要是成就需要、亲和需要和权力需要。
3. 激励的过程理论研究激励是如何发生的。期望理论认为，如果人们相信努力导致高绩效，而高绩效将导致奖励，并且成果的积极方面超过了成果的消极方面，则人们将受到激励去实施这样的行为。公平理论的前提是人们受到激励来实现和保持社会公正。目标设定理论假定行为是有意识的目标和意图的结果，通过为组织成员设定合理的目标，可以激励期望的行为。
4. 强化理论研究的是如何保持激励。它的基本假设是导致奖励结果的行为更有可能重复发生。强化的类型分为积极强化、逃避、惩罚和消退，强化的干预策略包括固定间隔、可变间隔、固定比例或可变比例。
5. 员工的绩效奖励可以分为外在奖励和内在奖励。外在奖励是基于员工行为或结果的奖励，内在奖励是员工从其行为的结果中自然或直接产生积极的情感体验。
6. 外在奖励的主要工具是组织的奖励系统，包括基于身份和能力的奖励（细分为基于年资、基于职位和基于胜任力的奖励）、基于绩效的奖励、团队和小组奖励和面向整个组织的奖励。高管的报酬计划通常是专门设计的，包括基本工资和奖金和期权。
7. 内在奖励系统的主要工具包括授权和参与以及灵活的工作安排。

批判性思考与讨论题

1. 请说明激励的传统理论与人际关系理论的异同，然后说明人际关系理论与人力资源理论的异同。
2. 激励的内容理论、过程理论和强化理论的研究内容有何不同？
3. 两名能力相似的员工，为什么对于达成高水平的绩效会有完全不同的看法？
4. 解释目标设定理论的原理。目标设定理论和简单地告诉员工“好好干”有什么不同？
5. 灵活的工作安排形式有哪些？这些不同的形式对激励有何影响？
6. 在你看来，为他人设置目标和为自己设置目标有何相似？有何不同？什么情况下目标设置可能失败？什么情况下目标设置可能成功？
7. 从内容理论和过程理论中各选择一种，分别描述根据上述理论管理者应当如何提高员工的激励？在你看来，这两种理论的差别在哪里？

8. 内容理论和过程理论中的要素能否同时作用于员工？为什么？解释你的结论对于管理者的意义。
9. 通过奖励提高激励的原理是什么？如果组织给予的奖励太少会出现什么情况？如果给予太多又会如何？
10. 回忆你曾经做过的最差的一份工作，那个组织采取了什么样的激励方法？再回忆你曾经做过的最好的一份工作，那个组织又是采取怎样的激励方法？从中你可以得出什么结论吗？
11. 对本地组织中的一名经理和一名员工进行访谈。在这家组织中采用的是哪种激励方法？在这个问题上，经理的说法和员工的说法是否有所不同？如何解释这种差异？
12. 以你曾经参加过的一节课为例，说明教授在课堂上是如何应用积极强化、逃避、惩罚和消退来管理学生行为的。

学习伴随案例练习

根据你所选择的组织的资料，以小组为单位对其管理活动进行讨论。回答下面的问题并向全班报告。

1. 通过网络、新闻或年报找出这家组织的激励实践，用内容理论分析这些实践的效果。
2. 年资、职位、胜任力和绩效是组织给予员工奖励的四种主要类型，根据你所掌握的这家组织的资料，分析它最重视其中哪种奖励类型，最不重视哪种。
3. 与产业中的其他企业相比，这家企业对员工授权吗？为什么？

结尾案例

联想的绩效与薪酬制度：简明化带来有效激励

联想是全球最大的PC生产企业之一，核心业务为PC、移动和数据中心服务。联想在全球拥有6万名员工，在《财富》2019全球最受赞赏公司榜单中，联想在九项指标的三个维度上得分靠前：创新、管理质量和全球竞争力。

联想业务线复杂，战略上既有保卫又有进攻，需要针对不同地区、不同专业员工进行薪酬设计。要能够保持个体激励、促进公司效能，还要在人才市场竞争中保持优势。

联想的固定薪酬是依据岗位价值确定的。将全球非高管员工分为10个薪酬级别，每个级别按照宽带薪酬体系确定一定的宽幅区间，不同岗位适用于不同级别。确定级别宽幅之后，再确定每个级别的中位线数值，选择市场50百分位作为薪酬目标，并根据权威的市场薪酬调研报告，确定不同国家的具体薪酬水平。

联想绩效管理的核心是P3，代表的是Priorities（总目标）、Performance（个人目标）和Pay（薪酬），将公司的总目标与员工的个人目标和薪酬联系起来。经理要帮助员工设定个人发展计划，组织年中和年底的评估。

联想的奖金计算公式如下：

非销售人员：绩效奖金 = 目标奖金 × 所在业绩单元奖金支付系数 × 个人绩效等级系数；

销售人员：绩效奖金 = 目标奖金 × 个人销售完成率。

根据公式和公开的系数，员工可以自行方便地进行计算。销售人员奖金按季计算，其他人员半年一次。联想非常重视奖金计算的简明性，将之视为人力资源管理的主要特色，这种透明的奖金系统与联相“说到做到、尽心尽力”的企业文化是高度配合的。员工的绩效分数还直接影响调薪，绩效优异的员工调薪比例远远高于其他人。[4] 此外，还有不少专门奖励，如CEO特别奖。

随着联想业务线的日益丰富，特别是新兴业务领域的增加，需要在上述单一考核方式基础上做出改进。2016财年，联想引入了新的激励方案——“3×3”激励方案。该方案以业务与主营业务的相关程度和赢利能力为横纵维度，据此匹配相应的激励方案。

	核心业务	战略性开拓业务	开拓业务
利润引擎			
有利润的增长			
投资			

PC业务是联想主要利润的提供者，定位为保持行业的领导地位和领先的营业能力，主要的考核指标是利润；移动和数据中心业务属于联想新发展的业务，考核指标中收入的影响因素更大；其他新业务，如互联网相关的新业务，考核时不仅会参考财务指标，更会关注日活跃用户数等非财务指标。

根据不同业务的特点，联想制定了多样化的激励方案，包括利润增长计划、收入增长计划、里程碑奖励计划、管理费/投资回报计划、递延奖金计划、股权激励计划（剥离业务）以及销售激励计划。由人力资源部门与业务部门商讨，对某个特定业务同时组合使用两种或多种激励方案。

在联想，绩效管理是由公司、HR、管理者和员工共同驱动的管理体系。传统上由联想薪酬团队负责制定本财年激励方案，经最高决策机构联想执行委员会（LEC）审批。自2016年起，薪酬团队组织制定激励方案时就开始和LEC、业务部门负责人、财务部门就公司战略、市场增长和具体业务情况的期望和预测进行沟通，提高业务部门（业绩单元）负责人在激励方案制定时的参与度，使得激励方案更贴近市场现实。

联想曾经将个人绩效等级共分为5档，每个等级对应一个固定的用于计算员工奖金的个人系数，并且要求管理者对员工的绩效考核进行强制分布，即必须有一定比例的员工处于最低等级，称之为“尚待改进”。将哪些员工列入“尚待改进”是每年都会让经理们头痛的决定。

考虑到管理者成熟度的提升，以及授权的不断发展，联想开始调整个人绩效管理的政策。首先，绩效等级由5档简化至3档；其次，等级系数由固定数字转变成区间范围，管理者可以选择该范围内的任意数字作为员工的个人奖金系数；最后，联想不再要求个人绩效的强制分布，管理者可以灵活决定每个绩效等级的比例，而不用受限于必须找出部分的“尚待改进”。

与此同时，联想引入了“奖金池”的概念以控制预算。管理者可以赋予员工不同的个人奖金系数，但系数调节后的奖金总额不能超过分配的奖金池预算。奖金池可以帮助管理者更好地提升成本意识和经营意识。[5]

联想还有一个双轨晋升体系，员工可以选择沿着管理序列晋升，也可以选择技术序列晋升，联想每年会举行全球技术职称晋升盛典。2017 年获得晋升的日本团队首席工程师 Tadashi Kosuga 主持开发的“新型低温焊料”工艺不仅提升了电脑产品的可靠性，还能够降低 35% 的二氧化碳排放。

结尾案例讨论题

1. 联想薪酬体系运用了哪些激励的基本理论？
2. 请分析联想外在奖励的主要特点。
3. 联想的薪酬制度与奖励系统如何支持其战略？

开篇案例讨论题

1. 海底捞激励员工的方法符合哪些激励理论的建议？
2. 海底捞激励员工的方法如何支持其竞争战略？
3. 海底捞激励员工的方法有何局限性？
4. 其他企业采用海底捞的方法有何利弊？

自测题

1. T F 赫茨伯格的双因素激励理论认为，满意和不满意是同一个连续统的两端。
2. T F 根据期望理论，有吸引力的成果具有正的效价。
3. T F 公平理论及其应用在现代职场中已经是过时的东西了。
4. T F 运用强化理论激励员工的管理者通常使用一种称为行为矫正或 OB Mod 的方法。
5. T F 收益分享计划的目的是为了奖励群体或团队，而不是个体员工。
6. 员工肖琪认为，只要卖力工作，他就可以实现管理者为其制定的目标。他还相信达到这一水平的绩效还会带来一系列的成果，例如更早获得晋升、更富挑战性的工作、更大的责任和更大幅度的加薪。如果用期望理论预测肖琪的动机，你需要知道
   a. 肖琪对环境的控制欲望
   b. 肖琪对同事接受的渴求程度
   c. 肖琪在公司里体会到的公平
   d. 肖琪现在的工作量
   e. 肖琪对具体成果的赋值
7. 以下哪一项不属于组织外在的奖励系统
   a. 年资
   b. 基于职位的奖励
   c. 基于胜任力的奖励
   d. 授权与参与
   e. 绩效
8. 在保持期望行为方面最有力的强化类型是
   a. 持续
   b. 可变比例
   c. 固定比例
   d. 可变间隔
   e. 固定间隔
9. 授权可以加强组织的效能，但需要具备一些前提。下列哪一个不是其必要的前提
   a. 组织在将权力向下延伸时必须有诚意
   b. 组织必须承诺保持授权和参与的政策
   c. 员工必须真的相信他们是在和管理者共同工作
   d. 组织必须尽快转移控制权
   e. 组织必须做好加强培训的准备
10. 下列哪一项准确地描述了股票期权
   a. 企业用贷款购买一部分自己的股票，再将这些股票给予员工作为奖励
   b. 高级管理者可以在未来以一个预先定好的价格购买股票
   c. 员工可以选择获得固定比例的利润或固定数额的工资作为报酬
   d. 员工的报酬基于当前的经营状况而不是员工的年资
   e. 上述都不是

本章注释

[1] McClelland, D C., Burnham, D H., Power is the Great Motivator [J], Harvard Business Review, March-April 1976, pp100-110.

[2] Feeney, E. J. At Emery Air Freight: Positive reinforcement boosts performance [J]. Organizational Dynamics, 1 (3), 41-67.1973.

[3] http://www.pg.com.cn/news/Detail.aspx?Id=453.

[4] https://bbs.pinggu.org/thread-2750038-1-1.html.

[5] https://new.qq.com/omn/20180307/20180307G13XUU.html.

管　理　学　原　理

17

CHAPTER 17

领导艺术

本章学习要点

- 管理与领导
- 领导的一般理论
- 领导的通用理论：特质理论和行为理论
- 领导的权变理论
- 变革型领导
- 其他领导理论

纳德拉领导微软开放和变革。

开篇案例

纳德拉：通过开放来释放微软的力量

2000 年，微软市值超过 6000 亿美元，成为全球第一大市值公司。然而，随着移动互联网时代的来临，微软从创新领导者变成了追随者。收购诺基亚、Windows Phone、社交业务都陷入失败，再加上 PC 业务的衰退，到 2014 年年初，微软的市值已经不足 3000 亿美元。

这就是萨蒂亚·纳德拉出任微软 CEO 时面对的情况。纳德拉之前是微软云计算和企业部门执行副总裁，在比尔·盖茨的支持下，他决定进行“自我革命”。

手机操作系统已经牢牢被苹果、谷歌两大巨头占据，微软的 Windows Phone 市场份额不到 4%，纳德拉果断放弃这一业务。2014 年 7 月微软宣布史上最大规模裁员，占公司全球 12 万多名员工总数的 14%，其中大部分属于微软收购的诺基亚手机业务部门。在 2015 年第二次组织架构调整中，手机部门又裁去 7800 名员工。

微软早已开发出基于 iPad 的 Office 套件，但由于 Office 仍与 Windows 强绑定，迟迟未发布。纳德拉在上任 8 周后就宣布推出为苹果 iPad 打造的第一版 Office 套件。这意味着微软不再强推 Windows 系统，不再封闭自己的软件应用，而是采取更加开放的心态，让自己的应用在各个操作系统上流通。2017 年微软发布了超过 100 款 iOS 应用，甚至接纳 Windows 的对手开源系统 Linux。

2015 年，纳德拉将微软的 5 个业务部门调整为 3 个业务部门。“生产力与业务流程”部门对应的是 Office 业务；“智能云”部门对应的是 Windows Server 等云服务业务；“更多个人计算”对应的是 Windows 业务、Surface 等。

微软在产品和市场上发起一系列变革，不仅 Office 进入了 Windows 以外的移动平台，还首次以免费的方式推出 Windows 10；首次推出软硬件一体的 Surface Book，并成为 MacBook 最强劲的竞争对手；大力发展云服务，成为全球第二大公有云服务商；面向未来 AI 时代，微软发力认知智能、对话式 AI，并推出 Cortana 与微软小冰，此外还推出混合现实眼镜 HoloLens……

为了防止 Google 和苹果利用移动市场的优势反向进攻传统电脑办公市场，微软不但开发了网页版 Office，更是破天荒开发了几乎完全免费的 iOS 和 Android 的移动版 Office，以攻代守。短期来看，在移动市场的“免费”会损害 Office 业务的营收，但这对竞争对手造成沉重打击，逼迫它们放弃挑战。移动版 Office 还可以利用微软近十年来在云服务领域的成果，实现真正的随时随地在多种设备上进行协同办公的全新设计理念。

2018 年，微软进行有史以来最重大的组织架构调整，将微软 Windows 业务部门分拆，重新成立两个新部门——体验与设备部门、云计算和人工智能部门，更好地聚焦在云计算、AI、Office 产品等领域，宣告一直主导微软的 Windows 不再是核心业务。

在给微软员工的首封公开信中，纳德拉强调了公司组织文化的转变。“我认为，对于一家成功的企业来说，再怎么强调文化都不过分，只有恰当的文化才能不断培育新的能力和新的概念。在我成为首席执行官时，微软已经成立 40 年了。我认为，必须公开直接地讨论我们的文化，把它当作当务之急，只有这样才能重塑自我，发明新的东西”。[1]

微软过去采用“员工大排名”绩效制度，每个业务部门都必须按照一定比例将员工工作表现划分为优良中差。这种排名导致员工之间明争暗斗，损害了微软的技术创新能力。纳德拉废除了员工评级制度，推行“一个微软”，从之前强调单个组织与个人能力，到现在强调整体与团队，并改革考核制度。

纳德拉认为，员工应该专注于合作，而不是在竞争中诚惶诚恐。“我们的态度应该从‘什么都懂’转为‘什么都学’。我想减少员工负担并传达这样的信息：他们不需要摆出一副‘我什么都懂’的样子……他们可以犯错，但我希望他们保持好奇心，不断学习新事物。”为此，纳德拉还在微软内部力推成长型思维模式，鼓励知难而上。

一次会议上，纳德拉掏出了自己的手机，一部苹果手机。当时，在场的人都特别吃惊。他说，这是苹果的手机，但你们可以看到，上面有很多的应用软件，都是微软开发的！比尔·盖茨这样评价纳德拉，“他是一个谦逊、有远见和务实的人，他既能针对策略提出有见地的问题，也能与核心工程师融洽相处。”

本章研究领导及其在组织中的作用。我们将总结领导的特征并介绍研究领导的主要模型：特质、行为和权变。特质模型和行为模型试图说明领导是什么样的、他们做些什么。权变（情境）模型包括费德勒模型、路径－目标理论和领导替代理论，它考虑领导过程的环境因素的复杂性以及情境对领导效能的影响。我们还将讨论变革型领导如何对组织效能产生重大影响。

17.1 管理与领导

在本节中，我们首先给出领导的定义，然后谈谈领导与管理的区别，最后介绍领导与权力的关系。

领导的本质：运用影响力

领导既是过程又是特性。作为过程，领导是运用非强迫性影响塑造群体或组织目标，激励目标实现，并且协助群体和组织文化形成的行为。作为特性，领导是一组被感知为领导力的个人特征。领导者是不依赖强制力影响他人行为的人，或者是被接受为领导者的人。**有效的领导**（effective leadership）是指领导者从下属获得高绩效的能力。

领导与管理

从上述定义中可以清楚地看到领导与管理是相互关联的，但二者之间并不是等同的关系。一个人可以既是管理者又是领导者，也可能只是管理者或领导者。

表 17.1 总结了两者之间的基本区别。表的左侧是构成领导与管理区别的 4 项要素。右侧两个栏目是从管理角度和领导角度看要素性质的不同。

表 17.1

管理与领导的区别

活　动	管　理	领　导
制订计划	管理和预算。制定实现目标的详细步骤和时间表，分配必要的资源。	建立方向。建立一种对未来（通常是较远的未来）的愿景以及为实现这种愿景而发起变革的战略。
建立人力网络或实现计划	组织和人员配置。建立完成计划所需要的结构，根据结构配置人员，分配责任和权力，制定政策和程序，拟定监督的方法和系统。	步调一致。为了培养理解上述愿景和战略并接受其有效性的团队，通过言语和行为，向任何有帮助的人传达方向。
执行计划	控制和问题解决。将结果同计划进行细节上的比较，发现偏离计划的情况，然后计划和组织解决问题。	激励和鼓舞。通过满足人们基本的但往往未得到满足的需要来鼓励人们克服重大的政治、官僚和资源障碍。
成果	建立某种程度上的可预见性和秩序，并且有可能为不同的利益相关者创造一致的和重大的成果（例如，对于顾客可能是准时，而对于股东是完成预算）。	往往带来戏剧性的变革，有能力制造极端有用的变革（例如顾客需要的新产品，令企业更有竞争力的新方法）。

组织既需要管理也需要领导。领导可以创造变革，而实现有秩序的结果则需要管理。结合领导的管理将可以创造出有秩序的变革，而结合管理的领导则可以令组织同环境协调一致。事实上，近年来跨国企业 CEO 薪酬暴涨的部分原因是人们相信管理和领导的结合是能够带领组织走向成功的稀有能力。

领导与权力

为了充分理解领导，首先要理解权力。**权力**（power）是影响他人行为的能力。一个人可以拥有权力但不使用它。例如，球队的教练有权决定让谁坐冷板凳，但是他很少需要用到。因为队员都知道他拥有这一权力，都会努力表现争取首发。在组织内部，通常存在着 5 种类型的权力：合法权力、奖励权力、强制权力、参考权力、专家权力。

合法权力（legitimate power）。合法权力是来自组织层级的权力，由组织根据具体的职位定义。管理者有权向下属安排工作，拒绝安排的下属可能受到惩罚，甚至被解雇。这样的后果就是源于组织向管理者授予的合法权力。合法权力就是权威。所有的管理者对自己的下属都拥有合法权力。不过，仅仅拥有合法权力并不意味着就是领导者。有的下属只遵从严格符合组织规定和政策字面的命令。如果要求他们做工作描述之外的事情，他们会拒绝或不好好做。这类员工的管理者就是在运用权力而不是领导。

奖励权力（reward power）。奖励权力是给予和撤销奖励的权力。管理者控制的奖励包括加薪、推荐升职、表扬、认可和灵活的工作安排。一般来说，管理者控制的奖励数额越大、越重要，其奖励权力就越大。如果下属认为只有正式的组织奖励才有价值，则这名管理者就不算是领导者。如果下属还希望得到并且重视来自管理者本人的非正式奖励，例如表扬、赞赏和认可，则这名管理者才是在运用领导的艺术。

强制权力（coercive power）。强制权力是通过心理、情绪或身体威胁要求服从的权力。过去，组织曾经用过身体强制的方法。今天，组织通常用口头申斥、书面申斥、纪律性停职、罚款、降级和停止合同的方式进行强制。有些管理者尝试用谩骂、侮辱和心理强制的方法来操纵下属，这种现象并不少见，但大多数人认为这种操纵行为是不适当的。管理者所拥有的惩罚性权力越大、越重要，其强制权力就越大。另一方面，越倚重强制权力的管理者，就越容易引起不满和敌意，越不太可能被视为领导。

参考权力（referent power）。合法权力、奖励权力和强制权力都是相对具体的并且同组织生活中的客观方面相结合，而参考权力则是抽象的。它是以身份、模仿、忠诚或魅力为基础的，追随者可能作出友好的反应，因为他们在某种程度上认同领导者，也许是因为个性、背景或态度相仿。有时，追随者会模仿拥有参考权力的领导，例如着装、工作时间或支持同样的管理哲学。参考权力还可能呈现为领袖魅力，这是一种能够激发忠诚和热情的无形的领导特性。拥有参考权力的人通常被视为领导者。

专家权力（expert power）。专家权力是以信息与专长为基础的权力。对行业趋势和竞争现状有深入的理解、知道如何同一位偏执而重要的顾客打交道的经理，能够作出别的公司想象不到的重大突破的科学家，知道如何绕过官僚主义程序的秘书，这些都是拥有专家权力的例子。信息越重要，掌握的人越少，专家权力越大。一般来说，身兼管理者和领导者的人通常拥有大量的专家权力。

权力的运用。管理者或领导者如何运用权力？一种方法是合法要求，这是以合法权力为基础的。管理者要求下属服从，因为下属知道，是组织授予管理者提出要求的权力。管理者和下属间绝大多数日常接触属于这一类型。另一种运用权力的方式是工具性服从，它是以激励的强化理论为基础的。下属服从是为了换取管理者所控制的奖励。假设管理者要求下属做本职以外的工作，例如在周末加班，停止同一个有长期关系的采购商的业务或发布坏消息，如果下属服从，则管理者以表扬或奖金作为交换。下一次下属被要求做此类事情时，他就会知道服从可以换取更多的奖金。因此，工具性服从的基础是明确重要的绩效奖励机制。

当管理者说明或暗示拒绝接受指令的下属将会受到惩罚、解雇或申斥时，他运用权力的方式是强制。另一方面，理性说服是管理者向下属证明服从是符合下属最佳利益的一种方法。例如，经理可能会告诉下属工作变动对其职业发展有利。在某种程度上，理性说明类似奖励权力，只不过管理者实际上并不控制这样的权力。

个人认同是另一种运用权力的方式。管理者可能认识到他对某一下属拥有参考权力，他通过自己的示范来影响下属。也就是说，管理者有意识地成为下属的模范，利用个人认同的力量。还有一种做法是鼓舞性要求，管理者要求员工实现一组高的目标或价值。例如，对忠诚的要求就是一种鼓舞性的要求。参考权力在很大程度上决定了鼓舞性要求能否成功，因为它的效果至少部分地取决于领导的说服能力。

信息扭曲是一种有争议的运用权力的方法。管理者通过隐瞒或干扰信息影响下属的行为。例如，如果经理同意根据大家的意见挑选团队成员，但他在心中已经偏向某一候选人，于是他有意隐瞒其他候选人的某些优点以促成他所中意的人入选。这种做法是十分危险的，是不合乎伦理的。一旦下属发现这种行为，管理者将失去下属的信任。

复习一下

1. 领导和管理的关键区别是什么?
2. 根据你的亲身经验，举例说明 5 种权力类型。

17.2　领导的通用理论：特质理论和行为理论

领导理论的早期研究者采用的是“普遍法”或“通用法”。他们相信有效的领导者必然拥有能够与他人区别开来的人格特质，从而假定对于领导之谜存在着一组解。领导的通用理论主要分为两种，一种关注领导特质，另一种则注重领导行为。

领导特质

最早的领导理论对优秀领导个人的心理和生理特质进行了分析。特质理论（trait perspective）假定某些基本的人格特质令领导与非领导区分开来。只要定义出这些特质，我们就可以识别潜在的领导者。研究者认为，领导特质包括智力、知识与专长、支配能力、自信、精力旺盛、承受压力、诚实诚信、成熟、战略思考、权力激励等等，如表 17.2 所示。

表 17.2
与有效领导相关的特质

特　质	描　述
智力	理解复杂情况和解决问题的能力。
知识与专长	有能力做出正确的决策，既有效率又有效能。
支配能力	影响下属和他人以实现组织的目标。
自信	在遭遇障碍和困难时同样能够有效地影响他人。
精力旺盛	有能力处理利益相关人向领导者提出的众多需求。
承受压力	能够应对不确定性，做出困难的决策。
诚实诚信	行为符合伦理，赢得下属的信任和信赖。
成熟	避免自私的行为，控制情绪，勇于认错。
战略思考	分析复杂和抽象的情境，制定正确战略的能力。
权力激励	追求地位和权力、力图影响他人的不自觉的动力。

在20世纪前半叶，为了找出重要的领导特质，人们进行了大量的研究。但是，在绝大多数情况下，结果是令人失望的，因为总是可以找出一长串例外。而且筛选出来的领导特质的数量越来越多，失去了实际意义。即使是一开始看上去有效的领导特质也存在着多种不同的解释。

例如，许多领导人都表现出良好的沟通技能和自持力。但是，这些特质与其说是原因，不如说是他们在获得领导地位之后的表现。此外，某些领导特质在特定的环境下可能更加重要，例如危机中的组织和平稳发展中的组织所需要的领导特质就是不同的。

尽管绝大多数研究者已经放弃了将特质作为领导能力指标的做法，但许多人仍然公开和不公开地应用特质作为标准。例如，选民在投票选举政治家时往往注重个人外表、演说能力或是否自信。不过，像诚实和正直之类的特质很可能是基本的领导特质，值得重视。智力水平也在领导能力中扮演着一个有意义的角色。

领导行为

由于在寻找有用的领导特质方面不大成功，研究者很快转而调查其他变量，特别是领导的行为或行动。新的假设是有效的领导表现出不同的行为特点。为此，人们对领导的行为进行了充分的研究。

密执安研究。密执安大学的研究者在利克特的领导下于20世纪40年代末开始研究领导行为。[2]根据对大量领导（经理）与追随者（下属）的研究，这项研究发现了两种基本的领导行为：以工作为中心和以员工为中心。**以工作为中心的领导行为**（job-centered leader behavior）注意下属的工作，解释工作程序，对结果表现出极大兴趣。**以员工为中心的领导行为**（employee-centered leader behavior）关注建立和谐的工作群体，保持员工对工作的满意。他们的首要关注点是员工的福利。

这两种领导行为的风格被认为是处于一个连续统的两端。利克特只研究了两端的情况，他认为以员工为中心的领导行为更加有效。我们应当注意利克特领导研究和系统 1 至系统 4 组织设计之间的关系（见第 10 章）。以工作为中心的领导行为同系统 1 设计一致（僵化和官僚），而以员工为中心的领导与系统 4 设计一致（有机的和灵活的）。当利克特主张由系统 1 转向系统 4 时，他同时也在主张由以工作为中心的领导行为转向以员工为中心的领导行为。

俄亥俄州研究。大约在利克特研究的同时，俄亥俄州立大学的一组研究者也开始了对领导的研究。[3] 俄亥俄州立大学采用大量问卷的方法同样得出了两种基本的领导行为或风格：创建结构行为和关怀行为。**创建结构行为**（initiating-structure behavior）是领导清楚地规定领导—下属关系，人人都知道自己应当做什么，建立正式的沟通机制，并且决定如何完成任务。**关怀行为**（consideration behavior）是领导表现出对下属的关心，试图建立温暖、友好和支持的气氛。俄亥俄州研究的结果同密执安类似，但两者间存在着一个重要的区别。俄亥俄州的研究者并不将行为解释为单一向度，这两种行为是相互独立的。也就是说，领导者可以同时表现出不同的创建结构行为和关怀行为。

起初，俄亥俄州的研究者认为在这两种行为方面均表现出高水平的领导是更有效的领导。但是对国际联合收割机公司的一项研究表明，情况十分复杂。[4] 研究者发现，创建结构水平较高的主管所领导的下属绩效高但满意度低，缺勤率高。相反，关怀水平较高的主管所领导的下属绩效不高但满意度高，缺勤率低。后来的研究将其他妨碍一致性预测的变量予以隔离，情境影响仍然出现。

管理方格。另一种领导行为理论是管理方格。[5] **管理方格**（managerial grid）提供了评估领导风格以及培训领导者转向理想行为风格的方法。图 17.1 描述了管理方格。水平轴代表"关心生产"（类似于以工作为中心和创建结构的行为），纵轴代表关心人（类似于以员工为中心和关怀的行为）。请注意 5 种极端的管理行为："1, 1"管理者（贫乏型管理），对工作和人都缺乏关心；"9, 1"管理者（权威—顺从型管理），高度关心工作但很少关心人；"1，9"管理者（乡村俱乐部管理），同"9, 1"刚好相反；"5, 5"管理者（中庸管理），平衡关心人和关心工作；"9，9"管理者（团队管理），对人的关心和对工作的关心最大化。

根据这一理论，理想的管理行为类型是"9，9"。为了达到这一行为风格，可以利用一种分为 6 个步骤的课程进行培训。许多企业运用管理方格获得了适度的成功，但是，它的真正效力仍然缺乏科学证据的支持。

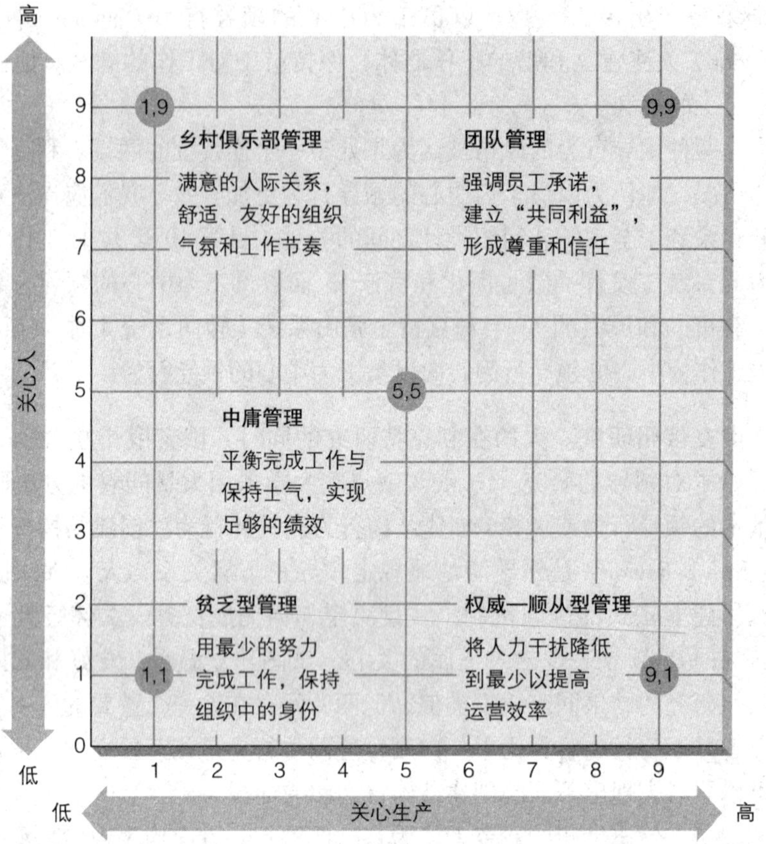

图 17.1　管理方格

资料来源：The Leadership Grid Figure for Leadership Dilemmas–Grid Solutions by Robert R. Blake and Anne Adams McCanse（Formerly the Managerial Grid by Robert R. Blake and Jane S. Mouton）.Houston：Gulf Publishing Company，p. 29. Copyright 1997 by Grid International，Inc.

领导－成员交换理论

由于领导的重要性，新的思想、理论和方法不断地被提出来。**领导－成员交换模型**（leader–member exchange model，LMX）是由格伦（George Graen）和丹瑟罗（Fred Dansereau）提出的，它强调了领导和各个下属间不同关系的重要性。同早先的理论不同，它注意到领导与不同下属间的关系是不一样的。图 17.2 描述了领导—成员交换理论的基本概念。

这一模型认为，主管同少数信任的下属建立起特殊的关系，称为“**圈子**”（circle）。圈内人往往被委以特殊的责任和自主权，当然，他们也享有特殊的待遇。不在这个圈子里的下属称为圈外人，主管较少注意他们。注意图中显示领导同每一位员工间的关系都是一对一的。

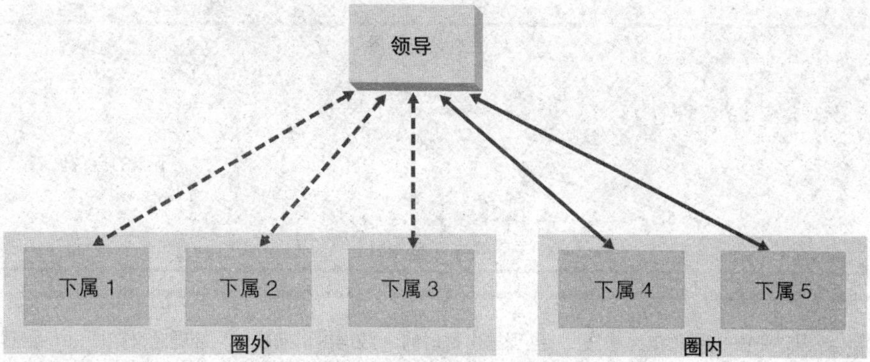

图 17.2　领导 - 成员交换模型（LMX）

在同下属进行互动的过程中，领导制定了圈内和圈外的关系。现在还不清楚领导如何选择圈内人，可能是基于个人性格的相容性和下属能力。研究已经证实了圈子的存在。研究还发现，圈内人通常绩效和满意度较高。

领导 - 行为理论在当代领导理论的发展中起到了重要的作用。它告诉我们不要对领导是什么有先入之见（领导特质），而是关注领导做什么（行为）。但是，这些理论同样对有效领导的构成作出了普遍的规定。在对复杂的社会系统进行分析时，几乎没有哪种关系是持续有效的，因此不可能出现公式。行为理论家试图发现在领导行为和员工反应之间存在一致性的关系，他们总是失败。因此需要另一种理解领导的理论。促成新理论的要素是，尽管人际维度和任务导向维度有助于描述领导的行为，却无法用于预测或指导领导行为。领导理论发展的下一步将是情境理论的创立。

复习一下

1. 在领导的通用理论中区分了哪几种基本的领导行为类型？
2. 如果不考虑概念的有效性，你认为有效领导最重要的特质是什么？

17.3　领导的权变理论

领导的权变（情境）理论假定，适当的领导行为应当随情境不同而改变。权变理论的目标是找到关键的情境因素，研究它们如何相互作用决定着适当的领导行为。在讨论主要的权变领导理论之前，我们先来看看早期的重要模式。在 1958 年对决策过程的研究中，坦南鲍姆（Robert Tannenbaum）和施米特（Warren H. Schmidt）提出了一个领导行为的连续统。他们的模型有些类似于密执安研究和理论，见图 17.3。

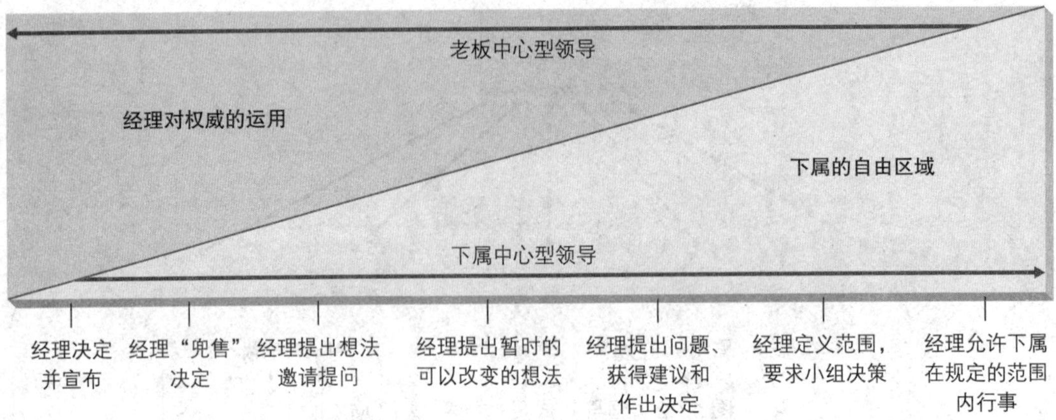

图 17.3　坦南鲍姆和施米特领导连续统

这个连续统的一端是由管理者单独作出决策，而在另一端则是由员工作出决策。连续统上的每一点都受到管理者、下属和情境特征的影响。管理者的特征包括价值观、对下属的信心、个人倾向和安全感。下属的特征包括独立性、责任感、忍耐不确定、对问题的兴趣、对目标的理解、知识、经验和预期。情境特征包括组织的类型、小组的能力、问题的性质和时间压力。尽管这一理论提出了情境的重要性，但它的分析主要是思辨性的。更复杂和一致的理论还有待其他的研究来开发。在下面的内容里，我们将描述三种最重要的、被广泛接受的领导情境理论：费德勒权变理论、路径—目标理论和领导替代理论。

费德勒权变理论

费德勒（Fred Fiedler）提出的 LPC 理论，是第一个真正的领导权变（情境）理论。LPC 理论认为领导风格随情境有利性而变化。LPC 代表**最不情愿共事者**（least-preferred coworker）。费德勒的方法是特质和行为理论的结合，他发现了两种领导风格：任务导向（类似以工作为中心和创建结构）和关系导向（类似以员工为中心和关怀）。他对早期行为理论的超越在于他主张行为风格是领导人格的反映，而绝大多数人格属于他所说的两个类别——任务导向或关系导向。费德勒用一种有争议的量表——LPC 量表测量领导风格。这一方法要求管理者或领导根据 16 项指标（两端分别为一对积极的和消极的形容词）描述他最不愿意与之共事的人（LPC）。下面列出了其中的三项：

有帮助的	8	7	6	5	4	3	2	1	添乱的
紧张的	1	2	3	4	5	6	7	8	放松的
厌烦的	1	2	3	4	5	6	7	8	有趣的

然后加总这些数字，得出领导的 LPC 得分，高分代表积极的品质，低分代表消极的品质。费德勒假定高分反映了关系导向，低分则反映了任务导向。LPC 方法是有争议的，因为研究者们不承认它的有效性。有人怀疑 LPC 究竟要反映什么，得分是否可以作为行为、人格或其他要素的指标。

情境的有利性。领导的情境理论的基本假定是，不同的情境需要不同的领导行为。根据费德勒的观点，关键的情境因素是情境对领导者的有利性。这一因素取决于领导—成员关系、任务结构和职权。**领导－成员关系**（leader-member relation）是领导和工作小组间关系的性质。如果领导和小组相互信任、尊重、自信心高，并且相互喜爱，这代表好的关系。反之，则代表差的关系。当然，好的关系是有利的情境。

任务结构（task structure）是任务清楚定义的程度。如果任务是例行的、容易理解的和不存在模糊之处的，并且可以依照标准程序或步骤来进行，则称之为结构化的任务。非结构化的任务是缺乏先例、不够明确的和复杂的，没有标准化的程序和步骤。显然，高结构化的任务是对领导者有利的情境，而低结构化的任务则不利。例如，如果任务是非结构化的，群体不知道如何完成，领导必须起到引导和指导的作用。如果任务是结构化的，则领导不必过多介入，而可以将时间用于非监管性的活动上。

职权（position power）是领导地位所掌握的权力。如果领导有权分配工作、实施奖励和惩罚员工，则职权较强。反之，如果工作分配的权力属于他人，并且领导没有奖励和处罚的权力，则职权较弱，难以完成任务。从领导的角度看，职权强是有利的情境。不过，职权的作用不像任务结构和领导－成员关系那样重要。

有利性与领导风格。费德勒与他的同事进行了大量的研究，将各种情境有利性同领导风格和群体的效能建立起联系。图 17.4 总结了这些研究的成果和理论方法。首先看图上部的情境因素，好或差的领导－成员关系、高或低的任务结构、强或弱的职权结合起来形成 6 种独特的情境。其中，好的领导－成员关系、高任务结构和强职权（最左端）是最有利的情境，而最右端则是最不利的情境。在情境描述下方的则是有利性程度以及最有效的领导。费德勒发现，当情境最有利和最不利时，任务导向的领导是最有效的。而当情境有利性中等时，则关系领导是最有效的。

领导风格的灵活性。费德勒认为，个体的领导风格基本上是定型的和无法改变的，他们不可能改变行为以适应特定情境的要求，因为领导风格是同特定的人格特质联系在一起的。

因此，如果领导风格与情境不能匹配，费德勒的建议是改变情境来适应领导风格。如果领导－成员关系好、任务结构低并且职权弱，则最有效的领导风格应当是关系导向的，但是，如果领导是任务导向的，则会出现不匹配的情形。按照费德勒的观点，此时领导可以通过对任务进行结构化（制定规定和程序）或增加职权（要求更大的职权）将要素改变以更适合自己。

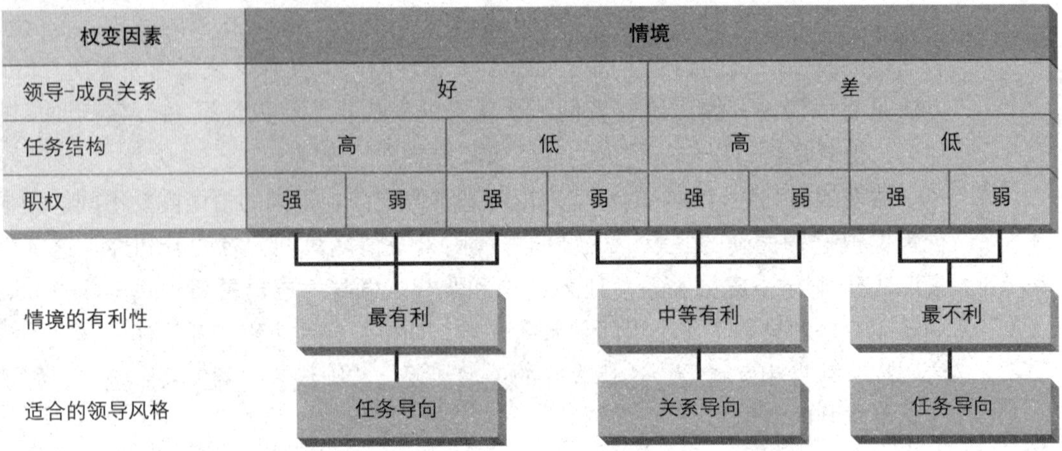

图 17.4　领导的最不情愿共事者（LPC）理论

费德勒的理论是第一个领导的情境理论，它帮助许多管理者认识到自己必须面对的重要情境因素，它还推动了关于领导的情境本质的大量思考。然而，费德勒的权变理论也受到批评，因为它并不总是受到研究的支持，他的发现还可以用其他理由来解释，LPC 量表缺乏有效性，关于领导风格没有灵活性的假设也是不真实的。下面介绍的路径—目标理论表明，领导有能力改变自己的风格以适应环境的要求。

路径 - 目标理论

路径 - 目标理论主要来自伊文斯（Martin Evans）和豪斯（Robert House）的贡献，它是对前一章中所介绍过的激励的期望理论的直接扩展。我们回忆一下，期望理论的主要构成包括成果的可得性和成果的价值。领导的路径 - 目标理论认为，领导的主要职能就是在工作场所中报告有价值的和符合期望的奖励，向员工明确哪些行为可以导向目标实现和奖励，也就是说，明确通向实现目标的路径。

领导行为。路径 - 目标理论将领导行为分为 4 种：指导型、支持型、参与型和成就导向型。

- □指导型（directive）领导告诉下属对他们的期望，提供规定和指导，具体安排工作。
- □支持型（supportive）领导表现出友好和亲和，关心下属的福利，平等对待成员。
- □参与型（participative）领导行为包括咨询下属的意见，征求建议和让下属参与决策。
- □成就导向型（achievement-oriented）领导设定具有挑战性的目标，期待下属表现出高绩效，鼓励下属，对下属的能力表现出信心。

同费德勒的理论相反，路径 - 目标理论认为，领导可以改变自己的风格和行为以适应特定情境的需要。例如，在接手新项目和新下属时，领导可能会采用指导型行为，建立工作程序和规定工作事项。然后，领导会开始采用支持型行为促进成员间的协调，创造积极的气氛。随着群体对任务的熟悉和新问题的出现，领导会表现出参与型行为以增强群体成员的激励。最后，成就导向的行为可以用来鼓励持续的高绩效。

情境因素。路径 - 目标理论专注于下属个人特征和工作环境特征的情境因素。重要的个人特征包括下属对自身能力的看法和控制点。如果认为自己缺乏能力，下属可能需要指导型领导帮助他们更好地理解路径 - 目标关系。如果他们认为自己能力很强，则会讨厌指导型领导。**控制点**（locus of control）是一种人格特质，拥有内部控制点的人相信结果是本身努力和行为所产生的，而拥有外部控制点的人则将结果归于命运、运气或"系统"因素；拥有内部控制点的人可能偏好参与型领导，而拥有外部控制点的人则偏好指导型领导。管理者不可能影响下属的个人特征，但可以通过改造环境（提供奖励、任务结构化）利用这些个人特征。

环境特征包括下属控制不了的外部因素。任务结构就是一种这样的因素。当任务结构程度高时，指导型领导效能低。下属不需要领导告诉他们如何完成例行工作。正式的权威系统是另一种重要的环境特征。正式化程度越高，指导型领导的效能越低。工作群体的性质也是影响因素之一。如果工作群体向成员提供社会支持和满意，则支持型领导的行为就不那么重要了。如果从群体那里无法获得社会支持和满意，则员工需要领导的支持。

图 17.5 总结了基本的路径 - 目标理论，表明不同领导行为如何影响员工的激励，个人特征和环境特征决定了怎样的行为导致怎样的结果。路径 - 目标理论是一个动态的和未完成的模型。研究表明，路径 - 目标理论是对领导过程合理的、良好的描述，接下去的研究将帮助我们更好地理解领导与激励的关系。

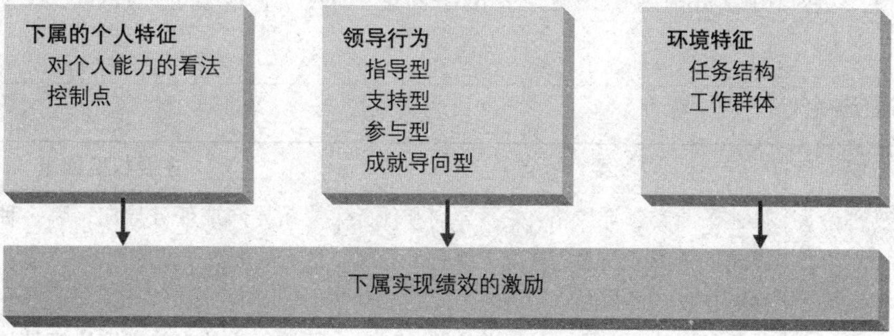

图 17.5　路径 - 目标理论

领导替代理论

领导替代（substitutes for leadership）概念的提出是因为现有的领导理论未能

说明不需要领导时的情境，它们只是说明哪种领导行为是适当的。而替代概念则指出了在一些情境中领导行为被压制或被下属、任务或组织的特性所取代。例如，当病人被送到急救室时，值班的专家们不需要任何领导指示就知道该做什么。这些专家（可能比领导更加）知道应当如何安排工作，因此不需要任务导向的领导。他们对自己工作的评价主要来自同行（而不是领导），对工作内在满足的程度很高，因此也不需要员工导向的领导。也就是说，在组织成员能够管理和指导自己实现组织目标的情境下，领导将不再是必要的。领导替代可以提高组织的效能和效率，因为它们帮助管理者释放出更多有价值的时间，可以用来专注于发现新的、能够提升组织效能的途径和机会。

导致领导行为压制的**下属特征**（characteristics of subordinates）包括能力、经验、独立需要、专业性和不在意组织奖励。例如，能力与经验水平较高的下属不需要领导的指示。与此相似，独立性要求较强的下属可能不需要领导行为。可能替代领导的任务特征是工作的规律性、反馈的可得性以及内在满足。可能替代领导的组织特征包括组织形式化、群体协调、缺乏弹性和僵化的奖励结构。初步的研究支持了领导替代的概念。

小结

领导的权变（情境）理论主张，有效的领导必须考虑不同情境的要求（权变）。上面介绍的三种权变理论分别提出了对情境因素的不同理解。费德勒的理论主张管理者的领导风格应当与领导情境相匹配，主张改变任务结构和职权以匹配领导风格；路径 - 目标理论阐述了管理者应当如何激励下属，以及管理者可以采取的相应的行为，包括改造环境（提供奖励、任务结构化）以适应下属的个人特征；领导替代理论指出，在某些情况下，管理者不需要将时间花费在指导下属的工作上，他们可以将精力用在更重要的事项上。表 17.3 总结了三种领导权变理论。

表 17.3

领导的权变理论

理　　论	要　　点	主要权变因素
费德勒权变理论	描述了两类领导风格：关系导向和任务导向，分析了在哪些情况下哪种领导风格更有效。	关系导向或任务导向，哪一种领导风格更有效取决于情境因素。
路径 - 目标理论	描述了领导激励员工时的有效性。	领导行为的有效性取决于情境因素，包括下属的能力和下属工作的性质。
领导替代理论	描述了哪些情况下领导是不必要的。	领导在一定的条件下不再是下属取得绩效的原因，情境因素包括下属的能力和情境的特殊性。

复习一下

1. 说明每一种领导的情境理论的基本思想。
2. 你认为在组织管理中哪一种权变理论最有用，哪一种最不实用?

17.4 变革型领导

今天，企业所面临的激烈竞争和环境的高度不确定性使得人们对领导提出了更高的要求。能够带领企业做出必要的变革，适应新的竞争的领导者自然更加引起人们的关注。这样的领导者包括微软的纳德拉、亚马逊的贝佐斯、特斯拉的马斯克等，他们都在企业重大转折关头鼓舞士气，带领企业通过创新建立起可持续的竞争优势。

这一类型的领导拥有多种名称：鼓舞型领导、符号型领导和变革型领导。我们在这里使用**变革型领导**（transformational leadership）一词，指的是超越一般期望的领导方法，向下属传达使命感、刺激学习和激发新的思维方式。由于环境的快速变化，变革型领导越来越成为组织成功的关键。

变革型领导的特点

变革型领导身上表现出一些共同的特点，他们激励和指导员工朝向新的组织价值观和行为方式转变。

为组织建立起不同于过去的愿景。新的愿景往往配合着组织战略和结构设计上的变革，以及新的企业文化、价值观和规范的建立。当舒尔茨在 2008 年复出重新担任 CEO 之后，他向员工传达的愿景是复苏星巴克的品牌使命：激发人类的灵感。星巴克的力量来源于它同顾客之间长期的关系，门店的体验是公司运营的核心，其他的一切都要服从于这一愿景。

坚定地向员工传达这一新的愿景。优质的咖啡是星巴克的根本，舒尔茨坚持对咖啡调理师进行意式浓缩咖啡调制培训，为此不惜让全国 7100 家店面关门一个下午，承受巨大的经济损失，舒尔茨以此向全体员工发出恢复星巴克优质服务传统的清晰信号。变革型领导往往能够运用情感的力量传达宏大的目标，赢得员工和其他利益相关者的信服，从而建立起组织全体成员共享的思维模式。他们运用符号、隐喻、故事和其他传播形式为愿景注入生活化的内容和丰富的体验。

以身作则。变革型领导认识到他们自身的行为就是最重要的变革符号，除非他们自己真正重视和实践组织的价值观，否则不会有人相信。20 世纪 70 年代，克莱斯勒汽车公司陷入困境，不得不向美国政府寻求救助。公司 CEO 艾柯卡没有简单地采取裁员的措施，而是要求全体员工“共同牺牲”，突破困境求生存。

为此，他将自己的年薪从 36 万美元减少到 1 美元，这一史无前例的决定震动了整个企业界，也是激发克莱斯勒员工变革热情的最好动员。在星巴克公司 2008 年开始的成本削减中，舒尔茨将自己的年度工资从 120 万美元减少到 1 万美元，还出售了公司的喷气式飞机。

授权员工实施他们所构想的宏大战略。这种授权不是将权力转移，而是为了清除变革过程中的障碍，以改变那些严重影响变革的陈旧系统和流程。对于星巴克，重要的是在高标准的服务过程中建立起与顾客之间的亲密联系。在培训中，舒尔茨告诉员工，如果浓缩咖啡的味道不是很好，公司允许他们倒掉后重新调制，这与以往强调效率的观念截然不同。在星巴克的社会化媒体工具 Mystarbucksidea.com 上线后，星巴克在全公司范围内募集了 50 名员工对网站进行监控，每人每周贡献 8 个小时，让一线员工直接与顾客建立网上互动。

管理行动专题

马化腾领导产品变革

在腾讯公司，马化腾（Pony）以对产品创新的重视而著称，被称为“超级产品经理”。网络名博、腾讯微博总监“和菜头”回忆说：

“他要求页面上加某种锚标功能，当用户对页面特定区域进行复杂操作之后，页面能够返回到原来触发动作的位置，免得从头再翻。我询问了技术人员，技术回答说：这根本实现不了。于是，我回复邮件告诉他说：在技术上不可能实现。大约两分钟之后，他回复了我：你说什么？我突然意识到自己说错话了，只能回信道歉：抱歉，我们去想办法。

“他过了一阵子回了一封长信过来：第一段里告诫我，在腾讯不允许说什么事情在技术上做不到。然后，他在信中列举了三四个部门里的 HTML 高手，列出他们的名字和总经理姓名，要求直接去联络他们，请求他们给予技术上的支持。

“Pony 的邮件一般在凌晨 3 点后到达，到早上 7 点左右停止。9 点上班，如果项目很重要，Tony（张志东，腾讯首席技术官）会在白天跟进，反复在 RTX（腾讯通）上讨论，或给邮件，傍晚会召开会议讨论总结。然后晚上 9 点多可以到家吃饭，洗澡。睡一会儿，3 点左右，Pony 的邮件会来，往来讨论到 7 时左右。休息两小时，9 点开始，Tony 在线上等你……”

在网络服务企业中，高层领导可以和一线服务人员同样直接看到用户的反馈。马化腾和其他高管经常浏览腾讯的产品论坛，获得客户产品评论，同时监督员工对客户问题的回答。为了激发跨项目的思维冲撞，每个产品都设置交流平台，向公司内部所有人开放，接纳反馈。在腾讯内部，项目主管以自己产品的平台人气高涨为荣。项目透明不仅可以群策群力，还起到在内部推动项目不断创新的效果。

对组织的活动和架构做出有意义的变革。变革型领导者迅速采取行动，向员工表明他们对自己的主张是认真的，他们积极改变组织的结构、控制和激励系统以鼓励实现愿景所必需的行动。2008 年，星巴克决定召开近万人参加的领导团队大会。之前由于种种原因，这一会议被反复推迟。舒尔茨认为，尽管面临经济上的严重困难，但公司更迫切需要的是振奋全体员工的精神，帮助员工发现工作的意义，建立起工作伙伴与企业之间的信心和更密切的联系。舒尔茨还决定将会议安排在尚未从飓风破坏中恢复的新奥尔良市，组织参会的管理者参与志愿服务，以看得见的方式将星巴克的社区责任理念传播给店面管理者们。

管理行动专题

单霁翔在故宫：以观众为中心的改变

2012 年，单霁翔出任故宫博物院院长。当时，故宫发生了一系列事件，社会影响不佳。单霁翔决定从改变观众服务开始。

在热门景点，买票往往影响观众的体验。故宫收回了一部分经营性场地，开设了 32 个窗口，向社会承诺 3 分钟之内能买到票。经过反复实验，故宫全面实行网络售票，极大提升了入场的体验。

为了改进游览过程，故宫制作了 512 块标识牌，放置在经常被问路的地方。故宫浏览过程较长，新研发的适合故宫使用的座椅能够容纳 11000 名游客。座椅要考虑到清扫的方便，还要避免有人不当利用。

单霁翔还指示对厕所的排队使用进行分析，发现女洗手间数量应当是男洗手间的 2.6 倍，依据这一数据改建了厕所。要求垃圾落地后 2 分钟之内必须要清走，为此专门提高了清洁工人的报酬水平。

由于消防要求，故宫大殿长期不能开灯。根据以观众为中心的原则，故宫用了一年半时间选出 LED 的冷光源，灯具远离古建筑 2.5 米以上，成功“点亮了”紫禁城。故宫开放区域曾经只有 30%，2014 年故宫开放了 50%，2015 年 65%，2016 年 76%，现在故宫已经开放了 80%。

故宫藏品数量巨大，但专题展览较少。单霁翔到任后推动建立新展厅和策划大型主题展览活动，大幅提升了故宫藏品展览的声誉，将故宫游览从参观宫室为主转变为宫室与藏品并重。

诚信领导。变革型领导者知道，人们不会追随他们不信任的人。公平和坦率是领导者最重要的声誉，人们尊重说出真相（无论多么困难）和行为道德的人。重新成为 CEO 后，舒尔茨不得不做出裁员的决策，在三年的时间里裁减员工 20%。他本人亲自在总部向员工做出裁员的报告并回答员工为此提出的问题。同时，他拒绝了机构投资者提出的削减医疗福利费用的要求。舒尔茨说，这样做将是对企业精神的毁灭，破坏公司在员工中的信用。在经济形势如此严峻的时候，这种坚持是对公司最好的公关，星巴克公司为员工支付的医疗保险费用每年高达 2.5 亿美元。这并不意味着变革型领导不是强硬的领导者，但他们的强硬不影响公平。

创建可持续的组织，能够在他们离开后仍然保持有效率和有效能。2000 年，舒尔茨第一次卸任 CEO。在 2005 年引进外部 CEO 之后，星巴克出现了偏离信念的倾向，对效率的强调压制了顾客关系，一味追求规模导致了顾客关系的破坏。舒尔茨再度出任 CEO 之后，不断提醒公司全体员工坚守星巴克的基本价值观，每天都必须努力创造卓越的顾客体验来重新赢得成功，有热情的员工比强有力的战略更重要。2017 年，舒尔茨第二次辞去 CEO 职务，星巴克需要从以往的经验中吸取教训，继续保持原有的价值观，创造更高的绩效。

一个与变革型领导有关的问题是，它是一种通用的方法还是一种权变的方法？有些研究者认为，变革型领导在某些情况下可能比另一些情况下更适用。变革型领导最有效的情境是组织陷入困境、急需改进绩效或适应变化的环境。而对于环境稳定、绩效良好的企业，变革型领导未必能够带来重大的改进，甚至可能对组织造成损害。

变革型领导与交易型领导

变革型领导经常被用来作为交易型领导的对比。**交易型领导**（transactional leadership）是指管理者运用奖励和强制权力以鼓励高绩效的领导方法。当管理者们对高绩效下属实施奖励，对低绩效下属进行指责或惩罚，以及通过强化期望行为和终止与惩罚不期望行为对员工进行激励，他们的行为就是交易型领导。与变革型领导相比，交易型领导尽管也可以有效地影响下属行为，但只是为了提高工作的效率，他们无意同时寻求组织的重大变革。

变革型领导也会表现出交易型领导行为，他们会奖励工作出色的下属、留意不符合标准的绩效并做出反应。但是他们同时也会注意组织的整体情况，组织未来的潜力，如何激励员工实现组织的愿景，如何帮助员工实现自我的发展。变革型领导是变革的代理，他们激励和指导员工建立一组新的公司价值观和行为。有研究表明，变革型领导的下属满意度和绩效更高。

复习一下

1. 变革型领导如何激发员工参与变革的热情？
2. 变革型领导与交易型领导的主要区别是什么？

17.5 其他领导理论

领导理论的研究还涌现出许多新的方法，其中引起较大关注的包括魅力型领导、跨文化领导和伦理领导，以及领导力与性别的关系。

魅力型领导

魅力型领导概念类似于特质理论，它假定魅力是领导的个体特征。魅力（charisma）是能够激发支持和接受的一种人际吸引力。在其他条件相同的情况下，拥有魅力的人更有影响力。影响力是这一理论的基本要素。

1977 年，豪斯（Robert House）基于各种社会科学的发现首次提出了魅力型领导的理论。他认为，魅力型领导拥有自信，对自己的信仰和理想坚信不疑，对影响他人有强烈的愿望。他们还倾向于向追随者提出高的预期并表现出对他们的信心。美国总统、房产大亨特朗普是魅力型领导的典型。尽管他犯了许多错误并且业绩不过中等，但许多人还是把他看成比实际上更优秀的领导。苹果公司的乔布斯是另一位魅力型领导的代表者。

今天，绝大多数专家承认组织中的魅力型领导有三种要素。首先，领导要能够制定愿景，设立高的预期，行为同这些预期保持一致。其次，魅力型领导必须能够用个人的兴奋、个人的信心和成功的模式激发他人。最后，魅力型领导通过支持、同情和表达信心来帮助他人实现目标。

魅力型领导在管理者中间受到欢迎，有很多图书和论文都以它为主题。不过，具体测试魅力型领导含义和影响的研究很少。对魅力型领导的伦理性始终存在疑问。当支持者对魅力型领导的缺点视而不见时，魅力型领导的黑暗面可能难以约束。

注意，变革型领导者的特点中不包含魅力领导。变革型领导可以是魅力领导，但这并非必要。魅力是一种个人特质，赋予领导者权力和影响力，而变革型领导是一组管理者用来领导变革的行为组合。魅力型领导是天生的，变革型领导的许多方面都是可以学习的。当然，变革型领导必须有足够的智力和逻辑能力来为组织构造不同的未来愿景，智力本身也是一种个人特质。许多成功的变革型领导并不是魅力领导，如苹果公司的库克、华为的任正非和腾讯的马化腾。

战略领导

战略领导是将领导同高级管理的角色直接联系起来的新概念。战略领导是理解组织与环境复杂性以及领导组织中变革以实现组织与环境同步发展的能力。这一定义反映了本章的领导概念和第 7 章所讨论的战略管理的整合。

为了发挥有效的战略领导，管理者必须对组织有充分的了解，包括组织的历史、文化、优势与劣势。领导还要对组织的环境有高度的把握。这一理解必须包含当前的情况与环境，还有即将出现的重大趋势。战略领导还必须理解组织目前如何适应环境——不论是有效的还是低效的。关注环境趋势与问题的战略领导者致力于提高组织与环境当前的和未来的适应性。阿里巴巴的张勇、小米的雷军、滴滴的程维都是非常优秀的战略领导者，能够带领自己的企业出色地顺应产业和竞争环境的重大改变。

跨文化领导

跨文化问题是另一个重要的领导理论的基础。在这里，文化具有广泛的含义，包括国际差异和同一文化的内部差异。例如，中国企业派员到设在美国的企业中任负责人，这名管理者必须适应两国间的文化差异，适时地改变自己的领导风格。前面提到，中国管理者的一般特征是集体主义，而美国则更多表现出个人主义。这位中国经理必须理解在美国突出个人贡献和奖励的重要性，以及两国之间个人和群体角色的区别。

与此相似，跨文化因素在组织中扮演着越来越重要的角色，这是因为组织成员日益多元化。例如，大多数研究都是基于白人男性领导者的案例进行的。但是，随着女性和其他族裔的领导者担负起领导职位，可能有必要重新评估如何将当前的理论和模型应用于多元化的领导者。

伦理领导

绝大多数人理所当然地相信高层经理的行为是合乎伦理的。但是，近来的公司丑闻却破坏了人们的信任。高层领导的行为受到比以往更仔细的检查。要求加强公司治理的压力进一步提高了对领导者伦理水平的要求，并且要求他们比以往更多地为他们的行为和行为后果负责。

伦理领导（ethical leadership）是指通过符合道德规范的个人行为或网络关系来向成员表明自身的道德立场，并通过双向沟通和决策过程来不断强化的领导能力。有代表性的伦理领导行为包括诚信、关怀、公正等公认的正当行为。伦理领导力产生于组织成员对组织伦理的充分感知，并将引导个体采取符合组织伦理价值观的行为。

今天，我们也许比以往任何时候都更需要强调，高标准的伦理行为是有效领导的前提。高层经理有义务保持自己高水平的伦理行为，还要约束下属达到同样的标准。

性别与领导力

今天，已经有越来越多的女性开始承担高级管理者的责任。但是，与女性在工作人口中的比例相比，女性管理者的比例显著偏低，特别是在高管中。

将女性的角色视为关怀性、支持性和关系导向的，将男性角色视为指导性和成就导向，这是组织管理中常见的刻板印象。按照这样的观点，女性管理者可能更倾向于关系导向和关怀下属，而男性管理者则更倾向于任务导向和创建结构行为。

上述看法没有得到研究结果的支持。女性管理者和男性管理者表现出相似的行为，女性管理者并不比男性管理者更具关怀性，男性管理者也并未表现出更多的结构创建行为。当然，性别间的领导行为差异的确存在。女性管理者比男性管理者表现出更多的参与性，在决策时更多咨询下属，更乐意听取下属的建议。女性管理者在惩戒时也更温和。导致这种差别的原因可能有两个：首先，女性管理者可能比男性管理者遭遇更多的抵制，因此她们自然地倾向于参与式的领导风格。其次，与男性管理者相比，女性管理者在人际沟通和互动方面有优势，而这方面的能力正是参与式领导风格的前提。

从现有的文献来看，无论组织结构、类型如何，女性管理者和男性管理者的领导效能没有差异。[6] 考虑到女性管理者的比例，可以认为女性在工作场所中的潜力远远没有得到实现。

复习一下

1. 找出你认为是魅力型领导的人，描述为什么他符合定义。
2. 新的领导理论分别有哪些？它们为什么重要？

本章要点

1. 作为过程，领导是运用非强迫性影响塑造群体或组织目标，激励目标实现，并且协助群体和组织文化形成的行为。作为特性，领导是一组被感知为领导力的个人特征。
2. 领导和管理经常联系在一起，但两者是有区别的。管理者和领导者使用法定权力、奖励权力、强制权力、参考权力和专家权力。
3. 领导的特质理论假定某些基本的人格特质令领导与非领导区分开来。
4. 领导的行为理论假定有效的领导行为表现出不同的行为特点。密执安大学和俄亥俄州立大学的研究发现了两种基本的领导行为——一种专注于工作或绩效，另一种专注于员工福利和员工支持。管理方格试图培训管理者同时在上述两方面表现出高水平。领导－成员交换模型专注于领导者与追随者之间的个人关系，以及圈内和圈外的区别。
5. 领导的情境理论认为不存在普适的领导行为，试图区分适用于不同领导行为的情境。LPC 理论认为领导的行为要么是任务导向的，要么是关系导向的，具体取决于情境的有利性。路径－目标理论认为指导型、支持型、参与型或成就导向型领导行为都可能是适合的，具体则取决于下属的人格特征和环境。领导替代理论指出了不需要领导的情境的特征。
6. 变革型领导的主要特点包括为组织建立不同于以往的愿景、坚定地传达这一愿景、以身作则、授权员工实施战略、诚信领导、对组织活动和架构作出变革、创建可持续组织。
7. 其他领导理论包括魅力型领导、战略领导、跨文化领导、伦理领导、性别与领导力。

批判性思考与讨论题

1. 管理者从事哪些活动？领导者从事哪些活动？组织是否既需要管理者也需要领导者？为什么？
2. 什么是领导的权变（情境）理论？简要说明每一种情境理论的主张并将它们的发现进行对比。
3. 路径－目标理论中所说的下属特征、领导行为和环境特征指的是什么？这些因素如何结合在一起影响激励？
4. 领导特质理论缺乏经验支持，但仍然得到了广泛的应用。在你看来，为什么会出现这种现象？领导特质理论有何优点？有何缺点？
5. 领导的行为理论认为个体的领导行为是僵化的。你是否同意这种看法？举例说明你的观点。行为理论还主张理想的领导风格适用于任何情境。你是否同意？请举例说明。
6. 哪些情况下特别需要领导实施创建结构行为，哪些情况下特别需要领导实施关怀行为？
7. 有些大学正在实验一些新的做法，例如允许学生设计自己的专业，为这一专业设计课程表，挑选教授和课程，对学习实行自我指导和自我评估。这些是领导替代的例子，你认为这种方法会比传统方法更好吗？你个人是否喜欢这种方法？为什么？
8. 考虑下面给出的领导情境，描述每一类情境下领导所拥有的权力。如果领导不变，但情境改变，例如作为一家之主而不是军队的统帅，你的答案会变吗？为什么？

   □军队的统帅

   □负责航班的机长

   □追星族所追求的明星

   □班主任
9. 描述你或你认识的某人处于圈内和圈外的情景。每个成员与领导的关系如何？不同群体的成员间关系如何？这种情境对领导的影响如何？对两个成员群体的结果如何？对组织的结果又如何？
10. 找出一家近来发生重大积极变革的组织，以它为例子说明什么是变革型领导？变革型领导表现出哪些特点？
11. 魅力型领导的优点和局限分别有哪些？

学习伴随案例练习

根据你所选择的组织的资料，以小组为单位对其管理活动进行讨论。回答下面的问题并向全班报告。

1. 描述这家组织 CEO 的领导行为特点。
2. 他的领导类型是否适合组织所面临的情境？
3. 你认为他是一位有效的领导者吗？

结尾案例

张一鸣的领导力：和优秀的人做有挑战的事

从 2005 年毕业到 2012 年创办今日头条（现改名为字节跳动）之前的七年时间里，张一鸣曾参与创办或独立创办四家公司。张一鸣表示，信息流动效率是他创业的主旋律。“我毕业之后做搜索引擎以关键字为组织发信息，社交网站以人为节点，兴趣引擎以兴趣为颗粒度。”创立今日头条，一是看到移动互联网的巨大浪潮，二是对信息传播介质会发生变化的预判。

问及字节跳动的核心竞争力时，张一鸣回答说，产品可以复制，技术可以学习，只有团队和文化才能保证持续的创新和优秀的执行，所以字节跳动的核心竞争力就是团队和文化。

公司成长之后业务越来越复杂，比较常见的做法增加流程和规则，字节跳动注意避免建立复杂的制度[7]，张一鸣认为企业应当关注“Context，not Control”。Context是指决策所需要的信息集合，包括原理是什么，市场环境如何，整个行业格局如何，优先级是什么，需要做到什么程度，以及业务数据和财务数据，等等。Control则包括了委员会、指令、分解和汇总、流程、审批，等等。

“在我们公司，遇到问题的时候，往往习惯先问Context是不是不够充分，而不是增加Control。比如说某项进展出了问题，我们首先不考虑让更高阶的人来做，而是反过来想，是不是Context不够，是不是没有把行业的情况、业务数据、过去的失败案例分享给他。”[8]

张一鸣认为，重流程之后，公司做一件事就变慢了，这会扼杀创新精神。“我们面对的情况可能是弹性、灵活的，如果有很多限制，员工就会不想去找最优解。当行业出现重大变化，公司不能靠惯性前进的时候，累积的规则及流程制度是特别大的阻碍。”

“希望给员工更多的上下文而不是分解任务，我写我的目标，看到我的目标，他们写自己的目标，我一般很少去改他们的目标，我会做一些补充。”字节跳动没有采用KPI，“KPI实际上是为了降低执行人对目标的理解难度。好的做法应该是让他真正理解这个目标，而不是降低他对这个目标的理解。”这样做对员工的能力要求更高，等于用人才来替代流程。只要知道目标，结合常识就可以行动。“公司的核心就是和优秀的人做有挑战的事。我希望这个能够成为我们的雇主品牌。”

为了支持基于Context的管理，字节跳动内部弱化层级，不允许“老大”“某某总”“老师”这类称呼，没有与Title配合的日常待遇区分。在沟通上鼓励群聊，所有人的OKR（目标与关键结果）和工作成果都是公开透明的。内部开发各种支持任务的工具，将知识和经验发布到共享知识系统中，支持知识的规模化积累和应用。

作为CEO，核心任务之一是吸引优秀人才加入并保证留存率。张一鸣将人才机制总结为三个要点：回报、成长和愉快的精神生活。“公司要通过构建好的配置，让公司有最高的ROI，并且给每个人提供好的ROI，所以公司的核心竞争力是ROI而不是成本。只要ROI好，员工薪酬越高，说明回报越好”。字节跳动的HR部门至少每年要对市场薪酬做一次定位，保持薪酬在业内领先。“如果人力成本很高，反过来要求公司必须能把这些人配置好，发挥好，这是一种进取的姿态”。

张一鸣回忆说，“我上一次创业担任99房CEO，学到最重要的事情是面对不确定性……应该直面变化，找到背后更基础的东西。更基础的东西是用户的需求。没有不会变化的产品，因为用户习惯在变化，用户构成在变化。核心是能够持续地抓住真实的用户需求，演化产品，这样就没有问题了。要能够持续地抓住用户需求，需要团队的文化能够对外界的信息敏感。”

张一鸣赞赏美团和滴滴更敢于开拓新业务，更不惧怕失败，更有冒险倾向。他希望“永远像公司创业第一天那样思考，永远思考用户在想什么。”在抖音上线后，张一鸣强制管理团队使用抖音，每个月拍两条视频，要获得多少个赞，以保持对用户需要的敏感。

结尾案例讨论题

1. 从案例中张一鸣的工作来看，领导与管理有怎样的区别？

2. 运用领导的权变理论分析张一鸣所表现出的领导行为特点。

3. 张一鸣的领导方法与字节跳动企业战略间可能有怎样的联系？

4. 在你看来，“Context，not Control”适用于所有企业吗？

开篇案例讨论题

1. 从案例来看，纳德拉运用了哪些类型的权力？

2. 纳德拉在哪些方面表现出变革型领导？

自测题

1. T　F　从定义上看，领导是员工导向而不是工作导向的。
2. T　F　情境领导模型假定不同的情境适用不同的领导行为。
3. T　F　根据 LPC 理论，最有利的领导情境是高度结构化的任务。
4. T　F　根据路径 - 目标理论，拥有内部控制点的人会偏好指导型领导。
5. T　F　变革型领导也会表现出交易型领导行为。
6. 孟婕追随公司领导，因为她认同这名领导并且对待公司的态度也与领导一样。这个例子里面表现出了哪一种权力？
   a. 参考
   b. 奖励
   c. 专家
   d. 强制
   e. 合法
7. 密执安大学和俄亥俄州立大学的研究各自辨析出两种相似的领导行为类型：员工导向的行为和工作导向的行为。其区别在于俄亥俄的研究认为
   a. 绝大多数领导是员工导向的
   b. 绝大多数领导是工作导向的
   c. 员工导向的领导比工作导向的领导要求更高的工资
   d. 领导应当能够在两种行为中都表现出高水平
   e. 领导要么是员工导向的，要么是工作导向的，但不会同时做到两者
8. 下面的陈述都是对领导 - 成员交换模型中“圈内人”的描述，除了
   a. 他们接受特别的责任
   b. 他们获得特权
   c. 他们的绩效更高
   d. 他们的满意度更高
   e. 他们达到了“圈外人”中最低的年资要求
9. 以下哪项不是变革型领导的特点
   a. 提出新的愿景
   b. 授权员工实施重大战略
   c. 鼓励领导替代
   d. 改变组织活动和架构
   e. 创建可持续的组织
10. 真正想成为战略领导者的管理者必须
    a. 提高进入壁垒，增加组织产品的供给
    b. 实现组织和环境间的高度配比
    c. 提高组织中人力资本和财务资本的水平
    d. 限制环境中供应商的权力
    e. 限制环境中购买者的权力

本章注释

[1] https://www.mckinsey.com/industries/high-tech/our-insights/microsofts-next-act.

[2] Likert，R.New Patterns of Management [M].New York：McGraw-Hill，1961；Likert，R. The Human Organization [M].New York：McGraw-Hill，1967.

[3] Stogdill，R M.，Coons，A E. eds.，Leader Behavior：Its Description and Measurement [M]. Columbus，Ohio：Bureau of Business Research，Ohio State University，1957.

[4] Fleishman，E A.，Harris，E.F.，and Burt，H E.Leadership and Supervision in Industry [M]. Columbus，Ohio：Bureau of Business Research，Ohio State University，1955.

[5] Blake，R R. and Mouton，J S.，The Managerial Grid [M].Houston：Gulf Publishing，1964；Robert R. Blake and Jane S. Mouton，The Versatile Manager：A Grid Profile [M].Homewood，Ill.：Dow Jones-

Irwin，1981.

[6] Eagly，A H，Karau，S H.，and Makhijani，M G.，Gender and the Effectiveness of Leaders：A Meta-Analysis [J] .Psychological Bulletin 117（1995），125–45.

[7] https://36kr.com/p/5125299.html.

[8] http://www.sohu.com/a/136289994_116132.

18 *CHAPTER 18*

促进有效的沟通

本章学习要点

- 沟通与管理
- 沟通渠道
- 非正式的组织沟通
- 实现有效的沟通

乔布斯成功地将产品发布会与苹果的品牌特性联系起来。

开篇案例

被乔布斯改变的商业演示

有人说，商业演示可以分为乔布斯之前和乔布斯之后两个时期。乔布斯和他领导的苹果发布会对商业演示产生了革命性的影响，这可能是苹果公司在 iPhone 和 App Store 之外对商界最大的贡献之一。

商业演示曾经被普遍认为是乏味的，无非是一些漂亮的图表，用来吹嘘自己的产品如何具有革命性，记者们按照主办单位准备的新闻稿来发稿。在苹果发布会之前就是如此。

像耐克这样的大企业 CEO 在会议上的讲话会在专业媒体上得到广泛的报道，然后就被遗忘。然而乔布斯的演示会在事后几个月的时间里不断被讨论、分析、批评。

乔布斯会在几周前就开始准备，对产品的特点进行评估。有时这样做并不容易，乔布斯可能是第一个穿便装登上正式舞台的，风格轻松随意。他不仅重新发明了手机，而且重新发明了演讲。他首创了演讲舞台语言风格、肢体风格、走动风格、PPT 播放风格等。之前没人像他这样做过发布会，之后所有的发布会全都变成了他这样。乔布斯对 PPT 的制作要求非常苛刻，而且经常用视频来制造效果。

因为软件还在更新之中，他必须事先假定软件能够实现某些功能。在预演时，这曾经造成一些问题，有时软件并未像他预想的那样实现某些功能。由于需要在高清投影上演示软件功能，所有的演示都要安排备份，发生故障时在备份间一键切换。[1]

商业演示专家加洛（Carmine Gallo）说，演讲前，乔布斯会用整整两天的时间反复彩排，咨询在场产品经理的意见。在幻灯片制作方面，他亲自撰写并设计了大部分内容。相反地，“我能列举出一大堆企业 CEO、高管，他们青睐即兴演讲。这让我很奇怪，企业的领导者花费大量的金钱来设计产品发布、技术演示，但是在临门一脚的时候，他们却没有时间彩排。”

从呈现来看，乔布斯的演示特点包括文字精练、高度视觉化和大幅面图片，与同期其他公司演示构成了强烈的对比。这在很大程度上源自乔布斯的一些演示原则，例如“观众不关心你的产品，他们只关心自己”。乔布斯从来不将发布会聚焦于产品，而是找出让人们兴奋的方法，使得苹果产品成为下一个“必须品”。

乔布斯在中国也有许多追随者，从企业家到媒体人士。小米董事长雷军分析说，传统的发布会往往只有热闹，但没有价值。因此，小米在发布会时最重要的反而是讲稿写作，把 PPT 做好。雷军会组织四五人的核心团队，另有四五十人参与，一般会写一个月到一个半月，修改 100 遍以上，每一张都要求海报级标准。还要推敲每 5 分钟听众会不会有掌声，每 10 分钟听众会不会累。此时应该插入短片还是笑话，或是图片，如何调动全场气氛等。

当然，乔布斯的追随者们通常未能取得像他一样的效果。也有沟通专家指出不必照搬乔布斯的演示，由于听众和演示的目的可能不同，因此需要不同的演示方法。[2]

沟通从来都是管理者工作的主要内容，他们通过沟通将自己对组织的愿景和目标传达给他人。同样，接受他人的沟通也很重要，只有这样管理者才能掌握环境的变化，令组织和他们本身变得更有效。

本章首先介绍了沟通的性质，然后讨论沟通的过程和有效沟通的重要性。接下来我们讨论沟通的主要媒介，组织成员所依赖的沟通网络，以及新的沟通技术对管理者的帮助。我们还将讨论管理者应当掌握哪些技能以成为更有效的信息发布者和接收者。

18.1 沟通与管理

沟通（communication）是个人间或群体间分享信息的过程。正确的理解是有效沟通的前提。如果经理向下属交代工作时下属没有听清，这意味着收到的信息同发出的信息不一致。同样，经理也许花了很多时间试图向下属交代某一事项，下属尽管听清了可是没有正确理解，这种沟通仍然是无效的。有效的沟通还要基于意义和意义的一致。意义是作出沟通行为的一方希望传达的。在有效的沟通里，意义的传达是指能够让对方理解。

沟通的重要性

在第 1 章里，我们注意到管理者的工作中充满了列入日程和未列入日程的种种会议、电话、电子邮件和相关活动。事实上，经理工作中的很大部分内容是与他人的互动，包括直接的和间接的，组织内部的和组织外部的。下面是时任 Google 负责搜索产品与用户体验的副总裁 Marissa Mayer（2012 年任雅虎 CEO）2006 年向《商业周刊》披露的一天中的工作日程表。

8: 00　起床，准备工作；
9: 00　到达办公室，参加有关一项新技术的电话会议；
10: 00　与负责工程的副总裁 Udi Manber 开会讨论搜索与工程师招募事宜；
10: 30　与下属的产品经理们开会，通报接下来的国际业务旅行及准备事宜；
12: 00　与 Larry Page、Sergey Brin 进行产品分析，讨论产品方向和战略以及潜在的未来合作；
13: 00　用户界面评估会议，评估 / 批准多种产品的用户界面设计 / 改变；
15: 00　欢迎团队的新成员，一起讨论职业目标及计划；
15: 30　与 Google Video 产品经理会面；
16: 00　与 Eric Schmidt、Larry Page、Sergey Brin 及其他管理人员一起参加 Google 产品策略会议，回顾一周以来 Google 网站的流量及其他特殊话题；

17: 00　管理层就 Google 中国问题展开策略会议；
18: 00　办公与接待时间；
20: 30　处理一天的电子邮件；
23: 15　Google 公司体育馆跑步；
0: 00　回家；
0: 30　看电视，处理电子邮件；
3: 00　睡觉。

从上面这张时间表中能够发现什么？她将大部分的时间用于同其他人共同工作、沟通和互动，特别是会议和邮件。这一简化的日程表还没有包含简短的电话和交谈。我们可以看到，人际互动、沟通和群体过程是组织中普遍存在的，是管理者活动中最重要的部分。管理者通常要将一半的时间花在沟通上，在计划和决策、组织、控制、领导四项管理职能中，沟通都是必不可少的。沟通总要涉及两个或更多的人，其他的人际互动形式（激励、领导、群体和团队）也是一样。要想成为真正的领导者，必须有效地处理沟通问题。

沟通过程

图 18.1 说明了沟通发生的一般过程。沟通过程始于某人（发布者）向其他人（接受者）发布事实、意见或其他信息（message），而不论信息本身是简单的、复杂的、具体的或是抽象的。例如，华为的营销代表向经理报告计划开发一个新客户，这一事实和她报告经理的动机就代表了意义。

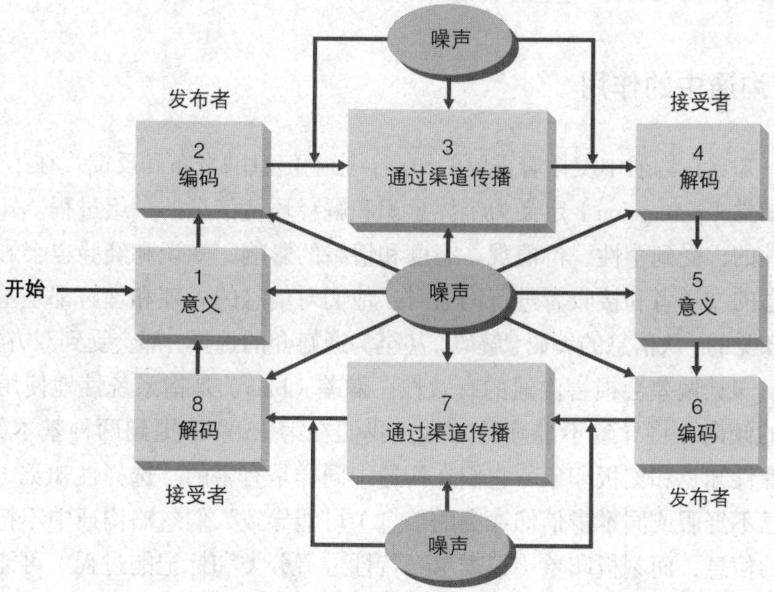

图 18.1　沟通过程（数字代表沟通步骤发生的顺序）

下一步是通过编码（encoding）将意义转化为适合情境的形式。编码可以采用文字、面部表情、手势、艺术表现和身体动作。例如，这位华为公司的营销代表可以说“我刚刚搞定了中国联通 ×× 部的生意”“联通公司的好消息”“我今天让中兴够受的”“联通总算作出了正确的决定”，还有许多其他的选择。她最后决定用第二种方式。显然，编码过程受信息的内容、接受者和发布者的熟悉程度以及其他情境因素的影响。

信息编码后，还要通过适当的渠道或媒介（media）来传播。你现在所看到的教材采用了印刷品的媒介。常见的媒介还有会议、电子邮件、备忘录、信件、报告和电话。这位营销代表可以发电子邮件、微信、打电话或到经理的办公室报告这个消息。因为事情办成的时候两人都不在办公室，她决定用微信通知经理。

在收到信息后，它将被解码（decoding）为对接受者有意义的形式。前面已经提到，意义的一致性可能发生极大的变化。在听到关于中国联通的成功消息后，华为公司销售经理的反应也许是：“这是一次大的胜利”“对于公司来说是非常好的消息”“又在吹嘘自己的成功”。他的实际反应接近于第二项。在许多情况下，意义推动着反应，当新的信息经由同样的步骤返回发布者后，这一环路还将继续下去。经理可能会打电话表示祝贺、在电子邮件中进行公开表扬。这位经理决定以电子邮件的方式让更多的员工分享这一信息。

“噪声”（noise）可能在沟通的过程中进行破坏。噪声可以是某人的咳嗽、经过的卡车，或身边两个人的谈话。还可能是没有收到的信息、电话中断、错发的电子邮件或病毒，或者沟通对象之一在沟通过程中离开。如果经理的邮件忘记发出，营销代表可能认为自己的工作没有得到好评。这位经理通过自己的行为不仅强化了营销代表在中国联通业务上的努力，也强化了她的报告行为。

知觉在沟通中的作用

知觉在沟通中发挥着重要的作用，影响信息的发布和反馈。在第 15 章中我们将**知觉**（perception）定义为个体意识和解释环境信息的一组过程。知觉本身是主观性的，受到个性、价值观、态度和情绪的影响，知识和经验也会影响知觉。当信息的发送者和接收者进行沟通时，他们对信息的处理和理解都是基于自己的主观知觉的。从信息的编码、解码，甚至沟通媒介的选择，都会受到双方知觉的影响。

知觉偏差会损害沟通的有效性。**偏差**（bias）是指系统性地使用有关他人信息的倾向，将导致不准确的知觉。我们在第 15 章中提到两种基本的知觉偏差，选择性知觉和刻板印象，它们在沟通中同样是有害的。选择性知觉（个体识别令自己不舒服或同本身信仰冲突的信息）可能导致人们忽略沟通中不符合本身价值观的信息，而刻板印象（根据单一特性进行分类和标记的过程）可能导致对特定人群采用想当然的沟通方式，例如认为农民工只看重报酬而不在意工作环境，在工作场所以貌取人也是一种刻板印象。

复习一下

1. 沟通和有效沟通的区别是什么?
2. 回忆你参加的一次沟通过程，用图 18.1 中的用语进行分析。

18.2　沟通渠道

组织中常见沟通形式包括人际沟通、网络和团队沟通、组织沟通和电子沟通。

人际沟通

人际沟通通常采用两种形式：口头沟通和书面沟通。两种方法各有利弊。

口头沟通。口头沟通（oral communication）是面对面的交谈、群体讨论、电话交谈和其他环境下进行的以言说的词语传达意义的行为，绝大多数管理者将 50%~90% 的时间用于谈话。口头沟通如此重要是有理由的。口头沟通的首要优势是促成立即反馈并且以口头问题或协议、面部表情和手势来交流。口头交流比较方便，事先不需要太多的准备（有些情况下需要准备）。不需要在手边准备笔、纸或其他设备。一些管理者认为自己的书面表达能力不足，因此更喜欢口头沟通以避免尴尬。

然而，口头沟通也有缺陷。它的问题是如果选择的词汇不恰当则会导致传达的意义不准确或忽略细节问题（例如在噪声干扰时或某一方忘记了部分信息）。在双向讨论的过程中，往往没有时间进行仔细的思考，也不可能介绍很多新的事实，而且无法留下永久性的记录。另一方面，尽管管理者们在个别谈话和小组谈话时觉得舒适，但在大庭广众之下可就不一定了。

书面沟通。书面沟通（written communication）是以备忘录、邮件、报告、便条和其他书面形式传达意义的行为。“好记性不如烂笔头”，信件、报告、备忘录、便条或电子邮件可以解决许多口头沟通中的问题。

过去，书面沟通不那么多，也不是管理者最看重的沟通方式。毕竟写作和打字并不是所有管理者都喜欢的，但是，个人电脑的使用改变了组织中的书面沟通。在今天的职场上，电子邮件在书面沟通中占据了最重要的地位。许多管理者发现他们不得不控制阅读和回复电子邮件，才能有时间做真正的管理工作。组织应当培训员工更有效地利用电子邮件，例如将邮件主题写得更清楚，从而抄送的人可以知道为什么他会收到这份邮件。此外，电子邮件的滥用也可能给组织带来危害，越来越多的组织制定了书面的电子邮件规则。

另一种常见的电子书面沟通是**即时通信**（instant messaging），这是一种不需要经过发信和收信过程，通过电脑和手机界面在线发送和接收即时信息的交流方式。即时通信比电子邮件更方便，但是，即时通信也更有可能被用来发布一些不适合工作场所的内容。

一位经理向另一位经理发电子邮件需要经过写作、发送、收件和阅读等过程，如果对方对内容理解有误，并且未能即时得到纠正，还会导致不必要的错误决策。这也是为什么近来人们减少了电子邮件使用，而更多通过微信来讨论工作。因为微信不仅可以提供丰富的媒体形式（文字、语音、媒体文件传输），还可以在很短的时间内进行反复确认。

书面沟通的优点也是很明显的。它可以准确地提供永久性的交流记录。发信人有比较充分的时间收集和整理信息，在发送前还可以反复修改。收信人可以仔细地阅读，并且在需要的时候反复阅读。为此，在涉及重要事项时，人们通常会选择书面沟通。有时，一方或双方需要留下一个书面的记录作为证明。

选择正确的方式。管理者应当使用哪种人际沟通方式？答案是取决于情境。口头或电子邮件方式适用于个人的、非程序性的和简短的信息。如果信息是非个人的、程序性的和篇幅大的，则正式的书面方式更为合适。由于近年来涉及电子邮件的诉讼案件很多，经理们在发送电子邮件时应当多加小心。例如，私人电子邮件在大通摩根"伦敦鲸"事件、巴克莱银行操纵Libor的诉讼中被作为重要证据。

管理者还可以利用媒介来结合两种方式的优点。视频会议既便捷又可以获得即刻的反应，会后可以再群发电子邮件，保证与会者记住会上的内容并且提供了会议的记录。电子沟通方式模糊了口头沟通和书面沟通的区别，有助于提高两者的效益。

媒介的丰富性。选择适当沟通方式的另一个因素是考虑媒介的丰富性（richness），即沟通媒介中所承载的信息量。不同的沟通情境对媒介丰富性有不同的要求，丰富性高的媒介适合复杂、充分的信息交流，而例行的或明确的信息沟通则可以采用低丰富性的媒介。面对面交流是丰富性最高的媒介，而书面报告则是丰富性最低的媒介，如图18.2所示。

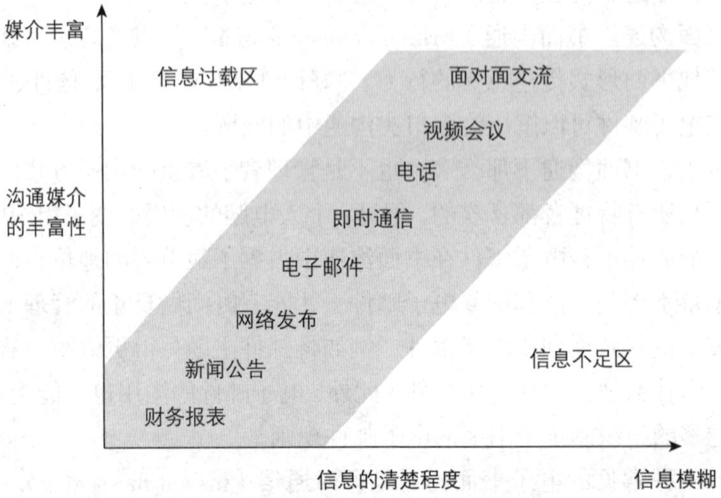

图18.2　媒介丰富性与沟通情境

网络和工作团队中的沟通

网络沟通是群体或团队成员沟通的模式。对群体行为的研究已经在包括三名、四名和五名成员的群体和团队中发现了几种典型的网络。有代表性的五名成员团队中的沟通网络见图 18.3。

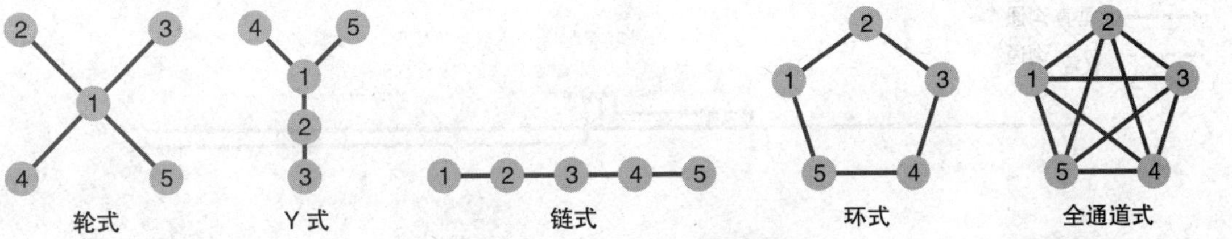

图 18.3　沟通网络的类型

在轮式模式下，所有的沟通都要经过一个中心人物，他很可能是群体的领导。在某种意义上，轮式是最集中化的网络，因为所有的信息都是由一个人负责收集和发布的。Y 式是最不集中化的网络，有两个人居于网络的中央。链式网络则提供了更平等的信息流动，不过两端的人只能同一个人互动。环式网络解决了这个问题。最后，是最分权化的全通道式，信息在所有的成员间自由流动。每个人都能平等参与，群体的领导则不拥有太多的权力。

关于网络的研究发现，在网络和群体绩效之间存在一些有趣的联系。当群体的任务相对简单和固定时，集中化的网络最有效、最准确。主导的领导通过协调信息流动促成绩效的实现。例如，当一组会计人员在登记发票和财务单据时，集中化的领导可以有效地协调工作。而当任务比较复杂和非固定时，例如作出关于组织战略的决策，则非集权化的网络可能是最有效的，因为开放的沟通方法有助于互动和更有效地分享信息。管理者应当认识到沟通网络对群体和组织绩效的影响，从而采取更适当的网络结构。

组织沟通

另一种沟通形式是发生在组织单位或群体之间的。除了口头和书面沟通之外，它们还扩展到更广泛的沟通模式。从图 18.4 中可以看出两种组织沟通方式：垂直沟通和水平沟通。

垂直沟通。垂直沟通是组织内上下层级间的沟通，通常遵循正式的报告系统——也就是管理者同上下级之间的沟通。垂直沟通可能只涉及两人，也可能经过数个不同的组织层次。

向上沟通是下属向上级发出的信息。这一沟通通常是下属向直属上级的报告，然后再逐级上报。有时，信息会绕过某一主管。向上沟通的内容通常是提要求，下级经理认为对于高层经理重要的信息，对上级经理要求的回复、建议、抱怨和财务信息。研究发现，向上沟通比向下沟通更容易出现扰乱。下属往往隐瞒或扰乱不好的信息。下属和上级地位相差越大，信任度越低，则下属越有可能隐瞒或扰乱信息。例如，如果出现的问题会令老板发怒或者有可能在老板不知情的情况下解决问题，下属也许会选择隐瞒信息。

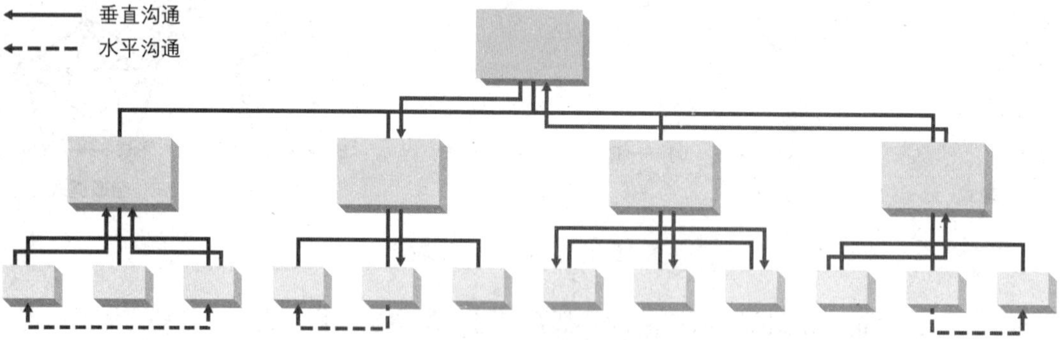

图 18.4　组织内的正式沟通

向下沟通是由主管向下属发出的信息。向下沟通的常见内容是关于如何完成工作、责任分配、绩效反馈和高层经理认为对于下级经理有用的各种信息。垂直沟通可以也应当是双向的，并且双向沟通是更加有效的垂直沟通。

水平沟通。如果说垂直沟通发生在上下级之间，那么水平沟通则发生在同事和同级之间。例如，运营经理向营销经理通报库存不足，交货必须延迟两周。水平沟通在经理之间比在非经理之间更为常见。

这类沟通有许多用途。它可以协调独立单位间的活动。例如，一位中国银行的经理受命研究日本银行在中国的战略，在工作中他获得了许多有关的资料。他还发现了许多对另一个部门有用的信息，于是他将这些信息发给另一个部门里的同事用来改善他的工作。水平沟通也可以用于两个部门的经理共同解决问题。最后，水平沟通是来自不同部门的人组成的团队成员间的重要沟通方式。

电子沟通

组织对电子沟通变得越来越依赖。正式的信息系统和个人电子信息技术都在重塑管理者的沟通方式。

正式的信息系统。绝大多数大型企业通过信息系统管理着海量信息。许多企业设立了首席信息官的职位，也称 CIO。CIO 负责决定企业信息处理方面的需要和要求，保障顺畅和有效的组织沟通。

CIO 的工作包括创建一个或更多信息系统，将所有相关的管理者、部门和设施联系在一起。绝大多数 ERP（企业资源规划）系统可以有效地实现这一目标。如果没有这样的系统，营销经理在给客户确定交货日期之前可能不得不打电话给仓储经理了解存货情况。在正式的信息系统中，营销经理可以直接接入计算机化的信息系统，从而更快、更准确地获得这一信息。

个人电子信息技术。近年来，组织沟通的性质已经发生了巨大的变化，主要是因为个人电子沟通技术的变化日新月异，从个人电脑、平板电脑到智能手机都在加快这一过程。社交软件、电子邮件、互联网、内联网和云技术则进一步推动着技术的发展。

电子会议的形式也越来越普遍了，经理可以在当地参加这种会议，通过电视屏幕相互见面。总部的经理只要点一下鼠标，就可以在几秒钟内将邮件发给世界各地的成百甚至上千名员工。电子数据库储存大量具体的信息并且随时可以接入。

无线网络令沟通变得更加顺畅，许多人在上下班的路上用手机通话，在用餐时也会接听业务电话。智能手机的普及使得许多过去依赖 PC 来完成的工作现在几乎都可以在手机上实现。

心理学家开始发现沟通方式变化所带来的问题。平时很少在办公室的经理可能在晋升上吃亏，沦为办公室政治的牺牲品，因为他们不了解情况的发展从而无法保护自己。由于听不到办公室里流传的谣言而错过了许多非正式的沟通机会。此外，用电子工具替代面对面的会谈和交谈令组织更加难以建立强有力的企业文化、巩固的工作关系和相互支持的信任、协作的气氛。最后，电子沟通也可能引发新的机能障碍性行为，例如传播色情的或攻击性的材料。

管理行动专题

多长时间回复手机信息才是礼貌的？

当我们向他人发出一条手机信息之后，往往就会陷入焦急的等待回复。类似的情绪同样也会发生在另一台手机持有人那里，只不过让他紧张的是如何尽快回复你。在 Google 发布的一份研究报告中，根据受访者的感受，超过 20 分钟不回复会被认为是不礼貌的。

上述结果反映出人们对手机信息持有的矛盾心理，我们抱怨手机会让自己在工作时分心，然而却又不得不依赖手机完成必要的工作，而收发信息就是导致这种矛盾的焦点。[3]

复习一下

1. 今天组织中经理最主要的沟通形式是什么？
2. 回忆在过去 24 小时里你用过哪些电子沟通工具。

18.3 非正式的组织沟通

上一节中所讨论的组织沟通是有计划的或比较正式的沟通机制，然而，在许多情况下，组织内的沟通越过这些正式的沟通渠道，采取了非正式的方法。图 18.5 描述了几种非正式沟通的例子。常见的组织非正式沟通的形式包括传闻、走动式管理和非言语沟通。

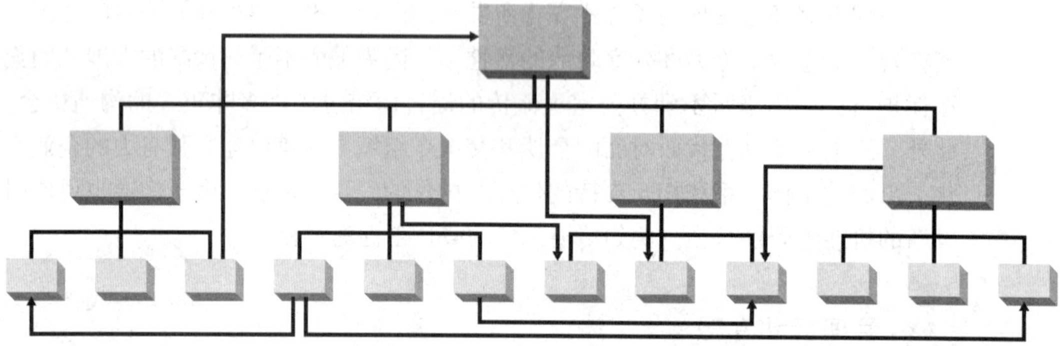

图 18.5 非正式的组织沟通

传闻

传闻（grapevine）是渗透到整个组织中的非正式沟通网络。除了极小型的组织，传闻几乎在所有的组织中都存在，它们同正式沟通的机制不一定具有共同性。研究发现了几种传闻的形式，其中最常见的两种如图 18.6 所示。**闲话**（gossip）链是一个人向其他许多人传播信息的过程。接受信息的人可以保密，也可以继续向他人传播。闲话的内容往往是个人信息。另一种常见的方式是**集束**（cluster）链，即一个人将信息传播给有选择的少数人。有些接受者将信息继续传播给他人，其他的则保守秘密。

关于传闻信息的准确性还有不同的意见，但研究日益表明它是相当准确的，特别是当信息属于事实类而不是推测类的时候。一项研究发现，传闻的准确率高达 75%~95%。[4]

组织往往不喜欢传闻，因为它损害了正式沟通机制的效能。然而消除传闻的努力注定不会成功，不过，管理者可以对其加以控制。通过保持开放的沟通和对不准确的信息作出有力的回应，经理们可以将传闻的损害控制到最小。传闻也可以是财富，通过了解传闻中的关键人物，管理者可以对信息进行部分控制，并且利用传闻发布新动向的信息，例如关于新的人事政策或福利。管理者还可以通过传闻获得有价值的信息用于改善决策。

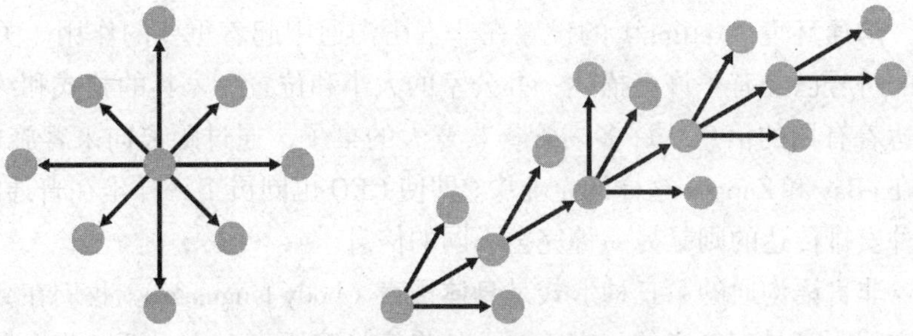

图 18.6　组织中常见的传闻链条

走动式管理

另一种日益流行的非正式沟通方式是**走动式管理**（management by wandering around）。它是指管理者真正做到不断走动并且同人们——直接下属、低许多级的下属、送货员、顾客或同公司业务有关的人员进行谈话。走动式管理是一种面对面的沟通方式，适用于组织中各个层级的管理者。在《服务精神》一书中，万豪酒店的 CEO 马里奥特描述了自己经常在视察酒店时检查厨房、装卸台和储藏室。他认为，通过同酒店里面的员工交谈，可以获得新的信息，对整个企业有更好的感觉。走动式管理的一个可能弱点是沟通过程缺乏相对完整的记录。

另一种没有专门术语称谓的非正式沟通是发生在正常工作时间之外的交流。员工在卡拉 OK、聚餐或健身的过程中不可避免会有一部分时间交谈工作。这样的沟通事先没有任何预定，话题也随时变化。但是，社交聚会是很重要的，它们有助于促进强有力的文化和提高对组织工作机制的领会。

非言语沟通

非言语（nonverbal）沟通是不使用语言或超出严格的语言含义本身的沟通形式。非言语沟通是一种有力的但较少为人们所理解的沟通形式，通常依靠面部表情、肢体运动、身体接触和手势来进行。绝大多数社会心理家认为，在人与人之间或人与群体之间的沟通过程中，通过非言语沟通传递的信息占 2/3。[5]

一般认为，管理者在工作中使用三种非言语沟通——意象、环境和身体语言。

在这里，**意象**（image）指的是人们选用的词汇。例如，“哪怕前面是地雷阵，是万丈深渊，我们也将义无反顾”和“不论遇到什么问题，我们都会坚持现在的做法”，两种表述传达的意思是一样的。但是第一种表述被认为是特立独行的、大胆的、个人主义者的、不计后果的、莽撞的，而第二种表述方式则被认为是有进取心的、强有力的、勤奋的、狭隘的和抗拒变革的。简言之，我们对语言的选择所传达的东西比词汇本身多得多。

沟通环境（setting）的设置在非言语沟通中起着重要的作用。关于组织中权力的符号已经有了许多描述，办公室的大小和位置、家具的款式和约见的方式都传达着有用的信息。许多高管喜欢宽大的桌子，通过距离向来客施加心理压力。而在 eBay 和 Zappos 这样的企业中，即使 CEO 也同员工一样坐在普通的格子间里，这种安排传达的则是另一种完全不同的信息。

非言语沟通的第三种形式是**身体语言**（body language）。我们在交谈时同对方的空间距离是有含义的。在美国，如果交谈时距离对方很近，要么是家庭间的关系要么就是一种挑衅。在英国和德国，交谈时双方的距离比美国还要远。而在阿拉伯、日本和墨西哥，距离会近一些。中国人的空间距离比英美人小一些，但比南美和阿拉伯大一些。目光接触是另一种非言语沟通的有效形式。例如，长时间注视要么代表敌意，要么代表爱意。其他身体语言的形式包括身体和手势运动、演讲中的停顿和衣着。

管理者应当重视非言语沟通的重要性，认识它的潜在影响。在告诉员工好消息时伴以错误的非言语暗示会破坏奖励的强化价值。同样，申斥员工但流露出不一致的非言语暗示可能减弱惩罚的力度。声调、时间和地点、面部表情和手势都会加强或削弱信息，甚至改变信息的意义。

选择合适的沟通渠道

不同的沟通渠道有各自的优势，也有各自的缺点。有些沟通渠道内涵丰富，例如在面对面的沟通中，我们可能会用到几乎所有的沟通方式。相反，在邮件沟通中，信息负载量要小得多。在实际沟通时，究竟应当选择哪一种渠道取决于具体情境。

一般来说，沟通非例行的或含义模糊的信息最好使用面对面或电视会议等内涵丰富的沟通形式。非例行沟通意味着信息的发送者和接收者对于信息缺乏共同的了解，因此在沟通中需要交换大量信息以弄清对方的意思，为此还需要信息反馈是即刻的。模糊的信息沟通同样需要密集和即刻的信息交换，从而解决由于不同的和相互矛盾的理解所带来的问题。相反，对于例行的沟通，由于双方对交换的信息在编码和理解上十分熟悉，所以可以采用简易的沟通方式，例如邮件通知或微信等。

复习一下

1. 非正式沟通的三种形式是什么?
2. 传闻的两种常见形式是什么?

18.4 实现有效的沟通

考虑到沟通在组织中的重要性和普遍性，管理者有必要理解沟通过程的管理。管理者应当理解如何将沟通的利益最大化、使沟通所带来的问题最小化。我们先来看看可能损害沟通效果的因素以及如何处理。

沟通的障碍

我们将损害沟通过程的障碍分为两类：个体障碍和组织障碍，如表 18.1 所示。

表 18.1
有效沟通的障碍

个体障碍	组织障碍
○ 冲突的或不一致的信号	○ 语义分歧
○ 在相关主题方面的信誉	○ 地位或权力差异
○ 不愿意沟通	○ 不同的知觉
○ 缺乏良好的倾听习惯	○ 噪声和过滤
○ 先入为主	○ 过载
○ 过滤	○ 文化和语言差异

个体障碍。一些个体的障碍可能损害有效的沟通。最常见的是相互矛盾和前后不一致。如果管理者朝令夕改，或言行不一致，就会损害沟通的效果。另一个障碍是缺乏信誉。如果发布者不被视为可靠的信息源，人们将不会信任他，获得的信息也不会被视为知识性的。如果人们发现政府机构向民众隐瞒信息或管理者接连作出错误的决策，其在人们心目中的信誉将会消失。近年来，“专家”一词在民众心目中几乎成为贬义词，就是因为他们发表的政策解读往往不够客观。在极端的案例中，有时人们甚至会谈论一些他们显然一无所知或完全不了解的东西。

有的人不愿意进行沟通，这种现象的出现可能有几种原因。管理者也许不愿意告诉下属预算被削减，因为这不是个好消息。同样，下属也会因为担心批评而不愿向上传递信息，或者他可能认为这是浪费时间。

缺乏良好的倾听习惯可能成为有效沟通的障碍。有些人不会认真地倾听，当其他人说话时，他们要么做白日梦，要么东张西望，或者在阅读的同时听别的人交谈。他们无法专注于对方所说的内容，当然也就不可能完整地理解信息。事实上，这样的人有可能连自己也以为是在认真听，但事后却发现回忆不起一些细节。

接受者的先入为主也会损害沟通的效果。他们心中已经有了自己的想法并且很难改变。例如，员工可能已经听说新老板不高兴并且很难相处。当新老板请他参加介绍性会面时，他可能带着先入之见并且说话时也会有所保留。

组织障碍。沟通发生时的组织环境也可能造成沟通障碍。如果不同人之间关于同一个词的含义存在不同的理解，就会发生语义问题。像利润、产出增加和投资回报这些词汇的含义对于管理层是很清楚的，但对于员工则不见得。宁高宁在担任中粮 CEO 之后，请人力资源部门出了一份小册子，解释不同情况下毛利率、利润等怎样算，下属汇报时也有一定格式。这样可以减少沟通中的错误，统一对战略的认识。

不同权力或地位的人进行沟通时也可能出现问题。公司总裁可能轻视来自一线员工的建议："这种层级的员工能有什么管理企业的想法？"同样，当总裁下来视察新工厂的时候，员工也可能考虑到自己人微言轻而不愿提建议。资深员工可能觉得自己见多识广，不愿意花费时间研究新员工提交的报告。

当人们对情境的理解（知觉）不同，他们在沟通中也会遇到问题。如果两位同事发现另一位同事最近时常不在办公室，其中一人可能认为她最近有一些重要的会议，而另一个人则认为她是在"偷懒"。当这两名同事在办公场合谈起这件事的时候，沟通上就可能出现问题。因为一个人把这种现象看成是积极的，而另一个人把这种现象视为消极的。

环境因素也会破坏沟通的有效性。前面已经提到，噪声会影响沟通的效果。与此相似，过载也是问题之一，接受者得到的信息超出自己能够有效处理的范围。由于电子邮件的普及，许多管理者和员工发现自己获得了太多的信息，超出了处理的能力。另一方面，下属可能从经理处得到很多关于工作的指示，同时他的家人或朋友也托付他办理许多事情，结果造成信息过载，沟通的效率也就无从谈起。

过滤（filtering）是指信息的发送者截取信息的行为，因为他们（误）认为信息的接受者不希望接受某些信息。过滤可能在组织的各个层次和各种沟通中发生，特别是当信息中包含坏消息时。有时，部门间的竞争也会导致过滤，通过在整个组织间（包括上下级和同事）建立起信任，可以减少过滤行为。

最后，随着企业全球化的深入，**文化和语言差异**也带来了许多沟通问题。许多跨国企业采用英语作为工作语言，然而各地非英语母语的雇员对于英语词汇的掌握和语义的理解可能差别很大，导致信息的扭曲。非言语沟通的困难可能更大，有些文化在沟通中可以忍受一定时间的沉默，而另一些文化则认为沉默是不礼貌的。日本人为避免对方尴尬，喜欢委婉表达拒绝，而美国客户往往误解为对方已经同意。西方人握手时往往用力以表示热情，而东方人则避免用力握手。

提高沟通的效能

尽管诸多因素都可能破坏沟通的效果，然而管理者们可以求助于一些技术来提高沟通的效能。表 18.2 中列出了一些个人的和组织的技术。

个人技术。提高沟通有效性最重要的个人技术是成为好的倾听者。这就要求在沟通中做好倾听的准备，不要打断说话方，既要注意语句又要注意含义，耐心和适当地提问。倾听的技术极为重要，许多企业开发了专门的培训项目帮助经理们提高这方面的技能。

管理行动专题

跨国企业的纯英语工作环境

英语已经成为最通行的国际商业语言，许多跨国企业要求员工完全用英语进行工作交流（English-Only Policy），包括空客、戴姆勒-克莱斯勒、诺基亚、雷诺、三星和微软在北京的公司。

哈佛商学院教授 Tsedal Neeley 认同语言政策对企业建立全球竞争力具有重要性。但她也指出，企业强迫员工这样做可能会有负面的影响。例如，在非英语国家运营的部门可能会有一段困难的日子。英语能力不强的员工其工作信心可能受到打击，甚至会故意避免在方便的时段召开会议。此外，这种政策也会在英语母语和非英语母语的员工间造成隔阂。

2010 年，日本互联网服务商乐天公司宣布在公司内部所有交流中使用英语，无论是口头交流还是电子邮件，这成为轰动一时的新闻。乐天当时已经占据日本市场的 90%，首席执行官三木谷浩史表示："这是从一家日本服务商发展成为国际性企业的唯一途径"。然而，采用一种新的语言并非易事，在推行纯英语工作环境规定两年后，乐天 70% 的员工都反映对此规定感到沮丧。

Neeley 教授预测，实施"纯英语"工作环境的规定需要"四到十年的漫长过程"，而且必须坚持。但是，她认为这一漫长过程是值得的。她还指出，员工能够熟练使用英语的公司具有较高的经营灵活性，"能够利用他们在世界各地的人力资本，无缝服务于当地市场，实现他们的任何经营目标。"例如，正是由于在公司推行"纯英语"政策，乐天公司在收购一家加拿大公司之后，能够立即派遣七位高级工程师前往多伦多启动整合过程。

Neeley 教授认为，根据英语的熟练程度和在公司工作时间长短的不同，在被要求使用新的工作语言时，员工可能会表现出焦虑和工作不安全感。但是，随着英语流利程度的提高，他们不再那样绷紧神经，开始享受会说两种语言的快乐，"开始敢于承担起需要更多使用英语进行沟通的职位。"

乐天宣布工作语言政策后，时任本田公司 CEO 公开表示不赞同这一举措。5 年后，本田宣布，到 2020 年全公司将使用英语作为工作语言。[6]

表 18.2

克服沟通的障碍

个人技术	组织技术
○ 培养良好的倾听技能	○ 跟进
○ 鼓励双向交流	○ 管理信息流
○ 注意语言和意义	○ 理解媒介的丰富性
○ 保持自己的信誉	
○ 注意接受者的立场	
○ 注意发布者的立场	

除了倾听技能，还有其他一些有助于促进有效沟通的个人技术。反馈是其中最为重要的一种，双向沟通可以加强反馈。双向沟通要求接受者提问，要求明确地表达意见，这样发布者就可以知道对方是否真的理解。一般来说，信息越复杂，双向沟通越重要。此外，发布者应当注意不同的词汇对不同的接受者含义不同。例如，在面对股东时，经理可以使用“利润”一词，而在同员工代表谈话时则应当避免强调这一概念。

此外，发布者还应当保护自己的信誉，例如不要假装是专家，事先应当做好调查，尽可能做到准确和诚实。发布者还应当注意接受者的立场，告诉员工没有被推荐晋升的消息时应当做好准备，因为员工可能会不高兴。信息和传达信息的方法应当是相适应的。管理者应当能够容忍一定程度的敌意或痛苦而不表现出愤怒。

最后，作为接受者要考虑发布者的立场，职场上的相互理解也是很重要的。假设经理刚刚听到坏消息——例如，他的职位明年将被取消。其他人应当理解他的失望、愤怒和悲观的心情。如果他此刻呵斥了员工，员工也许不必作出激烈的反应，员工还应当注意到他可能需要向人倾诉。

组织技术。有用的组织技术可以加强收发双方沟通的效能，我们在这里重点讨论跟进、管理信息流和理解媒介的丰富性。**跟进**是指在事后检查信息是否被收到并且正确理解。经理向同事提供一份报告后，如果没有收到回复就应该打电话确认。如果对方收到，则应当询问对方是否有问题。

管理信息流是指发布者或接受者采取步骤避免发生信息过载。对于发布者，不要一次性发过多的信息。对于接受者，必须告诉对方自己收到的、要求立即行动的信息太多了。许多经理定期清理他们所收到的邮件和报告，或者教会助理如何筛选电话和来访者。事实上，高级经理收到的电子邮件太多，不得不靠助手来处理。后者应替他收集、筛选出垃圾邮件，代为回复例行的邮件，而只将必须由其个人处理的邮件上交。

在沟通中，收发双方都应当理解**媒介的丰富性**。如果经理决定将一位下属解职，他应当亲自通知对方。面对面的沟通让经理有机会向下属解释情况和回答问题。而如果沟通的目的是为了加薪，书面沟通可能更加理想，因为它既客观又准确。经理可以在书面通知之后再补充个人名义的祝贺。

调整办公空间的设置也可以优化组织沟通。现代组织通常采用开放办公空间，员工和管理者都在同一个空间内办公，以鼓励组织成员间的沟通。此外，许多组织的茶水间、用餐厨房也起到支持非部门间正式沟通的作用。

复习一下

1. 组织沟通中最基本的障碍有哪些？如何最有效地予以克服？
2. 克服沟通障碍的技术有哪些？

本章要点

1. 沟通是由一方向另一方传递信息的过程。有效的沟通是让接受者获得的信息同发布者发布的信息尽可能一致的过程。
2. 沟通是管理工作中普遍而重要的部分。沟通过程包括发布者编码、传递给其他一位或几位接受者，然后接受者获得信息、进行解码，转化为意义。在双向沟通里，同样的过程持续进行，只不过沟通双方的角色不断互换。沟通的任何一个步骤都可能受到噪声的破坏。
3. 组织沟通存在几种形式。人际沟通的两种重要形式是口头沟通和书面沟通，每种都有自己的优势和缺陷。管理者在选择沟通方式时应当权衡利弊。
4. 网络沟通是群体或工作团队成员间反复发生的沟通模式。上下级间的垂直沟通可以是向上的或向下的。水平沟通是组织内同一级经理或同事间的沟通。组织可以通过信息系统管理沟通。电子沟通对管理沟通和组织沟通正在产生显著的影响。
5. 组织中还存在着大量的非正式沟通。传闻是组织中的非正式沟通网络。走动式管理也是一种日益流行起来的非正式沟通方法。非言语沟通包括面部表情、肢体运动、身体接触、手势、目光交流和语调。
6. 管理沟通过程必须认识到妨碍有效沟通的障碍并且找出克服的方法。沟通障碍可能出现在个人层面，也可能出现在组织层面。因此，个人技术和组织技术同样有助于克服这些障碍。

批判性思考与讨论题

1. 描述沟通和有效沟通的区别。站在发布者的角度，如何判断沟通是否有效？站在接受者的角度，如何判断沟通是否有效？
2. 哪一种人际沟通方式适合长期保存？为什么？哪一种人际沟通方式适合表达细微的意义？为什么？
3. 口头沟通和书面沟通有何相似和不同之处？哪些情况下需要口头沟通？哪些情况下需要书面沟通？
4. 妨碍有效沟通的个人的和组织的障碍分别是什么？对于每一种障碍，描述管理者可以采取的一种减少障碍的方法。
5. “工作场所无友情。”你认为这句话对吗？为什么？

6. 在沟通过程中的哪一点可能会出现问题？举例说明噪声如何干扰沟通过程。如何才能减少问题和噪声？
7. 电子沟通工具（手机、即时通信、电子邮件和网站）在未来将如何影响沟通过程？说明这4种沟通设备同传统的沟通方法（面对面交谈、写便条和打电话）相比有何利弊？
8. 你今天用过哪几种沟通方式？在同朋友进行面对面交谈时、在接听顾客电话时、在注意交通信号时、在看到禁烟标志时、在看到机器周围地面上画着黄线时，你采用的是哪种沟通方式？
9. 在空闲时间连续几小时注意你自己的活动，你采用了哪些沟通形式？哪些形式最常用？如果在工作时间也进行同样的观察，这些沟通的形式会有所不同吗？解释为什么会有不同。
10. 对于下面的各种情境，说明你将采用哪种沟通方式。然后找一位有10年工作经历的人回答这一问题。当你们之间出现差异时，请他解释为什么他的做法比你的好。你同意他的做法吗？为什么？
    - □向一家大型企业的员工说明医疗福利计算和管理方面的复杂变化。
    - □快速向你的老板请示如何完成工作。
    - □告知顾客你的商店开始一项新的买二送一促销。
    - □申斥一位员工的旷工行为。
    - □提醒工人厂内禁止吸烟。
11. 信息过载是组织沟通中常见弊端，作为接收者，你能否想出一些对策来减少信息过载。
12. 假定你是一名管理者，以下几种下属沟通任务的适当媒体分别是什么？（1）通知晋升；（2）通知未能获得晋升；（3）下属撰写的报告中有错误；（4）增加工作量；（5）下一年度的休假规定。
13. 下属过滤和扭曲信息的原因有哪些？可以采取哪些措施来防止？
14. 哪些信号会告诉你对方并未倾听？

学习伴随案例练习

根据你所选择的组织的资料，找出近年来它所涉及的一项冲突，以小组为单位对其冲突管理活动进行讨论。回答下面的问题并向全班报告。

1. 你所在组织的外部沟通是否有效，请说明理由。
2. 你能说出组织沟通中存在的任何问题吗？
3. 组织CEO在向员工、股东和利益相关人沟通时采用了哪些沟通方式？这些方式适当吗？
4. 组织采用哪些媒介支持水平沟通？这些媒介是否充分满足了沟通的需求？

自测练习：你最自然的学习风格

练习目标：了解你的视觉、听觉和动觉学习/沟通风格，思考掌握这些知识如何有助于提高你的沟通效能。

练习介绍：本练习可以帮助你找出自己最主要的学习方式，以及采用哪种沟通方式效能最高。

计分方法：以下三份问卷拥有相同的计分范围，其中1=最不适用，2=偶尔适用，3=有些适用，4=经常适用，5=总是适用。

视觉问卷

1. 我做大量的笔记。
2. 在与他人交谈时，我最不喜欢愿意与我做视觉接触的人。
3. 我会列出清单和记录，因为我要写下来才能记住。

4. 在读小说时，我非常关注描写服装、景色、装修的段落。

5. 我需要写下操作要点，然后才能记住。

6. 交谈时我要用眼睛看着对方才能将注意力集中在主题上。

7. 初次与人相识，我通常会注意此人的衣着、外形特点和是否整洁。

8. 在聚会时，我喜欢站在人后观察他人。

9. 在回忆信息时，我会在脑海中看见信息并且记得自己是在哪里看到这条信息的。

10. 在解释新流程和新技术时，我更愿意将它写出来。

11. 空闲时间我最喜欢看电视或阅读。

12. 如果老板有信息要告诉我，我觉得最自然的做法是发书面信息。

听觉问卷

1. 阅读时我会大声读出来或动嘴唇默读。

2. 与他人交谈时我最不喜欢谈话没反应的人。

3. 我不大做笔记，但仍然能够记得说过的话。做笔记反而分散我的注意。

4. 在读小说时，我非常关注描述谈话、交谈、讲话和对话的段落。

5. 在解决问题或写作时我喜欢对着自己说话。

6. 即使我没有集中注意力，我仍然可以理解讲话人的意思。

7. 我记忆的方法是反复重复。

8. 在聚会中，我喜欢就重要的主题做深入的交谈。

9. 比起看报纸，我更喜欢通过广播获得信息。

10. 在解释新流程和新技术时，我更愿意采用谈论的方式。

11. 空闲时间我最喜欢听音乐。

12. 如果老板有信息要告诉我，我觉得最自然的做法是给我打电话。

动觉问卷

1. 我不太擅长理解书面指令或口头指令。

2. 在与他人交谈时，我最不喜欢从不表现任何情感支持的人。

3. 我会记笔记或涂鸦，但我很少再看它们。

4. 在阅读小说时，我非常关注表达情感、情绪、行动或戏剧性的段落。

5. 在阅读时，我会默读。

6. 如果不知道该说什么，我会变换用语、换地方、大量用手势。

7. 我的桌子显得杂乱无章。

8. 在聚会中，我喜欢参与活动，例如跳舞、游戏，达到忘我的程度。

9. 我喜欢走来走去，坐在会议室里或办公桌前让我觉得受拘束。

10. 在解释新流程和新技术时，我更愿意采用实际操作的方式。

11. 在空闲时间我最喜欢锻炼。

12. 如果老板有信息要告诉，我觉得最自然的做法是当面讨论。

总结：你的视觉问卷得分为________，你的听觉问卷得分为________，你的动觉问卷得分为________。得分最高的问卷代表着你的“主导”学习风格。你可能用到全部3种学习风格，但你觉得最舒适的通常只是其中的一种。在沟通中，如果他人使用的沟通风格和你的主导学习风格一致，沟通的效能最高。例如，假使你的主导风格是动觉，但你的老板打电话向你发布指令，这时你的沟通效能会降低，因为你不擅长听觉风格。当然，在与他人沟通时，你不仅要考虑自己的学习风格，还要考虑对方的学习风格。

讨论

1. 你对测验的结果认同吗？为什么？

2. 了解自己的学习风格对你有用吗？它能否解释你为什么在某些情境下学习效能高，而在另一些情境下学习效能低？

3. 理解与你一起工作同事的学习风格有何重要性？请解释。

结尾案例

企业社交服务软件

企业内部通常会混合使用多种办公及沟通软件。2014年2月，Slack正式推出。Slack既可以作为即时通信工具，又可以作为项目协作软件使用。它能将工作中所有信息的接口统一整合在一起，实现“企业级IM+统一搜索+文件共享”的核心功能，定位于在线工作交流。Slack在2019年日活跃用户数量已经达到1000万，在财富100强企业中有65家使用。

企业社交媒体，也称为协同OA（Office Automation），是将社交网络技术运用到企业组织内部的办公协作平台软件。除了上面提到的Slack，像微软、Facebook、Google也推出自己的产品。在国内，阿里的钉钉和微信企业版已经服务于数量巨大的用户。一些研究者也开始分析企业如何从这类社交软件中获得收益。

加州大学圣巴巴拉分校和哈佛大学商学院的两位教授对某大型金融服务公司进行研究。他们将员工分为两组，其中一组使用Jive-n内部社交平台，另一组不使用，研究人员用6个月时间对两组员工的表现进行观察。他们发现，使用社交工具的员工找到具备相关知识同事的概率高出31%，准确找到能帮他们介绍专家的中间人的概率则高出88%。前者能够获得这些便利，主要是通过观察同事在Jive-n上的发言内容和互动对象。在同一周期内，不使用社交工具的员工在上述两方面均没有改进。

将研究范围扩大到银行、保险、电信、电子商务、大气科学研究和计算机等组织中，研究者观察到了相似的现象。内部社交工具能促进协作和跨部门知识分享、提升决策效率、扩展产品和服务创新，并提升员工对工作和组织的投入度。不过他们也发现，在使用企业社交软件时往往会遇到四类陷阱。

第一，很多领导者认为，年轻一代“呼吸着社交媒体的空气”，自然会积极使用内部社交工具。这个想法是错误的。调查发现，85%的年轻员工对工作用途的社交工具存在不适。相反，90%年龄较大的员工认为，社交工具是与同事沟通的新方式，而且通常很有用。

第二，压制非正式沟通。管理者和员工一般都不愿在内部社交工具上透露自己的生活细节。但调查发现，恰恰是对同事个人生活的好奇心更有利于员工接受社交工具，各个年龄段的员工对此都是一样的。通过观察同事在内部社交工具上的活动，从个人角度对他们有所了解，那么展开对话可能就轻松一些。在某大型通信公司进行的研究发现，如果员工采取这种做法，他们从同事那里得到工作相关信息的机会是其他人的3倍。

第三，忽视学习成果。员工在内部社交工具上大部分时间都在“潜伏”和“观察”，而不是创造内容，如发表帖子、分享信息、制作文件和视频等。但通过观察他人的互动，员工能逐渐收集看似不重要的信息碎片，最终摸索出知识和人脉的分布情况，这对提高工作绩效是有帮助的。

第四，关注错误信息。可见度最高的信息和知识往往被认为是最重要的。如果员工的贡献和优势没有体现在帖子或发言中，他们就可能遭到忽视。

大气研究所在引入了内部社交工具后，大家发现团队里最年轻的成员其实在某些领域懂得最多，于是开始向她请教。几个月后，团队里最资深的佩吉辞职了。IT 负责人对佩吉的离开并不遗憾，他认为，社交工具证明了谁是真正的专家。

佩吉离职两个月后，研究所各部门科学家对 IT 团队的评分急剧下降。原来，佩吉也许不是团队中最精通技术的，但她掌握的文化和人际关系信息最多。她知道哪些科学家的问题应该优先处理，也了解不同科学家在各自研究中的技术偏好。IT 团队不理解，技术能力不等于做好 IT 服务所需要的能力，他们无法看到佩吉对团队的价值。为拯救 IT 团队的满意度评分，负责人加薪 30% 把佩吉请了回来，并鼓励她和其他同事在内部平台上分享更多样的信息。

研究人员给管理者提出的改进建议是，领导者必须解释清楚，员工和组织作为一个整体如何从新技术中获益。同时，管理者还要以身作则，展示组织对社交工具的支持以及使用社交工具的行为原则，例如哪些信息需要按保密和合规要求处理。[7]

结尾案例讨论题

1. 企业内部社交工具有助于减少哪些沟通障碍？
2. 企业内部社交工具的缺点可能有哪些？
3. 有人认为，中国职场人员喜欢公私不分，企业社交工具没有很大的市场。你怎么看？

开篇案例讨论题

1. 乔布斯演示成功的独特原因有哪些？
2. 在其他企业领导人的商业演示中，哪一位是你最欣赏的，原因是什么？
3. 哪些因素可能导致照搬乔布斯演示效果反而不好？

自测题

1. T　F　如果员工之间没有或很少冲突，就可以实现有效的沟通。

2. T　F　在沟通过程的解码步骤中，意义可能呈现为言语、面部表情或姿势。

3. T　F　大量使用电子沟通技术和较少待在“实体”办公室的管理者可能成为组织政治的牺牲品。

4. T　F　信息中几乎所有的内容都是由言语而不是非言语沟通传播的。

5. T　F　冲突和不一致的信号可能成为两名个体间沟通的壁垒。

6. 下列哪一个是组织中沟通最常用的形式

a. 口头

b. 书面

c. 非言语

d. 电子

e. 备忘录

7. 组织中向上沟通最典型的例子包括下面所有的，除了

a. 请求

b. 信息

c. 分配

d. 建议

e. 投诉

8. 下列哪一个是大型组织有时会设立的、负责正式信息系统的职位

a. 技术系统专家

b. 行政授权官

c. 公共事务总监

d. 沟通副总裁

e. 首席信息官

9. 为了消除可能弥漫于整个组织中的传闻和非正式沟通网络，管理者应当怎样做

a. 经常进行团队重组

b. 禁止水平沟通

c. 保持垂直沟通线路的开放

d. 创造一种支持正式沟通的文化

e. 什么也不做，因为消除传闻是做不到的

10. 小宁最近遇到了国内最优秀的人际沟通专家之一。专家告诉小宁提高沟通有效性最重要的个人技能是

a. 记录所有的沟通

b. 做一个好的倾听者

c. 允许下属参与决策

d. 跟进已经发出的信息

e. 控制会议长度

本章注释

[1] https://www.theguardian.com/technology/2006/jan/05/newmedia.media1.

[2] https://highspark.co/steve-jobs-presentations-good-or-bad/.

[3] http://fortune.com/2018/09/06/20-minutes-respond-to-text-rude-google-research/.

[4] Hymowitz，C. “Spread the Word：Gossip is Good，” Wall Street Journal，October 4，1988，p.B1.

[5] Hogan.K Stubbs. R，Can’t get Through 8 Barriers to Communication. Grenta [M]，LA：Pelican Publishing Company. 2003.

[6] http://knowledge.wharton.upenn.edu/article/do-global-firms-need-a-common-language/.

[7] http://www.hbrchina.org/2017-12-08/5735_2.html.

19 CHAPTER 19

创新与变革

本章学习要点

- 范式转移与现有企业的衰落
- 组织惰性
- 组织变革
- 创新的机制

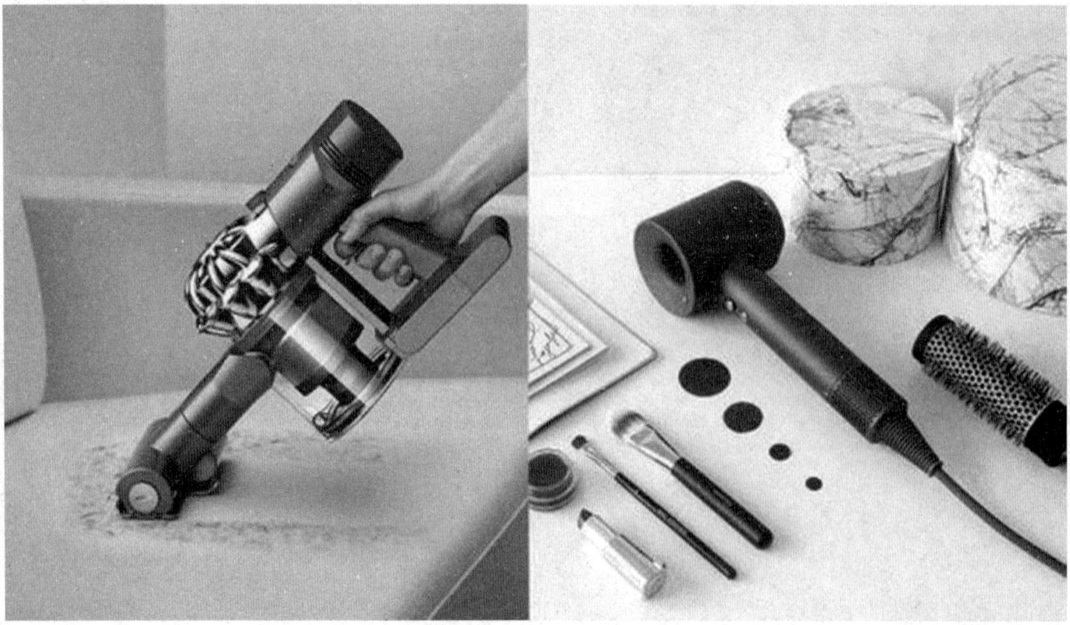

戴森的产品注重科技感和时尚。

开篇案例

戴森：成熟产业中的技术创新

在许多消费者眼中，吸尘器可以分为两类：戴森吸尘器和其他吸尘器。吸尘器是这家由英国发明家詹姆斯·戴森创建的家居消费品企业生产的核心产品，占其销售收入的70%。

传统吸尘器的原理是用压缩机制造真空，将杂物、尘土和空气一起吸入过滤袋，空气穿过过滤袋排出吸尘器。吸尘器结构简单，价格便宜，但过滤效果和吸力之间存在着矛盾。过滤效果好，容易堵塞，而要提高吸力，就要牺牲过滤效果。

戴森吸尘器的独特之处是增加了一个气旋装置。真空泵吸入的空气形成气体旋后，由于灰尘和杂质重量高，在离心力作用下被甩出气旋中心。更小的微粒在上升到涡旋上层后，在速度更高的气旋中也会被甩出，落到尘杯中。气旋中心相对干净，使用更加致密的滤芯排气也不会堵塞。“没有尘袋”“吸力永不下降”是戴森吸尘器长期使用的产品宣传语。

利用离心力分离空气中的杂物以避免风道堵塞是工业企业的常见作法，戴森曾经观察到当地锯木厂使用一个巨大的气旋除尘器从空气中分离木屑。不过，将工厂的装置用到家庭设备上并不容易，而且似乎有些小题大做。戴森说，“戴森与其他公司最大的不同，是我们始终专注于解决人们生活中那些小问题。这些小问题往往会对人们生活产生巨大影响，当我们发现时，我们就会全力投入去解决。”

“传统的吹风机沉重、低效且噪声很大……还可能造成头发过热损伤。”戴森说，“考虑到使用吹风机的频率和人数，这显然不是个小问题。”吹风机对头发的热损伤主要是因为靠近出风口时过热的温度，戴森在这款产品内置了热感测器，可以以每秒20次的频率测试出风口温度，对加热元件进行实时的温度调节。这款产品把马达“塞”进了手柄部分，这样在长时间使用的过程中也不会因为头部重量过重导致手酸。把马达叶片从通常采用的11片增加到了13片，调整马达的音调，使它能够发出超过人类听觉范围的“超音波”，戴森Supersonic吹风机发出的声音要比普通吹风机更小、更集中。

当然，你需要花费2990元才能得到这款Supersonic吹风机，而市面上大多数吹风机的价格都在500元以下。戴森认为，只要提供了真正的解决方案，高定价是合理的。“你知道现在是一个大路货市场，他们想的就是把成本降低，进行价格战。”而在戴森公司，研发费用占到了近1/3的营收。戴森以数量巨大的原型测试和长周期研发而知名。无尘袋吸尘器的原型高达5127个，费时5年，Supersonic吹风机原型600个，费时4年。“整体来看，大部分公司对于创新、突破自己没有兴趣。没有勇气投入这么多钱去做研究。”

产品改进并不总是需要巨大投入，将吸尘器集尘盒改成透明外观之后，市场反应好到令人吃惊。戴森被称为英国的苹果公司，与苹果公司不同的是，人们很难猜想它的下一个产品会是什么。戴森说，“技术走向哪里，产品就会走向哪里。”起初，没有人想到吸尘器可以这样设计，接下来是对马达的改进，可以改进的地方还有很多。“我们知道如何研发出更小的，而且同样高效的马达，因此可以把产品线扩张到更多的领域。”“2006 年，戴森生产出更加环保的干手机，接着是没有叶片的风扇。我们甚至还开发了洗衣机，不过它没有成功。”在此过程中，戴森发展出微型的数字马达，现在是戴森的技术核心之一。

戴森的下一个赌注是固态锂电池和电动汽车。目前电池的应用越来越广泛，但现有电池在电量和安全方面并不令人满意。戴森现有的许多技术可以应用在电动汽车上，像电机、电池、自动驾驶视觉系统。有评论认为戴森的开发周期太长了，吸尘器是一个变化缓慢的产业，但在其他产业，竞争会导致产品更新速度加快。

技术变革的节奏越来越快，用户的偏好不断转移，过去十分成功的组织也可能在很短的时间内陷入危机。本章将介绍管理学界对这一特殊问题的研究。我们先讨论什么是范式转移，新的范式如何革命性地改变竞争，让现有的企业前功尽弃。然后着重分析组织内部的惰性力量，了解为什么现有的企业难以实现范式转移。接下来我们将讨论管理者们在范式转移的过程中如何实施重大的战略和组织架构变革，主动进行范式转移。最后，我们介绍组织创新的过程，创新为什么会失败以及如何在组织中推动创新。

19.1 范式转移与现有企业的衰落

范式转移

范式转移（paradigm shifts）是指新技术或新的商业模式为产业结构带来革命性变化，从根本上改变了竞争的本质，迫使所有企业实行新战略以求生存。例如，结合大型购物中心的商业地产开发曾经是流行的成功模式，但网上购物的兴起使得大型购物中心受到很大的冲击，不得不整体寻求转型。

技术范式的转移是大型企业的噩梦。当一项新的破坏性技术兴起时，资本、专利、市场份额都不能保护它们。在相当长的一段时期，由于汽车产业投资巨大，很难有新品牌加入，全球汽车产业的竞争形势相对稳定。然而电动汽车和无人驾驶的潮流却动摇了现有汽车大品牌的市场地位，传统汽车品牌在新能源和智能化领域中不具备垄断地位，为新品牌的崛起提供了机会。

当产业中具备了以下一项或两项条件时，技术范式转移将会出现。首先，产业中现有技术已经成熟并且接近“自然极限”。其次，新的“颠覆性技术”进入市场，在使用过去技术的现有企业未能很好服务的利基市场中扎下根来。

技术的自然限度

管理学者福斯特（Richard Foster）将技术绩效与时间的关系总结为技术发展的 S 形曲线，如图 19.1 所示。[4] 这一曲线描绘了在研发上的积累投资与技术绩效（或功能性）之间的长期关系。在技术演进的初期，新技术的研发投资往往导致绩效的快速改善，因为这一时期重点解决的是基本的工程问题。经过一段时间之后，累积研发的投资出现了收益递减现象。绩效改善的速度降低，技术开始接近其自然极限，再也没有新的突破发生了。以航空产业为例，在莱特兄弟发明飞机后 50 年里，这一产业的技术取得了巨大的进步。今天，最大的民用商业飞机仍然是 20 世纪 60 年代设计的机型——波音 747。在航空产业，我们正处于技术投资收益递减的时期，绩效的改善虽然不断地发生，但其影响力却不如早期。在这个意义上，航空产业可能正在接近绩效改善的自然极限。与此相似，PC 产业今天也出现了技术投资收益递减的现象，企业和消费者的需要已经得到基本的满足，人们对新的技术变革不再抱有积极的期望。

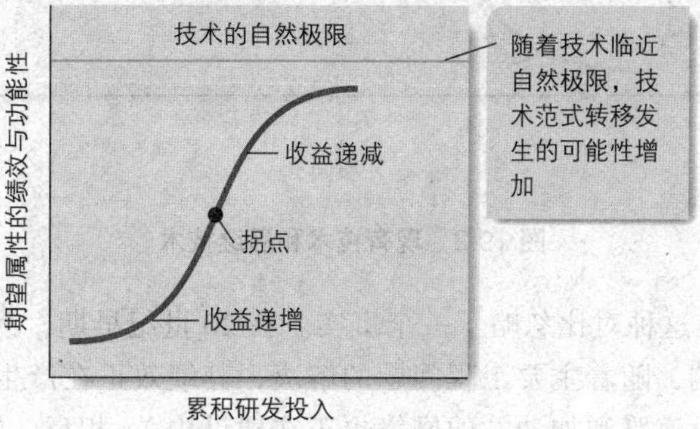

图 19.1　技术发展的 S 形曲线

上述趋势同技术范式转移间存在着密切的联系。福斯特认为，当一项技术接近其自然极限时，研发人员的注意力就会转向可能的替代技术，而这些新技术迟早有机会实现商业化，替代现有的技术。在这种情况下，技术范式转移的可能性显著增大了。过去 20 年里，PC 产业的技术核心芯片的绩效得到了极大的提高。然而，受到物理学自然定律的限制，我们正在接近技术绩效改进的极限。今天，芯片的刻线使用了光束技术，也就是说，线与线之间的行距不能小于波长。刻线使用的光波已经是波长很短的光束，例如超紫外线。显然，这一技术是有极限的。一些新的技术正在酝酿，以取代基于硅元素的计算技术，例如量子计算技术。如果这些新的技术能够替代硅计算机技术，将从根本上动摇计算机产业的基础。当这一情况发生时，现有的主导性计算机企业将会衰落，新的企业将会崛起。

福斯特还注意到，在开始阶段，竞争者的替代技术在向顾客提供他们所需要的属性和特性时往往并不像现有技术那样有效率。例如，在20世纪初汽车产业刚刚起步的时期，汽车的价值无非是能够将人从一处转移到另一处，不过马和马车同样有这种功能（见图19.2）。第一批汽车速度慢、噪声大而且不断发生故障。此外，汽车还需要铺设路面和加油站网络才能真正用得上，而这些网络当时都不存在。绝大多数人的选择还是马和马车，更不用说后者的价格更便宜。

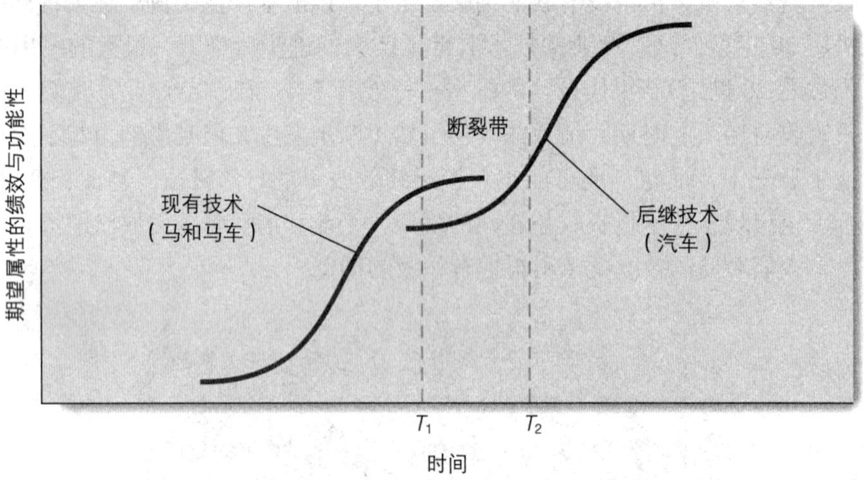

图19.2 现有技术和后继技术

然而，这种对比忽略了一个事实。在20世纪早期，汽车产业正处于S型曲线的开端，随着主要工程问题的解决，其绩效正在产生巨大的改善（与此同时，铺设道路和加油站的网络也正在建设中）。相反，经过3000年的持续改进，马和马车已经毫无疑问地处在了技术发展S形曲线的末端。结果，汽车经过快速的改善，很快取代了马和马车成为首选的交通工具。在图19.2中的时间点 T_1，马和马车仍然比汽车更具优势，而到了时间点 T_2，汽车已经超越了马和马车。

福斯特注意到，由于后继技术在开始时不如现有技术有效，现有的企业和它们的顾客通常会犯忽视后继技术潜力的错误，直到最后被快速的绩效改善解除武装。还要特别注意的是，通常不会只有一项后继技术而是有一批后继技术集群，但最终只有一项能够胜出（见图19.3）。在这种情况下，现有企业将处于劣势地位。尽管它们可能知道技术范式转移迫在眉睫，但它们不可能将资源同时投入所有的潜在替代技术。一旦投资失败，它们就会被淘汰出局，而这种失败在充满不确定性的开发过程中是很有可能的。

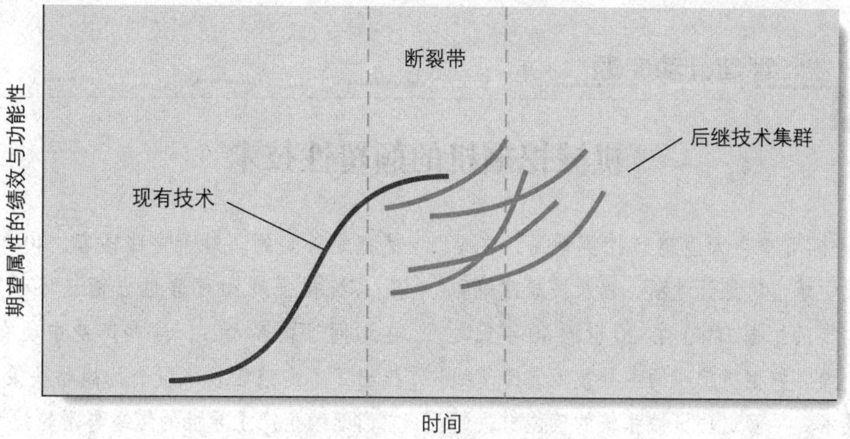

图 19.3　后继技术集群

颠覆性技术

哈佛商学院的学者克里斯滕森（Clayton Christensen）在福斯特深入见解的基础上，经过自己的研究，发展出一种在高技术圈内非常有影响的颠覆性技术理论。**颠覆性技术**（disruptive technology）指的是一项技术在起步时脱离市场主流，然后通过长时间的功能性改善侵入主流市场。之所以称之为颠覆性技术，是因为它们带来产业结构和竞争的革命性变化，通常会导致现有企业的衰落。这就是技术范式转移的巨大威力。

克里斯滕森的伟大发现在于，尽管现有企业往往了解新的技术，却不愿意为其投资。因为它们总是倾听自己的顾客，而在调查时经常发现顾客并不需要这项新技术。当然，出现这种情况是因为新技术尚在开发的早期，位于 S 形曲线的开端。一旦新技术的绩效得到提高，顾客就会开始需要它。但到了那时，掌握着将新技术导入大众市场所必须知识的是新企业而不是现有的企业。克里斯滕森运用历史案例的分析支持自己的观点，我们在专题里对其中之一进行了总结。

商业模式的改变

商业模式（business model）是企业获得利润的逻辑。在同一个产业中可以有不同的商业模式。例如购物中心和超市同属零售产业，但它们的商业模式是不同的。购物中心的商业模式是高档装修、消费类别齐全、高价格和全面的服务，通过向顾客提供舒适的消费体验来吸引顾客。而超市的商业模式则是简单装修、低价格和自助服务，通过低价和重复、快速购买吸引顾客。

克里斯滕森发现，许多现有企业不愿投资于新的颠覆性技术的原因是新技术开始时的市场非常小，看上去不太可能对企业的收入和利润造成影响。然而，由于新技术通常要求实行一种与现在完全不同的商业模式，在新技术不断改善功能

管理行动专题

机械挖掘机的颠覆性技术

挖掘机用来为大型建筑挖掘地基，在铺设管线或下水道时挖开地面，以及民居建筑和农场所需要的挖掘工作。在20世纪40年代之前，用于操纵挖掘机铲斗的主导技术基于缆绳和滑轮技术。尽管这些机械系统的确能够提起大量的渣土，但由此设计出来的挖掘机体形巨大、笨重而昂贵。因此，通常在家庭建房和灌渠施工等小型工程中并不使用。在绝大多数情况下，这些小型的工程是靠人力来完成的。

20世纪40年代，一种新型技术出现了：液压技术。理论上讲，液压系统相对于现有的缆绳与滑轮系统具有明显的优势。然而，早期的液压技术也有不足。液压系统在高压下会出现渗漏，这实际上限制了液压系统能够提起的渣土的重量。在液压技术刚刚出现时，尽管有这样的缺陷，许多现有的企业还是非常认真地对待这项技术。它们询问主要的顾客是否对应用液压技术的产品感兴趣。由于它们的主要顾客都是大型挖掘项目的业主，需要能够提起极大重量的设备，回答自然都是否定的。对于这些顾客，40年代的液压系统在强度和可靠性方面还不够。当然，在询问了顾客之后，这些产业中现有的企业作出了不向液压技术投资的战略决策。相反，它们继续生产主导性的缆绳与滑轮技术产品。

这就给许多新进入的企业如J.I.Case、John Deere、J.C.Bamford和卡特彼勒等公司提供了领先制造液压系统挖掘机的机会。由于液压系统一开始存在着承重不足的问题，这些企业专注于此前未能满足的利基市场：房屋承建商和农场所需要的小型挖掘机。随着时间的推移，这些新进入者已经能够解决液压密封不严的技术问题，此后它们开始制造大型挖掘机。最终，它们侵入了旧企业统治的领地：挖掘大型建筑地基、管线挖掘的大型承包商。到了这时，J.I.Case、John Deere、J.C.Bamford和卡特彼勒等公司已经成长为市场上的主导力量，而绝大多数上一个时代的企业则丧失了自己的市场份额。在30年代制造缆绳与滑轮挖掘机的30多家企业中，到50年代只有4家还在经营。

和侵入主流市场的过程中，即使现有的企业愿意学习和采用，实际上也是很难做到的。

克里斯滕森还指出，新的颠覆性技术的商业化，也就是新的商业模式的兴起，往往意味着价值链的激烈变化和完全不同于以往的成本结构。一个新的商业模式可能需要与过去完全不同的制造系统、分销系统和定价原则，企业的运营利润和毛利也会完全不同。电视和网络视频提供相互竞争的服务。网络视频在内容的丰富性、互动和观看终端选择方面与电视形成了很大差异，不断夺取电视的市场。以内容推荐为例，电视服务商很难做到针对个人账户浏览记录的实时内容推荐和广告推荐，其转发和分享能力也比较低。对于广告商，这意味着网络视频可以针对效果和行为来计价，在广告投放的精准性和效率方面远高于电视。网络视频在广告技术上仍然在不断改进，而电视广告则缺乏提升空间，其竞争地位日益脆弱。

复习一下

1. 什么是颠覆性技术?
2. 为什么颠覆性技术往往带来商业模式的改变?

19.2 组织惰性

克里斯滕森的一项重要研究发现是，即使现有企业真正投资于研发潜在颠覆性技术，却往往由于内部的阻碍因素而未能实现新技术的商业化，或在快速变化的环境中未能改变其战略和组织架构。**组织惰性**（organizational inertia）是指导致企业难以改变其战略和组织架构的各种内部和外部因素。组织惰性的形成因素包括认知定式、内部政治约束、组织文化、承诺和能力、外部制度约束。

认知定式

管理者们在企业经营的过程中会形成**认知定式**（cognitive schemata），即关于企业运营的思维模式。认知定式中包含了对于本企业的各种信念，例如哪些做法是行得通的而哪些做法是行不通的，以及哪些是重要的和不重要的。这些模式是在经验的基础上形成的。当管理团队在一起工作的时间达到一定程度，团队成员间的世界观将变得接近，形成相同的认知模式，进而影响他们的决策。这一现象有其积极的一面，例如提高决策的效率。然而，认知定式也会导致管理团队忽视定式之外的事件、数据和决策选择，对新技术和新企业带来的威胁缺乏及时的认识。

加拿大管理学家米勒（Danny Miller）在其著作《伊卡洛斯悖论》一书中提出，成功企业的高管很容易形成强烈的认知定式。他们坚信自己掌握了经营企业的正确方法，这种信念可能来自企业和个人的成功经历，因为能够在企业中成长为高管的人通常都会积累起成功决策的经验。然而，当新的竞争对手或竞争方法出现时，这种信念可能会导致高管陷入重大决策失误。米勒称这种现象为“伊卡洛斯悖论”（Ikarus Paradox）。伊卡洛斯是希腊神话故事中的人物，被囚禁在一个孤岛上。他用父亲为他制作的一副翅膀成功飞离了这个岛。伊卡洛斯开始时还不敢飞，但很快就越飞越高，高到接近太阳的地方，粘结翅膀和身体的蜡融化了，他落到海里淹死了。悖论在于，他过去的成功（高飞）正是他后来失败的原因。市场上有许多一度极为成功的企业，他们沉醉于自己过去的成功，并且相信只要重复以往的作法，就将继续保持成功。然而，新环境和新技术的出现终将颠覆这种幻觉，只是当他们认识到这一点往往为时已晚。

管理行动专题

大英百科的挫折

《大英百科全书》（Encyclopdia Britannica）初版于1768年，是全球最知名的学术性参考书。1929年，大英百科的主要经营部门转移到美国。此后，大英百科逐渐形成了自己独特的商业模式。通过高质量的内容、不断更新版本刺激持续的需求。大英百科还发展了独特的直销模式。1990年，大英百科拥有2000多名训练有素的推销人员，他们对用户进行上门推销，劝说家长为孩子购买。强大的品牌、专业化的培训和高激励的佣金让这支直销队伍成为大英百科的竞争利器。

1993年，微软推出了多媒体版百科全书Encarta。大英百科的管理层起初并不重视Encarta，因为它的文字内容质量几乎只能用低劣来形容。然而，微软为Encarta提供的丰富的多媒体特性（搜寻、链接、声像和图形，例如在软件店里反复播放阿姆斯特朗登月的录像片段）吸引了电脑一代的消费者和为子女购买电脑的家长们。微软采用了大幅度降低价格（99美元）和在软件店进行销售的策略，同时在顾客购买电脑或软件时作为赠品进行促销。随着PC市场的繁荣，Encarta在上市第2年的销售就已经超过100万套。Encarta的生产成本只要1.5美元，而大英百科印刷成本则是250美元（零售价格1500美元），价格战的天平迅速倒向微软一方。大英百科的销售形势开始恶化，销售套数由1993年的11.7万减少到1996年的5.5万。

事实上，大英百科在内容数字化方面一直居于领先地位，它的光盘产品质量远远优于微软等竞争对手。然而，大英百科转向数字化的重要障碍恰恰是过去竞争优势的核心——它的直销队伍。直销队伍的优势在于销售印刷品，数字化产品则主要在软件商店里销售，转向数字化出版意味着原有的直销队伍将失去作用。大英百科当时的经营层多由直销人员出身，他们伴随着直销模式的成功而成长起来，很难为了一家不知名的软件公司的产品而做出放弃直销的决定，更何况还有情感上很难接受的原因。然而市场的变化超出了所有人的预料，短短几年大英百科就彻底丧失了原有的市场地位。

1995年，大英百科解散了直销队伍。

内部政治约束

理解组织惰性的另一个维度是组织内部权力和影响力的分布与构成。不同的管理者拥有不同的权力和影响力，这些差异来自职位等级、对有价值资源和信息的控制以及技术专业。例如，在一家技术导向的企业，工程师背景的高管可能占相当的比例。相反，在传统产业中，营销背景的高管可能比例较高。个人特性也是一项重要的决定因素，同样是副总裁，资深者可能比资浅者更了解组织内部决策的程序和以往的决策特点，从而可以更有效地发挥影响力。

不论管理者们的权力是如何获得和积累起来的，没有人愿意放弃自己的权力。变革总是意味着权力的调整和重新分配，那些认为权力受到威胁的管理者自然会做出抵抗。在绝大多数情况下，他们不会公开承认反对变革的原因是为了保留自己的权力。相反，他们会站在组织的立场上，分析变革本身的缺陷，从而阻止变革。当这些反对者的意见占上风时，组织惰性就会导致变革的停止或失败。四通集团曾经是中关村最富创业激情的企业之一，著名的 MS 系列文字处理机一度占据全国 85% 的市场份额。20 世纪 90 年代初，这家企业开始大规模的多元化，建立众多的分支公司，削弱了集团的控制能力。分支公司逐渐形成自己的特殊利益，整个集团内部的政治变得复杂化，难以专注于新的战略和创新。

组织文化

组织文化表现为规范和价值观。规范和价值观反映了组织深层的信念，因此是很难改变的。20 世纪 90 年代后期开始，许多民营和国有企业尝试通过引进拥有外企管理经验的高管"空降兵"推动企业的变革。然而，这些努力往往未能取得预期的结果。一个很重要的原因是组织文化与外来高管之间落差较大，这些公司期望通过少数几位外来高管的短期努力改造组织的目标难以实现，组织变革将需要组织和成员付出大得多的代价。

承诺与能力

现有企业对新的竞争作出反应会受到组织以往战略承诺的限制。**战略承诺**（strategic commitments）是企业为支持某一特定商业模式而投入的有形的或无形的资产。有形资产包括建筑、工厂和设备，无形资产包括企业成长过中所积累的能力（capability，如技能和知识）。一旦企业做出了战略承诺，如果新的竞争环境要求它采取其他战略时，它将很难与这一承诺决裂。例如明知竞争对手已经采取了新的模式，但可能还是无法迅速做出采取新技术的决策。一方面是因为管理者们情感上的偏爱，另一方面也是因为他们已经形成的能力不适应新的竞争环境。例如，新华书店拥有自己的购书网站，拥有品种上的优势和全国性的物流能力，理论上似乎完全可以获得竞争优势。然而，新华书店始终无法像当当和京东那样能够提供竞争性的价格和高品质的服务。这在很大程度上是因为新华书店积累的能力是基于店面销售和现场服务的（例如店员的图书知识），而电子商务的客户体验和客户响应所需要的是完全不同的能力（例如品类分析和评论分享）。

外部制度约束

外部制度约束主要是指来自政府、工会等外部机构的强大影响，这同样可能导致组织惰性。例如，在中国国企组织变革的早期，政府部门对企业的经营拥有很大的影响。管理者通常不拥有开除员工的权力，也不拥有根据绩效奖励员工的权力。这样的约束往往导致组织惰性，在与民企和外企的竞争中处于不利的地位。

如何克服组织惰性

错过范式转移的现有企业必须对付内部的惰性力量，这限制了它们采用新技术的能力。但是新进入者没有这种负担，从而获得了优势。新进入者不需要应付现有的保守的顾客群和过时的商业模式。相反，它们可以专注于新技术的最优化，提高其绩效。乘势进入新的细分市场，直至最后侵入主流市场，挑战现有企业。到那时它们已经具备了打败这些现有企业的组织能力。

前述克里斯滕森研究中最重要的一点是，即使现有企业真正投资于研发潜在颠覆性技术，却往往由于内部的阻碍因素未能实现新技术的商业化。例如，来自目前创造绝大多数现金收入业务部门的经理们可能要求将绝大多数研发投资用于保持现有的市场地位，并游说最高管理层推迟对新技术的投资。在S形曲线的开端，人们还不清楚新技术的长期前景，这是一个强有力的拒绝大力投资的理由。然而，其结果可能是企业因此丧失了在新技术方面建立竞争力的机会，并将承受由此带来的损失。

克里斯滕森还指出，同一组织内不大可能兼容两种独立的商业模式。如果强行这样做，几乎可以肯定颠覆性技术的商业模式会被现有的商业模式窒息。解决这一问题的方法是将颠覆性技术分离出去，设立独立的运营部门。独立的运营部门有机会避免组织政治、摆脱组织以往成功的影响，与市场保持更密切的联系，专注于开发新的技术能力和客户体验。

复习一下

1. 什么是组织惰性？
2. 组织惰性主要表现为哪些形式？

19.3 组织变革

从上一节的讨论中可以知道，组织内部存在各种阻碍组织对新的竞争环境和技术做出反应的力量，从而有可能导致组织的衰落。在竞争的环境下，管理者的一个重大挑战是如何快速和成功地实施组织变革。

变革的力量

组织变革（organizational change）是指组织脱离其当前状态，向某种期望的未来状态转变以提高效率和效能。推动组织变革的力量可以分为外部力量和内部力量，组织变革的类型包括规划的变革和反应的变革。

外部力量和内部力量。外部力量来自组织的整体环境和任务环境。例如，从整体环境看，能源价格上涨将有力地推动物流企业商业模式的变革。同样，一家竞争环境转向高度国际化的企业必须在人力资源战略上发起重大变革。从任务环境来看，竞争对手的行为往往直接刺激企业的变革。由于汽油价格下降，美国市场对小型汽车的需求下降。2018 年 5 月，福特宣布两至三年内在北美停产除野马以外的轿车，将重点放在 SUV 和皮卡上面。这刺激通用汽车公司也考虑开始压缩小型汽车的生产线。内部力量则包括新一代员工对企业政策的参与愿望以及对激励和工作环境的新要求。

规划的变革和反应的变革。有些变革是组织事先规划的，有些变革是对未预期到的事件或变化的反应。**规划的变革**（planned change）是对预期到的未来事件和改变所作的计划和实施。**反应的变革**（reactive change）是对环境变化所做出的随机式应变。在最近几年内，通用汽车通过变卖欧宝退出了欧洲市场，接着又陆续退出了南非、东非、印度、韩国等市场，将资金用于北美和中国等核心市场，以及新兴的业务领域。这些都属于规划的变革，而跟随福特宣布大幅度削减小型汽车的生产，则是反应的变革。

变革的步骤

组织理论学者勒温（Kurt Lewin）认为，成功的组织变革通常包括三个步骤：组织解冻、实施变革以及在新架构下对组织的再冻结，这称为组织变革的勒温模型，如图 19.4 所示。

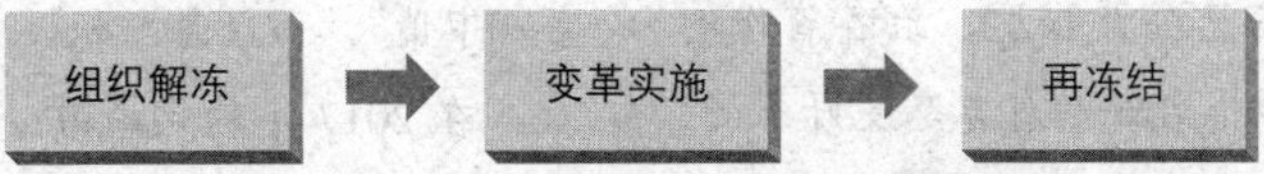

图 19.4 激励组织成员变革的勒温模型

组织解冻（unfreezing）是指引导所有可能在变革中受到影响的人认识到变革的必要性。由于组织在本性上追求静态，因此渐进的变革往往很轻易地就会被组织内部担心在变革中失去利益的力量所克服。许多专家主张实行大胆和激进的行动，告诉员工变革即将发生。2018 年 11 月，通用汽车宣布将关闭 7 间生产小型汽车的工厂，节省 60 亿美元开支，总计超过 14000 名工人的工作机会将受到影响。

行动和变革（move or change）是推动组织进入新的战略、架构和员工行为的过程。根据重组计划，通用汽车的重点是降低成本，以适应行业变革。裁员占员工总数的 15%，但占管理层比例为 25%，这样做可以加快决策流程。通用汽车承诺在未来两年内把配置给电动和自动驾驶汽车的资源增加一倍，大量招聘软件开发、燃料电池和自动驾驶领域的人才。

再冻结（refreezing）是通过支持和强化变革，使其真正成为组织系统的一部分。这是变革中最为困难的一个阶段。许多组织在经历过看似成功的变革之后发现，一切似乎又慢慢地变回之前的状态。变革领导者必须时刻注意组织内部的监测信息，对控制和激励系统做出调整以保持变革的持续。另一种防止组织回

管理行动专题

政府预算公开有多难

2008年5月，《政府信息公开条例》生效，政府部门预算属于条例规定的公开范围。由蒋洪领导的上海财经大学公共政策研究中心团队启动了一个观察中国政府财政透明度的项目，根据财政信息公开程度，给各省份的财政透明度打分和排名——对方态度好不好、回复得是否及时，都不重要，“我们看的是他们到底能披露出多少财政信息”。

要求获得信息公开并不容易，“全国各省份341个部门中，大概有27个要求一事一申请。但我们这么做了后，申请单位又以数量太多为由要求延期。最后会说相关信息已经在网上公开，让我们自己查，但实际上网上并没有。”课题组一名成员说。“以两大项目——单位预算和政府资产负债——为例，31个省份基本都不公布。”

开始的几年，各省对待财政透明度调查的态度往往是爱答不理，有的话还说得很难听，还有的说一些自己的理论。例如，财政数据就不能公布得太具体……现代经济很多情况下恰恰是模糊经济，有变量经济才有活力，如果什么都预算得很仔细，客观情况发生了变化怎么办？

友人私下告诉蒋洪，各省份其实也在互相打听，其他地区提供多少信息，目的是确保本部门“既不在排名中冒尖，也不甘落后”。2014年8月《预算法》修订颁布之后，情况发生了很大转变。态度全部都变好了，不再质疑研究者的身份和研究目的，也不再提“一事一申请”，而且愿意积极主动地配合。

在2017年的调查中，31个省份财政透明度的平均得分为48.26分，相比2009年仅有21.71分已经有了很大进步。但从整体上看，情况仍不理想，有超过50%的信息未公开，而财政透明度最低省份仅公开不到30%的调查信息。各省排名起伏波动较大的情况也没有根本改观。究其原因，主要是行政部门和行政人员的自由裁量权过大，随意性大，进而导致省级财政透明度时好时坏。[5]

讨论题：抵抗政府信息公开变革的因素可能有哪些？

归过去的方法是持续的变革，将员工的注意力转移到对环境变化的敏捷反应而不是试图回到令自己感到舒适的以往模式。

对变革的抗拒

进行有效变革管理时要考虑的另一个因素是对变革的抗拒。管理者应当理解人们为什么抗拒变革以及怎样处理对变革的抗拒。

不确定性。员工抗拒变革最常见的原因是不确定性。面对即将到来的变革，员工可能会表现出焦虑和紧张。他们可能担心自己是否有能力满足新的工作要求，也许认为自己的工作受到了威胁，或者他们就是不喜欢含糊的局面。

自我利益受到威胁。许多变革可能威胁组织内某些经理的自我利益。变革可能会减弱他们在组织内的权力或影响力，因此他们会竭力抵抗。每隔一段时间我们都会看到政府重申招待标准不得超过“四菜一汤”，这从反面说明节省行政经费的变革没能产生效果或效果未能持续。

感受不同。管理者们对变革的推动和决策可能是站在自己立场上的结果。但组织中的其他人可能会出于不同于管理者的评估或感受而反对变革。美国 7–11 店的经理们希望将目前传统型的店面略加“升级”，开始销售精致的新鲜食品、最新的精装版小说、美食产品和高级咖啡。但是许多加盟店对此表示反对，它们担心这样做会失去核心的蓝领顾客。

失落感。许多变革要求重新安排工作，打破现有的社会网络。由于社会关系的重要性，绝大多数人不喜欢影响社会关系的变革。其他无形的威胁包括权力、地位、安全、熟悉程序和自信。

克服对变革的抗拒

当然，管理者们不能因为抗拒就放弃变革。尽管没有保证有效的办法，但下面几种方法至少可以用来尝试克服对变革的抗拒。

参与。参与是最有效的克服抗拒的方法。参与规划和实施的员工可以更好地理解变革。不确定性因此减少了，个人利益和社会关系的威胁也不像过去那样大。由于有机会发表自己的意见和了解他人的想法，员工更有可能自觉地接受变革。政治选举人在当选前开展持续的选战，提出政纲、修改政纲，这一过程起到帮助选民对未来政策选择和参与的作用，从而为新一届领导人当选后政策的实施做好铺垫。

教育与沟通。告诉员工变革的必要和预期结果可以减少他们的抗拒。如果一开始就建立了公开沟通并且在变革过程中一直保持，则可以将不确定性降到最低。2008 年金融危机迫使星巴克咖啡裁员 1.2 万人，CEO 舒尔茨决定亲自向员工宣布这一困难的决定。在演讲中，他清楚地告诉员工裁员后仍然可以享受的保障，以及公司将不会再继续裁员，而将重心放在提升顾客体验上。通过面对面的沟通，舒尔茨避免留下的员工陷入长期的士气低迷，而乐于同管理层合作实施摆脱困境所必要的变革。

引导（facilitation）。在变革过程中可以采用一些引导的方法。例如，只进行最有必要的变革，事先宣布变革的计划，给员工时间来调整做事的方法，这些都有助于减少抗拒。2011 年中国建材收购贵州泰安水泥后，制定了“三个不变”的政策：保持原有人员不变；保持现有管理模式和运作机制不变；在 3~5 年的过渡期内维持原厂牌商标不变。这有助于稳定本地化团队及运营，保证平滑过渡。

力场分析法（force-field analysis）。在任何涉及变革的场合中，总是会有支持的力量和反对的力量。为了争取对变革的支持，管理者们首先要听取各方力量的意见，然后试图将力量的平衡导向有利于变革的方向。在实施变革的过程中，消除或减少反对变革的力量是极其重要的。图 19.5 描述了当美国通用汽车公司准备关闭一家工厂时的情景。支持变革的因素有三个：降低成本、产能过剩和生产设备过时。在反对变革方面，汽车产业工人联合会提出了反对，工人的福利因此受影响，另外将来可能还会用到这家工厂。通用汽车公司首先用盈亏数字向工会进行了必须关闭工厂的证明，随后制订计划为失去工作的工人提供安置和再培训。然后它可以暂时关闭这家工厂令其处于“封存”状态以备将来的需要。经过这些努力，阻碍变革的三个主要障碍得到了减弱和消除。

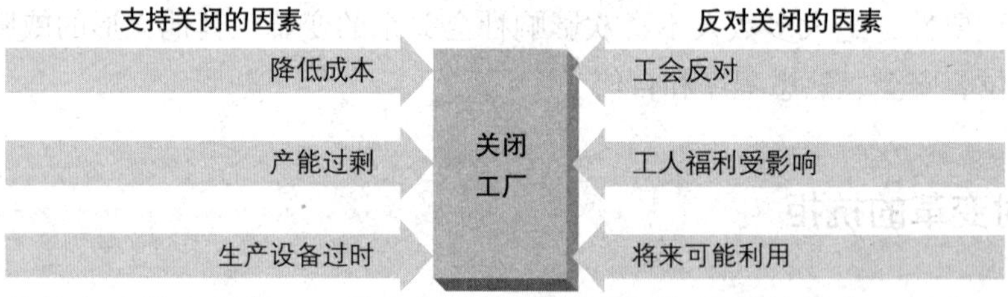

图 19.5　通用汽车公司关闭工厂变革中的力场分析

变革失败的原因

尽管变革是领导者们一项普遍的选择，但变革的失败率却非常高。哈佛大学教授科特（John Kotter）将组织变革失败的原因总结如下：

- 缺乏紧迫感，未能在组织成员间建立起一种危机意识。
- 领导者未能建立强有力的联合体来推动变革。
- 领导者未能提出有号召力的愿景，告诉员工组织通过变革想要实现的目标。

□领导者尽管提出了愿景，但没有做出持续有力的沟通，直至所有员工都能理解。

□未能移除变革的障碍，这些障碍可能来自现在的管理者或组织结构。

□失去变革的动能，除非仔细地计划好一些小的、明显的成功，否则人们可能会认为变革看不到成效。

□过早地宣布变革成功，变革的成果无法巩固。

□没有相应的文化变革，无法保持变革的成果。

复习一下

1. 组织变革的力量和组织变革的类型主要有哪些？
2. 勒温模型所描述的变革步骤有哪些？

19.4 创新的机制

创新（innovation）是组织开发新产品和服务或为现有产品和服务寻找新用途的有计划的努力。创新的重要性不言而喻，如果没有新技术和新产品，组织必将落后于竞争对手。

创新过程

组织创新过程包括创新理念的开发、应用、上市、成长，以及对创新理念成熟与衰退的管理。图 19.6 描述了这一过程。

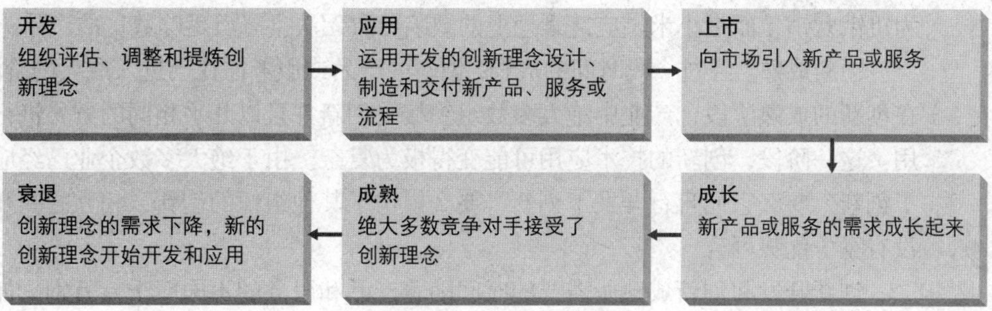

图 19.6　创新过程

创新的开发。创新开发包括创新理念的评估、调整和提炼。创新开发可以为本来潜力不大的产品或服务开创出巨大的市场潜力。对于美食纪录片，观众通常并没有多高的心理期待，无非是特色菜肴品种和厨艺大师的介绍，制作上缺乏特色。2012 年央视纪录频道播出的《舌尖上的中国》运用国际纪录片的拍摄和编辑技巧，突破了菜肴品种和地域的限制，以尊重之心将中国各地普通人对待饮食的态度展现出来，不仅受到观众的追捧，而且引发淘宝网上相关食品的热销。

创新的开发需要与组织的目标建立有意义的联系，为创新而创新是难以持续的。2008 年，盛大成立创新研究院。创新研究院曾经立项超过 50 个，在云存储和语音识别等方向拥有国内领先实力，但由于创新方向和成果与企业主营业务之间无法协调和配合，尽管投资额高达数亿，最终不得不关闭。

创新应用。创新应用是组织采用开发出来的创新理念，进行新产品、服务或流程设计、制造和交付的过程。在这一阶段，创新从实验室中走出来转变为有形的商品或服务。2000 年，Google 公司开始自动驾驶项目 Waymo 的研发，在近 10 年的时间里，积累了 30 万英里的道路测试。2017 年，Waymo 发布商业计划，有打车、运输，还有技术授权和对公共交通的辅助。

应用上市。应用上市是组织向市场引入新产品或服务的过程。在这一阶段，创新的问题不是“创新可行吗”，而是“顾客愿意购买创新产品或服务吗”。历史上充满了未能在顾客中间赢得足够兴趣的创新理念。即使是一些以创新而知名的企业的新产品也经常在上市后遭遇消费者冷遇。以 Google 公司为例，Google Wave，Google + 都曾经是寄予厚望而因为达不到预期被迫放弃的产品。Google 的安卓系统是目前市场份额最高的移动操作系统，其自有品牌的 Pixel 手机尽管使用了最新的安卓系统并且不断更新版本，但在市场上影响力并不大。也就是说，即使经过了开发和应用阶段，新产品和服务在上市阶段仍然会遇到失败。

应用成长。一旦创新进入到成功上市的阶段，下一个阶段将是应用成长。这是组织实现高经济绩效的阶段，在这一阶段，产品或服务的需求通常大于供应。没能预期到这一阶段到来的组织会在无意间限制自己的成长。小米手机在取得产品成功后多次发生供货不足，CEO 雷军解释说，市场上买不到小米手机并不是因为饥饿营销，而是小米供应链管理上的缺陷导致无法生产出足够数量的产品。

创新成熟。经过一段时间的成长，创新的产品或服务往往会进入成熟的阶段。在创新的成熟阶段，产业中绝大多数组织接受创新并且以几乎相同的方式进行应用。这一阶段，创新的技术应用可能变得极为复杂。由于绝大多数企业已经应用了创新，要么它们自行开发了创新，要么模仿了其他组织的创新，相互之间几乎没有竞争优势可言。

创新开发和创新成熟所需要的时间随着产品和服务的不同而千差万别。如果创新中包含了复杂的技术（例如复杂的制造过程或高度复杂的团队协作），那么从成长阶段到成熟阶段将需要更长的时间。此外，如果实施这些创新所需要的技能是稀缺的和难以模仿的，则战略模仿将被推迟，组织可以保持较长时间的竞争优势。PC 产业、通信产业、家电产业、汽车产业、民用航空、银行与保险都是创新成熟产业，产业中的现有企业往往提供非常相似的产品和服务。另一方面，后来者在创新成熟的产业也可以找到许多机会。很多中国企业由于初期缺乏研发能力而选择进入创新成熟的产业并持续成长，如近年来多家中国企业在手机生产和营销中取得了国际性的竞争优势。

创新衰退。任何成熟的创新中都包含着衰退的种子。组织无法从进入成熟期的创新中获得竞争优势，它必须鼓励自己的创意科学家、工程师和经理开始寻找新的创新。对竞争优势的不断追求驱动新产品和服务从创新阶段进入创新成熟，直至进入创新衰退。创新衰退是创新需求下降和新一代创新开发与应用的阶段。门户网站“新闻 + 广告”的商业模式就属于创新衰退的例子。2012 年，资本市场对新浪整体的估值接近于新浪微博一项业务的估值，相当于剥离微博的门户几乎没有价值，显示门户业务由于缺乏创新而不再受到市场重视。

创新的形式

组织所开发的每一种创新理念都对创新过程提出了一种不同的挑战。创新可能是激烈的，也可能是渐进的；可能是技术的，也可能是管理的；可能是产品的，也可能是流程的。

管理行动专题

渐进性创新的“大市场”

新的产业机会不仅仅总是在那些热门领域。有些隐藏在夹缝中的小机会，也能变成令人嫉妒的大生意。

2004 年，3G 业务刚刚启动的时候，没有人知道 3G 的杀手级应用到底是什么。基本通话 2G 网就能够解决，那么 3G 网络用来干什么呢？耗费巨资建设了 3G 网络的运营商们面临着巨大的经营压力。而能够将笔记本电脑与无线网络连接在一起的数据卡，就成了运营商的救命稻草。

数据卡并不是华为发明的，而且在这个技术引导的行业里只能算是个“科技含量不高”的小玩意。当年不少欧美大牌终端和设备厂商根本就没有把小小的数据卡放在眼里，但华为看到了背后的机会。

过去数据卡用的是 PCMCIA 的插槽，体积大，还需要光盘安装。随着 USB 接口方式的普及，华为迅速行动起来。“当时采用 USB 接口是有技术瓶颈的，主要是 USB 的电压不够，华为研发团队经过一年多的努力，终于克服了技术难题，这就诞生了后来在全球畅销的全球首款 USB Modem E220 产品。”华为终端高管苏杰表示。2007 年，华为 E220 和苹果 iPhone 一起被海外知名媒体评为当年最有影响力的消费电子产品。

谁也没有想到，数据卡这个不起眼的“小生意”，成为华为提高终端出货量，树立全球品牌形象，甚至海外市场中攻城拔寨的“大功臣”。

资料来源：

[1] 吴颖 . 华为重新生长 [J] .IT 经理世界，2011（3）。

[2] http://tech.163.com/10/ 0720/00/6C0E4L1F 000915BE.html。

激烈的创新和渐进的创新。激烈的创新是组织所开发的能够完全替代产业内现有产品、服务或技术的创新。渐进的创新是调整现有产品、服务和技术的创新。实施激烈创新的企业从根本上改变了竞争的本质和产业中企业间的关系。实施渐进创新的企业改变了产业内的竞争关系，但并未导致根本性的变革。

市场上出现过许多激烈的创新。像智能手机、即时通信软件和电动汽车，这些产品和服务不仅提供了新的顾客价值，还颠覆了现有的产业结构，使得一批新企业崛起成为市场领导者。激烈创新一般很难管理，通常也无法遵守企业的计划。

尽管激烈创新更加引人注目，但渐进创新的数目要大得多。每年夏天软饮料市场上都会增加大量的新品种，这些新品种的目标通常是扩大品类、强化品牌和争夺货架，不会从根本上改变饮料行业的竞争属性。此外，渐进创新通常更有管理和计划，像 iPhone 手机在推出新功能时往往会保留一些创新技术用于下一代产品。

技术创新和管理创新。技术创新是产品或服务物理外观或绩效的变革，或产品及服务生产的物理过程的变革。当格力推出智能空调时，它的努力属于技术创新。过去 30 年来中国企业的技术创新已经在很大程度上改变了我们的生活方式，特别是消费电器方面的技术创新可谓层出不穷。管理创新是对产品和服务的设计、制造以及递送过程的变革，管理创新不一定直接改变产品或服务的物理外观和绩效。历史上福特公司通过专业化分工，将每辆车的组装时间从 12 小时减少到 90 分钟，将产品价格从 850 美元降至 300 美元。Google 人力资源部门通过氧气计划和亚里士多德计划分别建立了成功员工和成功团队的模型，通过将研究成果运用于日常管理而获得企业绩效的提升。

产品创新和流程创新。产品创新和流程创新是两类最重要的技术创新。产品创新是对现有产品或服务物理特征的变革或新的产品和服务品牌的创立。例如支付宝与天弘基金合作，向支付宝用户提供将余额转入货币基金投资的选择，创造出新的网上金融产品“余额宝”，在增加沉淀资金收益的同时不影响资金支付的需要。流程创新是产品和服务的制造、创造或分销方式的变革。华为公司从 IBM 公司引进 IPD（集成产品开发系统），将产品研发速度提高 60%，研发效率提高一倍，这就是（研发生产）流程创新的结果。如果说产品创新通常影响新产品开发，那么流程创新则直接影响产品的制造。在 IPD 模式下，产品研发阶段就已经将生产的要求、甚至采购的要求考虑在内。

由图 19.7 可以看出，产品和流程创新对经济回报的影响取决于新产品或服务位于创新过程的哪个阶段。首先，在开发、应用和上市阶段，物理特征和创新的效用对组织绩效影响最大。因此，在这些初始阶段，产品创新具有特别重要的作用。此后，当创新进入成长、成熟和衰退阶段，流程创新的能力对于组织保持经济回报具有重要影响，这包括制造技术的提高、产品品质的改善和分销能力的提高。

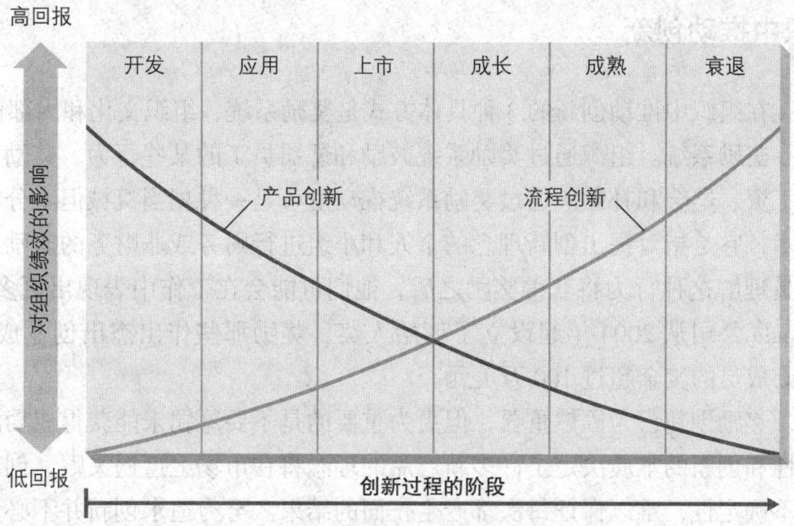

图 19.7 产品和流程创新对经济回报的影响

创新的失败

为了保持竞争力，组织必须具有创新能力。然而许多急需创新能力的组织却未能成功地开发新产品或服务，或者总是跟在别人的后面。组织创新失败可能有 3 种原因。

缺乏资源。创新需要大量的金钱、时间和精力。如果企业没有足够的钱来支持创新项目或找不到适当的人员，它就会在创新中落后。即使是高度创新性的组织也不可能参与到其员工所设想到的每一个新产品或服务中去。例如，微软公司强大的研发力量及众多的研发项目反而可能妨碍它注意并投资于公司之外的新兴技术，这也许是导致它在社交、无线等市场上未能取得领导地位的原因。尽管微软公司在金钱、时间和技术与管理方面一概不缺，但是，由于企业缺乏灵活性，它不得不在众多的创新中作出选择投资对象的困难决定。

错过机会。企业不可能尝试所有的创新，它们必须具备仔细评估创新的能力并选择其中最具潜力的。为了获得竞争优势，组织往往不得不在创新成熟之前作出投资的决定。然而，投资越早，风险越大。如果组织不能有效地发现和评估机会，它们可能会因为过于谨慎而错过成功的创新。诺基亚是最早发展手机触屏技术的企业，但它未能将这项技术转化为强烈的消费者体验，直到后来者苹果取得成功后才意识到这一技术的真正价值。

抗拒变革。我们在前面讨论过，许多组织试图抗拒变革。变革意味着放弃过去的产品和过去的做事方式。管理者和组织内的其他成员可能觉得难以接受这样的变革，抗拒变革可能延缓创新过程。柯达并非不知道数码技术已经不可阻挡，但是胶片业务的利润远远高于数码业务。管理者在资本市场的压力下不得不将资源投放到传统胶片业务，从而恶化了自己的竞争地位。

在组织中推动创新

在组织中推动创新的 3 种具体方式是奖励系统、组织文化和内部创业。

奖励系统。组织通过奖励系统鼓励和惩罚员工的某些行为。奖励系统主要包括工资、奖金和补贴。通过奖励系统推动变革是一种相当机械但十分有效的管理技术，它是指对提出创新理念的个人和小组进行财务或非财务的奖励。当组织内成员理解这种行为将获得奖励之后，他们可能会在工作中表现出更多的创造性。Google 公司从 2004 年起设立了创始人奖，奖励那些作出杰出创业成就的员工，核心成员的奖金超过 100 万美元。

奖励创新行为固然重要，但更为重要的是不要惩罚未能获得成功的创新。创造性和创新的本质决定了许多新产品的理念将在市场上遭遇失败。创新过程充满了不确定性，难以保证每次都产生正面的结果。努力追求创新并不必然导致创新的灵感。开发出来的创新很可能在应用中陷入失败。事实上，有些组织甚至认为，如果所有的创新都获得了成功，那么这表明它们在研发方面还不够大胆。例如，尽管 Google Wave 作为一项产品失败了，但开发过程中的许多理念和技术却在其他产品中得到了实现。

管理者必须非常小心地对待创新失败。如果创新失败的原因是能力不够、系统性失误或管理草率，组织应当作出适当的反应，例如推迟晋升或减少提升的机会。出于善意而进行创新的人们不应当因为失败而受到惩罚。如果惩罚他们，将来他们将会变得缺少创造性。惩罚性的奖励系统将阻止人们承担风险，从而降低组织获得竞争优势的能力。正如通用电气前任 CEO 杰克·韦尔奇所说：“我们必须让员工明白，只要你的理由、方法是正确的，那么，即使结果失败，也值得鼓励。”

组织文化。组织文化是一组有助于指导行为的价值观、信念和符号。强烈的、适宜的和专注的组织文化能够支持组织的创新活动。良好的文化可以传递一种感受，即创新是有价值的并且能够获得回报。在试验新思想的过程中，失败不仅是可以接受的，而且本来就是创新的一部分。鼓励创新的企业文化必定高度评价个人的创造性、风险承受力和独创性。

大型组织中的内部创业。近年来，越来越多的企业认识到，随着自己从小型的成长型企业转化为大型企业，之前推动它们成长的企业家精神却变得迟钝了。为了复兴这种精神，某些企业鼓励“内部创业”。内部创业（intrapreneurs）类似于创业，只不过是在大型组织内部进行。大型组织内部创业的实施主要依靠三种力量：发明者、产品大师和赞助者。

发明者是发挥创造性、实际负责构思和开发新理念、新产品或新服务的人。由于发明者往往缺乏将产品和服务从理念转化为可上市成品所需要的动力或专业技能，此时就需要另一个角色出场。**产品大师**通常是一位了解项目并且决心致力于这一项目的中层经理。他可以帮助发明者克服组织中的抗拒并说服其他人认真地看待创新。产品大师对发明的技术方面未必精通，但是他知道组织的运营方式，知道应当向谁寻求支持来推进项目以及如何获得项目进展所需要的各种资源。**赞助者**是批准和支持某一项目的高层经理。他努力争取开发创意所需要的预算，平息围绕项目的争论，利用组织政治保证项目的进行。拥有赞助者意味着发明者有更大的成功机会。

管理行动专题

Facebook 的黑客马拉松

黑客马拉松（hackathon）始于20世纪60年代的美国，是专为那些有想法并希望付诸实践的工程师、程序员举办的活动。参与活动的志愿者聚集在一起，通宵达旦地趴在屏幕前，将天马行空的想法转化成一行行的代码。

2012年，Facebook就是以一场黑客马拉松来庆祝自己在纳斯达克上市。Facebook从2007年开始举办黑客马拉松，每过几周就有一次。许多成功的产品来自黑客马拉松，如点赞、聊天、时间线、视频、移动开发架构等。

在活动前一周，组织者会创建内部wiki，让人们发表新想法，招募团队成员。团队通常是跨职能的，工程师、律师和用户体验设计师会出现在同一个项目中，许多人利用这个机会学习一些新的技能。

下午7:00，活动正式开始。黑客马拉松有一个原则：不能做自己的日常工作，活动的主要目的是激发新点子。“编码胜过了争论”，组织者Keyani说，“你可以为一件事情争上两天，或者你可以在一小时内做好，然后证明你的观点”。

晚上10:00，所有人聚到一起开始享用食物，他们总是从一个固定的地点购买中国菜：Palo Alto的Jing Jing's。到了第二天的凌晨3点，20%~30%的人会睡觉或者回家。随后每过一小时，会有10%的员工走掉。到了早上6点，Keyani会宣布活动结束。

活动结束后将举办原型论坛，供团队成员展示自己的成果。他们有一周的时间进行微调，每队只有2分钟展示时间。Facebook黑客马拉松的成果是显著的，60%的产品在半年内成为现实。[6]

复习一下

1. 基本的创新形式有哪些？请分别进行描述。
2. 举出一些成功的新产品和现有产品改进的例子，再举出一些不成功的例子。

本章要点

1. 范式转移是指新技术或新的商业模式带来了产业结构的革命性变化，从根本上改变了竞争的本质，所有企业必须实行新战略才能生存。当产业中现有技术的改进由于收益递减而减慢，新的颠覆性技术在利基市场中扎下根来，技术范式转移将会出现。
2. 颠覆性技术指的是一项技术在起步时脱离市场主流，然后通过长时间的功能性改善侵入主流市场。它们带来产业结构和竞争的革命性变化，通常会导致现有企业的衰落。颠覆性技术在商业模式上往往意味着价值链的激烈变化和完全不同于以往的成本结构。
3. 组织惰性是导致企业难以改变其战略和组织架构的各种内部和外部因素。组织惰性的形成因素包括认知定式、内部政治约束、组织文化、承诺和能力与外部制度约束。
4. 现有的企业应对技术范式转移的方法包括下赌注于新技术，或建立独立的业务部门来发展新技术。
5. 组织变革是指组织脱离其当前状态，向某种期望的未来状态转变以提高效率和效能。推动组织变革的力量可以分为外部力量和内部力量。一般来说，规划的变革好于反应的变革。
6. 勒温模型将成功的组织变革分为三个步骤：组织解冻、实施变革以及在新架构下对组织的再冻结。
7. 创新是组织开发新产品或服务或为现有产品或服务寻找新用途的有计划的努力。组织创新过程包括创新理念的开发、应用、上市、成长，以及对创新理念成熟与衰退的管理。
8. 创新可能是激烈的或渐进的；可能是技术的或管理的；可能是产品的，也可能是流程的。组织创新失败的主要原因是缺乏资源、错过机会和抗拒变革。在组织中推动创新的 3 种具体的方式是奖励系统、组织文化和内部创业。

批判性思考与讨论题

1. 请举出 3 个在你看来正在发生技术投资收益递减的产业。
2. 在课文之外举出 2 项颠覆性技术，它们如何取代传统的产品和技术？
3. 范式转移不一定发生在高技术领域，请在传统产业中找出一个范式转移的例子。分析这一范式转移的结果。
4. 哪些因素或事件会导致组织变革？其中哪些因素或事件是规划的变革？哪些是反应的变革？
5. 规划的变革和反应的变革有何不同？规划的变革有何优势？
6. 下面列出的产品分别属于哪三种创新形式（激烈或渐进，技术或管理，产品或流程）。

☐用在线平台组织员工培训。

☐虚拟组织的流行。

☐用医院里常用的 MRI 扫描仪检查航班行李。

□结合手机与手提电脑的特性、能够上网的设备。
□能够做人手无法做到的精密手术的机器臂。
□混合型动力车，混合使用汽油和电池。
□用游戏教授士兵规划和实施战斗。

7. 假设你是一家组织的经理，你的组织一直按某种方法完成任务，现在它必须对此作出变革。应用勒温的模型说明你需要采取哪些步骤来实施变革。再运用更复杂的方法说明你将采用哪些步骤。请在上述每一步骤中举出具体的例子。
8. 回忆过去教授宣布一项变革而学生们不愿意的例子。学生为什么抗拒变革？教授后来是否克服了学生的抗拒？如果是，请问他是如何做到的？如果不是，请说明他应当怎样做？
9. 有的人抗拒变革，有的人则欢迎变革。对于前者，问题在于如何克服抗拒变革；对于后者，问题在于如何适应稳定。对于遇到后面这种情况的经理，你会有哪些建议？
10. 组织内某一部分的变革——例如技术——不会导致组织其他部分的变革，这有可能吗？如果你认为组织某一方面的变革必然导致另一方面的变革，请举出一个例子。如果你的看法相反，也请举一个例子。
11. 研究某组织内发生的一个真实的创新，可以通过实地采访，也可以从互联网上获得资料。描述创新的过程，实际的创新是否遵循本章所描述的理想过程？为什么？
12. 请在网络上查询华为总裁任正非 1999 年在华为 IPD 项目动员会上的讲话。华为在解除冻结时采用了哪些方法？哪些比较有效，哪些可能不太有效。你可以提出其他补充的方法吗？

学习伴随案例练习

根据你所选择的组织的资料，以小组为单位对其管理活动进行讨论。回答下面的问题并向全班报告。

1. 在你跟踪的组织中，是否存在组织惰性，有哪些表现？
2. 选择这家组织的一项技术，分析这项技术位于技术发展 S 形曲线的哪个位置？
3. 组织所在产业近期是否发生范式转移？如果是，组织是如何应对范式转移的？
4. 这家组织是否经历过成功的组织变革？用勒温模型分析这一过程。
5. 描述组织的一项创新产品位于创新的哪一阶段。
6. 组织采用哪些方法来鼓励创新？效果如何？

综合讨论题

决策技能是管理者正确地识别和定义问题与机会以及选择合适的路径解决问题和利用机会的能力。本练习帮助你练习与组织创新有关的决策能力。

假设你是一家风险资本公司的经理。你的公司积极地寻找有潜力的技术改善项目，为新企业提供融资、顾问和专家服务以换取企业中的部分股权。如果新的理念最终成功上市，你的企业将赚钱，因为股份将增值。你的报酬和职位取决于能否选择正确的理念和向发明者提供适当的帮助。

1. 从互联网上找出 5 个有希望的新技术项目（可以访问技术新闻网站，也可以访问创新企业的网站，或简单地用“技术风险资本”作为关键词搜索正在投资于新技术的企业，并了解其顾客），选择你最感兴趣的新技术。

2. 描述创新目前处于哪个阶段。解释你是如何得出这一结论的。

3. 为了新企业的成功，这一理念的发明者需要哪些建议和专家服务？

结尾案例

SalesForce 的人工智能突围

Salesforce 是一家随需应用的客户关系管理（CRM）平台，总部在美国旧金山。公司采用在线服务、分时计价的方式，用户不需要购买硬件、开发软件等前期投资以及复杂的后台管理。[7]

SalesForce 能够帮助企业管理和分析市场数据，提高销售人员的工作效率。过去几年，它收购了大量人工智能公司，通过应用 AI 技术来提升其价值创造能力，其主要创新是名为爱因斯坦的机器学习技术。

Salesforce 推出了两项面向电子商务自动化平台的 AI 服务，帮助零售商更有效定位在线购物者。一项服务名为爱因斯坦推荐应用接口（Einstein Recommendations API），它采用人工智能生成量身定制的购物推荐，让零售商能够将网站上显示的同类型的个性化产品建议推送到数字渠道中。

为满足个性化购物需求，企业通常提供智能推荐引擎。如果顾客搜索某种夹克，可以推荐相似的款式，或者配套围巾和手套。Salesforce 还允许开发人员嵌入这种能力，在任何应用程序中推荐产品，无论是地图、社交还是移动。

有了这项技术，购物推荐可能会出现在开发人员认为在地图应用上有意义的任何地方。购物者可以看到商品所在的商店，显示商店在地图上的位置，甚至可以将其嵌入乘车共享应用程序中规划路线。Salesforce 说，智能购物体验会使销售额增加 7%~16%。

另一项服务名为爱因斯坦视觉搜索（Einstein Visual Search），让购物者能够通过他们关注的特定商品的照片，更快地搜索零售商的在线目录。该服务采用的机器学习算法可以分析图像以识别匹配的产品，如果没有完全匹配则找出最相似的产品。

这项技术可以帮助顾客省略过去烦琐的搜索程序，只要有照片，就可以通过视觉搜索算法立刻识别并且提出建议。它减少了用户的数据输入，在移动设备上，这是很大的优势。

若单论搜索实力，微软、Google、Amazon 等大公司可能胜出一筹，但 Salesforce 在销售线索排名这项业务上占有优势。SalesForce 发现，企业内部销售代表每天仅花费 32% 的有效时间进行销售工作。一项名为高速销售（High Velocity Sales）的服务可以帮助销售代表提高效率，其功能主要分为两项。

第一项功能是销售节奏（Sales Cadences）。管理者可以为销售团队构建自定义的活动序列，可以在 CRM 中构建最佳实践，指导销售代表完成销售过程，例如告诉他们何时发送电子邮件以及标记电话。

第二项功能称为工作队列，可以在 Sales Cloud 中创建优先级的电子邮件和呼叫列表。此列表基于销售节奏和销售机会评级的技术，使用机器学习来确定最具潜力的潜在客户。传统上，销售人员要花大量时间用来分析销售机会。如果知道了销售机会的优先顺序，他们就可以大幅提高工作效率。

爱因斯坦智能模块以一个小边栏的形式出

现在SalesForce产品基本屏幕的最右边，能以诸如“很可能接近成交”等标准将销售线索排序。爱因斯坦也可以帮营销人员制作一份庞大的公关电子邮件清单，根据客户打开电邮的可能性列出联络客户的优先顺序。

Salesforce公司的产品营销主管Ally Witherspoon介绍了一个太阳能电池板销售团队的例子。这个团队运用一种机器学习工具发现，在预测客户是否认为自家屋顶适合安装太阳能电池板时，有一个关键因素。采用一种深度学习的程序可以查看人造卫星对不同房产拍摄的照片，从而根据屋顶的几何结构自动将相关住房分类标注。

企业往往缺乏必要的能力建立自己的深度学习模型。Einstein项目的总经理John Ball说：“全球没有那么多数据科学家，没法创建我们所需的一切预测模型。SalesForce擎天柱系统能够帮助企业客户自动创建机器学习模型，不再需要数据科学家在每个新模型问世后守在它身边，花上几周时间培训模型提供优质答案。”Salesforce公司的数据科学主管Shubha Nabar说，擎天柱系统本来是SalesForce内部使用的模型创建工具，已经有上千种应用。

Salesforce将擎天柱系统纳入公司云应用，客户只要点击“应用盒子”就能启动该功能。用户可以拓展爱因斯坦的功能，覆盖更多定制化的数据。有了点击式界面，即使用户不是程序员也能定制应用。“我们希望允许管理员预测任何一个领域的任何对象，不是只有数据科学家才能预测，甚至都不必是开发者。”Ball说道。

行业专家Domingos认为Salesforce的方向是正确的公司走对了路：人工智能革命发展到这个阶段，和通过算法提高一点效率相比，让更多人得到基本工具能获得更多收益。[8]

由于掌握大量的用户数据，人们对SalesForce这类企业在应用人工智能中的商业伦理问题感到担心。首席科学家Richard Socher说，算法无法超过培训数据，“假如数据存在一些不理想的人类偏见，人工智能就会染上那种偏好。你再启用自动化，它就会无数次重复同样的错误。因此要非常小心。”[9]

结尾案例讨论

1.SalesForce人工智能属于颠覆性技术吗？为什么？

2.SalesForce人工智能创新可能有怎样的风险？

3. 传统企业在应用人工智能时可能遇到哪些困难？

开篇案例讨论题

1. 戴森的创新主要是渐进性创新还是颠覆性创新？

2. 在你看来，戴森创新的基本经验有哪些？

3. 戴林创新模式的主要风险有哪些？

4. 你能想到还有哪些产业可能应用戴森的创新方式？

自测题

1. T F 颠覆性技术总是很快取代现有技术。
2. T F 组织惰性妨碍组织实行新技术所需要的商业模式。
3. T F 组织变革是一个非常简单的现象。
4. T F 技术的自然限度是指绩效不再改善的时期。
5. T F 内部创业是在大型组织内部发起创业。
6. IBM 公司的打字机曾经是最畅销的品种之一，但是，在 IBM 公司开始生产和营销 PC 之后，打字机从市场消失了。PC 是一个什么样的例子
   a. 颠覆性技术
   b. 渐进的创新
   c. 管理的创新
   d. 应用创新
   e. 创新衰退
7. 要有效实施变革，管理者必须理解变革过程中经常伴随的抵制现象。下列哪一项不是抵制变革的原因
   a. 不确定
   b. 威胁自身利益
   c. 不同的感受
   d. 失落感
   e. 教育不足
8. 体育用品商李某估计不久之后他的竞争对手将在街道对面开一家新的零售店。有了这样的预期，他开始设计和实施产品差异化的战略。这样的例子就是
   a. 反应式变革
   b. 规划的变革
   c. 零散变革
   d. 勒温式变革
   e. 机会主义变革
9. 在创新过程中，对新产品或服务的需求大于供应的阶段称为
   a. 创新应用
   b. 应用上市
   c. 应用成长
   d. 创新成熟
   e. 创新衰退
10. 下列哪一项不是组织创新失败的常见原因
   a. 资源匮乏
   b. 未能把握机会
   c. 内部创业能力不足
   d. 抵制变革
   e. 上述所有

本章注释

[1] https://www.inc.com/sonya-mann/wework-company-year-2017.html.
[2] https://rctom.hbs.org/submission/why-wework-works-so-well/.
[3] Https://www.nytimes.com/2018/02/17/business/the-wework-manifesto-first-office-space-next-the-world.html.
[4] Foster，Richard N..Innovation：The Attacker's Advantage[M]. Summit Books. 1986.
[5] https://m.mp.oeeee.com/a/BAAFRD000020171126 59265.html.
[6] https://www.facebook.com/notes/facebook-engineering/stay-focused-and-keep-hacking/10150842676418920/.
[7] https://siliconangle.com/2019/01/14/salesforce-strengthens-commerce-cloud-new-artificial-

intelligence-apis/.
[8] https://36kr.com/p/5101791.html.
[9] https://www.salesforce.com/blog/2018/11/ethical-ai-is-a-mindset-not-a-checklist.html.

20

CHAPTER 20

组织中的冲突与谈判

本章学习要点

- 组织冲突
- 组织内冲突的管理
- 谈判：冲突管理的艺术
- 组织中的政治行为

看来这个部门发生了内部冲突。

开篇案例

专家与管理层的冲突：一个真实故事

据 CPP 公司发布的一份研究报告，85% 的美国员工报告自己遇到了职场冲突，每周大约花 2.8 小时处理这些冲突，在 2016 年，这相当于价值 4340 亿美元的工时损失。只有 31% 的管理者认为自己能够有效处理冲突，而在员工眼中，这一比例还要低得多。[1] 美国公共大学商学院教授 Jim Lint 介绍了一个他亲身经历过的组织内部冲突。

一个军事部门在安全核查的过程中发现，有一位上了年纪的员工出现了偏执狂的精神症状。员工的主管将情况反映给经理，他们为这名长期表现优良的员工提供心理咨询。

经理与员工关系管理办公室联系，报告这名员工在办公室里面的破坏行为。其他员工担心这名老员工会带武器到办公室用作自卫。他们这样想是有道理的，因为当时正好发生过广泛报道的枪击事件。

这名员工的经理们开始感到紧张，有些人想找各种办法让这名员工离开工作场所，同时又不违反联邦公务员管理规定。他们考虑吊销她的安全许可，这样就可以终止她的雇用合约。不过，他们也知道，这名员工有 30 年服务历史，工作出色，目前仍然做得很好，因此不能用绩效的理由解雇她。

一个月后，办公室气氛变得越来越紧张，经理们前往安全部门讨论能否吊销安全许可，他们已经在本地暂时中止了这名员工的安全许可。现在，出现了一名没有安全许可的员工，只能完成一部分工作。吊销安全许可和中止不一样，必须有充足的理由并且满足一定的标准，是一个严格的程序。

吊销安全许可可能毁掉一名公务员的职业生涯，因此程序中包含内生的保护。经理必须提供理由，精神和情绪稳定属于可以吊销的理由。发现精神或问题的员工必须由医生来诊断，决定是可治愈的还是暂时性的。这个过程可能需要比较长的时间

这名员工的经理向组织内首席人事安全专家施压，要求尽快解决。专家很有经验，在组织内外声誉很高。当专家受到压力时，他向上级提出走快速流程。由于没能从上级获得支持，这名专家陷入紧张，他担心会发生枪击事件。

专家知道他不能硬给这名员工安上“疯子”的标签，然后将她清理出去。因为他了解规则，不会做侵害员工权益的事情。在安全部门的经理们看来，这一事件已经交给一位熟知规则的专家处理。而在专家看来，这个案子是他所负责的 1300 项类似事件中最为重要的一项。安全部门经理对专家要求快速处理的建议没有额外留意，他们认为专家自然会采取任何必要的合法措施。没有人考虑到需要采取法律行动。在领导眼中，专家所说的“紧急”只是工作中的一种情绪发泄。

然而安全专家无所作为却进一步加大了办公室经理的压力。人事部门专家告诉安全专家，终止雇用的最快方法还是由办公室经理用例行的管理工具，而不是借助吊销安全许可。人事部门之所以这样讲，是因为他们发现吊销安全许可并不像人们以为的那样容易。

两天之后，安全专家给更高层领导发去一封不寻常的信。在信中，他说自己对安全部门领导表示失望，他很担心那名年长员工的情况，枪击事件可能在这里重演。他要求采取行动，但没有说是什么行动。安全专家本身十分紧张，他也能够感受到办公室经理的紧张，后者还在努力寻找快速解决方案。

领导收到邮件后非常吃惊，因为他认识那位年长的员工已经有10多年了。他们没有可选的法律行动，专家也知道，除非完成医学检查，否则不可能启动高层裁决机制。这位领导深知高层裁决机制所需要的时间和信息量。

从这个案例中可以看到专家所面临的各种竞争性、非合作的要求，年长的员工，办公室经理、安全部门经理。安全部门经理以为只是组织内部事务，而未能考虑到安全专家头脑中所想到的外部环境威胁。安全专家专注于这一危机事件，没有考虑到领导们手中还有其他各类待处理的紧急事项，它们同样会对组织构成威胁。富于讽刺意味的是，在安全部门没有人知道组织的高级律师已经在着手处理这一事件。在专家发出投诉邮件的前一天，高级律师已经安排了与办公室经理的会议。

高级律师还规划了办公室经理可以采取的行动路线，不需要雇用吊销安全许可程序。在这种情况下，可以采用常规管理工具来处理。在高级律师领导下，办公室经理们按照人事政策向这名员工提供了一系列选择，包括提前退休。常规的人力资源政策工具中有不少可以用于解决当前的问题，能够让员工获得医疗保障，并且不会因此而失去其长期优良服务所获得的福利。这也正是这一系统设计时的目的，结果总算是皆大欢喜。[2]

冲突是组织中的日常情景，做好冲突管理是组织管理中的一项重要课题。本章讨论三种重要的组织过程。首先是组织冲突的类型、来源和管理组织冲突的策略选择。谈判是解决组织冲突的主要方法，我们会讨论谈判的过程以及谈判方案的设计与实施，介绍议价区间模型和整合式讨价还价策略。最后，我们会介绍组织政治以及管理者们的政治策略选择。

20.1 组织冲突

冲突是我们在日常生活中十分熟悉的场景，也是组织活动中不可避免的一种人际关系的形态。本节研究组织内部的冲突如何影响整体绩效，还将探讨个体间冲突和群体间冲突以及组织与环境冲突的原因。

组织冲突

组织冲突（organizational conflict）是指当组织内部个体或群体间的目标、利益或价值观相互间不相容，导致个体和群体间出现阻碍对方实现目标的行为。冲突是组织生活的一部分，因为组织中不同利益相关人（如经理层和员工）之间的目标很可能是不相容的。同样，不同部门、事业部之间或不同的经理之间也可能为了争夺资源或晋升的机会而产生冲突。

通常情况下，人们不欢迎冲突，因为冲突意味着对抗、敌意、不快和争执。事实上，管理者和管理学家过去一直认为冲突是一种应该避免的问题。然而，近年来人们的看法发生了改变。尽管冲突可能导致严重的问题，但有些冲突也可能是有益的。例如，当组织决策层在应当将资源投入哪种新产品的问题上发生分歧时，意见不同的各方都要更仔细地研究自己的观点、更努力地支持自己的观点。通过更系统的分析和讨论，决策团队可以制定更好的决策，这远比表面上取得一致而实际上没有仔细分析要好。

只要冲突的形式是诚恳的或建设性的，它在组织中很可能带来正面的效果。另一方面，如果工作关系由于冲突而受到破坏并且冲突达到了破坏性的水平，则它可能是机能障碍的，必须进行调整。这一类型的冲突，我们在后面还会讨论。

管理者必须发展有效管理冲突的技能，组织内部冲突的程度对于组织的绩效可能有影响。直觉上，人们会认为组织冲突有损组织的绩效，但实际情况则相对复杂一些。图 20.1 中的曲线描述了组织冲突水平与绩效之间的关系。在图中的 A 点，组织中没有冲突，绩效因此受到损害。这是因为，没有冲突可能意味着管理者过分强调统一性，而牺牲了对新思想的容忍，或表现出对抗变革的倾向，这样的组织一味地追求相互同意，无法做出有效的决策。

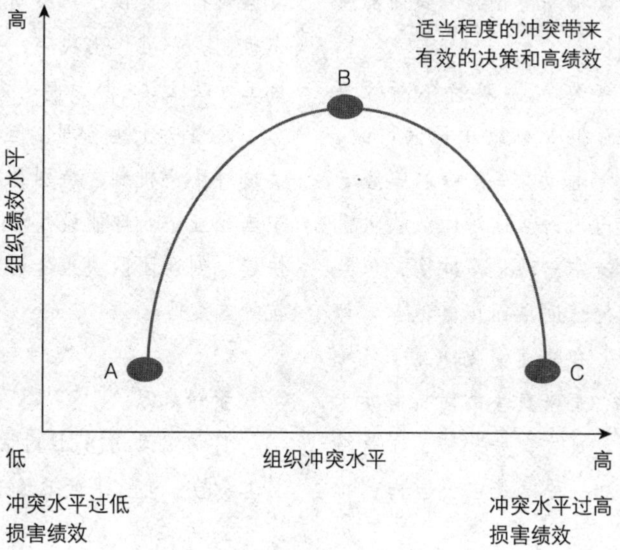

图 20.1　组织冲突水平与绩效

接下来，在曲线上由 A 点移动到 B 点。我们发现，组织的效能在这一过程中出现了上升。最优冲突水平的含义是，管理者们对不同看法持宽容和鼓励的态度，乐于寻求不同的方法来改进组织的功能和效能。在这样的组织中，争论和异议被视为有效决策的一部分。当曲线从B点移动到C点时，组织中的冲突水平提高，绩效受到损害。这是指剧烈冲突导致组织功能失效的情形，管理者们为了实现自己的而不是组织的目标不惜浪费组织的资源，他们更关心的是赢得内部政治斗争而不是如何提升组织的竞争优势，决策的目标是为了打败内部竞争者而不再是关注决策的有效性。

管理行动专题

英特尔公司的建设性对抗

“处理器的缺货问题，要到何时才能解决？原因到底是什么？您认为这可以说服客户吗？”这是一次典型的英特尔会议的情景，发问的是一位加入公司才3个月的基层工程师，而被问的，是CEO保罗·欧德宁。这种带有火药味的会议就是英特尔公司所倡导的独特的“建设性对抗”问题解决机制。它要求团队成员打破职位等级限制，在讨论中采取相对激烈的对抗方式。前CEO安迪·格鲁夫主持会议时经常以相当粗暴的方式向部属提问，刺激下属对抗。

“有对抗，才有沟通，”英特尔高管黄逸松说。“我们反而担心组织意见太一致，容易僵化，没有创新能力。”英特尔曾经专门请过一些咨询公司来评估这种团队决策机制，结论是虽然交流中出现很多冲突，但英特尔公司解决问题的速度反而比其他公司都快。英特尔意识到，在快速变化的竞争环境下，这种不顾情面、直来直去的对抗有助于提高团队决策质量，建立竞争优势，于是将“建设性对抗”作为一种模式在公司内部推广开来。

针对这种机制可能对员工关系和管理控制的冲击，英特尔建立了一套规则，让对抗具有建设性，包括界定对抗本质、有效针对对抗进行沟通、明确达成协议并执行，避免员工无止境、无目标的对抗。英特尔中国区总裁陈伟锭介绍说，在英特尔，人力资源部门有责任确保每位员工都知道如何去实践这种对抗。例如准备充分的相关数据来支持自己的观点，要以最及时的方式来行动，而不是等到事情失败之后。同时，英特尔还为“建设性对抗”提供了“不同意但可执行”的补充机制。一旦作出决定，那么持反对意见的员工可以保留意见，但是必须高效执行。

尽管听上去合理，但极少有团队敢于尝试这种决策机制，特别是在注重人际和谐的中国企业中。你能设想出其他同样能够实现快速、创新团队决策，而又不必产生人际对抗的方案吗？

资料来源：

1. 何宝荣．建设性对抗、冲突管理，沟通，员工参与［N］.21世纪经济报道，2010-09-14.

2. 旷文琪．建设性的吵架，激出创意火花［J］．商业周刊，2006（6）.

对于管理者来说，组织冲突是管理的对象而不是消灭的对象。管理者们应当努力将组织冲突控制在适度的和保持组织功能的水平，从而促进有益于组织的变革。当然，什么是最适合的冲突水平取决于情境和参与者。此外，管理者们还应当将冲突引导和控制在组织基本的、任务相关的主题上，而避免个人间的敌意。当然，为了更好地管理冲突，管理者必须了解冲突的类型、冲突的来源以及熟悉有效控制冲突的策略。

冲突的类型

冲突可能出现在人际关系中，也可能出现在群体间的关系中。有时人际冲突和群体冲突可能是由特殊的组织战略和行为引起的。第三种冲突是组织和环境间的冲突。图 20.2 描述了几种主要的冲突类型。

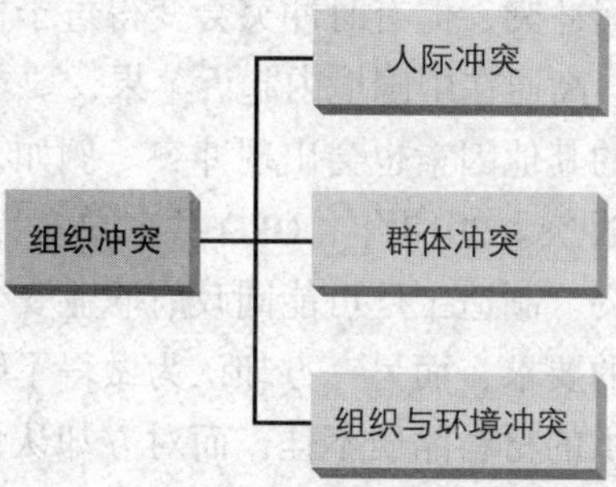

图 20.2　组织冲突的类型

人际冲突。由于成员在知觉、目标、态度等方面的差异，个人间的冲突在任何组织都是不可避免的。

人际冲突的常见原因是许多人所说的“人格撞击”——不信任对方的动机、不喜欢对方或就是不能相处。冲突可能来自不同信仰、对组织或自己工作的某些方面的不同看法。例如，为了增加单店的销售收入，星巴克 CEO 吉姆 · 唐纳德决定在店内向顾客提供早餐三明治，然而公司创始人舒尔茨却认为加热三明治时奶酪发出的味道可能破坏咖啡香味的纯正，从而影响星巴克咖啡核心价值。与此相似，在讨论组织是否存在性别歧视的问题上，男性经理和女性经理的看法可能会不一样。

冲突还可能由于个体间过度竞争而产生。例如，两人竞争同一份工作，他们可能会求助于政治行为来取得优势。如果他们都认为对方的行为不适当，相互的指责将不可避免。即使“赢家”已经决出，但双方的冲突仍然会导致人际关系持续紧张，特别是在挑选“赢家”的标准模糊或可以从不同角度进行解释的时候。

群体间冲突。群体间冲突也是非常普遍的现象。例如，公司的营销部门可能在产品品质和交货期方面同制造部门产生分歧。两个销售群体可能在如何实现销售目标方面意见不一致。两个经理群体也可能在如何分配组织资源方面产生争议。许多群体间冲突是由于组织原因而不是个人原因造成的。例如，在组织流程中，工作从一个单位转到下一个单位。如果前一个单位向后一个单位提供了太多的工作（导致后者工作落后）或提供的工作太少（导致后者无法完成任务）或工作品质不佳，群体间的冲突将会发生。在一家百货公司里，仓库和销售部门之间发生了冲突。销售部门认为仓库送货不及时，影响贴价签和上架。而仓库员工则反过来指责销售部门没有预留准备时间，何况他们还有其他工作。

就像个体间目标差异一样，不同的部门也有不同的目标，而且这些目标往往是不相容的。营销部门的目标是销售最大化，希望提供多种多样大小、形状、色彩和类型不同的产品，但制造部门的目标则是成本最小化，希望大量生产少数几个品种。对稀缺资源的竞争也会导致群体间冲突。大学、医院、政府机构和夕阳产业中的企业往往资源非常有限，不同的部门之间经常为争夺资源而发生冲突。

组织与环境间的冲突。组织与另一个组织间的冲突被称为组织间冲突。企业竞争就是一种组织间冲突，但有时冲突会变得过于极端，甚至对簿公堂。由于专利授权方面的冲突，高通在中国境内起诉苹果，要求禁售多款 iPhone。

组织和环境中的其他因素也会出现冲突。例如，组织可能和消费者之间就某项产品的索赔发生冲突。2018 年，OFO 共享单车因为退押金流程时间过长而与消费者之间发生冲突。制造工厂可能同政府职业安全部门发生冲突，一方认为自己已经遵守了政府的要求，而另一方却认为做得不够。企业也可能同供应商发生冲突，认为对方提供的材料品质不佳，而对方却认为这些是合格品。最后，经理和员工群体之间也可能发生冲突。经理认为员工群体工作不力，而员工群体则认为自己做得很好，问题出在经理缺乏领导能力。

冲突的来源

组织冲突的来源可能有很多种，包括不同的目标和时间表、权力重叠、任务相依、不同的评估或奖励系统、资源稀缺和地位不一致。如图 20.3 所示。

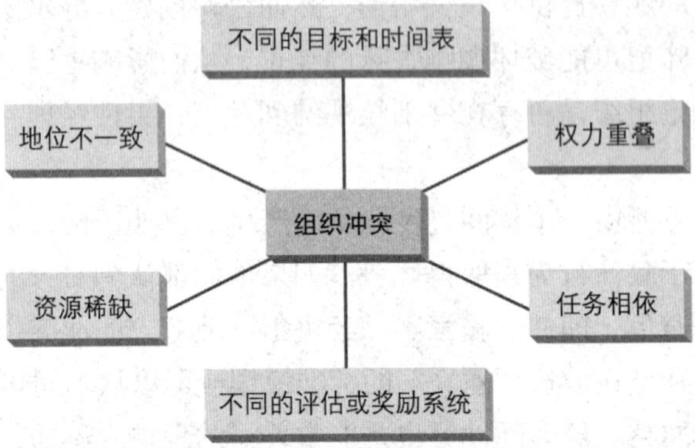

图 20.3　组织冲突的来源

- □**不同的目标和时间表**。管理者的一项重要活动是组织人员和任务以实现组织的目标，在这一过程中，会出现不同的部门，形成不同的部门使命和时间表。例如，生产部门注重效率和成本，而营销部门则注重顾客反馈。假定顾客要求缩短订单处理时间，对销售直接负责的营销部门自然愿意满足顾客的要求。相对于成本增加，失去订单的损害会更大。但生产部门很可能不这么看，因为这意味着打乱原有的生产计划，重新安排采购和工人的排班。尽管两个部门管理者的行为都是合理的，但冲突却由此产生。
- □**权力重叠**。当两个以上的管理者或部门声称对同一个任务拥有管辖权时，冲突将很难避免。例如，多事业部的企业向同一家顾客进行销售和服务。如果这家顾客对不同事业部收入的贡献不一样，低收入贡献的事业部在提供服务方面投入资源会相对少一些。这样做可能损害顾客体验，引起高收入贡献事业部的不满，导致部门间冲突。
- □**任务相依**。如果某项任务依赖于其他人，无论是其他的部门、小组或小组内的其他人，而此人的时间表不能配合你的任务需要，那么在你们之间就可能发生冲突。当营销部门已经制订了产品上市计划之后，研发部门的滞后可能导致两者间严重的冲突。
- □**不同的评估或奖励系统**。研发部门追求技术上的先进，营销部门希望增加产品功能，而生产部门则对成本负责。不同的评估系统导致部门之间产生冲突。组织从外部引进的空降兵高管往往在薪酬上高于原来的组织高管，也会引发冲突。
- □**资源稀缺**。组织资源是有限的，不同部门为了实现各自的目标而产生的冲突在任何组织中都是很常见的。
- □**地位不一致**。组织中的地位不一致也是冲突的来源。例如，在餐馆中，厨师的地位通常被认为高于服务生。然而，服务生却是将顾客要求或批评传达给厨师的人。在此过程中，冲突同样很难避免。

复习一下

1. 冲突的定义是什么？解释冲突与绩效的关系。
2. 冲突的来源主要有哪几种？

20.2　组织内冲突的管理

前面介绍了组织中各种冲突的性质和冲突发生原因。那么，管理者应当如何应对所有这些潜在的冲突？由表 20.1 可知，有一些方法可以激发建设性的冲突，在冲突爆发之前加以控制并且在爆发之后加以解决。下面我们就来看看这些解决冲突的方法。

表 20.1

管理冲突的方法

激发冲突
增加个体和团队之间的竞争
请外来者帮助打开局面
改变现有的程序
控制冲突
扩大资源的基础
加强依赖的协调
建立高远的目标
人格与员工工作习惯的匹配
解决和消除冲突
避开冲突
说服冲突各方和妥协
召集冲突各方面对冲突和谈判解决

激发冲突

在某些情境下，组织可能会通过将个体或群体置于竞争性环境中，从而激发冲突。经理们可能会组织销售竞赛，制订激励计划，提供奖金或其他竞争激励品以激发竞争。只要基本规则是公平的并且参与者感受到公平，竞争所激发的冲突就将是建设性的，因为每一方都会努力获胜（从而提高组织某些方面的绩效）。

激发冲突的另一个有用方法是在群体中加入一名或多名外来者帮助打开局面，他可以提出关于组织行动的新观点。外来者可以是新员工、现有工作群体中的员工或者临时聘用的顾问。当然，这样做可能导致认为自己更适合的内部人的反感。

变革已经确立的程序，特别是那些已经过时的程序，也可以激发冲突。这样的行动可以促使人们重新评估自己完成工作的方式及他们的做法是否正确。例如，一位大学校长宣布，所有空缺出来的职位都要提交书面申请，经过他批准之后才能聘用。校长和系主任之间因此出现了冲突，后者认为这项规定让他们承担了多余的案头工作。尽管绝大多数要求都得到了批准，但是，这一程序迫使系主任们在用人之前进行思考，从而取消了一些不必要的职位。

控制冲突

控制冲突的方法之一是扩大资源基础。假定一位高管只有 900 万元的预算，却收到两份各为 500 万元的预算请求，那么冲突必然会发生。任何一方都觉得自己应该获得充分的预算，得不到就会不满意。在这种情况下，除非高管能够证明预算请求可以压缩或能够争取额外的预算，否则冲突将无法避免。

内部协作的改进可以在一定程度上控制冲突的发生，例如在前面提到的那家百货公司，解决冲突的方法也许是向销售部人员提供更清楚的表格，请他们说明所需要的产品和优先顺序。合理的流程安排和沟通机制有助于组织成员间产生正确的预期，能够合理地安排各自的工作，减少冲突的发生。

竞争性目标也可能导致个体和群体间的冲突。有时管理者可以将员工的注意力转移到高层次的、超常规的目标上，从而消除低层次的冲突。财务部门和业务部门之间的冲突是组织中的日常情形，华为总裁任正非曾经将业务部门员工所写的“一次付款的艰难旅程”一文加上批评财务部门的评语下发全公司。文件中并没有给出具体的解决方案，但总裁的态度引发了公司大量业务人员的共鸣，让整个公司提升了对企业目标与流程之间关系的理解。

最后，管理者还可以试图将人格与员工的工作习惯进行匹配来避免个体间的冲突。例如，两位有价值的下属，一位是老烟枪，而另一位是坚决的反吸烟人士，那么最好还是不要将他们放在同一封闭空间里面工作。如果在不能相处的个体间发生了冲突，管理者应当将其中一人或者将两人都转往另外的单位。

解决和消除冲突

不管人们有多么美好的愿望，冲突毕竟是不可避免的。如果冲突对工作环境造成了破坏、导致了过多的敌意和紧张或者对组织造成损害，则必须采取措施解决。有些经理不愿意面对冲突，他们选择回避冲突，希望它能很快过去。对于有些短期的人际冲突，回避可能是一个办法，但是这种做法无助于解决长期的或慢性的冲突。最不可取的做法是“和稀泥”（smoothing）——尽量减少冲突，告诉每个人事情“会变好”。越是掩盖，问题往往越是恶化。

妥协（concession）是在两个极端之间取中间的位置。如果使用得当，这一方法是有效的，但在绝大多数妥协的情况里实际上总是有些人获胜而另一些人则输掉。预算问题是少数几个适用妥协方法的领域，这是因为它的结果是客观的。假设前面提到的那个高管没能弄到额外的 100 万元，现在她只能拿手上的 900 万元来分配，但是双方都想要 500 万美元。如果她确信两个项目都值得资助，则她会各给 450 万元，这样至少双方所得一样多，可以在一定程度上减少冲突。

面对冲突法也称**人际问题解决法**，是指将冲突各方召集在一起共同面对问题。各方讨论他们之间冲突的性质，试图得出协议或方案。面对法要求参与各方具备一定的成熟度，例如愿意从合作出发向对方分享信息。管理者还必须仔细地设置情境结构。如果处理得当，这一方法可以有效地解决冲突。

不论用哪种方法，组织和管理者都应当认识到，想要获得建设性的结果和避免破坏性的结果，冲突必须得到适当的解决。

管理行动专题

冲突调解师

在办公室冲突中，人们收到的是侮辱性言语、眼泪和恨意的沉默。对于企业，这会导致生产力下降、敌意、旷工、病休甚至诉讼。

一些企业引入了冲突调解师帮助他们解决，Felicity Steadman 是一位已经工作了 26 年的英国调解师。在一家律师事务所里，两位非常重要的并且必须在工作中协作的律师已经有 6 个月没说过一句话。一位 20 多岁，一位 50 多岁。起因是年长的律师对年轻律师的工作态度、守时和衣着进行了评论。Steadman 在酒店里订了三个房间，“开始的时候，双方都有一大堆的抱怨、眼泪和负面情绪”。两位律师对事实有不同的描述并且坚持不下，不过还是同意不再追究事实，而是专注于感受。Steadman 帮助双方认识到共同点，她们都是完美主义者，对工作尽职尽责。她们决定采用新的沟通方式，从第二天在办公室打招呼开始。

除了使用一些心理学工具外，调解师还有一些经验之举。例如，在一上午的谈话中不讲条件，专注于调解对象的担心和动机。然后要求调解对象在午餐时想一想他们希望对方如何做，以及自己可以做些什么来改善现状。Steadman 说，午餐回来后两个人所讲的很多是一样的。与人们想象的不同，成功调解的结果通常不是各打五十大板，其中一方不得不做出额外的让步才能重建关系。调解师还要辅导调解对象如何讲话，如何倾听，包括他们的身体语言。

在处理长久积累起来的争论时，最有效的方法是让一方在一开始就挑出一个过去从未放弃过的东西，向对方表达出在今天解决问题的诚意。在道歉时，千万不要说“但是”，给道歉附加任何条件都会破坏其中所包含的正面性。Steadman 说，“所谓调解就是帮助人们说出他们无法说出口的话。他们不能说，是因为太难、太情感化或无法控制其结果。”[3]

她开始怀疑是否还有调解的余地。

复习一下

1. 激发、控制和解决冲突的技术有哪些?
2. 当管理者决定激发冲突时，可能遇到的最大风险是什么?

20.3　谈判：冲突管理的艺术

当卷入冲突的各方拥有相似的权力时，谈判将是解决冲突的一种重要手段。**谈判**（negotiation）是指各方共同寻找新的资源分配方案来解决冲突的过程。谈判可能在冲突双方之间直接进行，也可能通过第三方的协助来进行。这里所说的第三方是指立场无偏向的、与冲突利益没有直接关系的一方，运用其专业能力协助冲突各方形成可接受的解决方案。

议价区间模型

从直观上理解谈判过程的一个简单模型是议价区间模型（bargaining zone model），如图 20.4 所示。[4] 请注意，图中所标出的议价区间反映了非输即赢的情境，一方的所得以另一方的牺牲为前提。不过，这一模型同样可以用来描述双方都能通过谈判获益的情景。

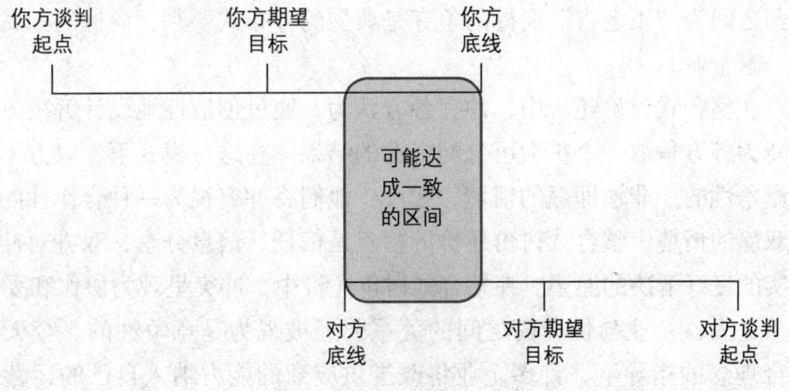

图 20.4　谈判的议价区间模型

在议价区间模型中，谈判双方都会确立三个基本点。谈判起点（initial offer point）是谈判开始时向对方展示的要求。当然，这项要求很可能只是最高目标或不现实的索取。**期望目标**（target point）是指谈判一方认为有可能通过谈判最终实现的目标。**底线**（resistant point）是谈判一方认为无论如何不能妥协的目标。

在谈判中，双方都会从起点开始要价。在绝大多数情况下，谈判双方都知道这只是一个展示立场的环节，双方都会做出妥协以接近对方的目标。如果谈判的情境是非输即赢，则谈判双方都会努力向对方掩饰自己的期望目标和底线。另一方面，他们非常希望能够获得对方的底线，因为这一信息有助于他们判断如何在谈判不破裂的情况下获得尽可能多的利益。

相反，在各方共同努力实现双赢的情境下，谈判的目标变成找出一个创造性的解决方案，让各方都能够尽量靠近自己的谈判起点。在这一过程中，谈判双方努力找到一种方案，让每一方在某些地方损失较小，而在另一些地方则获益较大。例如，企业顾客需要的是降低采购成本，而供应商要想降低成本则需要企业提供更早和更准确的订购信息。如果企业愿意提供这类信息（需要付出一定成本，例如从产品设计阶段就要考虑供应商的方便），则供应商就可以降低生产和运输的成本，进而帮助企业降低采购成本，从而实现双赢。

分布式谈判和整合式讨价还价

谈判可以分为两种主要的类型：**分布式谈判**（distributive negotiation）和**整合式讨价还价**（integrative bargaining）。分布式谈判是指谈判双方认为他们所要分配的资源是“数量固定的”。因此，双方会采取一种竞争性的、敌意的立场。各方都认识到他们必须有所退让，但在这种情况下没有人会愿意放弃自己的利益去满足对方的要求。双方不认为未来他们之间还会有互动，也不在意激烈的讨价还价将会损害个人间的关系。在分布式谈判中，冲突呈现为竞争。2012 年加多宝和广药之间为“王老吉”商标的争夺是典型的分布式谈判，商标的归属权只能是其中一家企业。

在整合式讨价还价中，冲突各方认为，通过创造性地设计解决方案，他们有可能为各方争取一个扩大可分配资源的结果。在这一模式下，双方不会将冲突视为竞争性的、非输即赢的情境，相反，他们将冲突视为一种合作性的、有可能实现双赢的情境。整合式讨价还价的特点是信任、信息分享，双方对冲突都有基于现实的良好解决的愿望。在整合式讨价还价中，冲突呈现为协作和妥协。

过去，企业与供应商之间的关系曾经被视为是竞争性的。今天，在供应链整合理念的指导下，许多企业将改进供应商的能力纳入自己的运营体系中。供应商不再是压榨的对象，而是价值创造的来源。苏宁和国美这样的大家电连锁占据全国家电市场份额的 15%，他们和家电生产商之间就销售数量和价格的冲突从来没有停止过。然而，销售商与供应商也意识到双方存在着通过合作扩大市场的机会。宜家在中国的采购已经占到全球 25% 的比例，每年都会向供应商发布降价指标。但宜家在这样做的时候会和供应商签一个协议，宜家保证采购量，由供应商改造生产。如果采购量达不到，宜家会补偿供应商的改造成本。[5]

如何鼓励整合式讨价还价

可以想象，管理者们都希望将谈判转化为整合式讨价还价，而避免分布式谈判。那么，管理者应当如何鼓励整合式讨价还价呢？我们在此推荐了五种方法，如表 20.2 所示。

表 20.2

整合式讨价还价的谈判策略

强调最高目标
对事不对人
专注于利益，而不是要求
创造共同获益的新选择
强调公平

强调最高目标。最高目标（superordinate goals）是指不论冲突的来源如何，双方都会认可的目标。提高组织的效能、改进客户反应的速度、获得竞争优势，这些都是组织成员共同认可的目标。在谈判中强调这些目标有助于谈判各方保持对宏观图景的认识，无论他们之间有多大的分歧，总体的目标仍然是一致的。

对事不对人。在发生冲突的情况下，人们往往会将愤怒转向对方负责谈判的个人，甚至攻击对方个人的缺点或丑化对方，结果会将冲突转化为个人间的对立。在这种情况下，人们的注意力会从冲突本身转移，认为谈判的结果关系到个人的尊严，谈判的形式很可能转变为分布式的谈判。

专注于利益，而不是要求。要求（demands）是人们想要索取的东西，利益（interests）是人们为什么要索取的原因。在冲突中，双方的要求同时得到满足的情形是不大可能的。然而，双方的主要利益却是有可能实现的，找出实现的方法就是整合式讨价还价的目的。

创造共同获益的新选择。当冲突各方将注意集中在利益而不是要求之后，他们将有机会寻找创造性的、能够令双方获益的解决方案。所谓的双赢（win-win），指是冲突各方不应当局限于原有的一套解决方案，而应当致力于提出有可能扩大可分配资源的创新方案。

强调公平。冲突各方对于什么是自己的主要利益、如何扩大自己的成就有不同的看法，这是很自然的。然而各方对于什么是组织内或组织间公平却有可能有一致的看法。强调公平可以帮助各方找到能够共同接受的最佳方案。

管理行动专题

福列特谈建设性对抗与整合谈判

玛丽·帕克·福列特（Mary Parker Follett, 1868–1933）是一位对管理学理论做出重大贡献的先驱者，德鲁克称她为“管理学的先知”。今天为我们所熟知的“建设性对抗”思想就出自她在1925年的一系列演讲。

福列特总结了解决冲突的三种方式：压制、妥协和整合。所谓压制（dominance），就是指利用权威来做出决定，解决冲突。这样的解决方案以一方获胜为结果，只不过是一种短期的解决，就像是战争，往往埋下未来冲突的根基。妥协（compromise）是指为减少摩擦双方都做出让步的情形，妥协往往让双方都不满意，因为它们各自都失去了有价值的东西。福列特认为建设性的解决方式应当是整合（integration），即指创造性地将双方的基本利益和期望体现在解决方案中。福列特给出的例子是在图书室里，有人想打开窗户透气，但坐在窗户边上的人却不愿意受风。在这种情况下，压制和妥协都不好，整合的解决方案则可能是将临近房间的窗户打开，这样双方的期望和利益都可以得到满足。整合的前提是新的想法，能够让各方的利益得到更好的满足，改进了当前的状态。

福列特指出，妥协尽管是最常见的方式，却是一种不稳定的解决方案，因为利益受损会导致各方在一段时间之后再次发起争取利益的行动。而整合则意味着双方的利益都得到体现，尽管未来还会有冲突，但由于之前的冲突已经得到解决，未来冲突就会上升到更高的合作层面。[6]

复习一下

1. 议价区间模型的三个基本点是什么？
2. 促进整合式讨价还价的策略有哪些？

20.4 组织中的政治行为

组织中的政治行为

在组织中，行为影响的另一种常见方式是政治行为。**政治行为**（political

behavior）是获得、发展、使用权力和其他资源以取得自己所偏好结果的活动。在管理者计划组织重大变革时，政治行为尤其常见。他们不仅需要为变革争取支持，还要影响组织成员采取新的行为方式，克服那些认为自己在变革中受到威胁的员工的抵制。

政治行为可以在管理者和下属之间发生，也可以在下属和管理者之间以及管理者、下属和同级同事之间发生。换句话说，政治行为的指向可以是向上的、向下的或水平的。从制造工厂的选址到会议议程的控制，各种决策都会受到政治行为的影响。在任何情况下，个体都可能会为了扩大自己的利益、保护自己、实现他们认为最符合组织利益的目标或仅仅为了获得和操纵权力而卷入政治行为。追求权力的行为可以是个人的、群体的或更大的集团性的。

由于政治行为的敏感性，研究政治行为比较困难。早期的调查发现，许多经理认为政治影响自己所在企业的工资和聘用决策。许多人认为上层更容易出现政治行为。超过一半的受访者认为，组织政治是不好、不公正、不健康和不理性的。但绝大多数人认为，成功的高层经理必须是优秀的政治家，并且在工作中需要运用政治技巧。

常见的政治行为

研究指出，组织中常见的政治行为有 4 种基本形式。第一种政治行为是**引诱**（inducement），一位管理者许诺给予他人某物以换取此人的支持。例如，产品经理向另一位产品经理建议如果对方支持他的新营销方案，则他可以在对方的老板面前替对方说好话。

第二种政治行为是**说服**，运用逻辑和情感。一位运营经理想要在某地建一个新厂，他可以站在客观和逻辑的立场上说服他人（成本低、税负低），也可以诉诸主观和个人的情感。

第三种政治行为是**创造一种义务**。例如，某位经理可能支持另一位经理的广告方案。尽管他实际上对广告方案没有意见，但他认为自己在这样做的时候向其他经理提出了义务，在将来需要支持的时候他可以“提取”这种义务。

第四种政治行为是**强制**。强制是用强迫的方式实现自己的目的。例如，经理可能威胁撤回支持、奖励或其他资源来影响他人。

形象管理

形象管理是一种微妙的政治行为，应当给予特别的重视。**形象管理**（impression management）是有意识地和直接地强化自己在他人眼中的形象。人们出于许多理由进行形象管理。例如，他们可能为了自己未来的职业前途而这样做。通过改善自己的形象，他们认为更有可能获得奖励、更好的工作安排和提升。人们也可能是为了自尊而进行形象管理。如果在组织内拥有巩固的形象，其他人会通过顺从、尊敬等形式表达他们对这种形象的意识。形象管理的另一种原因是获得更多的权力和控制能力。

人们试图通过各种方式管理他人对自己的看法。外表是人们想到的第一件事。因此，受到形象管理激励的人可能花很多时间选择服装、语言、礼仪和身体姿态。对形象管理感兴趣的人会倾向于只同成功的项目建立联系。因为加入由高度成功的经理所领导的高级别项目可以在他人心目中将个人同项目联系在一起。

过度的形象管理可能导致不诚实与不伦理的行为。例如，有些人将他人的工作据为己有以使自己面子上好看。他们有时会夸大或误导个人成就以加强自己的形象。

政治行为的管理

从本质上说，政治行为很难从理性和系统的角度进行分析，但管理者可以对政治行为进行管理，限制其危害。第一，管理者应当认识到，即使他们的行为不受政治激励，其他人仍然会这样认为。第二，通过向下属授予自主权、责任、挑战和反馈，管理者可以减少下属的政治行为。第三，如果不想被别人说成是政治激励的，管理者应当避免使用权力。第四，管理者应当公开分歧，从而避免下属为了个人目的而利用冲突的政治行为。第五，管理者应当避免背后的动作。幕后活动总是给人政治性的感觉，即使本来并非如此。其他能够限制政治行为的原则还包括清楚地说明绩效评估的基础和过程、将奖励与绩效直接挂钩以及减少管理者们对资源的竞争。

当然，这些原则知易行难。管理者不应当假定政治行为是不存在的，或者更糟糕，试图用命令取消它。相反，管理者必须认识到，政治行为在任何组织内都存在，不能假装视而不见或企图取消它。但是，可以通过管理令其不致对组织造成严重的损害。在某些情况下，政治甚至是有用的。例如，经理可能会利用其政治影响力唤起人们对社会责任的意识或提高对决策伦理性的意识。

复习一下

1. 组织中最常见的政治行为有哪些?
2. 如何管理政治行为?

本章要点

1. 组织冲突是指组织内部个体或群体间的目标、利益或价值观相互间不相容，导致个体和群体间出现阻碍对方实现目标的行为。冲突是组织生活的一部分。

2. 组织内部冲突的程度对于组织的绩效可能有影响，管理者必须发展有效管理冲突的必要技能。
3. 冲突类型包括人际冲突、群体间冲突、组织与环境的冲突。组织冲突的来源是多种的。
4. 管理组织内冲突的方法包括激发冲突、控制冲突、解决与消除冲突。
5. 谈判是指各方共同寻找新的资源分配方案来解决冲突的过程。议价区间模型描述了谈判双方都会确立的三个基本点：谈判起点、期望目标和底线。
6. 分布式谈判的双方采取一种竞争性的、敌意的立场。在整合式讨价还价中，冲突各方认为，通过创造性地设计解决方案，他们有可能为各方争取一个扩大可分配资源的结果。
7. 政治行为是指获得、发展、使用权力和其他资源以取得自己所偏好的结果的活动。组织中常见的政治行为包括引诱、说服、创造义务和强制。形象管理也是常见的政治行为。
8. 政治行为在任何组织内都存在，可以通过管理控制其损害。

批判性思考与讨论题

1. 为什么管理者会希望激发某个团队的冲突？他应当如何做？
2. 找出一个你的亲身经历说明冲突可能是积极的。
3. 请举例说明哪些群体间冲突可能是由组织原因而不是个人原因造成的。
4. 组织冲突的来源主要有哪些？为什么它们会导致组织冲突？
5. 你最喜欢的冲突解决方式是什么？最不喜欢的是什么？你认为应当如何做才能提高自己的冲突解决技能？
6. 请举出一个实例说明最高目标如何帮助解决冲突。举出一些冲突的例子，分析如何通过最高目标来帮助解决冲突。
7. 议价区间模型三个基本点的含义是什么？
8. 分布式谈判和整合式讨价还价的主要区别是什么？
9. 如何鼓励整合式讨价还价的谈判？
10. “大多数人认为成功的高层经理必须是优秀的政治家”，这对管理者有何启示？
11. 为什么人们会使用形象管理？在什么程度上形象管理是可接受的，在什么程度上是不可接受的？

学习伴随案例练习

根据你所选择的组织的资料，找出近年来它所涉及的一项冲突，以小组为单位对其冲突管理活动进行讨论。回答下面的问题并向全班报告。

1. 冲突的类型是什么？冲突的来源是什么？
2. 该组织运用了哪些管理冲突的方法？
3. 冲突的解决方式如何？
4. 你认为这一冲突对组织的效能产生了怎样的影响？
5. 如果冲突对组织的影响是负面的，你认为还可以有什么方法更好地解决这一冲突？

结尾案例

本田南海工厂的停工谈判

2010年5月17日，广东佛山市南海区狮山镇本田汽车零部件制造有限公司，工人谭国成拉下了流水线电闸，拥有1800名员工和实习生的日本独资企业南海本田开始停工。和大多数集体停工的原因一样，南海本田的工人要求增加工资。尽管工资制度执行方面没有问题，但工人感觉不公平，因为企业效益很好，而工人却没有分享到成果。

5月20、21日，劳资双方展开了两次谈判。工人的谈判目标是：工资提高800元，全部加入基本工资，未来工资年度增幅不低于15%。5月21日，南海本田公布了加薪方案，工厂所有正式员工加薪55元，实习生暂不加薪。

5月22日，工人恢复停工。同一天，管理方突然宣布解除停工领导者谭国成和肖浪的劳动合同，这反而导致更多的工人加入停工。5月26日，厂方宣布了新的加薪方案，在5月27日复工的前提下，正式员工的工资和补贴增加355元，实习生工资和补贴增加477元。同日，受南海本田停工影响，本田在华另外一家零部件厂和四家组装厂开始全部停工。此前，本田零部件公司高层对媒体估计日损失产值4000万元，这5家工厂的日产值损失合计约为2.4亿元。

随着媒体的报道和社会压力的增加，管理方加快了停工的解决。5月31日，管理方宣布一线正式员工每月可增加366元薪酬，在不扣除医保等费用的情况下，每月薪水提升到1910元；而实习生则在实习满一个月后增加477元津贴。不少工人认为这一条件可以接受，停工谈判一度似乎有望得到结束。然而，就在这一天，部分罢工工人与狮山镇总工会人员发生肢体冲突，工人态度再度强硬起来。

6月3日，南海本田工人在网上发布“佛山本田罢工工人谈判代表团致全体工人和社会各界的公开信”，引用了6月2日新华社对此次事件有利于工人的评论。来自韶关的90后女工李晓娟作为工人谈判代表在信上署名并公布了手机。同日下午，李晓娟同中国人民大学劳动关系专家常凯教授取得联系，代表工人聘请后者为谈判中工人方面的法律顾问，这一举措成功地平衡了谈判双方的专家资源。

6月4日下午3时，谈判开始。工人方面讨论了顾问曾庆洪（本田公司中国合作方广汽集团总经理）向工人提出的基本工资不变，工资总额增加到2100元的方案。相对于佛山机械行业的平均水平1810元，新的工资水平似乎是有利的。然而，一些工人仍然坚持增加工资800元的初始目标。

此时，组装车间工人因为担心谈判失利而再次停工。工人代表认为基本工资不变很难向工人解释，于是又形成了一个新的方案。即总额增加到2044元，基本工资增加200元。因为部分代表不同意，现场进行了工人代表的投票，通过了这一方案。工人方面在通过方案后并未直接提交管理方，而是经过曾的同意后由常凯教授向管理方提出将基本工资增加300元的要求，管理方当场表示同意。双方同意的最后方案是在原有工资总额1544元的基础上增加500元，其中基本工资增加300元，奖金和补贴部分66元，其他部分134元，共计2044元，从5月开始执行。经过6个小时的谈判，终于达成企业、工人、政府三方都可以接受的方案，历时 20 天的停工事件就此结束。

2011 年 3 月，南海本田进行 2011 年度工资集体协商，参加者包括管理方代表、改选的工会代表和上级工会代表。双方同意在 2013 年将工资总额增加到 3500 元，这是因为即将在附近建厂的大众公司作出了类似的工资承诺。工人方面要求加薪 880 元，管理方只同意上调 531 元。工人方面回复的要求是加薪 731 元，并且全部计入基本工资。工人方面以企业赢利、熟练工人竞争等作为加薪依据，管理层则从成本上涨可能导致日方人员撤回损害企业经营的角度反对。管理层的新方案是基本工资增加 561 元，奖金增加 33 元。最后，在省总工会代表的斡旋下，管理方答应奖金增加 50 元，从而工资总额提高 611 元，双方达成一致。

结尾讨论题：

1. 工人方面从一开始就坚持 800 元的加薪水平，然而最后只实现了 500 元。有人认为工人执着于 800 元的加薪幅度是不理性的，成为谈判没有较早完成的障碍，你的看法如何？
2. 用议价区间模型分析本田工资谈判的过程。
3. 工人方面采用了哪些策略将分布式谈判转化为整合式讨价还价？

开篇案例讨论题

1. 请描述案例中所提到冲突的类型。
2. 请描述不同角色在冲突中所处的地位。

自测题

1. T F 内部冲突会损害组织的绩效，管理者应当竭力避免冲突发生。
2. T F 控制冲突的方法之一是扩展资源基础。
3. T F 议价区间模型反映了非输即赢的谈判情境。
4. T F 分布式谈判是指谈判双方认为他们所要分配的资源是“数量固定的”。
5. T F 在管理者计划组织重大变革时，政治行为尤其常见。
6. 在一些组织中，由于临时工与正式工之间同工不同酬所导致的冲突来源于
   a. 不同的目标和时间表
   b. 权力重叠
   c. 任务相依
   d. 不同的评估或奖励系统
   e. 资源稀缺
7. 建设性的冲突能够给组织带来正面的效果，这是因为
   a. 对不同的看法持宽容和鼓励的态度有助于提高效能
   b. 组织成员间关系密切，不会受冲突影响
   c. 组织文化强调一致性
   d. 可以鼓励组织中的政治行为
   e. 管理者可以利用下属间的矛盾
8. 以下哪一项不属于整合式讨价还价的谈判策略
   a. 强调最高目标
   b. 对事不对人
   c. 专注于利益，而不是要求
   d. 创造共同获益的新选择
   e. 不要先让步，除非对方让步
9. 两名负责同一家客户不同项目的经理都希望利用公司有限的资源。他们认识到除非共同成功，否则公司可能完全失去这家客户，因此他们之间的冲突降低了。请问是下面的哪一项帮助控制了冲突
   a. 扩大资源基础
   b. 加强协作
   c. 强调最高目标
   d. 人际问题解决法
   e. 其他争议解决法
10. 马先生每天上班都穿西装、打领带，而办公室里的其他同事则多数是T恤衫和牛仔裤。他认为这样穿着让自己显得更有职业感，更能够引起上级的注意。马先生卷入了下面哪种政治行为
   a. 引诱
   b. 强制
   c. 创造一种义务
   d. 形象管理
   e. 自愿

本章注释

[1] https://www.ajoconnor.com/blog/workplace-conflict-1.

[2] https://onlinecareertips.com/2016/04/a-story-of-conflict-understanding-the-layers-of-management/.

[3] http://www.bbc.com/capital/story/20171116-the-people-sent-in-to-fix-toxic-office-relationships.

[4] Walton，R.E.，and R.B. McKersie. 1965. A Behavioral Theory of Labor Negotiations [M]. New York：McGraw-Hill.

[5] http://www.sohu.com/a/166688261_313170.

[6] Follett，Mary Parker，and Pauline Graham. Mary Parker Follett-Prophet of Management: A Celebration of Writings from the 1920s. Boston，Mass：Harvard Business School Press，1995.

各章自测题答案

第 1 章

1.F　2.T　3.T　4.T　5.F　6.b　7.d　8.c　9.d　10.e

第 2 章

1.T　2.F　3.T　4.F　5.T　6.d　7.e　8.b　9.c　10.c

第 3 章

1.F　2.T　3.F　4.F　5.T　6.c　7.b　8.d　9.d　10.e

第 4 章

1.T　2.F　3.T　4.T　5.T　6.a　7.c　8.e　9.b　10.c

第 5 章

1.T　2.T　3.T　4.F　5.F　6.a　7.e　8.e　9.a　10.a

第 6 章

1.T　2.F　3.F　4.T　5.F　6.e　7.b　8.a　9.b　10.e

第 7 章

1.F　2.T　3.T　4.F　5.F　6.e　7.a　8.d　9.b　10.b

第 8 章

1.F　2.T　3.T　4.F　5.T　6.b　7.e　8.d　9.a　10.b

第 9 章

1.T　2.F　3.T　4.F　5.F　6.d　7.b　8.e　9.e　10.c

第 10 章

1.F　2.T　3.T　4.F　5.T　6.d　7.e　8.c　9.b　10.c

第 11 章

1.F　2.F　3.T　4.T　5.T　6.e　7.c　8.d　9.b　10.b

第 12 章

1.F　2.F　3.F　4.F　5.T　6.b　7.a　8.e　9.a　10.c

第 13 章

1.T　2.F　3.T　4.T　5.T　6.c　7.d　8.e　9.b　10.a

第 14 章

1.F　2.F　3.T　4.T　5.F　6.e　7.c　8.a　9.b　10.b

第 15 章

1.F　2.F　3.F　4.T　5.F　6.b　7.d　8.e　9.d　10.d

第 16 章

1.F　2.T　3.F　4.T　5.T　6.e　7.d　8.d　9.d　10.b

第 17 章

1.F　2.T　3.T　4.F　5.T　6.a　7.d　8.e　9.c　10.b

第 18 章

1.F　2.T　3.T　4.F　5.T　6.a　7.c　8.e　9.e　10.b

第 19 章

1.F　2.T　3.F　4.F　5.T　6.a　7.e　8.a　9.c　10.c

第 20 章

1.F　2.T　3.F　4.T　5.T　6.d　7.a　8.e　9.c　10.d